Introduction to Derivatives

파생상품의 이해

이하일

박영사

1997년 아시아 외환위기와 2008년 글로벌 금융위기의 발생원인은 통화, 부동산을 기초로 하는 파생상품에 대한 이해부족에 있었다. 금융시장의 자율화가 진전되고 대외개방이 가속화됨에 따라 주가, 금리, 환율의 변동폭이 커지고 있어 파생상품을 이용한 위험관리의 필요성이 절실히 요구되고 있다.

파생상품은 우리 경제생활 전반에 걸쳐 깊숙이 관련되고 있어 파생상품의 원리, 구조, 특성 등을 제대로 알아야 한다. 특히 저금리, 저성장, 저출산, 고령화, 조기퇴직현상으로 개인의 자산관리와 노후대비가 중요해진 상황에서 금융상품을 잘 알고 투자하기 위해서는 파생상품을 정확히 이해해야 한다.

본서는 미래의 가치가 불확실한 기초자산을 미래에 정해진 가격으로 거래하거나 정해진 약속에 따라서 현금흐름을 교환하는 계약인 파생상품에 해당하는 선물거래, 옵션거래, 스왑거래의 세 개의 주제로 구성되었다. 구체적으로는 4편 15장으로 이루어졌다. 본서의 내용은 다음과 같이 구성되어 있다.

제1편 파생상품에서는 기초자산의 가치변동에 따라 그 가치가 결정되는 파생상품의 개념, 파생상품의 유형, 파생상품의 종류, 파생상품의 특징, 파생상품의 경제적 기능, 파생상품시장의 참가자에 대해 간단하게 살펴보았다. 그리고 한국거래소(KRX)에 상장되어 거래되고 있는 파생상품을 살펴보았다.

제2편 선물거래에서는 선물거래의 개념, 선물거래의 목적과 기능, 선물시장의 조직과 운용, 선물가격의 결정, 선물거래의 유형, 개별주식선물, 주가지수선물, 금리선물, 통화선물 그리고 상품선물의 일반적인 내용을 소개하고 이러한 선물거래가 실제 상황에서 어떻게 적용되는지를 상세하게 기술하였다.

제3편 옵션거래에서는 옵션거래의 개념과 만기가치, 옵션투자전략, 옵션가격결정모형, 옵션가격결정모형의 응용, 선물과 옵션의 결합, 선물옵션, 주식옵션, 주가지수옵션, 포트폴리오보험전략, 통화옵션, 장외옵션의 일반적인 내용을 소개하고 이러한 옵션거래가 실제 상황에 어떻게 활용되는지를 살펴보았다.

제4편 스왑거래에서는 스왑거래의 개념, 금리스왑, 통화스왑, 외환스왑 그리고 신용파생상품의 개념, 신용파생상품의 등장, 신용파생상품의 구조, 신용디폴트스왑, 총수익스왑, 신용옵션, 합성CDO의 일반적인 내용을 소개하고 이러한 스왑거래 및 신용파생상품이 실제 상황에 어떻게 적용되는지를 살펴보았다.

본서는 상아탑에서 파생상품을 수강하는 대학생, 파생상품에 대한 기초지식을 습득하려고 하는 예비투자자, 파생상품을 활용하여 가격변동위험을 관리하고 수익을 증대하려는 기업체와 일반투자자로부터 금융기관에 종사하고 있는 금융전문인력 등 다양한 독자들이 파생상품 입문서로 활용할 수 있을 것이다.

본서의 집필과정에서 여러 전공서적과 연구논문에서 많은 도움을 받았기에 그분들께 깊은 감사를 드린다. 또한 본문의 내용상 오류는 전적으로 저자의 책임이며 독자 여러분들의 애정 어린 질책을 받아 차후에 개정판을 통해 더 좋은 책이 될 수 있도록 본문의 내용을 수정하고 보완하겠다는 약속을 드린다.

본서가 완성되기까지 바쁘신 와중에도 본문의 내용에 대해 일일이 지적과 조언을 해주신 서강대학교의 박영석 교수님께 감사드린다. 그리고 어려운 여건에서 흔쾌히 출판을 맡아주신 박영사 안종만 회장님과 안상준 대표님, 좋은 책이 될 수 있도록 혼신의 노력을 다해주신 황정원 선생님께 감사드리며 무궁한 발전을 기원한다.

끝으로 자식 잘 되기를 염원하다 돌아가신 모친과 따뜻한 격려를 보내주신 장인어른께 감사를 드리고, 장기간 성원을 보내준 양가 가족 및 남편의 성공을 간절히 원하는 아내와 아들 동선에 대한 애정을 본서로 대신한다. 독자 여러분들의 아낌없는 성원을 기대하며 파생상품 활용에 지침이 되기를 기원한다.

2019년 7월
이하일

차례

파생상품의
개요

파생상품은 주식과 채권 등 전통적인 금융상품을 기초자산으로 하여 그 가치가 기초자산의 가치변동에서 파생되어 결정된다. 따라서 기초자산에서 파생된 모든 금융상품은 파생상품에 해당한다. 선물과 옵션은 일정한 장소에서 거래되는 장내파생상품이라 하고, 선도와 스왑은 일정한 시장이 없으므로 장외파생상품이라고 한다.

제1절 파생상품의 개념

1. 파생상품의 정의

파생상품은 영어로 Derivatives라고 한다. Derivatives는 '파생하다'의 의미를 가진 영어 동사 Derive에서 유래한 것으로 원래 어떤 것으로부터 유도된 파생물이라는 의미를 가지고 있다. 어원에서 유추할 수 있듯이, 금융시장에서 파생상품은 기초자산으로부터 그 가치가 파생되어 나온 상품을 말한다.

예컨대 기초자산이 삼성전자인 개별주식선물과 개별주식옵션은 삼성전자 주식가치의 변동(주가상승 또는 주가하락)에 따라 가치가 결정된다. 여기서 기초자산(Underlying Asset)은 파생상품의 거래대상을 나타내며 파생상품의 가치를 산정하는데 기초가 되는 금융상품이나 일반상품을 의미한다.

파생상품의 발달초기에는 농축산물이나 원자재 같은 실물자산들이 주된 기초자산이었으나, 현대에 와서는 수치화될 수 있는 모든 대상이 파생상품의 기초자산이 되고 있다. 따라서 전세계적으로 증권, 외국환은 물론 주가지수처럼 통계적으로 산출된 수치를 기초자산으로 하는 파생상품이 발달하였다.

한국거래소에는 다양한 거래대상을 기초자산으로 하는 파생상품이 상장되어 있다. 구체적으로 주가지수, 개별기업의 주식, 변동성지수, ETF, 국고채, 달러화, 엔화, 유로화, 위안화 등을 기초자산으로 하는 금융파생상품과 금, 돈육 등을 기초자산으로 하는 일반파생상품이 상장되어 거래되고 있다.

2. 파생상품의 종류

(1) 선도(Forward)

선도는 가장 기본이 되는 파생상품으로 미래 특정시점에 계약시점에 약정한 가격으로 기초자산을 매매하기로 약속하는 계약을 말한다. 봄철에 농가와 유통업자가 가격을 정하여 가을에 수확 예정인 농산물을 수확철에 거래하기로 약속하는 밭떼기 거래가 선도거래의 대표적인 사례에 해당한다.

선도계약은 거래상대방의 결제불이행위험(default risk)이 발생할 수 있고 일일이 거래상대방을 찾아서 거래조건을 협상해야 하는 불편함이 있다. 이러한 불편함을 없애기 위해 기초자산의 수량을 균일화하여 거래조건을 표준화하고 거래절차를 체계화하여 거래소에서 거래하는 것이 선물이다.

그림 1-1　선도거래의 구조

(2) 선물(Futures)

선물은 미래 특정시점에 계약시점에 약정한 가격으로 기초자산을 매매하기로 약속하는 계약을 말한다. 따라서 선도와 선물은 장외파생상품과 장내파생상품이라는 차이점 외에는 유사하다. 매수 또는 매도포지션을 취한 선물거래자는 만기일에 현물을 인수도하거나 가격변화에 따른 현금결제를 하게 된다.

선물은 거래조건이 표준화되어 있고, 청산소라는 결제기관이 있다. 그리고 거래소가 상대방의 결제불이행위험에 대비하기 위해 증거금을 수령하고 매일 전일 종가와 당일 종가의 차이로 정산하여 증거금에 가감하며 체계적으로 위험을 관리하는 시스템을 갖추고 있어 계약이행이 보장된다는 장점이 있다.

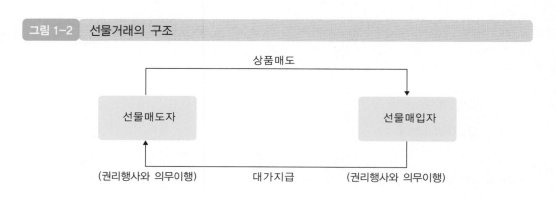

그림 1-2　선물거래의 구조

(3) 옵션(Option)

옵션은 미래의 특정시점(만기일)에 현재시점에서 약정한 가격(행사가격)으로 기초자산을 매입하거나 매도할 수 있는 권리가 부여된 계약을 말한다. 기초자산을 행사가격에 매입할 수 있는 권리가 부여된 계약을 콜옵션, 행사가격에 매도할 수 있는 권리가 부여된 계약을 풋옵션이라고 한다.

선도거래에서 매수자와 매도자는 모두 권리와 의무를 동시에 갖는 반면에 옵션거래에서 매수자는 권리만을 갖고 매도자는 의무만을 부담한다. 따라서 옵션매수자는 옵션이라는 권리를 매도자로부터 부여받는 대신 옵션매도자에게 일정한 대가(옵션가격 또는 옵션프리미엄)을 지급하게 된다.

그림 1-3   옵션거래의 구조

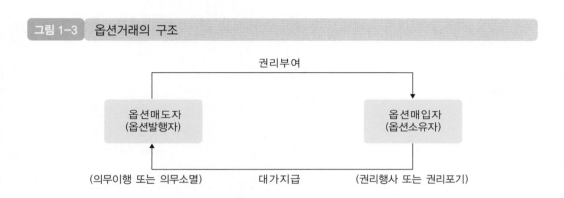

(4) 스왑(Swap)

스왑은 장래 일정기간 동안 실물이나 현금흐름을 교환하는 계약을 말한다. 앞에서 살펴본 선물과 옵션은 미래 발생할 거래가격을 고정하지만, 스왑은 미래 일정기간 동안 발생할 일련의 현금흐름을 고정한다. 스왑은 만기와 현금흐름의 교환시기가 각각인 일련의 선도계약의 합으로 볼 수 있다.

그림 1-4   스왑거래의 구조

그러나 선도계약은 일회 지급 스왑(single payment swap)으로 볼 수 있다. 다만, 통

화스왑과 같은 일부 스왑은 현물거래 및 일련의 선도계약의 합으로 볼 수 있다. 스왑이 경제적으로 의미있기 위해서는 유입되는 현금흐름의 현재가치와 유출되는 현금흐름의 현재가치가 원칙적으로 동일해야 한다.

스왑거래에서 발생하는 현금흐름은 초기교환, 이표교환, 만기교환으로 구분한다. [그림 1−5]는 스왑거래에서 현금흐름의 종류를 나타낸다. 초기교환에서 원금교환이 이루어지기도 하고 이루어지지 않기도 한다. 일반적으로 금리스왑은 원금교환이 없으나, 통화스왑은 원금교환이 이루어진다.

그림 1−5 스왑에서 현금흐름 교환

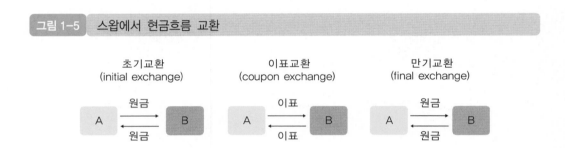

3. 파생상품의 유형

파생상품은 기초자산의 가격에 의해 그 가치가 결정되는 계약으로 주가, 금리, 환율, 상품가격의 변동위험을 관리할 수 있는 수단을 제공한다.

(1) 선도형 파생상품

선도형 파생상품에는 선도, 선물, 스왑이 있다. 선도는 미래의 일정시점에 사전에 약정한 가격으로 기초자산을 인수도하기로 하는 (계약)장외파생상품이며, 선물은 선도와 개념이 유사한 장내파생상품이다. 스왑은 두 당사자가 일정기간 일정조건에 따라 현금흐름을 서로 교환하는 계약으로 선도거래의 결합이다.

(2) 옵션형 파생상품

옵션은 미래 일정시점에 일정한 가격으로 기초자산을 매입 또는 매도할 수 있는 권리를 말한다. 매입할 권리를 콜옵션, 매도할 권리를 풋옵션이라 한다. 캡(cap)과 플로어(floor)는 콜옵션 또는 풋옵션을 결합한 옵션형 장외파생상품이다. 또한 표준형 옵션의 손익구조를 다양한 형태로 변형한 이색옵션이 있다.

(3) 합성형 파생상품

합성형 파생상품에는 크게 선물과 옵션을 결합한 선물옵션(futures option), 스왑(swap)과 옵션(option)을 결합한 스왑션(swaption)이 있다. 여기서 선물옵션의 거래대상은 선물이며 옵션을 행사하면 선물포지션을 갖게 된다. 그리고 스왑션의 거래대상은 스왑이며 옵션을 행사하면 스왑포지션을 갖게 된다.

4. 파생상품의 거래

(1) 헤지거래

원래 헤지(Hedge)는 가축을 보호하기 위해 나무로 만든 울타리를 뜻하는 고대 그리스어 Hecke에서 유래했으며, 도박이나 투자할 때 위험을 줄여주는 수단이나 행위를 나타낸다. 즉 시장환경에 따라 자산가치나 상품가격이 변동하는 시장위험을 완전히 제거하거나 축소시키는 수단이나 행위를 말한다.

파생상품의 가장 핵심적인 기능은 가격변동위험을 헤지하는 수단을 제공한다. 따라서 헤지거래자(hedger)는 주가, 금리, 환율, 상품가격이 변동함에 따라 발생하는 위험을 파생상품을 활용하여 투기거래자(speculator)에게 효과적으로 이전시킴으로써 가격변동위험을 회피하거나 축소시킬 수 있게 된다.

(2) 투기거래

투기거래는 현물포지션은 없이 시세차익을 얻기 위해 향후 자산의 미래가격에 대한 예측에 근거하여 파생상품을 거래한다. 따라서 기초자산의 가격이 상승할 것으로 예상되면 선물을 매수하거나 콜옵션을 매수하고, 기초자산의 가격이 하락할 것으로 예상되면 선물을 매도하거나 풋옵션을 매수한다.

예컨대 선물을 매수한 상태에서 투기거래자의 예상대로 기초자산의 가격이 상승하면 큰 이익(대박)을 얻을 수 있다. 그러나 투기거래자의 예상과 달리 기초자산의 가격이 하락하면 큰 손실(쪽박)을 보게 된다. 이는 헤지거래자가 기초자산의 가격에 관계없이 자신의 수익을 고정시켰던 것과 대비된다.

(3) 차익거래

일시적인 시장불균형으로 인한 가격차이를 이용하여 이익을 얻으려는 차익거래는 현물과 선물의 가격차이를 이용하여 거래한다. 같은 상품이라도 시장간에 가격차이가 생기면 싼 시장에서 매입해 비싼 시장에서 팔 수 있는데 이를 차익거래라 한다. 차익거래에 의해 시장간 가격차이는 순간적으로 해소된다.

5. 파생상품의 특징

(1) 표준화된 계약

거래소에서 이루어지는 장내파생상품은 거래의 내용이나 조건이 표준화되어 있으므로 당사자간의 합의에 따라 개개인의 다양한 수요를 충족시킬 수 있는 장외파생상품과는 차이가 있다. 즉 거래대상, 거래단위, 결제월, 호가단위, 결제방법, 거래시간 등의 상품명세가 거래소에 의해 표준화되어 있다.

선도거래는 계약조건이 당사자의 합의에 의해 결정되지만, 선물거래는 표준화된 선물계약을 기준으로 거래가 이루어진다. 선물계약의 표준화는 선물시장의 참여자로 하여금 계약조건에 대한 충분한 이해가 가능하게 하고, 시장유동성을 제고하여 거래시마다 상대방을 찾는 번거로움을 줄일 수 있게 된다.

(2) 청산소의 결제

파생상품은 조직화된 거래소에서 자격이 있는 회원의 중개를 통해 거래된다. 회원자격은 일정한 자격요건을 갖춘 경우에 취득할 수 있고, 거래소 회원은 독점적인 중개권과 거래소 운영에 관여할 수 있는 권리를 갖는다. 또한 거래소가 지정한 시간에 자기거래 및 고객의 위탁거래를 수행할 수 있다.

거래소는 파생상품을 거래할 수 있도록 물리적인 장소와 시설을 제공하기 위해 설립된 기관이며, 각국마다 운영형태에 약간의 차이가 있으나 대부분 회원제로 운영되는 비영리법인이다. 그리고 거래소는 파생상품거래의 원활한 계약이행을 보증하기 위해 청산기관(clearing house)을 운영하고 있다.

청산기관은 매수자와 매도자의 중간에서 거래상대방의 역할을 맡아 계약이행을 책임지는 역할을 수행하고, 이 역할은 재무적 건전도가 충실한 청산회원들에 의해 수행된다. 회원자격은 신용위험에 대한 노출을 감소시키기 위해 신용도와 경영능력에 관한 적절한 기준을 충족하는 회원들에게만 부여된다.

청산기관은 투자자들이 채무를 변제하지 못하는 경우를 대비하여 청산회원들로부터 보증기금을 확보한다. 청산회원이 아닌 거래소회원들은 청산회원을 통해 파생상품계약을 청산해야 하며, 그 대가로 일정한 수수료를 지급한다. 따라서 투자자들은 파생상품거래시 상대방의 신용상태를 파악할 필요가 없다.

(3) 결제의 안정화

파생상품거래는 현물거래에 비해 계약시점과 결제시점의 시간적 간격이 길다. 계약일로부터 오랜 시간이 경과한 후에 결제되는 파생상품거래의 특성상 매수자 또는 매도자 일방이 결제를 이행하지 않을 위험이 있다. 따라서 거래소는 결제불이행위험을 방지하기 위해 일일정산 및 증거금제도를 운영하고 있다.

① 반대거래

파생상품은 최종거래일에 기초자산을 인수도하거나 가격변동에 따른 차액을 수수하는 계약으로 거래당사자는 최종거래일까지 계약에서 벗어날 수 없어 많은 불편을 겪는다. 이러한 불편을 해소하기 위해 최종거래일 이전에 거래당사자가 원하면 계약에서 벗어날 수 있도록 반대거래를 허용한다.

② 일일정산

파생상품은 계약이 체결된 후 기초자산의 가격이 크게 변동하면 결제할 금액이 증가한다. 이때 손해를 보는 거래당사자는 결제금액이 부담되어 결제를 하지 않을 수도 있다. 따라서 장내파생상품을 보유할 경우에는 전일 종가와 당일 종가의 차이를 익일에 결제하는 일일정산제도를 운영하고 있다.

③ 증거금

투자자가 파생상품을 거래하기 위해서는 증거금을 증권회사 등에 예탁해야 한다. 증거금(margin)은 투자자가 결제를 이행하지 않을 경우에 결제기관이 결제대금으로 사용할 수 있다. 증거금은 투자자가 결제회원에게 증거금을 예탁하고 결제회원이 다시 거래소에 증거금을 예탁하는 구조를 갖는다.

제2절 파생상품의 기능

파생상품의 경제적 기능은 가격변동위험을 회피할 수 있는 헤지의 수단, 레버리지 효과로 투자효용극대화 수단, 미래 기초자산가격의 발견기능 제공, 파생상품을 활용하여 투자자들의 투자목적에 부합하는 금융상품 창출과 유동성이 확대될 수 있는 계기를 마련함으로써 금융산업 선진화에 기여한다.

1. 가격변동위험 전가

파생상품의 중요한 경제적 기능은 위험의 전가이다. 즉 파생상품시장은 기초자산을 보유 또는 공매한 헤지거래자가 가격변동위험을 투기거래자에게 전가한다. 파생상품시장에서는 주식, 채권을 포함한 금융자산은 물론 원자재, 농산물 등 상품가격의 변동위험이 거래되어 시장참여자들간에 적절히 재분배된다.

예컨대 가격변동위험을 회피하거나 축소하려는 헤지거래자(hedger)는 현물시장에서 현재 보유하고 있거나 장래에 보유할 예정인 자산이나 부채의 가격변동위험을 선물시장에서 반대포지션을 설정함으로써 현물시장에서 발생하는 손실(이익)을 선물시장에서 얻어지는 이익(손실)으로 상쇄시킬 수 있게 된다.

2. 레버리지효과 이용

파생상품시장에는 자산과 상품의 가격변동위험을 회피하려는 헤지거래자(hedger) 이외에 시세차익을 얻기 위해 미래가격에 대한 예측에 기반하여 파생상품을 거래하는 수많은 투기거래자(speculator)가 존재한다. 이는 헤지거래자가 자신의 가격에 상관없이 자신의 수익을 고정시켰던 것과 대비된다.

파생상품을 이용하여 가격변동위험을 감수하면서 보다 많은 시세차익을 추구하려는 투기거래자(speculator)는 자신의 향후 가격전망에 기초하여 파생상품거래에 참여한다. 따라서 투기거래자 자신의 예상이 정확하면 많은 이익을 얻을 수 있는 반면에 자신의 예상이 빗나가면 많은 손실을 입게 된다.

다양한 금융투자상품 중에서 파생상품이 투기거래자에게 고수익과 고위험 기회를 제공하는 이유는 적은 초기투자금액으로 투자효과를 극대화할 수 있기 때문이다. 파생상품은 증거금거래로 거래대금의 일부만을 예탁하고 투자할 수 있기 때문에 레버리지효과가 매우 큰 금융투자상품에 해당한다.

투기거래자는 레버리지효과를 이용하여 자신의 투자전략에 따른 시세차익을 극대화할 수 있는 효율적 투자상품으로 파생상품을 활용할 수 있다. 그러나 자신이 선납한 금액을 증권투자에서의 원본처럼 착각하여 거래할 경우에는 원본을 초과하는 큰 손실을 볼 수도 있기 때문에 주의해야 한다.

3. 미래현물가격 발견

파생상품시장의 참가자들은 미래의 상품가격에 대한 예측에 근거하여 거래하므로 파생상품시장에서 형성되는 가격은 해당 상품의 수급에 관련된 정보를 반영한다. 파생상품가격은 여러 참가자의 정보와 분석능력을 종합적으로 판단한 결과가 반영되어 형성되므로 미래현물가격에 대한 예측치라고 할 수 있다.

시간이 경과함에 따라 미래의 상품가격에 대한 새로운 수요와 공급요인을 반영하여 시장참가자들의 미래에 대한 예측이 변화하면 파생상품가격도 변동하게 된다. 이러한 미래현물자산에 대한 가격발견기능을 통해 파생상품가격은 각 경제주체들이 합리적인 의사결정을 할 수 있도록 지원하는 역할을 수행한다.

4. 자원배분의 효율성

파생상품시장은 기업에게 가격변동위험을 관리할 수 있는 수단을 제공하고, 투자자에게 레버리지효과로 인한 높은 수익을 얻을 수 있는 기회를 제공하여 효율적인 자원배분과 위험관리에 도움을 준다. 투자자들은 파생상품을 활용하여 자신의 목적에 알맞는 자산을 구성하면 자금을 효율적으로 관리할 수 있다.

5. 시장효율성의 제고

거래소 회원과 금융기관들은 고객의 중개업무를 수행하여 영리를 추구하고, 고객의 파생상품거래를 유도하기 위해 파생상품가격에 영향을 미치는 상품의 수급에 관련된 정보를 제공하여 경쟁력을 높인다. 다수의 시장참여자들에 의해 가격결정이 이루어지므로 거래비용이 저렴하여 시장의 효율성이 증대된다.

제3절 국내파생상품시장

우리나라는 1996년 5월 3일 최초로 KOSPI 200을 기초자산으로 하는 주가지수선물 거래가 시작되었고, 1997년 7월 7일 주가지수선물과 동일한 KOSPI 200을 거래대상으로 하는 주가지수옵션이 한국거래소에 상장되었다. 1999년 4월에 금융선물 및 상품선물을 통합관리할 수 있는 선물거래소가 개설되었다.

선물거래소가 개설될 당시 상장상품은 미국달러선물, 미국달러옵션, CD금리선물 등 금융선물 3종류와 상품선물 1종류였다. 그러나 한국거래소는 1999년 9월 29일 정부에 의해 발행된 국고채를 기초자산으로 하는 3년 국채선물, 2003년 8월 22일 5년 국채선물, 2008년 2월 25일 10년 국채선물이 상장되었다.

선물거래소가 개설된 이후 거래량이 꾸준히 증가하였다. 상장상품도 3년 국채선물옵션, CD금리선물, 통안증권금리선물, 미국달러선물, 미국달러옵션, 금선물로 다양화되었다. 선물시장은 2005년 1월 27일 선물거래소, 증권거래소, 코스닥시장을 통합하여 설립된 한국거래소 파생상품시장본부에서 운영한다.

통합 이후 한국거래소는 스타지수, 엔화, 유로화, 10년 국채, 개별주식, 돈육, 미니금을 기초자산으로 하는 선물이 상장되었고, 최근에 KOSPI 200 변동성지수선물, 다수의 KOSPI 200 산업부문지수선물, 미니 KOSPI 200 지수선물과 옵션, 위안화, KOSPI 고배당 50선물, KOSDAQ 150선물, ETF선물이 상장되었다.

한편 그동안 거래가 부진한 CD선물, 3년 국채선물옵션, 금선물은 상장폐지되었으며, 스타지수선물은 상장폐지된 후 KOSDAQ 150선물로 대체되었다. 미니금선물의 상품명세를 일부 수정하여 새롭게 상장된 금선물은 거래단위를 1/10로 낮추고 최종결제방식이 실물인수도방식에서 현금결제방식으로 변경되었다.

표 1-1	국내파생상품 상장연혁	

일　자	파생상품	비고
1996. 5. 3	KOSPI200선물 상장(KSE)	한국 최초 선물
1997. 7. 7	KOSPI200옵션 상장(KSE)	한국 최초 옵션
1999. 4.23	CD금리선물, 미국달러선물, 미국달러옵션, 금선물 상장(KOFEX)	KOFEX 개장
1999. 9.29	3년 국채선물 상장(KOFEX)	한국 최초 채권선물
2001. 1.30	KOSDAQ50선물 상장(KOFEX)	
2001.12.14	KOSDAQ50옵션 상장(KOFEX)	
2002. 1.28	개별주식옵션 상장(KSE) (삼성전자, SKT, 국민은행, POSCO, 한국전력, KT, 현대자동차 7종목)	한국 최초 개별 주식옵션
2002. 5.10	국채선물옵션 상장(KOFEX)	한국 최초 선물옵션
2002.12. 5	통안증권 금리선물 상장(KOFEX)	
2003. 8.22	5년 국채선물 상장(KOFEX)	
2005. 1.27	한국증권선물거래소(KRX) 설립*	
2005. 9.26	개별주식옵션 추가상장(23개 종목 추가)	
2005.11. 7	스타지수선물 상장(KRX) KOSDAQ50옵션 상장 폐지	
2005.12. 8	KOSDAQ50선물 상장 폐지	
2006. 5.26	엔선물, 유로선물 상장(KRX)	
2007.12.26	CD 금리선물, 3년 국채선물옵션 상장 폐지	
2008. 2.25	10년 국채선물 상장(KRX)	
2008. 5. 6	개별주식선물(15개 종목) 상장(KRX)	
2008. 7.21	돈육선물 상장(KRX)	
2009. 2. 4	한국거래소(KRX)로 명칭 변경	
2010. 9.13	미니금선물 상장(KRX)	
2014.11.17	KOSPI200변동성지수선물, KOSPI200에너지/화학, KOSPI200정보기술, KOSPI200금융, KOSPI200경기소비재 선물 상장	
2015. 7.20	미니 KOSPI200선물 및 옵션 상장	
2015.10. 5	위안화선물, KOSPI고배당50선물, KOSPI배당성장50선물 상장	
2015.11.23	KOSDAQ150선물 상장, 금선물 재상장 스타지수선물, 기존 금선물과 미니금선물 상장 폐지	
2016. 3.28	KOSPI200 섹터지수 3개(건설, 중공업, 헬스케어) 추가 상장	
2016. 6.27	유로스톡스50선물 상장	
2017. 6.26	ETF선물 상장	

* 현재 선물시장은 2005년 1월 27일 기존의 선물거래소(KOFEX), 증권거래소(KSE), 코스닥증권시장을 통합하여 설립된 한국거래소(KRX)의 파생상품시장본부에서 운영하고 있다.

제1절 파생상품의 개념

1. 파생상품의 정의 : 기초자산의 가치에서 그 가치가 파생되어 나온 상품
2. 파생상품의 종류 : 선도, 선물, 옵션, 스왑
3. 파생상품의 유형 : 선도형 파생상품, 옵션형 파생상품, 합성형 파생상품
4. 파생상품의 거래 : 헤지거래, 투기거래, 차익거래, 스프레드거래
5. 파생상품의 특징 : 표준화된 계약, 청산소의 결제, 결제의 안정화

제2절 파생상품의 기능

1. 가격변동위험 전가
2. 레버리지효과 이용
3. 미래현물가격 발견
4. 자원배분의 효율성
5. 시장효율성의 제고

제3절 국내파생상품시장

1. 주가지수상품 : 코스피 200선물, 코스피 200옵션, 코스닥 150선물 등
2. 개별주식상품 : 주식선물, 주식옵션
3. 변동성지수상품 : 코스피 200변동성지수선물
4. ETF상품 : ARIRANG 고배당주, KODEX 삼성그룹주, TIGER 헬스케어
5. 금리상품 : 3년 국채선물, 5년 국채선물, 10년 국채선물
6. 통화상품 : 미국달러선물, 미국달러옵션, 엔선물, 유로선물, 위안선물
7. 일반상품 : 금선물, 돈육선물

선물거래의
개요

선물은 미래시점에서 거래될 가격을 현재시점에서 확정시키는 계약을 말하며 기초자산의 가격변동위험을 회피하는 수단으로 많이 이용된다. 차익거래의 기회가 없는 시장균형상태에서 선물가격은 기초자산의 현물가격과 일정한 관계를 갖는다. 선물가격과 현물가격간의 균형관계를 설명하기 위해 보유비용모형이 이용된다.

제1절 선물거래의 개요

1. 선물거래의 개념

(1) 선물계약과 선물거래

선물계약(futures contract)은 거래당사자인 선물매도자와 선물매입자가 미래의 일정 시점에 선물거래의 대상이 되는 기초자산을 현재시점에서 약정한 선물가격으로 매입하거나 매도하기로 체결한 계약을 말한다. 따라서 선물거래는 이러한 선물계약을 현재시점에서 매입하거나 매도하는 거래를 말한다.

① 기초자산

기초자산(underlying asset)은 선물계약의 만기일에 매입하거나 매도할 선물거래의 대상이 되는 특정자산을 말한다. 선물거래는 농산물, 축산물, 귀금속, 에너지와 같은 실물상품을 기초자산으로 하는 상품선물과 주식, 주가지수, 금리, 통화와 같은 금융상품을 기초자산으로 하는 금융선물로 구분된다.

표 2-1	한국거래소 선물상품
구 분	상장선물
주식상품	주식선물, 코스피 200선물, 코스닥 150선물, 배당지수선물
금리상품	3년 국채선물, 5년 국채선물, 10년 국채선물
통화상품	미국달러선물, 유로선물, 엔선물, 위안선물
일반상품	금선물, 돈육선물

② 최종거래일

최종거래일(maturity)은 기초자산을 매입하거나 매도하는 미래의 특정시점을 말하며 만기일 또는 인도일이라고도 한다. 선물거래는 기초자산뿐만 아니라 최종거래일이 표준화되어 있다. 예컨대 코스피 200선물, 코스닥 150선물, 배당지수선물의 최종거래일은 각 결제월의 두번째 목요일로 지정되어 있다.

표 2-2	선물거래의 최종거래일

구　분	최종거래일
주식상품	최종결제월의 두번째 목요일
금리상품	최종결제월의 세번째 화요일
통화상품	최종결제월의 세번째 월요일
일반상품	최종결제월의 세번째 수요일

③ 선물가격

선물가격(futures price)은 만기일에 기초자산을 매입하거나 매도할 때 적용되는 가격을 말한다. 선물가격은 만기일에 기초자산을 인수도할 때 그 대가로 지불하거나 수령하는 가격으로 선물계약 자체의 가치를 의미하는 것은 아니다. 따라서 선물가격은 옵션의 행사가격과 유사한 개념이라고 할 수 있다.

(2) 현물거래와 선물거래

① 현물거래 : 계약시점 = 결제시점

현물거래(spot transaction)는 현재시점에서 기초자산의 가격을 지불하고 기초자산을 인수하거나 기초자산의 가격을 수령하고 기초자산을 인도하는 거래를 말한다. 따라서 매매계약의 체결과 거래대금의 결제 및 기초자산의 인수도가 현재시점에서 이루어지는 주식거래와 채권거래는 현물거래에 해당한다.

② 선물거래 : 계약시점 ≠ 결제시점

선물거래(futures transaction)는 미래의 일정시점에 기초자산을 현재시점에 약정한 가격으로 결제하기로 거래당사자가 약정한 계약을 말한다. 따라서 선물거래는 현물거래와 달리 매매계약의 체결은 현재시점에서 이루어지고 거래대금의 결제와 기초자산의 인수도는 미래시점에 이루어지는 거래를 말한다.

그림 2-1	현물거래와 선물거래

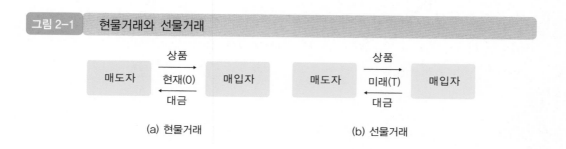

(a) 현물거래　　　　　　　　(b) 선물거래

| 표 2-3 | 현물거래와 선물거래 | | |

구 분	계약시점	실물인도	대금결제
현물거래	현재	현재	현재
외상거래	현재	현재	미래
선물거래	현재	미래	미래

(3) 선도거래와 선물거래

선도거래(forward transaction)는 미래의 일정시점에 특정상품을 현재시점에서 약정한 가격으로 인수도하기로 거래당사자가 일대일로 체결한 계약을 말한다.[1] 그러나 선도거래는 특정상품의 가격이 자신에게 불리하게 변동하면 거래당사자가 계약을 이행하지 않을 계약불이행위험이 존재한다.

선물거래는 미래의 일정시점에 특정상품을 현재시점에서 약정한 가격으로 인수 또는 인도하기로 계약한다는 점에서 선도거래와 본질적으로 동일하다. 그러나 선물거래의 조건은 표준화되어 있으며 선물거래소, 청산소, 증거금, 일일정산제도 등이 있다는 점에서 선도거래와 차이점이 있다.

| 그림 2-2 | 선도거래와 계약불이행위험 |

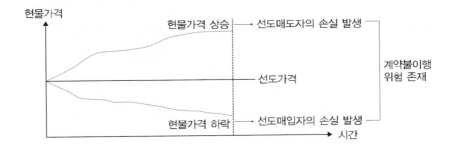

첫째, 선물거래는 거래대상, 거래단위, 만기일 등의 거래조건이 표준화되어 있고 선물거래소라는 조직화된 공식적인 시장에서 이루어진다. 반면에 선도거래는 거래당사자의 필요에 따라 계약이 직접 체결되기 때문에 거래조건이 표준화되어 있지 않고 특정한 장소가 없이 장외시장에서 주로 딜러를 통해 이루어진다.

둘째, 선물거래는 거래당사자가 선물계약의 청산에 대해 책임을 지며 계약이행을

---

[1] 농산물을 재배하는 농부가 수확기의 가격하락위험을 헤지하기 위해 중간상인과 매매계약을 체결하는 시점에서 약정한 가격으로 농산물을 판매하는 밭떼기나 입도선매가 선도거래의 좋은 예라고 할 수 있다.

보증하는 청산소를 통해 일일정산되어 신용위험이 없으나 증거금을 청산소에 예치해야 한다. 반면에 선도거래는 신용위험을 거래당사자가 직접 부담해야 하고 만기일에만 결제가 이루어지므로 청산소에 증거금을 예치할 필요가 없다.

셋째, 선물거래는 대부분 만기일 이전에 반대매매를 통해 청산되고 청산소가 거래상대로서 계약이행을 보증하므로 거래상대방의 신용상태를 조사할 필요가 없다. 반면에 선도거래는 만기일에 실물인수도와 대금결제가 이루어지고 보증기관이 없어 딜러와 신용라인을 설정하여 상대방의 신용상태를 조사할 필요가 있다.

표 2-4 선물거래와 선도거래의 비교

구 분	선물거래	선도거래
거래장소	선물거래소	장외시장
거래조건	표준화되어 있음	거래당사자간의 합의
거래방법	공개호가방식, 전산매매방식	거래당사자간의 계약
가격형성	거래일 매일 형성	계약시 1회 형성
시장성격	완전경쟁시장	불완전경쟁시장
거래참가	불특정 다수	한정된 실수요자
거래보증	청산소가 보증	상대방의 신용
증 거 금	증거금 예치 및 유지	딜러와 신용라인 설치
거래청산	대부분 만기전에 반대매매	대부분 만기일에 실물인수도
거래상대	거래소를 통한 간접거래	거래상대방과의 직접거래
거래시간	거래소 개장시간	제한이 없음
거래규제	공식적인 규제	자율적인 규제
가격제한	가격제한 있음	가격제한 없음

(4) 선물거래와 옵션거래

선물거래와 옵션거래는 미래의 일정시점에 대금수수와 특정상품을 인수도할 것을 계약하는 거래라는 측면에서 유사하지만 다음과 같은 차이점이 있다. 선물거래는 매입자와 매도자에게 권리와 의무가 동시에 수반된다. 그러나 옵션거래는 매입자와 매도자에게 권리와 의무가 분리되어 있다.

표 2-5	선물거래와 옵션거래의 비교	
구 분	선물거래	옵션거래
권리와 의무	양자 모두 권리와 의무가 있음	매입자 : 권리, 매도자 : 의무
증거금 납부	양자 모두 납부함	매도자만 납부함
매 매 형 태	방향성 매매	방향성＋변동성 매매
손 익 구 조	대칭적	비대칭
손익분기점	매매가격	행사가격±프리미엄
위험의 범위	손익에 한계가 없음	매입자는 손익을 한정

2. 선물거래의 종류

선물거래는 거래대상이 되는 기초자산의 종류에 따라 크게 상품선물(commodity futures)과 금융선물(financial futures)로 구분된다.

(1) 상품선물

상품선물은 선물거래의 대상이 되는 기초자산이 농산물, 축산물, 귀금속, 비철금속, 에너지 등의 실물상품을 말한다. 미국에서는 1848년 4월에 시카고상품거래소(CBOT)가 개설된 이후에 1865년 10월부터 밀, 귀리, 대두, 옥수수, 대두박 등을 대상으로 하는 농산물에 대한 선물거래가 거래되었다.

1877년에 런던금속거래소(LME)가 개설된 이후 은, 동, 납, 아연 등을 대상으로 하는 금속선물이 거래되었다. 상품선물은 1970년대 이전까지는 세계 선물거래의 주류를 이루었으나 1970년대 이후에 금융선물이 도입되어 금융선물의 비중은 계속해서 확대되면서 상품선물의 비중은 점차 축소되었다.

우리나라는 국내 최초의 농축산물 관련 상품선물로 돼지가격의 변동위험을 회피하기 위한 돈육선물이 2008년 7월 21일 상장되었다. 또한 금을 기초자산으로 금가격의 변동위험을 회피하기 위한 선물거래가 가능하도록 만든 상품으로 기존의 미니금선물이 2015년 11월 23일에 새롭게 상장되었다.

(2) 금융선물

금융선물은 선물거래의 대상이 되는 기초자산이 통화, 금리, 채권, 주식, 주가지수 등의 금융상품을 말한다. 시카고상업거래소(CME)의 부속거래소로 1972년 설립된 국제통화시장(IMM)에 의해 통화선물이 도입되었고, 1975년 이후에 금리선물이 도입되었으며, 1982년 이후에 주가지수선물이 도입되었다.

한국거래소는 1996년 5월 3일 KOSPI 200을 기초자산으로 하는 KOSPI 200선물, 2015년 11월 23일 KOSDAQ 150을 기초자산으로 하는 KOSDAQ 150선물을 상장하였다. 2014년 11월과 2015년 10월 KOSPI 200 섹터지수선물과 배당지수선물을 상장하였으며, 2016년 6월 유로스톡스 50선물이 상장되었다.

그리고 2001년 4월에 개별주식을 기초자산으로 하는 개별주식선물과 개별주식옵션이 상장되었다. 또한 금리변동을 관리하기 위해 정부가 발행한 국고채를 기초자산으로 하는 3년 국채선물이 1999년 9월 29일, 5년 국채선물이 2003년 8월 22일 그리고 10년 국채선물이 2008년 2월 25일에 상장되었다.

통화선물은 수출입 및 국제자본거래로 수취 또는 지급하는 외국통화를 대상으로 하는 선물거래를 말한다. 환율변동위험을 관리하는 파생금융상품으로 미국달러선물이 1999년 4월 23일 국내 통화선물로서는 최초로 상장되었다. 2006년 5월 26일 엔선물과 유로선물, 2015년 10월 5일 위안선물이 상장되었다.

그림 2-3 선물거래의 종류

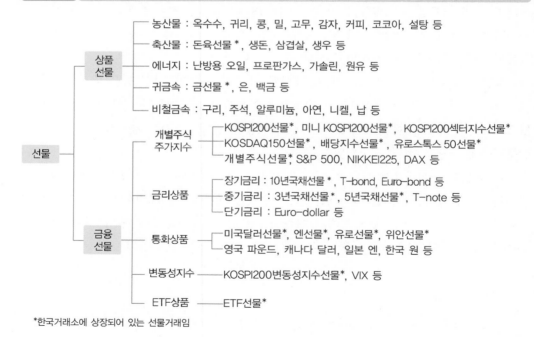

*한국거래소에 상장되어 있는 선물거래임

3. 선물거래의 손익

(1) 선물거래의 구분

선물거래는 크게 선물매입과 선물매도로 구분된다. 매입포지션(long position)은 최종거래일에 현재시점에서 약정한 선물가격으로 기초자산을 매입하기로 약정한 것을 말하고, 매도포지션(short position)은 최종거래일에 현재시점에서 약정한 선물가격으로 기초자산을 매도하기로 약정한 것을 말한다.

① 선물매입(long position)

선물매입은 최종거래일에 선물가격을 지불하고 기초자산을 매입하기로 약속한 것으로 기초자산을 인수할 의무를 갖는다. 선물을 매입하여 보유하고 있으면 매입포지션을 취하고 있다고 하고, 만기일 이전에 동일한 조건의 선물을 매도하여(轉賣) 기초자산을 인수할 의무가 없어지면 매입포지션을 청산했다고 한다.

② 선물매도(short position)

선물매도는 최종거래일에 선물가격을 수령하고 기초자산을 매도하기로 약속한 것으로 기초자산을 인도할 의무를 갖는다. 선물을 매도하여 보유하고 있으면 매도포지션을 취하고 있다고 하고, 만기일 이전에 동일한 조건의 선물을 매입하여(還買) 기초자산을 인도할 의무가 없어지면 매도포지션을 청산했다고 한다.

그림 2-4 선물거래의 손익

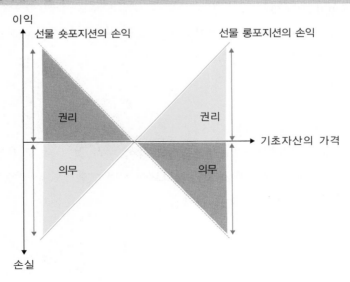

(2) 선물거래의 청산

선물거래의 청산은 실물결제와 현금결제가 있고 대부분 반대매매를 통해 포지션이 청산된다. 실물결제는 최종거래일에 실물의 인수도로 포지션을 청산하는 방식을 말하고, 현금결제는 선물매입자(매도자)는 동일한 조건의 선물을 매도(매입)하여 선물가격의 차액만큼을 현금결제로 포지션을 청산하는 방식을 말한다.

| 표 2-6 | 선물거래의 결제방법 |

구 분	대상품목
현금결제	주식상품(주식선물, 코스피 200선물, 배당지수선물) 금리상품(3년 국채선물, 5년 국채선물, 10년 국채선물) 일반상품(금선물, 돈육선물)
실물결제	통화상품(미국달러선물, 유로선물, 엔선물, 위안선물)

(3) 선물거래의 손익

선물거래자는 최종거래일의 현물가격에 관계없이 선물가격으로 기초자산을 인수도해야 하는 의무가 있다. 따라서 선물거래의 손익은 청산일의 현물가격(S_T)이 체결일의 선물가격($F_{0,\,T}$)보다 상승하느냐 아니면 하락하느냐에 따라 달라지며, 이익과 손실의 크기는 동일하여 선물거래자의 손익을 합산하면 0이 된다.

① 선물매입자의 손익($= S_T - F_{0,\,T}$)

선물매입자는 선물가격에 기초자산을 매입해야 한다. 따라서 선물매입자는 매입포지션 청산일의 현물가격이 체결일의 선물가격보다 상승하면 이익을 얻게 되고, 체결일의 선물가격보다 하락하면 손실을 보게 된다.

② 선물매도자의 손익($= F_{0,\,T} - S_T$)

선물매도자는 선물가격에 기초자산을 매도해야 한다. 따라서 선물매도자는 매도포지션 청산일의 현물가격이 체결일의 선물가격보다 하락하면 이익을 얻게 되고, 체결일의 선물가격보다 상승하면 손실을 보게 된다.

그림 2-5	선물거래의 손익

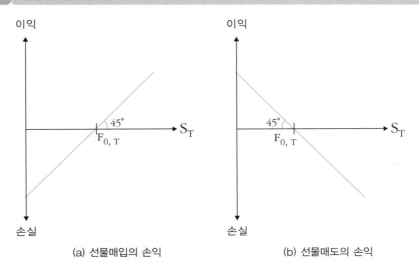

(a) 선물매입의 손익   (b) 선물매도의 손익

예제 2-1   선물거래의 손익

일반투자자 홍길동은 약세장(bear market)을 예상하여 2019년 1월 21일 한국거래소에서 KOSPI 200선물 5계약을 274포인트에 매도하였다. 3월 14일 최종거래일에 KOSPI 200선물의 가격이 다음과 같을 경우에 손익을 계산하시오.

1. 최종거래일에 KOSPI 200선물의 가격이 270포인트인 경우
2. 최종거래일에 KOSPI 200선물의 가격이 280포인트인 경우

풀이

1. 최종거래일에 주가지수선물가격이 하락하면 투자자 홍길동은 이익을 보게 된다.
   $(274-270) \times 250,000원 \times 5계약 = +5,000,000원$
2. 최종거래일에 주가지수선물가격이 상승하면 투자자 홍길동은 손실을 보게 된다.
   $(274-280) \times 250,000원 \times 5계약 = -7,500,000원$

4. 선물거래의 목적

선물거래는 투자자들이 선물계약을 이용하는 목적에 따라서 헤지거래, 투기거래, 차익거래 그리고 스프레드거래로 구분된다. 여기서 헤지거래와 차익거래는 투자자들이 현물시장과 선물시장을 동시에 이용한다. 그러나 투기거래와 스프레드거래는 선물시장만을 이용한다는 점에서 차이가 있다.

(1) 헤지거래

헤지거래(hedging)는 현물시장에서 현재 기초자산을 보유하여 미래에 매도할 예정이거나 현재 기초자산을 공매하여 미래에 매입할 예정인 기초자산의 불확실한 가격변화에 대해 선물시장에서 현물시장과 반대되는 포지션을 취함으로써 기초자산의 가격변동위험을 회피하거나 축소시키기 위한 거래를 말한다.

헤지거래자가 선물시장에서 현물시장과 반대되는 포지션을 취하면 현물포지션의 손실(이익)은 선물포지션의 이익(손실)으로 상쇄되어 기초자산의 가격변동위험을 회피하거나 축소시킬 수 있다. 이와 같이 기초자산의 가격변동위험을 회피하기 위해 선물거래를 이용하는 투자자를 헤지거래자(hedger)라고 한다.

현물시장		선물시장
매입포지션	현재 자산보유, 미래 자산매도 예정 → 자산가격 하락시 손실발생	매도포지션
매도포지션	현재 자산공매, 미래 자산매입 예정 → 자산가격 상승시 손실발생	매입포지션

① 매입헤지

매입헤지(long hedge)는 현물시장에서 매도포지션을 취하고 있는 투자자가 기초자산의 가격상승위험을 헤지하기 위해 선물시장에서 해당현물에 대한 매입포지션을 취함으로써 현물자산의 가격상승위험을 회피하는 거래를 말한다.

표 2-7   매입헤지

구 분	계약시점	청산시점
현물시장	매도	매입
선물시장	매입	매도

② 매도헤지

매도헤지(short hedge)는 현물시장에서 매입포지션을 취하고 있는 투자자가 기초자산의 가격하락위험을 헤지하기 위해 선물시장에서 해당현물에 대한 매도포지션을 취함으로써 현물자산의 가격하락위험을 회피하는 거래를 말한다.

표 2-8	매도헤지

구 분	계약시점	청산시점
현물시장	매입	매도
선물시장	매도	매입

(2) 투기거래

투기거래(speculation)는 현물시장의 포지션에 관계없이 선물시장에서 특정상품에 대한 선물가격을 예측하고 이를 바탕으로 선물계약을 매입 또는 매도하여 시세변동에 따른 이익을 목적으로 하는 거래를 말한다. 따라서 가격상승이 예상되면 선물계약을 매입하고 가격하락이 예상되면 선물계약을 매도한다.

투기거래는 선물시장에서 가격변동위험을 감수하고 투기적인 이익을 도모하기 위해 실행하는 거래를 말한다. 그런데 선물거래는 현물거래에 비해서 손익이 확대되는 레버리지효과를 갖기 때문에 투기거래자의 예측이 정확하면 많은 이익을 얻을 수 있는 반면에 예측이 빗나가면 많은 손실을 보게 된다.

(3) 차익거래

모든 자산이 시장에서 균형가격에 거래되고 있는 시장균형상태에서는 일물일가의 법칙(law of one price)이 성립하여 차익거래가 발생하지 않는다. 그러나 특정자산이 시장에서 균형가격과 다른 가격에 거래되는 시장불균형상태에서는 일물일가의 법칙이 성립하지 않아 차익거래가 발생한다.

차익거래(arbitrage)는 동일한 상품이 현물시장과 선물시장에서 상이한 가격으로 거래될 때 과소평가된 시장에서는 매입하고 과대평가된 시장에서는 매도함으로써 추가적인 자금이나 위험부담 없이 이익(free lunch)을 얻는 거래를 말하며, 시장이 일시적인 불균형상태에 있을 경우에 발생한다.

차익거래의 과정에서 과소평가된 시장에서는 수요가 증가하여 가격이 상승하고, 과대평가된 시장에서는 공급이 증가하여 가격이 하락한다. 따라서 일물일가의 법칙이 성립할 때까지 차익거래가 지속되며 차익거래를 통해서 시장이 균형상태에 도달하게 되면 차익거래의 기회는 소멸하게 된다.

(4) 스프레드거래

스프레드거래(spread)는 조건이 서로 다른 선물계약간의 가격차이를 이용하여 과소평가된 선물은 매입하고 과대평가된 선물은 매도함으로써 이익을 추구하는 거래를 말한다. 스프레드거래는 서로 다른 선물의 종류에 따라 만기간 스프레드, 상품간 스프레드, 시장간 스프레드로 구분된다.

① 만기간 스프레드

만기간 스프레드(inter-delivery spread)는 동일한 기초자산을 대상으로 만기일이 서로 다른 선물을 동시에 매입하고 매도하는 거래를 말하며, 캘린더 스프레드(calendar spread) 또는 시간스프레드(time spread)라고도 한다. 만기간 스프레드는 강세스프레드와 약세스프레드로 구분된다.

㉠ 강세스프레드

강세스프레드(bull spread)는 시장이 강세장(bull market)인 경우 근월물의 가격상승폭이 원월물의 가격상승폭보다 클 것으로 예상하고, 약세장(bear market)인 경우 근월물의 가격하락폭이 원월물의 가격하락폭보다 적을 것으로 예상할 때 근월물을 매입하고 원월물을 매도하는 전략을 말한다.

㉡ 약세스프레드

약세스프레드(bear spread)는 시장이 강세장(bull market)인 경우 원월물의 가격상승폭이 근월물의 가격상승폭보다 클 것으로 예상하고, 약세장(bear market)인 경우 원월물의 가격하락폭이 근월물의 가격하락폭보다 적을 것으로 예상할 때 원월물을 매입하고 근월물을 매도하는 전략을 말한다.

② 상품간 스프레드

상품간 스프레드(inter-commodity spread)는 동일한 시장에서 선물의 만기일은 같지만 기초자산이 서로 다른 선물을 동시에 매입하고 매도하는 거래를 말한다. 예컨대 동일한 거래소에서 거래되고 있는 6월물 금선물은 매입하고, 6월물 은선물은 매도한 경우가 상품간 스프레드에 해당한다.

③ 시장간 스프레드

시장간 스프레드(inter-market spread)는 동일한 기초자산이 서로 다른 시장(거래소)에서 거래되는 경우에 한쪽 시장에서는 선물을 매입하고 다른 시장에서는 선물을 매도하는 거래를 말한다. 예컨대 달러선물을 미국에서는 매입하고 한국에서는 매도하는 경우가 시장간 스프레드에 해당한다.

5. 선물거래의 기능

선물시장은 선물거래를 이용하여 기초자산의 가격변동위험을 회피할 수 있는 위험전가기능을 수행한다. 또한 미래의 현물가격에 대한 가격예시기능을 수행하고 한정된 자원의 효율적 배분을 가능하게 하며 투기거래자의 부동자금을 헤지거래자의 산업자금으로 자본형성기능을 촉진하여 경제활성화에 기여한다.

(1) 가격예시의 기능

선물시장에서 결정되는 선물가격은 선물시장에 참여한 수많은 거래자들의 해당 기초자산에 대한 수요와 공급 등 각종 정보를 바탕으로 결정되기 때문에 미래의 현물가격에 대한 예시기능을 수행한다. 따라서 만기가 서로 다른 선물가격들은 미래의 특정시점에서 형성될 기대현물가격을 예측하는 기능이 있다.

(2) 위험이전의 기능

헤지거래자는 기초자산의 가격변동위험을 투기거래자에게 이전할 수 있고, 투기거래자는 헤지거래자로부터 이전되는 가격변동위험을 부담하지만 투기적인 이익을 도모한다. 따라서 선물시장은 헤지거래자가 회피하는 위험이 투기거래자에게 전가되는 위험이전기능을 수행하여 현물시장의 유동성을 증대시킨다.

(3) 자원배분의 기능

선물가격은 현물시장의 수급에 관한 정보들을 집약하여 상품의 생산, 저장, 소비의 시간적 배분을 통해 자원배분의 효율성을 증대시킨다. 미래에 재고부족이 예상되는 상품은 선물가격이 높게 형성되어 생산을 촉진시키고, 현재 재고가 부족한 상품은 가격하락이 예상되는 미래시점으로 소비를 연기하도록 한다.

(4) 자본형성의 기능

선물시장은 투기거래자의 부동자금을 헤지거래자의 산업자금으로 이전시키는 자본형성의 기능을 간접적으로 수행한다. 특히 금융기관은 금융선물을 이용하여 주가, 환율, 금리변동위험을 효과적으로 관리할 수 있으며, 기업은 자본비용을 절감할 수 있기 때문에 투자가 촉진되어 국가 전체의 부를 증진시킬 수 있다.

(5) 시장유동성의 증가

선물거래는 거래당사자들이 상대방의 계약불이행위험에 노출되어 있고 장외시장에서 거래가 이루어져 유동성이 부족한 선도거래의 문제점을 발전시킨 것이다. 선물거래는 기초자산, 거래단위, 최종거래일 등의 거래조건이 표준화되어 있고 조직화된 거래소에서 거래가 이루어지므로 유동성이 증가한다.

(6) 신금융상품의 개발

1980년대 중반 이후에 금융공학이 발전하면서 파생상품을 이용한 새로운 금융상품과 금융기법들이 계속 개발되고 있다. 선물시장은 다양한 금융상품의 개발을 통해서 투자기회를 계속 확대시켜 왔으며 향후에는 금융공학의 발전으로 기초자산의 가격변동위험을 효과적으로 관리할 것으로 예상된다.

제2절 **선물시장의 구성**

1. 선물시장의 조직

선물거래가 안정적으로 이루어지고 선물시장에 정보가 효율적으로 전달되기 위해서는 여러 가지의 조직과 규제가 필요하다. 일반적으로 선물시장은 국가마다 약간의 차이는 있으나 선물거래소, 청산소, 선물중개회사, 선물거래자로 구성되어 있다. [그림 2-6]에는 선물시장의 구조가 제시되어 있다.

그림 2-6 | 선물시장의 구조

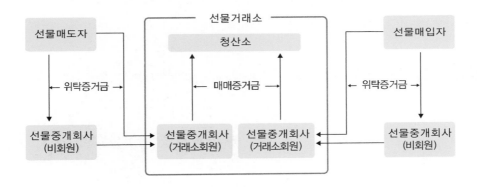

(1) 선물거래소

선물거래소(futures exchange)는 회원들에게 거래장소를 제공하고 표준화된 선물상품을 상장시키며 선물거래에 관련된 규칙을 제정하여 규제한다. 선물중개회사는 선물거래소에 회원으로 등록한 후 선물거래와 관련된 중개업무를 수행하며 선물거래자나 비회원인 선물중개회사는 회원을 통해 선물거래에 참가할 수 있다.

우리나라는 한국거래소(KRX)가 1996년 5월 3일 KOSPI 200선물을 도입하여 선물시대가 도래하였다. 1999년 4월 23일에 미국달러선물, 1999년 9월 29일에 국채선물, 2006년 5월 26일에 엔선물과 유로선물, 2008년에 돈육선물, 2015년 10월에 위안선물, 2015년 11월 23일에 금선물이 새롭게 상장되어 거래되고 있다.

(2) 청산소

청산소(clearing house)는 선물거래소에서 이루어지는 선물계약의 청산에 대해 책임을 지고 일일정산과 증거금제도를 통해 계약이행을 보증하는 역할을 수행한다. 청산소가 없는 선도거래는 매입자와 매도자가 거래의 직접적인 당사자이기 때문에 계약의 이행여부가 거래당사자들의 신용에 의해 좌우된다.

그러나 선물거래의 경우에는 거래당사자간에 선물계약이 체결되면 청산소가 개입하여 거래상대방이 된다. 따라서 선물매입자에게는 대금을 수령하고 기초자산을 인도해야 하는 선물매도자의 의무를 부담하고, 선물매도자에게는 대금을 지불하고 기초자산을 매입해야 하는 선물매입자의 의무를 부담한다.

예컨대 갑은 매입포지션을, 을은 매도포지션을 취했다고 가정하자. 갑과 을간에 선물거래가 성립하면 청산소가 개입하여 갑에게는 매도포지션을 취하고, 을에게는 매입포지션을 취하여 두 거래자간에 계약관계를 분리시킨다. 그러나 청산소는 매입포지션과 매도포지션을 동시에 취하여 순포지션은 0이 된다.

| 그림 2-7 | 청산소의 역할 |

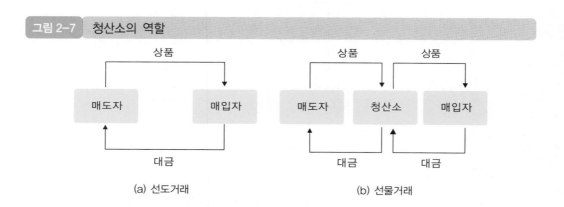

(a) 선도거래　　　　　　　(b) 선물거래

(3) 선물중개회사

선물중개회사(futures commission merchant)는 고객으로부터 주문을 위탁받아 선물거래를 대행하는 업무를 담당하고 고객의 미청산계약에 대한 기록을 유지하여 고객의 예탁금과 증거금을 관리하며 계좌개설부터 매매종결까지 선물중개 및 관리업무를 수행하면서 그 대가로 일정한 수수료를 받는 회사를 말한다.

선물중개회사는 거래소 회원과 거래소 회원이 아닌 경우로 구분되는데, 거래소 회원인 선물중개회사만 고객의 주문을 직접 처리할 수 있다. 따라서 비회원인 선물중개회사는 거래소 회원인 선물중개회사를 통해서 주문을 처리해야 한다. 이러한 회원제도의 운영은 결제제도에도 동일하게 작용되어 운용되고 있다.

(4) 선물거래자

선물시장의 참가자는 선물거래의 동기에 따라 헤지거래자, 투기거래자, 차익거래자, 스프레드거래자의 네 가지 유형으로 구분할 수 있다. 여기서 헤지거래자와 차익거래자는 현물시장과 선물시장을 동시에 이용한다. 그러나 투기거래자와 스프레드거래자는 선물시장만을 이용한다는 점에서 차이가 있다.

1) 헤지거래자

헤지거래자(hedger)는 현재 기초자산을 매입하여 미래에 매도할 예정인 현물자산의 가격하락위험 또는 현재 기초자산을 공매하여 미래에 매입할 예정인 현물자산의 가격상승위험에 대해 선물시장에서 반대포지션을 취함으로써 현물시장에서의 가격변동위험을 회피하기 위해 선물거래를 이용하는 투자자를 말한다.

선물시장의 참가자 중에서 비중이 가장 높은 헤지거래자가 선물거래를 이용하는 목적은 현물자산의 가격변동으로 인한 손실을 극소화시키는데 있다. 헤지거래자는 헤지거래를 수행하는 과정에서 기회손실을 입을 수 있으나, 이는 현물포지션에서 발생할 수 있는 손실을 회피하기 위해 지불하는 대가로 보아야 할 것이다.

2) 투기거래자

투기거래자(speculator)는 현물시장의 포지션에 관계없이 선물시장의 포지션만을 이용하여 선물가격의 변동에 따른 위험을 감수하면서 미래의 선물가격변동에 대한 예상에 의해 시세차익을 얻을 목적으로 선물거래을 이용하는 투자자를 말하며 헤지거래자가 전가한 위험을 부담하는 대가로 일정한 수익을 얻을 수 있다.

투기거래자가 선물거래를 이용하는 목적은 선물가격의 상승이 예상되면 선물을 매입하고, 선물가격의 하락이 예상되면 선물을 매도한 후 반대매매로 포지션을 청산함으로써 투기적인 이익을 도모하는데 있다. 따라서 투기거래자의 예상이 적중하면 많은 이익을 얻을 수 있고 예상이 빗나가면 많은 손실을 보게 된다.

투기거래자들은 보호되지 않은 포지션(uncovered position)을 보유하여 선물가격의 변동에 따른 위험을 감수하더라도 높은 투기적 이익을 얻고자 한다. 투기거래자는 선물시장에서 헤지거래자가 전가한 위험을 떠안을 뿐만 아니라 극단적인 가격변동을 예방하고 선물시장의 안정을 도모하는 중요한 기능을 수행한다.

투기거래자는 선물시장에서 선물포지션을 보유하는 기간에 따라 초단기거래자(scalper), 일일거래자(day trader), 포지션거래자(position trader)로 구분한다.

① 초단기거래자(scalper)

초단기거래자는 거액의 자금을 가지고 선물시장에서 초단기예측을 바탕으로 시장가격에 선물거래를 매입(매도)하여 작은 이익을 남기고 즉시 매도(매입)하는 투자자를 말한다. 초단기거래자는 대개 1~2 호가단위의 차이를 따라 대량거래를 수반하기 때문에 선물시장에 유동성을 증대시키는 역할을 수행한다.

② 일일거래자(day trader)

일일거래자는 선물시장에서 자신이 거래한 선물포지션을 하루 이상은 보유하지 않는 투자자를 말하며, 선물포지션을 취한 당일의 선물거래가 종료될 때까지 선물포지션을 청산한다. 왜냐하면 선물가격의 급변으로 투자원금을 모두 잃을 수도 있기 때문에 대부분의 선물거래자들은 포지션을 매일 청산한다.

③ 포지션거래자(position trader)

포지션거래자는 비교적 몇 주간에서 몇 개월 동안 지속될 선물가격의 변동에 관심을 갖고 거래하는 투자자를 말하며, 비회원거래자가 여기에 해당한다. 포지션거래자는 크게 아웃라이트 포지션(outright position)을 보유하는 투기거래자와 스프레드 포지션(spread position)을 보유하는 투기거래자로 구분된다.

아웃라이트 포지션거래자는 선물가격이 상승할 것으로 예상되면 선물계약을 매입하고 선물가격이 하락할 것으로 예상되면 선물계약을 매도함으로써 이익을 추구하는 투기거래자를 말한다. 그러나 아웃라이트 포지션거래에 수반되는 위험이 너무 크다고 판단되는 투기거래자들은 스프레드 포지션을 보유한다.

3) 차익거래자

차익거래자(arbitrageur)는 동일한 상품이 현물시장과 선물시장에서 서로 다른 가격으로 거래될 경우에 선물가격과 현물가격 또는 서로 다른 선물계약간의 일시적인 불균형을 이용하여 추가적인 자금이나 추가적인 위험을 부담하지 않으면서 이익을 얻을 목적으로 선물거래를 이용하는 투자자를 말한다.

선물거래는 파생상품으로 선물계약의 가격은 기초자산의 현재가격인 현물가격과 밀접한 관계가 있다. 이론적으로 선물가격은 현물가격과 보유비용의 합으로 결정된다. 따라서 선물가격과 현물가격간의 차이가 보유비용보다 크거나 작다면 균형관계가 이탈되어 차익거래의 기회가 발생한다.

요컨대 선물가격이 현물가격보다 과대평가되어 있는 경우에 과대평가된 선물을 매도하고 자금을 차입하여 과소평가된 현물을 매입하는 현물매입차익거래를 통해서 차익을 얻게 된다. 이러한 차익거래의 과정에서 선물가격은 하락하고 현물가격은 상승하여 균형상태에 도달하게 된다.

그리고 선물가격이 현물가격보다 과소평가되어 있는 경우에 과대평가된 현물을 공매하여 자금을 대출하고 과소평가된 선물을 매입하는 현물매도차익거래를 통해서 차익을 얻게 된다. 이러한 차익거래의 과정에서 현물가격은 하락하고 선물가격은 상승하여 균형상태에 도달하게 된다.

따라서 선물거래의 만기일에 인도일 수렴현상(convergence)에 의해 선물가격과 현물가격이 일치하는 것은 차익거래의 결과물이라고 할 수 있다. 만약 선물거래의 만기일에 선물가격과 현물가격이 일치하지 않는다면 즉시 차익거래의 기회가 발생하고 선물가격과 현물가격은 일치하게 된다.

4) 스프레드거래자

스프레드거래자(spreader)는 만기일 또는 기초자산이 서로 다른 선물계약의 가격 차이에 해당하는 스프레드의 변동을 이용하여 과소평가된 선물은 매입하고 과대평가된 선물은 매도하여 이익을 얻는 투자자를 말한다. 스프레드거래에 따른 손익은 두 선물가격의 절대적 변화에 의해서가 아니라 상대적 변화에 의해 결정된다.

표 2-9　선물시장의 구성요소

구　　　분			주요 기능
선물거래소			거래장소 제공, 선물상품의 표준화, 거래관련 규칙 제정
청　산　소			증거금 징수, 청산업무, 일일정산, 결제업무
중개인	거래소 회원	결 제 회 원	선물거래자의 주문처리, 청산업무, 결제업무
		비결제회원	선물거래자의 주문처리
	거래소 비회원		선물거래자의 주문을 거래소회원에게 위탁
선물거래자			헤지거래, 투기거래, 차익거래, 스프레드거래

2. 선물시장의 운용

(1) 계약의 표준화

선물거래는 거래대상인 기초자산의 수량과 품질, 거래단위, 결제월, 상장결제월, 호가가격단위, 최소가격변동금액, 가격표시방법, 거래시간, 최종거래일, 최종결제일, 결제방법, 가격제한폭 등이 표준화되어 있어서 선물가격을 쉽게 비교할 수 있으며 표준화된 선물계약에 거래가 집중되기 때문에 유동성이 증가한다.

표 2-10	국내선물상품의 상품명세			
구 분	주가지수선물	3년 국채선물	미국달러선물	돈육선물
기 초 자 산	KOSPI 200지수	표면금리 연 5% 만기 3년 국채	미국달러	돈육대표가격
계 약 금 액	KOSPI 200지수 × 25만원(거래승수)	액면가액 1억원	US $10,000	1,000kg
상 장 결 제 월	3년 이내 7개 결제월	2개 결제월	총 20개 결제월	6개 결제월
가 격 표 시	KOSPI 200선물 수치	액면 100원당 원화	US $1당 원화	원/kg
최소가격변동폭	12,500원 (25만원×0.05)	10,000원 (1억원×0.01)	1,000원 (1만불×0.1원)	5,000원 (1,000kg×5원)
최 종 거 래 일	각 결제월의 두번째 목요일	최종결제월의 세번째 화요일	최종결제월의 세번째 월요일	최종결제월의 세번째 수요일
최 종 결 제 일	최종거래일의 다음 거래일	최종거래일의 다음 거래일	최종거래일의 3일째 거래일	최종거래일의 3일째 거래일
최 종 결 제 방 법	현금결제	현금결제	실물결제	현금결제

(2) 일일정산제도

선도거래와 달리 선물거래는 선물시장에서 매일 거래가 이루어지고 선물가격이 변하게 된다. 이와 같이 선물가격이 변화하면 청산소는 선물거래자의 미청산계약(open interest)을 매일 전일 종가와 당일 종가의 차이로 정산하여 손익을 선물거래자의 증거금에 가감하는 제도를 일일정산제도라고 한다.

일일정산이 없다면 선물가격의 불리한 변동이 지속되어 손실이 누적되면 거래당사자의 일방이 계약을 이행하지 않을 위험에 직면한다. 따라서 청산소는 선물계약의 이행을 보증하기 위해 선물거래자의 증거금이 손실을 보전할 수 있는 수준으로 유지되고 있는가를 확인하고자 일일정산제도를 운영한다.

(3) 증거금제도

1) 증거금의 의의

증거금(margin)은 일일정산을 원활하게 하고 선물가격이 불리하게 변동하더라도 선물거래의 결제를 성실히 이행하겠다는 선물계약의 이행을 보증하기 위한 보증금의 성격으로 선물거래자가 선물중개회사에 예치해야 하는 현금 또는 현금등가물을 말하며 미결제약정에 대한 손익을 정산하는 수단으로 사용된다.

증거금제도는 실제로 선물가격이 하락하는 경우에는 선물매입자의 계약위반가능성으로부터 선물매도자를 보호하고, 반대로 선물가격이 상승하는 경우에는 선물매도자의 계약위반가능성으로부터 선물매입자를 보호함으로써 거래상대방의 계약불이행위험을 제거하고 선물거래의 유동성을 확보할 수 있게 된다.

2) 증거금의 종류

증거금은 2단계로 구분된다. 선물거래자는 선물중개회사를 통해 결제회사에 증거금을 예치하고, 결제회사는 청산소에 증거금을 예치한다. 우리나라는 선물거래자가 선물중개회사에 예치하는 증거금을 위탁증거금이라고 하고, 선물중개회사가 청산소에 예치하는 증거금을 매매증거금이라고 한다.

① 위탁증거금

위탁증거금(customer margin)은 선물거래자가 선물중개회사(FCM)에 계좌를 개설한 후에 예치하는 증거금을 말한다. 위탁증거금은 크게 개시증거금, 유지증거금, 추가증거금 그리고 초과증거금으로 구분된다.

㉠ 개시증거금

개시증거금(initial margin)은 선물거래자가 선물계약을 매입하거나 매도할 경우 자신의 위탁계좌에 예치해야 하는 증거금을 말한다. 선물거래소는 기초자산의 가격수준, 가격변동성, 선물거래의 이용목적 등을 감안하여 개시증거금을 결정하는데, 대체로 계약금액의 5~15% 수준에서 결정된다.

㉡ 유지증거금

선물가격의 변동에 따라 일일정산과정에서 발생하는 모든 입출금은 선물거래자의 위탁계좌를 통해 이루어진다. 선물거래에서는 선물가격의 변동에 따라 발생하는 손익이 매일 일일정산되어 고객의 증거금에 반영되는데, 선물가격이 크게 변동하여 손실액이 증거금잔액을 초과하면 증거금은 그 기능을 상실한다.

유지증거금(maintenance margin)은 선물계약의 이행을 보증하기 위해 미청산계약(open interset)의 위탁계좌에서 반드시 유지해야 하는 최소한의 증거금을 말한다. 일반적으로 유지증거금은 개시증거금의 75~90% 수준에서 결정된다. 예컨대 KOSPI 200선물의 유지증거금은 개시증거금의 2/3인 10%이다.

ⓒ 추가증거금

추가증거금(additional margin)은 선물가격의 불리한 변동으로 손실이 발생하여 증거금이 유지증거금 이하로 떨어지면, 선물중개회사가 익일 오전까지 증거금을 개시증거금 수준까지 예치하도록 요구할 경우에 선물거래자가 추가로 예치해야 하는 증거금을 말하며, 변동증거금(variation margin)이라고도 한다.

ⓓ 초과증거금

초과증거금(excess margin)은 선물가격의 유리한 변동으로 이익이 발생하여 증거금 잔고가 개시증거금 수준을 초과하면 선물거래자는 초과분을 언제든지 인출할 수 있는데, 이 인출가능한 금액을 말한다.

ⓔ 매매증거금

매매증거금(member's margin)은 선물거래소의 회원인 선물중개회사가 고객이나 비회원인 선물중개회사로부터 받은 위탁증거금의 일부를 선물거래의 결제이행을 위해 청산소에 납부해야 하는 증거금을 말한다.

◆ 예제 2-2 일일정산과 증거금제도

투자자 홍길동은 3월 11일 현재 상품선물시장에서 6월물 옥수수선물 10계약을 부셀당 5,000원에 매입하였다. 옥수수선물 1계약은 5,000부셀이며 개시증거금은 계약금의 10%이고, 유지증거금은 개시증거금의 80%라고 가정하자. 3월 11일 옥수수선물의 가격은 매입시점의 가격보다 상승하여 5,200원으로 마감되었다.
3월 12일에는 옥수수선물의 가격이 큰 폭으로 하락하여 4,950원이 되었고, 3월 13일에도 하락하여 4,800원이 되었다. 홍길동은 옥수수선물의 가격이 더 떨어질 것으로 예상하고 3월 14일 손해를 감수하고 부셀당 4,700원에 10계약을 매도하여 포지션을 청산했다고 가정하여 일일정산과 증거금계정의 변화를 설명하시오.

> **풀이**

- 먼저 옥수수선물의 계약금액을 계산한 후에 개시증거금과 유지증거금을 산출한다.
  계약 금액 : 5,000원×5,000부셀×10계약 = 250,000,000원
  개시증거금 : 250,000,000원×0.10 = 25,000,000원
  유지증거금 : 25,000,000원×0.80 = 20,000,000원

- 3월 11일에 선물가격이 매입가격보다 200원 상승하여 선물매입자인 홍길동은 10,000,000 원의 이익을 얻게 되어 증거금잔고는 35,000,000원이 된다. 홍길동은 증거금계정에 있는 35,000,000원 중 개시증거금 25,000,000원을 제외한 10,000,000원을 인출할 수도 있다.
  (5,200원−5,000원)×5000부셀×10계약 = 10,000,000원

- 3월 12일에 선물가격은 전일보다 250원 하락하여 선물매입자인 홍길동은 12,500,000원의 손실을 보게 되어 증거금잔고는 전일의 35,000,000원에서 당일 손실 12,500,000원을 차감한 22,500,000원이 된다. 이때 증거금잔고가 유지증거금을 초과하고 있어 추가로 증거금을 적립할 필요는 없다.
  (4,950원−5,200원)×5000부셀×10계약 = −12,500,000원

- 3월 13일에 선물가격은 전일보다 150원 하락하여 홍길동은 7,500,000원의 손실을 보게 되어 증거금잔고는 전일의 22,500,000원에서 당일 손실 7,500,000원을 차감한 15,000,000원이 된다. 이때 증거금잔고가 유지증거금 아래로 하락하여 개시증거금과 증거금잔고의 차액인 10,000,000원을 추가로 입금해야 한다.
  (4,800원−4,950원)×5000부셀×10계약 = −7,500,000원

- 3월 14일에 홍길동은 옥수수선물계약을 부셀당 4,700원에 매도하여 자신이 매입한 포지션을 청산하였다. 이 거래로 홍길동은 전일에 비해 5,000,000원의 손실을 보았다. 따라서 홍길동은 전일의 증거금수준 25,000,000원에서 당일 손실 5,000,000원을 차감한 잔액 20,000,000원을 인출하면 거래는 종결된다.
  (4,700원−4,800원)×5000부셀×10계약 = −5,000,000원

- 개시증거금은 옥수수선물 계약시 납부할 금액이며, 증거금잔고가 유지증거금 이하로 내려가면 홍길동은 증거금잔고와 개시증거금의 차액만큼을 익일 정오까지 추가로 납부해야 매입포지션을 유지할 수 있다. 일별 선물가격의 변동에 따른 일일정산의 과정은 [표 2−11]과 같이 나타낼 수 있고, 증거금계정의 변화는 [그림 2−8]에 제시하였다.

> **표 2-11** 일일정산의 과정

날짜	선물가격	선물손익	납부금액	증거금잔고
3월 11일	5,200원	10,000,000원	−	35,000,000원
3월 12일	4,950원	−12,500,000원	−	22,500,000원
3월 13일	4,800원	−7,500,000원	10,000,000원	25,000,000원
3월 14일	4,700원	−5,000,000원	−	20,000,000원

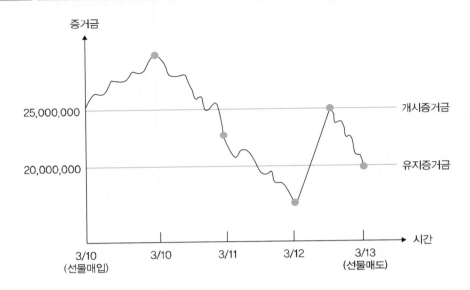

그림 2-8 증거금계정의 변화

(4) 가격안정화제도

선물시장의 안정과 발전을 위해서는 투자자 보호가 절실히 필요하다. 선물시장에는 가격제한폭제도, 선물가격이나 KOSPI가 크게 변동하는 경우에 시장의 안정을 유지하기 위한 매매거래중단제도, 선물시장에 의해 현물가격의 급변동이 증폭되지 않도록 하는 프로그램매매 체결지연제도 등의 투자자 보호장치가 있다.

서킷브레이커(circuit breakers)는 주식가격이 급등하거나 급락할 경우 주식거래를 일시적으로 중단시키는 제도를 말한다. 주식시장에서 주가지수가 전일 대비 8%(1차 중단), 15%(2차 중단) 이상 변동하여 1분간 지속되는 경우에 모든 주식거래를 20분간 중단시킨다. 그러나 20% 이상 변동하면 그날 장을 마감시킨다.

KOSPI 200 선물가격이 1분 이상 전일 대비 5% 이상 변동하고 이론가격과 3% 이상 괴리되면 KOSPI 200 선물옵션시장 매매거래를 5분간 중단시킨다. 서킷브레이커는 하루 1회만 발동할 수 있고, 선물시장 서킷브레이커 발동 후 주식시장 서킷브레이커 발동시에는 다시 중단하고, 오후 2시 50분 이후에는 중단하지 않는다.

사이드카(side car)는 선물지수 급변으로 주가가 급변하는 것을 최소화하기 위해 프로그램 매매호가의 효력을 일시적으로 중단하는 것을 말한다. KOSPI 200 선물가격이 전일 대비 5% 이상 변동하여 1분 이상 지속되면 현물주식시장에서 프로그램 매매호가의 효력을 5분간 정지시키되 장 종료 40분 전부터 발동이 금지된다.

제3절 선물가격의 결정

선물계약은 파생상품이므로 선물계약의 가격은 기초자산의 현물가격과 밀접한 관계를 갖는다. 선물가격과 현물가격간의 관계를 살펴봄으로써 선물가격을 결정할 수 있는데, 이러한 선물가격의 결정모형을 보유비용모형(cost of carry model) 또는 현물－선물 등가이론(spot futures parity theorm)이라고 한다.

1. 선물가격과 현물가격의 관계

선물거래는 거래대상이 되는 기초자산이 현물시장에서 거래되고 있으므로 선물가격은 현물가격과 연관되어 움직인다. 일반적으로 현물가격이 상승하면 선물가격도 상승하고, 현물가격이 하락하면 선물가격도 하락한다. 이러한 현물가격과 선물가격간의 균형관계는 차익거래에 의해 형성되고 유지된다.

보유비용모형은 선물계약을 매입하는 것과 현물자산을 매입하여 만기일까지 보유하는 것이 동일한 효과를 갖기 때문에 차익거래의 기회가 없는 시장균형상태에서 이론선물가격($F_{0,T}$)은 현물가격(S_0)에 만기일까지 보유비용(CC)은 가산하고 보유수익(CR)은 차감한 값과 동일해야 한다는 모형을 말한다.

현재시점에서 선물계약을 매입하면 만기일에 $F_{0,T}$의 가격을 지불하고 기초자산을 매입하여 만기일에 $F_{0,T}$의 비용을 부담하는 반면에, 현재시점에서 현물자산을 매입하여 만기일까지 보유하면 현물가격과 현물보유에 따른 보유비용을 부담하여 선물가격과 현물가격간에 다음과 같은 등가관계가 성립해야 한다.

$$F_{0,T} = S_0 + CC - CR \tag{2.1}$$

$F_{0,T}$: 만기일이 T인 선물의 현재가격

S_0 : 현재시점의 현물가격

CC : 현물보유에 따른 보유비용

CR : 현물보유에 다른 보유수익

만일 식(2.1)의 관계가 성립하지 않으면 투자자는 선물시장과 현물시장간의 차익거래로 추가적인 투자금액과 위험부담 없이 이익을 얻을 수 있는 차익거래가 발생한다. 한편

현물자산을 매입하여 선물만기일까지 보유하는 동안에 발생하는 보유비용은 다음과 같은 세 가지 유형으로 구분된다.

① 현물매입의 기회비용

현재시점에서 현물자산을 매입하면 S_0만큼의 현금유출이 발생한다. 따라서 현물자산의 매입금액을 선물의 만기일까지 재투자한다고 가정하면 재투자수익($S_0 \times r$)의 수익을 포기하게 되어 기회비용이 발생한다.

② 현물자산의 보유비용

현물자산을 매입하여 선물의 최종거래일까지 보유하면 여러 가지의 비용을 부담하므로 정(+)의 보유비용을 갖는다. 수송비, 보관비, 보험료가 상품선물의 보유비용이고, 이자비용이 금융선물의 보유비용이다.

③ 현물자산의 보유수익

금융선물의 경우 현물인 주식과 채권을 매입하여 선물의 만기일까지 보유하면 배당수익과 이자수익을 얻을 수 있어 부(−)의 보유비용을 갖는다. 따라서 현재시점에 현물자산을 매입하여 선물의 만기일까지 현물보유에 따른 세 가지 유형의 비용을 고려하면 식(2.1)은 다음과 같이 나타낼 수 있다.

$$F_{0,\,T} = S_0 + 기회비용 + 보유비용 - 보유수익 \tag{2.2}$$

(1) 완전자본시장에서의 선물가격

완전자본시장의 가정하에서 보유비용모형을 산출하기 위한 가정은 다음과 같다. 보유비용모형을 이용하여 선물가격을 도출할 때 선물계약을 중도에 청산하지 않고 선물의 최종거래일까지 보유하며 일일정산은 없는 것으로 가정한다.

첫째, 선물시장과 현물시장은 거래비용과 세금이 없는 완전자본시장이다.

둘째, 기초자산의 공매에 제한이 없고 공매대금은 전액 사용할 수 있다.

셋째, 자금차입과 대출에 제한이 없고 예금금리와 대출금리는 동일하다.

1) 기회비용만 고려하는 경우

선물의 최종거래일까지 보유비용과 보유수익이 없는 경우에 선물가격은 다음과 같이 결정된다.

$$F_{0,T} = S_0 + 기회비용 = S_0(1 + r \times \frac{T}{360}) \qquad (2.3)$$

2) 보유비용을 고려하는 경우

선물의 최종거래일까지 보유비용은 있고 보유수익은 없는 경우에 선물가격은 다음과 같이 결정된다.

$$F_{0,T} = S_0 + 기회비용 + 보유비용 = S_0(1 + r \times \frac{T}{360}) + C(1 + r \times \frac{T-t}{360}) \qquad (2.4)$$

3) 보유수익을 고려하는 경우

선물의 최종거래일까지 보유비용은 없고 보유수익은 있는 경우에 선물가격은 다음과 같이 결정된다.

$$F_{0,T} = S_0 + 기회비용 - 보유수익 = S_0(1 + r \times \frac{T}{360}) - D(1 + r \times \frac{T-t}{360}) \qquad (2.5)$$

(2) 불완전자본시장에서의 선물가격

지금까지는 세금과 거래비용이 존재하지 않는 완전자본시장을 가정하여 선물가격과 현물가격간의 균형관계를 설명하였다. 그러나 현실적으로 다양한 형태의 시장불완전요인이 존재하므로 앞에서 유도한 보유비용모형도 수정되어야 한다.

1) 시장불완전요인

현물시장과 선물시장에는 호가스프레드, 거래비용, 예대마진, 차입과 공매의 제한과 같은 여러 가지 시장불완전요인이 존재하여 차익거래의 실행을 제약하고 있다.

① 호가스프레드

현물시장과 선물시장에서 딜러가 고객에게 제시하는 매입가격을 매입호가(bid price), 매도가격을 매도호가(ask price)라고 하며, 매입가격과 매도가격의 차이를 호가스프레드(bid−ask spread)라고 한다. 따라서 고객의 입장에서는 딜러의 매입호가가 매도가격이 되고, 매도호가가 매입가격이 된다.

② 거래수수료

거래수수료(transaction fees)는 투자자가 현물자산이나 선물계약을 매입하거나 매도할 때 선물중개회사에 지급하는 수수료를 말한다.

㉠ 현물포지션의 청산을 위한 거래수수료가 없는 상품선물

선물계약의 최종결제가 실물인수도에 의해 청산되는 경우에는 선물의 최종거래일에 현물과 선물이 서로 상쇄되어 청산될 수 있기 때문에 현물포지션의 청산을 위한 거래수수료가 발생하지 않는다.

㉡ 현물포지션의 청산을 위한 거래수수료가 있는 지수선물

선물계약의 최종결제가 현금결제에 의해 청산되는 경우에는 선물포지션의 청산에 현물자산을 이용할 수 없기 때문에 선물의 최종거래일에 현물포지션의 청산을 위한 거래수수료가 발생할 수 있다.

③ 예대마진의 차이

일반적으로 대출이자율은 예금이자율보다 높다. 따라서 고객이 자금을 차입할 경우에 자산의 여유자금을 예금할 때보다 더 높은 금리를 지불해야 한다.

④ 차입과 공매의 제한

차익거래자가 현물매입차익거래를 수행하려면 현물매입자금을 차입해야 하는데 차입한도가 제한되는 경우가 있다. 그리고 현물매도차익거래를 수행하기 위해 공매할 경우 공매대금을 완전히 사용할 수 없는 경우가 발생할 수도 있다.

2) 선물가격의 범위

시장불완전요인을 고려할 경우에 차익거래가 발생하지 않기 위한 선물가격은 일정한 범위 내에서 결정된다. 현물보유에 따른 보유비용과 보유수익이 발생하지 않는다는 가정하에서 호가스프레드, 거래수수료, 예금이자율과 대출이자율의 차이를 고려할 경우에 선물가격의 결정범위는 다음과 같다.

① 선물가격의 상한 : 선물매입호가 ≤ 현물매입비용

선물가격이 이론가격보다 높은 경우에 과대평가된 선물을 매도하고 자금을 차입하

여 과소평가된 현물을 매입하는 현물매입차익거래는 현재 S_a의 자금유출과 F_b의 현금유입을 고정시키는 합성대출과 같다. 이때 현물은 현재시점에서 S_a(매도호가)에 매입하고 선물만기일에 F_b(매입가격)으로 매도한다.

$$\frac{(F_b - TF) - S_a}{S_a} \leq r_B \rightarrow F_b \leq S_a(1 + r_B) + TF \qquad (2.6)$$

② 선물가격의 하한 : 선물매입호가 ≥ 현물매입비용

선물가격이 이론가격보다 낮은 경우에 과대평가된 현물을 공매하여 자금을 대출하고 과소평가된 선물을 매입하는 현물매도차익거래는 현재 S_b의 자금유출과 F_a의 현금유출을 고정시키는 합성차입과 같다. 이때 현물은 현재시점에서 S_b(매입호가)에 공매하고 선물만기일에 F_a(매도가격)으로 매입한다.

$$\frac{(F_a + TF) - S_b}{S_b} \geq r_L \rightarrow F_a \geq S_b(1 + r_L) - TF \qquad (2.7)$$

③ 선물가격의 범위

시장불완전요인을 고려할 경우에 차익거래가 발생하지 않기 위한 무차익거래영역(no arbitrage bound)을 제시하면 선물가격의 결정범위는 식(2.8)과 같다. 여기서 좌변은 현물공매에 의한 현금유입액으로 무차익거래영역의 하한이 되고, 우변은 현물보유에 따른 현금유출액으로 무차익거래영역의 상한이 된다.

$$S_b(1 + r_L) - TF \leq F \leq S_a(1 + r_B) + TF \qquad (2.8)$$

그러나 현물공매자금에 사용제한이 있는 경우에는 선물매도호가를 결정할 경우에 이를 반영해야 한다. 공매자금 중 일정비율(f)만 사용가능할 경우에 대출가능한 금액은 $S_b \cdot f$가 되고, 나머지 공매자금 $S_b \cdot (1 - f)$은 증거금으로 보유하고 있어야 한다. 따라서 선물가격의 하한은 다음과 같이 수정되어야 한다.

$$S_b(1 + f \cdot r_L) - TF \leq F \leq S_a(1 + r_B) + TF \qquad (2.9)$$

● 예제 2-3 **불완전자본시장에서 선물가격**

2019년 3월 18일 현재 KOSPI 200선물시장에서는 만기가 3개월 남은 KOSPI 200이 280 포인트에 거래되고 있다. KOSPI 200에 포함된 주식들의 평균배당수익률은 연 2%이고, KOSPI 200선물의 1포인트당 가격은 250,000원이다. 1년은 360일로 가정하여 다음 물음에 답하시오.

1. 예금이자율과 대출이자율이 연 4%로 동일하고 기타의 거래비용은 없다고 할 때 KOSPI 200지수선물의 균형가격을 구하시오.

2. 예금이자율은 연 3%, 대출이자율은 연 5%이며 기타의 거래비용은 없다고 할 때 KOSPI 200지수선물의 균형가격을 구하시오.

3. 예금이자율은 연 3%, 대출이자율은 연 5%이며 호가스프레드가 0.01 존재한다. KOSPI 200현물의 경우에는 매입과 매도 및 청산할 때 1계약당 0.05의 거래비용이 발생하고, KOSPI 200선물의 경우에는 1계약당 0.03의 거래비용이 발생한다. 차익거래가 발생하지 않기 위한 KOSPI 200선물의 균형가격을 구하시오.

풀이

1. 만기일이 2019년 6월 13일인 KOSPI 200선물의 균형가격은 다음과 같이 구할 수 있다.

$$F_{0,T} = S_0 \left[1 + (r-d) \times \frac{T}{360} \right]$$
$$= 280 \left[1 + (0.04 - 0.02) \times \frac{60}{360} \right] = 280.93$$

2. 차익거래가 발생하지 않기 위한 선물가격의 상한과 하한은 다음과 같이 구할 수 있다.

① 선물가격의 상한 : $F_{0,T} \le S_0 \left[1 + (r_B - d) \times \frac{T}{360} \right]$

$$= 280 \left[1 + (0.05 - 0.02) \times \frac{60}{360} \right] = 281.40$$

② 선물가격의 하한 : $F_{0,T} \ge S_0 \left[1 + (r_L - d) \times \frac{T}{360} \right]$

$$= 280 \left[1 + (0.03 - 0.02) \times \frac{60}{360} \right] = 280.47$$

$$\therefore 280.47 \le F \le 281.40$$

3. 차익거래가 발생하지 않기 위한 선물가격의 상한과 하한은 다음과 같이 구할 수 있다.

① 선물가격의 상한 : $F_{0,T} \le S_0 \left[1 + (r_B - d) \times \frac{T}{360} \right]$ + 거래수수료 + 호가스프레드

$$= 280 \left[1 + (0.05 - 0.02) \times \frac{60}{360} \right] + 0.05 + 0.03 + 0.01 = 281.49$$

② 선물가격의 하한 : $F_{0,T} \ge S_0 \left[1 + (r_L - d) \times \frac{T}{360} \right]$ - 거래수수료 - 호가스프레드

$$= 280 \left[1 + (0.03 - 0.02) \times \frac{60}{360} \right] - 0.05 - 0.03 - 0.01 = 280.38$$

$$\therefore 280.38 \le F \le 281.49$$

2. 선물가격과 선물가격의 관계

보유비용모형에 의하면 선물가격과 현물가격의 차이는 현물가격에 대한 선물만기일까지 보유비용은 가산하고 보유수익은 차감한 값이다. 이러한 관계는 동일한 기초자산에 대한 만기가 상이한 선물계약의 가격간에도 성립한다. 시장균형상태에서 원월물가격과 근월물가격간에는 다음과 같은 관계가 성립한다.

$$F_{0,T2} = F_{0,T1}(1 + r_{T1,T2}) + C_{T1,T2} - D_{T1,T2} \qquad (2.10)$$

근월물의 만기(T_1)와 원월물(T_2)의 만기일 사이에 보유비용과 보유수익이 없다고 가정하는 경우에 식(2.10)은 다음과 같이 바꾸어 쓸 수 있다.

$$F_{0,T2} = F_{0,T1}(1 + r_{T1,T2}) = F_{0,T1}(1 + r \times \frac{T_2 - T_1}{360}) \qquad (2.11)$$

따라서 최종거래일이 서로 다른 선물계약의 가격간에 식(2.11)의 균형관계가 성립하지 않으면 차익거래의 기회가 발생하게 된다.

3. 베이시스의 개념

(1) 베이시스의 정의

베이시스(basis)는 특정한 장소에서 거래되는 특정상품의 현물가격과 선물가격간의 차이 또는 선물가격과 현물가격간의 차이를 말하며 현물가격이 선물가격과 어떠한 관계를 가지고 움직이는가를 나타내는 척도로 사용된다. 여기서는 실무와 일관성을 유지하기 위해 후자를 베이시스로 사용한다.

$$베이시스(B) = 선물가격(F) - 현물가격(S) \qquad (2.12)$$

상품선물은 선물가격이 현물가격보다 높게 형성되어 베이시스가 정(+)의 값을 갖는데, 이러한 현상을 콘탱고(contango)라고 한다. 금융선물은 보유비용보다 보유수익이 크면 선물가격이 현물가격보다 낮게 형성되어 베이시스가 부(-)의 값을 갖는데, 이러한 현상을 백워데이션(backwardation)이라고 한다.

표 2-12	정상시장과 역조시장	

구 분	정상시장	역조시장
별 칭	콘탱고(contango)	백워데이션(backwardation)
가 격	선물가격＞현물가격	선물가격＜현물가격
보유비용	정(＋)	부(－)
베이시스	정(＋)	부(－)

그림 2-9	베이시스와 인도일 수렴현상

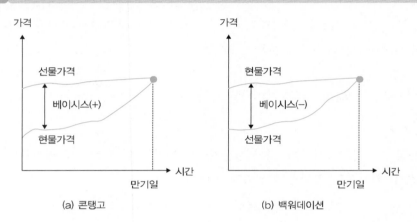

(a) 콘탱고   (b) 백워데이션

동일한 상품이 선물시장과 현물시장에서 거래되면 선물가격과 현물가격간에 밀접한 관계가 있을 것이다. 베이시스는 만기까지 기간이 길수록 확대되고 만기일에 근접하면 축소되어 만기일에는 0이 되는데, 선물가격이 만기일에 가까워지면서 현물가격에 수렴하는 현상을 인도일 수렴현상(convergence)이라고 한다.

(2) 베이시스의 위험

선물의 만기일 이전에는 선물가격과 현물가격이 계속해서 변동하게 되고 선물가격과 현물가격의 변동이 정확히 일치하지 않기 때문에 베이시스는 0이 되지 않으며 계속해서 변화하게 된다. 그러나 선물의 만기일이 다가올수록 선물가격은 현물가격에 수렴하게 되며 만기일에는 현물가격과 일치하게 된다.

따라서 베이시스는 만기일에 접근할수록 감소하여 만기일에는 0이 된다. 베이시스 위험은 베이시스의 변동에 따라 선물거래자의 손익이 달라지는 위험을 말한다. 베이시스의 변동폭은 선물가격과 현물가격의 변동폭에 비해 적게 변화하여 헤지거래는 가격변동위험을 베이시스위험으로 대체하는 것이다.

개시베이시스는 선물을 거래할 경우 선물가격과 현물가격의 차이를 말하고, 커버베이시스는 선물을 청산할 때 선물가격과 현물가격의 차이를 말한다. 선물거래의 계약시점부터 청산시점까지 선물가격의 변동과 현물가격의 변동이 동일하면 개시베이시스와 커버베이시스가 일치하여 완전헤지가 달성된다.

(3) 베이시스를 이용한 투기거래

베이시스가 확대되면 콘탱고에서 현물을 매도하고 선물은 매입하며, 백워데이션에서 현물은 매입하고 선물을 매도하면 베이시스 변동만큼의 이익을 얻을 수 있다. 베이시스가 축소되면 콘탱고에서 현물을 매입하고 선물은 매도하며, 백워데이션에서 현물은 매도하고 선물을 매입하면 베이시스 변동만큼의 이익을 얻을 수 있다.

| 표 2-13 | 베이시스의 변화에 따른 손익 |

구 분	베이시스	매입헤지	매도헤지
콘탱고	축소	순손실	순이익
(선물가격＞현물가격)	확대	순이익	순손실
백워데이션	축소	순이익	순손실
(선물가격＜현물가격)	확대	순손실	순이익

4. 스프레드의 개념

(1) 스프레드의 정의

스프레드(spread)는 조건이 서로 다른 선물계약간의 가격차이를 말한다. 그리고 스프레드거래는 스프레드의 변동을 예상하여 과대평가된 선물은 매도하고 과소평가된 선물은 매입하는 전략을 말한다. 따라서 스프레드거래에 따른 손익은 매도포지션과 매입포지션의 상대적인 크기에 의해서 결정된다.

$$\text{스프레드(S)} = \text{원월물가격}(F_2) - \text{근월물가격}(F_1) \qquad (2.13)$$

(2) 스프레드의 종류

① 만기간 스프레드(inter-delivery spread)
만기간 스프레드는 동일한 거래소에서 거래되는 기초자산은 동일하지만 만기가 서

로 다른 선물계약간의 가격차이를 말하며 캘린더 스프레드(calendar spread)라고도 한다. 예컨대 한국거래소(KRX)에서 거래되는 KOSPI 200선물 6월물은 매입하고, 9월물은 매도한 경우가 만기간 스프레드 포지션에 해당한다.

만기간 스프레드에서 만기가 가까운 선물은 근월물(nearby futures)이라 하고, 만기가 먼 선물은 원월물(distant futures)이라고 한다. 보유비용모형을 이용할 경우에 원월물가격은 근월물가격에 보유비용은 가산하고 보유수익은 차감하여 결정된다. 만기간 스프레드는 강세스프레드와 약세스프레드로 구분된다.

㉠ 강세스프레드

강세스프레드(bull spread)는 근월물가격이 원월물가격에 비해 더 상승할 것으로 예상하여 근월물은 매입하고 원월물을 매도하는 전략을 말한다. 강세장에서는 초과수요가 존재하여 근월물가격이 원월물가격보다 더 크게 상승하기 때문에 강세장이 예상되면 강세스프레드를 구성한다.

㉡ 약세스프레드

약세스프레드(bear spread)는 근월물가격이 원월물가격에 비해 더 하락할 것으로 예상하여 근월물은 매도하고 원월물을 매입하는 전략을 말한다. 약세장에서는 초과공급이 존재하여 근월물가격이 원월물가격보다 더 크게 하락하기 때문에 약세장이 예상되면 약세스프레드를 구성한다.

② 상품간 스프레드(inter-commodity spread)

상품간 스프레드는 동일한 거래소에서 거래되는 만기는 동일하지만 기초자산이 서로 다른 선물계약간의 가격차이를 말한다. 예컨대 뉴욕상업거래소(NYMEX)에서 거래되는 6월물 금선물은 매입하고, 6월물 은선물은 매도하여 스프레드 포지션을 취한 경우가 상품간 스프레드 포지션에 해당한다.

③ 시장간 스프레드(inter-market spread)

시장간 스프레드는 상품간 스프레드의 변형으로 만기와 기초자산은 동일하지만 상이한 선물시장에서 거래되는 선물계약간의 가격차이를 말한다. 예컨대 6월물 미국 달러선물을 미국시장에서는 매입하고 한국거래소에서는 매도하여 스프레드 포지션을 취한 경우가 시장간 스프레드 포지션에 해당한다.

(3) 스프레드를 이용한 투기거래

스프레드를 이용한 투기거래도 베이시스를 이용한 투기거래처럼 선물가격 자체가 아니라 두 선물가격의 상대적 가격차이를 이용하여 투기거래를 하는 것을 말한다. 스프레드의 축소(확대)가 예상되는 경우에 근월물은 매입(매도)하고 원월물을 매도(매입)하면 스프레드 변동만큼의 이익을 얻을 수 있다.

표 2-14	스프레드의 변화에 따른 손익	
구 분	매입스프레드거래	매도스프레드거래
스프레드 확대	이익	손실
스프레드 축소	손실	이익

5. 선물가격과 기대현물가격의 관계

보유비용모형은 현재의 선물가격과 현재의 현물가격간의 관계를 나타낸다. 여기서는 현재의 선물가격이 미래의 기대현물가격과 어떠한 관계를 갖는지에 대해 살펴보고자한다. 현재의 선물가격과 미래의 기대현물가격의 관계를 설명하는 이론은 크게 순수기대가설과 위험프리미엄가설로 구분된다.

(1) $F_{0,\,T} = E(S_T)$: 순수기대가설

선물계약은 만기일에 현물을 인수도할 것을 계약한 것이므로 현재의 선물가격은 현재시점에서 형성되는 만기일의 기대현물가격과 일치해야 한다고 주장한다. 미래의 불확실성으로 만기일의 실제현물가격이 기대현물가격과 달라질 가능성이 있는데 위험중립형 투자자들은 현물가격변동에 대한 보상을 요구하지 않는다.

(2) 위험프리미엄가설

위험프리미엄가설은 현재의 선물가격과 선물 최종거래일 기대현물가격간의 차이가 존재하는 이유를 헤지거래자가 보유한 자산의 가격변동위험을 회피하는 대가로 투기거래자에게 지급하는 위험프리미엄 때문이라고 주장한다.

1) $F_{0,T} < E(S_T)$: 백워데이션가설

현재의 선물가격은 만기일의 기대현물가격보다 낮게 형성되고 만기일에 근접할수록 선물가격이 상승하여 만기일에는 인도일 수렴현상에 의해 선물가격이 기대현물가격과 일치한다는 가설을 말한다. 현물시장에서 매입포지션에 있는 헤지거래자가 가격하락위험을 회피하려면 선물시장에서 매도포지션을 취해야 한다.

이때 투기거래자들이 매입포지션을 취하도록 유인하기 위해서 선물가격은 만기일의 기대현물가격보다 낮아야 한다는 것이다. 따라서 기대현물가격과 선물가격간의 차이는 현물시장에서 매입포지션에 있는 헤지거래자가 가격하락위험을 헤지하는 대가로 투기거래자에게 지급하는 위험프리미엄이라고 할 수 있다.

2) $F_{0,T} > E(S_T)$: 콘탱고가설

현재의 선물가격은 만기일의 기대현물가격보다 높게 형성되고 만기일에 근접할수록 선물가격이 하락하여 만기일에는 인도일 수렴현상에 의해 선물가격이 기대현물가격과 일치한다는 가설을 말한다. 현물시장에서 매도포지션에 있는 헤지거래자가 가격상승위험을 헤지하려면 선물시장에서 매입포지션을 취해야 한다.

이때 투기거래자들이 매도포지션을 취하도록 유인하기 위해서 선물가격은 만기일의 기대현물가격보다 높아야 한다는 것이다. 따라서 선물가격과 기대현물가격간의 차이는 현물시장에서 매도포지션에 있는 헤지거래자가 가격상승위험을 헤지하는 대가로 투기거래자에게 지급하는 위험프리미엄이라고 할 수 있다.

그림 2-10 선물가격과 기대현물가격의 관계

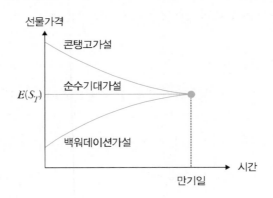

(3) 선물가격과 위험프리미엄

선물가격과 기대현물가격간의 관계는 자본자산가격결정모형(CAPM)을 이용하여 설명할 수도 있다. 개별주식 i의 미래 T시점에서 기대현물가격을 $E(S_T)$, 주식의 체계적 위험을 적절히 반영한 요구수익률을 $E(R_i)$라고 하면 현재의 현물가격(S_0)은 식(2.14)를 이용하여 다음과 같이 구할 수 있다.

$$S_0 = \frac{E(S_T)}{[1+E(R_i)]^T} \tag{2.14}$$

식(2.14)에서 개별주식 i의 기대수익률 $E(R_i)$는 자본자산가격결정모형(CAPM)을 이용하여 다음과 같이 구할 수 있다.

$$E(R_i) = R_f + [E(R_m) - R_f]\beta_i \tag{2.15}$$

선물의 최종거래일까지 보유비용과 보유수익이 없다고 가정하면 현재의 현물가격 (S_0)은 다음과 같이 나타낼 수 있다.

$$S_0 = \frac{F_{0,T}}{(1+R_f)^T} \tag{2.16}$$

식(2.14)과 식(2.16)에서 선물가격($F_{0,T}$)은 최종거래일의 기대현물가격 $E(S_T)$과 다음의 관계를 갖는다.

$$F_{0,T} = E(S_T)[\frac{1+R_f}{1+E(R_i)}]^T \tag{2.17}$$

식(2.17)에서 선물가격과 기대현물가격간의 관계는 기초자산의 체계적 위험(β_i)에 따라서 다음과 같이 달라진다.

첫째, $\beta_i = 0$이면 $R_f = E(R_i)$이기 때문에 $F_{0,T} = E(S_T)$가 되어 순수기대가설이 성립한다. 따라서 위험중립형 선물매입자는 자산의 가격변동위험에 대한 위험프리미엄을 요구하지 않고, 선물매도자도 위험프리미엄을 요구하지 않는다.

둘째, $\beta_i > 0$이면 $R_f < E(R_i)$이므로 $F_{0,T} < E(S_T)$가 되어 백워데이션가설이 성립한다. 따라서 매도헤지거래자는 가격하락위험을 헤지하는 대신에 $E(S_T) - F_{0,T}$의 위험프리미엄을 부담하고, 매입투기거래자는 가격하락위험을 감수하는 대가로 만기일까지 선물가격이 상승할 경우에 $E(S_T) - F_{0,T}$의 위험프리미엄을 받는다.

셋째, $\beta_i < 0$이면 $R_f > E(R_i)$이므로 $F_{0,T} > E(S_T)$가 되어 콘탱고가설이 성립한다. 따라서 매입헤지거래자는 가격상승위험을 헤지하는 대신에 $F_{0,T} - E(S_T)$의 위험프리미엄을 부담하고, 매도투기거래자는 가격상승위험을 감수하는 대가로 만기일까지 선물가격이 하락할 경우에 $F_{0,T} - E(S_T)$의 위험프리미엄을 받는다.

핵 · 심 · 요 · 약

제1절 선물거래의 개요

1. 선물거래의 정의 : 기초자산을 약정한 선물가격에 매매하기로 체결한 계약
2. 선물거래의 종류
① 상품선물 : 기초자산이 실물상품(농산물, 축산물, 귀금속, 비철금속, 에너지 등)
② 금융선물 : 기초자산이 금융상품(개별주식, 주가지수, 금리, 통화 등)
3. 선물거래의 손익
① 선물매입자 : 청산일의 현물가격이 체결일 선물가격보다 상승하면 이익이 발생
② 선물매도자 : 청산일의 현물가격이 체결일 선물가격보다 하락하면 이익이 발생
4. 선물거래의 목적 : 헤지거래, 투기거래, 차익거래, 스프레드거래
5. 선물거래의 기능 : 가격예시, 위험이전, 자원배분, 자본형성, 유동성 증가

제2절 선물시장의 구성

1. 선물시장의 조직 : 선물거래소, 청산소, 선물중개회사, 선물거래자
2. 선물시장의 운용 : 계약의 표준화, 일일정산제도, 증거금제도, 가격안정화제도

제3절 선물가격의 결정

1. 선물가격과 현물가격의 관계
(1) 완전자본시장에서의 선물가격

$$F_{0,T} = S_0 + CC - CR$$

(2) 불완전자본시장에서 선물가격
① 선물가격의 상한 : 현물매입차익거래가 발생할 수 없는 선물가격의 범위
② 선물가격의 하한 : 현물매도차익거래가 발생할 수 없는 선물가격의 범위
2. 선물가격과 선물가격의 관계

$$F_{0,T2} = F_{0,T1}(1 + r_{T1,T2}) + C_{T1,T2} - D_{T1,T2}$$

3. 베이시스의 정의 : 베이시스(B) = 선물가격(F) − 현물가격(S)
4. 스프레드의 정의 : 스프레드(S) = 원월물가격(F_2) − 근월물가격(F_1)
5. 선물가격과 기대현물가격의 관계
① $F_{0,T} = E(S_T)$: 순수기대가설
② $F_{0,T} < E(S_T)$: 백워데이션가설
③ $F_{0,T} > E(S_T)$: 콘탱고가설

문제 1. 다음 중 선물거래와 선도거래에 대한 설명으로 옳지 않은 것은?

① 선물거래에서는 거래상대방의 신용을 고려할 필요가 없지만, 선도거래에서는 상대방의 신용을 고려해야 한다.

② 선물거래에서는 가격제한폭이 적용되지만, 선도거래에서는 가격제한폭이 없다.

③ 선물거래의 참여자는 헤지거래자, 투기거래자, 차익거래자 등으로 다양한 반면 선도거래의 참여자는 실수요자 중심으로 이루어진다.

④ 선물거래는 선도거래에 비해 시장의 유동성이 높고 가격조작의 가능성이 적다.

⑤ 선도거래는 선물거래와 달리 거래당사자가 계약을 반드시 이행해야 할 의무가 없다.

해설 선도거래와 선물거래 모두 거래당사자가 계약을 반드시 이행해야 할 의무가 있다. 다만 선도거래는 직접거래이기 때문에 계약불이행의 위험이 많이 존재한다.

문제 2. 다음 중 선물거래에 대한 설명으로 옳지 않은 것은?

① 선물거래는 계약이행을 보증하기 위해 일일정산제도와 증거금제도가 있다.

② 선물가격은 인도일에 다수의 매입자와 매도자가 시장경쟁을 통해 결정된다.

③ 선물거래는 옵션과 달리 만기일에 불리한 경우라도 반드시 계약을 이행해야 할 의무를 부담한다.

④ 선물거래는 옵션과 마찬가지로 반대매매를 통해 포지션을 청산할 수 있다.

⑤ 옵션매입자는 옵션가격을 지불하지만, 선물매입자는 증거금만 납부할 뿐 별도의 대가 수수는 없다.

해설 선물가격은 계약이 체결될 때 다수의 매입자와 매도자가 시장경쟁을 통한 공개호가방식으로 결정된다.

문제 3. 다음 중 선물거래에 대한 설명으로 옳은 것은?

① 선물거래의 대부분은 만기일에 실제 실물의 인수도로 포지션이 청산된다.

② 선물거래는 현물거래에 비해 매매방법이 간단하다.

③ 선물매도자는 기초자산가격이 선물가격보다 높으면 이익을 얻고, 선물매입자는 반대의 경우가 되면 이익을 얻는다.

④ 선물거래는 제로섬(zero-sum)게임에 해당한다.

⑤ 선물거래는 거래상대방에 대한 신용이 거래의 이행에 중요한 역할을 한다.

해설 ① 선물거래는 대부분의 경우 반대매매를 통해 포지션이 청산된다.
② 선물거래는 공식적인 시장에서 이루어지므로 현물거래에 비해 매매방법이 복잡하다.
③ 선물매도자는 기초자산가격이 선물가격보다 낮으면 이익을 얻고, 선물매입자는 반대가 된다.
⑤ 직접거래의 형태인 선도거래에서 거래상대방의 신용은 중요하다.

문제 **4. 다음 중 선물거래에 대한 설명으로 옳지 않은 것은?**

① 정상시장에서 선물가격은 현물가격보다 높게 형성된다.
② 특정자산의 선물계약에서 원월물의 선물가격은 근월물의 선물가격보다 높다.
③ 상품선물은 콘탱고(contango)가 일반적이다.
④ 상품선물에서 일시적으로 공급이 수요를 초과하면 백워데이션이 발생한다.
⑤ 선물만기일에는 항상 베이시스가 0이 되며, 선물가격과 현물가격은 일치한다.

해설 수요가 공급을 초과할 경우에 백워데이션이 발생할 수 있다.

문제 **5. 한국거래소에서 거래되는 선물계약에 대한 설명으로 옳지 않은 것은?**

① 선물거래는 만기일에 결제위험이 없다.
② 선물거래는 일일정산을 통해 증거금이 관리된다.
③ 경쟁매매방식을 통해 선물거래가 이루어진다.
④ 상품이 표준화되어 있어 선도거래에 비해 헤지거래에 적합하다.

해설 장내선물거래는 상품이 표준화되어 있는 반면에 장외선도거래는 고객의 수요에 따라 상품의 조건을 맞출 수 있어 기초자산의 가격변동위험을 회피하려는 헤지거래를 위해서는 장외선도거래가 더 적합하다.

문제 **6. 다음 중 장외파생상품에 해당하지 않은 것은?**

① 차액결제 선물환(NDF) ② 선도금리계약(FRA)
③ 선물환 ④ 통화선물

해설 ① NDF는 선물환계약의 일종으로, 만기에 계약원금의 교환없이 계약 선물환율과 현물환율 (지정환율)간의 차이만을 계약시점에 약속한 지정통화로 결제하는 파생금융상품을 말한다.
② FRA는 미래의 일정시점으로부터 일정기일까지의 기산에 적용될 이자율을 계약시점에 고정시키는 계약을 말한다.
③ 선물환은 장래의 일정기일 또는 기간내에 일정금액, 일정종류의 외환을 일정환율로써 수도할 것이 약정된 외환을 말하고, 이러한 약정을 선물환계약이라 한다.

문제 7. 다음 중 장외파생상품에 대한 설명으로 옳지 않은 것은?

① 장내파생상품에 비해 유동성이 적다.

② 계약불이행위험이 존재한다.

③ 장내파생상품에 비해 규제가 심하지 않다.

④ 만기일 이전에 반대매매를 통해 포지션을 청산하는 것이 자유롭다.

해설 장외파생상품의 하나인 선도거래는 거래당사자간의 직접거래로 계약의 불이행과 관련된 신용위험을 거래당사자가 부담해야 하고 대부분 만기일에 결제가 이루어진다.

문제 8. 다음 중 선물거래의 최종결제방법이 다른 상품은?

① 주식선물   ② 돈육선물

③ 통화선물   ④ 국채선물

해설 선물거래의 결제방법에는 청산시점과 계약시점의 선물가격의 차이만큼을 현금으로 정산하는 현금결제방식과 선물의 만기일에 현물을 인수도하는 실물인수도방식이 있다.

결제방법	선물상품
현금결제	KOSPI 200선물, KOSDAQ 150선물, 주식선물 금리선물, 돈육선물, 금선물 주식옵션, KOSPI 200옵션, 미국달러옵션
실물결제	통화선물(미국달러선물, 엔선물, 유로선물, 위안선물)

문제 9. 다음 중 실물인수도방식으로 최종결제되는 상품이 아닌 것은?

① 미국달러선물   ② 돈육선물

③ 유로선물   ④ 위안선물

해설 한국거래소에 상장되어 있는 상품 가운데 실물인수도방식으로 결제되는 상품은 통화선물뿐이고 나머지 상품은 현금결제방식으로 포지션이 청산된다.

문제 10. 한국거래소가 선물계약의 이행을 보증하고 결제가 이루어지도록 마련하고 있는 제도적 장치와 관련이 없는 것은?

① 일일정산제도   ② 증거금제도

③ 청산소   ④ 가격제한폭제도

해설 가격제한폭제도, 상품의 표준화는 결제불이행을 방지하기 위한 제도적 장치와 관련이 없다.

문제 11. 다음 중 한국거래소에 상장되어 있는 상품끼리 묶여 있지 않은 것은?

① 3년 국채선물, 돈육선물, 금선물　② 코스피 200선물, 금선물, 엔옵션

③ 5년 국채선물, 유로선물, 엔선물　④ 미달러옵션, 위안선물, 금선물

해설 한국거래소에 상장되어 있는 상품

구 분	선물	옵션
주식상품	주식, 코스피 200, 코스닥 150	주식, 코스피 200
금리상품	3년국채, 5년국채, 10년국채	
환율상품	미달러, 유로, 엔, 위안	미달러
일반상품	돈육, 금	

문제 12. 2019년 3월 18일 현재 KOSPI 200선물의 시가는 280.25포인트이다. 투자자 홍길동이 종가인 280포인트에 KOSPI 200선물 2계약을 매입할 경우 선물거래대금과 개시증거금(선물거래대금의 15%)은 얼마인가?

	〈선물거래대금〉	〈개시증거금〉
①	140,000,000원	21,000,000원
②	140,000,000원	14,000,000원
③	280,000,000원	28,000,000원
④	280,000,000원	42,000,000원

해설 거래대금을 계산할 때 KOSPI 200선물과 KOSPI 200옵션은 1포인트에 25만원을 곱한다. 따라서 선물거래대금은 280×250,000×2=140,000,000원이다. KOSPI 200선물에서 개시증거금은 선물거래대금의 15%, 유지증거금은 선물거래대금의 10%이다.

문제 13. 다음 중 선물거래의 경제적 기능에 대한 설명으로 옳지 않은 것은?

① 헤지거래자는 기초자산의 가격변동위험을 투기거래자에게 전가할 수 있다.

② 표준화된 선물거래는 현물시장의 안정성과 유동성을 제고한다.

③ 투기거래자의 거래과열로 자원배분의 왜곡이 발생한다.

④ 선물가격은 다양한 시장참가자들의 예측을 반영하여 결정되기 때문에 미래의 현물가격에 대한 예시기능을 수행한다.

해설 선물가격은 현물시장의 수급에 관한 각종 정보를 집약하고 있어 특정 상품의 시간적 배분 기능을 통해 자원배분의 효율성을 증대시킬 수 있다.

문제 **14. 다음 중 헤지거래에 대한 설명으로 옳지 않은 것은?**

① 헤지거래는 현물가격과 선물가격이 동일하게 움직일 때 효과가 크게 나타난다.

② 고정금리 채권자는 금리상승위험에 노출되어 있어 금리선물을 매도한다.

③ 수입업자는 환율이 상승하는 경우에 손실이 발생하여 통화선물을 매입한다.

④ 금 보유자가 가격하락에 대비하여 금선물을 매도하는 것은 매입헤지이다.

해설 매도헤지는 현물시장에서 매입포지션에 있는 투자자가 현물자산의 가격이 하락할 것으로 예상될 경우 선물시장에서 매도포지션을 취하여 가격하락위험을 회피하는 전략이다.

문제 **15. 다음 중 선물가격과 현물가격간의 완전헤지가 되기 위한 조건은?**

① 선물가격과 현물가격간에 완전한 정(+)의 상관관계가 존재해야 한다.

② 미래에 채권을 구입하고자 할 때 이자율의 하락이 예상되어야 한다.

③ 미래 현물시장에서 금리가 하락할 것을 예상하여 현물시장에서 채권의 매입포지션을 취했을 경우 선물을 매도하는 포지션을 취해야 한다.

④ 선물가격과 현물가격간에 완전한 부(−)의 상관관계가 존재해야 한다.

⑤ 채권가격의 상승시 현물시장에서 채권의 매도포지션을 취했을 경우 선물을 매입하는 포지션을 취해야 한다.

해설 완전헤지가 달성되려면 헤지대상이 되는 현물자산과 헤지수단으로 이용하는 선물계약의 기초자산이 동일하고, 계약일부터 청산일까지 베이시스가 일정하며, 현물가격과 선물가격간의 상관계수가 1인 경우에만 가능하다.

문제 **16. 다음 중 차익거래에 대한 설명으로 옳지 않은 것은?**

① 매도차익거래는 선물만기일에 주가지수를 상승시키는 요인으로 작용한다.

② 공매도에 대한 제약은 차익거래 불가능영역의 하한선에 영향을 미친다.

③ 실제선물가격이 이론선물가격보다 낮으면 매수차익거래의 기회가 발생한다.

④ 현물시장의 거래비용이 증가할수록 차익거래 불가능영역이 확대된다.

해설 실제선물가격이 이론선물가격보다 낮으면 과대평가된 현물을 공매하여 대금을 대출하고 과소평가된 선물을 매입하는 현물매도차익거래가 발생한다.

문제 **17.** 보유비용모형에 의한 KOSPI 200선물의 이론가격이 282포인트이고 실제선물 가격이 280포인트라면 어떤 차익거래가 가능한가?

① 매입차익거래, 자금차입+현물매입+선물매도

② 매입차익거래, 현물매도+자금대출+선물매입

③ 매도차익거래, 자금차입+현물매도+선물매입

④ 매도차익거래, 현물매도+자금대출+선물매입

해설 선물의 시장가격이 이론가격보다 낮아 과소평가된 선물은 매입하고 과대평가된 현물은 공 매하여 대금을 대출하는 매도차익거래가 가능하다.

문제 **18.** 보유비용모형에 의한 KOSPI 200선물의 이론가격이 278포인트이고 실제선물 가격이 280포인트라면 어떤 차익거래가 가능한가?

① 매입차익거래, 자금차입+현물매입+선물매도

② 매입차익거래, 현물매도+자금대출+선물매입

③ 매도차익거래, 자금차입+현물매도+선물매입

④ 매도차익거래, 현물매도+자금대출+선물매입

해설 선물의 시장가격이 이론가격보다 높아 과소평가된 현물은 자금을 차입하여 매입하고 과대 평가된 선물은 매도하는 매입차익거래가 가능하다.

문제 **19.** 일반투자자 홍길동이 향후 기초자산의 가격하락을 우려하여 매도헤지를 실행 하는 경우에 이익을 보는 경우가 아닌 것은?

① 선물가격의 상승이 현물가격의 상승보다 큰 경우

② 선물가격은 불변이고 현물가격의 상승이 큰 경우

③ 선물가격의 하락이 현물가격의 하락보다 큰 경우

④ 베이시스가 축소되는 경우

해설 매도헤지는 현물을 매입하고 선물을 매도하는 거래를 말한다. 따라서 현물가격이 선물가격 보다 많이 상승하여 베이시스가 축소되어야 이익이 발생한다.

문제 20. 다음 중 선물가격의 결정에 대한 설명으로 옳지 않은 것은?

① 정상시장에서는 선물가격이 현물가격보다 높다.

② 역조시장에서는 현물가격이 선물가격보다 높다.

③ 정상시장을 백워데이션이라고 한다.

④ 선물가격은 현물가격에 보유비용은 가산하고 보유수익은 차감하여 계산한다.

해설 선물가격이 현물가격보다 높은 정상시장을 콘탱고(contango), 선물가격이 현물가격보다 낮은 역조시장을 백워데이션(backwardation)이라고 한다.

문제 21. 실제선물가격이 보유비용모형에 의한 이론선물가격보다 크고 원월물가격이 근월물가격보다 높은 현상은?

① 스프레드(spread)

② 베이시스(basis)

③ 콘탱고(contango)

④ 백워데이션(backwardation)

해설 ① 스프레드(spread)는 조건이 서로 다른 선물가격간의 차이를 말한다.

② 베이시스(basis)는 특정상품의 선물가격과 현물가격간의 차이를 말한다.

④ 백워데이션(backwardation)은 선물가격이 이론가격보다 작고 원월물가격이 근월물가격 보다 낮다.

문제 22. 다음 중 주가지수선물의 베이시스에 대한 설명으로 옳지 않은 것은?

① 베이시스는 주가지수선물가격과 현물주가지수간의 차이를 말한다.

② 베이시스는 최종거래일에 근접할수록 0에 수렴하고, 최종거래일까지 기간이 길수록 확대된다.

③ 주가지수선물은 불변인데 현물주가지수가 급락하면 베이시스를 확대시킨다.

④ 금리가 상승하면 이론적으로 베이시스는 축소된다.

해설 금리가 상승하면 이론적으로 베이시스는 확대된다.

문제 23. 다음 중 보유비용이 정(+)인 경우 정상시장에서 베이시스를 이용한 전략으로 옳은 것은?

① 베이시스 감소가 예상되면 선물은 매도하고 현물은 매입한다.

② 베이시스 감소가 예상되면 선물은 매입하고 현물은 매도한다.

③ 베이시스 증가가 예상되면 선물은 매도하고 현물은 매입한다.

④ 베이시스 증가가 예상되면 선물은 매도하고 현물은 매도한다.

해설 정상시장에서 베이시스의 변화에 따른 손익

구 분	상황	매입헤지	매도헤지
베이시스 증가	선물가격상승폭 〉현물가격상승폭 선물가격하락폭 〈 현물가격하락폭	이익	손실
베이시스 감소	선물가격상승폭 〈 현물가격상승폭 선물가격하락폭 〉현물가격하락폭	손실	이익

문제 24. 정상시장에서 향후 가격상승이 예상되어 매입헤지를 실행하였다. 현물가격상승폭이 선물가격상승폭보다 큰 경우에 거래결과는?

① 베이시스가 확대되고 이익이 발생한다.

② 베이시스가 확대되고 손실이 발생한다.

③ 베이시스가 축소되고 이익이 발생한다.

④ 베이시스가 축소되고 손실이 발생한다.

해설 현물가격상승폭이 선물가격상승폭보다 크면 베이시스가 축소되고 손실이 발생한다.

구 분	상황	매입헤지	매도헤지
베이시스 확대	선물가격상승폭 〉현물가격상승폭	이익	손실
베이시스 축소	선물가격상승폭 〈 현물가격상승폭	손실	이익

문제 25. 다음 중 정상시장에서 베이시스거래에 대한 설명으로 옳은 것은?

① 베이시스 축소가 예상되면 매입헤지를 실시한다.

② 베이시스 축소가 예상되면 선물은 매입하고 현물은 매도한다.

③ 베이시스 확대가 예상되면 매입헤지는 이익이 발생하고 매도헤지는 손실이 발생한다.

④ 선물가격 상승폭이 현물가격 상승폭보다 클수록 베이시스는 축소된다.

해설 베이시스가 확대되면 매입헤지는 이익이 발생하고, 매도헤지는 손실이 발생한다.

문제 26. 다음 중 스프레드거래에 대한 설명으로 옳지 않은 것은?

① 스프레드거래의 종목은 상장된 결제월보다 항상 1개가 많다.

② 스프레드거래는 두 선물가격간의 상대적인 가격변동에 의해 손익이 결정된다.

③ 거래이익은 적으나 거래량은 많은 박리다매형의 거래에 해당한다.

④ 스프레드거래는 개별거래보다 위험이 적고 증거금도 낮은 편이다.

해설 스프레드거래의 종목은 상장된 결제월보다 항상 1개가 적다.

문제 27. 다음 중 정상시장에서 향후 스프레드가 확대될 것으로 예상될 경우에 바람직한 거래는 어느 것인가?

① 매입차익거래　　　　　　　　② 매도차익거래

③ 매입스프레드거래　　　　　　④ 매도스프레드거래

해설 스프레드거래는 원월물을 기준으로 원월물을 매입하면 스프레드매입, 원월물을 매도하면 스프레드매도라고 한다. 스프레드 확대는 원월물가격 상승폭이 근월물가격 상승폭보다 크므로 원월물을 매입하고 근월물을 매도하는 매입스프레드거래를 실행해야 한다.

구　　　분	매입스프레드거래	매도스프레드거래
스프레드 확대	이익	손실
스프레드 축소	손실	이익

문제 28. 분기별 위험이 내포된 이자율이 3%이고, 무위험이자율은 1.5%이다. 기대현물가격이 800원이라면 선물가격은 얼마인가?

① 776.17원　　　　　　　　　② 785.18원

③ 788.35원　　　　　　　　　④ 812.24원

해설 $F_{0,T} = E(S_T)[\frac{1+R_f}{1+E(R_i)}]^T = 800[\frac{1+0.015}{1+0.03}] = 788.35$원

문제 29. 자본시장에는 무위험자산이 존재하고, 주식가격은 자본자산가격결정모형에 의해 결정되며, 선물가격은 현물−선물패러티에 따라 결정된다. 배당지급이 없는 주식의 선물가격과 기대현물가격과의 관계에 대한 설명으로 옳은 것은?

① 정(+)의 체계적 위험을 지닌 주식의 경우 선물가격은 기대현물가격보다 높다.

② 정(+)의 체계적 위험을 지닌 주식의 경우 선물가격은 기대현물가격과 동일하다.

③ 정(+)의 체계적 위험을 지닌 주식의 경우 선물가격은 기대현물가격보다 낮다.

④ 부(−)의 체계적 위험을 지닌 주식의 경우 선물가격은 기대현물가격보다 낮다.

⑤ 부(−)의 체계적 위험을 지닌 주식의 경우 선물가격은 기대현물가격과 동일하다.

해설 정(+)의 체계적 위험을 지닌 주식의 경우 선물가격은 기대현물가격보다 낮다.

문제 30. 다음 중 선물거래에 대한 설명으로 옳지 않은 것은?

① 기대가설에서는 미래의 불확실성에 대한 위험프리미엄을 고려하지 않는다.

② 채권을 보유한 투자자는 금리상승위험을 헤지하기 위해 금리선물을 매도한다.

③ 백워데이션가설에서 선물매도자는 가격위험을 헤지하고자 하며, 선물매입자는 위험을 부담한 대가로 위험프리미엄을 얻고자 한다.

④ 콘탱고가설이 성립하는 경우에 선물매입자가 가격하락위험을 헤지하게 된다.

⑤ $\beta_i > 0$이면 백워데이션가설이 성립한다.

해설 콘탱고가설이 성립하는 경우에 선물매입자는 가격상승위험을 헤지하게 된다.

정답

1.⑤ 2.② 3.④ 4.④ 5.④ 6.④ 7.④ 8.③ 9.② 10.④
11.② 12.① 13.③ 14.④ 15.① 16.③ 17.④ 18.① 19.① 20.③
21.③ 22.④ 23.① 24.④ 25.③ 26.① 27.③ 28.③ 29.③ 30.④

선물거래의
유형

최근의 금융환경은 과거에 비해 훨씬 급변하고 있어 금융환경이 매우 불확실하게 되었다. 상품가격, 주가, 금리, 환율의 변동은 경제활동에 직접적 또는 간접적으로 영향을 미치고 기업의 경영활동에 중대한 영향을 준다. 따라서 경제주체들의 파생상품을 이용하여 각종 가격변동위험을 헤지할 필요성이 증대되고 있다.

제1절　**헤지거래**

1. 헤지거래의 개념

(1) 헤지거래의 정의

헤지(hedge)는 원래 울타리를 쳐서 자신을 보호한다는 의미를 가지고 있으나, 최근에는 현물시장에서 예측하지 못한 기초자산의 가격변동위험을 회피하기 위한 투자전략을 말한다. 따라서 선물거래를 이용하여 기초자산의 가격변동위험을 회피하려고 할 경우 현물시장의 포지션과 반대의 포지션을 취하면 된다.

현물시장		선물시장
매입포지션	현재 자산보유, 미래 자산매도 예정 → 가격하락시 손실발생	매도포지션
매도포지션	현재 자산공매, 미래 자산매입 예정 → 가격상승시 손실발생	매입포지션

(2) 헤지거래의 효과

동일한 상품에 대한 선물거래의 가격은 현물자산의 가격과 동일한 방향으로 움직인다는 점을 이용하여 선물시장에서 현물시장과 반대되는 포지션을 취하면 현물보유에 따른 손실(이익)이 선물거래의 이익(손실)과 상쇄되기 때문에 불확실한 미래의 가격변동위험을 회피하거나 축소시킬 수 있게 된다.

그림 3-1　헤지거래의 효과

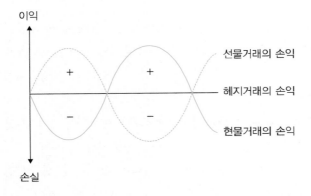

헤지거래의 성공여부는 선물가격과 현물가격이 얼마나 밀접하게 변동하느냐에 따라 결정된다. 선물가격과 현물가격이 밀접하게 변동하면 베이시스가 0에 근접하여 헤지효과가 크게 발생한다. 그러나 선물가격과 현물가격이 밀접하게 변동하지 않으면 베이시스위험이 발생하여 헤지효과가 감소한다.

2. 헤지거래의 종류

선물거래를 이용하여 현물시장에서 기초자산의 가격변동위험을 회피하기 위한 헤지거래는 헤지포지션의 방향에 따라 매입헤지와 매도헤지, 헤지효과의 정도에 따라 완전헤지와 불완전헤지, 헤지대상이 되는 현물자산과 헤지수단으로 이용하는 선물계약의 기초자산의 일치여부에 따라 직접헤지와 교차헤지로 분류된다.

(1) 매입헤지와 매도헤지

① 매입헤지

매입헤지(long hedge)는 현물시장에서 매도포지션(short position)을 취하고 있는 헤지거래자가 현물자산의 가격이 상승할 것으로 예상될 경우에 선물시장에서 매입포지션(long position)을 취함으로써 현물자산의 가격상승에 따른 위험을 회피하거나 축소시키는 헤지거래를 말한다.

헤지거래자의 예상대로 현물가격이 상승하면 현물시장에서 손실이 발생하나 선물시장에서 이익이 발생하여 현물시장의 손실을 선물시장의 이익으로 상쇄시킬 수 있다. 그러나 현물가격이 하락하면 현물시장에서 이익이 발생하나 선물시장에서 손실이 발생하여 현물시장의 이익으로 선물시장의 손실을 상쇄시킬 수 있다.

② 매도헤지

매도헤지(short hedge)는 현물시장에서 매입포지션(long position)을 취하고 있는 헤지거래자가 현물자산의 가격이 하락할 것으로 예상될 경우에 선물시장에서 매도포지션(short position)을 취함으로써 현물자산의 가격하락에 따른 위험을 회피하거나 축소시키는 헤지거래를 말한다.

헤지거래자의 예상대로 현물가격이 하락하면 현물시장에서 손실이 발생하나 선물시장에서 이익이 발생하여 현물시장의 손실을 선물시장의 이익으로 상쇄시킬 수 있다. 그러나 현물가격이 상승하면 현물시장에서 이익이 발생하나 선물시장에서 손실이 발생하여 현물시장의 이익으로 선물시장의 손실을 상쇄시킬 수 있다.

표 3-1	매입헤지와 매도헤지

가격변동	매입헤지		매도헤지	
	현물시장 매도	선물시장 매입	현물시장 매입	선물시장 매도
상승	손실	이익	이익	손실
하락	이익	손실	손실	이익

(2) 완전헤지와 불완전헤지

① 완전헤지

완전헤지(perfect hedge)는 선물거래를 이용하여 현물자산의 가격변동위험을 완전히 제거하는 헤지거래로 완전헤지가 달성되려면 헤지대상이 되는 현물자산과 헤지수단으로 이용하는 선물계약의 기초자산이 동일해야 하고, 계약일부터 청산일까지 현물가격과 선물가격의 변동폭이 일정하여 베이시스가 변동하지 않아야 한다.

② 불완전헤지

불완전헤지(imperfect hedge)는 선물거래를 이용하여 현물자산의 가격변동위험을 완전히 제거하지 못하고 일부만 제거하는 헤지거래를 말하며 부분헤지(partial hedge)라고도 한다. 현실적으로 선물가격과 현물가격의 변동이 정확히 일치할 수 없기 때문에 대부분의 경우 완전헤지를 달성할 수 없고 불완전헤지가 이루어진다.

(3) 직접헤지와 교차헤지

① 직접헤지

직접헤지(direct hedge)는 헤지거래의 대상이 되는 현물자산과 헤지거래의 수단으로 이용하는 선물계약의 기초자산이 동일한 경우의 헤지를 말한다. 예컨대, 통화선물을 이용한 헤지거래는 헤지대상의 현물자산(달러)과 헤지수단으로 이용하는 선물계약의 기초자산(달러)이 동일한 직접헤지에 해당한다.

② 교차헤지

교차헤지(cross hedge)는 헤지거래의 대상이 되는 현물자산과 헤지거래의 수단으로 이용하는 선물계약의 기초자산이 상이한 경우의 헤지를 말한다.[2] 예컨대, KOSPI 200선

---

2) 교차헤지는 주로 다음과 같은 경우에 이용되고 있다.
① 헤지의 대상이 되는 현물자산에 대한 선물시장이 존재하지 않는 경우

물을 이용한 헤지거래는 헤지대상의 현물자산(주식)과 헤지수단으로 이용하는 선물계약의 기초자산(주가지수)이 상이한 교차헤지에 해당한다.

따라서 헤지거래의 대상이 되는 현물자산과 헤지거래의 수단으로 이용하는 선물계약의 기초자산이 서로 다른 경우에 헤지거래자(hedger)가 헤지효과를 높이려면 헤지할 현물자산의 가격과 가장 밀접하게 가격이 변동하는 자산을 기초자산으로 하는 선물거래를 이용해야 가격변동위험을 회피할 수 있다.

(4) 스택헤지와 스트립헤지

① 스트립헤지

스트립헤지(strip hedge)는 단기금리선물을 이용하여 장기금리의 변동성을 헤지할 경우에 발생하는 베이시스위험을 극소화시키기 위해 헤지기간 동안 근월물, 중월물, 원월물의 단기금리선물을 균등하게 매도하는 헤지전략을 말한다. 즉 차입초기에 근월물, 중월물, 원월물을 헤지에 필요한 수량만큼 균등하게 연속적으로 매도한 후 차입기간이 경과함에 따라 근월물부터 차례로 환매시켜 나간다.

② 스택헤지

스택헤지(stack hedge)는 단기금리선물을 이용하여 장기금리의 변동성을 헤지할 경우에 발생하는 베이시스위험을 극소화시키기 위해 헤지기간 동안 최근원물만을 집중적으로 매도하는 헤지전략을 말한다. 즉 차입초기에 헤지에 필요한 수량만큼 집중적으로 매도한 후 차입기간이 경과함에 따라 최근월물을 계속 교체해 나가는 일종의 롤링헤지(rolling hedge)에 속한다.

헤지기간이 장기간일 경우에 잔존만기일이 6개월 이상인 원월물은 유동성이 부족하고 호가스프레드도 커서 스트립헤지로는 헤지효과가 반감되기 쉬우므로 최근월문을 연속적으로 교체시켜 나가는 스택헤지가 효과적이다. 그러나 스택헤지는 스트립헤지보다 거래계약수가 많아 거래비용이 증가하는 단점이 있다.

---

② 헤지의 대상이 되는 현물자산에 대한 선물시장의 유동성이 크지 못한 경우
③ 상이한 자산에 대한 선물계약을 이용하는 것이 동일한 자산에 대한 선물계약을 이용하는 경우보다 더 좋다고 판단되는 경우

3. 베이시스위험

개시베이시스(initial basis)는 선물을 거래할 때 선물가격과 현물가격의 차이를, 커버베이시스(cover basis)는 선물을 청산할 때 선물가격과 현물가격의 차이를 말한다. 계약일부터 청산일까지 선물가격과 현물가격의 변동이 같으면 개시베이시스와 커버베이시스가 일치하여 순손익이 0이 되는 완전헤지가 달성된다.[3]

그러나 선물시장과 현물시장의 상이한 수급관계로 헤지기간에 선물가격과 현물가격의 변동이 일치하지 않은 경우가 많아 순손익이 0이 아닌 불완전헤지가 일반적이다. 선물거래를 이용하여 헤지거래를 하는 경우 헤지기간 동안 베이시스의 변동에 따라 선물거래자의 손익이 달라지는 위험을 베이시스위험이라고 한다.

베이시스위험은 상관계수가 클수록 헤지효과가 크게 발생한다. 베이시스의 변동은 선물가격이나 현물가격의 변동에 비해 상대적으로 안정적이므로 베이시스위험은 현물가격의 변동위험보다 작은 편이다. 따라서 헤지거래는 현물가격의 변동위험을 위험의 크기가 작은 베이시스위험으로 대체하는 것으로 볼 수 있다.

표 3-2 헤지거래에 따른 위험(정상시장)

베이시스	매입헤지	매도헤지
확대	이익	손실
축소	손실	이익

---

3) 헤지거래에 따라 순손익이 0이 되는 완전헤지의 조건은 다음과 같다.
① 헤지기간에 선물가격과 현물가격의 변동이 일치해야 한다.
② 헤지기간에 선물가격과 현물가격간에 완전 정(+)의 상관관계가 있고 분산이 동일해야 한다.
③ 헤지기간에 개시베이시스와 커버베이시스가 일치하여 베이시스가 변동하지 않아야 한다.

그림 3-2 베이시스위험

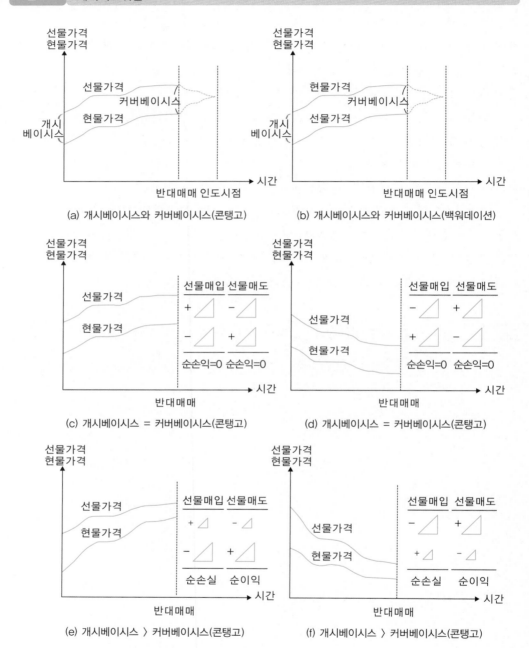

(a) 개시베이시스와 커버베이시스(콘탱고) (b) 개시베이시스와 커버베이시스(백워데이션)

(c) 개시베이시스 = 커버베이시스(콘탱고) (d) 개시베이시스 = 커버베이시스(콘탱고)

(e) 개시베이시스 〉 커버베이시스(콘탱고) (f) 개시베이시스 〉 커버베이시스(콘탱고)

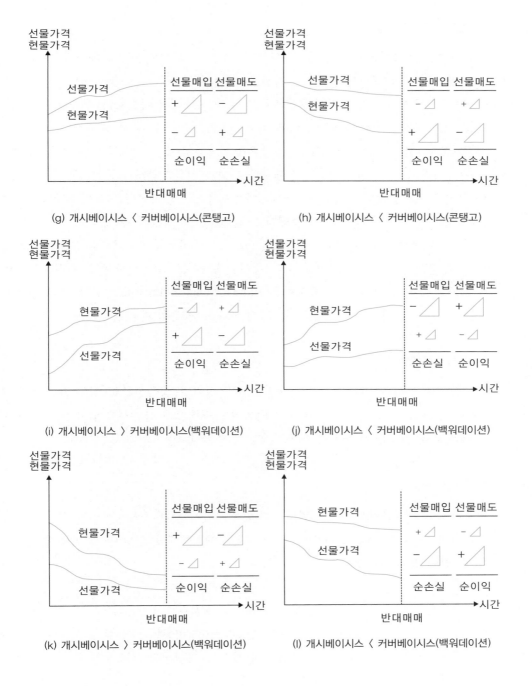

(g) 개시베이시스 〈 커버베이시스(콘탱고)

(h) 개시베이시스 〈 커버베이시스(콘탱고)

(i) 개시베이시스 〉 커버베이시스(백워데이션)

(j) 개시베이시스 〈 커버베이시스(백워데이션)

(k) 개시베이시스 〉 커버베이시스(백워데이션)

(l) 개시베이시스 〈 커버베이시스(백워데이션)

4. 헤지비율

(1) 헤지비율의 개념

선물거래를 이용하여 현물자산의 가격변동위험을 회피할 경우에 헤지할 현물포지션의 크기에 대해 어느 정도의 선물포지션을 취할 것인가를 결정해야 한다. 헤지비율 (hedge ratio)은 현물자산의 포지션을 헤지하기 위해 거래해야 하는 선물계약수, 즉 현물거래의 손실(이익)과 선물거래의 이익(손실)이 상쇄될 수 있는 비율을 말한다.

전통적으로 현물자산과 동일한 금액만큼을 선물시장에서 반대포지션을 취하는데, 이를 단순헤지라고 한다. 만약 헤지기간에 선물가격과 현물가격의 변동이 일치하면 단순헤지로 완전헤지를 달성할 수 있다. 그러나 선물가격과 현물가격의 변동이 일치하지 않고 교차헤지를 하는 경우가 많아 단순헤지로 완전헤지를 달성할 수 없다.

이러한 경우에는 현물자산과 선물계약으로 포트폴리오를 구성한 후 포트폴리오의 위험을 최소화할 수 있는 헤지비율을 이용하는데, 이를 최소분산헤지비율(minimum variance hedge ratio)[4] 또는 최적헤지비율(optimal hedge ratio)이라고 한다. 최소분산헤지비율은 가격변동액과 가격변동율의 두 가지 척도로 측정할 수 있다.

(2) 헤지비율의 산출

일반적으로 자산의 가격변동이 상대적으로 안정적인 상품선물의 경우에는 가격변동액 척도를 이용한다. 그러나 자산의 가격변동이 상대적으로 불안정한 금융선물의 경우에는 가격변동률 척도를 이용하여 헤지거래를 실행한다.

1) 가격변동액 척도 : 상품선물

헤지거래자가 현물자산의 가격변동위험을 헤지하기 위해 현물자산 1단위와 선물계약 h개를 결합하여 헤지포트폴리오를 구성할 경우 헤지포트폴리오의 가치변동액($\triangle V$)은 다음과 같이 구할 수 있다.

$$\triangle V = \triangle S + h \times \triangle F \qquad (3.1)$$

$\triangle S$: 현물자산 1단위의 가격변동액

$\triangle F$: 선물계약 1단위의 가격변동액

---

4) 최소분산헤지비율은 포트폴리오이론의 최소분산포트폴리오와 동일하며 최적헤지비율이라고도 한다. 최적헤지비율은 포트폴리오이론의 최적포트폴리오와 동일하며 투자자의 효용을 극대화할 수 있는 헤지비율을 말한다. 선물거래에서 최소분산헤지비율은 최적헤지비율과 동일한 의미로 사용된다.

식(3.1)에서 헤지포트폴리오의 가치변동위험은 다음과 같이 구할 수 있다.

$$Var(\Delta V) = Var(\Delta S + h \times \Delta F)$$
$$= Var(\Delta S) + h^2 Var(\Delta F) + 2h Cov(\Delta S, \Delta F) \quad (3.2)$$

식(3.2)를 헤지비율 h에 대해 1차 미분하여 0으로 놓고 h에 대해 정리하면, 헤지포트폴리오의 가치변동위험을 최소화할 수 있는 최소분산헤지비율을 구할 수 있다.

$$\frac{dVar(\Delta V)}{dh} = 2h Var(\Delta F) + 2 Cov(\Delta S, \Delta F) = 0$$

$$\therefore h = -\frac{Cov(\Delta S, \Delta F)}{Var(\Delta F)} = -\frac{\rho_{SF}\sigma_S\sigma_F}{\sigma_{F^2}} = -\rho_{SF}\frac{\sigma_S}{\sigma_F} \quad (3.3)$$

식(3.3)에서 최소분산헤지비율의 부호는 부($-$)의 값을 갖는다. 이는 현물포지션과 반대의 포지션을 선물시장에서 취해야 한다는 의미로 현물자산 1단위당 필요한 선물계약수를 나타낸다. 따라서 현물자산전체(S_0)의 가치변동위험을 최소화하는 선물계약수(N_F)는 선물 1계약당 거래단위(F_0)를 고려하여 다음과 같이 구할 수 있다.

$$N_F = \frac{\text{헤지대상 현물자산의 규모}}{\text{선물 1계약의 거래단위}} \times h = -\frac{S_0}{F_0} \times h \quad (3.4)$$

식(3.3)에서 최소분산헤지비율 h는 현물가격변동액(ΔS)을 선물가격변동액(ΔF)에 대해 회귀분석했을 때 얻게 되는 회귀계수(β)와 동일하다.

$$\Delta S_t = \alpha + \beta \Delta F_t + \varepsilon_t \text{에서 } \beta = \frac{Cov(\Delta S, \Delta F)}{Var(\Delta F)}$$

$$\therefore h = -\beta \quad (3.5)$$

2) 가격변동률 척도 : 금융선물

헤지거래자가 현물자산의 가격변동위험을 헤지하기 위해 현재가격이 S_0인 현물자산 1단위와 현재가격이 F_0인 선물계약 h개를 결합하여 헤지포트폴리오를 구성할 경우 헤지포트폴리오의 가격변동률 또는 수익률(R_P)은 다음과 같이 구할 수 있다.

$$R_P = \frac{\Delta V}{S_0} = \frac{\Delta S + h \times \Delta F}{S_0} \tag{3.6}$$

$$= \frac{\Delta S}{S_0} + h \times \frac{F_0}{S_0} \times \frac{\Delta F}{F_0} = R_S + h \times \frac{F_0}{S_0} \times R_F$$

ΔS : 현물자산의 가격변동액

R_S : 현물자산의 가격변동률

ΔF : 선물계약의 가격변동액

R_F : 선물계약의 가격변동률

식(3.6)에서 헤지포트폴리오의 수익률변동위험은 다음과 같이 구할 수 있다.

$$Var(R_P) = Var(R_S + h \times \frac{F_0}{S_0} \times R_F) \tag{3.7}$$

$$= Var(R_S) + h^2 (\frac{F_0}{S_0})^2 Var(R_F) + 2h \frac{F_0}{S_0} Cov(R_S, R_F)$$

식(3.7)을 헤지비율 h에 대해 1차 미분하여 0으로 놓고 정리하면, 헤지포트폴리오의 수익률변동위험을 최소화할 수 있는 최소분산헤지비율을 구할 수 있다.

$$\frac{d Var(R_P)}{dh} = 2h (\frac{F_0}{S_0})^2 Var(R_F) + 2 \frac{F_0}{S_0} Cov(R_S, R_F) = 0$$

$$\therefore h = -\frac{S_0}{F_0} \frac{Cov(R_S, R_F)}{Var(R_F)} = -\frac{S_0}{F_0} \beta_{SF} \tag{3.8}$$

식(3.8)에서 S_0는 현물자산의 현재가치를 나타내고, F_0는 선물 1계약의 가치를 나타내기 때문에 h자체가 헤지거래에 필요한 선물계약수(N_F)를 의미한다. 따라서 최소분산헤지비율은 현물가격변동률을 선물가격변동률에 대해 회귀분석했을 경우에 얻게 되는 회귀계수(β_{SF})와 동일하다.

$$R_{St} = \alpha + \beta_{SF} R_{Ft} + \varepsilon_t \text{에서 } \beta_{SF} = \frac{Cov(R_S, R_F)}{Var(R_F)} \tag{3.9}$$

$Cov(R_S, R_F)$: 현물수익률과 선물수익률간의 공분산

$Var(R_F)$: 선물수익률의 분산

β_{SF} : 선물수익률에 대한 현물수익률의 회귀계수

제2절 **투기거래**

1. 투기거래의 개념

(1) 투기거래의 정의

투기거래(speculation)는 현물시장에서 어떤 포지션도 취하지 않고 선물거래만을 이용하여 선물가격의 변동에 따른 시세차익을 얻기 위해 가격위험을 감수하면서 이익을 추구하는 거래형태를 말한다. 따라서 미래의 상황이 투기거래자의 예상과 맞으면 큰 이익을 얻는 반면에 예상과 틀리면 큰 손실이 발생한다.

(2) 투기거래의 유형

① 선물가격의 상승이 예상되는 경우

투기거래자는 앞으로 기초자산의 가격이 상승할 것으로 예상되는 경우 현재시점에서 선물을 매입했다가 일정시점이 경과한 후 동일한 선물을 매도하여 매입포지션을 청산한다. 따라서 선물매입자는 선물가격이 상승할 경우에는 이익을 얻게 되고, 반대로 선물가격이 하락할 경우에는 손실을 보게 된다.

② 선물가격의 하락이 예상되는 경우

투기거래자는 앞으로 기초자산의 가격이 하락할 것으로 예상되는 경우 현재시점에서 선물을 매도했다가 일정시점이 경과한 후 동일한 선물을 매입하여 매도포지션을 청산한다. 따라서 선물매도자는 선물가격이 하락할 경우에는 이익을 얻게 되고, 반대로 선물가격이 상승할 경우에는 손실을 보게 된다.

(3) 투기거래의 동기

선물거래를 이용한 투기거래는 현물거래(주식)의 신용거래와 유사하다.[5] 신용거래는 주가상승이 예상되면 자금을 차입하여 주식을 매입한 후 상승된 주식가격으로 매도하고, 주가하락이 예상되면 주식을 차입하여 공매한 후 하락한 주식가격으로 주식을 매

---

5) 주식투자는 신용여부에 따라서 현금거래와 신용거래로 구분할 수 있다.
① 현금거래 : 주식거래시 신용공여를 받지 않고 투자자의 현금범위 내에서 투자하는 방법을 말한다.
② 신용거래 : 주식거래시 금전이나 주식을 증권회사에서 융자 또는 대주의 신용공여를 받아 투자하는 방법을 말한다.

입하여 상환함으로써 이익을 얻는 거래를 말한다.

투자자들이 현물을 이용한 신용거래보다 선물을 이용한 투기거래를 선호하는 것은 선물거래가 신용거래에 비해 거래비용이 저렴하기 때문이다. 그리고 선물거래는 거래대금 없이 낮은 수준의 증거금만 납부하면 되므로 투기거래자의 예상이 맞으면 레버리지 효과로 인해 큰 이익을 실현할 수 있기 때문이다.

2. 베이시스를 이용한 투기거래

투기거래는 향후 선물가격의 변화를 예상하여 선물포지션만을 보유하는 것으로 투기거래자의 예상이 맞으면 큰 수익을 얻을 수 있으나 예상이 틀리면 큰 손실을 볼 수 있어 위험이 높다. 그리고 선물가격에서 현물가격을 차감한 베이시스를 하나의 가격으로 보고 베이시스의 변동에 대해 투기거래를 할 수도 있다.

① 베이시스의 증가가 예상되는 경우

투기거래자는 앞으로 베이시스가 증가할 것으로 예상되는 경우 콘탱고상태에서는 현물을 매도하고 선물을 매입하며, 백워데이션상태에서는 현물을 매입하고 선물을 매도한다. 그러면 베이시스의 변동만큼의 이익을 얻을 수 있게 된다.

② 베이시스의 감소가 예상되는 경우

투기거래자는 앞으로 베이시스가 감소할 것으로 예상되는 경우 콘탱고상태에서는 현물을 매입하고 선물을 매도하며, 백워데이션상태에서는 현물을 매도하고 선물을 매입한다. 그러면 베이시스의 변동만큼의 이익을 얻을 수 있게 된다.

표 3-3 베이시스의 변화에 따른 손익

구 분	베이시스	매입헤지	매도헤지
콘탱고	감소	순손실	순이익
(선물가격>현물가격)	증가	순이익	순손실
백워데이션	감소	순이익	순손실
(선물가격<현물가격)	증가	순손실	순이익

3. 스프레드를 이용한 투기거래

스프레드(spread)는 조건이 서로 다른 선물계약간의 가격차이를 말한다. 따라서 조건이 서로 다른 선물을 동시에 매입하거나 매도함으로써 두 선물의 가격차이를 이용하여 이익을 실현하는 스프레드거래는 크게 만기간 스프레드, 상품간 스프레드, 시장간 스프레드 세 가지 종류로 구분된다.

(1) 만기간 스프레드(inter-delivery spread)

만기간 스프레드는 기초자산은 동일하나 만기가 서로 다른 선물계약간의 가격차이를 말한다. 통상 동일한 선물거래소에서 거래되는 동일한 선물 중 만기만 상이한 선물간의 가격차이를 말한다. 예컨대 주가지수선물 6월물을 매입하고 주가지수선물 9월물을 매도하여 스프레드 포지션을 취한 경우이다.

스프레드를 이용한 투기거래도 베이시스를 이용한 투기거래처럼 두 선물가격간의 상대적인 가격차이를 이용하여 투기거래를 할 수 있다. 만기간 스프레드에서 만기가 가까운 선물은 근월물(nearby futures), 만기가 먼 선물은 원월물(distant futures)이라고 하며 강세스프레드와 약세스프레드가 있다.

① 강세스프레드(bull spread)

강세스프레드는 근월물가격이 원월물가격보다 더 상승할 것으로 예상하여 근월물을 매입하고 원월물을 매도하는 스프레드를 말한다. 강세장에서는 초과수요가 나타나기 때문에 근월물가격이 원월물가격보다 더 크게 상승하는 경향이 있다. 따라서 강세장이 예상되면 강세스프레드를 구성하게 된다.

② 약세스프레드(bear spread)

약세스프레드는 근월물가격이 원월물가격보다 더 하락할 것으로 예상하여 근월물을 매도하고 원월물을 매입하는 스프레드를 말한다. 약세장에서는 초과공급이 나타나기 때문에 근월물가격이 원월물가격보다 더 크게 하락하는 경향이 있다. 따라서 약세장이 예상되면 약세스프레드를 구성하게 된다.

(2) 상품간 스프레드(inter-commodity spread)

상품간 스프레드는 만기는 동일하지만 기초자산이 서로 다른 선물계약간의 가격차이를 말한다. 통상 동일한 선물거래소에서 거래되는 만기가 동일한 두 이종선물간의 가격차이를 말한다. 예컨대 시카고상품거래소(CME)에서 6월물 금선물을 매입하고 6월물 은선물을 매도하여 스프레드 포지션을 취한 경우이다.

상품간 스프레드의 특수한 형태로 하나의 원료와 그 원료로 생산하는 제품간의 스프레드가 있다. 예컨대 크러시 스프레드(crush spread)는 대두선물을 매입하고 대두유선물과 대두박선물을 매도한 것을 말하고, 크랙 스프레드(crack spread)는 원유선물을 매입하고 난방유선물과 휘발유선물을 매도한 것을 말한다.

(3) 시장간 스프레드(inter-market spread)

시장간 스프레드는 상품간 스프레드의 변형으로 기초자산과 만기는 동일하나 서로 다른 선물시장에서 거래되는 두 선물계약간의 가격차이를 말한다. 예컨대 6월물 미국달러선물을 국내 한국거래소(KRX)시장에서는 매입하고 미국 시카고상품거래소(CME)시장에서는 매도하여 스프레드 포지션을 취한 경우이다.

제3절 차익거래

1. 차익거래의 개념

시장이 균형상태에 있으면 일물일가의 법칙(law of one price)이 성립하여 차익거래가 발생하지 않는다. 그러나 동일한 상품이 여러 시장에서 서로 상이한 가격으로 거래되는 불균형상태에 있으면 과소평가된 시장에서 매입하여 과대평가된 시장에 매도함으로써 차익(free lunch)을 얻을 수 있다.

차익거래(arbitrage)는 추가적인 자금이나 위험을 부담하지 않으면서 선물가격과 현물가격간의 가격차이 또는 여러 선물가격간의 차이를 이용하여 이익을 실현하는 거래를 말한다. 과소평가된 시장에서는 수요가 증가하여 가격이 상승하고, 과대평가된 시장에서는 공급이 증가하여 가격이 하락한다.

보유비용모형에 의한 균형선물가격(또는 이론선물가격)은 현물가격에 보유비용은 가산하고 보유수익은 차감하여 구할 수 있다. 이론선물가격이 선물시장에서 거래되는 실제선물가격과 일치하면 균형상태가 되어 차익거래가 발생하지 않지만 일치하지 않으면 불균형상태가 되어 차익거래가 발생한다.

선물시장에서 차익거래는 먼저 이론선물가격과 실제선물가격간의 차이를 확인하고 차익거래의 예상이익이 차익거래의 거래비용을 초과하는지를 분석한 후에 차익거래를 실행하게 된다. 실제로 차익거래를 실행하는 과정에서 많은 제약이 수반될 수 있기 때문에 신중한 고려가 있어야 한다.

표 3-4 차익거래의 기회

차익거래의 기회	구분
실제선물가격(시장가격) > 균형선물가격(이론가격) 합성대출이자율 > 차입이자율	현물매입차익거래 (선물매도, 현물매입)
실제선물가격(시장가격) < 균형선물가격(이론가격) 합성대출이자율 < 차입이자율	현물매도차익거래 (선물매입, 현물매도)

2. 선물과 현물의 차익거래

선물시장과 현물시장간의 차익거래로 선물가격과 현물가격은 서로 밀접하게 연결되며 차익거래자는 선물시장과 현물시장을 연결시키는 교량역할을 수행한다. 실제선물가격이 이론선물가격에 비해 과대평가되어 있느냐 아니면 과소평가되어 있느냐에 따라 현물매입차익거래와 현물매도차익거래로 구분된다.

| 그림 3-3 | 차익거래의 기회 |

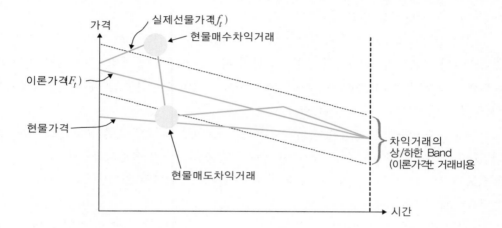

(1) 기회비용만 고려하는 경우

선물의 최종거래일까지 보유비용과 보유수익은 없고 기회비용만 고려하는 경우에 선물가격과 현물가격간의 균형관계는 다음과 같이 나타낼 수 있다.

$$F_{0,\,T} = S_0 + 기회비용$$

$$= S_0 \left(1 + r \times \frac{T}{360} \right) \tag{3.10}$$

선물시장에서 거래되는 실제선물가격이 식(3.10)에 의한 균형선물가격과 일치하지 않으면 차익거래가 발생한다. 실제선물가격이 균형선물가격보다 과대평가 또는 과소평가되었는가에 따라 현물매입차익거래와 현물매도차익거래로 구분된다.

1) $F_{0,T} > S_0(1 + r_{0,T})$

① 현물매입차익거래(cash & carry arbitrage)

선물의 실제가격이 균형가격보다 과대평가되면 과대평가된 선물을 매도하고 S_0만큼의 자금을 차입하여 과소평가된 현물을 매입한 후 현물을 인도하여 선물을 이행하고 선물매도금액으로 현물을 매입하기 위해 차입한 원리금을 상환하는 차익거래를 말한다. 이때 차익거래자는 $F_{0,T} - S_0(1 + r_{0,T})$만큼의 이익을 얻는다.

② 합성대출이자율 > 차입이자율

현재시점에서 현물을 매입하고 선물을 매도하면 선물만기일에 보유중인 현물을 인도하고 선물매도대금을 수령할 수 있다. 따라서 현재시점에서 S_0의 현금유출과 선물만기일에 F의 현금유입이 있으므로 현재 자금을 빌려주고 만기에 원리금을 회수하는 것과 동일하여 현물매입차익거래를 합성대출이라고도 한다.

이러한 대출에서 얻는 수익률을 합성대출이자율(synthetic lending rate) 또는 내재환매이자율(implied repo rate)이라고도 한다. 따라서 선물매도와 현물매입을 통한 합성대출에서 얻게 될 합성대출이자율이 현물매입대금을 조달할 경우에 발생하는 차입이자율보다 높으면 현물매입차익거래의 기회가 존재한다.

2) $F_{0,T} < S_0(1 + r_{0,T})$

① 현물매도차익거래(reverse cash & carry arbitrage)

선물의 실제가격이 균형가격보다 과소평가되면 과대평가된 현물을 S_0의 가격에 공매하여 대출하고 과소평가된 선물을 매입한 후 공매대금의 원리금을 회수하며 선물계약을 결제하고 인수된 현물은 공매한 현물을 상환하는 차익거래를 말한다. 이때 차익거래자는 $F_{0,T} - S_0(1 + r_{0,T})$만큼의 이익을 얻게 된다.

② 합성대출이자율 < 차입이자율

현재시점에서 현물을 공매하고 선물을 매입하면 선물만기일에 선물매입가격으로 기초자산을 인수하여 공매한 현물을 상환할 수 있다. 따라서 현재시점에서 S_0의 현금유입과 선물만기일에 F의 현금유출이 있어 현재 자금을 차입하고 만기에 원리금을 상환하는 것과 같아 현물매도차익거래를 합성차입이라고도 한다.

이러한 차입에서 부담하는 이자율을 합성차입이자율(synthetic borrowing rate) 또는 내재역환매이자율(implied reverse repo rate)이라고도 한다. 따라서 현물공매와 선물매입을 통한 합성차입이자율이 현물공매로 발생하는 현금유입의 투자기회(대출이자율)보다 낮으면 현물매도차익거래의 기회가 존재한다.

● 예제 3-1 기회비용만 고려하는 경우의 차익거래

현재 홍익기업의 주식가격은 10,000원이며, 주식선물시장에서는 홍익기업의 주식을 기초자산으로 하는 만기까지 6개월 남은 주식선물이 거래되고 있다. 홍익기업은 향후 6개월간 배당을 지급하지 않을 예정이며 이산복리 무위험이자율은 연 10%이고 1년은 360일로 가정하여 다음 물음에 답하시오.

1. 6개월 만기 주식선물의 균형가격을 구하시오.
2. 6개월 만기 주식선물의 가격이 11,000원일 경우 차익거래과정을 설명하시오.
3. 6개월 만기 주식선물의 가격이 10,000원일 경우 차익거래과정을 설명하시오.

 풀이

1. 만기까지 6개월 남은 주식선물의 균형가격은 다음과 같이 구할 수 있다.

$$F_{0,T} = S_0\left(1 + r \times \frac{T}{360}\right) = 10,000\left(1 + 0.1 \times \frac{180}{360}\right) = 10,500원$$

2. 선물가격 11,000원은 균형가격 10,500원에 비해 과대평가되어 있다. 따라서 과대평가된 선물을 11,000원에 매도하고 10,000원을 차입하여 과소평가된 현물주식을 매입하는 현물매입차익거래를 실시함으로써 500원의 차익을 얻을 수 있다.

거 래	현재의 현금흐름	만기의 현금흐름
선물매도	0	$11,000 - S_T$
자금차입	10,000	$-10,500^*$
현물매입	−10,000	S_T
합 계	0	500

* 차입원리금 상환액 $= -10,000\left(1 + 0.1 \times \frac{180}{360}\right) = -10,500원$

3. 선물가격 10,000원은 균형가격 10,500원에 비해 과소평가되어 있다. 따라서 과대평가된 현물주식을 10,000원에 공매하여 대출하고 과소평가된 선물을 10,000원에 매입하는 현물매도차익거래를 실시함으로써 500원의 차익을 얻을 수 있다.

거 래	현재의 현금흐름	만기의 현금흐름
현물공매	10,000	$-S_T$
자금대출	−10,000	$10,500^*$
선물매입	0	$S_T - 10,000$
합 계	0	500

* 대출원리금 회수액 $= 10,000\left(1 + 0.1 \times \frac{180}{360}\right) = 10,500원$

(2) 보유비용을 고려하는 경우

일반상품을 현물로 매입하여 보유하면 수송비, 보관비, 보험료 등의 보유비용이 발생한다. 따라서 선물의 최종거래일까지 보유비용을 고려하는 경우에 상품선물의 균형가격은 다음과 같이 도출할 수 있다.

$$F_{0,T} = S_0 + 기회비용 + 보유비용 \qquad (3.11)$$
$$= S_0(1 + r \times \frac{T}{360}) + C_T$$

선물의 최종거래일 이전인 t시점에서 C만큼의 보유비용이 발생하면 식(3.11)로부터 선물가격과 현물가격간의 균형관계는 다음과 같이 바꾸어 쓸 수 있다.

$$F_{0,T} = S_0(1 + r \times \frac{T}{360}) + C(1 + r \times \frac{T-t}{360}) \qquad (3.12)$$

선물시장에서 거래되고 있는 실제선물가격이 식(3.12)에 의한 이론선물가격과 일치하지 않게 되면 차익거래의 기회가 발생할 수 있다. 따라서 실제선물가격이 이론선물가격보다 과대평가되었는가 아니면 과소평가되었는가에 따라 현물매입차익거래와 현물매도차익거래로 구분할 수 있다.

1) $F_{0,T} > S_0(1 + r_{0,T}) + C_T$: 현물매입차익거래

선물시장가격이 이론선물가격보다 과대평가된 경우 과대평가된 선물을 매도하고 자금을 차입하여 과소평가된 현물을 매입하는 현물매입차익거래가 발생한다. 이때 차익거래자는 현재시점에서 아무런 비용을 부담하지 않으면서 선물의 최종거래일에 $F_{0,T} - S_0(1 + r_{0,T}) - C_T$ 만큼의 차익을 얻게 된다.

표 3-5 현물매입차익거래의 현금흐름

거 래	현재의 현금흐름	만기의 현금흐름
선물매도	0	$F_{0,T} - S_T$
자금차입	S_0	$-S_0(1 + r_{0,T})$
현물매입	$-S_0$	$S_T - C_T$
합 계	0	$F_{0,T} - S_0(1 + r_{0,T}) - C_T$

2) $F_{0,T} < S_0(1+r_{0,T}) + C_T$: 현물매도차익거래

선물시장가격이 이론선물가격보다 과소평가된 경우 과대평가된 현물을 공매하여 자금을
대출하고 과소평가된 선물을 매입하는 현물매도차익거래가 발생한다. 이때 차익거래자는 현
재시점에서 아무런 비용을 부담하지 않으면서 선물의 최종거래일에 $S_0(1+r_{0,T}) + C_T - F_{0,T}$
만큼의 차익을 얻게 된다.

표 3-6	현물매도차익거래의 현금흐름

거　　래	현재의 현금흐름	만기의 현금흐름
현물매도	S_0	$-S_T + C_T$
자금대출	$-S_0$	$S_0(1+r_{0,T})$
선물매입	0	$S_T - F_{0,T}$
합　　계	0	$S_0(1+r_{0,T}) + C_T - F_{0,T}$

● 예제 3-2　　보유비용을 고려하는 경우의 차익거래

2019년 3월 10일 현재 상품선물시장에서 옥수수의 현물가격은 부셀당 5,000원이며 보유
비용은 3개월 후에 부셀당 50원이 발생한다. 이산복리 무위험이자율은 연 10%이고, 1년은
360일로 가정하여 다음 물음에 답하시오.

1. 3개월 만기 옥수수선물의 균형가격을 구하시오.

2. 3개월 만기 옥수수선물의 균형가격이 5,200원일 때 차익거래과정을 설명하시오.

3. 3개월 만기 옥수수선물의 균형가격이 5,100원일 때 차익거래과정을 설명하시오.

풀이

1. 만기가 3개월 남은 옥수수선물의 균형가격은 다음과 같이 구할 수 있다.

$$F_{0,T} = S_0\left(1+r \times \frac{T}{360}\right) + C_T = 5,000\left(1+0.1 \times \frac{90}{360}\right) + 50 = 5,175원$$

2. 선물가격 5,200원이 균형가격 5,175원에 비해 과대평가되어 있다. 따라서 과대평가된 선
물을 5,200원에 매도하고, 5,000원을 차입하여 과소평가된 현물을 매입하는 현물매입차익
거래를 실시함으로써 25원의 차익을 얻을 수 있다.

거　　래	현재의 현금흐름	만기의 현금흐름
선물매도	0	$5,200 - S_T$
자금차입	5,000	$-5,125^*$
현물매입	$-5,000$	$S_T - 50$
합　　계	0	25

* 차입원리금 상환액 $= -5,000\left(1+0.1 \times \frac{90}{360}\right) = -5,125원$

3. 선물가격 5,100원이 균형가격 5,175원에 비해 과소평가되어 있다. 따라서 과대평가된 현물을 5,000원에 공매하여 대출하고, 과소평가된 선물을 5,100원에 매입하는 현물매도차익거래를 실시함으로써 75원의 차익을 얻을 수 있다.

거 래	현재의 현금흐름	만기의 현금흐름
현물공매	5,000	$-S_T+50$
자금대출	−5,000	5,125*
선물매입	0	$S_T-5,100$
합 계	0	75

* 대출원리금 회수액 $= 5,000(1+0.1\times\frac{90}{360}) = 5,125$원

(3) 보유수익을 고려하는 경우

주식이나 채권과 같은 금융자산을 현물로 보유하면 선물의 최종거래일까지 보유하는 기간 동안에 보유수익이 발생할 수 있다. 현물자산이 주식이면 배당소득이 발생하고, 채권이면 이자소득이 발생한다. 따라서 선물의 최종거래일까지 보유수익을 고려할 경우 선물가격은 다음과 같이 구할 수 있다.

$$F_{0,T} = S_0 + 기회비용 - 보유수익 \qquad (3.13)$$
$$= S_0(1+r\times\frac{T}{360}) - R_T$$

선물의 최종거래일 이전인 t시점에서 R만큼의 보유수익이 발생한다면 식(3.13)으로부터 선물가격과 현물가격간의 균형관계는 다음과 같이 바꾸어 쓸 수 있다.

$$F_{0,T} = S_0(1+r\times\frac{T}{360}) - R(1+r\times\frac{T-t}{360}) \qquad (3.14)$$

선물시장에서 거래되고 있는 실제선물가격이 식(3.14)에 의한 이론선물가격과 일치하지 않으면 차익거래의 기회가 발생할 수 있다. 따라서 실제선물가격이 이론선물가격보다 과대평가되었는가 아니면 과소평가되었는가에 따라 현물매입차익거래와 현물매도차익거래로 구분할 수 있다.

1) $F_{0,T} > S_0(1+r_{0,T}) - R_T$: 현물매입차익거래

선물시장가격이 이론선물가격보다 과대평가되면 과대평가된 선물을 매도하고 자금

을 차입하여 과소평가된 현물을 매입하는 현물매입차익거래가 발생한다. 다만 현물을 매입했기 때문에 선물의 만기일 이전에 보유수익이 발생하면 이를 선물만기일까지 대출했다가 선물만기일에 대출 원리금을 회수하는 과정을 추가하면 된다.

표 3-7   현물매입차익거래의 현금흐름

거 래	현재의 현금흐름	t시점 현금흐름	만기의 현금흐름
선물매도	0	0	$F_{0,T} - S_T$
자금차입	S_0	0	$-S_0(1+r_{0,T})$
현물매입	$-S_0$	R	S_T
수익대출	0	$-R$	R_T
합 계	0	0	$F_{0,T} - S_0(1+r_{0,T}) + R_T$

2) $F_{0,T} < S_0(1+r_{0,T}) - R_T$: 현물매도차익거래

선물시장가격이 이론선물가격보다 과소평가되면 과대평가된 현물을 공매하여 자금을 대출하고 과소평가된 선물을 매입하는 현물매도차익거래가 발생한다. 다만 현물을 공매했기 때문에 현물자산의 대여자에게 보유수익을 대납하기 위해 보유수익만큼 차입했다가 선물만기일에 차입원리금을 상환하는 과정을 추가하면 된다.

표 3-8   현물매도차익거래의 현금흐름

거 래	현재의 현금흐름	t시점 현금흐름	만기의 현금흐름
현물공매	S_0	R	$-S_T$
자금대출	$-S_0$	0	$S_0(1+r_{0,T})$
수익차입	0	$-R$	$-R_T$
선물매입	0	0	$S_T - F_{0,T}$
합 계	0	0	$S_0(1+r_{0,T}) - R_T - F_{0,T}$

→ 예제 3-3   보유수익을 고려하는 경우의 차익거래

현재 숙명기업의 주식가격은 10,000원이며, 주식선물시장에서는 숙명기업의 주식을 기초자산으로 하는 만기까지 6개월 남은 주식선물이 거래되고 있다. 숙명기업은 3개월 후에 주당 200원의 배당을 지급할 예정이며 이산복리 무위험이자율은 연 10%이고 1년은 360일로 가정하여 다음 물음에 답하시오.

1. 3개월 후에 주당 200원의 배당을 지급할 때 주식선물의 이론가격을 구하시오.

2. 6개월 만기 주식선물의 가격이 10,500원일 경우 차익거래과정을 설명하시오.

3. 6개월 만기 주식선물의 가격이 10,000원일 경우 차익거래과정을 설명하시오.

1. 6개월 만기 주식선물의 이론가격은 다음과 같이 구할 수 있다.

$$F_{0,T} = S_0(1+r \times \frac{T}{360}) - R(1+r \times \frac{T-t}{360})$$
$$= 10,000(1+0.1 \times \frac{180}{360}) - 200(1+0.1 \times \frac{90}{360}) = 10,295원$$

2. 선물가격 10,500원이 균형가격 10,295원에 비해 과대평가되어 있다. 따라서 과대평가된 선물을 10,500원에 매도하고, 10,000원을 차입하여 과소평가된 현물을 매입하는 현물매입차익거래를 실시함으로써 205원의 차익을 얻을 수 있다.

거 래	현재의 현금흐름	t시점 현금흐름	만기의 현금흐름
선물매도	0	0	$10,500 - S_T$
자금차입	10,000	0	$-10,500$
현물매입	$-10,000$	200*1	S_T
수익대출	0	-200*1	205*2
합 계	0	0	205

*1 현금배당금 200원을 수령하여 선물만기일까지 200원을 대출

*2 선물만기일에 대출원리금 회수액 205원$[= 200(1+0.1 \times \frac{90}{360})]$

3. 선물가격 10,000원이 균형가격 10,295원에 비해 과소평가되어 있다. 따라서 과대평가된 현물을 10,000원에 공매하여 대출하고, 과소평가된 선물을 10,295원에 매입하는 현물매도차익거래를 실시함으로써 295원의 차익을 얻을 수 있다.

거 래	현재의 현금흐름	t시점 현금흐름	만기의 현금흐름
현물공매	10,000	200*1	$-S_T$
자금대출	$-10,000$	0	10,500
수익차입	0	-200*1	-205*2
선물매입	0	0	$S_T - 10,000$
합 계	0	0	295

*1 현금 200원을 차입하여 주식대여자에게 배당금 200원을 지급

*2 선물만기일에 차입원리금 상환액 205원$[= 200(1+0.1 \times \frac{90}{360})]$

3. 선물과 선물의 차익거래

보유비용모형에 의하면 선물가격과 현물가격의 차이는 현물가격에 대한 선물만기일까지 보유비용은 가산하고 보유수익은 차감한 값이다. 이러한 관계는 동일한 기초자산에 대한 만기가 서로 다른 선물계약간의 관계에도 성립한다. 시장이 균형상태라면 원월물가격과 근월물 가격간에는 다음과 같은 관계가 성립한다.

$$F_{0,T2} = F_{0,T1}(1+r_{T1,T2}) + C_{T1,T2} - R_{T1,T2} \tag{3.15}$$

논의를 단순화하기 위해 근월물의 만기(T_1)와 원월물의 만기(T_2) 사이에 보유비용과 보유수익이 없다고 가정하면 식(3.15)는 다음과 같이 바꾸어 쓸 수 있다.

$$F_{0, T2} = F_{0, T1}(1 + r_{T1, T2}) = F_{0, T1}(1 + r \times \frac{T_2 - T_1}{360}) \tag{3.16}$$

만기가 서로 다른 선물계약의 가격간에 식(3.16)의 균형관계가 성립하지 않으면 다음과 같은 차익거래의 기회가 발생한다.

(1) $F_{0, T2} > F_{0, T1}(1 + r_{T1, T2})$

① 근월물매입차익거래(forward cash & carry arbitrage)

원월물가격이 근월물가격보다 높을 경우에 차익거래자는 과대평가된 원월물을 매도하고 과소평가된 근월물을 매입하는 차익거래를 통해 $F_{0, T2} - F_{0, T1}(1 + r_{T1, T2})$만큼의 이익을 얻을 수 있다. 이러한 형태의 차익거래를 근월물매입차익거래라고 한다.

② 선도환매이자율 > 차입이자율

근월물매입차익거래에서 얻을 수 있는 수익률은 미래의 T_1시점부터 T_2시점까지의 기간에 적용되기 때문에 이를 선도환매이자율(forward repo rate)이라고 한다. 선도환매이자율이 T_1시점과 T_2시점의 차입이자율보다 높다면 근월물매입차익거래의 기회가 발생한다.

(2) $F_{0, T2} < F_{0, T1}(1 + r_{T1, T2})$

① 근월물매도차익거래(forward reverse cash & carry arbitrage)

원월물가격이 근월물가격보다 낮을 경우에 차익거래자는 과대평가된 근월물을 매도하고 과소평가된 원월물을 매입하는 차익거래를 통해 $F_{0, T1}(1 + r_{T1, T2}) - F_{0, T2}$만큼의 이익을 얻을 수 있다. 이러한 형태의 차익거래를 근월물매도차익거래라고 한다.

② 역선도환매이자율 > 대출이자율

근월물매도차익거래에서 부담하게 되는 자본비용은 미래의 T_1시점부터 T_2시점까지의 기간에 적용되기 때문에 이를 역선도환매이자율(reverse forward repo rate)이라고 한다. 역선도환매이자율이 T_1시점과 T_2시점의 대출이자율보다 낮다면 근월물매도차익거래의 기회가 발생한다.

◦ 예제 3-4 만기가 다른 선물가격간의 차익거래

KOSPI 지수가 동덕기업의 주식으로만 구성되어 있고, 이를 KOSPI 1지수라고 하자. 주식선물시장에서 만기가 6개월인 주식선물의 가격이 10,000원에 거래되고 있다. 동덕기업은 향후 1년간 배당을 지급하지 않을 예정이며 이산복리 무위험이자율은 연 10%, 1년은 360일로 가정하여 다음 물음에 답하시오.

1. 1년 만기 주식선물의 균형가격을 구하시오.
2. 1년 만기 주식선물의 가격이 10,800원일 때 차익거래과정을 설명하시오.
3. 1년 만기 주식선물의 가격이 10,300원일 때 차익거래과정을 설명하시오.

풀이

1. 차익거래가 발생하지 않기 위한 주식선물의 균형은 다음과 같이 구할 수 있다.

$$F_{0,T2} = F_{0,T1}(1 + r \times \frac{T_2 - T_1}{360})$$
$$= 10,000(1 + 0.1 \times \frac{360 - 180}{360}) = 10,500원$$

2. 1년 만기 선물가격 10,800원이 균형가격 또는 6개월 만기 선물가격 10,500원에 비해 과대평가되어 있다. 따라서 1년 만기 원월물을 매도하고 6개월 만기 근월물을 매입하는 근월물매입차익거래를 실시함으로써 300원의 차익을 얻을 수 있다.

거 래	현재의 현금흐름	6개월 후 현금흐름	1년 후 현금흐름
원월물매도	0	0	$10,800 - S_T$
근월물매입	0	$S_{T1} - 10,000$	–
자 금 차 입	–	10,000	$-10,500$
현 물 매 입	–	$-S_{T1}$	S_{T2}
합 계	0	0	300

① 현재시점에서 원월물에 매도포지션을 취하고, 근월물에 매입포지션을 취한다.
② 6개월 후에 10,000원을 차입하여 6개월 만기 선물가격을 지불하고 동덕기업의 주식을 인수한 다음 나머지 6개월 동안 보유한다.
③ 1년 후에 1년 만기 선물가격 10,800원에 동덕기업의 주식을 인도하고. 차입원리금 10,500원[$=10,000(1 + 0.1 \times 180/360)$]을 상환한다.

3. 1년 만기 선물가격 10,300원이 균형가격 또는 6개월 만기 선물가격 10,500원에 비해 과소평가되어 있다. 따라서 6개월 만기 근월물을 매도하고 1년 만기 원월물을 매입하는 근월물매도차익거래를 실시함으로써 200원의 차익을 얻을 수 있다.

거 래	현재의 현금흐름	6개월 후 현금흐름	1년 후 현금흐름
근월물매도	0	$10,000 - S_{T1}$	–
원월물매입	0	–	$S_{T2} - 10,300$
현 물 공 매	–	S_{T1}	$-S_{T2}$
자 금 대 출	–	$-10,000$	10,500
합 계	0	0	200

① 현재시점에서 근월물에 매도포지션을 취하고, 원월물에 매입포지션을 취한다.
② 6개월 후에 동덕기업의 주식을 공매하여 6개월 만기 선물가격을 지급받고 인도한 다음 10,000원을 나머지 6개월 동안 대출한다.
③ 1년 후에 대출원리금 10,500원[$=10,000(1 + 0.1 \times 180/360)$]을 회수하여 1년 만기 선물가격 10,300원을 지불하고 동덕기업 주식을 인수하여 공매주식을 상환한다.

핵·심·요·약

제1절 헤지거래

1. 헤지거래의 정의 : 불확실한 기초자산의 가격변동위험을 회피하기 위한 거래

2. 헤지거래의 종류 : 매입헤지(long hedge), 매도헤지(short hedge)

3. 베이시스의 위험
   계약일의 선물가격과 현물가격의 차이 ≠ 청산일의 선물가격과 현물가격의 차이

4. 헤지비율의 정의 : 현물포지션을 헤지하기 위해 매매해야 하는 선물계약수

제2절 투기거래

1. 투기거래의 정의 : 현물시장의 포지션은 없이 선물거래만을 이용하여 시세차익을 얻기 위해 가격위험을 부담하면서 이익을 추구하는 거래형태

2. 투기거래의 종류

① 선물가격의 상승이 예상 : 선물을 매입한 후 선물을 매도해 매입포지션을 청산

② 선물가격의 하락이 예상 : 선물을 매도한 후 선물을 매입해 매도포지션을 청산

3. 베이시스를 이용한 투기거래

① 베이시스의 증가가 예상 : 콘탱고상태에서는 현물을 매도하고 선물을 매입하며, 백워데이션상태에서는 현물을 매입하고 선물을 매도함

② 베이시스의 감소가 예상 : 콘탱고상태에서는 현물을 매입하고 선물을 매도하며, 백워데이션상태에서는 현물을 매도하고 선물을 매입함

4. 스프레드를 이용한 투기거래 : 만기간·상품간·시장간 스프레드

제3절 차익거래

1. 차익거래의 정의 : 추가적인 자금이나 위험을 부담하지 않으면서 이론선물가격과 실제 선물가격간의 가격차를 이용하여 이익을 얻는 거래

2. 차익거래의 종류

① $F > S + CC - CR$: 현물매입차익거래(cash & carry arbitrage)
   이론선물가격이 실제선물가격보다 과대평가된 경우에 과대평가된 선물은 매도하고 과소평가된 현물은 자금을 차입하여 매입하는 거래

② $F < S + CC - CR$: 현물매도차익거래(reverse cash & carry arbitrage)
   이론선물가격이 실제선물가격보다 과소평가된 경우에 과대평가된 현물은 매도하여 자금을 대출하고 과소평가된 선물은 매입하는 거래

문제 **1.** 다음 중 선물을 이용한 헤지거래에 대한 설명으로 옳지 않은 것은?

① 헤지거래는 현물가격과 선물가격이 동일하게 움직일 때 효과가 가장 크다.

② 고정금리 채권자는 금리상승위험에 노출되어 있어 금리선물을 매도한다.

③ 수입업자는 환율이 상승하는 경우에 손실이 발생하므로 통화선물을 매입한다.

④ 금 보유자가 가격하락에 대비하여 금 선물을 매도하는 것은 매입헤지이다.

해설 헤지거래의 구분은 선물을 기준으로 한다. 따라서 선물을 매입하면 매입헤지이고, 선물을 매도하면 매도헤지이다.

문제 **2.** 다음 중 선물을 이용한 헤지거래에 대한 설명으로 옳지 않은 것은?

① 수출업자가 환율하락위험에 대비하여 상대국 통화선물을 매도하였다.

② 향후 채권을 매입할 예정인 투자자가 금리선물을 매도하였다.

③ 주식포트폴리오를 보유한 투자자가 주가지수선물을 매도하였다.

④ 보유현물과 동일하지는 않으나 정(+)의 상관계수가 큰 선물을 매도하였다.

해설 향후 채권을 매입할 예정인 투자자는 채권가격상승위험에 노출되어 있어 금리선물을 매입해야 한다.

문제 **3.** 다음 중 선물을 이용한 헤지거래에 대한 설명으로 옳지 않은 것은?

① 농부가 향후 1개월 후에 출하예정인 곡물의 가격하락에 대비하여 그 곡물에 대한 선물을 매도하였다.

② 주식포트폴리오를 보유한 펀드매니저가 주가하락위험에 대비하여 주가지수선물을 매도하였다.

③ 밀가루를 생산하는 제일제당은 1개월 후에 필요한 밀의 가격상승에 밀선물을 매입하였다.

④ 외화표시 수입대금을 1개월 후에 지급할 예정인 국내수입업자가 환율상승위험에 대비하여 해당통화에 대한 선물을 매도하였다.

해설 수입업자는 1개월 후에 수입대금을 지급하기 위해 외화를 매입해야 하므로 해당통화에 대한 선물을 매입해야 한다.

문제 4. 다음 중 선물을 이용한 헤지거래에 대한 설명으로 옳지 않은 것은?

① 1개월 후에 자금을 차입하려고 하는 기업이 금리선물을 매도하였다.

② 인덱스펀드를 보유한 투자자가 주가지수선물을 매도하였다.

③ 3개월 후에 상대국통화로 수출대금을 수취하게 되는 수출업자가 상대국통화선물을 매도하였다.

④ 보유한 현물과 동일하지 않으나 정(+)의 상관계수가 큰 선물을 매도하였다.

해설 자금을 차입하려고 한다는 것은 채권을 발행하려고 한다는 의미이므로 헤지를 위해서는 금리선물을 매입해야 한다.

문제 5. 한국거래소의 유가증권시장에 상장되어 있는 주식을 보유한 투자자 홍길동이 주가하락위험을 회피하기 위해 KOSPI 200선물을 이용하여 헤지하는 경우에 대한 설명으로 옳은 것은?

① 매도헤지, 교차헤지   ② 매입헤지, 교차헤지

③ 매도헤지, 직접헤지   ④ 매도헤지, 직접헤지

해설 현물주식을 보유하고 있어 주가하락위험을 회피하려면 주식선물을 매도하는 매도헤지가 필요하고, 헤지대상이 되는 현물주식과 헤지수단으로 이용하는 주가지수선물계약의 기초자산이 달라 교차헤지에 해당한다.

문제 6. 100만 파운드를 수취할 예정인 선린기업이 한국거래소에 상장되어 있는 유로선물을 이용하여 환위험을 헤지하는 경우에 헤지방법으로 옳은 것은?

① 매입헤지, 직접헤지   ② 매입헤지, 교차헤지

③ 매도헤지, 직접헤지   ④ 매도헤지, 교차헤지

해설 선린기업은 환율하락위험을 회피하기 위해 유로선물을 매도하므로 매도헤지이고, 파운드를 유로선물로 헤지하므로 교차헤지에 해당한다.

문제 7. 현재 채권을 보유한 투자자가 헤지를 하는 목적과 방법으로 옳은 것은?

① 이자율의 하락위험을 헤지하기 위해 금리선물을 매입한다.

② 이자율의 하락위험을 헤지하기 위해 금리선물을 매도한다.

③ 이자율의 상승위험을 헤지하기 위해 금리선물을 매입한다.

④ 이자율의 상승위험을 헤지하기 위해 금리선물을 매도한다.

해설 채권가격과 시장이자율은 반비례한다. 따라서 현재 채권을 보유한 투자자는 시장이자율의 상승에 따른 채권가격의 하락위험을 헤지하기 위해 금리선물을 매도해야 한다.

문제 8. 홍길동은 1개월 후에 빵의 원료로 사용할 옥수수를 매입할 예정이다. 현재 옥수수의 현물가격은 부셸당 3,000원, 3개월 후에 인도되는 옥수수선물가격은 부셸당 3,200원이다. 다음의 설명 중 옳지 않은 것은?

① 홍길동은 옥수수가격의 상승에 따른 위험을 헤지하려면 옥수수선물을 매입해야 한다.

② 홍길동이 매입헤지를 했을 때 1개월 동안 옥수수가격이 상승하면 현물시장에서는 손실이 발생하나 선물시장에서는 이익이 발생한다.

③ 홍길동이 매입헤지를 했을 때 1개월 후의 베이시스가 −100원이 된다면 손실이 발생한다.

④ 홍길동이 매입헤지를 했을 때 1개월 동안 옥수수가격이 하락하면 이익이 발생한다.

해설 순손익은 가격의 상승이나 하락에 따라 달라지는 것이 아니라 베이시스의 변동에 따라 달라진다. 즉 현재 시장이 콘탱고상태에 있어 가격이 하락하더라도 베이시스가 축소되면 손실이 발생한다.

문제 9. 다음 중 교차헤지를 이용하는 이유로 옳지 않은 것은?

① 어떤 자산의 가격변동위험은 매우 크지만 그 자산에 대한 선물시장이 존재하지 않은 경우

② 헤지를 원하는 자산에 대한 선물시장의 유동성이 크지 않은 경우

③ 두 개의 선물시장에서 동일한 조건의 선물계약이 서로 상이한 가격에 거래되는 경우

④ 특정 자산의 가격과 다른 자산의 가격이 높은 상관관계를 가지고 있는 경우

해설 ③의 경우에는 차익거래나 스프레드거래를 이용하여 이익을 얻을 수 있다.

문제 10. 다음 중 선물거래를 이용하여 기초자산의 가격변동위험을 헤지할 경우 완전헤지가 이루어지기 위한 조건은?

① 개시베이시스 = 0, 커버베이시스 = 0

② 개시베이시스 〉 커버베이시스

③ 개시베이시스 = 커버베이시스

④ 개시베이시스 〈 커버베이시스

> **해설** 완전헤지의 조건은 헤지기간 동안 베이시스의 변동이 없어야 하고, 현물가격의 변동액과 선물가격의 변동액이 일치해야 한다.

* 11~13 투자자 홍길동은 2019년 3월 10일 현재 다음과 같이 구성된 포트폴리오를 보유하고 있다. 주가지수 수익률의 표준편차는 0.1이고, 만기일이 2019년 6월 13일인 주가지수선물의 가격은 240포인트, 지수 1포인트당 가격은 25만원이다.

주식	주식가격	보유수량	상관계수	표준편차
A	20,000원	3,000주	0.4	0.4
B	30,000원	2,000주	0.7	0.2

> **문제** **11.** 투자자 홍길동은 보유중인 포트폴리오의 가치하락위험을 헤지하기 위해 최종 거래일이 6월 13일인 주가지수선물을 이용하고자 한다. 홍길동은 몇 단위의 주가지수선물을 거래해야 하는가?
>
> ① 3단위 매도 ② 3단위 매입
> ③ 4단위 매도 ④ 4단위 매입

> **해설** 홍길동은 현물시장에서 매입포지션에 있으므로 선물을 매도해야 하며, 매도해야 할 선물 계약수는 다음과 같이 구할 수 있다.
>
> $$N_F = \frac{S_0}{F_0} \times \beta_{SI} = \frac{20,000 \times 3,000 + 30,000 \times 2,000}{240 \times 250,000} \times 1.5^* = 3$$
>
> $$* \ \beta_A = \frac{\sigma_A \times \rho_{Am}}{\sigma_m} = \frac{0.4 \times 0.4}{0.1} = 1.6, \quad \beta_B = \frac{\sigma_B \times \rho_{Bm}}{\sigma_m} = \frac{0.2 \times 0.7}{0.1} = 1.4$$
>
> $$\rightarrow \beta_P = w_A \beta_A + w_B \beta_B = (0.5 \times 1.6) + (0.5 \times 1.4) = 1.5$$

> **문제** **12.** 문제 11에서 6월 13일에 주식 A와 B의 가격이 각각 18,000원과 27,000원으로 하락하였고, 주가지수는 232포인트가 되었다면 홍길동의 헤지결과는?
>
> ① 순이익 100만원 ② 순손실 100만원
> ③ 순이익 600만원 ④ 순손실 600만원

> **해설** 현물시장에서는 1,200만원의 손실이 발생하고, 선물시장에서는 600만원의 이익이 발생하여 600만원의 순손실이 발생하였다.
>
> 현물시장의 손익 = (18,000−20,000)×3,000주+(27,000−30,000)×2,000주 = −1,200만원
> 선물시장의 손익 = (240−232)×250,000원×3단위 = 600만원

문제 13. 홍길동은 향후 3개월 동안 강세장을 예상하여 최종거래일이 6월 13일인 주가지수선물을 이용하여 포트폴리오의 베타를 2.0으로 높여 시세차익을 증대시키고자 한다. 홍길동은 몇 단위의 주가지수선물을 거래해야 하는가?

① 1단위 매입
② 1단위 매도
③ 2단위 매입
④ 2단위 매도

해설 $N_F = \dfrac{S_0}{F_0}(\beta_P - \beta_{SI}) = \dfrac{20,000 \times 3,000 + 30,000 \times 2,000}{240 \times 250,000} \times (2.0 - 1.5) = 1$

문제 14. 펀드매니저 홍길동은 1,000억 규모의 주식포트폴리오에 대해 1년간 관리하는 임무를 부여받았다. 현재 이 주식포트폴리오의 베타는 1.5이다. 홍길동은 향후 약세장을 예상하고 주가지수선물을 이용하여 보유중인 주식포트폴리오의 베타를 1.0으로 줄이려고 한다. 1년 만기를 갖는 주가지수선물의 현재 지수가 250포인트(1포인트당 25만원)라고 할 때, 어떻게 해야 하는가?

① 800계약 매입
② 800계약 매도
③ 850계약 매입
④ 850계약 매도

해설 $N_F = \dfrac{S_0}{F_0}(\beta_P - \beta_{SI}) = \dfrac{10,000,000\text{만원}}{250 \times 250,000} \times (1.0 - 1.5) = -800\text{계약 매도}$

문제 15. 다음 중 스트립헤지와 스택헤지에 대한 설명으로 옳지 않은 것은?

① 스택헤지는 근월물을 이용한 헤지이다.
② 스택헤지는 헤지비용이 많이 소요된다.
③ 스트립헤지는 사후관리가 필요하다.
④ 스트립헤지는 완전헤지가 가능하다.

해설 스트립헤지는 사후관리가 필요하지 않다.

구 분	정의와 단점
스택헤지	· 근월물만으로 헤지 후 순차적으로 이월(roll-over) · 헤지비용 과다, 사후관리 필요, 불완전헤지
스트립헤지	· 현물과 같은 기간에 거래되는 선물로 헤지 · 실제 헤지 곤란, 원월물거래 없음

문제 16. 다음 중 투기거래자에 대한 설명으로 옳지 않은 것은?

① 스캘퍼(scalper)는 아주 짧은 시간 동안만 포지션을 보유한다.

② 데이 트레이더(day trader)는 당일 실행한 포지션을 익일로 이월시키지 않고, 장중에 반대매매하여 순포지션을 0으로 마감한다.

③ 포지션 트레이더(position trader)는 일정한 기간 동안 포지션을 커버하지 않고 포지션을 보유하는 투자자로 위험이 가장 낮다.

④ 스트래들러(straddler)는 수도월이 다른 두 개의 상품가격차를 이용하여 모두 매입하거나 매도하여 이익을 취한다.

해설 스캘퍼나 데이 트레이더는 빠른 시일 내 포지션을 커버하여 마진콜(margin call)을 당할 위험이 없는 반면에 포지션 트레이더는 몇 주간 또는 몇 개월 동안 지속될 가격변동에 관심을 갖고 포지션을 방치하여 마진콜을 당할 위험에 놓일 수 있다.

문제 17. 다음의 투기거래자 가운데 위험이 가장 높은 투자자는?

① 스캘퍼(scalper)   ② 데이 트레이더(day trader)

③ 포지션 트레이더(position trader)   ④ 스프레더(spreader)

해설 포지션 트레이더는 몇 주간 또는 몇 개월 동안 지속될 가격변동에 관심을 갖고 포지션을 방치하여 마진콜(margin call)을 당할 위험에 놓일 수 있어 위험이 가장 높다.

문제 18. 투자자 홍길동은 주식포트폴리오의 가격하락위험을 헤지하기 위해 주가지수선물을 이용하였다. 헤지시점의 선물가격은 현물가격보다 높은 상태에 있었고 시장베이시스는 5포인트였다. 청산시점의 시장베이시스는 2포인트로 축소되었다. 베이시스가 축소되는 경우에 현물과 선물을 전량 청산했다면 투자자 홍길동의 손익은?

① 손실 1포인트   ② 손실 3포인트

③ 이익 1포인트   ④ 이익 3포인트

해설 보유하고 있는 주식포트폴리오의 가격하락위험을 헤지하기 위해 매도헤지를 한 경우에 베이시스가 축소되면 이익이 3포인트(=5포인트−2포인트) 발생한다.

구 분	베이시스	매입헤지	매도헤지
콘탱고	축소	순손실	순이익
(선물가격 〉 현물가격)	확대	순이익	순손실
백워데이션	축소	순이익	순손실
(선물가격 〈 현물가격)	확대	순손실	순이익

문제 19. 다음 중 스프레드거래에 대한 설명으로 옳지 않은 것은?

① 거래종목은 상장된 결제월보다 항상 1개가 많다.

② 스프레드거래는 개별거래보다 위험이 적고 증거금률 역시 낮다.

③ 스프레드거래는 두 선물가격간의 상대적인 가격변동에 의해 손익이 결정된다.

④ 거래이익은 적으나 거래량은 많은 박리다매형 거래에 해당한다.

해설 스프레드거래의 종목은 상장된 결제월보다 항상 1개가 적다.

문제 20. 다음 중 선물가격이 현물가격보다 높은 정상시장에서 만기간 스프레드가 축소될 것으로 예상되는 경우에 적절한 스프레드전략은?

① 근월물매입 + 원월물매도   ② 근월물매입 + 원월물매입

③ 근월물매도 + 원월물매입   ④ 근월물매도 + 원월물매도

해설 스프레드전략

스프레드 축소	근월물매입과 원월물매도	매도스프레드
스프레드 확대	근월물매도와 원월물매입	매입스프레드

문제 21. 다음 중 주가지수선물가격에서 현물가격을 차감한 베이시스에 대한 설명으로 옳지 않은 것은?

① 베이시스는 선물만기일에 근접할수록 0에 수렴한다.

② 배당수익률이 증가할수록 베이시스는 확대된다.

③ 무위험이자율이 상승할수록 베이시스는 확대된다.

④ 선물가격과 현물가격의 높은 상관관계에도 불구하고 변동폭이 일정하지 않아 베이시스의 위험이 발생한다.

해설 베이시스는 $S(r-d)(T/360)$이므로 현물가격(S), 무위험이자율(r), 잔존기간(T)에 비례하고 배당수익률(d)에 반비례한다.

문제 22. 현재 금가격이 46,000원/g이고, 금선물의 이론가격이 46,300원/g이며, 금선물의 가격이 46,500원/g일 때 베이시스는 얼마인가?

① +300   ② −300

③ +500   ④ −500

> **해설** 상품선물 베이시스 = 현물가격-선물가격 = 46,000-46,500 = -500

문제 23. 보유비용모형에 의한 선물이론가격에 대한 설명으로 옳지 않은 것은?

① 현물가격이 상승하면 선물이론가격은 상승한다.

② 시장이자율이 상승하면 선물이론가격은 상승한다.

③ 배당수익률이 상승하면 선물이론가격은 상승한다.

④ 선물만기일이 길어지면 선물이론가격은 상승한다.

> **해설** $F = S[1 + (r-d) \times T/360]$에서 선물가격은 현물가격$(S)$, 시장이자율$(r)$, 잔존기간$(T)$에 비례하고 배당수익률$(d)$에 반비례한다.

문제 24. 연세기업의 현재주가는 10,000원인데, 연세기업은 6개월마다 100원씩의 주당배당금을 지급할 예정이다. 무위험이자율이 10%라고 할 때 연세기업 주식을 기초자산으로 하고 만기일이 1년 후인 선물계약의 균형가격은 얼마인가? 단, 거래비용은 무시하고 1년 후의 배당금은 선물만기일 직전에 지급하는 것으로 가정한다.

① 10,850원   ② 10,895원

③ 11,000원   ④ 11,200원

> **해설**
> $$F_{0,T} = S_0(1 + r_{0,T}) - D_T$$
> $$= 10,000(1 + 0.1) - [100(1 + 0.1 \times \frac{6}{12})] = 10,895원$$

문제 25. 실제선물가격과 이론선물가격의 차이가 발생하는 이유로 옳지 않은 것은?

① 이론선물가격을 산정하는 과정에서 오류를 범할 수 있다.

② 발표되는 주가지수가 잘못된 호가로 왜곡될 수 있다.

③ 이론선물가격의 산출시 일정한 배당수익률을 가정하여 차이가 발생할 수 있다.

④ 현물매도차익거래가 용이하여 선물가격이 자주 과대평가된다.

> **해설** 현물매도차익거래는 과대평가된 현물을 공매하고 과소평가된 선물을 매입해야 한다. 그러나 공매도 실행에 많은 제약이 있어 선물가격이 자주 과소평가된다.

문제 26. 다음 중 차익거래에 대한 설명으로 옳지 않은 것은?

① 매입차익거래는 선물만기시 주가지수를 하락시키는 요인으로 작용한다.

② 실제선물가격이 이론선물가격보다 낮으면 매입차익거래의 기회가 발생한다.

③ 공매도에 대한 제약은 차익거래 불가능영역의 하한선에 영향을 미친다.

④ 현물시장 거래비용이 증가할수록 차익거래 불가능영역이 커진다.

해설 매도차익거래는 실제선물가격이 이론선물가격보다 낮아 현재시점에서는 과대평가된 현물을 공매하여 대출하고 과소평가된 선물을 매입한 후 청산시점에서 공매대금의 원리금을 회수하며 선물계약을 결제하고 인수한 현물로 공매한 현물로 상환하는 차익거래를 말한다.

문제 27. 다음 중 국내선물시장에서 차익거래 불가능 가격형성요인이 아닌 것은?

① 거래비용의 존재　　　　　② 차입과 공매의 제약

③ 선물의 제한된 유동성　　　④ 예금이자율과 대출이자율의 차이

해설 차익거래의 실행을 제약하는 요소에는 매입가격과 매도가격의 차이(bid-ask spread), 거래수수료, 예금이자율과 대출이자율의 차이, 차입과 공매의 제한이 있다.

문제 28. 현재 잔여만기 6개월인 KOSPI 200 선물가격이 255포인트이다. 현물지수가 250포인트, 시장이자율이 10%, 배당률이 2%일 경우 바람직한 거래는?

① 스프레드거래　　　　　　② 선물매도거래

③ 매입차익거래　　　　　　④ 매도차익거래

해설 $F = S[1 + (r-d) \times T/360] = 250[1 + (0.1 - 0.02) \times 6/12] = 260$

실제선물가격이 이론선물가격보다 낮으므로 과대평가된 현물을 매도하고 과소평가된 선물을 매입하는 매도차익거래를 실행하면 위험부담 없이 이익을 얻을 수 있다.

문제 29. 분기당 무위험이자율은 3%이고, 시장포트폴리오의 위험프리미엄은 1.5%이며, 인도시기가 2분기 후인 주가지수선물의 1계약당 가격은 5,250만원이다. 선물시장에서 현물-선물패러티가 성립한다고 가정할 때 인도시기가 1분기 후인 주가지수선물 1계약당 선물가격은 얼마인가?

① 5,024만원　　　　　　　② 5,097만원

③ 5,408만원　　　　　　　④ 5,945만원

연·습·문·제

$F_2 = F_1(1 + r \times \dfrac{T_2 - T_1}{360})$ 에서 $5,250 = F_1(1 + 0.03) \rightarrow F_1 = 5,097$만원

문제 **30.** 2019년 2월 1일 펀드매니저 홍길동은 KOSPI 200으로 구성된 지수펀드를 10억원 보유하고 있고, KOSPI 200은 265.50포인트이다. 홍길동은 향후 주가지수의 하락에 따른 펀드가치 하락위험에 대비하기 위해 2019년 3월물 주가지수선물 21계약을 267.30포인트에 매도하였다. 1개월 후에 주가지수가 하락하여 263.25이 되었을 경우 3월물 선물가격이 얼마이면 홍길동은 완전헤지를 달성할 수 있는가?

① 265.05   ② 265.50

③ 267.20   ④ 268.50

해설 완전헤지를 달성하려면 헤지기간 동안 베이시스가 변동하지 않아야 한다. 개시베이시스가 265.50−267.30 = −1.800이므로 완전헤지가 달성되기 위한 1개월 후의 선물가격을 x라고 하면, 이는 다음과 같이 구할 수 있다. 커버베이시스 = 263.25− x = −1.80 → x = 265.05

정답

1.④ 2.② 3.④ 4.① 5.① 6.④ 7.④ 8.④ 9.③ 10.③
11.① 12.④ 13.① 14.② 15.③ 16.③ 17.③ 18.④ 19.① 20.①
21.② 22.④ 23.③ 24.② 25.④ 26.② 27.③ 28.④ 29.② 30.①

주가지수선물

주가지수를 기초자산으로 하는 주가지수선물은 주식시장에서 제거되지 않는 체계적 위험을 제거하는 헤지수단으로 이용될 수 있다. 주가지수선물을 이용한 위험헤지는 헤지대상 현물자산과 헤지수단 기초자산이 다른 교차헤지에 해당되어 선물가격에 대한 현물가격의 민감도를 고려해야 효과적인 헤지를 할 수 있다.

제1절 주식선물의 개요

2008년 5월 6일 한국거래소(KRX)에 상장된 개별주식선물은 유가증권시장에 상장되어 있고 유통주식수가 200만주 이상, 소액주주수가 2,000명 이상, 1년간 총거래대금이 5,000억원 이상인 보통주 중에서 시가총액과 재무상태 등을 감안하여 선정한 132개 기업이 발행한 주식을 기초자산으로 하는 상품을 말한다.

주식선물은 주식시장의 다양한 규제로 인해 거래가 어려운 공매도(short selling) 등의 거래수요를 상대적으로 저렴하고 편리한 방법으로 충족시켜 준다. 공매도를 위한 주식대차는 각종 금융비용을 발생시키고 규제가 많지만, 투자자는 주식선물의 매도거래를 통해 거래소시장에서 손쉽게 공매도 효과를 볼 수 있다.

주식선물의 거래단위는 계약당 주식 10주이다. 즉 주식선물 1계약은 해당 주식 10주의 가치와 같다. 최종거래일은 각 결제월의 두 번째 목요일, 최종결제방법은 현금결제이다. 주식의 변동성은 주가지수보다 높기 때문에 주식선물의 위탁증거금률은 KOSPI 200선물의 위탁증거금률보다 약간 높게 설정되어 있다.

표 4-1 주식선물의 주요내용

구 분	상품명세			
기 초 자 산	유가증권시장 113개 종목, 코스닥시장 19개 종목(2017년 10월말 현재)			
계 약 금 액	주식선물가격×10(거래승수)			
결 제 월	기타월(1, 2, 4, 5, 7, 8, 10, 11월) 2개, 분기월(3, 9월) 2개, 반기월(6월) 2개, 연월(12월) 3개			
상 장 결 제 월	3년 이내의 9개 결제월			
가 격 표 시	주식선물가격(원)			
호가가격단위	선물가격 / 호가단위 10,000원 미만 / 10원 10,000원~50,000원 / 50원 50,000원~100,000원 / 100원		선물가격 / 호가단위 100,000원~500,000원 / 500원 500,000원 이상 / 1,000원	
거 래 시 간	09:00~15:45(최종거래일 09:00~15:20)			
최 종 거 래 일	각 결제월의 두번째 목요일(공휴일인 경우 순차적으로 앞당김)			
거 래 개 시 일	최종거래일의 다음 거래일			
결 제 방 법	현금결제			
가 격 제 한 폭	기준가격 대비 각 단계별로 확대 적용 ①±10% ②±20% ③±30%			
단일가격경쟁거래	개장시(08:00~09:00) 및 최종거래일 이외의 거래종료시(15:35~15:45)			
필요적 거래중단	현물가격 급변시 주식선물거래 일시중단			

제2절 주가지수의 개요

1. 주가지수의 정의

주가지수(stock price index)는 한국거래소(KRX)의 유통시장에서 형성되고 있는 주가변동을 종합적으로 표시한 것으로 기준시점의 주가수준을 100으로 설정하고 비교시점의 주가수준과 비교하여 산출하는데 경제동향 및 주식시장의 전반적인 동향을 파악할 수 있는 중요한 지표로 활용되고 있다.

주가지수는 주식시장에서 주가예측의 기본적인 정보를 제공해 줄 뿐만 아니라 주식투자의 평가기준이 될 수 있고 개별주식이나 포트폴리오의 위험을 측정하는 기준이 된다. 또한 거시경제적 측면에서 특정시점의 경제상황을 나타내는 대표적인 지수일 뿐만 아니라 경기예측의 주요지표로 활용한다.

2. 주가지수의 산출

주가지수는 구성종목, 구성종목간의 가중방법, 평균산정방법 등에 따라 달라진다. 여기서는 구성종목간의 가중방법에 따라 지수를 구성하는 모든 종목의 가격을 합산한 다음 제수로 나누어 산출하는 주가평균지수, 비교시점의 시가총액을 기준시점의 시가총액으로 나누어 산출하는 시가총액지수로 구분하여 살펴본다.

(1) 주가평균지수

주가평균지수는 주가지수를 구성하는 일부종목의 종가합계를 제수로 나누어 구하는 수정주가평균을 지수화한 것으로 기준시점의 수정주가평균에 대한 비율로 표시된다. 주가변동 이외에 주식배당, 주식분할, 유상증자, 무상증자, 상장폐지 등이 발생하면 주가의 연속성을 유지하기 위해 항상제수를 수정해야 한다.

$$\text{주가지수} = \frac{\text{구성종목의 주가합계}}{\text{제수}} \times 100 \tag{4.1}$$

예컨대 다우존스 산업평균지수(DJIA), MMI, 일본의 NIKKEI 225 등은 주가평균방식으로 주가지수를 산출한다. 주가평균지수는 계산방법이 단순하고 이해하기 쉬운 반면에

소형주의 가격변동이 대형주의 가격변동과 동일한 크기로 지수에 영향을 미치므로 시장 전체의 가격변동을 제대로 반영하지 못한다는 단점이 있다.

(2) 시가총액지수

시가총액지수는 주가평균지수의 단점을 보완하기 위해 일정시점의 주가지수를 구성하는 전체종목의 시가총액을 100으로 하여 비교시점의 시가총액을 지수화한 것이다. 시가총액방식은 개별기업의 주식가치가 시가총액에서 차지하는 비율에 따라 주식의 비중을 구성하는 시장포트폴리오와 가장 유사하다.

$$주가지수 = \frac{비교시점의 \ 시가총액}{기준시점의 \ 시가총액} \times 100 \tag{4.2}$$

예컨대 미국의 S&P 500, NYSE 종합지수, 영국의 FTSE 100, 독일의 DAX 30, 일본의 TOPIX, 한국의 KOSPI 200와 KOSDAQ 150 등은 시가총액방식으로 주가지수를 산출한다. 시가총액지수는 기업가치의 변동이 주가지수에 미치는 영향이 발행주식수에 따라 달라지지 않아 수익률평균지수와 유사하다.

제3절 주가지수선물의 개요

한국거래소는 1996년 5월 3일 유가증권시장에 상장된 주식 중에서 200개 종목으로 구성된 KOSPI 200을 기초자산으로 하는 KOSPI 200선물을 도입하였다. 또한 2015년 11월 23일 코스닥시장에 상장된 주식 중에서 150개 종목으로 구성된 코스닥 150을 기초자산으로 하는 KOSDAQ 150선물이 개설되었다.

1. 주가지수선물의 개념

주가지수선물(stock price futures)은 주가지수를 기초자산으로 체계적 위험을 제거하는 수단으로 이용된다. 주가지수선물을 이용한 위험헤지는 헤지대상 현물자산과 헤지수단의 기초자산이 다른 교차헤지에 해당되어 선물가격변화에 대한 현물가격변화에 대한 민감도를 고려해야 효과적인 헤지를 할 수 있다.

2. 주가지수선물의 특징

주가지수는 주가지수선물과 주가지수옵션의 거래대상이 될 뿐만 아니라 주가지수 연계상품의 기초지수가 된다. 주가지수선물은 주식시장에서 거래되지 않는 특정 주가지수를 거래대상으로 했다는 점에서 혁신적인 금융상품에 해당하며, 다른 금융선물거래와 비교하여 다음과 같은 특징을 갖는다.

첫째, 주가지수는 추상적인 개념으로 실체가 있는 유형의 상품이 아니라 실체가 없는 무형의 지수이기 때문에 포지션을 청산하는 경우에 주가지수를 인수도할 수 없다. 따라서 선물거래자는 계약시점의 주가지수와 청산시점의 주가지수의 차액만큼을 현금으로 결제하고 선물포지션을 청산한다.

둘째, 주가지수선물은 주식가격의 움직임을 나타내는 지수에 불과하기 때문에 그 자체로서는 아무런 가치도 갖지 못한다. 따라서 주가지수옵션과 동일하게 주가지수 1포인트당 일정한 금액을 부여해서 거래한다. 예컨대 KOSPI 200선물의 경우 지수 1포인트당 250,000원의 금액을 부여한다.

셋째, 주가지수선물은 소규모 증거금으로 대규모의 거래가 가능하여 높은 수익률과 높은 위험을 수반하는 투자수단이며 현물시장에서 분산투자로 제거되지 않는 체계적 위험을 제거하는 수단으로 사용된다. 또한 선물시장과 현물시장간의 차익거래로 주식시장의 유동성 확대에 기여하였다.

3. KOSPI 200선물의 특징

KOSPI 200지수는 주가지수선물과 주가지수옵션의 대상이 되는 지수로 한국거래소에 상장된 주식 중 시장대표성, 업종대표성, 유동성이 높은 200개 주식으로 선정한다. KOSPI 200은 기준시점이 1990년 1월 3일이며 시가총액방식으로 산출한다. 즉 기준시점의 지수를 100으로 하여 다음과 같이 계산한다.

$$KOSPI\ 200\ =\ \frac{비교시점의\ 시가총액}{기준시점의\ 시가총액} \times 100 \tag{4.3}$$

거래종목은 결제월을 기준으로 3년 이내 7개가 상장되고 최종거래일은 각 결제월의 두번째 목요일로 하며 최종결제일은 최종거래일의 다음 거래일로 한다. 거래단위의 승수인 지수 1포인트당 250,000원의 가치를 부여하므로 KOSPI 200선물 1계약의 가격은 KOSPI 200지수에 250,000원을 곱해 계산한다.

호가단위는 0.05포인트로 설정되어 최소가격변동폭은 12,500원($=0.05 \times 250,000$)이 된다. 개시증거금은 계약금액의 15%이며 유지증거금은 미결제약정에 한해 계약금액의 10%로 한다. 또한 주가지수선물의 이론가격을 산정할 경우 기회비용(차입 및 대출이자율)은 91일물 양도성예금증서(CD) 금리로 한다.

표 4-2 KOSPI200선물의 주요내용

구 분	상품명세
기 초 자 산	KOSPI200
거 래 단 위	KOSPI200선물가격×25만원
결 제 월	3, 6, 9, 12월
상 장 결 제 월	3년 이내의 7개 결제월(3, 9월: 각 1개, 6월: 2개, 12월: 3개)
가격표시방법	KOSPI200선물 수치(포인트)
호가가격단위	0.05포인트
최소가격변동금액	12,500원(25만원×0.05)
거 래 시 간	09:00 – 15:45(최종거래일: 09:00 – 15:20)
최 종 거 래 일	각 결제월의 두번째 목요일(공휴일인 경우 순차적으로 앞당김)
최 종 결 제 일	최종거래일의 다음 거래일
최종결제방법	현금결제

자료: 한국거래소(www.krx.co.kr)

4. 주가지수선물의 가격결정

주가지수선물의 균형가격을 결정하는 경우에도 보유비용모형을 적용할 수 있다. 주가지수선물의 기초자산인 주가지수는 주식시장에서 거래되는 전체 또는 일부 주식의 가격수준을 나타내는 지표이므로 주가지수의 산출대상이 되는 현물지수에 선물만기일까지 이자비용은 가산하고 배당수익은 차감하여 결정된다.

$$F_{0,T} = S_0(1 + r \times \frac{T}{360}) - D_T \tag{4.4}$$

식(4.4)에서 주가지수산출에 포함된 모든 주식에 대한 배당금과 배당지급시점을 정확히 예측하여 선물만기일의 가치를 구하는 것은 현실적으로 매우 어렵기 때문에 주가지수의 산출에 포함된 주식들의 평균배당수익률로 측정한다. 따라서 식(4.5)의 균형관계가 성립되지 않으면 차익거래의 기회가 발생한다.

$$F_{0,T} = S_0[1 + (r - d) \times \frac{T}{360}] \tag{4.5}$$

● 예제 4-1

2019년 3월 18일 현재 KOSPI 200지수는 280포인트이다. 주가지수선물시장에서는 3개월 후에 만기가 도래하는 6월물 KOSPI 200지수선물이 거래되고 있다. 90일물 양도성예금증서(CD)금리는 연 5%이고 KOSPI 200지수에 포함된 주식들의 평균배당수익률은 연 3%이며 KOSPI 200지수선물의 1포인트당 가격은 250,000원이다. 1년을 360일로 가정하여 다음 물음에 답하시오.

1. 2019년 6월 만기 KOSPI 200지수선물의 균형가격을 구하시오.
2. 다음의 경우에 차익거래과정을 설명하고 주가지수선물 1계약당 차익거래이익을 구하시오.
   (1) KOSPI 200지수선물의 시장가격이 282.6포인트일 경우
   (2) KOSPI 200지수선물의 시장가격이 280.2포인트일 경우

풀이

1. 만기일이 2019년 6월 13일인 KOSPI 200지수선물의 균형가격은 다음과 같다.

$$F_{0,T} = S_0[1 + (r - d) \times \frac{T}{360}] = 280[1 + (0.05 - 0.03) \times \frac{90}{360}] = 281.4$$

2. 차익거래

(1) $F_{0,T} > S_0[1+(r-d) \times \dfrac{T}{360}]$: 현물매입차익거래

주가지수선물의 시장가격이 균형가격보다 높은 경우에 과대평가된 주가지수선물을 282.6 포인트에 매도하고, 자금을 차입하여 과소평가된 현물주식포트폴리오를 280포인트에 매입 하는 현물매입차익거래(cash & carry arbitrage)를 통해 주가지수선물 1계약당 300,000원 [= (282.6−281.4)×250,000]의 이익을 얻을 수 있다.

(2) $F_{0,T} < S_0[1+(r-d) \times \dfrac{T}{360}]$: 현물매도차익거래

주가지수선물의 시장가격이 균형가격보다 낮은 경우에 과대평가된 현물주식포트폴리오를 281.4포인트에 공매하여 자금을 대출하고, 과소평가된 주가지수선물을 280.2포인트에 매 입하는 현물매도차익거래(reverse cash & carry arbitrage)를 통해 주가지수선물 1계약당 300,000원[= (281.4−280.2)×250,000]의 이익을 얻을 수 있다.

제4절 주가지수선물의 거래유형

1. 헤지거래

(1) 헤지포지션

현재 주식을 보유하고 있거나 현재 주식을 공매한 투자자는 주가지수선물을 이용하여 주가변동위험을 헤지할 수 있다. 현재 주식을 보유한 투자자는 주가지수선물을 매도하여 주가하락위험을 헤지할 수 있고, 미래에 주식을 매입하고자 하는 투자자는 주가지수선물을 매입하여 주가상승위험을 헤지할 수 있다.

현물시장		선물시장
매입포지션	현재 주식보유, 미래 주식매도 예정 → 주가하락시 손실발생	매도포지션
매도포지션	현재 주식공매, 미래 주식매입 예정 → 주가상승시 손실발생	매입포지션

(2) 헤지전략

주가지수선물을 이용한 헤지거래는 헤지대상의 현물자산과 헤지수단의 기초자산이 다른 교차헤지에 해당한다. 따라서 효과적인 헤지를 하기 위해서는 헤지비율에 따라 적절한 수량의 선물계약을 매입하거나 매도해야 주가변동위험을 효과적으로 관리할 수 있는데, 구체적인 방법들을 살펴보면 다음과 같다.

① 단순헤지

단순헤지(naive hedge)는 현물주식의 가격변화율과 선물지수의 가격변화율이 동일하다고 가정하여 헤지대상 현물주식의 가치와 상반되는 동일한 금액의 포지션을 선물시장에서 취한다. 현물주식의 가격변화율과 선물지수의 가격변화율이 동일하다고 가정하면 단순헤지만으로 완전헤지를 달성할 수 있다.

현물주식 또는 주식포트폴리오의 가격을 S_0, 주가지수선물 1계약의 가격을 F_0라고 하면 단순헤지에서 현물포지션의 주가변동위험을 회피하기 위해 필요한 선물계약수 (N_F)는 식(4.6)을 이용하여 다음과 같이 구할 수 있다.

$$N_F = -\frac{S_0}{F_0} = -\frac{\text{헤지대상 현물주식의 가치}}{\text{주가지수선물 1계약의 가치}} \tag{4.6}$$

② 베타헤지

그러나 일반적으로 현물주식의 가격변화율과 선물지수의 가격변화율이 일치하지 않기 때문에 완전헤지를 달성하기가 어렵다. 따라서 베타헤지(beta hedge)는 헤지대상 현물주식의 현물지수(시장포트폴리오)에 대한 베타계수를 이용하여 선물계약수를 조정해야 헤지성과를 개선할 수 있게 된다.

$$N_F = - \frac{S_0}{F_0} \times \beta_{SI} \tag{4.7}$$

식(4.7)에서 β_{SI}는 현물주가지수(I) 또는 현물주식포트폴리오에 대한 현물주식의 베타계수로 현물주가지수 수익률에 대한 현물주식포트폴리오 수익률의 민감도를 나타내고 자본자산가격결정모형(CAPM)의 베타와 동일한 의미를 갖는다.

③ 최소분산헤지

최소분산헤지(minimum variance hedge)는 현물주식과 주가지수선물로 구성된 헤지포트폴리오의 수익률변동위험을 최소화하는 헤지를 말한다. 따라서 최소분산헤지를 달성하는데 필요한 선물계약수는 다음과 같이 구할 수 있다.

$$N_F = - \frac{S_0}{F_0} \times \beta_{SF} \tag{4.8}$$

식(4.8)에서 β_{SF}는 선물지수에 대한 현물주식의 베타계수로서 현물자산과 헤지수단으로 이용하는 선물지수간의 공분산을 선물의 분산의 나눈 값이다. 이는 베타헤지의 베타(β_{SI})와는 다른 값이며 다음의 관계가 성립한다.

$$\beta_{SF} = \beta_{SI} \times \beta_{IF} \tag{4.9}$$

여기서 현물가격의 변화율과 선물지수의 변화율이 동일하다고 가정하면 $\beta_{IF} = 1$이 되기 때문에 최소분산헤지는 베타헤지와 동일하게 된다. 일반적으로 실무에서는 $\beta_{IF} = 1$으로 가정하여 베타헤지를 사용하고 있다.

그림 4-1 　헤지거래의 분석

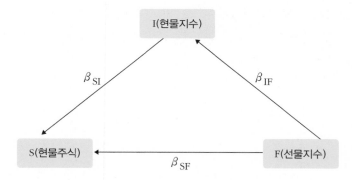

예제 4-2 　주가지수선물을 이용한 위험헤지

다음과 같이 두 종목으로 구성된 주식포트폴리오를 운용하고 있는 펀드매니저 홍길동은 90일 만기 KOSPI 200지수선물을 이용하여 보유중인 주식포트폴리오의 가치하락위험을 헤지하려고 한다. 현재 주가지수선물시장에서 90일 만기 KOSPI 200지수선물이 250포인트에 거래되고 있고 1포인트당 가격은 250,000원이다. 시장포트폴리오의 수익률은 0.18%이고 수익률의 분산은 0.1이다. 1개월 후에 선물지수가 238포인트로 하락하고 A주식의 가격이 11,000원, B주식의 가격이 48,000원으로 하락했다고 가정하여 다음 물음에 답하시오.

주식	현재주가	발행주식수	공분산
A	12,500원	40,000주	0.15
B	50,000원	20,000주	0.12

1. 단순헤지를 할 경우 필요한 선물계약수를 구하고 헤지결과를 설명하시오.

2. 베타헤지를 할 경우 필요한 선물계약수를 구하고 헤지결과를 설명하시오.

3. 최소분산헤지를 할 경우 필요한 선물계약수를 구하고 헤지결과를 설명하시오.

단, 선물지수에 대한 현물지수의 베타는 1.06790이며 선물계약은 분할가능하다.

풀이

1. ① 단순헤지를 할 경우 매도해야 할 선물계약수는 다음과 같다.

$$N_F = -\frac{S_0}{F_0} = -\frac{12,500 \times 40,000 + 50,000 \times 20,000}{250 \times 250,000} = -24계약$$

② 1개월 후의 헤지결과

시점	현물시장	선물시장
현재	보유중인 주식포트폴리오의 가치 12,500×40,000+50,000×20,000 = 1,500,000,000	250포인트에 24계약 매도 250×250,000×24 = 1,500,000,000
1개월 후	보유중인 주식포트폴리오의 가치 11,000×40,000+48,000×20,000 = 1,400,000,000	238포인트에 24계약 매입 238×250,000×24 = 1,428,000,000
손익	−100,000,000	72,000,000

∴ 순손익 = −100,000,000 + 72,000,000 = −28,000,000

2. 홍길동이 보유하고 있는 주식포트폴리오의 베타계수는 다음과 같다.

$$\beta_P = \sum_{i=1}^{n} W_i \beta_i = \frac{1}{3}(1.5) + \frac{2}{3}(1.2) = 1.3$$

① 베타헤지를 할 경우 매도해야 할 선물계약수는 다음과 같다.

$$N_F = -\frac{S_0}{F_0} \times \beta_{SI} = -\frac{12,500 \times 40,000 + 50,000 \times 20,000}{250 \times 250,000} \times 1.3 \fallingdotseq -31.2\text{계약}$$

② 1개월 후의 헤지결과

시점	현물시장	선물시장
현재	보유중인 주식포트폴리오의 가치 12,500×40,000+50,000×20,000 = 1,500,000,000	250포인트에 31계약 매도 250×250,000×31 = 1,937,500,000
1개월 후	보유중인 주식포트폴리오의 가치 11,000×40,000+48,000×20,000 = 1,400,000,000	238포인트에 31계약 매입 238×250,000×31 = 1,844,500,000
손익	−100,000,000	93,000,000

∴ 순손익 = −100,000,000 + 93,000,000 = −6,000,000

3. ① 최소분산헤지를 할 경우 매도해야 할 선물계약수는 다음과 같다.

$$N_F = -\frac{S_0}{F_0} \times \beta_{SF} = -\frac{12,500 \times 40,000 + 50,000 \times 20,000}{250 \times 250,000} \times 1.3 \times 1.0679 = -33.31\text{계약}$$

② 1개월 후의 헤지결과

시점	현물시장	선물시장
현재	보유중인 주식포트폴리오의 가치 12,500×40,000+50,000×20,000 = 1,500,000,000	250포인트에 33계약 매도 250×250,000×33 = 2,062,500,000
1개월 후	보유중인 주식포트폴리오의 가치 11,000×40,000+48,000×20,000 = 1,400,000,000	238포인트에 33계약 매입 238×250,000×33 = 1,963,500,000
손익	−100,000,000	99,000,000

∴ 순손익 = −100,000,000 + 99,000,000 = −1,000,000

(3) 위험관리

주가지수선물은 현재 보유하고 있는 현물포지션의 체계적 위험을 관리하는데 유용하게 활용할 수 있다. 식(4.10)은 현재 보유하고 있는 현물주식의 베타(β_{SI})를 현물주식과 주가지수선물로 구성된 헤지포트폴리오의 목표베타(β_P)로 조정하기 위해서 매입 또는 매도해야 할 선물계약수(N_F)를 나타낸다.

$$N_F = \frac{S_0}{F_0} \times (\beta_P - \beta_{SI}) \tag{4.10}$$

첫째, 주가가 지속적으로 상승하는 강세장(bull market)이 예상되면 베타계수를 높이는 것이 유리하다. 따라서 앞으로 주가상승이 예상되어 헤지포트폴리오의 베타를 현물주식의 베타보다 크게 하려고 하는 $\beta_P > \beta_{SI}$인 경우에는 N_F는 정($+$)의 값을 갖기 때문에 주가지수선물의 매입계약수를 증가시켜야 한다.

둘째, 주가가 지속적으로 하락하는 약세장(bear market)이 예상되면 베타계수를 낮추는 것이 유리하다. 따라서 앞으로 주가하락이 예상되어 헤지포트폴리오의 베타를 현물주식의 베타보다 작게 하려고 하는 $\beta_P < \beta_{SI}$인 경우에는 N_F는 부($-$)의 값을 갖기 때문에 주가지수선물의 매도계약수를 증가시켜야 한다.

● 예제 4-3 주가지수선물을 이용한 체계적 위험의 관리

2019년 3월 18일 현재 아래와 같은 주식포트폴리오를 운용하고 있는 펀드매니저 홍길동은 주가지선물을 이용하여 주식포트폴리오의 체계적 위험을 관리하고자 한다. 선물시장에서 12월물 KOSPI 200지수선물은 280포인트에 거래되고 있으며 지수 1포인트당 가격은 250,000원이다. 시장포트폴리오수익률은 0.15이고 시장수익률의 분산은 0.04라고 가정하여 다음 물음에 답하시오.

주식	주당가격	보유주식수	분산	상관계수
A	20,000원	10,000주	0.36	0.4
B	40,000원	10,000주	0.49	0.8
C	10,000원	10,000주	0.25	0.4
D	10,000원	30,000주	0.64	0.7

1. 홍길동이 주식포트폴리오와 주가지수선물을 이용하여 최소분산포트폴리오를 구성하려면 6월물 KOSPI 200선물을 어떻게 이용해야 하는가?
2. 홍길동은 향후 주가가 상승할 것으로 예상하고 주식포트폴리오의 베타를 3.0으로 증가시키려고 한다. 6월물 KOSPI 200선물을 어떻게 이용해야 하는가?

3. 홍길동은 향후 주가가 하락할 것으로 예상하고 주식포트폴리오의 베타를 1.0으로 감소 시키려고 한다. 6월물 KOSPI 200선물을 어떻게 이용해야 하는가?

1. 현재 주식포트폴리오를 보유하고 있어 주가하락시 손실을 회피하려면 KOSPI 200선물을 매도해야 하며 최소분산포트폴리오를 구성하는데 필요한 선물계약수는 다음과 같다.

$$N_F = \frac{S_0}{F_0} \times \beta_{SI} = \frac{1,000,000,000}{280 \times 250,000} \times 2.3^* = 32.9계약$$

$${}^*\beta_P = \sum_{i=1}^{n} W_i \beta_i = 0.2(1.2) + 0.4(2.8) + 0.1(1.0) + 0.3(2.8) = 2.3$$

2. 6월물 KOSPI 200지수선물을 10계약 매입하면 주식포트폴리오의 베타를 3.0으로 높일 수 있다.

$$N_F = \frac{S_0}{F_0} \times (\beta_P - \beta_{SI}) = \frac{1,000,000,000}{280 \times 250,000} \times (3.0 - 2.3) = 10계약$$

3. 6월물 KOSPI 200지수선물을 18.6계약 매도하면 주식포트폴리오의 베타를 1.0으로 낮출 수 있다.

$$N_F = \frac{S_0}{F_0} \times (\beta_P - \beta_{SI}) = \frac{1,000,000,000}{280 \times 250,000} \times (1.0 - 2.3) = -18.6계약$$

5. 주가지수선물의 투기거래

투기거래(speculation)는 현물시장의 포지션에 관계없이 미래의 가격변동을 예측하여 선물계약을 매수하거나 매도함으로써 선물시장에서 선물가격의 등락에 따른 시세차익을 얻을 목적으로 위험을 감수하고 잠재적인 이익을 추구하기 위해 선행하는 거래를 말하며 단순투기거래와 스프레드거래로 구분된다.

(1) 단순투기거래

단순투기거래는 특정자산에 대한 미래의 선물가격을 예측하여 선물가격이 상승할 것으로 예상되면 매입포지션을 취하고 선물가격이 하락할 것으로 예상되면 매도포지션을 취한다. 따라서 투기거래자의 예상이 정확하면 큰 이익(대박)을 얻을 수 있는 반면에 예상이 빗나가면 큰 손실(쪽박)을 감수해야 한다.

(2) 스프레드거래

스프레드거래는 조건이 서로 다른 주가지수선물계약을 동시에 매입하고 매도하는 거래를 말한다. 단순투기거래는 미래의 선물가격을 예측하여 한쪽 방향에만 포지션을 취하여 예상이 빗나갈 경우 큰 손실을 감수해야 한다. 반면에 스프레드거래는 양쪽에 반대 포지션을 취하기 때문에 한정된 위험을 갖는다.

① 상품내 스프레드

상품내 스프레드는 동일한 상품내에서 상이한 만기월간의 스프레드변화를 예상하여 매입포지션과 매도포지션을 동시에 취하여 이익을 얻는 거래를 말하며 시간스프레드라고도 한다. 일반적으로 주가지수선물은 주식시장의 변화에 대해 원월물이 근월물에 비해 큰 폭으로 변화한다.

따라서 주가의 상승이 예상되면 근월물을 매도하고 원월물을 매입하는 스프레드 포지션을 취하고, 주가의 하락이 예상되면 근월물을 매입하고 원월물을 매도하는 스프레드 포지션을 취한다. 우리나라는 최근월물을 중심으로 거래가 집중되어 상품내 스프레드가 사실상 불가능하다.

② 상품간 스프레드

상품간 스프레드는 상관계수가 높은 유사한 상품간의 스프레드 변화를 예상하여 매입포지션과 매도포지션을 동시에 취하여 이익을 얻는 거래를 말하며 교차스프레드라고도 한다. 일반적으로 시장이 큰 폭으로 움직이면 기업규모가 작은 소형주가 기업규모가 큰 대형주보다 크게 변화한다.

따라서 주가의 상승이 예상되면 변동폭이 큰 주가지수선물을 매입하고 변동폭이 작은 선물을 매도하며, 주가의 하락이 예상되면 변동폭이 큰 주가지수선물을 매도하고 변동폭이 작은 선물을 매입한다. 이때 양쪽 선물의 만기가 같도록 해야 하고 전체의 순포지션이 0이 되도록 한다.

예제 4-4 만기간 스프레드를 이용한 투기거래

투자자 홍길동은 KOSPI 200선물의 가격변화를 이용하여 투기거래를 하려고 한다. 2019년 3월 18일 현재 주가지수선물시장에서 6월물 가격은 280포인트이고 9월물 가격은 285포인트에 거래되고 있다. 홍길동은 1개월 후 KOSPI 200선물가격이 6월물은 283, 9월물은 290으로 상승할 것으로 예상하고 있다. 스프레드를 이용한 투기거래의 전략을 수립하고 투기거래의 성과를 구하시오.

풀이

스프레드가 현재 5포인트(=285-280)에서 7포인트(=290-283)로 확대될 것으로 예상되므로 근월물(6월물)은 매도하고 원월물(9월물)은 매입하는 스프레드 포지션을 취하면 500,000원(=2포인트×250,000)의 이익을 얻을 수 있다.

구분	근월물(6월물)	원월물(9월물)
현재	220 매도	225 매입
청산	223 매입	230 매도
손익	3포인트 손실	5포인트 이익

핵 · 심 · 요 · 약

제1절 주식선물의 개요

한국거래소에 상장된 주식 중 시가총액과 재무상태 등을 감안하여 유가증권시장 113개, 코스닥시장 19개 기업이 발행한 보통주를 기초자산으로 하는 선물상품

제2절 주가지수의 개요

1. 주가지수의 정의 : 주식의 유통시장에서 형성되는 주가변동을 종합적으로 표시
2. 주가지수의 산출 : 주가평균지수, 시가총액지수

제3절 주가지수선물의 개요

1. 주가지수선물의 정의 : 실체가 없는 주가지수를 기초자산으로 하는 선물거래
2. 주가지수선물의 가격결정

$$F_{0,\,T} = S_0[1 + (r - d) \times \frac{T}{360}]$$

3. 주가지수선물의 거래유형

(1) 헤지거래

① 헤지포지션 : 현재 주식을 보유(공매)한 투자자는 주가지수선물을 매도(매입)

② 헤지전략 : 주가지수선물을 이용한 헤지거래는 헤지대상의 현물자산과 헤지수단의 기초자산이 다른 교차헤지에 해당하며 단순헤지, 베타헤지, 최소분산헤지가 있음

③ 위험관리 : $N_F = \dfrac{S_0}{F_0} \times (\beta_P - \beta_{SI})$

㉠ 강세장이 예상되면 베타를 높이는 것이 유리하여 $\beta_P > \beta_{SI}$인 경우에 N_F은 정(+)의 값을 갖기 때문에 주가지수선물의 매입계약수를 증가시켜야 함

㉡ 약세장이 예상되면 베타를 낮추는 것이 유리하여 $\beta_P < \beta_{SI}$인 경우에 N_F은 부(−)의 값을 갖기 때문에 주가지수선물의 매도계약수를 증가시켜야 함

(2) 투기거래

① 단순투기거래 : 미래의 선물가격을 예측하여 선물가격의 상승이 예상되면 매입포지션을 취하고 선물가격의 하락이 예상되면 매도포지션을 취하는 거래

② 스프레드거래 : 상품내 스프레드, 상품간 스프레드

(3) 차익거래

① $F_{0,\,T} > S_0[1 + (r - d) \times \dfrac{T}{360}]$: 현물매입차익거래

② $F_{0,\,T} < S_0[1 + (r - d) \times \dfrac{T}{360}]$: 현물매도차익거래

문제 1. 다음 중 주식선물에 대한 설명으로 옳지 않은 것은?

① 모든 상장주식에 대한 선물거래가 가능하다.
② 개별주식에 대한 위험관리에 도움이 된다.
③ 공매제한의 적용을 받는 개별주식에 비해 매매가 자유롭다.
④ 개별주식에 대한 선물거래로 현금결제방식이다.

해설 개별주식선물의 기초자산은 유가증권시장 113개 종목, 코스닥시장 19개 종목으로 제한되어 있다.

문제 2. 다음 주가지수 중 산정방식이 다른 것은?

① 다우존스지수
② FTSE
③ KOSPI 200
④ NASDAQ 100

해설 다우존스지수와 니케이지수는 가격가중방식이고 나머지는 시가총액방식이다.

문제 3. 다음 중 KOSPI 200에 사용되는 주가지수 산정방식으로 옳은 것은?

① 시가총액방식+파쉐식
② 시가총액방식+피셔식
③ 시가총액방식+라스파이레식
④ 가격가중방식+라스파이레식

해설 시가총액을 산출하는 방법
① 파쉐식 : 시가총액을 계산할 때 비교시점의 가중치를 이용
② 피셔식 : 파쉐식과 라스파이레식으로 산출한 지수값을 기하평균
③ 라스파이레식 : 시가총액을 계산할 때 기준시점의 가중치를 이용

문제 4. 다음 중 주가지수선물의 경제적 기능에 대한 설명으로 틀린 것은?

① 선물가격은 미래 현물가격을 예시하는 기능을 수행한다.
② 주식포트폴리오의 체계적 위험관리가 용이하다.
③ 주식시장의 비효율화를 가능하게 한다.
④ 적은 증거금으로 손익확대효과를 갖는다.

해설 시장이 일시적인 불균형상태에 있으면 차익거래가 가능하여 시장효율성에 기여한다.

문제 5. 다음 중 주가지수선물에 대한 설명으로 옳지 않은 것은?

① 주가지수선물은 유가증권으로 의제되어 한국거래소에서 거래된다.

② 표준화된 계약으로 일일정산되어 증거금계정에 반영된다.

③ 주가지수선물을 매입하는 경우 만기일에 현물을 인도받는다.

④ 매입자에게 발생하는 손익은 매도자의 손익과 정확히 일치한다.

해설 주가지수선물은 만기일에 인수도가 일어나지 않고 청산거래나 현금결제로 거래를 종결시킨다.

문제 6. 다음 중 주가지수선물에 대한 설명으로 옳지 않은 것은?

① 주가지수선물의 거래비용은 주식현물의 거래비용보다 낮다.

② 주가지수선물을 이용하면 주식포트폴리오의 비체계적 위험은 물론 체계적 위험도 감소시킬 수 있다.

③ 주가지수선물에 참여하는 투자자들이 적을수록 잡음이 적어지므로 신뢰도가 높은 미래가격을 예측할 수 있다.

④ 주가지수선물의 위탁증거금은 약정금액에 비해 작기 때문에 적은 자금으로 거액의 투자가 가능하다.

해설 주가지수선물에 참여하는 투자자들이 많을수록 잡음이 적어지므로 신뢰도가 높은 미래가격을 예측할 수 있다.

문제 7. 다음 중 주가지수선물에 대한 설명으로 옳지 않은 것은?

① 투기거래는 현물보유에 관계없이 미래 가격방향을 예측하여 시세차익을 얻으려는 거래를 말한다.

② 주가지수선물을 이용한 헤지거래는 비체계적 위험을 제거한다.

③ 스프레드거래는 선물상품간 가격차이를 이용하여 한정된 위험만 감수하여 시세차익을 얻으려는 거래를 말한다.

④ 차익거래는 현물과 선물간 가격불균형을 이용하여 무위험수익을 얻는다.

해설 주가지수선물을 이용하면 주식포트폴리오의 비체계적 위험은 물론 체계적 위험도 감소시킬 수 있다.

문제 8. 다음 중 주가지수선물에 대한 설명으로 옳지 않은 것은?

① 만기일까지 청산되지 않더라도 실물의 인수도 없이 현금결제로 거래를 종결한다.

② 미래에 주식을 매입하고자 하는 투자자가 주가상승위험을 헤지하려면 주가지수 선물을 매입해야 한다.

③ 단순헤지를 하더라도 헤지기간에 선물가격과 현물가격의 변동률이 일치하면 완전헤지가 이루어진다.

④ 주식을 보유한 투자자는 주가상승이 예상될 때 주가지수선물을 매도하여 베타를 높임으로써 이익을 증가시킬 수 있다.

해설 주가지수선물을 매도하면 베타가 낮아진다. 향후 강세장이 예상되면 베타를 높여야 하므로 주가지수선물을 매입해야 한다.

문제 9. 다음 중 주가지수선물의 이론가격에 대한 설명으로 옳지 않은 것은?

① 보유비용모형에 의한 주가지수선물의 이론가격은 주식가격에 보유비용을 합산한 값으로 결정된다.

② 보유비용모형의 조건에 위반되면 차익거래의 기회가 발생한다.

③ 현물보유전략은 주식가격이 선물가격에 비해 높을 때 유용하다.

④ 무위험이자율이 배당수익률보다 크면 보유비용이 발생하여 선물가격이 현물가격보다 크게 된다.

해설 현물보유전략(cash & carry arbitrage)은 선물가격이 현물가격보다 높을 때 과대평가된 선물을 매도하고 자금을 차입하여 과소평가된 현물을 매입하는 전략을 말한다. 역현물보유전략(reverse cash & carry arbitrage)은 현물가격이 선물가격보다 높을 때 과대평가된 현물을 공매하여 자금을 대출하고 과소평가된 선물을 매입하는 전략을 말한다.

문제 10. 2019년 3월 14일 현재 KOSPI 200 주가지수는 279.87포인트이다. 91일물 CD유통수익률은 4%이고, 연 배당수익률이 2%일 경우 만기가 3개월 남아있는 KOSPI 200선물 6월물의 보유비용모형을 이용하여 계산한 이론선물가격은 얼마인가?

① 274.5포인트   ② 216.7포인트

③ 278.7포인트   ④ 281.3포인트

해설 만기일이 2019년 6월 13일인 KOSPI 200지수선물의 균형가격은 다음과 같다.

$$F_{0,T} = S_0 \left[1 + (r-d) \times \frac{T}{360}\right] = 279.87 \left[1 + (0.04 - 0.02) \times \frac{90}{360}\right] = 281.3$$

문제 11. 2019년 3월 18일 현재 KOSPI 200 주가지수는 280포인트이고 시장이자율은 5%이며 배당수익률은 1%이다. 잔존기간 6개월의 이론선물가격은 얼마인가?

① 283.9포인트   ② 285.6포인트

③ 287.6포인트   ④ 289.4포인트

해설 $F_{0,T} = S_0[1 + (r-d) \times \frac{T}{360}] = 280[1 + (0.05 - 0.01) \times \frac{180}{360}] = 285.6$ 포인트

문제 12. 2019년 3월 18일 현재 KOSPI 200 주가지수는 280포인트이고 시장이자율은 6%이며 선물배당액 지수는 1포인트이다. 잔존기간 2개월의 이론선물가격은 얼마인가?

① 279.6포인트   ② 280.3포인트

③ 282.8포인트   ④ 283.7포인트

해설 $F_{0,T} = S_0[1 + r \times \frac{T}{360}] - D = 280[1 + 0.06 \times \frac{60}{360}] - 1 = 282.8$ 포인트

문제 13. 연간 시장포트폴리오의 기대수익률은 14%, 무위험이자율은 10%이다. 베타가 0.5인 주식 A의 1년 후 기대현물가격이 800원인 경우에 주식 A를 기초자산으로 하는 만기가 1년인 주식선물의 균형가격은 얼마인가?

① 714.3원   ② 727.3원

③ 754.2원   ④ 785.7원

해설 $k_e = R_f + [E(R_m) - R_f]\beta_A = 0.1 + [0.14 - 0.1]0.5 = 0.12$

$S_0 = \frac{E(S_T)}{(1+k_e)} = \frac{800}{1+0.12} = 714.29$ 원, $F = 714.29 \times (1+0.1) = 785.7$ 원

문제 14. 현재 백석기업의 주식은 한국거래소에서 18,000원에 거래되고 있다. 만기 1년인 백석기업의 이론선물가격은 19,080원이고 무위험이자율이 9%일 경우 보유비용모형에 의한 배당수익률은 얼마인가?

① 1%   ② 2%

③ 3%   ④ 4%

해설 보유비용모형을 이용하여 배당수익률(d)을 구하면 다음과 같다.

$F_{0,T} = S_0[1 + (r-d) \times \frac{T}{360}] \rightarrow 19,080 = 18,000$ 원 $+ (0.09 - d) \times \frac{360}{360}] \rightarrow d = 3\%$

문제 15. 현재 동국기업의 주식을 기초자산으로 하는 만기 1년, 행사가격 11,000원인 콜옵션의 가격은 2,000원, 풋옵션의 가격은 1,500원이다. 무위험이자율은 10%일 경우 동국기업의 주식을 기초자산으로 하는 만기 1년인 선물계약의 균형가격은?

① 10,500원   ② 10,909원

③ 11,818원   ④ 11,550원

해설 $S_0 = 2{,}000 - 1{,}500 + \dfrac{11{,}000}{1.1} = 10{,}500$원
$F_0 = 10{,}500 \times 1.1 = 11{,}550$원

문제 16. 다음 중 주가지수선물의 이론가격 결정변수와 선물이론가격에 대한 설명으로 옳은 것은?

ⓒ 주가가 상승할수록 선물이론가격은 하락한다.
ⓒ 금리가 상승할수록 선물이론가격은 상승한다.
ⓒ 잔존기간이 길수록 선물이론가격은 상승한다.
ⓒ 배당수익률이 높을수록 선물이론가격은 상승한다.

① ㄱ, ㄴ, ㄷ, ㄹ   ② ㄱ, ㄴ, ㄷ

③ ㄴ, ㄷ, ㄹ   ④ ㄴ, ㄷ

해설 주가지수선물 결정변수에 따른 선물이론가격의 방향

선물이론가격 결정변수	선물이론가격의 방향
주가의 상승	선물이론가격의 상승
금리의 상승	선물이론가격의 상승
배당수익률의 상승	선물이론가격의 하락
잔존기간의 증가	선물이론가격의 상승

문제 17. 현재 주식 10억원을 보유한 전업투자자 홍길동이 주가지수선물을 이용하여 주가변동위험을 헤지하고자 한다. 현재 KOSPI 200선물의 가격이 240포인트일 경우에 필요한 헤지계약수는 얼마인가?

① 10계약 매입   ② 10계약 매도

③ 17계약 매입   ④ 17계약 매도

해설 $N_F = -\dfrac{S_0}{F_0} = -\dfrac{10억원}{240포인트 \times 25만원} = -17계약$

문제 18. 현재 주식 10억원을 공매한 투기거래자 홍길동이 주가지수선물을 이용하여 주가변동위험을 회피하고자 한다. 현재 KOSPI 200선물의 가격이 250포인트일 경우에 필요한 헤지계약수는 얼마인가?

① 16계약 매입   ② 16계약 매도

③ 20계약 매입   ④ 20계약 매도

해설 $N_F = -\dfrac{S_0}{F_0} = -\dfrac{-10억원}{250포인트 \times 25만원} = 16계약$

문제 19. 펀드매니저 홍길동은 1,000억원의 주식포트폴리오를 1년간 관리하는 임무를 맡았다. 현재 주식포트폴리오의 베타는 1.5이다. 홍길동은 향후 약세장을 예상하고 주가지수선물을 이용하여 주식포트폴리오의 베타를 1.0으로 줄이려고 한다. 현재 1년 만기 주가지수선물의 지수가 290포인트(1포인트당 25만원)라고 가정할 경우에 어떻게 거래해야 하는가?

① 690계약 매입   ② 690계약 매도

③ 980계약 매입   ④ 980계약 매도

해설 $N_F = \dfrac{S_0}{F_0} \times (\beta_P - \beta_{SI}) = \dfrac{1,000억원}{290포인트 \times 25만원} \times (1.0 - 1.5) = -690계약$

문제 20. 10억원의 주식을 보유한 펀드매니저 홍길동은 KOSPI 200선물을 이용하여 완전 매도헤지전략을 실행하고자 한다. 보유중인 주식포트폴리오의 베타가 0.8이고 KOSPI 200선물의 가격이 200포인트(1포인트당 25만원)로 가정할 경우에 매도해야 할 선물계약수는 얼마인가?

① 10계약   ② 16계약

③ 20계약   ④ 36계약

해설 베타헤지는 현물주식포트폴리오에 대한 베타계수를 이용하여 선물계약수를 구한다.

$N_F = -\dfrac{S_0}{F_0} \times \beta_{SI} = -\dfrac{10억원}{200 \times 250,000} \times 0.8 = -16계약$

문제 21. 현재 보유하고 있는 주식포트폴리오의 총가치는 10억원이고, 주식포트폴리오의 베타는 1.2이며, KOSPI 200선물의 가격은 200포인트(1포인트당 25만원)이다. 최소분산헤지를 위해 매도해야 할 주가지수선물의 계약수는 얼마인가?

① 10계약   ② 12계약
③ 18계약   ④ 24계약

해설 최소분산헤지에서 매도해야 할 선물계약수는 다음과 같이 구할 수 있다.

$$N_F = -\frac{S_0}{F_0} \times \beta_{SF} = -\frac{10억원}{200 \times 250,000} \times 1.2 = -24계약$$

문제 22. 무위험이자율이 5%이며, 시장이자율이 15%인 경제사회에서 보유중인 갑주식(300주, 주당시가 800원)의 베타는 1.5이다. 지수 1포인트당 가격이 500원, 선물지수가 104인 경우 주가하락위험을 회피하기 위해 매도해야 할 선물계약수는?

① 3계약   ② 5.471계약
③ 5계약   ④ 6.923계약

해설 최소분산헤지에서 매도해야 할 선물계약수는 다음과 같이 구할 수 있다.

$$N_F = -\frac{S_0}{F_0} \times \beta_{SF} = -\frac{300주 \times 800원}{104포인트 \times 500원} \times 1.5 = -6.923계약$$

문제 23. 다음 중 현물을 매도하여 차익거래가 발생하는 상황은 어느 것인가?

① 이론선물가격 〉현물가격   ② 이론선물가격 〉실제선물가격
③ 실제선물가격 〉현물가격   ④ 실제선물가격 〉이론선물가격

해설 이론선물가격이 실제선물가격보다 높을 때 과대평가된 현물은 공매하여 자금을 대출하고 과소평가된 선물은 매입하는 현물매도차익거래가 발생한다.

문제 24. KOSPI 200현물지수가 180포인트, 무위험이자율 연 7%, 배당수익률 연 2%, 잔존만기가 90일인 KOSPI 200선물가격이 181.5포인트일 경우에 어떤 전략을 구사해야 이익을 얻을 수 있는가?

① 선물매입, 현물매입   ② 선물매입, 현물매도
③ 선물매도, 현물매도   ④ 선물매도, 현물매입

해설 $$F_{0,T} = S_0[1+(r-d) \times \frac{T}{360}] = 180[1+(0.07-0.02) \times \frac{90}{360}] = 182.2포인트$$
이론선물가격 182.2포인트가 실제선물가격 181.5포인트보다 크다. 따라서 과대평가된 현물은 공매하여 대출하고 과소평가된 선물을 매입하는 현물매도차익거래가 발생한다.

문제 25. 현재 KOSPI 200은 240포인트이고 3개월물 KOSPI 200선물은 241포인트에 거래되고 있다. KOSPI 200을 구성하는 주식들의 평균배당수익률은 연 4%, 무위험이자율은 5%이다. 이러한 상황에서 지수차익거래가 가능한가? 단, 차익거래와 관련된 모든 비용은 무시한다.

① 차익거래에 의해 KOSPI 200지수와 3개월물 KOSPI 200선물가격이 상승한다.
② 차익거래에 의해 KOSPI 200지수는 상승하고 3개월물 KOSPI 200선물가격은 하락한다.
③ 차익거래에 의해 KOSPI 200지수는 하락하고 3개월물 KOSPI 200선물가격은 상승한다.
④ 차익거래에 의해 KOSPI 200지수와 3개월물 KOSPI 200선물가격이 하락한다.

해설 (1) 이론가격

$$F_{0,T} = S_0[1 + (r - d) \times \frac{T}{360}] = 240[1 + (0.05 - 0.04) \times \frac{3}{12}] = 240.6\text{포인트}$$

(2) 차익거래

선물의 시장가격은 241포인트로 이론가격 240.6포인트보다 과대평가되어 있어 과대평가된 선물은 매도하고 과소평가된 현물은 자금을 차입하여 매입하는 현물매입차익거래가 발생한다. 차익거래의 과정에서 선물가격은 하락하고 현물가격은 상승한다.

문제 26. 한국거래소에서 현재 10,000원에 거래되는 (주)베타의 주식을 기초자산으로 만기가 6개월인 주식선물이 선물시장에서 11,000원에 거래되고 있다. (주)베타는 앞으로 6개월간 배당을 지급하지 않으며 현물과 선물의 거래비용은 없다고 가정한다. 무위험이자율은 연 10%로 차입과 대출이 가능할 때 어떤 차익거래가 가능한가?

① [주식공매+대출+선물매입]전략을 이용하면 차익거래이익을 얻을 수 있다.
② [주식공매+차입+선물매입]전략을 이용하면 차익거래이익을 얻을 수 있다.
③ [주식매입+대출+선물매도]전략을 이용하면 차익거래이익을 얻을 수 있다.
④ [주식매입+차입+선물매도]전략을 이용하면 차익거래이익을 얻을 수 있다.

해설 (1) 이론가격

$$F_{0,T} = S_0[1 + r \times \frac{T}{360}] = 10,000[1 + 0.1 \times \frac{6}{12}] = 10,500\text{원}$$

(2) 차익거래

선물의 시장가격은 11,000원으로 이론가격 10,500원보다 과대평가되어 있어 과대평가된 선물은 매도하고 과소평가된 현물은 자금을 차입하여 매입하는 현물매입차익거래가 발생하고 차익거래의 과정에서 선물가격은 하락하고 현물가격은 상승한다.

문제 27. 현재 KOSPI 200은 210포인트이며 차입이자율은 7%이고 대출이자율은 4%이다. 배당수익률은 2%이고 최종거래일까지 잔존만기는 3개월이다. 거래비용은 무시하고 KOSPI 200선물을 이용하여 차익거래를 실행할 경우에 차익거래 불가능영역(하한선~상한선)을 구하면?

① 211.05 ≤ 선물가격 ≤ 212.62　　② 212.75 ≤ 선물가격 ≤ 213.38

③ 214.83 ≤ 선물가격 ≤ 215.65　　④ 215.90 ≤ 선물가격 ≤ 216.60

해설 하한선 = 210[1+(0.04−0.02)×3/12] = 211.05포인트
상한선 = 210[1+(0.07−0.02)×3/12] = 212.62포인트

문제 28. 주가지수선물과 인덱스펀드를 이용한 차익거래 실행과정에서 현물바스켓과 대상지수의 종목별 편입비중이 서로 다른 상황을 설명하는 것은?

① 추적오차　　② 유동성위험

③ 시장충격　　④ 바스켓효과

해설 추적오차(tracking error)는 주식포트폴리오 구성종목의 가격변동과 벤치마크의 가격변동간의 의도하지 않은 차이를 말한다. 즉 포트폴리오 구성종목이 벤치마크를 쫓아가지 못하는 정도를 나타내어 예기치 못한 이익이나 손실을 발생시킬 수 있는 가능성을 의미한다.

문제 29. 그리스의 재정위기로 촉발된 유로존 우려감에 유럽증시와 미국증시가 폭락하면서 국내주식가격도 급락하여 주식시장의 거래가 중단되어 선물시장의 KOSPI 200의 거래가 중단되었다. 선물거래가 중단된 후 접속매매에 의한 거래재개까지 소요되는 시간으로 적절한 것은?

① 15분　　② 20분

③ 30분　　④ 40분

해설 주식시장에 의한 중단의 경우는 20분+단일가매매 10분 = 30분 후 접속매매 개시 선물시장에 의한 중단의 경우는 5분+단일가매매 10분 = 15분 후 접속매매 개시

문제 30. 다음 중 주가지수선물시장과 관련한 프로그램매매호가 정지제도(side car)에 대한 설명으로 옳지 않은 것은?

① 주식시장의 매매거래 종료시간 40분 이전에는 적용되지 않는다.

② side car가 발동되어 프로그램 매매호가에 대해 그 효력이 정지되면 지수차익거래에 의한 프로그램 매매호가도 적용대상이다.

③ 발동 5분 후 자동으로 해제된다.

④ 직전일의 거래량이 가장 많은 선물종목의 약정가격이 전일 종가 대비 5% 이상 상승 또는 하락하여 1분 이상 지속되는 경우 매수프로그램 매매호가는 10분간 지연하여 체결된다.

해설 직전일의 거래량이 가장 많은 선물종목의 약정가격이 전일 종가 대비 5% 이상 상승 또는 하락하여 1분 이상 지속되면 매수프로그램 매매호가는 5분간 지연하여 체결된다.

정답

1.① 2.① 3.① 4.③ 5.③ 6.③ 7.② 8.④ 9.③ 10.④
11.② 12.③ 13.④ 14.③ 15.④ 16.④ 17.④ 18.① 19.② 20.②
21.④ 22.④ 23.② 24.② 25.② 26.④ 27.① 28.① 29.① 30.④

금리선물

금리선물은 채권이나 예금과 같이 이자율에 의해 가치가 결정되는 금융자산을 기초자산으로 하는 선물계약을 말한다. 금리선물은 기초자산의 만기에 따라 단기금리선물, 중기금리선물, 장기금리선물로 구분된다. 금리선물은 금리변동에 따른 가격위험을 헤지하거나 투기적 이익을 도모할 경우에 효과적인 수단이 된다.

제1절 채권의 가치

1. 채권의 의의

채권(bond)은 발행자(채무자)가 투자자(채권자)로부터 비교적 대규모의 자금을 일시에 조달하고 반대급부로 약정에 따라 만기일까지 이자를 지급하고 만기일에는 원금을 상환하기로 약속한 일종의 채무증서를 말한다. 따라서 채권의 권면에는 액면가액, 표면이자율, 원금의 상환시기가 기재된다.

2. 채권의 발행조건

채권은 발행조건에 따라서 채권의 가치가 달라질 수 있기 때문에 발행조건을 결정하는 것이 중요하다. 채권을 발행할 때 발행자와 인수자는 발행시점의 시장이자율 수준을 감안하여 표면이자율을 결정해야 한다. 따라서 채권의 발행조건에는 액면가액, 표면이자율, 원금상환까지의 만기가 있다.

① 액면가액

액면가액(face value)은 채권의 권면 위에 표시되어 있는 1만원권, 10만원권, 100만원권 등의 금액을 말하며 채권의 양을 계산하거나 채권의 조건을 결정하는 기본이 된다. 따라서 액면가액의 합계가 그 종목의 발행금액이 되며, 역으로 말하면 각 종목의 발행금액을 적은 단위로 분할한 것이 1매의 채권이다.

② 표면이자율

표면이자율(coupon rate)은 채권을 발행하는 시점에서 결정되는 발행금리를 의미하고, 채권의 액면가액에 대해 1년에 지급하는 이자의 비율을 나타낸다. 채권 1매마다 권면에는 이자지급을 위한 이표(coupon)가 부착되어 있어, 이 이표와 교환하여 이자를 수령하기 때문에 액면이자율이라고도 한다.

③ 만기일

채권의 만기(maturity)는 채권의 발행일로부터 원금상환일까지의 기간을 말하고, 잔존기간은 채권매매일로부터 상환일까지의 기간을 말한다. 일반적으로 채권의 만기가 도래하면 채권발행자는 투자자에게 원금(액면가액)을 상환한다.

3. 채권의 가치평가

채권의 가치는 투자자가 채권을 보유한 경우에 얻게 될 미래의 현금흐름(이자와 원금)을 적절한 할인율(시장이자율)로 할인한 현재가치를 말한다. 채권은 발행조건이 매우 다양하여 간단하게 분류하기는 쉽지 않지만 표면이자율과 만기의 유무에 따라서 이표채, 무이표채, 영구채로 구분된다.

(1) 이표채(coupon bond)

이표채는 채권의 만기와 표면이자율이 정해져 있어 만기일까지 매기 정해진 약정이자(＝액면가액×표면이자율)를 지급하고 만기일에는 원금(액면가액)을 상환해 주는 채권을 말한다. 따라서 매기에 적용될 시장이자율이 일정하다고 가정할 경우에 이표채의 가치는 다음과 같이 평가할 수 있다.

$$P_0 = \frac{I}{(1+r)^1} + \frac{I}{(1+r)^2} + \cdots + \frac{I+F}{(1+r)^n} = \sum_{t=1}^{n} \frac{I}{(1+r)^t} + \frac{F}{(1+r)^n} \tag{5.1}$$

이표채는 표면이자율과 시장이자율의 관계에 따라서 다음과 같이 할인채, 액면채, 할증채로 구분된다.

| 표 5-1 | 이표채의 종류 |

종　　류	표면이자율과 시장이자율의 관계	액면가액과 시장가격의 관계
할인발행	표면이자율 ＜ 시장이자율	액면가액 ＞ 시장가격
액면발행	표면이자율 ＝ 시장이자율	액면가액 ＝ 시장가격
할증발행	표면이자율 ＞ 시장이자율	액면가액 ＜ 시장가격

● 예제 5-1　　이표채의 평가

한밭기업은 액면가액(face value)이 10,000원이고 표면금리(coupon rate)가 10%로 이자후급이며 3년 만기(maturity) 채권을 발행하고자 한다. 시장이자율이 8%, 10%, 12%일 경우에 채권의 발행가격을 계산하시오.

풀이

1. 시장이자율이 8%인 경우

$$P_0 = \frac{1,000}{(1+0.08)^1} + \frac{1,000}{(1+0.08)^2} + \frac{11,000}{(1+0.08)^3} \rightarrow \therefore P = 10,515$$

2. 시장이자율이 10%인 경우

$$P_0 = \frac{1,000}{(1+0.10)^1} + \frac{1,000}{(1+0.10)^2} + \frac{11,000}{(1+0.10)^3} \rightarrow \therefore P = 10,000$$

3. 시장이자율이 12%인 경우

$$P_0 = \frac{1,000}{(1+0.12)^1} + \frac{1,000}{(1+0.12)^2} + \frac{11,000}{(1+0.12)^3} \rightarrow \therefore P = 9,520$$

(2) 무이표채(zero coupon bond)

제로쿠폰채는 표면이자율이 0%인 채권으로 만기일까지 이자지급은 없고 만기일에 원금(액면가액)만 상환한다. 따라서 항상 할인발행되어 발행가격이 액면가액보다 낮게 발행되며 액면가액에서 미리 이자를 차감한다. 무이표채는 순수할인채(pure discount bond)라고도 하며 다음과 같이 평가할 수 있다.

$$P_0 = \frac{F}{(1+r)^n} \tag{5.2}$$

(3) 영구채(perpetual bond)

영구채는 원금상환은 없고 약정이자만 영구적으로 지급하는 만기가 무한대인 채권으로 발행회사가 청산하면 투자자가 원리금을 상환받는 순위가 뒤로 밀리기 때문에 통상 일반 회사채보다 신용도가 낮고 금리가 높다. 영구채(Consol)는 약정이자만 영구적으로 지급하므로 다음과 같이 평가할 수 있다.

$$P_0 = \frac{I}{(1+r)^1} + \frac{I}{(1+r)^2} + \cdots + \frac{I}{(1+r)^\infty} = \frac{I}{r} \tag{5.3}$$

4. 채권의 종류

채권은 이자지급, 담보유무, 보증유무, 원금상환 그리고 권리부여 등의 발행조건에 따라서 여러 가지 형태로 다양하게 분류할 수 있다.

(1) 이자지급

① 확정이자부사채

확정이자부사채는 금융시장의 금리변동에 관계없이 이자지급일에 확정이자를 지급하고 만기일에는 원금(액면가액)을 상환하는 채권을 말한다.

② 금리변동부사채

금리변동부사채는 일정기간은 확정이자를 지급하고 일정기간이 경과한 후부터는 금융시장의 금리변동에 따라 이자를 연동시키는 채권을 말한다.

(2) 담보유무

① 담보사채

담보사채는 채권을 발행한 기채회사나 제3자가 원리금의 상환을 보증하기 위해 발행회사의 담보를 설정한 채권을 말한다.

② 무담보사채

무담보사채는 사채를 발행할 때 발행회사의 담보를 요구하지 않아 발행회사의 신용을 바탕으로 발행되며 회사채의 일반적인 형태이다.

(3) 보증유무

① 보증사채

보증사채는 발행회사 이외의 제3자가 원리금의 지급을 보증하는 채권으로 보증기관은 신용보증기금, 일반은행, 증권회사 등 금융기관으로 제한된다.

② 무보증사채

무보증사채는 신용도가 높은 회사가 원리금의 상환 및 이자지급에 대한 제3자의 보증이나 담보없이 기업의 신용에 의해서 발행하는 채권을 말한다.

(4) 원금상환

① 수의상환사채

수의상환사채(callable bond)는 발행회사가 만기 이전에 채권을 임의로 상환할 수 있는 권리(수의상환권)이 부여된 채권을 말한다. 발행회사는 이자율이 지속적으로 하락할 경우 채권을 액면가액으로 상환하고 낮아진 이자율로 채권을 다시 발행하는 것이 자금조달 측면에서 유리하기 때문이다.

② 상환청구사채

상환청구사채(puttable bond)는 채권투자자가 채권의 만기일 이전에 약정된 가격으로 채권의 상환을 요구할 수 있는 권리(상환청구권)가 부여된 채권을 말한다. 채권투자자는 이자율이 지속적으로 상승할 경우 상환청구권을 행사하여 회수한 액면가액을 높은 이자율로 재투자할 수 있기 때문이다.

(5) 권리부여

① 전환사채

전환사채(CB : convertible bond)는 채권투자자의 의사에 따라 전환기간 내에 일정한 조건으로 발행회사 주식으로 전환할 수 있는 권리인 전환권이 부여된 채권을 말한다. 따라서 전환사채는 다른 조건은 동일하고 전환권만 없는 일반사채에 주식으로 전환할 수 있는 전환권이 첨가된 혼성증권으로 볼 수 있다.

전환권이 행사되기 이전에는 이자가 지급되는 채권으로 존재하고 전환권이 행사되면 주식으로 전환된다. 따라서 채권투자자는 전환권을 행사하지 않으면 확정이자 및 만기에 원금을 상환받아 안전하고, 전환권을 행사하면 보통주로 전환하여 매도하면 시세차익을 남길 수 있어 높은 수익률을 달성할 수 있다.

② 신주인수권부사채

신주인수권부사채(BW : bond with warrant)는 채권투자자에게 미래의 일정기간 내에 약정된 가격으로 약정된 신주를 인수할 수 있는 권리인 신주인수권이 부여된 채권을 말한다. 따라서 신주인수권부사채는 다른 조건은 동일하고 신주인수권만 없는 일반사채에 신주인수권이 결합된 혼성증권으로 볼 수 있다.

신주인수권부사채는 신주인수권이라는 프리미엄이 있어 일반사채보다 낮은 이자율로 발행되고 사채권자가 신주인수권을 행사하면 사채는 그대로 존속하면서 추가자금이 유입되어 총자산이 증가한다. 또한 신주인수권이 행사되더라도 사채는 소멸하지 않고 잔존하기 때문에 확정이자와 원금을 확보할 수 있다.

③ 교환사채

교환사채(EB : exchangeable bond)는 채권투자자에게 일정기간이 경과하면 일정한 가격으로 채권을 발행한 기업이 보유하고 있는 주식으로 교환을 청구할 수 있는 권리인 교환권이 부여된 채권을 말한다. 따라서 다른 조건은 동일하고 교환권만 없는 일반사채에 교환권이 결합된 혼성증권으로 볼 수 있다.

　　교환사채와 전환사채는 사채의 안정성과 주식의 투기성을 함께 가지고 있으며 교환권이나 전환권을 행사하면 사채는 소멸한다. 그러나 전환사채는 채권투자자의 전환권 청구로 기채회사가 신주를 발행하는 반면에 교환사채는 발행회사가 소유하고 있는 유가증권과 교환한다는 점에서 권리의 내용이 다르다.

제2절 채권가격의 특성

일반적으로 채권가격은 시장이자율, 만기, 표면이자율에 따라 결정된다. 이러한 요인을 기초로 Malkiel(1962)은 채권수익률과 채권가격간에는 다음과 같은 관계가 성립한다는 채권가격정리(bond price theorem)를 제시하였다. 채권가격은 시장이자율과 반비례 관계에 있어 원점에 대해 볼록한 곡선으로 나타난다.

1. 채권가격과 시장이자율

채권가격은 시장이자율과 반비례 관계에 있어서 시장이자율이 하락하면 채권가격은 상승하고 시장이자율이 상승하면 채권가격은 하락한다. 따라서 시장이자율이 하락할 것으로 예상되면 채권투자(매입)를 늘리고, 이자율이 상승할 것으로 예상되면 공매의 방법을 사용하는 것이 유리하다.

시장이자율의 변동폭이 동일할 경우에 이자율의 하락으로 인한 채권가격의 상승폭은 이자율의 상승으로 인한 채권가격의 하락폭보다 크게 나타난다. 따라서 시장이자율이 하락하면 채권가격이 상승하여 채권투자성과가 크게 나타나므로 많은 채권을 매입하는 것이 유리하다고 할 수 있다.

그림 5-1 채권가격과 이자율의 관계

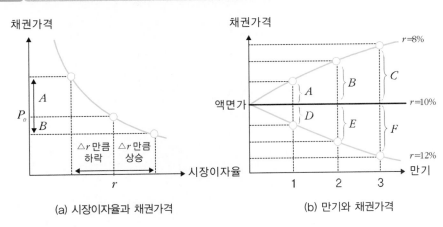

(a) 시장이자율과 채권가격　　　　(b) 만기와 채권가격

2. 채권가격과 만기

다른 조건이 동일하면 채권의 만기가 길수록 일정한 이자율변동에 따른 채권가격의 변동폭이 크게 나타난다. 따라서 이자율이 하락할 것으로 예상되면 장기채에 대한 투자를 증가시켜 시세차익을 극대화시키고, 이자율이 상승할 것으로 예상되면 보유하고 있는 채권을 다른 채권으로 교체하는 매매전략이 유리하다.

이자율의 변동에 따른 채권가격의 변동폭은 만기가 길수록 증가하나 만기 한 단위 증가에 따른 채권가격의 변동폭은 감소한다. 따라서 시세차익을 높이려면 만기가 긴 장기채를 많이 보유하지 않는 것이 유리하다고 할 수 있다. 또한 잔존만기가 감소할수록 만기 한 단위 감소에 따른 채권가격의 상승폭은 커진다.

3. 채권가격과 표면이자율

다른 조건이 동일하면 표면이자율이 낮을수록 일정한 이자율변동에 따른 채권가격의 변동폭이 크게 나타난다. 따라서 채권투자로 많은 시세차익을 얻기 위해서는 표면이자율이 낮은 채권이 유리한데, 채권의 만기까지 이자지급은 하지 않고 만기에 원금만 상환하는 순수할인채의 가격변동폭이 가장 크게 나타난다.

제3절 채권수익률의 개념

1. 만기수익률

채권수익률을 측정하는 가장 일반적인 방법은 만기수익률이다. 만기수익률(YTM : yield to maturity)은 채권의 시장가격(현금유출의 PV)과 채권을 만기까지 보유할 경우에 얻게 될 원리금의 현재가치(현금유입의 PV)를 일치시키는 할인율을 말한다. 즉 식(5.4)를 만족시키는 r이 만기수익률이다.

$$P_0 = \sum_{t=1}^{n} \frac{I}{(1+r)^t} + \frac{F}{(1+r)^n} \tag{5.4}$$

만기수익률은 채권투자자가 채권을 현재의 시장가격으로 매입하여 만기까지 보유하고 약속된 원리금을 약정대로 지급받으며 매기 지급받는 이자를 만기까지 만기수익률로 재투자한다고 가정할 경우에 얻을 수 있는 연평균수익률을 말한다. 채권투자에 따른 내부수익률(IRR)과 동일한 개념이다.

2. 현물이자율과 선도이자율

(1) 현물이자율

현물이자율(spot rate)은 현재시점부터 미래의 일정기간 동안의 연평균이자율을 말하며 순수할인채의 만기수익률로 측정할 수 있다.

(2) 선도이자율

선도이자율(forward rate)은 현재시점에서 평가한 미래의 특정시점부터 일정기간의 이자율로 현물이자율에 내재된 미래의 기간당 이자율을 의미한다.

(3) 현물이자율과 선도이자율의 관계

n년 만기 현물이자율을 $_0r_n$이라 하고, $n-1$년 후부터 n년 후까지 1년 동안의 선도이자율을 $_{n-1}f_n$이라고 할 경우에 채권시장이 균형상태에 있다면 현물이자율과 선도이자율간에는 다음의 관계가 성립한다.

$$(1 + {}_0r_n)^n = (1 + {}_0r_1)(1 + {}_1f_2)(1 + {}_2f_3) \cdots (1 + {}_{n-1}f_n) \qquad (5.5)$$

식(5.5)에 의하면 현물이자율에 내재된 기간별 선도이자율은 만기가 서로 다른 현물이자율간의 관계에서 다음과 같이 구할 수 있다.

$$\begin{aligned}
(1 + {}_0r_n)^n &= (1 + {}_0r_1)(1 + {}_1f_2) \cdots (1 + {}_{n-2}f_{n-1})(1 + {}_{n-1}f_n) \\
&= (1 + {}_0r_{n-1})^{n-1}(1 + {}_{n-1}f_n) \\
\therefore \ {}_{n-1}f_n &= \frac{(1 + {}_0r_n)^n}{(1 + {}_0r_{n-1})^{n-1}} - 1
\end{aligned} \qquad (5.6)$$

그림 5-2 현물이자율과 선도이자율

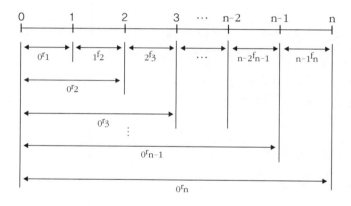

예제 5-2 선도이자율의 계산

정부가 국고금관리법에 의해 재정부족자금을 일시적으로 보전하기 위해 경쟁입찰방식으로 발행하는 재정증권의 액면가액 10,000원인 1년 만기 순수할인채의 가격이 9,090.91원이고, 2년 만기 순수할인채의 가격이 7,971.94원이라고 가정하여 1년 후부터 1년간의 선도이자율을 계산하시오.

풀이

$$9{,}090.91 = \frac{10{,}000}{(1 + {}_0r_1)^1} \rightarrow {}_0r_1 = \frac{10{,}000}{9{,}090.91} - 1 = 0.10$$

$$7{,}971.94 = \frac{10{,}000}{(1 + {}_0r_2)^2} \rightarrow {}_0r_2 = \sqrt{\frac{10{,}000}{7{,}971.94}} - 1 = 0.12$$

$$\therefore {}_1f_2 = \frac{(1 + {}_0r_2)^2}{(1 + {}_0r_1)^1} - 1 = \frac{(1.12)^2}{(1.10)^1} - 1 = 0.1404$$

3. 수익률의 종류

(1) 약속수익률

약속수익률(promised yield)은 채권의 시장가격과 약속된 원리금의 현재가치를 일치시켜 주는 할인율을 말하며 채권의 발행자가 채무불이행 없이 약정대로 원리금을 지급할 경우에 얻게 될 수익률을 의미한다.

(2) 실현수익률

실현수익률(realized yield)은 채권의 시장가격과 실제로 지급받게 될 원리금의 현재가치를 일치시켜 주는 할인율을 말하며 미래의 상황에 따라 달라질 수 있기 때문에 일정한 확률분포를 갖게 된다.

(3) 기대수익률

기대수익률(expected yield)은 실현수익률의 확률분포에 대한 기대값으로 채무불이행위험(default risk)을 고려할 경우에 실현될 것으로 예상되는 수익률을 말한다.

4. 채권수익률의 스프레드

수익률 스프레드(yield spread)는 위험이 있는 채권의 약속수익률과 위험이 없는 채권의 수익률간의 차이를 말한다. 그리고 약속수익률과 기대수익률간의 차이에 해당하는 채무불이행위험에 대한 프리미엄과 기대수익률과 무위험이자율간의 차이에 해당하는 채무불이행위험을 제외한 기타위험에 대한 프리미엄으로 구분한다.

채권수익률의 스프레드

= 약속수익률 − 무위험이자율

= 약속수익률 − 기대수익률 + 기대수익률 − 무위험이자율　　(5.7)

　　채무불이행 위험프리미엄　　　　기타의 위험프리미엄

● 예제 5-3   채권수익률의 스프레드

고려기업은 액면가액 10,000원, 표면이자율 연 10% 이자후급, 만기 2년의 채권을 발행하였는데 현재 시장가격이 9,662원이라고 가정하여 물음에 답하시오.

1. 고려기업이 약정대로 원리금을 지급할 경우의 약속수익률을 계산하시오.

2. 지급불능위험이 다음과 같이 예상될 경우에 실현수익률의 기대치를 계산하시오.

상황	확률
1년 이내 파산	0.01
2년 이내 파산	0.02
2년 이후 원리금의 90% 지급	0.07
약속이행	0.90

3. 고려기업의 지급불능위험으로 인한 수익률스프레드를 계산하시오.

 풀이

1. 고려기업이 약정대로 원리금을 지급할 경우에 약속수익률은 12%가 되어 실현수익률과 일치하게 된다.

$$9,662 = \frac{1,000}{(1+r)^1} + \frac{11,000}{(1+r)^2} \rightarrow \therefore r = 0.12(12\%)$$

2. 고려기업의 만기일 이전에 지급불능위험을 고려할 경우 상황별 실현수익률은 다음과 같이 계산한다.

① 1년 이내 파산하는 경우 실현수익률

$$9,662 = \frac{0}{(1+r)^1} + \frac{0}{(1+r)^2} \rightarrow \therefore r = -100\%$$

② 2년 이내 파산하는 경우 실현수익률

$$9,662 = \frac{1,000}{(1+r)^1} + \frac{0}{(1+r)^2} \rightarrow \therefore r = -90\%$$

③ 원금의 90%만 상환시 실현수익률

$$9,662 = \frac{1,000}{(1+r)^1} + \frac{10,000}{(1+r)^2} \rightarrow \therefore r = 7\%$$

따라서 실현될 수익률의 기대치는 다음과 같이 8.49%가 된다.

E(r) = (-100%)(0.01)+(-90%)(0.02)+(7%)(0.07)+(12%)(0.9) = 8.49%

3. 고려기업의 지급불능위험으로 인한 수익률 스프레드는 약속수익률 12%에서 실현수익률의 기대치 8.49%를 차감한 3.51%라고 할 수 있다.

제4절 채권수익률의 기간구조

채권수익률의 기간구조는 다른 조건은 모두 동일하고 만기만 서로 다른 순수할인채의 만기와 만기수익률(현물이자율)이 어떤 관계를 가지며 특정한 관계를 갖는 이유가 무엇인가를 설명하는 이론으로 만기구조라고도 한다. 채권수익률의 기간구조를 그림으로 나타낸 것을 수익률곡선(yield curve)이라고 한다.

1. 불편기대가설

(1) 의의

불편기대가설은 선도이자율이 미래의 기간별 기대현물이자율과 일치하도록 현재시점에서 현물이자율이 결정되며 순수기대가설이라고도 한다. 즉 선도이자율이 미래의 기간별 기대현물이자율과 일치하여 다음의 관계가 성립하고 n년 만기 현물이자율은 n년 동안의 기간별 기대현물이자율에 대한 기하평균이 된다.

$$(1 + {}_0r_n)^n = (1 + {}_0r_1)\{1 + E({}_1r_2)\}\{1 + E({}_2r_3)\}\cdots\{1 + E({}_{n-1}r_n)\} \qquad (5.8)$$

불편기대가설이 성립하는 경우에는 장기채와 단기채간에 완전한 대체관계가 성립하기 때문에 투자기간만 동일하면 투자자들이 만기가 서로 다른 채권에 투자하더라도 투자성과가 동일하게 된다. 따라서 불편기대가설이 성립하면 n년간 채권에 투자할 경우의 연평균수익률은 n년 만기 현물이자율이 된다는 의미이다.

(2) 수익률곡선

수익률곡선은 미래의 기간별 이자율에 대한 투자자들의 예상에 따라 형태가 달라진다. 투자자들이 미래의 이자율이 상승할 것으로 예상하면 우상향의 수익률곡선을 갖게 되고, 이자율이 하락할 것으로 예상하면 우하향의 수익률곡선을 갖게 되며, 이자율이 일정할 것으로 예상하면 수평의 수익률곡선으로 나타난다.

(3) 가정 및 문제점

채권투자자들은 미래의 단기이자율을 현재시점에서 정확히 예측할 수 있으며, 장기채와 단기채는 완전한 대체관계에 있다. 그리고 채권투자자들은 위험중립형이다. 따라서 채권의 만기가 길어지면 유동성이 감소하고 채권가격변동위험이 증가하는데 이에 대한 보상을 요구하지 않는다.

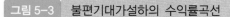
그림 5-3 불편기대가설하의 수익률곡선

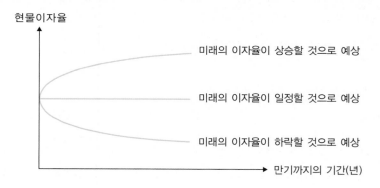

2. 유동성선호가설

(1) 의의

유동성선호가설은 선도이자율이 미래의 기간별 기대현물이자율과 유동성프리미엄의 합이 되도록 현재시점에서 기간별 현물이자율이 결정된다는 가설을 말한다. 즉 선도이자율이 기대현물이자율과 유동성프리미엄의 합이므로 n년 만기 현물이자율은 n년 동안의 기대현물이자율과 유동성프리미엄의 합에 대한 기하평균이 된다.

$$(1 + {}_0r_n)^n = (1 + {}_0r_1)\{1 + E({}_1r_2) + {}_1L_2\}\{1 + E({}_{n-1}r_n) + {}_{n-1}L_n\} \tag{5.9}$$

유동성선호가설이 성립하는 경우에는 채권에 대한 투자기간이 동일하더라도 투자채권의 만기에 따라서 투자성과 또는 연평균수익률이 달라질 수 있기 때문에 장기채와 단기채간에 대체관계가 성립하지 않게 된다.

(2) 수익률곡선

유동성선호가설에 의하면 채권수익률의 기간구조가 미래의 기대현물이자율과 유동성프리미엄에 의해 결정된다. 따라서 수익률곡선은 불편기대가설에 의한 경우보다 유동성프리미엄을 반영한 만큼 높게 형성된다.

(3) 가정 및 문제점

채권투자자들은 미래의 단기이자율을 현재시점에서 정확히 예측할 수 있다. 그리고 채권투자자들은 위험회피형이다. 따라서 채권의 만기 증가에 따른 유동성의 감소나 채권 가격변동위험의 증가에 대한 보상을 요구한다.

그림 5-4	유동성선호가설하의 수익률곡선

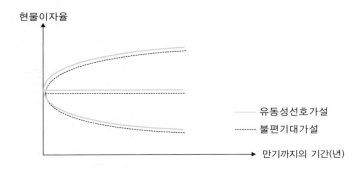

3. 시장분할가설

(1) 의의

시장분할가설은 채권투자자들이 선호하는 채권의 만기에 대한 선호구조에 따라서 채권시장이 단기채, 중기채, 장기채시장으로 분할되고 채권수익률은 각 시장에서의 수요와 공급에 의해 따로따로 결정된다는 가설을 말한다. 시장분할가설의 이론적 근거는 위험헤지에서 찾아볼 수 있다.

(2) 수익률곡선

채권시장이 분할되어 독립적으로 형성되므로 수익률곡선은 연속적인 일정한 형태를 보이지 않고 불연속적인 형태를 나타낸다.

(3) 가정 및 문제점

채권투자자들은 위험회피형이며, 채권시장은 채권투자자들이 선호하는 만기별로 분할되어 있고 시장간에 차익거래가 불가능하다. 따라서 채권의 만기가 서로 다른 채권간에는 대체관계가 성립하지 않는다.

그림 5-5 시장분할가설하의 수익률곡선

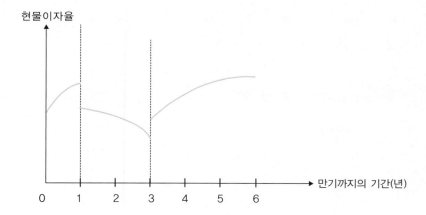

4. 선호영역가설

선호영역가설은 채권투자자들이 선호하는 만기가 존재하며 다른 만기의 시장에서 충분한 대가가 주어지면 자신이 선호하지 않은 만기의 채권에도 투자할 수 있다는 가설을 말한다. 예컨대 은행은 주로 단기채에 투자하지만 장기채에 투자해서 확실한 수익을 얻을 수 있다면 장기채에도 투자할 수 있다는 이론이다.

제5절 **채권수익률의 위험구조**

채권은 지급이자와 원금상환이 계약에 의해 정해진 확정소득증권이지만 발행자의 경영위험과 재무위험으로 원리금을 지급할 수 없는 경우도 있고 수의상환가능성과 같이 불확실성을 내포할 수 있다. 채권수익률의 위험구조는 채권의 발행자나 발행조건이 달라짐에 따라 나타나는 채권수익률의 체계적 차이를 말한다.

1. 체계적 위험

(1) 이자율변동위험

이자율변동위험은 투자자가 채권에 투자하는 기간 동안 시장이자율의 변동으로 인해 투자자의 부가 채권의 매입시점에 예상했던 부와 일치하지 않을 가능성을 의미한다. 이때 투자자의 부는 액면이자에 대한 재투자수익과 채권을 처분할 경우에 받을 수 있는 채권가격의 합으로 구성된다.

미래의 시장이자율이 불확실하여 변동성을 갖게 되면 채권에서 유입될 이자수령액을 재투자하여 얻게 될 재투자수익과 미래의 채권가격은 불확실하게 된다. 전자를 재투자수익위험이라고 하고, 후자를 가격변동위험이라고 하는데 이들 위험은 이자율의 변화에 반대방향으로 작용한다.

그림 5-6 **채권투자시 가격위험과 재투자수익위험**

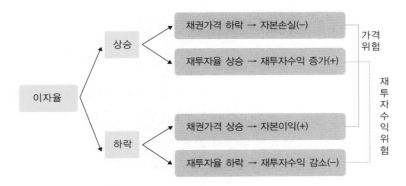

(2) 인플레이션위험

피셔효과(Fisher effect)는 명목이자율은 실질이자율과 기대인플레이션율의 합을 말하며 채권수익률은 실질이자율과 기대인플레이션율의 합으로 결정된다. 미래의 인플레이션율이 높을수록 실질수익률은 하락할 가능성이 증가하기 때문에 채권의 명목수익률은 상승하고 채권가격은 하락한다.

2. 비체계적 위험

(1) 채무불이행위험

채무불이행위험(default risk)은 채권의 발행자가 원리금을 약정대로 지급하지 못할 가능성을 의미하며 채무불이행위험이 높을수록 약속수익률이 실현되지 않을 가능성이 높아진다. 따라서 채권투자자들은 불확실성에 따른 위험프리미엄을 요구하게 되어 채권의 명목수익률은 상승하고 채권가격은 하락한다.

채무불이행위험은 신용평가기관의 채권평정으로 측정된다. 채권평정은 채권등급을 평가하는 전문기관이 채권발행자의 신용도와 채무불이행의 가능성을 평가하여 그 정도에 따라 채권의 등급을 결정하는 것으로 질적평정(quality rating)이라고도 한다. 따라서 등급이 낮은 채권일수록 채무불이행위험이 크다.

(2) 수의상환위험

채권의 발행자가 채권의 만기가 도래하기 전에 일정한 가격으로 채권을 상환할 수 있는 권리를 수의상환권이라고 한다. 다른 조건이 동일할 경우에 수의상환권이 있는 채권은 수의상환권이 없는 채권에 비해 약속수익률을 달성하지 못할 가능성이 크기 때문에 투자자들은 불확실성에 따른 위험프리미엄을 요구한다.

(3) 유동성위험

유동성위험(liquidity risk)은 시장성이 부족하여 채권을 적정한 가격으로 단시일에 매각할 수 없는 위험을 말하며 환금성위험이라고도 한다. 채권을 시장에서 적정한 가격으로 매각할 수 없으면 투자자들은 유동성 부족에 대한 위험프리미엄을 요구하게 되어 채권의 명목수익률은 상승하고 채권가격은 하락한다.

제6절 **채권의 듀레이션**

제6절 **채권의 듀레이션**

시장이자율의 변화에 따른 채권가격의 변화를 정확히 측정하려면 듀레이션과 볼록성이 동시에 고려되어야 한다. 그러나 시장이자율의 변동이 작을 경우에는 듀레이션에 의해 측정되는 접선상의 채권가격과 실제 채권가격이 거의 동일하게 나타나서 듀레이션이 채권가격의 변동을 측정하는 유용한 수단이 될 수 있다.

1. 듀레이션의 의의

듀레이션(D : duration)은 McCaulay가 금리변화에 따른 채권가격의 민감도를 측정하기 위해 고안했으며 채권투자에서 발생하는 현금흐름을 회수하는데 걸리는 평균기간을 말한다. 각 기간별 현금흐름의 현재가치가 전체 현금흐름의 현재가치에서 차지하는 비율을 가중치로 현금흐름이 발생하는 기간을 곱해 산출한다.

$$D = \sum_{t=1}^{n} t \times \frac{\dfrac{C_t}{(1+r)^t}}{\sum_{t=1}^{n} \dfrac{C_t}{(1+r)^t}} = \sum_{t=1}^{n} t \times \frac{\dfrac{C_t}{(1+r)^t}}{P_0} \qquad (5.10)$$

일반적으로 채권의 기간을 나타내는 척도로 만기를 사용한다. 그러나 만기는 최종 현금흐름이 발생하는 시점까지의 기간을 나타낼 뿐 만기일 이전에 발생하는 현금흐름에 대해서는 아무런 정보를 제공하지 못한다. 그러나 듀레이션은 만기일 이전에 발생하는 모든 현금흐름을 고려하는 평균회수기간을 말한다.

⊸ 예제 5-4 듀레이션의 계산

연세기업은 액면가액이 10,000원이고 표면이자율이 연 12% 이자후급이며 만기 3년의 채권을 발행하였다. 시장이자율을 10%로 가정하여 연세기업이 발행한 채권의 시장가격과 듀레이션을 계산하시오.

풀이

1. 채권의 시장가격

$$P_0 = \frac{1,200}{(1+0.1)^1} + \frac{1,200}{(1+0.1)^2} + \frac{11,200}{(1+0.1)^3} = 10,497$$

2. 채권의 듀레이션

기간	C	PVIF(10%)	C의 현재가치	가중치	가중치×기간
1	1,200	0.9091	1,090.92	0.1039	0.1039
2	1,200	0.8265	991.80	0.0945	0.1890
3	11,200	0.7513	8,414.56	0.8016	2.4049
합계			P=10,497		D=2.6977

한편 듀레이션의 계산과정을 식으로 표시하면 다음과 같다.

$$D = [1 \times \frac{1,200}{(1.1)^1} + 2 \times \frac{1,200}{(1.1)^2} + 3 \times \frac{11,200}{(1.1)^3}] \frac{1}{10,497} = 2.6977년$$

2. 듀레이션의 특징

듀레이션은 채권의 만기, 표면이자율, 시장이자율, 이자지급회수의 네 가지 요인에 의해 영향을 받는다. 다른 조건이 동일한 경우에 채권의 만기가 길수록, 표면이자율과 만기수익률이 낮을수록, 이자지급회수가 감소할수록 듀레이션은 길어진다. 그러나 만기와 듀레이션의 관계는 채권의 발행형태에 따라 달라진다.

(1) 듀레이션과 만기

다른 조건이 동일한 경우에 채권의 만기가 길수록 듀레이션은 길어진다. 이것은 채권의 만기가 길수록 원리금의 회수기간이 길어지기 때문이다. 그러나 만기와 듀레이션의 관계는 다소 복잡하여 채권의 발행형태에 따라서 달라진다. 채권의 발행형태에 따른 만기와 듀레이션의 관계는 [그림 5-7]에 제시되어 있다.

그림 5-7 만기와 듀레이션의 관계

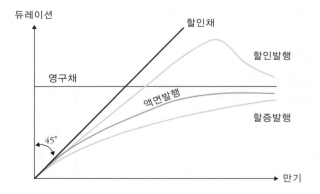

순수할인채는 채권의 만기일에만 현금흐름이 발생하기 때문에 듀레이션은 항상 만기와 동일하여 45° 대각선상에 표시된다. 한편 영구채의 듀레이션은 채권의 만기에 관계없이 일정하다. 그리고 이표채의 듀레이션은 채권의 만기가 길어짐에 따라 증가하지만 그 증가율은 체감하는 양상을 보이고 약간 차이가 있다.

(2) 듀레이션과 표면이자율

다른 조건이 동일한 경우에 표면이자율이 높을수록 듀레이션은 짧아진다. 표면이자율이 높으면 각 기간별 현금흐름이 동일액 증가하지만 그 현재가치는 현재에 가까운 시점의 현금흐름일수록 크게 나타나기 때문이다. 따라서 현재시점의 가중치는 커지고 만기시점의 가중치는 작아지므로 듀레이션은 짧아진다.

(3) 듀레이션과 만기수익률

다른 조건이 동일한 경우에 만기수익률이 높을수록 듀레이션은 짧아진다. 만기수익률이 높아지면 미래현금흐름의 현재가치가 감소하는데, 현재로부터 먼 시점의 현금흐름일수록 더 큰 폭으로 감소하기 때문이다. 따라서 현재시점의 가중치는 커지고 만기시점의 가중치는 작아지므로 듀레이션은 짧아진다.

3. 듀레이션과 채권가격변화

(1) 듀레이션과 채권가격의 이자율탄력성

이자율이 변하면 채권가격이 변하는데, 일정한 이자율 변화에 대한 채권가격이 어느 정도 변화할 것인가는 채권가격의 이자율탄력성을 이용하여 측정할 수 있다. 즉 채권가격의 이자율탄력성은 이자율변화에 따른 채권가격변화의 민감도를 말하며 다음과 같이 구할 수 있고 듀레이션과 일정한 관계를 갖는다.

$$\varepsilon = \frac{dP_0/P_0}{dr/r} = -\left(\frac{r}{1+r}\right)D \tag{5.11}$$

식(5.11)에서 채권가격의 이자율탄력성은 음수(−)로 나타나는데, 이는 채권가격의 변화가 이자율의 변화와 반비례관계에 있음을 의미한다. 그리고 듀레이션이 길수록 채권가격의 이자율탄력성이 크게 나타나는데, 이는 듀레이션이 큰 채권이 일정한 이자율변화에 따른 채권가격변화율이 큰 채권임을 의미한다.

(2) 듀레이션과 채권가격변화위험

듀레이션의 특성에 의해 만기가 길수록, 표면이자율과 만기수익률이 낮을수록 채권가격의 변동위험은 크게 나타난다. 따라서 금리하락이 예상되면 만기가 길고 표면이자율이 낮은 채권을 매입하여 자본이득을 극대화하고, 금리상승이 예상되면 만기가 짧고 표면이자율이 높은 채권을 매입하면 자본손실을 극소화할 수 있다.

(3) 듀레이션을 이용한 채권가격변화

채권가격의 이자율탄력성으로부터 이자율이 r에서 dr만큼 변화할 때 듀레이션에 의해 예측되는 채권가격변화율은 다음과 같다.

$$\frac{dP_0}{P_0} = -\frac{D}{1+r} \times dr \qquad (5.12)$$

식(5.12)의 양변에 P_0을 곱하여 정리하면 채권가격변화액은 다음과 같다.

$$dP_0 = -\frac{D}{1+r} \times dr \times P_0 \qquad (5.13)$$

이자율이 r에서 dr만큼 변화하여 r'이 되었을 때 채권가격은 다음과 같다.

$$P_0(r') = P_0 - \frac{D}{1+r} \times dr \times P_0 \qquad (5.14)$$

이와 같이 예측된 채권가격은 채권가격선의 접선에 의해 예측된 값으로 이자율의 변화가 작을 경우에만 의미가 있고 듀레이션을 이용한 채권가격은 실제의 채권가격과 차이가 발생한다. 따라서 듀레이션은 물론 볼록성까지 추가로 고려하면 이자율의 변화에 따른 채권가격의 변화액을 정확하게 추정할 수 있게 된다.

그림 5-8 | 듀레이션과 채권가격변화

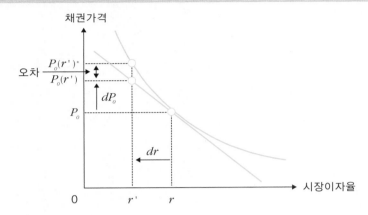

예제 5-5 | 듀레이션을 이용한 채권가격의 변화

서울기업은 액면가액이 10,000원이고 표면이자율 연 10% 이자후급이며 만기 3년의 채권을 발행하고자 한다. 시장이자율을 8%로 가정하여 다음 물음에 답하시오.

1. 서울기업이 발행하는 채권의 시장가격을 계산하시오.
2. 서울기업이 발행하는 채권의 듀레이션을 계산하시오.
3. 시장이자율이 8%에서 10%로 상승할 경우 채권가격은 얼마나 변화하는가?
4. 3에서 서울기업 채권의 새로운 가격을 계산하시오.
5. 시장이자율이 10%일 때 실제 채권가격을 계산하고 4의 결과와 비교하시오.

풀이

1. 서울기업이 발행하는 채권의 시장가격은 다음과 같이 구할 수 있다.

$$P_0 = \frac{1,000}{(1+0.08)^1} + \frac{1,000}{(1+0.08)^2} + \frac{11,000}{(1+0.08)^3} = 10,515.42원$$

2. 서울기업이 발행하는 채권의 듀레이션은 다음과 같이 구할 수 있다.

$$D = [1 \times \frac{1,000}{(1.08)^1} + 2 \times \frac{1,000}{(1.08)^2} + 3 \times \frac{11,000}{(1.08)^3}] \frac{1}{10,515.42} = 2.74년$$

3. $dP_0 = -\frac{D}{1+r} \times dr \times P_0 = -\frac{2.74}{1.08} \times (0.02) \times (10,515.42) = -533.56원$

4. 3으로부터 서울기업 채권의 새로운 가격은 다음과 같이 구할 수 있다.

$$P_0 = 10,515.42 - 533.56 = 9,981.86원$$

5. 시장이자율이 10%일 때 실제 채권가격은 다음과 같이 구할 수 있다.

$$P_0 = \frac{1,000}{(1+0.1)^1} + \frac{1,000}{(1+0.1)^2} + \frac{11,000}{(1+0.1)^3} = 10,000$$

4의 결과와 비교하면 듀레이션으로 측정된 채권가격이 실제 채권가격보다 적다. 이는 채권가격과 채권수익률의 관계가 선형이 아닌 원점에 볼록한 형태를 가지고 있기 때문이다.

4. 듀레이션의 한계점

시장이자율의 변화가 작을 경우에는 듀레이션에 의해 측정되는 접선상의 채권가격과 실제 채권가격이 거의 동일하여 듀레이션이 채권가격의 변화를 측정하는 유용한 수단이 될 수 있다. 그러나 이자율변화가 클 경우에는 듀레이션에 의해 예측된 채권가격과 실제 채권가격간의 오차가 발생하여 볼록성을 추가로 고려해야 한다.

제7절 금리선물의 개요

1. 금리선물의 정의

금리선물(interest rate futures)은 채권이나 CD(양도성예금증서)와 같이 금리의 변동에 따라 가치가 변화하는 금융자산을 기초자산으로 하는 선물거래를 말한다. 금리선물은 기초자산의 만기에 따라서 단기금리선물($T-bill$선물), 중기금리선물($T-note$선물), 장기금리선물($T-bond$선물, 국채선물)로 구분된다.

2. 금리선물의 가격표시

(1) T-bill선물

$T-bill$선물은 미국 재무성이 발행하는 액면가액 $1,000,000이고 잔존만기가 90일인 $T-bill$(순수할인채)을 기초자산으로 하는 선물거래를 말한다.

1) T-bill가격

$T-bill$수익률은 $T-bill$가격이 액면가액에서 할인된 금액을 액면가액으로 나누어 연단위로 환산한 할인율로 공시되고, 1년을 360일로 가정하여 계산한다.

$$T-bill수익률 = \frac{액면가액 - T-bill가격}{액면가액} \times \frac{360}{90} \qquad (5.15)$$

식(5.15)를 $T-bill$가격에 대해 정리하면 $T-bill$가격은 액면가액에서 할인액을 차감하여 산출할 수 있다.

$$T-bill가격 = 액면가액 - 액면가액 \times T-bill수익률 \times \frac{90}{360} \qquad (5.16)$$

채권등가수익률(BEY : bond equivalent yield)은 다음과 같이 계산되며 채권에 투자하는 경우에 실제수익률을 의미한다.

$$채권등가수익률 = \frac{액면가액 - T-bill가격}{T-bill가격} \times \frac{360}{T} \qquad (5.17)$$

→ 예제 5-6 **T-bill가격과 채권등가수익률**

액면가액 $1,000,000이고 잔존만기가 90일인 T-bill이 89-50으로 공시되었을 경우 T-bill
가격과 채권등가수익률을 계산하시오.

풀이

① T-bill가격 $= 1,000,000 - 1,000,000 \times 0.105 \times \dfrac{90}{360} = \$973,750$

② 채권등가수익률 $= \dfrac{1,000,000 - 973,750}{973,750} \times \dfrac{360}{90} = 0.1078(10.78\%)$

2) T-bill선물가격

시카고상업거래소(CME)의 국제통화시장(IMM)에서 거래되는 $T-bill$ 선물가격은 100
에서 $T-bill$ 선물수익률(연 할인율)을 차감하는 형식으로 공시된다.

$$T-bill선물의 \ 공시가격 \ = \ 100 \ - \ T-bill선물수익률 \qquad (5.18)$$

$T-bill$ 선물의 공시가격에 내재된 T-bill선물수익률은 다음과 같다.

$$T-bill선물수익률 \ = \ 100 \ - \ T-bill선물의 \ 공시가격 \qquad (5.19)$$

$T-bill$ 선물 1계약의 가격은 다음과 같이 구할 수 있다.

$$T-bill선물가격 \ = \ 액면가액 - 액면가액 \times T-bill선물수익률 \ \times \frac{90}{360} \qquad (5.20)$$

→ 예제 5-7 **T-bill선물의 가격**

액면가액 $1,000,000이고 만기가 90일인 T-bill을 기초자산으로 하는 선물의 공시가격이
91-50으로 공시되었을 경우 T-bill선물수익률과 T-bill선물 1계약의 가격을 계산하시오.

풀이

T-bill선물가격이 91-50으로 공시되었다면 선물의 연 할인율은 8.5%(= 100-91.5)가 된다.

① T-bill선물수익률 = 100 - T-bill선물의 공시가격 = 100-91.50 = 8.5%

② T-bill선물가격 $= 1,000,000 - 1,000,000 \times 0.085 \times \dfrac{90}{360} = \$978,750$

(2) T-bond선물

$T-bond$선물은 미국 재무성이 재정적자를 해결하기 위해서 발행하는 액면가액 $100,000, 표면이자율 8%(연 2회 이자지급), 만기 20년인 $T-bond$를 기초자산으로 하는 선물거래를 말한다.

1) T-bond가격

$T-bond$의 현물가격은 액면가액에 대한 백분율로 공시되며 소수점 이하의 숫자는 1/32를 말한다. 따라서 $T-bond$의 현물가격이 95-20으로 공시되었다면, 이는 액면가액의 95와 20/32%라는 의미이다.

$$공시가격 = \$100,000 \times 95\frac{20}{32} \times 0.01 = \$95,625 \tag{5.21}$$

$T-bond$는 6개월마다 이자를 지급하는 이표채로 이자지급일 사이에 $T-bond$를 거래하면 최종이자지급일로부터 거래일까지 경과이자는 매도자에게 귀속되어야 하나 거래일 이후 정기이자지급일에 매입자가 수령한다. 따라서 매입자가 매도자에게 지불하는 송장금액(invoice amount)은 공시가격에 이자를 가산한 값이 된다.

$$현물송장금액 = 현물공시가격 + 경과이자 \tag{5.22}$$

식(5.22)에서 경과이자는 다음과 같이 구할 수 있다.

$$경과이자 = 6개월간의 \ 이자 \times \frac{최종이자지급일 \ 이후 \ 경과일수}{6개월간의 \ 일수} \tag{5.23}$$

2) T-bond선물가격

$T-bond$의 선물가격은 액면가액에 대한 백분율로 공시되고 소수점 이하의 숫자는 1/32를 말한다. 즉 $T-bond$의 선물가격이 92-24로 공시되었다면, 이는 액면가액의 92와 24/32%라는 의미이다. $T-bond$선물의 호가단위는 1 베이시스포인트인데, 이는 액면가액의 1/32%에 해당하며 최소가격변동폭은 $31.25가 된다.

$$T-bond\text{선물가격} = \$100{,}000 \times 92\frac{24}{32} \times 0.01 = \$92{,}750 \tag{5.24}$$

공시가격 산정의 기준이 되는 표준물과 선물만기일에 인도채권이 다른 경우에 공시가격에 전환계수를 곱해 송장금액을 조정하므로 선물만기일에 매입자가 매도자에게 지불하는 송장금액은 다음과 같이 구할 수 있다.

$$\text{선물송장금액} = \text{선물공시가격} \times \text{전환계수} + \text{경과이자} \tag{5.25}$$

전환계수(conversion factor)는 만기수익률을 8%로 가정하여 산출한 액면가액 $1당 인도채권의 가격으로 표면이자율이 8%이면 전환계수는 1이 되고 표면이자율이 8%보다 높으면 1보다 크며 표면이자율이 8%보다 낮으면 1보다 작다.

$$\text{전환계수} = \sum_{t=1}^{2T} \frac{C_t/2}{(1+0.08/2)^T} + \frac{1}{(1+0.08/2)^{2T}} \tag{5.26}$$

선물매도자는 인도가능한 $T-bond$ 중 인도비용이 가장 낮은 채권을 선택하여 선물계약의 결제에 이용할 수 있는데 이를 최저가 인도채권이라고 한다. 선물매도자는 인도채권을 현물의 송장금액으로 매입해서 인도하고 선물의 송장금액을 수령하기 때문에 인도비용은 현물의 송장금액과 선물의 송장금액의 차이를 말한다.

$$
\begin{aligned}
\text{인도비용} &= \text{현물송장금액} - \text{선물송장금액} \\
&= (\text{현물공시가격} + \text{경과이자}) - (\text{선물공시가격} \times \text{전환계수} + \text{경과이자}) \\
&= \text{현물공시가격} - \text{선물공시가격} \times \text{전환계수}
\end{aligned}
\tag{5.27}
$$

→● 예제 5-8 T-bond선물의 송장금액과 인도비용

2018년 9월 28일 현재 투자자 홍길동은 공시가격이 93-20인 T-bond선물 매도계약을 보유하고 있는데 전환계수가 0.96인 T-bond를 인도하기로 하였다. 이 채권의 현물공시가격은 93-16이고 표면이자율은 연 10%이며 이자지급일은 6월 30일과 12월 30일, 1년은 360일로 가정하여 다음 물음에 답하시오.

1. T-bond현물의 공시가격과 송장금액을 구하시오.

2. T-bond선물의 송장금액을 구하시오.

3. 투자자 홍길동의 인도비용을 구하시오.

[풀이]

1. T-bond의 이자지급일정을 시간선상에 표시하면 다음과 같다.

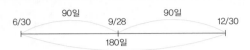

T-bond현물의 공시가격은 다음과 같다.

$$공시가격 = \$100,000 \times 93\frac{16}{32} \times 0.01 = \$93,500$$

T-bond현물의 송장금액은 다음과 같다.

현물송장금액 = 현물공시가격 + 경과이자 = 93,500 + 2,500* = 96,000

* 경과이자 = 6개월간의 이자 $\times \dfrac{90}{180} = (100,000 \times 0.1 \times \dfrac{1}{2}) \times \dfrac{90}{180} = 2,500$

2. T-bond선물의 송장금액은 다음과 같다.

선물송장금액 = 선물공시가격×전환계수 + 경과이자

$$= (100,000 \times 93\frac{20}{32} \times 0.01) \times 0.96 + 2,500 = 92,380$$

3. 홍길동의 인도비용은 다음과 같다.

인도비용 = 현물송장금액 − 선물송장금액 = 96,000 − 92,380 = 3,620

(3) 국채선물

국채선물은 정부가 발행한 국고채를 거래대상으로 하는 장내파생상품으로 모든 국채선물은 액면가액 1억원, 표면금리 연 5%, 6개월 이표 지급방식의 가상국채이며, 최종 결제방법으로 현금결제방식을 채택하고 있다. 국채선물의 가격은 액면가액 100원을 기준으로 공시되며 소수점 이하의 숫자는 1/100%를 말한다.

국채선물의 가격이 106−45로 공시되면, 이는 액면가의 106.45%라는 의미이다. 국채선물의 결제는 실물인수도가 아닌 선물가격과 청산시점에 현물가격간의 차액으로 거래를 종결시키는 현금결제방식을 채택하여 $T-bond$선물과 같이 전환계수, 최저가 인도채권, 매도자선택권 등의 복잡한 문제를 고려할 필요가 없다.

$$공시가격 = 1억원 \times 106.45 \times 0.01 = 1.0645억원 \tag{5.28}$$

국채선물은 금리변동으로 발생하는 자산가치의 변동위험을 관리하기 위한 금융상품이다. 국고채는 신용도가 매우 높아 위험이 없는 무위험자산으로 분류한다. 한국거래소는 1999년 9월 29일 3년 국채선물, 2003년 8월 22일 5년 국채선물, 2010년 10월 25일 10년 국채선물을 각각 상장하여 투자자에게 제공하고 있다.

표 5-2	국채선물의 상품명세		
구 분	3년 국채선물	5년 국채선물	10년 국채선물
기 초 자 산	만기 3년	만기 5년	만기 10년
	표면금리 5%	표면금리 5%	표면금리 5%
	6개월 이표채	6개월 이표채	6개월 이표채
거 래 단 위	액면가액 1억원	액면가액 1억원	액면가액 1억원
가 격 표 시	액면 100원당 원화	액면 100원당 원화	액면 100원당 원화
호 가 가 격 단 위	0.01원	0.01원	0.01원
최소가격변동금액	10,000원	10,000원	10,000원
상 장 결 제 월	2개 결제월	2개 결제월	2개 결제월
거 래 시 간	월~금 : 09:00~15:45, 최종거래일 : 09:00~11:30		
최 종 거 래 일	세번째 화요일	세번째 화요일	세번째 화요일
최 종 결 제 일	최종거래일의 익일	최종거래일의 익일	최종거래일의 익일
결 제 방 법	현금결제	현금결제	현금결제

3. 금리선물의 가격결정

(1) 단기금리선물

순수할인채를 기초자산으로 하는 금리선물의 가격결정방법에는 보유비용모형을 이용하는 방법과 선도이자율을 이용하여 기초채권을 할인하는 방법이 있다.

1) 보유비용모형

기초자산이 제로쿠폰채인 경우 만기일까지 보유수익이 발생하지 않기 때문에 보유비용모형에 의한 금리선물의 이론가격은 다음과 같이 구할 수 있다.

$$S_o = \frac{\text{기초채권 액면가액}}{1 + _0r_2 \times \frac{T_2}{360}} \longrightarrow F_{0, T} = S_0\left(1 + _0r_1 \times \frac{T_1}{360}\right) \quad \text{기초채권 액면가액}$$

$$F_{0, T} = S_0(1 + r_{0, T}) = S_0\left(1 + _0r_1 \times \frac{T_1}{360}\right) \tag{5.29}$$

따라서 이론선물가격은 T_2 시점에 발생할 기초채권 액면가액을 T_2(선물만기＋채권만기)기간 동안의 현물이자율로 할인한 현재가치에 선물만기일까지 현물이자율($_0r_1$)을 적용하여 선물만기일가치로 환산한 값이다.

2) 기초채권할인

기초채권의 할인은 T_2시점에 발생할 기초채권 액면가액을 선물만기(T_1)부터 채권만기(T_2)까지 선도이자율로 할인하여 선물만기일인 T_1시점의 가치로 환산해서 선물가격을 계산하는 방법이다.

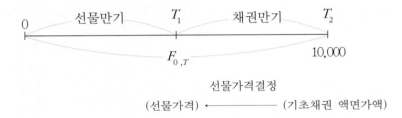

따라서 연 단위로 측정한 T_1(선물만기)까지의 현물이자율을 $_0r_1$이라 하고 T_2($T_1＋$ 채권만기)까지의 현물이자율을 $_0r_2$라고 하면, T_1부터 T_2까지 선도이자율은 다음의 관계를 이용하여 구할 수 있다.

$$(1 + {_0}r_2 \times \frac{T_2}{360}) = (1 + {_0}r_1 \times \frac{T_1}{360})(1 + {_1}f_2 \times \frac{T_2 - T_1}{360}) \tag{5.30}$$

이렇게 산출한 선도이자율로 T_2시점에 발생하는 기초채권 액면가액을 T_1시점의 가치로 환산한 값이 이론선물가격이다.

$$F_{0,T} = \frac{\text{기초채권 액면가액}}{1 + {_1}f_2 \times \dfrac{T_2 - T_1}{360}} \tag{5.31}$$

● 예제 5-9   T-bill선물의 이론가격

현재시점부터 앞으로 80일 동안의 현물이자율은 연 10%이고 170일 동안의 현물이자율은 연 11%이라고 가정하여 다음 물음에 답하시오.

1. 80일부터 170일까지 90일 동안의 연간 선도이자율을 구하시오.
2. 액면가액 $1,000,000이고 만기 90일인 T-bill을 기초자산으로 하고 80일 후에 인도되는 선물계약의 균형가격을 구하시오.
3. 액면가액 $1,000,000이고 만기 90일인 T-bill의 현재가격을 구하고 이를 이용하여 선물계약의 균형가격을 구하시오.

풀이

1. 주어진 이자율을 시간선상에 표시하면 다음과 같이 나타낼 수 있다.

$$(1+0.11 \times \frac{170}{360}) = (1+0.10 \times \frac{80}{360})(1+ {}_1f_2 \times \frac{90}{360}) \rightarrow {}_1f_2 = 0.1162$$

2. 선물의 균형가격은 기초채권의 액면가액 $1,000,000를 80일부터 170일 사이의 선도이자율로 할인하여 구한다.

$$F_{0,T} = \frac{1,000,000}{1+0.1162 \times \frac{90}{360}} = \$971,770$$

3. 액면가액 $1,000,000이고 만기가 170일인 T-bill의 현재가격은 다음과 같다.

$$S_0 = \frac{\text{액면가액}}{1+ {}_0r_2 \times \frac{T_2}{360}} = \frac{1,000,000}{1+0.11 \times \frac{170}{360}} = \$950,646$$

보유비용모형을 이용하여 선물의 현물가격을 구하면 다음과 같다.

$$F_{0,T} = S_0(1+ {}_0r_1 \times \frac{T_1}{360}) = 950,646(1+0.1 \times \frac{80}{360}) = \$971,770$$

(2) 장기금리선물

기초자산이 이표채인 경우에 현물을 매입해서 보유하면 이자수익이 발생하기 때문에 보유비용모형에 의한 금리선물의 이론가격은 현물채권의 가격에 보유비용은 가산하고 보유수익은 차감하여 구할 수 있다.

$$F_{0,T} = S_0 + CC - CR = S_0(1+r) - CR \tag{5.32}$$

기초채권의 액면가액이 B, 선물만기일까지 표면이자율이 $i_{0,T}$ 연간 표면이자율이 i 라면 식(5.32)는 다음과 같이 바꾸어 쓸 수 있다.

$$F_{0,T} = S_0(1 + r_{0,T}) - B \times i_{0,T} \tag{5.33}$$
$$= S(1 + r \times \frac{T}{360}) - B \times i \times \frac{T}{360}$$

⊸ 예제 5-10 금리선물의 차익거래

현물채권시장에는 액면가액이 100,000원이고 표면이자율이 10%인 채권이 100,000원에 거래되고 있다. 채권선물시장에서는 위의 현물채권을 기초자산으로 하고 만기가 1년인 선물 계약이 거래되고 있다. 연간 무위험이자율이 10%, 6개월 후와 1년 후에 5,000원의 이자지 급이 있다고 가정하여 다음 물음에 답하시오.

1. 채권선물의 균형가격을 구하시오.
2. 채권선물의 가격이 100,000원일 때 차익거래과정을 설명하시오.
3. 채권선물의 가격이 98,000원일 때 차익거래과정을 설명하시오.

풀이

1. 채권선물의 균형가격은 보유비용모형을 이용하여 다음과 같이 구할 수 있다.

   $*F_{0,T} = S_0(1+r) - CR = 100,000(1+0.1) - 10,250 = 99,750$원

   $*CR = 5,000(1 + 0.1 \times \frac{6}{12}) + 5,000 = 10,250$원

2. 선물가격이 균형가격에 비해서 과대평가되어 있어 과대평가된 선물을 100,000원에 매도 하고 100,000원을 차입하여 과소평가된 현물채권을 매입하는 차익거래를 통해 선물만기 일에 250원의 차익거래이익을 얻을 수 있다.

거 래	현재의 현금흐름	6개월 후의 현금흐름	1년 후의 현금흐름
선물매도	−	−	$100,000 - S_T$
자금차입	100,000	−	−110,000
현물매입	−100,000	5,000	$S_T + 5,000$
이자대출	−	−5,000	5,250*
합 계	0	0	250원

* 대출원리금 $= 5,000(1 + 0.1 \times \frac{6}{12}) = 5,250$원

3. 선물가격이 균형가격에 비해서 과소평가되어 있어 과대평가된 현물을 100,000원에 공매 하여 자금을 대출하고 과소평가된 선물을 100,000원에 매입하는 차익거래를 통해 선물만 기일에 1,750원의 차익거래이익을 얻을 수 있다.

거 래	현재의 현금흐름	6개월 후의 현금흐름	1년 후의 현금흐름
현물공매	100,000	−5,000	$-S_T - 5,000$
자금대출	−100,000	−	110,000
이자지급	−	5,000	−5,250*
선물매입	−	−	$S_T - 98,000$
합 계	0	0	1,750원

* 차입원리금 $= -5,000(1 + 0.1 \times \frac{6}{12}) = -5,250$원

4. 금리선물의 거래유형

(1) 헤지거래의 개요

1) 헤지거래의 원리

채권시장에서 현재 채권을 대량으로 매입하여 보유하고 있는 채권투자자들은 금리선물을 매도하면 금리상승위험(채권가격하락위험)을 회피하거나 축소시킬 수 있다. 그리고 미래시점에 채권을 매입하고자 하는 채권투자자들은 금리선물을 매입하면 금리하락위험(채권가격상승위험)을 회피하거나 축소시킬 수 있다.

현물시장		선물시장
매입포지션	현재 채권보유, 채권투자자 → 채권가격 하락시 손실발생	매도포지션
매도포지션	미래 채권매입, 채권발행자 → 채권가격 상승시 손실발생	매입포지션

2) 헤지거래의 종류

① 매입헤지

매입헤지(long hedge)는 미래에 채권을 매입하고자 하는 투자자가 시장이자율이 하락하면 채권가격이 상승하여 손실이 발생하기 때문에 금리선물을 매입했다가 일정기간이 경과한 후 금리선물을 매도하여 매입포지션을 청산한다.

② 매도헤지

매도헤지(short hedge)는 현재 채권을 보유하고 있는 투자자가 시장이자율이 상승하면 채권가격이 하락하여 손실이 발생하기 때문에 금리선물을 매도했다가 일정기간이 경과한 후 금리선물을 매입하여 매도포지션을 청산한다.

표 5-3 헤지거래의 유형

시장참가자	위험노출	헤지거래
변동금리 차입자, 고정금리 운용자	금리상승(채권가격하락)	매도헤지
변동금리 운용자, 고정금리 차입자	금리하락(채권가격상승)	매입헤지

3) 헤지거래의 모형

금리선물을 이용한 헤지거래는 시장이자율의 변동에 따른 현물포지션의 손익을 선물포지션의 손익으로 상쇄시키는데 있다. 그러나 헤지대상의 채권과 헤지수단으로 이용하는 채권이 동일하지 않은 교차헤지의 경우에는 헤지비율의 조정을 통해서 베이시스위험을 최소화하는 것이 중요하다.

① 단순헤지모형

단순헤지모형은 헤지대상 채권가치와 동일한 금액의 포지션을 선물시장에서 반대로 취하는 전략으로 헤지기간 동안 현물가격의 변동과 선물가격의 변동이 일치하면 완전헤지를 달성할 수 있으나 그러한 경우는 드물어 두 가격간의 민감도 또는 헤지비율을 고려해서 선물계약수를 조정해야 효과적인 헤지를 할 수 있다.

$$N_F = \frac{S_0}{F_0} = \frac{\text{헤지대상 현물채권의 가치}}{\text{금리선물 1계약의 가치}} \leftarrow S_0 = N_F \times F_0 \qquad (5.34)$$

② BPV모형

베이시스포인트가치(BPV : basis point value)는 채권수익률이 1베이시스 포인트 변동했을 때 채권가격의 변화정도를 말한다. BPV는 채권가격의 절대적인 변동치로 표시되며 이 값이 클수록 채권가격의 변동성이 크다는 의미이다. BPV의 값은 채권의 만기가 길고 표면이자율이 높을수록 크게 나타난다.

여기서 선물의 BPV는 금리선물 1계약의 가치를 나타내고, 현물의 BPV는 금리선물 1계약의 거래단위에 해당하는 현물채권의 BPV를 나타낸다. 선물 1계약의 BPV는 금리수준에 관계없이 고정되어 있는 반면에, 현물채권의 BPV는 금리수준과 만기에 따라서 달라지기 때문에 필요한 선물계약수가 달라진다.

$$N_F = \frac{S_0}{F_0} \times \frac{\text{현물의 BPV}}{\text{선물의 BPV}} \qquad (5.35)$$

③ 듀레이션모형

듀레이션모형은 수익률변동에 대한 채권가격의 변화를 BPV는 절대금액으로 측정하는 반면에 듀레이션은 백분율로 측정한다는 점에서 차이가 있다. 이자율변동에 따른 현물채권의 가치변동액을 $\triangle S$, 금리선물 1계약의 가치변동액을 $\triangle F$라고 하면 완전헤지에 필요한 선물계약수(N)는 다음과 같다.

$$N_F = \frac{\triangle S}{\triangle F} \leftarrow \triangle S = N_F \times \triangle F \qquad (5.36)$$

이자율변동에 따른 현물채권의 가치변동액($\triangle S$)은 현물채권의 듀레이션을 이용하여 다음과 같이 구할 수 있다.

$$\triangle S = -\frac{D_S}{1+r_S}\triangle r_S \, S_0 \qquad (5.37)$$

이자율변동에 따른 선물 1계약의 가치변동액($\triangle F$)은 기초채권의 듀레이션을 이용하여 다음과 같이 구할 수 있다.

$$\triangle F = -\frac{D_F}{1+r_F}\triangle r_F \, S_0 \qquad (5.38)$$

식(5.37)과 식(5.38)를 식(5.36)에 대입하면 완전헤지에 필요한 선물계약수는 다음과 같이 구할 수 있다.

$$N_F = \frac{S_0}{F_0} \times \frac{\dfrac{D_S}{1+r_S}}{\dfrac{D_F}{1+r_F}} \times \frac{\triangle r_S}{\triangle r_F} \qquad (5.39)$$

만일 현물채권과 선물기초채권의 이자율이 같고 변화율도 동일할 경우에 필요한 선물계약수는 다음과 같이 산출할 수 있다.

$$N_F = \frac{S_0}{F_0} \times \frac{D_S}{D_F} \qquad (5.40)$$

④ 회귀분석모형

회귀분석모형은 헤지대상 현물채권과 선물계약의 기초자산이 다른 교차헤지에서 수익률스프레드가 변동할 가능성이 높을 경우에 이용한다. 회귀분석은 과거자료를 이용하여 헤지비율을 측정하는데 헤지대상자산의 수익률을 종속변수로 놓고 헤지에 이용할 선물의 수익률을 독립변수로 하여 다음과 같은 회귀식을 추정한다.

$$S_t = \alpha + \beta F_t + \epsilon_t \tag{5.41}$$

식(5.41)에서 회귀계수(β)의 값이 최적헤지비율이 되고, 회귀식의 결정계수(R^2)가 헤지의 효과를 측정하는 척도가 된다.

⟶ 예제 5-11 금리선물을 이용한 헤지거래

덕성기업은 액면가액 $10,000,000이고 만기가 180일인 T-bill을 1개월 후 매도할 예정이다. 향후 1개월간 금리상승이 예상되어 만기가 60일인 T-bill선물을 이용하여 매도시점의 부를 헤지하고자 한다. 이는 만기가 90일인 T-bill을 기초자산으로 하는 선물계약이다. 현재 현물시장의 채권가격은 90-00, 선물가격은 90-50이며 T-bill선물의 거래단위는 액면가액이 $10,000,000이라고 가정하여 다음 물음에 답하시오.

1. 덕성기업이 금리상승위험을 헤지하려면 어떤 포지션을 취해야 하는가?
2. 단순헤지모형에서 필요한 선물계약수를 구하고 1개월 후에 현물금리와 선물금리가 모두 1% 상승할 때 헤지결과를 설명하시오.
3. BPV모형에서 필요한 선물계약수를 구하고 1개월 후에 현물금리와 선물금리가 모두 1% 상승할 때 헤지결과를 설명하시오.
4. 듀레이션모형에서 필요한 선물계약수를 구하고 1개월 후에 현물금리와 선물금리가 모두 1% 상승할 때 헤지결과를 설명하시오.

풀이

1. 금리가 상승하면 채권가격이 하락하여 현물시장에서 손실이 발생할 수 있으므로 낮은 금리수준(높은 채권가격)에서 선물계약을 매도하고 헤지시점에 높은 금리수준(낮은 채권가격)에서 금리선물을 매입하면 이익을 얻을 수 있다.
2. (1) 단순헤지에 필요한 선물계약수

$$N_F = \frac{S_0}{F_0} = \frac{10,000,000}{1,000,000} = 10\text{계약}$$

* T-bill의 현물금리와 선물금리가 모두 액면기준금리(할인율)이므로 액면가액을 사용함

   (2) 1개월 후의 헤지결과

시점	현물시장	선물시장
현재	상승 전 금리수준 10%에 매입 $10,000,000 - 10,000,000 \times 0.10 \times \frac{180}{360}$ $= \$9,500,000$	90.50(=9.5%)에 10계약 매도 $(1,000,000 - 1,000,000 \times 0.095 \times \frac{90}{360}) \times 10$ $= \$9,762,500$
1개월 후	상승 후 금리수준 11%에 매도 $10,000,000 - 10,000,000 \times 0.11 \times \frac{180}{360}$ $= \$9,450,000$	89.50(=10.5%)에 10계약 매입 $(1,000,000 - 1,000,000 \times 0.105 \times \frac{90}{360}) \times 10$ $= \$9,737,500$
손익	-$50,000	$25,000

∴ 순손익 $= -50,000 + 25,000 = -25,000$

3. (1) BPV헤지에 필요한 선물계약수

$$N_F = \frac{S_0}{F_0} \times \frac{\text{현물의 } BPV}{\text{선물의 } BPV} = \frac{10,000,000}{1,000,000} \times \frac{50}{25} = 20\text{계약}$$

(2) 1개월 후의 헤지결과

시점	현물시장	선물시장
현재	상승 전 금리수준 10%에 매입 $10,000,000 - 10,000,000 \times 0.10 \times \frac{180}{360}$ $= \$9,500,000$	90.50(=9.5%)에 20계약 매도 $(1,000,000 - 1,000,000 \times 0.095 \times \frac{90}{360}) \times 20$ $= \$19,525,500$
1개월 후	상승 후 금리수준 11%에 매도 $10,000,000 - 10,000,000 \times 0.11 \times \frac{180}{360}$ $= \$9,450,000$	89.50(=10.5%)에 20계약 매입 $(1,000,000 - 1,000,000 \times 0.105 \times \frac{90}{360}) \times 20$ $= \$19,475,500$
손익	-$50,000	$50,000

∴ 순손익 $= -50,000 + 50,000 = 0$(완전헤지)

4. (1) 듀레이션헤지에 필요한 선물계약수

$$N_F = \frac{S_0}{F_0} \times \frac{D_S}{D_F} = \frac{10,000,000}{1,000,000} \times \frac{180}{90} = 20\text{계약}$$

(2) 1개월 후의 헤지결과

시점	현물시장	선물시장
현재	상승 전 금리수준 10%에 매입 $10,000,000 - 10,000,000 \times 0.10 \times \frac{180}{360}$ $= \$9,500,000$	90.50(=9.5%)에 20계약 매도 $(1,000,000 - 1,000,000 \times 0.095 \times \frac{90}{360}) \times 20$ $= \$19,525,500$
1개월 후	상승 후 금리수준 11%에 매도 $10,000,000 - 10,000,000 \times 0.11 \times \frac{180}{360}$ $= \$9,450,000$	89.50(=10.5%)에 10계약 매입 $(1,000,000 - 1,000,000 \times 0.105 \times \frac{90}{360}) \times 20$ $= \$19,475,500$
손익	-$50,000	$50,000

∴ 순손익 $= -50,000 + 50,000 = 0$(완전헤지)

(2) 투기거래의 개요

투기거래는 현물시장 포지션에 관계없이 선물가격의 등락을 이용하여 시세차익을 얻을 목적으로 위험을 감수하면서 이익을 얻는 거래를 말하며, 단순투기거래와 스프레드 거래로 구분된다. 단순투기거래는 선물가격의 상승이 예상되면 매입포지션, 선물가격의 하락이 예상되면 매도포지션을 취한다.

스프레드는 조건이 서로 다른 선물계약간의 차이를 말한다. 스프레드거래는 스프레드의 변화로부터 이익을 얻기 위해 서로 관련된 선물들의 가격차이가 적정하지 못하다고 판단되는 경우에 특정 선물에 매입포지션을 취하는 동시에 다른 선물에 매도포지션을 취하는 투기거래의 일종에 해당한다.

1) 만기간 스프레드

만기간 스프레드는 기초자산은 동일하나 결제월이 서로 다른 선물계약간의 가격차이를 말하며, 스프레드의 확대를 예상하는 강세 스프레드거래와 스프레드의 축소를 예상하는 약세 스프레드거래가 있다. 스프레드거래는 예상한 스프레드가 반대 방향으로 움직이면 손실을 보지만 단순투기거래보다는 손실위험이 적다.

① 강세 스프레드거래

강세스프레드(bull spread)는 만기가 가까운 근월물 선물가격이 만기가 먼 원월물 선물가격에 비해 상대적으로 더 많이 상승하거나 더 적게 하락할 것으로 예상될 경우에 근월물 선물계약에 대해서는 매입포지션을 취하고 동시에 원월물 선물계약에 대해서는 매도포지션을 취하는 거래를 말한다.

② 약세 스프레드거래

약세스프레드(bear spread)는 만기가 먼 원월물 선물가격이 만기가 가까운 근월물 선물가격에 비해 상대적으로 더 많이 상승하거나 더 적게 하락할 것으로 예상될 경우에 근월물 선물계약에 대해서는 매도포지션을 취하고 동시에 원월물 선물계약에 대해서는 매입포지션을 취하는 거래를 말한다.

표 5-4	스프레드거래의 유형

시장상황	포지션 구성
금리상승이 예상되는 경우	근월물 매입 + 원월물 매도
금리하락이 예상되는 경우	근월물 매도 + 원월물 매입

2) 상품간 스프레드

상품간 스프레드는 동일한 거래소에서 거래되는 동일한 만기를 가진 선물계약 중에서 기초자산만 서로 다른 선물계약간의 가격차이를 말한다. 따라서 특정상품의 선물계약을 매입하고 동시에 관련성이 있는 상품의 선물계약 중에서 만기가 동일한 선물계약을 매도하는 거래에 해당한다.

핵·심·요·약

제1절 채권의 가치

1. 채권의 정의 : 발행자가 투자자로부터 자금을 조달하고 반대급부로 약정에 따라 만기일 까지 이자를 지급하고 만기일에는 원금 상환을 약속한 채무증서
2. 채권의 발행조건 : 액면가액, 표면이자율, 만기
3. 채권의 가치평가 : 채권투자로부터 얻게 될 이자(I)와 원금(F)의 현재가치

제2절 채권가격의 특성

1. 채권가격과 시장이자율
① 금리가 하락하면 채권가격은 상승하고 금리가 상승하면 채권가격은 하락함
② 금리하락에 따른 채권가격의 상승폭 〉금리상승에 따른 채권가격의 하락폭
2. 채권가격과 만기
③ 장기채일수록 일정한 금리변동에 대한 채권가격의 변동이 크다.
④ 만기 1단위 증가에 따른 채권가격의 변동폭은 만기가 길수록 증가
3. 채권가격과 표면이자율
⑤ 표면이자율이 낮을수록 금리변동에 따른 채권가격의 변동이 크다.

제3절 채권수익률의 개념

1. 만기수익률의 정의 : 채권을 만기까지 보유할 경우에 얻게 될 수익률
2. 현물이자율과 선도이자율의 정의
① 현물이자율 : 현재부터 일정기간 동안의 연평균이자율 → 순수할인채의 수익률
② 선도이자율 : 현물이자율에 내재된 미래 특정시점부터 일정기간 동안의 이자율
3. 현물이자율과 선도이자율의 관계 : $(1+_{o}r_{n})^{n} = (1+_{o}r_{n-1})^{n-1}(1+_{n-1}f_{n})$

제4절 채권수익률의 기간구조

1. 불편기대가설 : 선도이자율이 미래의 기간별 기대현물이자율과 일치하도록 현재시점에 서의 채권수익률이 결정된다는 가설
2. 유동성선호가설 : 선도이자율이 미래의 기간별 기대현물이자율과 유동성프리미엄의 합 이 되도록 현재시점에서의 채권수익률이 결정된다는 가설
3. 시장분할가설 : 투자자들이 선호하는 채권의 만기에 따라 단기채, 중기채, 장기채시장으로 분할되고 채권수익률은 각 시장에서의 수급에 의해 결정된다는 가설
4. 선호영역가설

제5절 채권수익률의 위험구조

1. 체계적 위험 : 이자율위험, 인플레이션위험
2. 비체계적 위험 : 채무불이행위험, 수의상환위험, 유동성위험

제6절 채권의 듀레이션

1. 듀레이션의 정의 : 채권투자에 따른 현금흐름을 회수하는데 걸리는 평균기간
2. 듀레이션의 특성 : 만기↑ → D↑, 표면이자율↑ → D↓, 만기수익률↑ → D↓
3. 듀레이션과 채권가격변동

① 채권가격의 이자율탄력성 : $\varepsilon = \dfrac{dP_0/P_0}{dr/r} = -\left(\dfrac{r}{1+r}\right)D$

② 듀레이션에 의한 채권가격변동 : $dP_0 = -\dfrac{D}{1+r} \times dr \times P_0$

제7절 금리선물의 개요

1. 금리선물의 의의 : 기초자산이 금리변동에 따라 가치가 변하는 금융자산인 선물
2. 금리선물의 종류

① T-bill선물 : 미국 재무성이 발행하는 액면가액 $1,000,000이고 잔존만기가 90일인 T-bill(순수할인채)을 기초자산으로 하는 선물거래
② T-bond선물 : 미국 재무성이 발행하는 액면가액 $100,000, 표면이자율 8%(연 2회 이자지급), 만기 20년인 T-bond를 기초자산으로 하는 선물거래
③ 국채선물 : 3년 국채선물은 액면가액 1억원, 표면이자율 5%(연 2회 이자지급), 만기 3년, 5년 국채선물은 만기 5년, 10년 국채선물은 만기 10년이며 나머지는 3년 국채선물과 동일함

3. 금리선물의 가격결정

① 단기금리선물 : 보유비용모형을 이용, 선도이자율을 이용하여 기초채권을 할인
② 장기금리선물 : 보유비용모형을 이용

4. 금리선물의 헤지거래

① 매입헤지 : 미래에 채권을 매입하고자 하는 투자자는 금리가 하락하면 채권가격의 상승으로 손실이 발생하므로 금리선물을 매입한 후 금리선물을 매도하여 청산
② 매도헤지 : 현재에 채권을 보유하고 있는 투자자는 금리가 상승하면 채권가격의 하락으로 손실이 발생하므로 금리선물을 매도한 후 금리선물을 매입하여 청산

문제 1. 다음 중 채권가격의 특성에 대한 설명으로 옳지 않은 것은?

① 채권가격은 시장이자율과 반비례하여 시장이자율이 상승하면 채권가격은 하락한다.
② 채권의 만기가 길수록 이자율변동에 따른 채권가격변동폭이 크게 나타난다.
③ 표면이자율이 낮을수록 이자율변동에 따른 채권가격변동폭은 작게 나타난다.
④ 시장이자율 하락에 따른 채권가격상승폭은 시장이자율 상승에 따른 채권가격의 하락보다 크게 나타난다.

해설 다른 조건이 동일한 경우에 표면이자율이 낮을수록 일정한 이자율변동에 따른 채권가격변동폭은 크게 나타난다.

문제 2. 앞으로 시장이자율이 하락할 것으로 예상한 투자자 홍길동이 앞으로 1년 동안 수익률을 극대화하기 위해 취할 수 있는 채권투자전략으로 가장 유리한 것은?

① 표면이자율이 낮은 만기 1년 미만의 단기채를 매입한다.
② 표면이자율이 높은 만기 1년 미만의 단기채를 매도한다.
③ 표면이자율이 낮은 만기 5년 이상의 장기채를 매입한다.
④ 표면이자율이 높은 만기 5년 이상의 장기채를 매도한다.

해설 시장이자율이 하락하면 채권가격은 상승하므로 시장이자율의 변화에 따른 채권가격의 변화가 큰 채권을 매입하는 것이 유리하다. 따라서 만기가 길고 표면이자율이 낮은 채권을 매입해야 자본이득을 극대화할 수 있다.

문제 3. 앞으로 시장이자율이 하락할 경우에 채권가격의 상승률이 가장 클 것으로 예상되는 채권은?

① 표면이자율이 10%이고 만기가 5년인 채권
② 표면이자율이 10%이고 만기가 10년인 채권
③ 만기가 5년인 순수할인채
④ 만기가 10년인 순수할인채

해설 시장이자율이 하락할 경우에 듀레이션이 클수록 가격상승률이 크다. 만기가 길수록, 표면이자율과 시장이자율이 낮을수록 듀레이션이 크다. 따라서 만기가 10년인 채권 중에서 순수할인채의 가격상승률이 가장 크다.

문제 4. 다음 중 신종채권에 대한 설명으로 옳지 않은 것은?

① 전환사채(CB)는 채권투자자가 전환권을 행사하면 채권발행자의 주식으로 전환할 수 있는 채권을 말한다.

② 신주인수권부사채(BW)는 채권투자자가 신주인수권을 행사하면 채권발행자의 증자에 참여할 수 있는 채권을 말한다.

③ 교환사채(EB)는 채권투자자가 교환권을 행사하면 채권발행자가 보유하고 있는 주식으로 교환할 수 있는 채권을 말한다.

④ 변동금리채권은 표면이자율이 기준금리에 연동되어 시장이자율이 상승하면 현금흐름이 감소한다.

해설 변동금리채권은 표면이자율이 기준금리에 연동되어 시장이자율이 상승하면 현금흐름이 증가한다.

문제 5. 다음 중 주식관련 권리행사 이후에도 채권이 존속하는 신종채권으로 적절한 것은?

① 전환사채(CB)　　　　　　② 교환사채(EB)
③ 신주인수권부사채(BW)　　④ 옵션부사채

해설 옵션부사채는 주식과 관련이 없으며, 채권의 발행자가 만기 이전에 임의로 채권을 상환할 수 있는 수의상환채권(callable bond)과 채권의 소유자가 발행주체에 상환을 요구할 수 있는 상환청구사채(puttable bond)가 있다.

문제 6. 우리나라 채권시장 현황에 대한 적절하지 않은 설명으로만 모두 묶인 것은?

가. 회사채는 보증사채로만 발행될 수 있다.
나. 국고채는 동일한 발행조건의 회사채보다 높은 수익률로 발행된다.
다. 회사채는 대부분 매출발행 및 공모입찰에 의해 발행된다.
라. 유통시장에서 장외거래의 비중이 장내거래의 비중보다 훨씬 높다.

① 가, 나, 다　　　　　　② 나, 다, 라
③ 가, 나, 라　　　　　　④ 가, 다, 라

해설 가. 회사채는 보증사채와 무보증사채로 발행될 수 있다.
나. 국고채는 동일한 발행조건의 회사채보다 낮은 수익률로 발행된다.
다. 회사채는 대부분 간접발행에 의해 소화되고 있다.

문제 7. 채권발행자가 만기가 도래하기 이전에 일정한 가격으로 원금을 상환할 수 있는 권리를 행사할 경우에 발생하는 위험은?

① 유동성위험(liquidity risk) ② 조기상환위험(callable risk)

③ 지급불능위험(default risk) ④ 이자율변동위험(interest rate risk)

해설 조기상환위험(수의상환위험)은 채권발행자가 만기일 이전에 콜옵션을 행사할 때 발생하는 위험을 말한다.

문제 8. 채권은 이자지급과 원금상환이 계약에 의해 정해진 확정소득증권이나 발행자의 자금사정으로 원리금을 지급할 수 없는 경우도 있고, 수의상환가능성과 같이 불확실성을 내포할 수도 있다. 다음 중 채권투자시 위험의 종류가 다른 것은?

① 인플레이션위험(inflation risk) ② 채무불이행위험(default risk)

③ 수의상환위험(callable risk) ④ 유동성위험(liquidity risk)

해설 채권투자시 위험은 채권시장 전체에 영향을 미치는 체계적 위험과 특정 채권에만 영향을 미치는 비체계적 위험으로 구분된다. 체계적 위험에는 이자율변동위험과 인플레이션위험이 있다. 반면에 비체계적 위험에는 채무불이행위험. 수의상환위험, 유동성위험이 있다.

문제 9. 180일 후에 만기가 되어 100을 수령하는 T-bill의 현재가격이 94라고 가정하면 할인율은 얼마인가?

① 8% ② 10%

③ 12% ④ 14%

해설 (100−94/100)×360/180 = 12%

문제 10. 다음의 괄호 안에 차례로 들어갈 알맞은 것은?

채권포트폴리오 전문가 홍길동은 향후 금리상승을 예상하여 채권포트폴리오의 듀레이션을 줄이려고 한다. 적절한 투자전략으로 현물시장에서 장기채권은 (   )하고. 단기채권은 (   )하며, 선물시장에서 금리선물을 (   )한다.

① 매입, 매도, 매입 ② 매입, 매도, 매도

③ 매도, 매입, 매입 ④ 매도, 매입, 매도

[해설] 금리상승을 예상하는 것은 가격하락을 예상하는 것과 동일하여 더 많이 하락하는 장기채권은 매도하고 덜 하락을 하는 단기채권은 매입한다. 그리고 금리가 상승하면 채권가격의 하락으로 손실이 발생하므로 선물시장에서 금리선물을 매도하였다가 일정기간이 경과한 후 금리선물을 다시 매입하여 포지션을 청산한다.

[문제] 11. 동신기업은 3개월 후에 U$1,000,000,000을 변동금리의 조건으로 3개월간 차입할 예정이다. 현재시점에서 2개월 후의 차입금리를 확정시킬 수 있는 방법은?

① 유로달러선물 1,000계약 매입

② 유로달러선물 1,000계약 매도

③ 유로달러선물 100계약 매입

④ 유로시장에서 U$1,000,000,000을 2개월간 차입

[해설] 유로달러선물을 매입하면 금리하락시 채권가격이 상승하여 이익이 발생하고, 유로달러선물을 매도하면 금리상승시 채권가격이 하락하여 이익이 발생한다. 따라서 유로달러선물은 계약단위가 $1,000,000이므로 1,000계약 매도하면 된다.

[문제] 12. IMM 지수방식에 의해 금리선물의 가격을 호가하는 경우에 대한 설명으로 옳지 않은 것은?

① 기초자산의 금리를 지수화하여 거래하기 위해 계산하는 방식이다.

② 일반적으로 단기금리선물의 가격계산에 사용된다.

③ 채권의 가격변동과 IMM 지수방식에 의한 선물가격은 같은 방향으로 움직인다.

④ 금리가 상승하면 IMM 지수의 금리는 올라간다.

[해설] 금리가 상승하면 IMM 지수(100-금리)는 작아진다.

[문제] 13. 다음 중 T-bond선물에 대한 설명으로 옳은 것은?

① T-bond선물에서 매입자가 매도자에게 지불하는 청구가격은 (선물정산가격×전환계수)-경과이자로 계산한다.

② T-bond선물의 만기가 도래하면 실물인수도 방식으로 결제한다.

③ 인도가능채권은 잔존기간 15년 이상 남은 미국재무성채권으로 인도채권을 선택할 수 있는 권리는 매입자가 갖는다.

④ 채권매입가격과 청구가격간의 차이가 가장 큰 채권이 최저가 인도채권이 된다.

해설 ① T-bond 선물매입자가 채권을 인도받을 때 매도자에게 지불하는 청구가격은 (선물정산 가격×전환계수)+경과이자로 계산한다.

③ 매도자는 잔존기간 15년 이상 남은 인도가능한 T-bond채권 중에서 인도비용이 낮은 미국재무성채권을 선택할 수 있는 권리를 갖는다.

④ 채권매입가격과 청구가격간의 차이가 가장 작은 채권이 최저가 인도채권이 된다.

문제 14. 다음 중 T-bond선물 결제에 따른 실물인도시 선물매도자는 최저가 인도채권 (CTD)을 인도한다. 최저가 인도채권이 존재하는 이유로 옳지 않은 것은?

① 전환계수의 산정방법이 완전하기 때문에

② 전환계수의 산정시 분기별 날짜 계산에 따른 오차 때문에

③ 시장수익률이 6% 아닐 경우 듀레이션 효과 때문에

④ 잔존만기가 많이 남은 채권일수록 인도일을 늦출 수 있어 유리하기 때문에

해설 전환계수의 산정방법이 완전하지 못하기 때문에 최저가 인도채권이 발생한다.

문제 15. 다음 중 T-bond선물의 전환계수에 대한 설명으로 옳지 않은 것은?

① 전환계수는 특정 결제월 주기 동안 일정하다.

② 표면이자율이 6%보다 작은 경우 만기가 길수록 전환계수가 작아진다.

③ 표면이자율이 6%보다 작은 경우 전환계수는 1보다 작다.

④ 잔존만기가 동일한 경우 표면이자율이 커질수록 전환계수는 작아진다.

해설 잔존만기가 동일한 경우 표면이자율이 커질수록 전환계수도 커진다.

문제 16. 액면가액 $1,000,000인 T-bond를 보유한 투자자가 T-bond선물을 이용하여 헤지하려고 한다. T-bond선물의 1계약은 $100,000이고 최저가 인도채권의 전환계수가 1.5인 경우에 적절한 거래는?

① T-bond선물 15계약 매입   ② T-bond선물 15계약 매도

③ T-bond선물 10계약 매입   ④ T-bond선물 15계약 매도

해설 채권보유자는 가격하락위험에 노출되어 있어 선물매도계약을 체결해야 한다.

헤지계약수 = (현물액면가액/선물1계약금액)×전환계수

= ($1,000,000/$100,000)×1.5 = 15계약 매도

문제 17. 현재 T-bond선물의 호가가 94-16일 때 T-bond선물의 매도포지션을 보유한 어떤 채권을 인도하는 것이 유리한가?

	채권	채권호가	전환계수
①	A	120-08	1.2416
②	B	98-16	1.0124
③	C	127-08	1.3265
④	D	149-16	1.5448

해설 최저가인도채권 = 청구가격 - 채권매입가격 값이 가장 높은 채권이 유리하다.
① [94(16/32)×1.2416] - 120(8/32) = -2.9188
② [94(16/32)×1.0124] - 98(16/32) = -2.8282
③ [94(16/32)×1.3265] - 127(8/32) = -1.8975
④ [94(16/32)×1.5448] - 149(16/32) = -3.5164

문제 18. 채권포트폴리오의 듀레이션은 5년이고, 국채선물듀레이션은 5.3년이며, 3년 국채선물의 가격은 현재 102이다. 국채를 200억원 보유한 채권운용자가 3년 국채선물을 이용하여 헤지하려는 경우에 매도해야 하는 선물계약수는?

① 100계약   ② 155계약
③ 185계약   ④ 210계약

해설 채권보유자는 가격하락위험에 노출되어 있어 금리선물에 매도포지션을 취해야 한다.

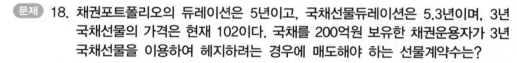

$$N_F = \frac{S_0}{F_0} \times \frac{D_S}{D_F} = \frac{200억}{102 \times 1,000,000} \times \frac{5}{5.3} \fallingdotseq 185계약$$

문제 19. (주)한국기업은 2019년 3월 18일부터 U$100,000,000를 6개월 동안 3Month LIBOR로 차입하려고 한다. 1계약의 거래단위가 U$1,000,000인 유로달러선물 12월물 만기는 2019년 9월 20일이다. 이러한 차입에 대한 금리위험 헤지방법은?

① 12월물 유로선물 100계약 매입   ② 12월물 유로선물 100계약 매도
③ 12월물 유로선물 400계약 매입   ④ 12월물 유로선물 400계약 매입

해설 변동금리 차입자는 금리상승위험(가격하락위험)에 노출되어 금리선물을 매도하고, 변동금리 운용자는 금리하락위험(가격상승위험)에 노출되어 금리선물을 매입한다.

문제 20. 다음 중 자금차입자가 사전에 설정한 수준 이상으로 금리가 상승하는 위험에 대비하기 위해 헤지전략을 구사할 경우에 적절하지 않은 전략은?

① 국채선물 매도   ② T-bill선물 매도

③ 유로달러선물옵션 콜옵션 매입   ④ 유로달러선물옵션 풋옵션 매입

해설 차입자는 금리상승위험(가격하락위험)에 노출되어 있어 금리선물을 매도하거나 금리풋옵션을 매입해야 한다.

문제 21. 국고채 5년물 100억원(액면기준)을 보유한 투자자가 향후 금리상승에 따른 채권가격의 하락위험을 회피하기 위해 국채선물을 이용하고자 한다. 다음과 같은 상황에서 듀레이션모형을 이용한 선물계약수를 구하면? (단, 채권단가는 액면 100원 기준가격이다.)

구분	보유채권	5년 국채선물
가격	105.50	115.50
듀레이션	4.1520	4.3520

① 87계약 매도   ② 87계약 매입

③ 58계약 매도   ④ 58계약 매도

해설 듀레이션헤지에 필요한 선물계약수는 다음과 같이 구할 수 있다.

$$N_F = \frac{S_0}{F_0} \times \frac{D_S}{D_F} = \frac{100억 원 \times 105.50}{115.50 \times 1,000,000} \times \frac{4.1520}{4.3520} = 87계약 \ 매도$$

문제 22. 현재 듀레이션이 2.5이고 채권가격 100억원의 포트폴리오를 보유하고 있는 투자자가 향후 경기침체에 따른 금리하락을 예상하여 듀레이션을 증가시키려고 한다. 이때 3년 국채선물의 듀레이션이 2.8로 추정되고 가격이 102.10일 때 필요한 선물계약수는?

① 7계약 매입   ② 7계약 매도

③ 12계약 매입   ④ 12계약 매도

해설 금리가 하락하면 채권가격이 상승하므로 채권포트폴리오의 듀레이션을 증가시켜야 한다. 따라서 장기채를 매입하고 단기채를 매도해야 하며, 금리선물을 매입하면 듀레이션을 증가시킬 수 있다. 듀레이션 조정을 위한 선물계약수는 다음과 같이 구할 수 있다.

$$N_F = \frac{S_0}{F_0} \times \frac{(D_P - D_S)}{D_F} = \frac{100억 원}{1억 원 \times 102.10} \times \frac{(2.7 - 2.5)}{2.8} = 7계약 \ 매입$$

문제 23. 전문투자자 홍길동은 3년 국채선물과 5년 국채선물간 스프레드거래를 고려하고 있다. 현재 3년 만기 국채금리는 5년 만기 국채금리보다 낮은 수준에 있으나, 향후 1개월 후에는 3년 만기 국채금리와 5년 만기 국채금리간의 스프레드가 축소될 것으로 예상된다. 투자자 홍길동이 취해야 할 적절한 스프레드전략은?

① 3년 국채선물 매입 + 5년 국채선물 매입

② 3년 국채선물 매도 + 5년 국채선물 매도

③ 3년 국채선물 매도 + 5년 국채선물 매입

④ 3년 국채선물 매입 + 5년 국채선물 매도

해설 금리가 하락시 3년 금리하락 크기〈5년 금리하락 크기이면 스프레드가 축소되고 금리가 상승시 3년 금리상승 크기〉5년 금리상승 크기이면 스프레드가 축소될 것이다.

ㄱ 금리하락시 3년 채권가격상승 크기〈5년 채권가격상승 크기이면 3년 국채선물매도+5년 국채선물 매입전략이 유효하다.

ㄴ 금리상승시 3년 채권가격 하락크기〉5년 채권가격하락 크기이면 3년 국채선물매도+5년 국채선물 매입전략이 유효하다.

문제 24. 향후 채권의 수익률곡선은 가파를 것으로 예상되어 3년 국채선물과 5년 국채선물을 이용하여 상품간 스프레드 전략을 구사하고자 한다. 3년 국채선물(듀레이션 2.7) 50계약 매입에 대해 5년 국채선물(듀레이션 4.5) 매도계약수를 구하면?

① 30계약   ② 33계약

③ 40계약   ④ 44계약

해설 향후 수익률곡선의 기울기가 가파를 것으로 예상되면 3년 국채선물을 매입하고 5년 국채선물을 매도한다. 수익률곡선 투자를 위해 매매해야 하는 선물계약수는 3년 국채선물과 5년 국채선물의 가격민감도를 반영한 듀레이션을 이용하여 산출한다.

$$5년 국채계약수 = \frac{3년 국채선물듀레이션}{5년 국채선물듀레이션} \times 3년 국채계약수 = \frac{2.7}{4.5} \times 50 = 30계약 매도$$

문제 25. 향후 채권의 수익률곡선은 완만할 것으로 예상되어 3년 국채선물과 5년 국채선물을 이용하여 수익률곡선 거래를 계획하고 있다. 3년 국채선물(듀레이션 2.7) 100계약에 대해 5년 국채선물(듀레이션 4.33)에 적절한 계약수를 구하면?

① 3년 국채선물 100계약 매입, 5년 국채선물 60계약 매도

② 3년 국채선물 100계약 매도, 5년 국채선물 60계약 매입

③ 5년 국채선물 100계약 매입, 3년 국채선물 60계약 매도

④ 5년 국채선물 100계약 매도, 3년 국채선물 60계약 매입

해설 향후 수익률곡선의 기울기가 완만할 것으로 예상되면 3년 국채선물을 매도하고 5년 국채선물을 매입한다. 수익률곡선 투자를 위해 매매해야 하는 선물계약수는 3년 국채선물과 5년 국채선물의 가격민감도를 반영한 듀레이션을 이용하여 산출한다.

$$5년\ 국채계약수 = \frac{3년\ 국채선물듀레이션}{5년\ 국채선물듀레이션} \times 3년\ 국채계약수 = \frac{2.60}{4.33} \times 100 = 60계약\ 매입$$

문제 **26.** 투자자 홍길동은 3년 국채선물을 110.50에 10계약 매도하고, 5년 국채선물을 112.50에 5계약 매입하였다. 금리가 상승하여 3년 국채선물은 109.50, 5년 국채선물은 110.20에 모두 청산했을 경우에 발생하는 손익은?

① 1,500,000원 이익 ② 1,500,000원 손실

③ 2,500,000원 이익 ④ 1,500,000원 손실

해설 ㉠ 3년 국채선물 매도 : (110.50−109.50)×1,000,000×10계약 = 10,000,000원 이익
ⓛ 5년 국채선물 매입 : (110.20−112.50)×1,000,000×5계약 = 11,500,000원 손실
ⓒ 총거래손익 = 10,000,000−11,500,000 = −1,500,000원

문제 **27.** U\$110 T−bond가 차입이자율이 5%이고 이표채 수익률이 8%일 때 6개월 후 이론선물가격은?

① \$105.7 ② \$108.3

③ \$112.5 ④ \$113.6

해설 T−bond 이론선물가격은 다음과 같이 구할 수 있다.

$$F = S[1+(r-d) \times \frac{T}{360}] = 110[1+(0.05-0.08) \times \frac{6}{12}] = 108.35$$

문제 **28.** 1개월 LIBOR 7%, 4개월 LIBOR 7.105%이다. 2019년 6월물 유로달러선물의 시장가격이 2019년 5월 15일 현재 93.70에 거래되고 있다. 6월물 유로달러선물의 이론가격은 92.80이다. 차익거래에 대한 설명으로 옳지 않은 것은?

① 유로달러선물 매도 + 현물매입거래로 차익거래가 가능하다.

② 현재부터 4개월간 7.105%로 자금을 운용한다.

③ 현재부터 1개월간 7%로 자금을 운용한다.

④ 93.70 가격으로 유로달러선물 매도시 2013년 6월부터 3개월간 6.30%로 차입할 수 있는 효과가 있다.

① 이론가격 92.80 〈 시장가격 93.70이므로 과대평가된 유로달러선물 매도하고 과소평가된 현물을 매입하는 차익거래가 가능하다.

③ 선물매도(매입)는 일정기간 이후부터 일정기간 동안 자금을 차입(운용)하는 효과가 있어 현재부터 1개월간 7%로 자금을 차입한다.

문제 **29. 미래에 채권을 매입하고자 하는 투자자 홍길동의 금리선물을 이용한 헤지방법으로 옳은 것은?**

① 금리선물을 매도하여 이자율상승에 따른 채권가격의 하락위험을 헤지한다.

② 금리선물을 매도하여 이자율하락에 따른 채권가격의 상승위험을 헤지한다.

③ 금리선물을 매입하여 이자율상승에 따른 채권가격의 하락위험을 헤지한다.

④ 금리선물을 매입하여 이자율하락에 따른 채권가격의 상승위험을 헤지한다.

해설 투자자 홍길동은 현물시장에서 매도포지션상태에 있어 이자율하락에 따른 채권가격의 상승위험을 헤지하기 위해 금리선물을 매입해야 한다.

문제 **30. 다음 중 채권선물에 대한 설명으로 옳지 않은 것은?**

① 현물채권을 보유한 투자자는 이자율하락이 예상되는 경우에 채권선물을 매도함으로써 이익을 극대화할 수 있다.

② 미래에 채권을 매입하고자 하는 투자자는 채권선물을 매입하여 이자율하락위험을 헤지할 수 있다.

③ 1개월 후에 자금을 차입하려고 하는 기업이 헤지를 하기 위해서는 채권선물을 매도해야 한다.

④ 채권선물은 현물채권시장을 통해 직접 듀레이션을 조정하는 것에 비해 훨씬 적은 거래비용으로 위험자산에 대한 관리를 쉽게 해준다.

해설 채권포트폴리오를 보유한 투자자는 이자율이 하락, 즉 채권가격이 상승하는 시장에서는 채권선물을 매입하면 듀레이션을 증가시키고 이익을 극대화할 수 있다.

정답

1.③ 2.③ 3.④ 4.④ 5.③ 6.① 7.② 8.① 9.③ 10.④
11.② 12.④ 13.② 14.① 15.④ 16.② 17.③ 18.③ 19.② 20.③
21.① 22.① 23.③ 24.① 25.② 26.② 27.② 28.③ 29.④ 30.①

통화선물

현대기업의 경영활동은 특정 국가에 한정되지 않고 세계 각국을 대상으로 이루어지고 있다. 외국통화를 기초자산으로 하는 통화선물은 환율변동위험을 관리하는 유용한 수단이다. 통화선물을 이용하기 위해서는 환율의 기본개념, 외환거래의 방식, 외환거래의 제도, 환율의 결정이론 등에 대한 이해가 선행되어야 한다.

제1절 환율의 기본개념

1. 환율의 의의

외환거래는 두 나라 통화를 서로 교환하기 때문에 양국 통화간의 교환비율인 환율을 가격으로 사용한다. 일반적으로 환율(foreign exchange rate)은 외국통화 1단위와 교환되는 자국통화의 양으로 정의할 수 있다. 우리나라 입장에서 원−달러 환율은 미화 1달러가 우리나라 원화 얼마만큼과 교환되는가를 나타낸다.

환율은 외환의 가격으로 외국통화 1단위를 얻기 위해 지불해야 하는 자국통화의 양을 말하며 자국통화와 외국통화의 교환비율을 나타낸다. 따라서 환율은 외국통화의 국내통화표시가격을 의미하기 때문에 자국통화의 입장에서는 자국통화의 대외가치를 나타내고, 외국통화의 입장에서는 외국통화의 국내가치를 나타낸다.

일반적으로 가격이 생산물시장에서 재화의 수요와 공급에 의해서 결정되는 것과 같이 환율도 외환시장에서 외환에 대한 수요와 공급에 의해 결정된다. 국제환경의 변화에 따라 환율의 결정에 영향을 미치는 요인도 바뀌어 왔다. 종전에는 상품거래의 비중이 커서 물가, 국민소득 등 실물경제변수가 환율에 큰 영향을 미쳤다.

그러나 최근에는 자본거래가 활발해지면서 금리, 주가 등 자산가격 결정변수가 큰 영향을 미치고 있다. 그리고 환율은 수출입되는 재화가격에 직접적으로 영향을 미치기 때문에 물가, 산출량, 국제수지 등의 결정에 중요한 요인으로 작용하며 물가, 금리, 소득, 통화량, 경제성장 등 여러 가지 요인에 의해 영향을 받는다.

외환시장은 은행간시장과 대고객시장으로 구분된다. 은행간시장은 중개회사를 통한 대규모 거래이고 거래규모, 거래단위, 주문가격 단위 등이 설정되어 있어 도매가격의 성격을 가지며 실시간으로 거래되어 시가, 고가, 저가, 종가, 거래량 등의 정보도 나타나며 실시간으로 체결되고 움직이므로 실시간 환율이라고 한다.

은행간시장에서 체결되는 은행간 거래환율은 서울외국환중개와 한국자금중개의 두 회사가 중개를 하며 이 두 중개회사에서 체결정보를 각 정보제공회사(로이터, 텔러레이트, 연합인포맥스 등)에게 판매하고 있으며, 각 정보제공회사들은 이를 필요로 하는 은행, 기업들에게 다시 요금을 받고 해당 정보를 판매한다.

그러나 대고객 거래환율은 은행간시장의 거래환율에 기초하여 은행의 수수료를 포함한 소매가격의 성격을 갖는다. 무역거래, 환전업무, 외화송금 등에 적용되는 대고객 거래환율은 각 은행이 직접 고시하며 은행마다 조금씩 차이가 발생하고 거래물량이 큰 경우에는 은행의 딜링룸과 직접 가격협상을 벌이기도 한다.

매매기준율(MAR : Market Average Rate)은 우리나라에서 사용되는 환율로 전일 중개회사(서울외국환중개)를 통해 거래된 달러/원 거래의 체결가격과 거래량을 가중평균한 값으로 다음 날의 기준율로 고시되며, 달러 이외의 기타 통화는 재정환율로 계산되어 고시된다. 우리나라 기업들은 매매기준율로 회계처리를 하고 있다.

대고객거래의 고시환율은 매매기준율을 기준으로 은행의 수수료를 상하로 포함하여 고시한다. 그러나 당일 은행간 거래환율은 매매기준율과 무관하게 움직이므로 기준율과 차이가 많이 나면 거래환율을 재고시한다. 은행간 환율의 변동이 크면 하루에 여러 번 재고시되기도 하며 고객은 이렇게 고시한 환율로 거래를 한다.

2. 환율의 표시

일반적으로 가격은 재화 1단위와 교환되는 화폐의 단위수로 표시되지만, 환율은 두 나라의 통화 중 어느 한 통화의 1단위와 교환되는 다른 통화의 단위수로 표시되어 하나의 가격에 두 가지 표시방법이 존재한다. 환율은 어느 나라의 통화를 기준으로 하느냐에 따라서 자국통화표시환율과 외국통화표시환율로 구분된다.

(1) 자국통화표시환율

자국통화표시환율(European terms)은 외국통화를 기준으로 외국통화 한 단위의 가치를 자국통화의 가치로 표시하는 방법으로 지급환율 또는 직접표시법이라고도 한다. 대부분의 국가는 자국통화표시환율을 사용한다. 예컨대 미국 달러화와 한국 원화의 환율을 $1 = ₩1,000로 표시하는 방법은 직접표시법에 해당한다.

(2) 외국통화표시환율

외국통화표시환율(American terms)은 자국통화를 기준으로 자국통화 한 단위의 가치를 외국통화의 가치로 표시하는 방법으로 수취환율 또는 간접표시법이라고도 한다. 영국 등 일부 국가는 외국통화표시환율을 사용한다. 예컨대 미국 달러화와 한국 원화의 환율을 ₩1 = $0.001로 표시하는 방법은 간접표시법에 해당한다.

3. 환율의 변동

환율의 변동은 특정 통화의 다른 통화에 대한 상대적 가치의 변화를 나타낸다. 직접표시방법에 의해 외국통화 한 단위의 가치를 자국통화로 표시했을 경우에 환율이 상승하면 외국통화의 가치가 자국통화의 가치에 비해 상대적으로 상승하고, 자국통화의 가치는 외국통화의 가치에 비해 상대적으로 하락했다는 의미이다.

반대로 환율이 하락할 경우에 외국통화의 가치는 상대적으로 하락하고 자국통화의 가치는 상대적으로 상승했다는 의미가 된다. 예컨대 외환시장에서 환율이 ₩1,200/$에서 ₩1,300/$로 변화하면 달러화에 대한 원화의 환율은 상승했으나 원화의 대외가치는 달러화의 관계에서 평가절하(devaluation)되었다.

환율이 ₩1,200/$에서 ₩1,100/$로 변화하면 달러화에 대한 원화의 환율은 하락했으나 원화의 대외가치는 달러화의 관계에서 평가절상(revaluation)되었다. 이때 가치가 상승한 통화는 평가절상 또는 가치상승(appreciation)되었다고 하고, 가치가 하락한 통화는 평가절하 또는 가치하락(depreciation)되었다고 한다.[6]

표 6-1 　 환율변동의 효과

환율하락(평가절상)	환율상승(평가절하)
$1 = ₩1,100 ← $1 = ₩1,200 →	$1 = ₩1,300
수출감소, 수입증가 국내경기 침체가능성 외채부담의 감소 국제수지의 악화	수출증가, 수입감소 물가상승 발생가능성 외채부담의 증가 국제수지의 개선

4. 환율의 구분

외환시장은 외환의 매입자와 매도자 그리고 이러한 외환매매를 중개하는 외환딜러와 브로커로 구성되며 주요 참가자에는 고객, 외국환은행, 외환브로커, 중앙은행 등이 있다. 외환시장은 외환거래의 종류에 따라 현물환시장, 선물환시장, 통화선물시장, 통화옵션시장, 통화스왑시장, 외환스왑시장 등으로 구분된다.

(1) 외환거래의 성격

외환거래는 여러 기준에 따라 분류할 수 있는데, 일반적으로 결제일과 거래목적에 따른 분류를 많이 이용한다. 결제일에 따라 현물환거래, 선물환거래, 스왑거래로 분류하고 거래목적에 따라 헤지거래, 투기거래, 차익거래로 분류한다. 환율은 명목환율과 실질환율로 구분되며 명목환율은 현물환율과 선물환율로 구분된다.[7]

---

6) 평가절상과 평가절하라는 용어는 고정환율제도에 적합하며 현재의 변동환율제도에는 적절하지 못하다고 할 수 있다.
7) 우리나라는 현재 2영업일을 기준으로 현물환과 선물환을 구분하고 있으나, 1995년 12월 이전에는 결제일이 계약체결

① 현물환율

현물환거래(spot exchange transaction)는 모든 외환거래의 가장 기본이 되는 거래로 외환거래가 이루어진 후 즉각적으로 대금결제가 이루어지는 거래, 즉 거래일과 결제일이 일치하는 거래를 말한다. 현물환시장에서 이루어지는 현물환거래에 적용되는 환율을 현물환율이라고 하며 대개 고객과 외국환은행간에 이루어진다.

그러나 현실적으로 지역간의 시차가 존재하며 계약을 이행하고 최종업무를 처리하기 위한 시간이 필요하기 때문에 보통 외환매매계약이 성립한 이후 대금결제가 2영업일 이내에 이루어지는 경우를 현물환거래로 분류한다. 전 세계적으로 현물환거래는 전체 외환시장의 37%가 참여하는 가장 인기 있는 외환거래에 해당한다.

현물환거래는 약정일로부터 몇 번째 영업일에 외환수도와 대금결제가 이루어지는가에 따라 당일물, 익일물, 익익일물로 구분된다. 외환거래일에 결제되는 당일물(value today), 거래 다음 영업일에 결제가 이루어지는 익일물(value tomorrow), 거래 후 둘째 영업일 후에 결제가 이루어지는 익익일물(value spot)로 구분된다.

현물환거래는 외환거래 후 2영업일 이내에 결제가 이루어지므로 이익과 손실을 짧은 시간에 실현시킬 수 있어 신용위험(credit risk)에 노출되는 시간이 아주 제한적이다. 따라서 높은 수익성과 낮은 신용위험으로 인해 외환시장의 거래량은 급증해 왔고 이에 따라 현물환시장은 높은 변동성과 높은 유동성으로 대표된다.

현물환거래에 적용되는 환율을 현물환율(spot rate)이라 한다. 일반적으로 환율이라고 하면 현물환율을 말하며, 이 중에서도 스팟일물 환율을 뜻한다. 스팟일물 환율은 환율 중에서 중심적인 역할을 담당하는 것으로서 선물환거래와 스왑거래시에도 선물환율 및 스왑레이트(swap rate) 책정의 기준환율이 된다.

② 선물환율

선물환거래(forward exchange transaction)는 외환매매계약 체결일로부터 일정기간 경과 후 특정일에 외환을 결제, 인도하기로 약정한 거래를 말하며 약정된 결제일까지 거래당사자의 현금결제가 유보된다는 점에서 현물환거래와 다르다. 선물환거래는 결제일에 적용할 선물환율을 거래시점에서 미리 정한다.

선물환거래의 만기일 결정에는 확정일 방식과 선택일 방식이 있다. 전자는 계약체결시 만기일을 특정일로 정해 두는 방법이고, 후자는 계약체결시 일정기간을 정하고 그 기간 중에 고객이 만기일을 사후적으로 지정하는 방식이다. 선물환계약의 만기는 1개월

일로부터 1영업일 이후인 외환거래를 선물환거래로 분류했었다.

물, 2개월물, 3개월물, 6개월물 등이 널리 통용된다.

선물환율은 외환거래의 계약일로부터 3영업일 이후에 외환의 인수도와 결제가 이루어지는 거래를 말하며 약정된 결제일까지 현금유보가 유보된다. 선물환율은 선물환거래에 적용되는 환율을 말하며 선도환율이라고도 한다. 일반적으로 선물환율은 현물환율과의 차액으로 표시되며 이 차액을 선물마진이라고 한다.

선물환율이 현물환율보다 높으면 선물할증(premium), 선물환율이 현물환율보다 낮으면 선물할인(discount)이라 하며 선물마진 옆에 P 또는 D의 부호를 쓰고, 같은 경우에는 F 또는 E로 표시한다. 선물환율의 할증률 또는 할인율은 선물할증 또는 선물할인의 크기를 현물환율에 대한 비율로 나타내며 1년 단위로 표시한다.

선물환율은 현물환율과 내외국간의 금리차에 의해 결정된다. 자국통화 표시의 경우 고금리국가에서는 선물환율이 현물환율보다 높고 저금리국가에서는 선물환율이 현물환율보다 낮다. 서울 외환시장에서 은행간 거래는 거래일로부터 2영업일 후에 결제가 이루어지며 선물환율은 현물환율에 스왑포인트를 가감하여 산출된다.

③ 스왑레이트

스왑거래(swap transaction)는 현물환거래 대 현물환거래, 현물환거래 대 선물환거래, 선물환거래 대 선물환거래와 같이 결제일과 거래방향을 달리하는 두 개의 외환거래가 동시에 이루어지는 거래를 말한다. 일반적으로 스왑거래는 현물환거래와 선물환거래가 결합된 형태로 이루어진다.

스왑거래는 외국통화를 매도(매입)하고 미래의 일정시점에서 그 외국통화를 다시 매입(매도)할 것을 약정한 현물환거래와 선물환거래가 결합된 거래형태를 말한다. 이때 스왑레이트는 어느 통화의 현물환거래에 적용되는 현물환율(spot rate)과 선물환거래에 적용되는 선물환율(forward rate)의 차이를 말한다.

스왑거래는 매입과 매도를 동시에 수반하기 때문에 두 개의 결제일을 갖는다. 먼저 도래하는 결제일을 근일(near date), 나중에 도래하는 결제일을 원일(far date), 근일에 외환을 매입하고 원일에 매도하는 거래를 스왑인(swap in), 근일에 외환을 매도하고 원일에 매입하는 거래를 스왑아웃(swap out)이라고 한다.

스왑거래시 적용되는 가격은 현물환율과 선물환율의 격차인 스왑레이트(swap rate) 또는 스왑포인트(swap points)를 이용해 고시된다. 그런데 스왑은 한 시점의 매입(매도)거래와 다른 시점의 매도(매입)거래가 교환되는 것이므로 매입률과 매도율 중 어느 쪽의 스왑레이트를 적용할 것인가 하는 문제가 발생한다.

일반적으로 스왑레이트는 현물환율과 선물환율의 차이로 고시하며 소수점 이하의 숫자로 현물환율에 대한 디스카운트 혹은 프리미엄으로 표시한다. 현재 국제외환시장에서는 주로 1, 2, 3, 6개월짜리 스왑레이트가 주로 시세로 게시되며 보통 소수점을 생략하고 숫자만 게시한다. 이때 소수점 4째 자리가 기준이 된다.

| 표 6-2 | 스왑포인트 고시 |

스왑률 고시상태	선물환율 결정
매입률(bid rate) < 매도율(ask rate)	현물환율 + 스왑률
매입률(bid rate) > 매도율(ask rate)	현물환율 − 스왑률

(2) 통화가치의 평가

일반적으로 환율이라고 하면 두 나라 통화가치 사이의 상대적인 명목가격인 명목환율을 말한다. 그러나 명목환율은 두 나라 통화의 구매력 변동, 즉 양국간의 물가변동을 정확하게 반영하지 못하기 때문에 명목환율에 물가를 감안한 실질환율이 사실상 더 중요한 의미를 지니고 있다.

① 명목환율

명목환율(nominal exchange rate)은 외환시장에서 매일 고시되는 각국 화폐의 명목가치를 기준으로 하는 자국화폐와 외국화폐의 교환비율로서 은행간거래에 적용되는 환율을 말한다. 일반적으로 환율이라고 하면 명목환율을 의미하며 우리나라의 경우에는 통상 은행이 고시하는 환율이 명목환율이 된다.

② 실질환율

실질환율(real exchange rate)은 명목환율에 양국 물가수준을 반영한 물가지수로 나눈 것으로 상대국의 물가변동을 감안한 자국상품의 가격경쟁력을 나타낸다. 따라서 실질환율이 상승하면 자국재화가격이 상대적으로 싸져서 그만큼 가격경쟁력이 높아졌고, 실질환율이 일정하면 가격경쟁력에 변화가 없음을 의미한다.

예컨대 명목환율이 1달러에 1,200원이고 사과 1상자가 한국에서 12,000원이며 미국에서 $15라면 실질환율은 1.5로 계산된다. 여기서 실질환율은 교역조건의 역수로 생각할 수 있다. 따라서 사과 1상자가 한국에서 12,000원이고 미국에서 18,000원이므로 미국산 사과가 한국산 사과보다 1.5배 비싸다고 할 수 있다.

실질환율은 국내에서 생산된 재화와 외국에서 생산된 재화간의 상대가격으로 실질환율이 상승하면 국내에서 생산된 재화의 상대가격이 하락하여 수출이 증가한다. 반면에 실질환율이 하락하면 가격이 상승하여 그만큼 가격경쟁력이 떨어졌음을 의미한다. 따라서 실질환율은 수출입을 결정하는 변수이다.

③ 실효환율

명목환율과 실질환율은 자국통화와 어떤 하나의 특정 외국통화 사이의 가격을 나타낸다. 이와 관련하여 실효환율(effective exchange rate)은 자국통화와 여러 교역상대국 통화들 사이의 상대가격을 나타내며 실질환율과 같이 지수형태로 나타낼 수 있다. 구체적으로 명목실효환율과 실질실효환율로 구분할 수 있다.

실효환율은 변동환율체제에서 두 나라 이상의 외국과 교역을 할 경우 자국통화와 복수의 교역상대국 통화간의 환율을 상대국의 비중에 따른 가중치를 감안하여 가중평균한 환율로 명목실효환율과 실질실효환율로 구분된다. 명목실효환율은 주요 교역상대국들과의 명목환율을 일정한 가중치로 가중평균한 환율을 말한다.

명목실효환율의 단위는 국내통화이며 비교시점의 명목실효환율이 기준시점보다 10% 상승하면 이는 기준시점에 비해 자국통화의 대외가치가 명목적으로 10% 평가절하되었음을 나타낸다. 그러나 명목실효환율은 자국과 교역상대국과의 물가변동을 고려하고 있지 않기 때문에 수출경쟁력을 나타내는 척도로 불완전하다.

실질실효환율은 자국과 교역상대국간의 상대가격변동을 반영한 환율을 말하며 명목실효환율을 교역상대국과의 가중평균된 상대가격으로 조정하여 산출한다. 요컨대 실질실효환율은 교역상대국이 두 나라 이상일 경우에 실질환율의 개념에 해당하며 자국통화의 실질적인 구매력을 나타내고 수출경쟁력의 변화를 측정한다.

따라서 비교시점의 실질실효환율이 기준시점보다 10% 상승하면 이는 기준시점에 비해 상대가격변동을 감안하더라도 자국통화가 실질적으로 10% 평가절하되어 그만큼 대외경쟁력이 강화되었음을 나타낸다. 그러나 실질실효환율이 기준시점에 비해 10%하락하면 자국통화의 10% 평가절상과 대외경쟁력 약화를 나타낸다.

(3) 환율의 고시방법

외환시장에서 가격을 제시할 때 항상 매입환율과 매도환율을 동시에 제시해야 한다. 이때 매입환율과 매도환율은 가격제시자(market maker)의 입장에서 기준통화를 사고 파는 것을 기준으로 한다. 즉 매입환율은 가격제시자가 기준통화를 매입할 경우에 적용하고, 매도환율은 가격제시자가 기준통화를 매각할 경우에 적용한다.

따라서 가격추종자(market follower)인 고객의 입장에서 외환을 매입할 경우에는 매도환율을 적용해야 하고, 외환을 매도할 경우에는 매입환율을 적용해야 한다. 최근에는 은행들이 고객의 혼동을 방지하기 위해 '고객이 사실 때', '고객이 파실 때'로 제시하고 있다. 일반적으로 매도환율은 매입환율보다 높게 제시된다.

외환시장에서 스프레드는 시장조성자가 제시하는 매입환율과 매도환율의 차이를 말한다. 스프레드는 외환딜러의 입장에서 매매수익의 원천이 되고, 고객의 입장에서 거래비용에 해당한다. 또한 스프레드는 외환시장에서 거래통화의 유동성, 거래금액, 시장의 변동성, 거래시간대, 은행의 포지션 상황에 따라 달라진다.

① 매입환율(bid rate)

매입환율(buying rate)은 가격제시자인 은행이나 외환딜러가 외환을 고객으로부터 매입할 때 적용하는 환율을 말한다. 따라서 가격추종자인 고객의 입장에서는 가격제시자의 매입환율에 외환을 매도해야 한다.

② 매도환율(ask rate)

매도환율(offered rate)은 가격제시자인 은행이나 외환딜러가 외환을 상대방에게 매도할 때 적용하는 환율을 말한다. 따라서 가격추종자인 고객의 입장에서는 가격제시자의 매도환율에 외환을 매입해야 한다.

(4) 환율의 변동여부

① 고정환율

고정환율(pegged exchange rate)은 각국 통화가치의 기준을 금에 고정시켜 일정범위 내에서만 통화가치가 변화할 수 있도록 하는 환율결정방식을 말한다. 환율을 안정시켜 국제간의 무역 및 자본거래와 관련된 불확실성을 제거해 주지만 각국의 물가수준의 변화를 반영하지 못해 국제무역수지의 불균형을 초래할 수 있다.

② 변동환율

변동환율(floating exchange rate)은 외환시장에서 각국의 통화에 대한 수급에 의해 통화가치가 자유롭게 변화할 수 있도록 하는 환율결정방식을 말한다. 완전한 변동환율제를 채택하고 있는 나라는 거의 없으며, 대부분 중앙은행이 환율결정에 개입하여 환율이 일정범위 내에서 결정되도록 하는 관리변동환율제도를 시행한다.

(5) 외환의 상대방

외환을 사고 파는 외환거래는 은행이 누구를 상대로 하느냐에 따라 은행간거래와 대고객거래로 구분되며 시장환율은 은행간환율과 대고객환율로 구분된다. 은행이 다른 은행과 거래(은행간거래)를 할 때는 은행간환율을 적용하고 개인이나 기업 등 일반고객과 거래(대고객거래)를 할 때는 대고객환율을 적용한다.

① 은행간환율

은행간환율(inter−bank exchange rate)은 은행간의 외환매매에 적용되는 화폐의 교환비율을 말하며 거래규모가 크기 때문에 도매환율의 성격을 갖는다. 미달러의 경우에는 전신환매매율의 중간율이 적용되나, 기타 통화의 경우에는 중간율에 일정한 마진을 가감하여 매매되며, 전신환매매율보다는 유리하게 책정된다.

은행간거래는 부족한 외화를 조달하거나 남는 외화를 운용하려고 은행들 사이에 이루어지는 외환거래이다. 여기서 은행간환율이 결정되며 각 은행은 은행간환율을 감안하여 자율적으로 대고객환율을 정한다. 은행간환율은 은행간거래가 있을 때마다 수시로 바뀌고 이에 따라 대고객환율도 하루에 수차례씩 변경된다.

② 대고객환율

대고객환율(customer exchange rates)은 외국환은행이 일반 고객을 상대로 외환업무를 수행할 때 적용하는 환율을 말하며 거래규모가 작아 소매환율의 성격을 갖는다. 대고객환율은 은행이 고객으로부터 어떤 형태의 외환을 거래하느냐에 따라 현찰매매율, 전신환매매율, 여행자수표매매율, 일람출급환율로 구분된다.

은행이 외환을 조달하여 운용하는 비용이 다른 만큼 현찰을 사고팔 때는 현찰매매율, 전신으로 자금을 주고 받을 때는 전신환매매율, 여행자수표를 사고팔 때는 여행자수표매매율을 적용한다. 현찰매도율은 은행이 외국에서 현찰을 운송하여 보관하는데 비용이 소요되어 여행자수표매도율이나 전신환매도율보다 높다.

해외여행을 하는 사람은 필요한 외국 돈을 현찰로 매입하는 것보다 여행자수표로 매입하는 것이 유리하다. 대고객환율은 매입률과 매도율로 구분되는데 매입률은 외국환은행이 고객으로부터 외환을 살 때 적용되고 매도율은 고객에게 팔 때 적용된다. 매입률이 매도율보다 높은데 이러한 차이를 마진(margin)이라고 한다.

대고객환율은 거래외환의 종류에 따라 외환의 결제를 전신으로 하는 경우 적용되는 환율을 전신환매매율이라 하고 현찰로 바꾸는 환율을 현찰매매율이라고 한다. 일반적으로 전신환매매율은 관련비용이 작아 마진이 작은 반면 현찰매매율은 현찰의 수송이나 보관에 따른 비용이 들기 때문에 마진이 크게 된다.

(6) 환율의 계산방법

외환시장은 미국 달러화가 다른 통화간의 거래에서 교량역할을 하는 기축통화(key currency)가 되고 있다. 한편 대부분의 외환거래가 미국 달러화를 중심으로 이루어져 있기 때문에 달러화 이외의 다른 통화들간의 거래를 할 경우에는 달러화를 기준으로 대금결제가 이루어지고 있다.

① 기준환율

기준환율(basic rate)은 외국환은행이 고객과 외환을 매매할 때 기준이 되는 시장평균환율을 말한다. 우리나라는 미국과 대외거래가 많이 이루어져 미국 달러화에 대한 환율이 기준환율이다. 금융결제원의 자금중개실을 경유하여 외국환은행간에 거래되는 원화의 대미 달러화 현물환율과 거래액을 가중평균하여 산출한다.

② 교차환율

외환거래의 대부분은 기축통화인 미국 달러화를 기준으로 이루어지고 환율도 통상적으로 미국 달러화를 기준으로 표시된다. 미국 달러화가 포함되지 않은 통화간의 교환을 할 때에도 거의 대부분 미국 달러화를 거쳐서 거래가 발생하고, 이때 환율도 각 통화에 대한 미국 달러환율을 이용하여 계산한다.

교차환율(cross rate)은 기준환율의 대상이 되는 통화와 자국통화의 환율로 표시되지 않는 제3국 통화간의 환율로 자국통화를 중심으로 평가된 외국통화들에 대한 환율을 이용하여 외국통화들간의 환율을 결정하는데 사용된다. 원화의 입장에서 미국 달러화와 영국 파운드화간의 환율은 교차환율에 해당한다.

외환시장에서 거래되는 모든 통화에 대해 각각의 환율을 표시해서 거래하면 수많은 환율표시가 필요하게 된다. 그러나 여러 나라 통화간에 외환거래시 기준환율의 대상이 되는 미국 달러화를 중심으로 제3국 통화간의 환율을 교차환율을 이용하여 계산하면 환율의 표시가 간단해지고 거래가 편리해진다.

③ 재정환율

재정환율(arbitrage rate)은 세계 각국 통화에 대한 환율을 결정할 경우 미국 달러화와 자국통화의 교환비율인 기준환율을 미리 결정한 후 기준환율에 교차환율을 이용하여 간접적으로 산정하는 제3국 통화간의 환율을 말한다. 예컨대 엔화에 대한 원화의 재정환율은 원/달러환율에 엔/달러 교차환율의 역수를 곱해서 구한다.

재정환율은 외국통화간의 교차환율을 이용하여 계산하는 자국통화와 제3국 통화간의 환율로 미국 달러화 이외의 모든 통화에 대한 환율을 재정환율로 산출한다. 외환시장에서 외국통화에 대한 원화의 실제환율이 재정환율과 다르면 시장불균형을 이용한 차익거래가 발생하며 차익거래를 통해 외환시장은 균형상태에 도달한다.

은행간시장에서는 달러화의 수급에 의해 원－달러환율만 결정된다. 따라서 원－달러 기준환율에 국제외환시장에서 결정되는 외국통화간 교차환율을 적용하여 제3국 통화에 대한 재정환율을 산출하여 고시하고 있다. 예컨대 파운드화에 대한 원화 재정환율은 원－달러환율에 파운드－달러 교차환율의 역수를 곱하면 구할 수 있다.

| 그림 6-1 | 환율의 관계 |

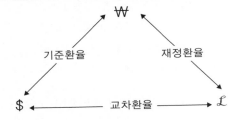

| 예제 6-1 | 재정환율과 차익거래 |

국내외환시장에서는 미국 달러화에 대한 원화의 환율이 ₩1,150/$, 국제금융시장에서는 미국 달러화에 대한 영국 파운드화의 환율이 $1.6/£이라고 가정하여 다음의 물음에 답하시오.

1. 영국 파운드화에 대한 원화의 재정환율을 구하시오.
2. 영국 파운드화에 대한 원화의 환율이 ₩2,000/£에 거래될 경우에 차익거래가 존재하는지를 확인하시오.
3. 1,150만원을 보유한 투자자를 가정하여 차익거래과정을 설명하고 차익거래이익을 구하시오.
4. 영국 파운드화에 대한 원화의 환율이 ₩1,600/£에 거래될 경우에 차익거래가 존재하는지를 확인하시오.
5. 1,000만원을 보유한 투자자를 가정하여 차익거래과정을 설명하고 차익거래이익을 구하시오.

풀이

1. 영국 파운드화에 대한 원화의 재정환율은 다음과 같이 구할 수 있다.
₩1,150/$×$1.6/£ = ₩1,840/£

2. 차익거래기회가 발생하지 않으려면 세 나라 통화간에 다음의 관계가 성립해야 한다.
$$\frac{\text{₩}}{\$} \times \frac{\$}{£} \times \frac{£}{\text{₩}} = 1$$

현재 외환시장에서 $\frac{1,150}{1} \times \frac{1.6}{1} \times \frac{1}{2,000} = 0.92 < 1$이므로 차익거래가 가능하다.

국내에서는 원화가 과대평가(달러화는 과소평가), 미국에서는 달러화가 과대평가(파운드화는 과소평가), 영국에서는 파운드화가 과대평가(원화는 과소평가)되어 있다.

3. 현재 1,150만원을 보유한 투자자는 다음과 같은 차익거래가 가능하다.
① 원화를 매도하여 과소평가된 달러화를 매입한다. 11,500,000÷1,150 = $10,000
② 달러화를 매도하여 과소평가된 파운드화를 매입한다. 10,000÷1.6 = £6,250
③ 파운드화를 매도하여 과소평가된 원화를 매입한다. 6,250×2,000 = ₩12,500,000
이러한 차익거래를 통해서 투자자는 1,000,000원의 차익거래이익을 얻을 수 있다.

4. 현재 외환시장에서 $\frac{1,150}{1} \times \frac{1.6}{1} \times \frac{1}{1,600} = 1.15 > 1$이므로 차익거래가 가능하다.

국내에서는 원화가 과소평가(달러화는 과대평가), 미국에서는 달러화가 과소평가(파운드화는 과대평가), 영국에서는 파운드화가 과소평가(원화는 과대평가)되어 있다.

5. 현재 1,000만원을 보유한 투자자는 다음과 같은 차익거래가 가능하다.
① 원화를 매도하여 과소평가된 파운드화를 매입한다. 10,000,000÷1,600 = £6,250
② 파운드화를 매도하여 과소평가된 달러화를 매입한다. 6,250×1.6 = $10,000
③ 달러화를 매도하여 과소평가된 원화를 매입한다. 10,000×1,150 = ₩11,500,000
이러한 차익거래를 통해서 투자자는 1,500,000원의 차익거래이익을 얻을 수 있다.

제2절 국제금융의 원리

국제금융의 메커니즘을 이해하기 위해서는 무엇보다 국제평가이론의 이해가 중요하다. 외환시장에서 환율은 각국의 상대적인 물가상승률, 명목이자율, 선물환율 등의 상호작용에 의해 결정되며 국제간의 차익거래를 통해서 균형에 도달한다. 경제변수들의 상호작용에 의한 환율의 결정과정을 도시하면 [그림 6-2]와 같다.

그림 6-2 | 환율결정이론

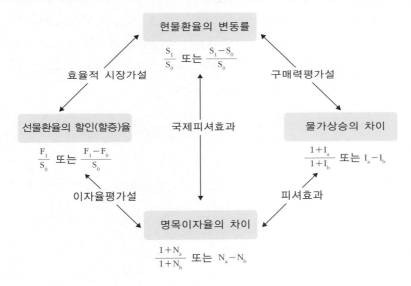

1. 구매력평가설

구매력평가설(purchasing power parity)은 양국간의 물가상승률 차이를 반영해서 현물환율이 결정된다는 이론으로 상품시장에서 일물일가의 법칙을 전제로 한다. 즉 구매력평가설은 기본적으로 화폐수량설을 개방경제에 연계시켜 국내물가와 해외물가의 변동이 균형환율에 어떻게 반영되는가를 설명하는 이론에 해당한다.

(1) 절대적 구매력평가설

절대적 구매력평가설은 국내물가수준과 외국물가수준간의 비율이 양국간의 균형환율에 반영되어야 한다는 이론으로 양국의 공통된 소비재의 가격비율을 균형환율이라고 가정한다. 절대적 구매력평가설은 다음과 같이 표시할 수 있다.

$$P_0^a = S_0 \times P_0^b \rightarrow S_0 = P_0^a / P_0^b \tag{6.1}$$

식(6.1)에서 S_0는 균형환율로서 국내통화로 표시한 외국통화의 가격, P_0^a는 국내의 물가수준, P_0^b는 외국의 물가수준, 0은 어떤 주어진 기준시점을 나타낸다.

(2) 상대적 구매력평가설

상대적 구매력평가설은 양국간 상대물가의 변동률이 환율의 변동률과 동일하다는 이론을 말한다. 양국의 물가상승률의 차이를 반영해서 현물환율이 변화하는데 어떤 주어진 기간 동안 국내의 물가상승률이 외국의 물가상승률보다 높은 경우에 국내의 통화가치는 이를 반영하여 하락하게 된다는 것이다.

이렇게 되어야 국제적인 차익거래를 통해 이익을 얻을 기회가 없어지고 국제적인 일물일가의 법칙이 성립한다. 따라서 상품시장의 완전성을 가정할 경우에 환율이 양국의 물가상승률의 차이를 정확히 상쇄시키게 된다. 어떤 균형시점부터 미래의 특정시점까지 1기간 동안에 양국의 물가는 다음과 같이 변한다.

$$P_1^a = P_0^a(1 + I_a), \ P_1^b = P_0^b(1 + I_b) \tag{6.2}$$

절대적 구매력평가설을 이용하면 1기간 후의 현물환율은 다음과 같이 표시된다.

$$S_1 = \frac{P_1^a}{P_1^b} = \frac{P_0^a(1 + I_a)}{P_0^b(1 + I_b)} \tag{6.3}$$

식(6.1)과 식(6.3)에서 다음의 관계가 성립해야 하는데 이를 구매력평가설이라고 한다.

$$\frac{S_1}{S_0} = \frac{1 + I_a}{1 + I_b} \tag{6.4}$$

식(6.4)의 양변에서 1을 차감하여 정리하면 다음과 같이 정리할 수 있다.

$$\frac{S_1 - S_0}{S_0} = \frac{I_a - I_b}{1 + I_b} \tag{6.5}$$

식(6.5)에서 I_b가 작은 경우에 우변의 분모에 있는 I_b를 0으로 놓고 정리하면 다음과 같은 근사식을 얻을 수 있다.

$$\frac{S_1 - S_0}{S_0} = I_a - I_b \tag{6.6}$$

따라서 어떤 균형시점부터 미래의 특정시점까지 일정기간 동안에 현물환율의 변화율이 양국의 물가상승률의 차이와 근사적으로 같다는 의미를 갖는다. 식(6.6)은 $(1 + I_b)$가 1과 큰 차이가 없다고 가정하는 근사식이기 때문에 만일 외국의 물가상승률이 매우 높다면 이러한 논리는 성립하지 않을 것이다.

(3) 한계점

구매력평가설은 국가간의 무역이 자유롭게 이루어지고 상품시장에서 일물일가의 법칙을 가정하지만 국가간 교역에는 수송비와 관세 등으로 인해 일물일가의 법칙이 성립하지 않는다. 그리고 균형환율의 결정요인으로 물가만 고려하고 외환의 수요와 공급에 영향을 미치는 다른 요인들은 고려하지 못한다.

구매력평가설은 각국의 물가수준을 그 나라의 통화공급에 비례한다는 통화수량설에 근거하여 상대가격의 변동을 화폐적 현상으로 설명하는데, 기술진보와 같은 구조적인 요인에 의해 상대가격이 변동하고 상품시장과 외환시장에서 가격조정의 메커니즘이 서로 달라서 동 이론이 현실적으로 성립하기 어렵다.

(4) 유용성

구매력평가설은 단기적인 환율의 움직임은 잘 나타내지 못하는 반면에 장기적인 환율의 변화추세는 잘 반영하여 환율예측의 수단으로 이용될 수 있다. 실증분석에 의하면 구매력평가환율이 단기적으로는 실제환율과 상당한 괴리를 보였으나 장기적으로 두 환율의 변동이 대체로 동일한 방향으로 움직이는 것으로 나타났다.

따라서 구매력평가설이 환율결정이론이 되기 위해서는 사전적으로 그리고 사후적으로 성립할 수 있어야 한다. 즉 환율을 조정한 물가나 물가수준이 구매력평가에 의한 환율에서 이탈하거나 이탈하려고 할 때 이러한 실제적인 또는 잠재적인 이탈을 신속히 제거할 수 있는 차익거래의 메커니즘이 작동하고 있어야 한다.

● 예제 6-2 구매력평가설

전자계산기의 가격이 한국에서는 22,000원, 미국에서는 $20에 거래되고 있다. 미국 달러화에 대한 원화의 현물환율은 ₩1,200/$이며, 향후 1년간 물가상승률이 한국은 10%, 미국은 5%로 예상될 경우에 다음 물음에 답하시오.

1. 내년의 현물환율이 ₩1,200/$이라면 어떠한 형태의 차익거래가 발생하는가?
2. 차익거래기회가 존재하지 않으려면 내년 현물환율이 얼마가 되어야 하는가?

풀이

1. 내년에 한국에서 전자계산기의 가격은 물가상승률 10%를 반영한 24,200원이 되고, 미국에서 전자계산기의 가격은 물가상승률 5%를 반영한 $21가 될 것이다. 그런데 내년의 현물환율이 ₩1,200/$이라면 한국은 전자계산기를 미국에 수출하여 $21를 지급받고 이를 원화로 환산하여 25,200원을 회수하여 1,000원의 이익을 얻을 수 있다.

2. 내년의 현물환율을 S_1이라고 하면 계산기를 수출하여 $21×$S_1$에 해당하는 원화를 지급받게 된다. 따라서 이 금액이 한국의 전자계산기가격 24,200원과 동일하면 차익거래기회가 존재하지 않으므로 내년의 현물환율은 1,152원이 되어야 한다.

$$\$21×S_1 \ = \ ₩24,200 \ → \ ∴ \ S_1 \ = \ ₩1,152.38/\$$$

2. 이자율평가설

이자율평가설(interest rate parity)은 국가간의 자본이동이 자유롭고 거래비용과 과세문제가 존재하지 않는 완전자본시장의 가정하에서 양국간의 명목이자율의 차이와 환율의 균형관계를 설명한다. 즉 완전자본시장에서 양국간의 금리격차는 선물환율의 할인율 또는 할증률과 동일하다는 이론을 말한다.

구매력평가설이 경상수지의 관점에서 환율을 설명하는 이론이다. 반면에 이자율평가설은 자본수지의 관점에서 환율을 설명하는 이론으로 금융시장에서 일물일가의 법칙을 전제로 하고 금리평가설이라고도 한다. 완전자본시장의 가정하에서 동일한 금융상품은 국제적으로 동일한 가격(이자율)을 갖는다.

여기서 동일한 금융상품은 위험의 크기, 만기 그리고 유동성이 동질적임을 의미한다. 만약 동일한 금융상품에 대해 국가간에 가격이 서로 다르면 차익거래의 기회가 발생할 것이며, 그 결과 금융상품의 가격과 환율이 변화함으로써 궁극적으로 차익이 발생하지 않는 균형상태를 이루게 된다는 것이다.

따라서 동일한 상품에 대해 국가간에 가격이 서로 다르면 과소평가된 시장에서 매입하고 과대평가된 시장에서 매도함으로써 추가적인 자금부담이나 위험부담 없이 이익을 추구하는 차익거래가 발생한다. 차익거래를 통해 금융상품의 가격과 환율이 변화하여 균형상태에 도달하면 차익거래기회는 소멸한다.

　이자율평가설은 어떤 투자자가 자국통화표시의 자산에 투자하는 경우와 외국통화표시의 자산에 투자하는 경우에 균형상태에서 두 투자안의 수익률은 같아야 한다. 어떤 시점에 N_a의 고정이자율로 자국통화표시의 금융상품에 투자한다면 만기일에 투자금액 한 단위의 가치는 $(1+N_a)$으로 표시할 수 있다.

　현재 현물환시장에서 자국통화 1단위를 환전하여 N_b의 고정이자율을 지급하는 외화표시 금융상품에 $(1/S_0)$의 외화를 투자하여 만기일에 $(1/S_0)(1+N_b)$의 원리금을 받는다. 그리고 투자의 종료시점을 만기로 하는 선물환(F_1) 매도계약을 체결한다. 만기가 되면 선물환 매도계약에 의해서 외국통화표시의 원리금을 지불하고 자국통화를 수취하는데 그 가치는 식(6.7)과 같이 나타낼 수 있다.

$$(1+N_a) = (1/S_0)(1+N_b)F_1 \ \rightarrow \ \frac{F_1}{S_0} = \frac{1+N_a}{1+N_b} \tag{6.7}$$

식(6.7)의 양변에서 1을 차감하여 정리하면 다음과 같이 나타낼 수 있다.

$$\frac{F_1-S_0}{S_0} = \frac{N_a-N_b}{1+N_b} \tag{6.8}$$

　식(6.8)에서 N_b가 작은 경우에 우변의 분모에 있는 N_b을 0으로 놓고 정리하면 다음과 같은 근사식을 얻을 수 있다. 만일 외국의 이자율이 매우 높아 $(1+N_b)$가 1과 다른 경우에는 오차가 발생하여 식(6.9)의 근사식은 성립하지 않는다.

$$\frac{F_1-S_0}{S_0} = N_a-N_b \tag{6.9}$$

　식(6.9)의 좌변이 정$(+)$이면 선물환할증이라고 하고, 부$(-)$이면 선물환할인이라고 한다. 이것은 선물환율이 현재의 현물환율로부터 변화하는 정도를 나타낸다. 요컨대 식(6.9)는 선물환기간 동안에 선물환율의 할증율 또는 할인율이 두 나라의 명목이자율의 차이와 근사적으로 동일하다는 의미를 내포하고 있다.

　따라서 이자율평가설은 자본이동에 제약이 없다면 선물환율의 변동률이 양국의 명목이자율의 차이와 동일하게 된다. 왜냐하면 투자에 대한 의사결정을 할 때 투자자는 이자율의 차이뿐만 아니라 환율변동에서 오는 환위험도 고려하기 때문이다. 이자율평가설은 단기자금시장과 외환시장이 서로 상충관계에 있음을 나타낸다.

고금리 통화로 차입하여 저금리 통화에 투자하면 단기자금시장에서는 금리차만큼 손실이 발생하나, 외환시장에서는 선물환할증으로 그 손실만큼 보상을 받게 된다. 반대로 저금리 통화로 차입하여 고금리 통화에 투자하여 단기자금시장에서 높은 수익률을 얻게 되는 경우에는 외환시장에서 그만큼 선물환이 할인되어 상쇄된다.

따라서 해외투자시 예상수익률은 해외이자율과 환율의 예상상승률의 합으로 표시된다. 국내투자수익률이 해외투자수익률보다 높다면 한국으로 자본유입이 발생하고 미국에서의 투자수익률이 더 높다면 미국으로 자본유입이 이루어진다. 그러나 장기채권이나 직접투자에는 이자율평가가 잘 성립되지 않는 것으로 알려져 있다.

● 예제 6-3 이자율평가설

2019년 1월 3일 현재 국내외환시장에서 미국의 달러화에 대한 원화의 현물환율이 ₩1,000/$이다. 한국의 명목이자율은 연 5%이고, 미국의 명목이자율은 연 3%라고 가정하여 다음의 물음에 답하시오.

1. 이자율평가설에 의하면 1년 만기 선물환율은 얼마가 되어야 하는가?
2. 다음의 각 경우에 차익거래의 과정을 설명하고 차익거래를 이용한 이익을 계산하시오. 단, 한국에서는 100만원, 미국에서는 $,1000를 차입할 수 있다.
(1) 1년 만기 선물환율이 ₩1,050/$일 경우
(2) 1년 만기 선물환율이 ₩1,010/$일 경우

풀이

1. 이자율평가설에 의한 1년 만기 선물환율은 다음과 같이 구할 수 있다.

$$\frac{F_1}{S_0} = \frac{1+N_a}{1+N_b} \text{에서} \quad \frac{F_1}{1,000} = \frac{1.05}{1.03} \rightarrow \therefore F_1 = 1,019.42/\$$$

한편 근사식에 의한 1년 만기 선물환율은 다음과 같이 구할 수 있다.

$$\frac{F_1-S_0}{S_0} = N_a - N_b \text{에서} \quad \frac{F_1-1,000}{1,000} = 0.05 - 0.03 \rightarrow \therefore F_1 = 1,020/\$$$

2. (1) 1년 만기 선물환율이 ₩1,050/$이면 다음의 관계가 성립한다.

$$\frac{F_1}{S_0} = \frac{1,050}{1,000} = 1.05 > \frac{1+N_a}{1+N_b} = \frac{1.05}{1.03} = 1.0194$$

한국의 이자율은 미국의 이자율에 비해서 상대적으로 낮으므로 국내에서 자금을 차입하여 미국의 금융상품에 투자하면 다음과 같은 차익거래를 통해 1년 후에 31,500원의 차익거래 이익을 얻을 수 있다.

① 국내에서 연 5%의 이자율로 1년간 100만원을 차입한다.

② 차입금을 달러화로 환산하여 $1,000를 미국의 금융상품에 1년간 투자한다.

③ 달러화 차입원리금의 합계액 $1,030에 대해서 1년 만기의 선물환 매도계약을 ₩1,050/$에 체결한다.

거 래	현재의 현금흐름	1년 후의 현금흐름
국내차입	1,000,000원($1,000)	−1,050,000원[*1]
미국투자	−$1,000	$1,030[*2]
선물매도	−	1,081,500원−$1,030[*3]
합 계	0	31,500원

*1 차입원리금 상환 $= -1,000,000(1+0.05) = -1,050,000$원

*2 투자수익 $= 1,000(1+0.03) = \$1,030$

*3 ₩1,050/$에 $1,030을 인도 $= \$1,030 \times 1,050 - \$1,030$

(2) 1년 만기 선물환율이 ₩1,010/$이면 다음의 관계가 성립한다.

$$\frac{F_1}{S_0} = \frac{1,010}{1,000} = 1.01 < \frac{1+N_a}{1+N_b} = \frac{1.05}{1.03} = 1.0194$$

한국의 이자율은 미국의 이자율에 비해서 상대적으로 높으므로 미국에서 자금을 차입하여 한국의 금융상품에 투자하면 다음과 같은 차익거래를 통해 1년 후에 9,700원의 차익거래 이익을 얻을 수 있다.

① 미국에서 연 3%의 이자율로 1년간 $1,000를 차입한다.

② 차입금을 원화로 환산하여 1,000,000원을 국내의 금융상품에 1년간 투자한다.

③ 달러화 차입원리금의 합계액 $1,030에 대해서 1년 만기의 선물환 매입계약을 ₩1,010/$에 체결한다.

거 래	현재의 현금흐름	1년 후의 현금흐름
미국차입	$1,000(1,000,000원)	−$1,030[*1]
한국투자	−1,000,000원	1,050,000[*2]
선물매입	−	$1,030−$1,030×1,010[*3]
합 계	0	9,700원

*1 차입원리금 상환 $= -\$1,000(1+0.03) = -\$1,030$

*2 투자수익 $= 1,000,000(1+0.05) = 1,050,000$원

*3 ₩1,010/$에 $1,030을 인수 $= \$1,030 - \$1,030 \times 1,010$

3. 피셔효과

피셔효과(Fisher effect)는 명목이자율이 실질이자율과 예상인플레이션율을 반영하여 양국의 명목이자율의 차이가 양국의 물가상승률의 차이와 일치해야 한다는 이론을 말한다. 피셔효과는 명목이자율(N)과 실질이자율(R) 그리고 인플레이션율(I)간에 존재하는 다음과 같은 관계를 말하며 외국에서도 성립한다.

$$(1 + N) = (1 + R)(1 + I) \tag{6.10}$$

피셔효과에서 말하는 명목이자율은 인플레이션 프리미엄의 성격을 가지고 있다. 이 것을 자금공여자의 입장에서 살펴보면 일정 기대인플레이션하에서 만기에 회수될 원리금의 실질구매력이 그만큼 감소하므로 이때 명목이자율이 기대인플레이션만큼 조정되어 이를 충분히 보상해야 하기 때문이다.

4. 국제피셔효과

국제피셔효과(international Fisher effect)는 구매력평가설과 피셔효과를 결합하여 양 국간의 이자율차이와 환율의 기대변동률간의 관계를 설명한다. 국제피셔효과에서는 양 국간 명목이자율의 차이와 현물환율의 변화율이 같아야 한다는 이론을 말하며 현물환율의 변화율과 명목이자율간에 다음과 같은 관계가 성립한다.

$$\frac{S_1}{S_0} = \frac{1 + N_a}{1 + N_b} \tag{6.11}$$

식(6.11)의 양변에서 1을 차감하여 정리하면 다음과 같이 나타낼 수 있다.

$$\frac{S_1 - S_0}{S_0} = \frac{N_a - N_b}{1 + N_b} \tag{6.12}$$

식(6.12)에서 N_b가 크지 않은 경우에 우변의 분모에서 N_b를 0으로 넣고 정리하면 다음과 같은 근사식을 얻을 수 있다.

$$\frac{S_1 - S_0}{S_0} = N_a - N_b \tag{6.13}$$

식(6.13)은 일정기간 동안 현물환율의 변화율이 양국의 명목이자율의 차이와 근사적으로 같다는 의미를 갖는다.

● 예제 6-4　국제피셔효과

미국 달러화에 대한 원화의 현물환율은 ₩1,100/$이며, 한국과 미국의 연간 실질이자율이 5%로 동일하다. 향후 1년간 물가상승률이 한국은 10%로 예상되며, 미국은 5%로 예상될 경우에 다음 물음에 답하시오.

1. 한국과 미국의 연간 명목이자율을 구하시오.
2. 국제피셔효과에 의한 내년의 현물환율을 구하시오.

풀이

1. 한국과 미국의 연간 명목이자율은 다음과 같이 구할 수 있다.

$(1+N_a) = (1+R)(1+I) = (1+0.05)(1+0.10) \rightarrow N_a = 0.155$

$(1+N_b) = (1+R)(1+I) = (1+0.05)(1+0.05) \rightarrow N_b = 0.1025$

한편 근사식에 의한 양국의 연간 명목이자율은 다음과 같다.

$N_a = 0.05 + 0.10 = 0.15$

$N_b = 0.05 + 0.05 = 0.10$

2. 국제피셔효과에 의한 내년의 현물환율은 다음과 같이 구할 수 있다.

$\dfrac{S_1}{S_0} = \dfrac{1+N_a}{1+N_b}$ 에서 $\dfrac{S_1}{1,100} = \dfrac{1+0.1550}{1+0.1025} \rightarrow \therefore S_1 = 1,152.38/\$$

한편 근사식에 의한 내년의 현물환율은 다음과 같이 구할 수 있다.

$\dfrac{S_1 - S_0}{S_0} = N_a - N_b$ 에서 $\dfrac{S_1 - 1,100}{1,100} = 0.15 - 0.10 \rightarrow \therefore S_1 = 1,155/\$$

---

5. 효율적 시장가설

효율적 시장가설은 외환시장이 효율적이어서 환율결정과 관련된 이용가능한 모든 정보가 즉시 그리고 충분히 반영되기 때문에 현재의 선물환율은 미래의 현물환율의 기대값과 밀접한 관계를 가지고 있다는 가설을 말한다. 따라서 선물환계약의 매입 및 매도 의사결정은 미래의 현물환율에 대한 기대에 달려 있다.

외환시장이 균형상태에 있으면 선물환율은 미래의 현물환율에 대한 불편추정치(unbiased estimator)가 되어야 한다. 그리고 외환시장이 효율적이라면 이자율평가설과 국제피셔효과가 동시에 성립해야 하며, 선물환율의 할인율 또는 할증률과 현물환율의 변화율이 국가간 명목이자율의 차이와 일치해야 된다.

제3절 통화선물의 개요

1. 통화선물의 정의

통화선물(currency futures)은 선물거래소에 상장된 특정통화를 사전에 약정한 선물환율로 만기일에 인수도하기로 약속하는 선물거래를 말한다. 선물만기일에 통화선물의 매도자는 대상통화를 거래소의 결제기관에 인도하고, 매입자는 거래소의 결제기관으로부터 계약시점에 약정한 환율로 대상통화를 인수한다.

통화선물을 이용하는 거래자들은 선물의 만기일에 외국통화를 실제로 매입하거나 매도하려는 목적보다는 대부분 미래의 환율변동에 따른 환위험을 회피하거나 환차익을 얻기 위해 거래를 한다. 그리고 통화선물거래의 대부분은 만기일 이전에 반대매매를 통해 언제든지 포지션을 청산할 수 있다는 장점이 있다.

선물환시장은 오랜 역사를 갖고 있지만 통화선물시장은 1970년대 초에 발달하기 시작했다. 통화선물거래의 탄생배경을 살펴보면 1971년 8월 브레턴우즈체제가 붕괴하면서 주요 선진국들이 고정환율제도에서 변동환율제도로 전환함에 따라 환율변동이 크게 확대되면서 손실의 가능성이 증대되었기 때문이다.

따라서 다국적기업이나 금융기관들은 환율의 변화에 따른 여러 문제에 봉착하면서 환율변동에 따른 손실을 막고 안정된 거래를 유지하기 위해 선물환시장을 많이 이용하였다. 이러한 선물환시장의 성장으로 선물거래가 활성화되면서 상품을 표준화하여 증권거래소처럼 상설시장을 개설할 필요성을 느끼게 되었다.

이러한 시대적 요청에 따라 1972년 5월 시카고상품거래소(CME)가 국제통화시장(IMM)을 개설하여 주요 7개국 통화에 대한 선물거래를 시작으로 영국(1982년 9월), 호주(1983년 10월), 캐나다(1984년 6월), 싱가포르(1984년 9월), 일본(1989년 6월) 그리고 한국(1999년 4월)이 순차적으로 통화선물시장을 개설하였다.

1970년대 후반에 금리와 환율의 변동성이 증대되면서 통화선물은 헤지거래 및 투기거래의 수단으로 부각되었다. 통화선물거래는 선물시장이 개설된 이후에 매우 빠른 속도로 성장하여 선물환시장과 상호보완적인 역할을 수행하고 있다. 그러나 아직도 선물환시장의 거래규모는 통화선물시장을 압도하고 있다.

통화선물은 1999년 4월 23일 한국거래소에 미국달러선물이 상장되었다. 이후에 수출입 및 외국인투자 확대에 따른 엔화와 유로화의 거래 증가, 환율의 급격한 변동으로 적극적인 헤지의 필요성이 대두되어 2006년 5월 26일 엔선물과 유로선물이 상장되었다. 2015년 10월 5일 위안선물이 상장되어 거래되고 있다.

2. 선물환거래와 비교

선물환거래는 미래의 일정시점에 특정통화를 현재시점에 약정한 환율로 매매하기로 체결한 거래를 말한다. 선물환은 결제시기, 거래단위 등 계약내용을 고객의 편의에 맞추어 신축적으로 결정할 수 있는 장점이 있는 반면에 일단 거래가 이루어지면 반대매매를 위한 거래상대방을 찾기가 어려운 단점이 있다.

통화선물거래는 미래의 일정시점에 특정통화를 현재시점에서 약정한 환율로 거래한다는 점에서 선물환거래와 본질적으로 동일하다. 그러나 통화선물거래는 거래소, 청산소, 계약의 표준화, 증거금 및 일일정산제도 등이 있어 선물환거래와 비교된다. 통화선물거래와 선물환거래의 차이를 살펴보면 다음과 같다.

첫째, 선물환거래는 특정한 장소가 없이 전세계적인 점두시장(OTC)에서 거래당사자들의 협상에 의해 거래조건이 결정되고 통상 컴퓨터, 딜링머신 등을 통해 직접거래가 이루어진다. 그러나 통화선물거래는 거래소라는 조직화된 시장에서 표준화된 조건에 따라 공개호가방식에 의해 간접거래가 이루어진다.

둘째, 선물환거래는 대부분 나라의 통화가 거래되고 결제시기가 거래당사자의 합의에 따라 조정되어 거래의 융통성이 크다. 그러나 통화선물거래는 거래단위, 결제시기 등 계약내용이 표준화되어 있어 유동성이 높지만 소수의 한정된 주요 통화만 거래되고 만기는 거래소규칙에 따라 한정되어 있다.

셋째, 선물환거래는 거래당사자의 신용에 의존하여 계약불이행에 따른 신용위험이 커서 신용도가 높은 금융기관과 기업을 중심으로 거래가 이루어진다. 그러나 통화선물은 통화선물의 가격변동에 따른 증거금과 일일정산제도에 의해 청산소가 계약이행을 보증하므로 누구나 거래에 참여할 수 있다.

넷째, 선물환거래의 단위는 거래당사자간의 합의에 의해 결정될 수 있기 때문에 일반적으로 대규모의 무역회사와 기관투자가들이 주로 이용한다. 그러나 통화선물거래의 단위는 거래소규칙에 따라서 고정되어 있기 때문에 비교적 소규모의 무역회사와 투기거래자들도 참여할 수 있다는 장점이 있다.

다섯째, 선물환거래는 최종거래일 이전에 포지션의 청산이 어렵기 때문에 대부분 최종거래일에 실물인수도 방식으로 결제가 이루어진다. 그러나 통화선물거래는 최종거래일 이전에 언제든지 거래소를 통한 반대매매를 이용해서 포지션이 대부분 청산되고 최종거래일에 결제되는 비율은 5% 미만이다.

| 표 6-4 | 선물환거래와 통화선물거래의 비교 |

구 분	선물환거래	통화선물거래
거래장소	장외시장(OTC)	장내시장(거래소)
거래조건	당사자의 합의	표준화
거래방식	거래당사자간의 직접거래	다수거래자간의 간접거래
거래통화	제한없음	주요 통화
거래참가	대규모 무역회사와 기관투자가	소규모 무역회사와 투기거래자
거래보증	당사자의 신용	청산소가 보증
거래청산	대부분 만기일에 실물인수도	대부분 만기이전 반대매매

3. 통화선물시장의 구성

통화선물거래가 안정적으로 이루어지고 외환시장에서 이용가능한 모든 정보가 환율에 효율적으로 반영되기 위해서는 여러 가지의 조직과 규제가 필요하다. 그리고 통화선물시장은 국가마다 약간의 차이는 있지만 역할에 따라 선물거래자, 선물거래소, 청산소, 선물중개회사로 구성되어 있다.

(1) 선물거래자

통화선물거래는 투자자들이 이용하는 목적에 따라 헤지거래, 투기거래, 차익거래, 스프레드거래로 구분할 수 있다. 헤지거래와 차익거래는 투자자들이 현물시장과 선물시장을 동시에 모두 이용하는 반면에 투기거래와 스프레드거래는 선물시장만을 이용한다는 점에서 차이가 존재한다.

① 헤지거래

헤지거래(hedging)는 현물환시장에서 현재 기초자산(외환)을 보유하고 있거나 미래에 보유할 예정인 기초자산(외환)의 불확실한 환율변동에 대해 통화선물시장에서 현물환거래와 반대포지션을 취함으로써 현물시장에서의 환율변동으로 인한 환위험을 회피하거나 축소시키는 거래를 말한다.

헤지거래자(hedger)가 통화선물을 이용하는 목적은 환율변동으로 인한 환위험을 최소화하기 위해 선물시장에서 현물시장과 반대되는 포지션을 취한다. 헤지거래자는 헤지과정에서 기회손실이 발생할 수 있으나, 이는 현물포지션에서 발생할 수 있는 손실을 회피하기 위해 지불하는 대가로 보아야 한다.

② 투기거래

투기거래자(speculator)는 현물시장의 포지션에 관계없이 선물시장에서 미래의 환율변동을 예측하고 이를 바탕으로 통화선물을 매입 또는 매도하여 환율변동에 따른 차익을 얻을 목적으로 거래를 수행한다. 따라서 투기거래자의 환율예상이 정확하면 큰 이익을 얻을 수 있게 되고 환율예측이 빗나가면 큰 손실을 보게 된다.

투기거래자들은 보호되지 않은 포지션(uncovered position)을 보유함으로써 환율변동에 따른 위험을 감수하더라도 높은 투기적 이익을 얻고자 한다. 투기거래자들은 통화선물시장에서 헤지거래자가 전가한 위험을 부담할 뿐만 아니라 극단적인 환율변동을 예방하고 선물시장의 안정을 도모하는 중요한 기능을 수행한다.

③ 차익거래

차익거래자(arbitrageur)는 통화선물시장에서 선물의 실제가격이 이론가격과 서로 다르게 거래되는 일시적인 불균형상태에 있으면 상대적으로 과소평가된 시장에서 매입하고 과대평가된 시장에 매도함으로써 추가적인 자금이나 위험부담 없이 차익(free lunch)을 얻기 위해 선물거래를 수행한다.

차익거래의 과정에서 과소평가된 시장에서는 수요가 증가하여 가격이 상승하고, 과대평가된 시장에서는 공급이 증가하여 가격이 하락하여 일물일가의 법칙이 성립할 때까지 차익거래가 지속된다. 차익거래를 통해 외환 시장이 균형상태에 도달하면 차익의 실현이 불가능해 차익거래기회는 소멸된다.

④ 스프레드거래

스프레드거래는 통화선물시장에서 조건이 서로 다른 통화선물의 가격차이를 이용하여 과대평가된 통화선물은 매도하고 과소평가된 통화선물은 매입함으로써 이익을 추구하는 거래를 말한다. 스프레드거래는 통화선물의 종류에 따라 만기간 스프레드, 상품간 스프레드, 시장간 스프레드로 구분된다.

통화선물시장에서 3개월·6개월 통화선물간 실제스프레드가 3개월·6개월 통화선물간 이론스프레드보다 좁게 나타나면 과소평가된 6개월물을 매입하고 과대평가된 3개월물을 매도하여 이익을 얻을 수 있다. 따라서 스프레드거래는 현물환율과 통화선물가격간 또는 만기가 상이한 통화선물가격간 균형체계를 유지한다.

(2) 선물거래소

선물거래소는 표준화된 선물상품을 개발하여 상장시키고 회원들에게 조직화된 장소와 시설을 제공한다. 또한 선물거래소는 시장참가자들이 공정하게 거래를 할 수 있도록 선물계약에 관한 규칙을 제정하여 선물거래를 자율규제하며 거래대상에 관한 각종 정보를 제공하여 회원의 이익을 증대시키는 업무를 수행한다.

청산기관은 선물거래소에서 체결되는 모든 선물거래에 대한 계약이행의 보증, 거래결과의 등록 및 계정관리, 증거금의 징수 및 유지, 현물의 인수도 관장, 자금결제 등의 청산업무를 수행한다. 즉 거래상대방의 역할을 담당하면서 선물거래의 이행과 결제를 보증하기 위해서 일일정산제도와 증거금제도를 운영하고 있다.

(3) 선물중개회사

선물중개회사(FCM)는 투자자들로부터 선물계약 매매주문을 위탁받아 선물거래를 대행하는 업무를 담당하고 고객의 미청산계약에 대한 기록을 유지하여 고객의 예탁금과 증거금을 관리하며 계좌개설부터 매매종결까지 선물중개 및 관리업무를 수행하면서 그 대가로 일정한 수수료를 받는 회사를 의미한다.

선물중개회사는 거래소회원과 거래소비회원으로 구분되며 거래소회원인 선물중개회사만 고객의 매매주문을 직접 처리할 수 있다. 따라서 비회원인 선물중개회사는 거래소회원인 선물중개회사를 통해 고객의 주문을 처리해야 한다. 이러한 회원제도의 운영은 결제제도에도 동일하게 적용되어 운영되고 있다.

4. 통화선물거래의 절차

통화선물거래의 절차는 크게 계약의 체결과 자금의 결제로 구분된다. [그림 6-3]에서 투자자는 선물중개회사에 위탁계좌를 개설하고, 거래금액에 맞추어 개시증거금을 예치해야 한다. 투자자가 선물중개회사를 통해 매매주문을 내고 거래가 체결되면 선물거래소는 선물중개회사를 통해 체결내역을 투자자에게 통보한다.

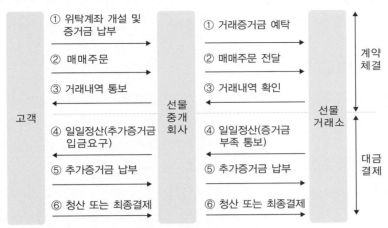

| 그림 6-3 | 통화선물거래의 절차 |

<자료> 한국은행, 「우리나라의 외환제도와 외환시장」, 2003.

통화선물계약이 체결되면 계약가격과 정산가격을 매일 비교하여 일일정산을 하게 되며 환율의 변동에 따라 일일정산과정에서 발생하는 모든 입출금은 선물거래자의 위탁계좌를 통해서 이루어진다. 유지증거금은 선물계약의 이행을 보증하기 위해 미청산계약의 위탁계좌에서 반드시 유지해야 하는 증거금을 말한다.

환율이 투자자에게 불리하게 변동하여 손실이 발생하면 손실액은 증거금잔액에서 차감된다. 그런데 증거금잔액이 유지증거금에 미달하면 선물중개회사는 투자자에게 개시증거금 수준까지 증거금을 추가로 적립하도록 요구하는데, 투자자가 개시증거금 수준까지 즉시 예치하지 않으면 선물포지션을 강제로 청산할 수 있다.

그러나 이익이 발생하여 증거금잔액이 개시증거금을 초과하면 초과증거금을 현금으로 인출할 수 있다. 통화선물거래는 환율수준에 따라 중도에 반대거래, 즉 매입시 환매도, 매도시 환매수를 통해 포지션을 청산하거나, 만기일까지 포지션을 보유한 후 최종결제일에 현물의 인수도와 결제가 이루어지면 선물거래가 종결된다.

제4절 통화선물의 가격결정

1. 이자율평가설

금융시장도 상품시장처럼 일물일가의 법칙이 성립하는데, 이는 동일한 위험과 만기를 갖는 금융상품의 수익률은 동일해야 한다는 의미이다. 이러한 조건이 성립하지 않으면 기대수익률이 낮은 상품을 매도하고 기대수익률이 높은 상품을 매입하는 차익거래를 통해 추가적인 자금이나 위험부담 없이 이익을 얻을 수 있다.

자국통화의 이자율이 외국통화의 이자율보다 높으면 자국통화로 표시한 외국통화의 선물환율이 현물환율보다 높은 할증상태, 외국통화의 이자율보다 낮으면 선물환율이 현물환율보다 낮은 할인상태가 된다. 이자율평가설은 선물환율과 현물환율의 차이가 두 통화간의 이자율차이에 의해 결정되는 원리를 말한다.

따라서 어떤 투자자가 투자금액을 국내통화표시로 투자하는 경우와 외국통화표시로 투자하는 경우에 차익거래의 기회가 발생하지 않는 시장균형상태에서 두 투자안은 동일한 실질수익률을 갖게 된다는 이자율평가설을 이용하면 선물환율(F_1)과 현물환율(S_0)간에는 다음과 같은 균형관계가 성립해야 한다.

$$\frac{F_1}{S_0} = \frac{1+R_a}{1+R_b} \rightarrow F_1 = S_0 \times \frac{1+R_a}{1+R_b} \tag{6.14}$$

식(6.14)의 양변에서 1을 차감하면 다음과 같은 근사식을 도출할 수 있다.

$$\frac{F_1 - S_0}{S_0} = R_a - R_b \rightarrow F_1 = S_0[1+(R_a - R_b)\frac{T}{360}] \tag{6.15}$$

일반적으로 통화선물의 가격은 화폐단위로 표시되지만 선물환율이 현재의 현물환율로부터 변화하는 정도를 나타내는 선물할인율 또는 선물할증률로 표시하기도 한다. 식(6.15)에서 좌변은 선물할인율 또는 선물할증률을 나타내고, 우변은 두 나라 통화간의 금리차이를 나타낸다.

2. 보유비용모형

보유비용모형(cost of carry model)은 통화선물을 매입하는 것과 현물자산을 매입하여 만기일까지 보유하는 것은 동일한 효과를 갖기 때문에 차익거래기회가 없는 시장균형상태에서 이론선물가격(F)은 현물가격(S)에 보유비용(CC)은 가산하고 보유수익(CR)은 차감한 값과 동일해야 한다는 모형을 말한다.

현재시점에 선물계약을 매입하면 만기일에 F의 가격을 지불하고 기초자산을 매입하므로 만기일에 F의 비용을 부담한다. 그러나 현재시점에 현물자산을 매입하여 만기일까지 보유하면 현물가격과 현물보유에 따른 보유비용을 부담해야 하므로 선물가격과 현물가격간에 다음과 같은 등가관계가 성립해야 한다.

$$F = S + CC - CR \tag{6.16}$$

통화선물의 기초자산은 외화이므로 현물매입에 따른 기회비용인 이자비용(국내이자율)을 제외한 보유비용은 발생하지 않지만, 외화를 현물로 보유하면 외국이자율에 해당하는 보유수익이 발생한다. 실제로 통화를 보유하는데 물리적 비용은 거의 없으므로 외환을 보유하는데 이자비용과 편익만 고려하면 된다.

미국금리가 연 R_b라면 1년 후 1달러를 얻기 위해 현재 $(1/1+R_b)$가 필요하며, 이를 현물시장에서 매입하면 $(1/1+R_b)*S_0$ 원화가 필요하다. 원화차입시 이자비용 R_a과 외환보유시 이자편익 R_b를 고려하면 외환보유비용은 $[(R_a - R_b)/(1+R_b)]*S_0$가 된다. 통화선물가격을 보유비용모형으로 산출하면 식(6.17)과 같이 구할 수 있다.

$$F_1 = S_0 + (\frac{R_a - R_b}{1 + R_b}) \times S_0 \tag{6.17}$$

식(6.17)를 변형하면 $F_1 = S_0[(1+R_a)/(1+R_b)]$가 되기 때문에 선물환율과 현물환율간의 관계를 나타내는 이자율평가설과 동일하게 된다. 이는 이론적으로 선물가격과 통화선물가격이 같다는 것을 의미한다. 따라서 통화선물의 잔여만기가 T일이라고 가정하면 통화선물가격은 다음과 같이 표시할 수 있다.

$$F_1 = S_0 [\frac{1 + R_a(T/360)}{1 + R_b(T/360)}] \tag{6.18}$$

제5절 통화선물의 거래유형

통화선물을 이용하는 목적은 다른 선물거래와 마찬가지로 환율변동에 따른 환위험을 회피하기 위한 헤지거래, 환율변동에 따른 환차익을 실현하기 위한 투기거래 그리고 통화선물시장이 일시적인 불균형상태에 있을 경우 추가적인 자금이나 위험을 부담하지 않으면서 이익을 추구하는 차익거래로 구분된다.

1. 헤지거래의 개요

(1) 헤지거래의 원리

현재 외환을 보유하거나 미래에 외환을 수취할 예정인 대출자와 수출업자는 해당통화에 대한 통화선물을 매도함으로써 환율하락위험을 헤지할 수 있다. 반면에 미래에 외환을 매입하거나 외환을 지급할 예정인 차입자와 수입업자는 외환선물을 매입함으로써 환율상승위험을 헤지할 수 있다.

현물시장		선물시장
매입포지션	현재 외환보유, 수출업자, 대출자 → 환율하락시 손실발생	매도포지션
매도포지션	미래 외환매입, 수입업자, 차입자 → 환율상승시 손실발생	매입포지션

통화선물을 이용한 헤지거래는 헤지대상의 현물자산(통화)과 헤지수단으로 이용하는 선물거래(통화)가 동일한 직접헤지이기 때문에 주가지수선물이나 금리선물에 비해 비교적 단순하다. 따라서 환율변동위험을 헤지하기 위한 대상통화의 금액과 동일한 금액의 반대포지션을 선물시장에서 취하면 된다.

통화선물을 이용한 헤지거래는 기본적으로 선물환을 이용한 헤지거래와 마찬가지로 현물거래와 반대로 통화선물의 포지션을 취함으로써 환위험에 노출된 자산과 부채를 관리하는 방법을 말한다. 현물시장과 반대되는 포지션을 선물시장에서 취하면 스퀘어포지션이 되기 때문에 환위험을 회피할 수 있다.

현물시장의 포지션과 선물시장의 포지션은 정반대의 손익구조를 가지고 있어 현물포지션의 손실은 선물포지션의 이익으로 상쇄되고, 선물포지션의 손실은 현물포지션의 이익으로 상쇄되어 환율이 상승하거나 하락하거나 환율의 변동에 관계없이 이익이나 손실이 발생하지 않는 결과를 가져다 준다.

예컨대 재화를 수출하거나 해외투자로 롱 포지션이 발생하는 경우 통화선물을 매도하는 숏 포지션을 취하고, 재화를 수입하거나 해외차입으로 숏 포지션이 발생하는 경우 통화선물을 매입하는 롱 포지션을 취하면 종합포지션이 스퀘어포지션이 되기 때문에 환율변동에 따른 환위험을 헤지할 수 있다.

표 6-5 매입헤지와 매도헤지

환율변동	매입헤지		매도헤지	
	현물시장 매도	선물시장 매입	현물시장 매입	선물시장 매도
상승	손실	이익	이익	손실
하락	이익	손실	손실	이익

(2) 헤지거래의 종류

통화선물을 이용한 헤지거래의 방식은 통화선물시장에서 거래기준이 되는 통화를 중심으로 매입포지션(long position)과 매도포지션(short position) 중 어떤 포지션을 취하여 헤지거래를 했느냐에 따라서 매입헤지와 매도헤지로 구분된다.

① 매입헤지

매입헤지(long hedge)는 미래의 예상치 못한 환율변동으로 매입해야 할 통화의 가치가 상승하여 환차손이 발생할 가능성에 대비하여 통화선물을 매입하는 거래를 말한다. 따라서 해당통화로 수입대금을 결제해야 하는 수입업자 또는 외화차입금을 상환해야 하는 차입자들이 주로 활용한다.

② 매도헤지

매도헤지(short hedge)는 미래의 예상치 못한 환율변동으로 매도해야 할 통화의 가치가 하락하여 환차손이 발생할 가능성에 대비하여 통화선물을 매도하는 거래를 말한다. 따라서 해당통화로 수출대금을 수령해야 하는 수출업자 또는 외화대출금을 회수해야 하는 대출자들이 주로 활용한다.

| 그림 6-4 | 통화선물을 이용한 헤지거래 |

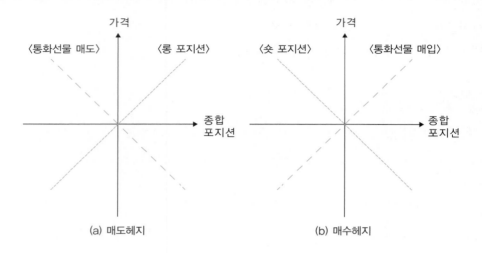

(a) 매도헤지　　　　　　　(b) 매수헤지

| 예제 6-5 | 통화선물을 이용한 위험헤지 |

부산기업은 2019년 5월 1일 미국으로 $50,000의 상품을 수출하고 대금은 2019년 7월 31일에 미국달러화로 받기로 하였다. 부산기업은 향후 환율하락으로 인한 수출대금 수령액의 감소에 대비하기 위해 3개월 만기 달러선물계약을 이용하려고 한다. 현재 현물시장에서 달러화에 대한 원화의 환율은 ₩1,100/$이며, 3개월 만기 선물환율은 ₩1,150/$이라고 가정하여 다음 물음에 답하시오.

1. 부산기업이 환율하락위험을 헤지하기 위해서는 선물시장에서 어떤 포지션을 취해야 하는가?
2. 3개월 후에 현물환율이 ₩1,080/$, 선물환율이 ₩1,120/$이 되었을 경우 헤지결과를 설명하시오.

풀이

1. 부산기업은 3개월 후에 수출대금을 미국달러화로 수취해야 하므로 현물시장에서 매입포지션에 있다. 따라서 선물시장에서는 $50,000의 달러선물을 매도해야 한다.
2. 부산기업의 3개월 후에 헤지결과를 나타내면 다음과 같이 제시할 수 있다.

시점	현물시장	선물시장
현재	$50,000를 ₩1,100/$에 매입 50,000×1,100 = 55,000,000	$50,000를 ₩1,150/$에 매도 50,000×1,150 = 57,500,000
3개월 후	$50,000를 ₩1,080/$에 매도 50,000×1,080 = 54,000,000	$50,000를 ₩1,120/$에 매입 50,000×1,120 = 56,000,000
손익	−1,000,000	1,500,000

∴ 순손익 = −1,000,000＋1,500,000 = 500,000

2. 투기거래의 개요

현물시장에서는 어떠한 포지션도 취하지 않고 위험을 부담하면서 환율변동시 이익을 실현하기 위해 특정 통화에 대한 선물거래를 이용한다. 투기거래에서는 미래의 선물가격이 투기거래자의 예상대로 변화하면 많은 이익을 얻지만, 투기거래자의 예상과 반대로 움직이면 큰 손실을 보게 된다.

(1) 환율상승이 예상되는 경우

향후 환율상승이 예상되는 경우 강세로 예상되는 통화에 대한 선물계약을 매입했다가 일정기간이 경과한 후 실제로 환율이 상승했을 때 선물계약을 매도하여 포지션을 청산하면 투기적 이익을 얻을 수 있다. 그러나 투기거래자의 예상과 반대로 환율이 하락하면 큰 손실이 발생할 수 있다.

(2) 환율하락이 예상되는 경우

향후 환율하락이 예상되는 경우 약세로 예상되는 통화에 대한 선물계약을 매도했다가 일정기간이 경과한 후 실제로 환율이 하락했을 때 선물계약을 매입하여 포지션을 청산하면 투기적 이익을 얻을 수 있다. 그러나 투기거래자의 예상과 반대로 환율이 상승하면 큰 손실이 발생할 수 있다.

⦁ 예제 6-6 통화선물을 이용한 투기거래

일반투자자 홍길동은 $100,000를 가지고 미국 달러화에 대한 통화선물을 이용하여 투기거래를 하려고 하는데, 미국달러의 약세를 예상하고 있다. 2019년 5월 1일 현재 현물시장에서 달러화에 대한 원화의 환율은 ₩1,100/$이며, 3개월 만기 선물환율은 ₩1,150/$이라고 가정하여 다음 물음에 답하시오.

1. 일반투자자 홍길동의 투기전략을 설명하시오.
2. 2개월 후에 현물환율이 ₩1,150/$, 선물환율이 ₩1,100/$이 되었을 경우 투기거래의 성과를 구하시오.
3. 2개월 후에 현물환율이 ₩1,130/$, 선물환율이 ₩1,190/$이 되었을 경우 투기거래의 성과를 구하시오.

풀이

1. 투자자 홍길동은 향후 미국 달러의 약세를 예상하고 있으므로, 현재시점에서 미국 달러에 대한 선물계약을 매도했다가 일정기간이 경과한 후 매입하여 매도포지션을 청산한다.

2. 홍길동의 예상대로 변화한 경우이므로 5,000,000원의 이익을 얻을 수 있다.

　　투기이익 ＝ (1,150−1,100)×100,000 ＝ +5,000,000원

3. 홍길동의 예상과 반대로 변화했으므로 4,000,000원의 손실이 발생하게 된다.

　　투기손실 ＝ (1,150−1,190)×100,000 ＝ −4,000,000원

3. 차익거래의 개요

(1) 차익거래의 원리

통화선물에서 차익거래여부를 판단하기 위해서는 이자율평가설을 이용한 통화선물의 균형가격이 통화선물의 시장가격과 양국의 이자율차이를 감안하여 균형상태여부를 파악해야 한다. 따라서 균형선물환율이 선물시장에서 형성된 현재의 선물환율과 다르다면 차익거래가 발생하게 된다.

1) 베이시스거래

베이시스거래(basis trading)는 베이시스의 변동을 이용하여 현물을 매입(매도)하는 동시에 동일 상품에 대한 선물을 매도(매입)함으로써 단기차익을 얻는 거래를 말한다. 예컨대 현물환율에 베이시스를 가산해 산출된 통화선물가격이 이론적으로 산출된 균형선물환율보다 높다면 과대평가된 통화선물을 매도하는 동시에 과소평가된 현물환을 매입하면 차익을 얻을 수 있다.

2) 스프레드거래

스프레드거래(spread trading)는 통화선물시장에서 만기일이 서로 다른 통화선물의 가격간 스프레드를 이용하여 단기차익을 얻는 거래를 말한다. 예컨대 통화선물시장에서 근월물과 원월물의 통화선물간 실제스프레드가 근월물과 원월물의 통화선물간 균형스프레드보다 좁게 나타났다면 과대평가된 근월물을 매도하고 과소평가된 원월물을 매입하면 차익을 얻을 수 있다.

(2) 차익거래의 종류

국제금리평가의 정리에 의해 산출된 이자율평가설이 성립하지 않으면 균형관계가 이탈되어 선물환율의 과대평가 또는 과소평가여부에 따라 현물매입차익거래 또는 현물매도차익거래가 발생한다. 이러한 차익거래가 계속되면 선물환율과 현물환율이 변화하여 차익거래가 발생하지 않는 균형관계가 회복된다.

① $F_1 > S_0 \dfrac{1+N_a}{1+N_b}$: 현물매입차익거래

현재의 선물환율이 과대평가되어 있으면 통화선물을 매도하고 현물통화를 매입하는 현물매입차익거래가 발생한다. 즉 자국통화를 차입하여 외국통화로 교환(외국통화현물환매입)하고 이를 외국통화로 표시된 금융자산에 투자하며 동시에 외국통화를 자국통화로 교환하는 선물환매도를 거래하면 된다.

② $F_1 < S_0 \dfrac{1+N_a}{1+N_b}$: 현물매도차익거래

현재의 선물환율이 과소평가되어 있으면 통화선물을 매입하고 현물통화를 매도하는 현물매도차익거래가 발생한다. 즉 외국통화를 차입하여 자국통화로 교환(외국통화현물환매도)하고 이를 자국통화로 표시된 금융자산에 투자하며 동시에 자국통화를 외국통화로 교환하는 선물환매입을 거래하면 된다.

● 예제 6-7 통화선물의 차익거래

2018년 8월 현재 독일 마르크당 현물환율이 현재 DM1=626.2원이고 만기일까지 기간이 120일 남아 있는 12월물 선물환율은 DM1=624.9원이다. 독일의 이자율은 연 8.5%이고 한국의 이자율은 연 7.00%라고 가정하여 다음 물음에 답하시오.

1. 12월물 가격이 균형상태인가 파악하고 그렇지 않다면 어떤 형태의 차익거래가 가능한가를 설명하시오.
2. 원화기준 1백만원으로 실행하는 차익거래의 결과를 제시하시오.
3. 수익률기준으로 차익거래의 유인을 파악하시오.

풀이

1. 통화선물의 균형가격을 산출한 후 시장가격과 비교한다. 통화선물의 시장가격 624.9원은 이론가격보다 높은 수준으로 현재의 선물환율은 과대평가되어 있어 통화선물을 매도하고 현물통화를 매입하는 현물매입차익거래가 발생한다.

$$F_1 = S_0 \left[\frac{1+N_a}{1+N_b} \right] = 626.2 \left[\frac{1+0.07 \times (120/360)}{1+0.085 \times (120/360)} \right] = 623.15원$$

2. 현물매입차익거래는 자국통화를 차입하여 외국통화로 교환(외국통화 현물환매입)하고 이를 외국통화로 표시된 금융자산에 투자하며 동시에 외국통화를 자국통화로 교환하는 선물환계약(외국통화 선물환매도)을 거래하면 된다.

거　래	8월의 현금흐름	12월의 현금흐름
선물매도	–	624.9×DM1,646–DM1,646
자금차입	₩1,000,000	–₩1,025,278[*2]
현물매입	–DM 1,596.93[*1]	DM1,646[*3]
합　계	0	3,307

[*1] ₩1,000,000 ÷ 626.2 = 1,596.93

[*2] $1,000,000 \times (1 + 0.07 \times 120/360) = 1,025,278$

[*3] $1,596.93 \times (1 + 0.085 \times 120/360) = 1,646$

3. 현물매입차익거래를 통한 독일 마르크화에 대한 합성대출수익률은 7.92%이다. 이는 한국 원화에 대한 차입이자율 7%보다 높은 수준이기 때문에 차익거래의 기회가 존재한다.

$$\left(\frac{1,028,585 - 1,000,000}{1,000,000} \right) \times \frac{360}{120} = 7.92\%$$

제6절 국내통화선물

통화선물은 수출입 및 국제자본거래로 수취 또는 지급하는 외국통화를 대상으로 하는 선물거래로 엔/원, 유로/원, 달러/원 등의 환율변동에 따른 환위험의 헤지나 환차익을 얻기 위해 통화선물의 매입자나 매도자가 외국통화를 당초의 약정된 가격으로 매입하거나 매도하기로 하는 선물계약을 말한다.

1. 통화선물의 개요

우리나라는 2017년 기준으로 국내총생산(GDP)이 1조 5,380억 달러를 기록하여 세계 12위의 경제대국으로 국제교역량이 많은 국가에 속한다. 특히 미국과의 교역규모는 중국에 이어서 2위를 기록하고 있다. 수출입 등의 국제교역에는 자금결제가 발생하는데 이때 가장 많이 활용되는 통화가 미국달러이다.

미국달러의 가치변동, 즉 환율변동은 수출입 비중이 높은 우리 경제에 큰 영향을 미친다. 따라서 우리나라 경제의 안정적 운영 및 개별 경제주체의 환위험관리를 위해 미국달러의 환율변동위험을 관리할 수 있는 미국달러선물이 장내파생금융상품으로 1999년 4월 23일 국내통화선물로는 최초로 상장되었다.

표 6-6 통화선물의 상품명세

구 분	미국달러선물	엔선물	유로선물	위안선물
기 초 자 산	미국달러	일본엔	유로화	중국 위안화
거 래 단 위	10,000달러	1,000,000엔	10,000유로	100,000위안
가격표시방법	1달러당 원화	100엔당 원화	1유로당 원화	1위안당 원화
최소가격변동폭	0.1원			0.01원
최소가격변동액	1,000원 (10,000×0.1)	1,000원 (1,000,000×0.1×1/100)	1,000원 (10,000×0.1)	1,000원 (100,000×0.01)
가 격 제 한 폭	기준가격±4.5%	기준가격±5.25%		기준가격±4.5%
상 장 결 제 월	달러선물 : 3년 이내의 20개 결제월 엔, 유로, 위안선물 : 1년 이내의 8개 결제월			
최종결제방법	인수도결제			
최 종 거 래 일	결제월의 세번째 월요일(공휴일의 경우 순차적으로 앞당김)			
최 종 결 제 일	최종거래일로부터 기산하여 3일째 거래일(T+2일)			
거 래 시 간	09:00~15:45, 최종거래일 09:00~11:30			

우리나라는 1999년 4월에 선물거래소가 개설되어 미국달러선물을 시작으로 현재는 엔선물, 유로선물, 위안선물이 상장되어 환위험의 헤지나 환차익을 얻기 위한 수단으로 이용되고 있다. 우리나라 한국거래소에서 거래되고 있는 통화선물의 주요상품을 살펴보면 [표 6-6]과 같이 제시할 수 있다.

2. 통화선물의 특징

(1) 직접거래 상품

국내외환시장에서 엔화는 달러/엔, 유로화는 유로/달러와 달러/원을 이용한 재정환율에 근거하여 거래되며, 엔선물은 일본 엔화, 유로선물은 유로화의 시장수급에 의해 환율이 결정된다. 한국거래소(KRX)에 상장된 엔선물과 유로선물을 이용하면 엔/원과 유로/원의 환위험헤지가 가능하다.

미국 시카고상업거래소(CME)에도 엔선물과 유로선물이 상장되어 있다. 그러나 시카고상업거래소(CME)의 통화선물은 미국달러표시상품으로 국내 투자자들은 CME의 엔선물 또는 유로선물과 국내 미국달러선물을 이중으로 거래해야 엔/원과 유로/원의 환율변동위험을 헤지할 수 있다.

(2) 장내거래 상품

미국달러선물, 엔선물, 유로선물, 위안선물은 한국거래소(KRX)에 상장되어 거래되는 장내파생상품으로 다양한 정보를 가진 다수의 투자자들이 경쟁거래에 의해 가격이 결정되어 시장투명성이 높고 홈트레이딩시스템(HTS)을 통해 실시간으로 투자자들이 원하는 가격으로 거래할 수 있는 상품에 해당한다.

그리고 모든 통화선물에 대해 한국거래소가 결제이행을 보증하고 있어 투자자들은 거래상대방의 신용도에 대한 우려없이 누구나 손쉽게 거래에 참여할 수 있게 된다. 따라서 신용도가 낮아 은행에 높은 비용을 지불하거나 은행상품을 이용할 수 없었던 투자자에게 매력적인 환위험관리상품이 될 것이다.

3. 통화선물의 효과

(1) 헤지수요의 충족

엔/원 및 유로/원 환율변동위험에 노출된 국내투자자들에게 가격투명성이 높고 실시간 환율로 거래할 수 있는 환위험관리수단을 제공할 수 있다. 특히 신용도가 낮아 은행의 장외파생상품을 이용할 수 없었던 일반투자자나 중소기업에게 환위험을 효과적으로 관리할 수 있는 기회를 제공할 수 있다.

(2) 결제통화의 다양화

우리나라의 대외교역이 커지면서 결제통화도 엔화, 유로화 등 달러 이외로 다양해졌다. 종전의 미국 달러화로 집중된 결제통화를 이제는 엔화와 유로화로 다양화할 수 있어 국제교역거래에서 결제통화의 선택권이 확대될 수 있으며 국내 경제의 미국 달러화 편중현상을 해소하는데 기여할 수 있다.

(3) 투자편의의 증진

직거래상품이 없어 교차거래나 이중거래로 환위험헤지를 수행했던 투자자들에게 원화표시상품 제공으로 거래비용의 감소, 교차거래로 인한 불편사항이 크게 개선될 것이다. 또한 미국 달러선물과 동일한 계좌를 이용하여 복수의 통화선물을 거래하면 증거금의 감면과 결제금액의 축소효과를 얻을 수 있다.

(4) 외환시장의 효율성

재정환율이 아닌 실거래에 기초한 원화표시 엔화의 직거래 환율이 실시간으로 일반인에게 공시되면서 엔/원 현물환율에 대한 지표(가격발견기능)를 제공할 수 있게 된다. 또한 선물시장과 현물시장간 연계거래의 촉진으로 그동안 거래가 부진한 엔/원의 직거래 현물거래도 촉진시킬 수 있을 것으로 기대된다.

(5) 해외투자수요 흡수

우리나라의 대외교역이 커지면서 결제통화도 엔화, 유로화 등 달러 이외의 통화로 다양해졌다. 따라서 달러선물, 유로선물, 엔선물의 상장으로 엔/달러선물 및 유로/달러선물 등 해외통화선물거래를 이용한 환위험의 헤지수요와 해외 FX마진 현물환거래를 통한 투자수요를 국내 선물시장으로 유인할 수 있게 된다.

(6) 원화의 국제화

세계 3대 통화(달러, 유로, 엔)에 대한 통화선물의 상장으로 동북아 최고의 통화선물시장으로 위상제고를 기대할 수 있고, 원화의 국제화에 필요한 인프라를 제공하여 원화에 기초한 국제거래의 촉진과 국내금융시장의 동북아 허브 구축, 나아가 국제규모에 걸맞는 위상확보 및 국가경쟁력 제고에 크게 기여할 수 있다.

4. 통화선물의 거래절차

(1) 계좌개설

통화선물의 거래절차는 계약의 체결과 자금의 결제로 나누어진다. 엔선물과 유로선물을 거래하고자 하는 투자자는 우선 한국거래소의 회원사인 선물중개회사에 선물옵션 거래계좌를 개설해야 한다. 그러나 미국달러선물을 거래하기 위한 계좌를 가지고 있는 경우에는 기존의 위탁계좌를 이용할 수 있다.

(2) 증거금 납부

통화선물을 이용하려면 계좌를 개설하고 거래를 하기 전에 결제이행을 보증하기 위해 선물중개회사에 품목별 위탁증거금률을 적용해 산출된 위탁증거금을 납부해야 한다. 위탁증거금률은 거래대상의 변동성을 감안하여 산출되며 선물거래소는 정기적으로 이를 검토하여 적정한 수준을 유지하고 있다.

통화선물은 투자자의 거래편의를 위해 계약당 주문증거금을 설정하여 거래개시에 납부하는 금액을 정한다. 따라서 투자자는 주문증거금을 납입한 후 거래할 수 있고 선물거래에 따른 손실이 발생하여 예탁금이 유지증거금 수준을 하회하면 추가증거금을 납입하여 개시증거금 수준으로 맞추어야 한다.

1) 증거금의 예탁수단

투자자는 증거금으로 현금, 대용증권, 외화 등을 예탁할 수 있다. 외화는 가격이 매일 변동하므로 매매기준율에 사정비율 95%를 곱하여 원화로 평가한 가격을 매일 산출하고 해당가치가 유지증거금을 하회하지 않도록 하고 있다. 미국 달러화, 일본 엔화, 유럽연합 유로화, 영국 파운드화 등을 예탁할 수 있다.

표 6-7	외화의 기준시세(매매기준율)	
구분	**미국 달러화**	**미국 달러화 이외의 통화**
거래종료 전 위탁증거금 산출	산출하는 날에 지정·고시되는 재정된 매매기준율	산출하는 날의 직전일에 지정·고시되는 재정된 매매기준율
거래종료 후 위탁증거금 산출	산출하는 날의 다음날에 지정·고시되는 매매기준율	산출하는 날에 지정·고시되는 재정된 매매기준율

유가증권시장에 상장된 주식과 채권, 코스닥시장에 상장된 채권, 상장외국주식예탁증서, 유가증권시장 상장규정에 의해 채권으로 보는 수익증권 등은 대용증권으로 예탁할 수 있다. 그러나 관련 규정에 의해 관리종목, 정리매매, 투자유의종목으로 지정되거나 매매거래 정지종목은 대용증권으로 사용할 수 없다.

상장주권, 상장외국주식예탁증서 등은 매일 가격을 산출하고, 상장채권 등은 매주 토요일에 산출한다. 대용가격은 기준시세에 사정비율을 곱한 금액으로 한다. 상장주권, 상장외국주식예탁증서, 외화표시채권을 제외한 상장채권은 10원 미만으로 절사하고 상장채권 중 외화표시채권은 1포인트 미만으로 절사한다.

표 6-8	외화의 기준시세(매매기준율)	
구 분	**기준시세**	**사정비율**
상장주권	거래종료전 위탁증거금을 산출시 : 산출하는 날의 전일의 종가	상장주권 및 상장외국주식예탁증서의 사정비율은 70%
상장주권	거래종료후 위탁증거금을 산출시 : 산출하는 날의 종가	KOSPI 200 구성종목 중 시가총액 상위 50개는 80%
상장채권	기준일로부터 기산하여 소급한 5거래일 일별종가의 단순산술평균가격	주식관련사채권을 제외한 사채권은 85%
수익증권	기준일로부터 기산하여 소급한 20거래일 거래량가중평균가격	주식관련사채권, 수익증권은 80%

2) 사후위탁증거금

선물거래소는 회원이 기관투자가 중에서 재무건전성, 신용상태, 미결제약정 보유상황, 결제이행능력 등을 감안하여 선정한 적격기관투자자가 당일 장중에 거래한 경우에 한하여 선물거래가 종료된 후에 위탁증거금을 납입하는 사후위탁증거금을 적용할 수 있도록 하고 있다.

3) 추가증거금의 예탁

투자자는 통화선물에 대해 장 종료 후 예탁총액에 정산차금을 가감한 금액이 유지증거금보다 작은 경우에는 회원사에 위탁증거금을 추가로 예탁해야 한다. 이때 추가로 예탁해야 하는 위탁증거금을 추가증거금이라고 하며 예탁총액에 정산차금의 수수를 위해 예탁현금을 차감한 금액과 개시증거금의 차액 이상으로 한다.

$$추가증거금 \geq 개시증거금 - \{예탁총액 - Min(정산차금, 예탁현금)\} \quad (6.19)$$

추가증거금의 예탁시한은 품목별 거래일의 다음 거래일 12시까지이며, 투자자가 예탁시한 전에 미결제약정을 소멸시키는 거래를 실행하여 위탁증거금 수준을 충족시킨 경우에는 추가증거금을 예탁한 것으로 본다.

(3) 거래주문

투자자가 통화선물을 거래할 경우 매매거래계좌를 개설한 선물중개회사를 직접 방문하거나 전화 또는 온라인(HTS) 등을 이용하여 주문을 제출할 수 있다. 주문시에는 계좌번호, 주문의 유형, 종목, 수량, 지정가주문의 경우 가격, 매입과 매도의 구분, 주문의 조건이 있는 경우 조건 등이 포함되어야 한다.

주문의 유형은 가격의 지정여부에 따라 지정가주문과 시장가주문으로 분류된다. 지정가주문은 투자자가 사거나 팔고자 하는 종목, 수량, 가격을 지정하는 주문을 말하고, 시장가주문은 투자자가 사거나 팔고자 하는 종목과 수량만 지정하고 가격은 지정하지 않은 주문으로 즉시 체결하고자 할 때 사용된다.

지정가주문과 시장가주문은 해당주문이 효력을 가지는 범위와 시간에 따라 전량조건, 충족조건, 당일조건으로 구분한다. 전량조건은 주문 전달 즉시 전량이 체결될 수 있으면 체결이 이루어지고 그렇지 않으면 주문이 취소되는 조건이고, 충족조건은 즉시 체결가능한 주문만 체결되고 나머지는 취소되는 조건을 말한다.

주문은 종목의 복합여부에 따라 단일종목에 대한 일반주문과 복수의 다른 종목을 동시에 체결시키기 위해 복수종목으로 구성된 복합주문으로 분류된다. 복합주문은 두 개의 종목 중 한 종목은 매입하고 다른 종목은 매도하는 거래를 정형화한 정형복합주문과 회원이 정하는 종목들로 구성된 비정형복합주문으로 나뉜다.

| 표 6-9 | 주문의 유형 |

구 분		설명
가격지정여부	지정가주문	가격을 지정한 가격 또는 그보다 유리한 가격으로 거래를 체결하고자 하는 주문
	시장가주문	가격을 지정하지 않고 가장 유리한 가격 조건이나 시장에서 형성된 가격으로 거래를 체결하고자 하는 주문
종목복합여부	일 반 주 문	단일종목에 대한 주문
	복 합 주 문	복수의 다른 종목을 동시에 체결시킬 것을 조건으로 복수의 종목으로 구성된 주문

(4) 거래체결

선물거래의 체결은 복수가격에 의한 경쟁거래와 단일가격에 의한 경쟁거래로 이루어진다. 복수가격에 의한 경쟁거래는 개별 품목의 거래시간 동안 이루어지며, 단일가격에 의한 경쟁거래는 각 품목의 장 개시 전 30분과 시스템 장애 등으로 거래가 정지 또는 중단된 경우에 종료된 때로부터 10분간 이루어진다.

선물중개회사에 접수된 투자자의 매매주문은 즉시 한국거래소 전산시스템에 전달되고 전달된 주문은 가격우선 및 시간우선의 원칙에 의해 거래가 체결된다. 거래가 체결되면 선물거래소는 당해 체결내역을 거래하는 선물중개회사로 통보되며 고객은 전화 또는 온라인 등의 방법을 통해 체결내역을 확인할 수 있다.

(5) 일일정산

선물거래가 종료되면 선물회사는 당일의 정산가격에 의해 일일정산을 실시한다. 일일정산은 투자자가 선물거래로 발생한 확정손익과 보유중인 미결제약정에서 발생한 손익을 합산하는 과정을 말한다. 일일정산에 따른 손익은 결제시한(익일 12시) 이후에 투자자의 예탁금에서 가감되는 방식으로 결제가 이루어진다.

(6) 최종결제

투자자가 거래가 만료된 종목에 대한 미결제약정을 보유하고 있으면 해당종목의 결제가격을 기준으로 산출한 인수도금액과 특정통화를 수수하는 방법으로 최종결제를 실행한다. 인수도결제는 계좌별로 해당종목의 매도(매입)미결제약정을 초과하는 매입(매도)미결제약정에 대해 이루어지고 결제시한은 최종결제일 12시이다.

5. 통화선물의 거래유형

(1) 헤지거래의 개요

1) 헤지거래의 정의

헤지거래의 목적은 미래의 환율변동에 따른 손실을 회피하는데 있다. 따라서 현재 외환을 보유하고 있거나 미래에 외환을 매입하는 경우 환위험을 회피하기 위해 현물시장과 반대방향의 포지션을 선물시장에서 취함으로써 선물시장의 이익(손실)으로 현물시장의 손실(이익)을 상쇄시키는 전략을 말한다.

2) 헤지거래의 원리

현물가격의 변화에 대해 반대방향의 선물포지션을 구성하되 현물가격과 선물가격의 변화 크기를 최대한 일치시켜야 헤지거래의 효율성이 극대화된다. 이를 위해 현물과 선물간 가격탄력성을 고려한 선물계약수의 정확한 산정이 중요하다. 따라서 헤지거래에 필요한 선물계약수는 다음과 같이 구할 수 있다.

$$선물계약수 = \frac{현물시장가치}{선물시장가치} \times \beta \qquad (6.20)$$

3) 헤지거래의 효율성

선물계약의 특성상 만기일 이전에는 베이시스위험이 존재하여 완전헤지를 달성하기 어렵다. 선물의 베이시스는 통화간 금리차에 의해 결정되므로 만기일 이전의 선물헤지에는 금리변동에 따른 베이시스위험이 존재한다. 이러한 위험요인을 제거하기 위한 적정 헤지계약수 산정이 헤지거래의 핵심이 된다.

4) 헤지거래의 종류

① 매입헤지(long hedge)

매입헤지는 미래시점에 엔화, 유로화, 달러화로 결제하는 수입업자나 외화차입자는 환율이 현재시점보다 상승하는 경우에 발생할 수 있는 손실을 극소화하기 위해 통화선물시장에서 매입포지션을 취하는 투자전략을 말한다.

엔선물 매입헤지거래

한국의 대한기업은 2018년 12월 3일 일본의 소한기업과 2,000만엔 규모의 반도체부품 수입계약을 체결하였고 수입대금은 동년 12월 15일에 지급할 예정이다. 12월 11일 현재 엔 현물환율은 817원이고, 엔선물은 818원이라고 가정하자. 12월 15일에 엔 현물환율이 817원 이상으로 상승하면 손실위험에 노출되므로 엔선물 6월물을 4계약 매입하여 환위험을 헤지할 경우에 헤지결과는 다음과 같다.

구분	현물시장	선물시장
2018. 12. 3	817×20,000,000/100 ₩163,400,000	12월물 4계약 818원에 매입 ₩163,600,000
2018. 12. 15	824×20,000,000/100 ₩164,800,000	12월물 4계약 825원에 매도 ₩165,000,000
거래손익	₩-1,400,000	₩+1,400,000

② 매도헤지(short hedge)

매도헤지는 미래시점에 엔화, 유로화, 달러화를 수취하는 수출업자나 외화운용자는 환율이 현재시점보다 하락하는 경우에 발생할 수 있는 손실을 극소화하기 위해 통화선물시장에서 매도포지션을 취하는 투자전략을 말한다.

유로선물 매도헤지거래

한국의 삼성기업은 2019년 5월 15일 독일의 뮌헨기업과 50만 유로 규모의 휴대폰 수출계약을 체결하였고 수출대금은 동년 6월 15일에 수령할 예정이다. 5월 15일 현재 유로 현물환율은 1,195원이고, 유로선물은 1,197원이라고 가정하자. 6월 15일에 유로 현물환율이 1,195원 이하로 하락하면 손실위험에 노출되므로 유로선물 6월물을 10계약 매입하여 환위험을 헤지할 경우에 헤지결과는 다음과 같다.

구분	현물시장	선물시장
2019. 5. 15	1,195×500,000 ₩597,500,000	6월물 10계약 1,197원에 매도 ₩598,500,000
2019. 6. 15	1,155×500,000 ₩577,500,000	6월물 10계약 1,157원에 매입 ₩578,500,000
거래손익	₩-20,000,000	₩+20,000,000

(2) 투기거래의 개요

1) 투기거래의 정의

투기거래는 가격변동위험에 노출된 현물포지션이 없는 상태에서 미래의 환율방향을 예측하여 이를 바탕으로 환율변동시 이익을 얻기 위해 특정통화에 대한 선물포지션을 취하여 매매차익을 얻는 투자전략을 말한다. 따라서 미래상황이 투기거래자의 예상과 맞으면 큰 이익을 얻을 수 있고, 예상과 틀리면 큰 손실을 본다.

2) 투기거래의 기능

투기거래자는 보호되지 않은 포지션(uncovered position)을 보유함으로써 헤지거래자가 전가하는 가격변동위험을 떠안으면서 선물시장의 유동성과 변동성을 확대시키는 역할을 수행한다. 그리고 매입호가와 매도호가의 차이인 스프레드를 축소시켜 적정한 선물가격의 형성에 기여할 수 있다.

3) 투기거래의 종류

① 단순투기거래

단순투기거래는 현물시장에서는 아무런 포지션도 취하지 않고 미래 달러선물, 유로선물, 엔선물의 가격을 예상하여 환율상승이 예상되면 매입포지션을 취하고 환율하락이 예상되면 매도포지션을 취한 후 환율변동이 발생하면 포지션을 청산하거나 반대매매를 통해 이익을 얻는 투자전략을 말한다.

② 스프레드거래

스프레드거래는 특정 선물과 다른 선물의 가격차이(스프레드)가 일정한 범위를 이탈하여 변동할 것을 예상하여 두 개의 선물 중에서 상대적으로 과대평가된 선물은 매도하고 과소평가된 선물은 매입하는 상반된 포지션을 취한 후에 청산 및 반대매매를 통해 이익을 실현하는 투자전략을 말한다.

스프레드거래에 따른 손익은 두 선물가격의 절대적 변동이 아니라 상대적 변동의 크기에 따라 결정된다. 즉 스프레드거래에서는 선물가격 그 자체가 아니라 두 선물가격간의 차이가 중요하며, 이 두 선물가격간의 차이를 나타내는 스프레드가 변동함에 따라 이익을 얻을 수 있는 기회가 발생한다.

따라서 스프레드거래자는 선물가격 그 자체의 변동방향보다는 자신이 보유하고 있는 매입포지션(long position)과 매도포지션(short position) 사이의 가격변동에 더 큰 관심을 갖는다. 선물에 대한 단순한 매입 또는 매도포지션은 위험이 높은 반면에 스프레드 포지션은 상대적으로 위험이 낮은 편에 속한다.

스프레드거래는 만기간 스프레드거래, 상품간 스프레드거래, 시장간 스프레드거래로 구분된다. 만기간 스프레드거래는 기초자산은 동일하나 만기가 상이한 선물계약간의 가격차이를 이용한다. 따라서 강세(약세)장이 예상되면 근월물을 매입(매도)하고 원월물을 매도(매입)하는 강세(약세)스프레드를 구성한다.

상품간 스프레드거래는 최종거래일은 동일하지만 기초자산이 서로 다른 선물계약 간의 가격차이를 이용한다. 일반적으로 동일한 선물거래소에서 거래되는 최종거래일이 동일한 이종선물간의 가격차이를 말한다. 상품간 스프레드의 특수한 형태로 하나의 원료와 그 원료로 생산한 제품간의 스프레드가 있다.

시장간 스프레드거래는 상품간 스프레드에서 변형되었으며 상품선물과 금리선물에서 많이 이용된다. 동일한 기초자산에 대한 시장가격간의 차이는 이론상 수송비용과 동일해야 한다. 그러나 일시적인 상황으로 이들 가격간의 차이가 수송비용 이상으로 벌어지면 시장간 스프레드를 통해 이익을 얻을 수 있다.

→ 예제 6-10 엔선물을 이용한 단순매입투기거래

일반투자자 홍길동은 2019년 5월 20일 일본의 경기회복 및 주가상승으로 원화 대비 엔화 강세를 전망하여 엔선물 5계약을 매입하기로 하였다. 5월 20일 현재 엔 현물환율은 855원으로 가정하고 5월 27일 867원에 엔선물 5계약을 매도하여 포지션을 청산하는 경우 투자결과는 다음과 같다.

구분	선물시장	비고
2019. 5. 20	6월물 5계약 855원에 매입 ₩42,750,000[*1]	증거금 계약당 170만원 5계약 보유시 850만원
2019. 5. 27	6월물 5계약 867원에 매도 ₩43,350,000[*2]	2억 1,375만원/850만원 ≒ 레버리지 25.2배
거래손익	₩600,000	

*1 $855 \times 1,000,000/100 \times 5$

*2 $867 \times 1,000,000/100 \times 5$

→ 예제 6-11 유로선물을 이용한 단순매도투기거래

우리은행은 2019년 6월 5일 국내의 경제성장 대비 유럽의 경기둔화로 유로화 약세를 전망하여 유로선물 5계약을 매도하기로 하였다. 6월 5일 현재 유로 현물환율은 1,200원으로 가정하고 7월 5일 1,167원에 유로선물 5계약을 매입하여 포지션을 청산하는 경우 투자결과는 다음과 같다.

구분	선물시장	비고
2019. 6. 5	6월물 5계약 1,200원에 매도 ₩60,000,000*1	증거금 계약당 220만원 5계약 보유시 1,100만원
2019. 7. 5	6월물 5계약 1,167원에 매입 ₩58,350,000*2	3억원/1,100만원 ≒ 레버리지 27.3배
거래손익	₩1,650,000	

*1 1,200×10,000×5
*2 1,167×10,000×5

(3) 차익거래의 개요

1) 차익거래의 정의

차익거래는 선물가격과 현물가격간 일시적인 가격 불균형현상이 발생하면 현물과 선물간 가격괴리를 이용하여 과소평가된 시장에서는 매입포지션(long position)을 취하고 과대평가된 시장에서는 매도포지션(short position)을 취함으로써 가격방향에 관계없이 무위험 차익을 확보하는 투자전략을 말한다.

2) 차익거래의 기회

선물과 현물간의 차익거래기회가 존재하는지를 파악하려면 선물가격과 현물가격 사이의 균형관계가 성립하는지 확인하고 선물가격의 괴리여부를 판단하는 이론가격의 산정이 중요하다. 차익거래를 실행하려면 차입비용과 시장충격비용 등을 고려하고 가격괴리의 빠른 포착과 순간적인 포지션 진입이 요구된다.

3) 차익거래의 종류

통화선물에서 차익거래여부를 판단하기 위해서는 이자율평가설을 이용한 통화선물의 균형가격이 통화선물의 시장가격(선물환율)과 양국의 이자율차이를 감안하여 균형상태인가를 파악해야 한다. 따라서 균형선물환율이 선물시장에서 형성된 현재의 선물환율과 일치하지 않으면 차익거래가 발생하게 된다.

| 표 6-10 | 차익거래의 종류 |

구분	가격상황	포지션 구성
매입차익거래	시장선물환율 > 이론선물환율	선물매도 + 현물매입
매도차익거래	시장선물환율 < 이론선물환율	선물매입 + 현물매도

① 현물매입차익거래 : $F > S + CC - CR$

현물매입차익거래는 실제선물가격이 이론선물가격보다 높을 경우에 선물의 시장가격이 과대평가되어 있어 과대평가된 선물을 매도하고 과소평가된 현물은 자금을 차입하여 매입하는 차익거래를 말한다. 차익거래의 과정에서 선물가격은 하락하고 현물가격은 상승하여 균형관계가 다시 회복된다.

● 예제 6-12 엔선물을 이용한 매입차익거래

국민기업은 2019년 5월 25일 일본에서 ¥5,000,000을 차입하고 25일 후에 상환할 예정이다. 국민기업은 최근에 환율이 하락하는 추세가 향후 지속될 것으로 예상하여 엔선물 50계약을 이용하려고 한다. 현재 현물시장에서 엔화에 대한 원화의 환율은 852원, 3개월 만기 선물환율은 856원, 이론가격은 854원, 원화금리는 4.0%, 엔화금리는 0.5%로 가정할 경우에 투자결과는 다음과 같다.

구분	현물시장	선물시장
2019. 5. 25	엔화 매입 ¥5,000,000 @852 ₩426,000,000	6월물 50계약 매도 @856 ₩428,000,000[*1]
2019. 6. 19	엔화 매도 ¥5,000,000 @831 ₩415,500,000	6월물 50계약 매입 @831 ₩415,500,000[*2]
매매손익(₩)	₩-10,500,000	₩+12,500,000
차입비용(₩)	₩-1,167,123(=426,000,000×4%×25/365)	
대출수익(¥)	¥1,712(=5,000,000×0.5%×25/365)[*3]	
순 손 익(₩)	₩847,106(=2,000,000-1,167,123+14,229)	

*1 ₩856×¥1,000,000/100×50계약
*2 ₩831×¥1,000,000/100×50계약
*3 14,229(=¥1,712×831/100)

② 현물매도차익거래 : $F < S + CC - CR$

현물매도차익거래는 실제선물가격이 이론선물가격보다 낮을 경우에 선물의 시장가격이 과소평가되어 과대평가된 현물을 공매하여 자금을 대출하고 과소평가된 선물을 매입하는 차익거래를 말한다. 차익거래의 과정에서 현물가격은 하락하고 선물가격은 상승하여 균형관계가 다시 회복된다.

→ 예제 6-13 유로선물을 이용한 매도차익거래

명지기업은 2019년 5월 25일 영국기업에 €500,000을 대출하고 25일 후에 회수할 예정이다. 명지기업은 최근에 환율이 상승하는 추세가 향후 지속될 것으로 예상하여 유로선물 10계약을 이용하려고 한다. 현재 현물시장에서 유로화에 대한 원화의 환율은 1,191원, 3개월만기 선물환율은 1,192원, 이론가격은 1,192.3원, 원화금리는 4.0%, 유로화금리는 2.4%로 가정할 경우에 투자결과는 다음과 같다.

구분	현물시장	선물시장
2019. 5. 25	유로화 매도 €500,000 @1,191 ₩595,500,000	6월물 10계약 매입 @1,192 ₩596,000,000*1
2019. 6. 19	유로화 매입 €500,000 @1,164 ₩585,000,000	6월물 10계약 매도 @1,164 ₩581,750,000*2
매매손익(₩)	₩+13,500,000	₩-14,250,000
차입비용(₩)	₩-822(=500,000×2.4%×25/365)	
대출수익(₩)	₩1,631,507(=595,500,000×4%×25/365)	
순 손 익(₩)	₩175,206(=-500,000-956,301+1,631,507)	

*1 ₩1,192×€500,000×10계약
*2 ₩1,164×€500,000×10계약

앞에서 선물가격과 현물가격간의 불균형을 이용한 차익거래에 대해 설명하였다. 이제는 동일한 기초자산에 대한 만기가 서로 다른 선물을 이용하는 차익거래를 살펴보겠다. 시장이 균형상태에 있다면 원월물과 근월물간에는 다음과 같은 관계식이 성립해야 하며, 이러한 관계가 성립하지 않으면 차익거래가 발생한다.

$$F_2 = F_1 + CC - CR \tag{6.21}$$

① 근월물매입차익거래 : $F_2 > F_1 + CC - CR$

원월물이 근월물에 비해 상대적으로 고평가되어 있는 불균형상태에서 저평가된 근월물을 매입하고 고평가된 원월물을 매도하면 차익거래를 통해 위험부담 없이 이익을 얻을 수 있다. 근월물만기와 원월물만기 사이의 기간에 발생하는 수익은 없다고 가정하고 근월물매입차익거래의 현금흐름을 나타내면 [표 6-11]과 같다.

표 6-12   근월물매입차익거래의 현금흐름

거래	현재	1년 후	2년 후
근월물매입	0	$S_1 - F_1$	—
원월물매도	0	—	$F_2 - S_2$
시점 1에서 F_1차입	—	F_1	$- F_1(1+r)$
시점 1에서 현물매입	—	$- S_1$	S_2
	0	0	$F_2 - F_1(1+r)$

[표 6-12]에서 F_1과 F_2는 각각 근월물가격과 원월물가격을 나타내고 S_1과 S_2는 각각 시점 1과 시점 2에서의 현물가격을 의미한다. 따라서 근월물매입차익거래를 통해 얻게 되는 이익은 $F_2 - F_1(1+r)$이 된다. 여기서 차익거래의 이익이 0이 되면 선물시장은 식(6.17)이 성립하는 균형상태가 된다.

② 근월물매도차익거래 : $F_2 < F_1 + CC - CR$

원월물이 근월물에 비해 상대적으로 저평가되어 있는 불균형상태에서 저평가된 원월물을 매입하고 고평가된 근월물을 매도하면 차익거래를 통해 위험부담 없이 이익을 얻을 수 있다. 근월물만기와 원월물만기 사이의 기간에 발생하는 수익은 없다고 가정하고 근월물매도차익거래의 현금흐름을 나타내면 [표 6-13]과 같다.

표 6-13   근월물매도차익거래의 현금흐름

거래	현재	1년 후	2년 후
근월물매도	0	$F_1 - S_1$	—
원월물매입	0	—	$S_2 - F_2$
시점 1에서 F_1대출	—	$- F_1$	$F_1(1+r)$
시점 1에서 현물매도	—	S_1	$- S_2$
	0	0	$F_1(1+r) - F_2$

핵·심·요·약

제1절 환율의 기본개념

1. 환율의 의의 : 외국통화 1단위를 얻기 위해 지불해야 하는 자국통화의 양을 의미하며 자국통화와 외국통화의 교환비율을 나타냄

2. 환율의 표시 : 자국통화표시환율, 외국통화표시환율

3. 환율의 변동 : 특정통화의 다른 통화에 대한 상대적 가치의 변화를 나타냄

① 환율이 상승하면 외국통화의 가치가 자국통화의 가치보다 상대적으로 상승하고 자국통화의 가치는 외국통화의 가치에 비해 상대적으로 하락했다는 의미

② 환율이 하락하면 외국통화의 가치가 자국통화의 가치보다 상대적으로 하락하고 자국통화의 가치는 외국통화의 가치에 비해 상대적으로 상승했다는 의미

4. 환율의 구분

① 외환거래의 성격 : 현물환율, 선물환율, 스왑레이트

② 통화가치의 평가 : 명목환율, 실질환율, 실효환율

③ 환율의 고시방법 : 매입환율, 매도환율

④ 환율의 변동여부 : 고정환율, 변동환율

⑤ 외환거래의 상대 : 은행간환율, 대고객환율

⑥ 환율의 계산방법 : 기준환율, 교차환율, 재정환율

제2절 국제금융의 원리

1. 구매력평가설 : 상품시장에서 일물일가의 법칙을 전제로 양국간의 물가상승률 차이를 반영해서 현물환율이 결정된다는 이론

2. 이자율평가설 : 국가간의 자본이동이 자유롭고 거래비용이 존재하지 않는 완전자본시장에서 양국간의 금리격차는 선물환율의 할인율 또는 할증률과 동일

3. 피셔효과 : 명목이자율이 실질이자율과 예상인플레이션율을 반영하여 양국의 명목이자율의 차이가 양국의 물가상승률의 차이와 일치해야 한다는 이론

4. 국제피셔효과 : 구매력평가설과 피셔효과를 결합하여 양국간의 명목이자율의 차이와 현물환율의 변화율이 같아야 한다는 이론

5. 효율적 시장가설 : 외환시장이 효율적이어서 현재의 선물환율은 미래의 현물환율의 기대값과 밀접한 관계를 가지고 있다는 가설

제3절 통화선물의 개요

1. 통화선물의 정의 : 선물거래소에 상장된 특정통화를 사전에 약정한 선물환율로 만기일에 인수도하기로 약속하는 선물거래

2. 선물환거래와 비교

① 선물환거래는 특정통화를 현재시점에 약정한 환율로 매매하기로 체결한 거래로 계약내용을 고객의 편의에 맞추어 신축적으로 결정할 수 있음

② 통화선물거래는 특정통화를 현재시점에서 약정한 환율로 거래하여 선물환거래와 동일하나 거래소, 청산소, 계약의 표준화, 증거금 및 일일정산제도 등이 있음

3. 통화선물시장의 구성 : 선물거래소, 선물거래자, 선물중개회사

4. 통화선물거래의 절차
투자자는 선물중개회사에 위탁계좌를 개설하고 거래금액에 맞추어 개시증거금을 예치해야 하며, 선물중개회사를 통해 매매주문을 내고 거래가 체결되면 선물거래소는 선물중개회사를 통해 체결내역을 투자자에게 통보함

제4절 통화선물의 가격결정

1. 이자율평가설 : 동일한 위험과 만기를 갖는 금융상품의 수익률은 동일하여 선물환율과 현물환율의 차이가 두 통화간의 이자율차이에 의해 결정되는 원리

① 자국통화의 이자율이 외국통화의 이자율보다 높으면 자국통화로 표시한 외국통화의 선물환율이 현물환율보다 높은 할증상태

② 자국통화의 이자율이 외국통화의 이자율보다 낮으면 자국통화로 표시한 외국통화의 선물환율이 현물환율보다 낮은 할인상태

2. 보유비용모형 : 통화선물의 매입과 현물자산을 매입하여 만기일까지 보유하는 것은 동일한 효과를 가져 시장균형상태에서 이론선물가격(F)은 현물가격(S)에 보유비용(CC)은 가산하고 보유수익(CR)은 차감한 값과 동일해야 한다는 모형

제5절 통화선물의 거래유형

1. 헤지거래의 개요

(1) 헤지거래의 원리

① 외화대출자와 수출업자는 통화선물을 매도하면 환율하락위험을 헤지할 수 있음

② 외화차입자와 수입업자는 통화선물을 매입하면 환율상승위험을 헤지할 수 있음

(2) 헤지거래의 종류

① 매입헤지 : 미래의 예상치 못한 환율변동으로 매입해야 할 통화의 가치가 상승하여 환차손이 발생할 가능성에 대비하여 통화선물을 매입하는 거래

② 매도헤지 : 미래의 예상치 못한 환율변동으로 매도해야 할 통화의 가치가 하락하여 환차손이 발생할 가능성에 대비하여 통화선물을 매도하는 거래

2. 투기거래의 개요

① 환율상승이 예상 : 강세로 예상되는 통화에 대한 선물계약을 매입한 후 선물계약을 매도하여 포지션을 청산하면 투기적 이익을 얻을 수 있음

② 환율하락이 예상 : 약세로 예상되는 통화에 대한 선물계약을 매도한 후 선물계약을 매입하여 포지션을 청산하면 투기적 이익을 얻을 수 있음

3. 차익거래의 개요

(1) 차익거래의 원리 : 균형선물환율이 선물시장에서 형성된 현재의 선물환율과 다르다면 차익거래가 발생함

(2) 차익거래의 종류

① $F_1 > S_0 \dfrac{1+N_a}{1+N_b}$: 현물매입차익거래

② $F_1 < S_0 \dfrac{1+N_a}{1+N_b}$: 현물매도차익거래

문제 1. 다음 중 환율에 대한 설명으로 옳은 것은?

① 원/달러 환율은 미국재화의 가격을 한국재화의 가격으로 나눈 것이다.

② 1달러당 원화의 교환비율이 상승하면 원화는 평가절상된다.

③ 원/달러 환율이 상승하면 미국에 수출하는 국내제품의 가격경쟁력이 떨어진다.

④ 명목환율의 상승률은 외국물가의 상승률에서 국내물가의 상승률을 뺀 값에 실질환율의 상승률을 더한 값과 같다.

⑤ 빅맥(Big Mac) 햄버거의 한국 판매가격이 3,000원이고 미국은 2달러이다. 실제 환율이 1,000원/달러라면, 환율은 원화의 구매력을 과대평가하고 있다.

해설 국내에서 어떤 재화의 가격이 10,000원이고, 미국에서 동일한 재화의 가격이 10달러라면 환율은 1달러에 1,000원이다. 원/달러 환율은 국내재화의 가격을 미국재화의 가격으로 나눈 값이다. 명목환율의 상승률은 국내물가상승률에서 해외물가상승률을 뺀 값으로 나타낼 수 있다. 미국재화의 가격을 한국재화의 가격으로 나눈 것은 실질환율이다. 1달러당 원화의 교환비율이 상승하면 1달러를 받기 위해 더 많은 원화를 지불해야 하므로 원화의 평가절하가 이루어졌다. 원/달러 환율이 상승하면 달러로 나타낸 수출품의 가격이 하락하므로 우리나라가 수출하는 재화의 가격경쟁력은 높아진다.

문제 2. 2018년 미국의 물가상승률은 3%이고 한국의 물가하락률은 5%이며 대미명목환율이 7% 하락했다고 가정할 경우에 대미실질환율은 어떻게 변동하였는가?

① 1% 상승　　② 1% 하락

③ 5% 상승　　④ 5% 하락

해설 한국의 물가가 5% 하락하면 한국에서 생산된 재화가격이 상대적으로 5% 하락한다. 미국의 물가가 3% 상승하면 한국에서 생산된 재화의 가격이 상대적으로 3% 하락한다. 한편, 명목이자율이 7% 하락하면 한국에서 생산된 재화의 상대가격이 7% 상승하여 한국에서 생산된 재화의 상대가격이 1% 하락하고 실질환율은 1% 상승한다.

문제 3. 이자평형정리(interest parity theorem)가 의미하는 것으로 옳지 않은 것은?

① 이자차익거래에 의해 국내금융자산에 대한 투자수익률과 해외금융자산에 기대수익률이 일치하게 된다.

② 다른 조건이 일정할 때 국내 명목이자율의 상승은 원화의 평가절상을 초래한다.

③ 다른 조건이 일정할 때 외국 명목이자율의 상승은 원화의 평가절하를 초래한다.

④ 이자차익거래는 미래의 예상환율에 의해 영향을 받지 않는다.

⑤ 예상환율과 양국의 명목이자율이 주어지면 이자평형정리로부터 균형환율을 도출할 수 있다.

해설 해외투자수익률은 해외이자율과 환율의 예상상승률의 합이므로 미래의 예상환율이 상승하면 해외투자의 예상수익률이 높아지므로 자본유출이 발생한다. 따라서 이자차익거래에서는 미래의 예상환율에 직접적인 영향을 받는다.

문제 4. 구매력평가설에 의해 미국의 물가상승률이 한국의 물가상승률보다 높을 경우에 원화로 표시한 달러의 환율은 어떻게 되겠는가?

① 실질환율이 하락한다.　　　　　② 실질환율이 상승한다.

③ 명목환율이 상승한다.　　　　　④ 명목환율이 하락한다.

해설 절대적 구매력평가설이 성립하면 실질환율은 항상 1이 되어 미국의 물가상승률이 한국의 물가상승률보다 높더라도 실질환율은 변하지 않는다. 상대적 구매력평가설에 의하면 환율 변동율은 양국의 인플레이션 차이와 동일하여 외국의 물가상승률이 국내의 물가상승률보다 높다면 명목이자율은 하락한다. 예컨대 미국의 물가상승률이 5%, 국내의 물가상승률이 3%라면 명목이자율은 2% 하락한다. 이는 미국의 물가상승률이 국내의 물가상승률보다 높다면 달러에 비해 원화의 구매력이 높아졌다는 의미이다.

문제 5. 한국과 미국의 내년도 예상 물가상승률이 각각 4%와 6%라고 가정하자. 현재 환율은 1,200원/달러이다. 만일 상대적 구매력평가설이 성립한다면 내년도 환율은 얼마로 예측할 수 있는가?

① 1,176원/$　　　　　　　　② 1,224원/$

③ 1,320원/$　　　　　　　　④ 1,080원/$

해설 구매력평가설에 의하면 환율변화율은 양국의 물가상승률의 차이와 동일하다. 미국의 예상 물가상승률이 6%이고, 한국의 예상물가상승률이 4%이므로 환율은 2% 하락할 것으로 예상된다. 따라서 현재 환율이 1달러에 1,200원이므로 원화가 2% 하락하면 내년의 예상환율은 1,176원이 된다.

문제 6. 현재 한국의 대미환율이 $1=1,000원, 한국의 물가수준은 2,000 그리고 미국의 물가수준은 1이라고 가정하자. 구매력평가설이 정확하게 성립되는 한국의 명목환율과 이때의 실질환율은?

① 명목환율은 1,000, 실질환율은 1　② 명목환율은 1,000, 실질환율은 2

③ 명목환율은 2,000, 실질환율은 1　④ 명목환율은 2,000, 실질환율은 2

해설 구매력평가설이 성립하면 국제적으로도 일물일가의 법칙이 성립해야 한다. 일물일가의 법칙이 성립하면 국내의 재화가격과 원화로 나타낸 외국의 재화가격이 일치한다. 미국의 물가수준이 1이고 한국의 물가수준이 2,000이므로 명목환율은 2,000이 되어야 한다. 구매력평가설이 성립하면 실질환율은 1이 된다.

문제 7. 한국 국채의 명목이자율이 6%이고, 미국 국채의 명목이자율이 3%일 경우 A는 미국 국채에 투자하기로 결정하였다. 두 국채 모두 신용위험이 없다면 A는 환율이 어떻게 변화하리라 예상하고 있는가?

① 원화가 달러화에 비해 2% 이상 평가절상할 것으로 예상
② 원화가 달러화에 비해 3% 이상 평가절상할 것으로 예상
③ 원화가 달러화에 비해 4% 이상 평가절상할 것으로 예상
④ 원화가 달러화에 비해 2% 이상 평가절하할 것으로 예상
⑤ 원화가 달러화에 비해 3% 이상 평가절하할 것으로 예상

해설 해외투자수익률은 외국의 이자율과 원화환율의 예상상승률을 합한 값이다. 한국의 이자율이 6%이고, 미국의 이자율이 3%일 때 미국 국채에 투자하기로 결정했다는 것은 투자자가 예상하는 원화의 평가절하율이 3%를 넘는다는 것을 의미한다.

문제 8. 다음 중 자국통화로 표시한 환율에 대한 설명으로 옳지 않은 것은?

① 통화론자에 의하면 자국의 소득증가는 화폐수요를 증가시켜 환율이 하락한다.
② 통화론자에 의하면 자국이자율 상승은 화폐수요를 감소시켜 환율이 상승한다.
③ 케인즈학파에 의하면 자국의 소득증가는 수입을 증가시켜 환율이 하락한다.
④ 케인즈학파에 의하면 자국이자율 상승은 자본유입을 증가시켜 환율이 하락한다.
⑤ 자국의 통화량 증가가 환율을 상승시킨다는 점에 대해서는 통화론자와 케인즈학파의 의견이 일치한다.

해설 자국의 국민소득이 증가하면 수입이 증가한다. 수입이 증가하면 외환의 수요가 증가하여 환율이 상승한다.

문제 9. 미국의 1년 만기 채권의 연수익률이 5%이고, 현재 1달러당 환율이 1,200원이며, 만기일의 1달러당 예상환율이 1,250원이라고 가정하자. 다음 중 한국 채권에 투자하는 것이 유리한 것을 모두 고른 것은?

사례	한국 채권 연수익률
가	10%
나	9.5%
다	9.0%
라	8.5%

① 가, 나, 다, 라   ② 가, 나, 다

③ 가, 나   ④ 가

해설 해외투자시 예상수익률은 해외이자율과 환율상승률의 합으로 나타낼 수 있다. 미국채권의 수익률이 5%이고, 환율상승률이 4%이므로 미국투자시의 수익률은 9%이다. 따라서 한국채권의 수익률이 9%를 초과하면 한국에 투자하는 것이 유리하다.

문제 10. 오늘 한국의 시장금리와 미국의 시장금리가 각각 연 8%와 연 4%이고, 현물환율이 1달러당 1,200원이라고 가정하자. 이자율평가이론에 의하면 3개월 후 미래 현물환율은 얼마인가?

① 1,200원   ② 1,212원

③ 1,220원   ④ 1,224원

해설 이자율평가설은 국제적으로 자본시장 균형상태에서 환율의 예상변화율은 양국의 이자율 차이와 같다는 이론을 말한다. 한국의 이자율이 연 8%이고 미국의 이자율이 연 4%이므로 3개월간 이자율 차이는 1%(=2%−1%)이다. 이자율평가설이 성립하면 3개월간의 이자율차이와 동일한 1%가 되어야 하므로 3개월 후에 예상현물환율은 1,212원이 될 것이다.

문제 11. 한국의 연간이자율이 8%이고 미국의 연간이자율이 6%이며 미화 1달러당 현물환율이 1,000원이라고 하자. 무위험 이자율평가설에 의하면 미 달러화의 3개월 만기 적정 선물환율은 얼마가 되어야 하는가?

① 1,003원   ② 1,004원

③ 1,005원   ④ 1,006원

해설 무위험(커버된) 이자율평가설에 의하면 양국간 이자율차이와 선물환 프리미엄(또는 디스카운트)가 동일해야 한다. 따라서 고금리 통화는 양국의 이자율의 차이만큼 선물환 디스카운트 상태에 놓인다. 한국과 미국의 이자율 차이가 연 2%이므로 3개월간 이자율 차이는 0.5%이다. 현재 환율이 1달러에 1,000원이고 원화가 0.5% 선물환 디스카운트 상태에 있어야 하기 때문에 적정한 선물환율은 1,005원이다.

문제 12. 다음 중 선물환거래에 대한 설명으로 옳지 않은 것은?

① 외환거래에서 거래당사자가 미래의 일정시점 또는 일정기간 이내에 외환을 일정한 환율로 고정시켜 놓고 인수도하기로 약정하는 거래로 제3영업일부터 시작된다.

② 거래환율은 현재시점에서 결정되지만 자금결제는 미래의 일정시점에 이루어지기 때문에 계약일에서 결제일까지의 환율변동으로 인한 위험을 회피할 수 있다.

③ outright forward는 현물환거래와 선물환거래의 한 쌍으로 이루어지는 스왑거래에서의 선물환계약이다.

④ 기초자산에 대한 거래없이 시세차익을 목표로 실행되는 선물환거래를 투기거래라고 한다.

해설 outright forward는 선물환 매입 또는 매도 중 어느 한쪽만을 계약하는 거래를 말한다.

문제 13. 다음 중 선물환시장에 대한 설명으로 옳지 않은 것은?

① 선물환가격이 현물환가격보다 높으면 선물환할증이라고 한다.

② 단순선물환거래(outright forward)는 하나의 선물환에 매입 또는 매도포지션을 취하는 것을 말한다.

③ 은행간시장에서 선물환율의 고시방법은 선물환율과 현물환율의 차이인 스왑률을 주로 사용한다.

④ 달러선물환매도자는 만기일에 매입자에게 달러를 수취하고 원화를 지급한다.

해설 달러선물환매도자는 만기일에 선물환매입자에게 달러를 인도하고 원화를 수취한다.

문제 14. 다음 중 선물환과 통화선물에 대한 설명으로 옳지 않은 것은?

① 선물환과 통화선물은 미래에 거래할 외환의 가격인 환율을 고정시킨다는 측면에서 동일한 형태의 계약이다.

② 선물환은 선도계약으로 장외시장에서 거래되는 반면에 통화선물은 선물계약으로 장내시장에서 거래된다.

③ 통화선물은 거래상대방을 보호하기 위해 증거금과 일일정산제도가 존재한다.

④ 통화선물은 거래상대방이 약속을 이행할 것인가에 대한 계약불이행위험이 존재한다.

해설 통화선물은 청산소가 거래상대방의 역할을 수행하여 선물계약의 이행을 보증하기 때문에 계약불이행위험이 존재하지 않는다.

문제 15. (주)한국은 중국에서 원자재를 수입하고 수입대금 U$1,750,000을 3개월 후에 지급할 예정이다. 오늘 원/달러환율이 ₩1,230/U$이며 3개월 달러 선물환 고시가격이 ₩1,255/U$이라고 한다. 다음 중 환위험을 회피하기 위한 적절한 전략으로 옳은 것은?

① 환율의 상승이 예상되면 달러선물을 매입하는 전략을 사용해야 한다.

② 환율의 상승이 예상되면 풋옵션을 매입하는 전략을 사용해야 한다.

③ 환율의 하락이 예상되면 콜옵션을 매도하는 전략을 사용해야 한다.

④ 단기금융시장에서 외화대출을 받아 미리 원화로 환전하여 예금하는 전략을 사용해야 한다.

해설 수입업자는 현물시장에서 매도포지션과 동일한 상태에 있어 환율상승시 손실이 발생하므로 헤지거래를 하려면 환율상승시 이익을 얻을 수 있는 선물매입, 콜옵션매입, 풋옵션매도, 원화를 차입하여 달러로 바꾼 후 달러에 투자하는 단기금융시장을 이용해야 한다.

문제 16. (주)한국은 6개월 후 수취하는 달러화 수출대금에 대한 환위험을 헤지하려고 180일 달러 선물환계약을 체결하였다. 현재 180일 달러 선물환율은 1,050원이다. 만일 180일 후 현물환율이 1,200원이면 (주)한국의 손익은?

① 달러 선물환을 매도했을 것이므로 헤지포지션에서 손실이 발생했다.

② 달러 선물환을 매입했을 것이므로 헤지포지션에서 이익이 발생했다.

③ 달러 선물환을 매도했을 것이므로 헤지포지션에서 이익이 발생했다.

④ 달러 선물환을 매입했을 것이므로 헤지포지션에서 손실이 발생했다.

해설 향후 수령할 수출대금의 달러가치 하락위험을 헤지하려면 달러 선물환을 매도해야 한다. 선물환을 매도했는데 향후 환율이 상승하면 선물환 매도포지션에서 손실이 발생한다.

문제 17. ABC회사는 180일 후에 $1,000,000을 ¥105/$의 선물환율에 매도하였다. 현재의 현물환율은 ¥100/$이나 180일 후에 ¥120/$이 되었다면 이 거래에서 발생한 ABC회사의 손익은?

① $125,000 이익　　　　　　　② $125,000 손실

③ $166,667 이익　　　　　　　④ $166,667 손실

해설 선물시장에서 달러를 매도했는데 만기에 달러화의 가치가 상승했으므로 ABC회사는 선물환거래를 통해 손실을 입게 된다. 손실은 달러당 ¥15이므로 ¥15,000,000의 손실이 발생한다. ¥120/$이므로 이는 $125,000에 해당한다.

문제 18. 다음 중 환위험을 헤지하기 위해 미국달러선물을 매도해야 하는 경우는?

> 가. 보유중인 미국 주식을 3개월 후에 매도하여 국내 주식에 투자할 계획이다.
> 나. 3개월 후에 달러화 차입금을 상환해야 한다.
> 다. 3개월 후에 원자재를 수입할 계획으로 있다.
> 라. 3개월 후에 달러화 표시 채권을 발행하여 원화로 자금을 확보할 계획이다.

① 가, 나   ② 다, 라

③ 가, 라   ④ 나, 다

해설 현물시장에서 매입포지션에 있어 3개월 후에 달러화 유입이 있는 경우 달러화선물을 매도함으로써 가격하락위험을 헤지할 수 있다.

문제 19. 다음 중 미국달러선물에 대한 설명으로 적절한 것은?

① 다른 요인의 변화가 없다면 원화 금리가 상승할수록 달러선물가격은 하락한다.

② 다른 요인의 변화가 없다면 달러 금리가 상승할수록 달러선물가격은 상승한다.

③ 원/달러 환율의 하락을 예상한 투기전략은 달러선물매입이다.

④ 달러화 매입포지션의 헤지전략은 달러선물매도이다.

해설 다른 요인의 변화가 없다면 원(달러) 금리가 상승할수록 달러선물가격은 상승(하락)한다. 원/달러 환율의 하락을 예상한 투기전략은 달러선물매도이다. 달러 매입포지션의 헤지전략은 달러선물매도이다.

문제 20. 한국전자는 미국의 A기업과 $1,000,000의 부품공급계약을 체결하고 3개월 후 판매대금을 수취하기로 약정하였다. 또한 미국의 B기업으로부터 $800,000의 부품을 수입하고 3개월 후에 부품대금을 지급하기로 하였다. 한국전자가 완전 헤지를 한다고 가정할 경우 취해야 할 가장 바람직한 거래는?

① $1,000,000에 대한 원/달러 선물환 매도 및 $800,000에 대한 원/달러 선물환 매입

② $1,000,000에 대한 원/달러 선물환 매입 및 $800,000에 대한 원/달러 선물환 매도

③ $200,000에 대한 원/달러 선물환 매도

④ $200,000에 대한 원/달러 선물환 매입

해설 상계 후 포지션을 구해보면 6개월 후 $200,000의 미국달러를 대금으로 수취하게 된다. 선물거래에 대한 거래수수료가 존재하는 경우 선물포지션이 커질수록 거래수수료가 추가되므로 상계 후 남아있는 환위험 포지션에 헤지를 하는 것이 바람직하다. 즉 $200,000에 대한 원/달러 선물을 매도하는 경우 거래비용을 최소화하는 완전헤지가 가능하다.

문제 21. (주)한국은 캐나다달러(CD$)로 이루어질 수입자금 결제에 대해 선물거래소에서 거래되는 미국달러(US$)선물을 활용하여 환위험을 헤지하고자 한다. CD$와 US$에 대한 통계량이 다음과 같이 주어졌을 경우에 제3국 통화로 헤지함에 따라 발생하는 베이시스위험을 최소화시키는 최소분산헤지비율은?

① 0.567   ② 0.694

③ 1.041   ④ 1.275

해설 베이시스위험을 최소화시키는 최소분산헤지비율은 (상관계수×현물환율의 표준편차/선물환율의 표준편차) = (0.85×0.1/0.15) = 0.567이다.

문제 22. 다음 중 환위험을 헤지하기 위해 미국달러선물을 매도해야 하는 경우는?

가. 보유하고 있는 미국 주식을 3개월 후에 매도하여 국내 주식에 투자할 계획이다.
나. 3개월 후에 달러화 차입금을 상환해야 한다.
다. 3개월 후에 원자재를 수입할 계획으로 있다.
라. 3개월 후에 달러화 표시채권을 발행하여 원화로 자금을 확보할 계획이다.

① 가, 나   ② 다, 라

③ 가, 라   ④ 나, 다

해설 현물시장에서 매입포지션인 경우 환율하락시 손실이 발생하기 때문에 선물시장에서는 환율하락위험을 회피하기 위해 달러선물을 매도해야 한다.

문제 23. (주)가나는 6개월 후에 수입대금 100만 달러를 지불해야 한다. 원/달러 환율이 상승할 경우에 달러당 지급하는 원화금액을 일정 수준으로 제한할 수 있고, 환율이 하락할 경우에 달러당 지급하는 원화금액이 낮아질 수 있는 헤지전략은?

① 달러화 선물 매입   ② 달러화 선물 매도

③ 달러화 콜옵션 매입   ④ 달러화 풋옵션 매입

해설 현물시장에서 매도포지션인 경우 환율상승시 손실이 발생하기 때문에 선물시장에서는 환율상승위험을 회피하기 위해 달러선물을 매입해야 한다. 그런데 환율하락시 원화금액이 낮아지는 것도 필요하므로 콜옵션을 매입해야 한다.

문제 24. 다음 중 (가)와 (나)에 들어갈 말은?

> ※ 향후 원유가격의 상승을 예상하여 투기하려면 원유선물을 (가)해야 한다.
>
> ※ 1개월 후 원유를 구매하는 사람이 가격상승을 헤지하려면 원유선물을 (나)해야 한다.

	①	②	③	④
(가)	매입	매입	매도	매도
(나)	매입	매도	매입	매도

해설 원유 현물가격이 상승하면 원유 선물가격도 상승한다. 따라서 투기거래자는 원유선물을 매입해야 한다. 그리고 향후 원유를 구매할 경우 원유가격 상승위험에 노출되어 있어 원유선물을 매입하면 이를 회피할 수 있다.

* 다음 표를 참고하여 25~27번 문제에 답하시오.
아래의 표는 한국거래소(KRX)에서 거래되는 9월 만기 미국달러선물 데이터의 가상 내역이며 1계약은 $10,000이다.

시간	10:00	10:10	10:20	종가(정산가격)
금액	1,200	1,300	1,350	1,320
A	매입	전매		
B	매도		매입	
C		매입		
D			매도	

문제 25. A는 1,200원/$에 1계약을 매입한 후 1,300원/$의 가격에 1계약을 매도하였다. A의 손익은 얼마인가?

① 100만원 이익　　　　　　② 100만원 손실

③ 500만원 이익　　　　　　④ 500만원 손실

해설 A의 손익 = (매도가격－매입가격)×계약수
= (1,300원/$－1,200원/$)×$10,000×1계약 = 100만원 이익

문제 26. B는 1,200원/$에 1계약을 매도한 후 1,350원/$의 가격에 1계약을 매입하였다. B의 손익은 얼마인가?

① 150만원 이익　　　　　　② 150만원 손실

③ 250만원 이익　　　　　　④ 250만원 손실

해설 B의 손익 = (매도가격－매입가격)×계약수
= (1,200원/$－1,350원/$)×$10,000×1계약 = 150만원 손실

문제 27. C는 1,300원/$에 1계약을 매입한 후 일일정산을 실시하였다. C의 손익은?

① 20만원 이익   ② 20만원 손실

③ 50만원 이익   ④ 50만원 손실

해설 C의 손익 = (매도가격−매입가격)×계약수
$$= (1,320원/\$-1,300원/\$)\times\$10,000\times1계약 = 20만원\ 이익$$

문제 28. 다음 중 스프레드거래에 대한 설명으로 옳은 것으로만 묶은 것을 고르면?

가. 스프레드의 변동을 예상하여 상대적으로 과소평가된 선물은 매입하는 동시에 과대평가된 선물은 매도하는 거래를 말한다.

나. 스프레드의 축소가 예상되면 근월물을 매입하고 원월물을 매도하면 무위험이익을 얻을 수 있다.

다. 스프레드거래는 투기거래 중에서도 상대적으로 보수적인 투자자들에게 적절한 거래이다.

① 가, 나   ② 가, 다

③ 나, 다   ④ 가, 나, 다

해설 상품내 스프레드(inter−delivery spread)

유형	강세스프레드(bull spread) 매입스프레드(long spread)	약세스프레드(bear spread) 매도스프레드(short spread)
상황	스프레드 축소	스프레드 확대
전략	근월물매입+원월물매도	근월물매도+원월물매입

문제 29. 현재 외환시장에서 현물 1달러가 1,300원에 거래되고 있다. 3월물 원화금리는 연 6%, 3개월 달러금리는 연 4%일 때 시장선물환율이 1,302원으로 거래되고 있을 경우 차익거래를 위한 거래가 아닌 것은?

① 달러 선물환 1,302원에 매입한다.

② 달러 현물을 1,300원에 매도한다.

③ 달러를 4%로 운용한다.

④ 달러매도대금을 원화 6%로 운용(예치)한다.

해설 금리평가설에 의하면 $1,300(1+0.06\times3/12) = \$1(1+0.04\times3/12)F$를 만족하는 선물환율 (F)을 구하면 1,306.44원이다. 시장선물환율 < 이론선물환율인 경우 선물이 저평가되어 있다. 따라서 달러선물환을 매입하고 달러 현물매도(달러차입 매도 후 원화예치)하는 차익거래가 가능하다.

문제 30. 국내 외국주식 투자자가 환율상승에 대비하여 1,000만 달러 역외선물환 (NDF) 매입계약을 1,250원에 체결한 반면에 국내은행은 NDF 매도계약을 체결하였다. 만기에 적용할 환율이 1,258원으로 발표되었다면 외국주식 투자자의 손익은?

① $63,593 수취

② $68,000 지불

③ $71,253 수취

④ $73,270 지불

해설 결제금액 = 명목원금×(지정환율−선물환율)/지정환율

결제금액〉0이면 선물환매도자가 매입자에게 결제금액을 지급하고, 결제금액〈0이면 선물환매입자가 매도자에게 결제금액을 지급한다. 따라서 국내은행은 결제금액 = $10,000,000 ×(1,258−1,250)/1,258 = $63,593을 국내 외국주식투자자에게 지급한다.

정답

1.⑤ 2.① 3.④ 4.④ 5.① 6.③ 7.⑤ 8.③ 9.② 10.②
11.③ 12.③ 13.④ 14.④ 15.① 16.① 17.② 18.③ 19.④ 20.③
21.① 22.③ 23.③ 24.① 25.① 26.② 27.① 28.④ 29.③ 30.①

상품선물

상품선물은 1848년에 설립된 CBOT에 의해 도입되어 1970년대 초까지 세계 선물시장의 주류를 이루어왔으나, 1972년 CME에 의해 통화선물이 도입된 후 금융선물의 비중은 확대되고 상품선물의 비중은 축소되고 있다. 우리나라는 2008년 7월 돈육선물, 2015년 11월 금선물이 새롭게 상장되어 거래되고 있다.

제1절 **금선물**

1. 금선물의 개요

금선물(Gold Futures)은 금을 기초자산으로 하는 선물계약으로 1999년 4월에 금선물이 상장되고 2010년 9월에 미니금선물이 상장되었다. 그러나 두 상품은 거래가 부진하여 2015년 11월 19일 기준으로 모두 상장폐지되고, 기존의 미니금선물이 2015년 11월 23일 유일한 금선물로 새롭게 상장되었다.

금의 가격변동위험에 노출된 기업은 금선물을 이용하여 금가격위험을 헤지할 수 있고, 투자자는 재테크 수단으로 금선물을 활용할 수 있다. 새롭게 상장된 금선물은 기존 실물인수도 방식의 금선물에 비해 거래단위를 1/10 규모로 낮추었고, 거래일의 금가격과 청산일의 금가격 차액을 현금으로 수수한다.

그러나 현물시장의 여건 미비와 수요부족으로 국내 상품선물거래는 활성화되지 못하고 있다. 최종결제가격으로 기존의 런던금시장 기준가격 대신에 한국거래소 금현물시장의 종가를 사용하여 기존의 금선물과 차이가 있다. 한국거래소의 금현물시장은 2014년 3월 24일 개장 이후 꾸준히 성장하고 있다.

2. 금선물의 효과

(1) 금가격변동위험의 헤지

금가격은 주식가격 및 미국달러, 엔화, 유로화와 같은 통화와 마찬가지로 변동성이 매우 크기 때문에 금가격의 변동위험에 노출된 생산자와 투자자들은 금선물을 활용하면 금가격과 관련한 위험을 회피하거나 축소시킬 수 있다.

(2) 현물시장 가격발견기능 제고

선물시장은 완전경쟁시장에 가까워 금 현물가격에 대한 예측치를 제공하여 금 관련 종사자가 경영계획을 수립하는데 유용하고, 투자자들의 미래예측가격이 실시간으로 모든 투자자에게 공시되어 금현물거래지표로 활용할 수 있다.

(3) 새로운 금융투자 서비스 제공

금선물은 최근 활성화되고 있는 골드뱅킹, 금 ETF, 금펀드와 같은 금관련 투자상품의 하나로서 투자자들은 미래의 금가격을 사전에 예측하여 포지션 구축에 따른 금선물을 거래함으로써 새로운 투자수단으로 활용할 수 있다.

3. 금선물의 특징

첫째, 금현물 100g을 매입하면 약 500만원(100×50,000원)이 필요하지만 금선물 1계약을 매수하면 약 50만원(500만원×증거금률 10%)이 필요하여, 나머지 금액을 MMF와 같은 상품에 투자하면 추가수익을 얻을 수 있다. 또한 현금 이외의 대용증권으로 증거금 납부가 가능하여 국내주식을 증거금으로 활용할 수 있다.

둘째, 금현물을 매입하면 10%의 부가가치세를 부담해야 하고, 수입된 금을 구입하는 경우 3% 관세를 추가로 납부해야 한다. 그러나 금선물을 활용하는 경우에 번거로운 절차 금현물 투자와 동일한 효과를 얻을 수 있다. 따라서 금선물을 활용하면 동일한 관세 면제 혜택을 보면서 100g 단위로 금을 거래할 수 있다.

셋째, 국내 금선물을 활용하는 경우에 거래수수료가 해외 금선물에 비해 훨씬 저렴하고 환전비용이 들지 않는다. 다만, 국내 금선물의 증거금률 10%가 해외 금선물 3~5% 수준에 비해 높은 수준이지만 거래수수료와 환전수수료 등 거래비용을 종합적으로 비교하면 국내 금선물을 이용하는 것이 유리하다고 할 수 있다.

표 7-1 금선물의 주요내용

구 분	상품명세
거 래 대 상	순도 99.99% 금지금
거 래 단 위	100g
결 제 월	매월
상 장 결 제 월	1년 이내 7개 결제월(짝수월 6개와 홀수월 1개)
가 격 표 시	1g당 원화
최 소 가 격 변 동 폭	10원/g
최 소 가 격 변 동 금 액	1,000원(=100g×10원)
주 문 가 격 제 한 범 위	기준가격±2,000원
거 래 시 간	09:00~15:45(최종거래일 09:00~15:20)
최 종 거 래 일	각 결제월의 세번째 수요일
최 종 결 제 일	최종거래일(다음 거래일)
최 종 결 제 가 격	최종거래일 한국거래소 금시장 종가
결 제 방 법	현금결제
가 격 제 한 폭	기준가격 ± (기준가격×10%)

4. 금선물의 거래절차

(1) 계좌개설

금선물을 거래하고자 하는 투자자는 우선 증권회사 또는 선물회사에서 거래할 계좌를 개설해야 한다. 만일 이미 국채선물이나 통화선물 등의 거래를 위한 계좌를 가지고 있는 경우에는 기존의 계좌를 이용할 수 있다.

(2) 증거금 납부

금선물을 거래하고자 하는 투자자는 위탁증거금을 납부해야 한다. 따라서 주문증거금을 예탁한 후 거래를 할 수 있으며 거래에 따른 투자손실이 발생하여 예탁금이 유지증거금 수준을 하회하면 추가증거금을 납부해야 한다.

(3) 거래주문

투자자는 금선물거래시 계좌를 개설한 증권회사 또는 선물회사를 직접 방문하거나 전화, 온라인(HTS) 등을 이용하여 주문을 제출할 수 있다.

(4) 거래체결

투자자의 주문은 가격우선 및 시간우선의 원칙에 의해 거래가 체결되고 당해 체결내역은 증권회사 또는 선물회사로 통보되며, 투자자는 전화나 온라인(HTS) 등을 통해 체결내역을 확인할 수 있다.

(5) 일일정산

선물시장이 종료되면 선물회사는 당일 정산가격에 의거하여 일일정산을 실시한다. 일일정산에 따른 손익은 결제시한(다음 거래일 12시)이후 투자자의 예탁금에서 가감되는 방식으로 결제가 이루어진다.

(6) 최종결제

새롭게 상장된 금선물은 기존의 실물인수도 방식의 금선물에 비해 거래단위를 1/10로 낮추었고 현금결제방식을 채택하여 청산일의 금가격과 거래일의 금가격간의 차액을 주고 받는 상품이다.

5. 금선물을 이용한 위험관리

[사례 7-1] 제련업체

비철금속 제련업체인 고려아연은 비철금속 이외에 부산물로 생산되는 금의 가격하락위험에 대비하여 선물시장을 이용한다. 고려아연은 광석을 들여올 당시보다 제품판매 시점의 가격이 하락할 경우에 대비하여 제련부터 판매까지의 기간 동안 선물시장에서 매도포지션을 유지하다 제품판매 후 선물을 매입하여 제련과정에서의 부가가치만을 안정적으로 추구하는 전략을 유지한다. 금가격이 급등하는 경우에 선물거래를 통한 손실이 발생하여 전체적으로 추가적인 수익을 포기하는 경우가 발생하더라도 이러한 가능성을 감수한다. 이는 선물거래를 하지 않는 상황에서 금가격이 폭락하는 경우에 엄청난 손실이 발생할 수 있기 때문이다.

[사례 7-2] 생산업체

최근에 홍콩의 보석품평회에서 호평을 받은 고려상사는 해외에서 주문이 폭주하고 있다. 그런데 고려상사는 주문시점과 납품시점의 기간차이로 원가변동위험을 안고 있다. 주문은 현재 금시세(20,200,000원/kg, VAT별도)를 기준으로 받았으나 실제로 수출은 3개월에 걸쳐 이루어지기 때문이다.

금가격의 상승이 예상되는 가운데, 주문량 소화에 필요한 금(10kg)을 미리 구매하는 것은 일시적 자금부담(약 2.2억)을 발생시키고, 필요한 양만 나누어 구매하는 것은 금가격의 추가상승시 계산된 마진이 줄어들거나 오히려 역마진을 볼 수도 있기 때문에 B사는 금 선물거래를 이용하기로 하였다.

고려상사는 한국거래소 5월 만기 금선물 10계약을 20,210,000원에 매입하였다. 이후 5월까지의 선적분에 해당하는 금현물 4kg(21,350,000원/kg)을 구매함과 동시에 금선물시장에서 4계약을 동일한 가격에 매도하고 나머지 6계약의 선물포지션은 6월 만기 선물포지션으로 만기연장을 하였다.

6월 들어 금가격이 하락하였고, 고려상사는 6월 선적분 6kg의 현물을 구매한 후 선물시장에서 선물 매수포지션 6계약을 20,100,000원에 매도하였다. 결과적으로 고려상사는 자금부담을 최소화하면서 금가격의 상승으로 손해를 볼 수 있었던 4백만원의 대부분을 금선물거래를 통해 만회하였다.

표 7-2	고려상사의 현선거래 손익계산(단위 : 천원)

현물거래	선물거래
$(20,200-21,350)\times4\text{kg} = -4,600$	$(21,350-20,210)\times4\text{계약} = 4,560$
$(20,200-21,100)\times6\text{kg} = 600$	$(20,100-20,210)\times6\text{계약} -660$
$-4,000,000$원	$+3,900,000$원

제2절 돈육선물

1. 돈육선물의 개요

돈육선물은 돼지가격의 변동위험을 회피하기 위해 1계약당 1,000kg에 해당하는 돈육대표가격을 현재시점에 약정한 가격으로 미래시점(최종거래일)에 매입하거나 매도하기로 약정하는 선물거래를 말한다. 즉 실제로 돼지를 사고파는 것이 아니라 돈육의 가격을 거래대상으로 하는 선물거래이다.

한국거래소에 상장된 돈육선물의 결제방법은 현금결제방식으로 포지션이 종료된다. 따라서 최종결제일(최종거래일＋2일)에 실제로 돈육도체를 주고받는 대신에 최종결제가격(최종거래일 다음날 오전 10시에 발표되는 돈육대표가격)을 이용하여 차금을 주고받음으로써 돈육선물계약이 종료된다.

현금결제방식은 돼지고기의 유통 특성상 변질가능성이 높아 저장이 용이하지 않고, 돼지고기의 실물인수도에 따른 번잡성 및 소요비용 등을 제거하기 위한 것이다. 돈육선물은 경쟁거래로 이루어지기 때문에 현물시장에 비해 가격투명성이 높으며 거래소에 의한 결제이행보증으로 안정성도 높다.

한국거래소는 돈육선물거래의 계약당사자는 아니지만 결제시점에 결제이행을 보증하기 위해 매도회원에 대해서는 매입자, 매입회원에 대해서는 매도자가 되어 법적으로 결제이행의 당사자가 된다. 따라서 투자자는 거래상대방의 신용도를 파악할 필요가 없이 안심하고 거래에 참여할 수 있다.

돼지고기는 저장성이 낮고 가격의 계절적 변동요인이 크게 작용하며, 질병발생 등으로 인한 공급량의 변동으로 현물가격의 변동성이 매우 높은 편이다. 따라서 돈육선물의 가격도 변동성이 높으며, 이러한 특성을 반영하여 한국거래소에 상장된 선물상품 중 위탁증거금률이 21%로 가장 높다.

2. 돈육선물의 명세

(1) 기초자산

돈육선물의 거래대상은 돈육대표가격, 거래단위는 1계약당 돈육도체 1,000kg이다. 이는 양돈농가의 1회 평균출하두수(20~30마리)를 고려하여 출하규모에 상응하는 헤지거래를 하도록 계약당 1,000kg(13~14마리)으로 정하였다. 예컨대 돈육대표가격이 1kg당 4,000원일 때 거래금액은 4백만원(＝4,000원×1,000kg)이 된다.

(2) 가격표시

돈육선물의 가격은 kg당 가격(예 : kg당 4,000원)으로 표시한다.

(3) 호가단위

돈육선물을 거래할 경우에 매입주문과 매도주문을 낼 수 있는 가격단위는 5원이다. 돈육선물의 거래단위가 1계약당 1,000kg이므로 최소가격변동금액은 5천원(=1,000kg×5원)이 된다. 따라서 돈육가격 1단위가 움직이면 1계약당 5천원의 손익이 발생한다.

(4) 상장결제월

돈육선물의 상장결제월은 최근 연속 6개월이다. 예컨대 7월말 현재 8, 9, 10, 11, 12월 그리고 1월물이 상장되어 거래되다 8월물 거래가 종료되면 내년 2월물이 상장된다. 결제월을 6개로 설정하여 최장거래기간을 6개월로 하는 이유는 비육돈의 평균생육기간이 6개월임을 감안하여 헤지거래의 수요를 충당하기 위함이다.

(5) 최종거래일

최종거래일(T)은 각 결제월의 세번째 수요일, 최종결제일은 최종거래일부터 기산하여 세번째 거래일(T+2일)이다. 돈육가격은 월요일에는 돈육에 대한 수요증가로 가격이 평균대비 높게 형성되고, 주 후반에는 수요가 감소하여 가격이 낮게 형성되어 돈육가격이 주 평균가격에 근접하는 수요일을 최종거래일로 정한 것이다.

(6) 최종결제

돈육선물의 최종결제는 현금결제방식으로 포지션을 청산한다. 따라서 최종결제일에 실제 돈육도체를 주고받는 대신 최종결제가격인 돈육대표가격과의 차이를 현금으로 정산하여 수수하고 돈육선물거래를 종결한다. 최종결제가격은 최종거래일 다음 날 축산물등급판정장소가 공표하는 돈육대표가격을 말한다.

(7) 거래시간

돈육선물의 거래시간은 오전 10시 15분부터 오후 3시 45분까지이며, 주문접수는 9시 15분부터 가능하다. 돈육선물의 거래개시시간이 다른 선물상품과 다른 이유는 돈육대표가격이 오전 10시에 공표되므로 공표 후 15분 동안 투자자들에게 정보가 전달되는 시간과 투자판단 시간을 제공하기 위해서이다.

| 표 7-3 | 돈육선물의 주요내용 |

구　　　분	상품명세
기 초 자 산	돈육대표가격(산출기관 : 축산물품질평가원)
거 래 단 위	1,000kg
결 제 월	매월
상 장 결 제 월	연속 6개 결제원(분기월 2개, 비분기월 4개)
가 격 표 시	원/kg
호 가 가 격 단 위	5원/kg
최소가격변동금액	5,000원(1,000kg×5원)
거 래 시 간	10:15~15:45(최종거래일도 동일)
최 종 거 래 일	각 결제월의 세번째 수요일
최 종 결 제 일	결제월의 최종거래일부터 기산하여 3일째 거래일(T+2)
결 제 방 법	현금결제
가 격 제 한 폭	기준가격대비 상하 ± 21%
단일가격경쟁거래	개장시(09:15~10:15) 및 거래종료시(15:05~15:45)

3. 돈육선물의 효과

(1) 체계적인 위험관리수단

돈육선물은 돈육가격변동위험에 노출된 양돈업자 등 현물시장 참여자에게 실시간으로 이용할 수 있는 가격위험관리수단이 될 수 있다. 그동안 특별히 별다른 위험관리의 수단이 없어 돈육가격변동에 따른 손실을 감내할 수밖에 없었던 양돈농가, 육가공업체 등에게 매우 유용한 위험관리수단이 될 것이다.

양돈농가는 돈육가격변동에 대한 위험관리를 통해 안정적인 소득기반을 확보하여 돈육가격의 하락에 대한 우려없이 양돈업에 전념할 수 있다. 돈육가공업자는 돈육선물을 이용하여 구매비용을 안정화시키고 선물시장의 가격발견기능을 이용하여 재료구매시기 및 생산량 조절 등 안정적인 경영활동이 가능하다.

(2) 현물시장의 가격발견기능

선물시장은 완전경쟁시장의 형태로 미래 돈육현물가격에 대한 예측치를 제공하여 생산, 가공, 판매, 소비에 이르는 전반에 걸쳐 양돈업계 종사자가 향후 경영계획을 수립하는데 유용할 것이다. 돈육선물이 상장되면 투자자들의 미래예측가격이 실시간으로 모든 투자자에게 공시되어 돈육현물가격의 지표로 활용될 수 있다.

4. 돈육선물의 거래절차

(1) 계좌개설

돈육선물을 거래하고자 하는 투자자는 주식 등 현물계좌와는 별도로 고객이 선택한 거래소와 회원사인 선물회사를 방문하여 선물·옵션거래위험고지서를 교부받아 내용을 숙지한 후 계좌를 개설한다. 이미 선물회사에 옵션매수전용계좌나 국채 등 전용계좌를 가지고 있는 경우에도 별도로 일반계좌를 개설해야 한다.

(2) 예탁금 납부

돈육선물을 거래하고자 하는 투자자는 일반 계좌를 개설하고 주문을 내는 경우 기본예탁금(1,500만원)을 납부해야 한다. 기본예탁금은 전액 대용증권으로 납부할 수 있고, 위탁증거금으로 사용할 수 있다.

(3) 증거금 납부

일상생활에서 상행위를 위한 매매계약시 계약이행을 보증하기 위해 계약금을 지불하듯 돈육선물도 결제이행을 보증하기 위해 증거금을 납부해야 한다. 매일 장이 마감되면 일일정산을 통해 손익을 가감하되 증거금이 유지증거금을 하회하면 투자자는 증거금이 개시증거금 수준 이상이 되도록 추가증거금을 납입해야 한다.

(4) 주문유형

투자자는 회원사를 직접 방문하거나 전화나 온라인(HTS)으로 종목, 수량, 가격, 매수 또는 매도의 내용을 지정하여 지정가주문을 낸다. 돈육선물은 돈육대표가격이 1일 경과 후 공표되어 다른 상품과 달리 돈육선물가격은 전일과 당일의 현물가격을 일시에 반영할 수 있어 가격변동성이 높아 시장가주문을 허용하지 않는다.

(5) 거래체결

회원사에 접수된 투자자의 주문은 즉시 한국거래소 거래체결시스템에 전달되어 가격우선, 시간우선 등의 거래체결원칙에 따라 거래가 체결된다. 매입(매도)은 높은(낮은)

가격이 먼저 체결된다. 거래가 체결되면 즉시 해당 회원사에 통보되므로 투자자는 주문 이후 회원사를 통해 체결내역을 실시간으로 확인할 수 있다.

(6) 일일정산

매일 시장이 종료되면 회원사는 당일 종가(정산가격)를 기초로 일일정산을 한다. 즉 체결된 선물거래의 체결가격 및 보유중인 미결제약정의 가격을 매일 당일의 정산가격으로 재평가하고 그에 따른 손익은 투자자의 예탁금에 반영되며 예탁금이 유지증거금 수준 이하로 내려가면 그 다음 날까지 추가증거금을 납부해야 한다.

(7) 최종결제

최종거래일의 거래시간 종료 전까지 포지션이 반대거래되지 않고 남아 있는 미결제약정은 최종결제가격(최종거래일 다음 날 발표되는 돈육대표가격)으로 손익을 평가하며 투자자가 그 차이를 현금으로 수수하면 돈육선물거래는 종료된다.

5. 돈육선물의 활용사례

(1) 양돈농가

향후에 돈육을 매도할 경우에 돈육가격이 현재보다 하락하여 발생할 수 있는 잠재손실을 최소화하기 위해 선물시장에서 돈육선물을 매도하여 보유하는 투자전략을 구사할 수 있다. 돈육선물 매도거래는 선물계약 체결시점에 원했던 가격으로 미래의 판매수익을 고정시키는 효과가 있다.

예컨대 7월 초 현재 돈육가격은 5,000원을 상회하고 있으나 돼지를 생산하는 양돈농가는 예상출하시점인 10월에 돈육가격 하락을 우려하고 있다. 가격하락위험을 회피하고자 하는 양돈농가는 적정이윤 확보가 가능하다고 판단되는 가격인 kg당 5,200원에 선물매도 10계약을 체결하였다.

① 돈육가격이 하락한 경우

	현물시장	선물시장
7월	현물시장가격 5,200원	돈육선물 10월물 5,200원에 매도
10월	현물시장가격 4,000원	돈육선물 10월물 4,000원에 청산
결과	돼지판매수입 4천만원 + 4,000원×10계약×1,000kg	선물거래이익 1천2백만원 (5,200원−4,000원)×10계약×1,000kg
효과	출하시점 10월의 판매수입은 4천만원이고 선물거래이익 1천2백만원이 발생하여 총판매수입은 5천2백만원 → 선물매도헤지를 통해 판매수입을 7월에 기대한 대로 5천2백만원에 고정시키는 효과	

② 돈육가격이 상승한 경우

	현물시장	선물시장
7월	현물시장가격 5,200원	돈육선물 10월물 5,200원에 매도
10월	현물시장가격 5,500원	돈육선물 10월물 5,500원에 청산
결과	돼지판매수입 5천5백만원 + 5,500원×10계약×1,000kg	선물거래손실 3백만원 (5,200원−5,500원)×10계약×1,000kg
효과	출하시점 10월의 판매수입은 5천5백만원이나 선물거래손실 3백만원이 발생하여 총판매수입은 5천2백만원 → 10월 현물가격 상승시에 선물매도헤지에서 손실이 발생하나 현물수입 확보로 경영상 애로 없음	

(2) 유통업체

향후에 돈육을 매입할 경우에 돈육가격이 현재보다 상승하여 발생할 수 있는 잠재손실을 최소화하기 위해 선물시장에서 돈육선물을 매입하여 보유하는 투자전략을 구사할 수 있다. 돈육선물 매입거래는 선물계약 체결시점에 원했던 가격으로 미래의 구매비용을 고정시키는 효과가 있다.

예컨대 7월 초 현재 돈육가격은 5,000원을 상회하고 있는데 육가공업체는 10월로 예정된 햄납품계약을 위한 돼지구매비용을 고정시키고자 한다. 가격상승위험을 회피하고자 하는 육가공업체는 돈육가격이 상승할 것으로 예상하여 현재 가격인 kg당 5,200원에 선물매입 10계약을 체결하였다.

① 돈육가격이 상승한 경우

	현물시장	선물시장
7월	현물시장가격 5,200원	돈육선물 10월물 5,200원에 매입
10월	현물시장가격 5,500원	돈육선물 10월물 5,500원에 청산
결과	돼지구매비용 5천5백만원 5,500원×10계약×1,000kg	+ 선물거래이익 3백만원 (5,500원−5,200원)×10계약×1,000kg
효과	10월의 구매비용은 5천5백만원이지만 선물거래에서 3백만원 이익이 발생하여 총구매비용은 5천2백만원 → 돈육선물 매입헤지를 통해 구매비용을 7월에 기대한 대로 5천2백만원에 고정시키는 효과	

② 돈육가격이 하락한 경우

	현물시장	선물시장
7월	현물시장가격 5,200원	돈육선물 10월물 5,200원에 매입
10월	현물시장가격 4,800원	돈육선물 10월물 4,800원에 청산
결과	돼지구매비용 4천8백만원 4,800원×10계약×1,000kg	+ 선물거래손실 4백만원 (4,800원−5,200원)×10계약×1,000kg
효과	10월의 구매비용은 4천8백만원이지만 선물거래에서 4백만원의 손실이 발생하여 총구매비용은 5천2백만원 → 돈육가격이 하락한 경우에는 선물매입헤지를 통해 발생한 손실을 현물시장에서 만회	

제1절 금선물

1. 금선물의 개요
   미래의 일정시점에 인수도할 금을 현재 선물시장을 통해 매매하는 계약으로 금가격의 변동위험에 노출된 기업은 금선물을 이용하여 가격변동위험을 헤지할 수 있고, 투자자는 재테크의 수단으로 금선물을 활용할 수 있음

2. 금선물의 장점 : 가격변동위험 헤지, 현물시장 가격발견기능 제고, 새로운 금융투자 서비스 제공

3. 금선물의 명세

① 거래대상은 순도 99.99% 이상 벽돌모양 금지금이며, 거래단위는 중량 1kg

② 국제금시세는 1온스당 달러화로 표시, 국내 금선물가격은 1g당 원화로 표시

③ 최소가격변동폭은 10원, 계약당 최소가격변동금액은 10,000원(10원×1,000g)

④ 2월, 4월, 6월, 8월, 10월, 12월 중 6개와 짝수월이 아닌 월 중 1개로 7개 상장

⑤ 거래시간은 오전 9시~오후 3시 45분(최종거래일은 09:00~15:20), 호가접수시간은 오전 8시~오후 3시 45분(최종거래일은 08:00~15:20)

⑥ 최종결제는 현금결제방식이며 최종결제가격은 최종거래일 한국거래소가 정하는 금시장 종가

⑦ 최종거래일은 각 결제월의 세번째 수요일이며, 결제시한은 최종거래일 다음 날(T+1일) 16:00

제2절 돈육선물

1. 돈육선물의 정의
   돼지가격의 변동위험을 회피하려고 1계약당 1,000kg에 해당하는 돈육가격을 계약시점에 약정한 가격으로 최종거래일에 매입하거나 매도하는데 실제로 돼지를 사고파는 것이 아니라 돈육가격을 거래대상으로 하는 선물거래

2. 돈육선물의 명세

① 기초자산은 돈육대표가격이며 거래단위는 1계약당 돈육도체 1,000kg

② 돈육선물의 가격은 kg당 가격(예 : kg당 4,000원)으로 표시함

③ 돈육선물에 대해 주문을 낼 수 있는 가격단위는 5원으로 돈육선물의 거래단위가 1계약 1,000kg이므로 최소가격변동금액은 5천원(=1,000kg×5원)

④ 돈육선물의 상장결제월은 최근 연속 6개월로 설정함

⑤ 최종거래일(T)은 각 결제월의 세번째 수요일이며 최종결제일은 최종거래일부터 기산하여 세번째 거래일(T+2일)

⑥ 최종결제는 현금결제방식으로 최종결제가격인 돈육대표가격과의 차이를 정산

⑦ 거래시간은 오전 10시 15분~오후 3시 45분, 주문접수는 9시 15분부터 가능

3. 돈육선물의 효과 : 체계적인 위험관리수단 제공, 현물시장의 가격발견기능 제고

문제 **1.** 다음 중 상품선물에 대한 설명으로 옳지 않은 것은?

① 편의수익(convenience yield)은 상품선물거래시 선물계약 보유자가 아닌 현물
보유자에게 주어지는 비금전적인 혜택으로 보유상품의 가격상승에서 발생하는
수익을 말한다.

② 코너(corner)는 현물시장과 선물시장에서 동시에 대량의 매입포지션을 취함으로
써 가격을 왜곡시키는 거래를 말한다.

③ 스퀴즈(squeeze)는 오직 선물시장의 시장메커니즘을 이용하여 선물가격을 왜곡
시키는 시장조작행위를 말한다.

④ 상품선물에서 베이시스는 금융선물과 마찬가지로 선물가격에서 현물가격을 차감
한 값을 말한다.

해설 상품선물은 관행적으로 현물가격에서 선물가격을 차감한 값을 베이시스로 이용한다.

문제 **2.** 다음 중 상품선물에 대한 설명으로 옳지 않은 것은?

① 정상시장에서는 보유비용이 보유수익보다 크다.

② 역조시장(inverted market)은 근월물가격이 원월물가격보다 큰 경우를 말한다.

③ 편의수익이 클수록 상품선물의 이론가격은 상승한다.

④ 베이시스가 증가할 것으로 예상되면 선물매도와 현물매입을 수행한다.

해설 편의수익이 클수록 상품선물의 이론가격은 하락한다.

문제 **3.** 다음 중 상품선물의 보유비용모형에 대한 설명으로 가장 옳지 않은 것은?

① 보유비용은 창고비용, 이자비용, 보유한 현물의 물리적 손실에 대한 보험료 등이
속한다.

② 편의수익은 상품재고량에 대한 감소함수로 재고량이 감소함에 따라 체감한다.

③ 편의수익은 일반상품의 경우 현물재고를 보유함으로 얻어진다.

④ 보유비용은 현물가격과 선물가격 내에서 근월물가격과 원월물가격으로 설명된다.

해설 편의수익은 상품 재고량이 감소함에 따라 증가한다.

문제 4. 다음 중 교차헤지에 대한 설명으로 옳지 않은 것은?

① 간접헤지는 헤지하려는 현물자산과 가장 비슷하게 가격이 변동하는 자산을 대상으로 선물계약을 통해 헤지하는 것을 말한다.

② 현물시장의 기회손실을 선물시장의 거래이익으로 완전히 상쇄시키면 완전헤지가 가능하다.

③ 현물가격과 선물가격의 변화에 대한 상관관계가 낮거나 반대방향인 경우 위험이 감소된다.

④ 헤지대상이 되는 현물자산과 수단의 기초자산이 다른 경우를 말하며 두 자산이 같더라도 품질이나 거래되는 지역이 다른 경우도 교차헤지의 범주에 속한다.

해설 현물가격과 선물가격의 변화가 동일해야 헤지효과가 크게 발생한다.

문제 5. 갑은 2019년 4월 2일 거래단위가 5,000부셸이고 인도월이 6월인 소맥선물 2계약을 부셸당 5,000원에 매입하였고, 을은 1계약을 매도하였다. 개시증거금은 계약금액의 10%, 유지증거금은 미청산계약에 한해 개시증거금의 80%이다. 갑과 을이 선물시장에서 요구되는 증거금만 입금하고 계약을 체결했을 경우 위 선물계약의 2019년 4월 2일 정산가격이 부셸당 5,100원이라면 갑과 을의 일일정산 후 증거금잔액은 얼마가 되겠는가?

	갑	을		갑	을
①	600만원	200만원	②	600만원	300만원
③	500만원	250만원	④	300만원	100만원

해설

	갑	을
개시증거금	500만원[*1]	250만원[*2]
청산손익	100만원[*3]	(50만원)[*4]
정산 후 증거금	600만원	200만원

[*1] 5,000원×5,000부셸×2계약×0.1 = 500만원

[*2] 5,000원×5,000부셸×1계약×0.1 = 250만원

[*3] 갑의 손익 = (5,100원−5,000원)×5,000부셸×2계약 = 100만원

[*4] 을의 손익 = (5,000원−5,100원)×5,000부셸×1계약 = −50만원

문제 6. 한국거래소에 상장된 상품선물에 대한 설명으로 옳지 않은 것은?

① 금 투자자의 이용성을 증대시키기 위해 금선물의 거래단위는 100g이다.

② 돈육선물의 거래단위는 1,000kg이다.

③ 금선물의 최종결제방법은 현금결제방식으로 이루어진다.

④ 돈육선물의 최종거래일은 각 결제월의 세번째 화요일이다.

해설 상품선물의 최종거래일은 모두 각 결제월의 세번째 수요일이다.

기 초 자 산	금(Gold)	돈육(Lean Hog)
거 래 단 위	100g	1,000kg
가 격 표 시	원/g	원/kg
최 종 거 래 일	결제월의 세번째 수요일	결제월의 세번째 수요일
결 제 방 법	현금결제	현금결제

문제 7. 한국거래소에 상장된 돈육선물에 대한 내용으로 옳지 않은 것은?

① 만기일 이전에 반대매매가 불가능하다.

② 계약단위가 1,000kg으로 정해져 있다.

③ 거래방식이 표준화되어 있다.

④ 최소호가단위가 정해져 있다.

해설 돈육선물은 만기일 이전에 반대매매를 통해 포지션을 청산할 수 있다.

문제 8. 금현물가격이 50,000원/g이고 이자율이 6%이며 연간 보유비용이 1,200원/g 이다. 편의수익을 2%로 가정하는 경우에 6개월 이론선물가격은 얼마인가?

① 49,800원/g ② 50,400원/g

③ 50,800원/g ④ 51,200원/g

해설 이론선물가격 = 현물가격[1+(이자율−편의수익)×기간]−보관비용×기간

= 50,000[1+(0.06−0.02)×6/12]−1,200×6/12 = 50,400원

문제 9. 현재 금가격은 46,000원/g이고, 선물가격은 46,500원/g이다. 금은방업자가 향후 금가격상승위험을 회피하기 위해 금선물을 매입하였다. 구매시점인 1개월 후 금가 격이 47,000원/g, 선물가격이 48,000원/g으로 상승한 경우에 순매입가격은?

① 45,500원/g ② 46,500원/g

③ 47,500원/g ④ 48,500원/g

해설 순매입가격 = 매입가격−헤지거래 이익 = 47,000−1,500 = 45,500원

문제 10. 돈육의 시장상황이 다음과 같다. 향후 돈육의 공급증가를 우려하여 양돈업자가 돈육선물을 매도하여 1개월 후 청산했을 경우에 순매도가격은?

구 분	현물가격	선물가격
현 재	4,000원/kg	4,200원/kg
1개월 후	4,500원/kg	4,300원/kg

① 4,200원/kg   ② 4,300원/kg

③ 4,400원/kg   ④ 4,600원/kg

해설 순매도가격 = 매도가격−헤지거래 비용 = 4,500−100 = 4,400원

문제 11. 금 판매상이 향후 금가격하락에 대비하여 금선물을 매도하였다. 현재 금가격이 45,000원/g이고 베이시스는 300이다. 1개월 후 금 시세가 44,000원/g으로 하락하고 베이시스는 −200으로 변동했을 경우에 순매도가격은?

① 43,500원/g   ② 43,800원/g

③ 44,200원/g   ④ 44,500원/g

해설 순매도가격 = 매도가격+헤지거래 이익 = 44,000+500 = 44,500원

구 분	현물가격	선물가격	베이시스
현 재	45,000	44,700	300
1개월 후	44,000	44,200	−200

문제 12. 다음 중 상품선물의 헤지거래에 대한 설명으로 옳지 않은 것은?

① 위험최소화 헤지비율(h)은 회귀방정식의 β를 말한다. ($\Delta S = \alpha + \beta \Delta F$)

② 금 100kg 보유자는 헤지비율이 0.5인 경우 금선물 50계약을 매입한다.

③ 양돈업자는 돈육선물을 매도하여 가격하한선을 확정한다.

④ 현물과 선물의 상관계수가 1인 경우에는 베이시스위험이 없다.

해설 금 보유자는 금가격의 하락위험을 회피하기 위해 금선물을 매도한다.

문제 13. 다음 중 헤지거래를 하기 위해 가장 먼저 검토하거나 조치해야 할 사항은?

① 위험회피의 필요성   ② 헤지수단의 결정

③ 헤지비율의 결정   ④ 헤지거래의 효과

해설 헤지전략의 단계는 위험회피의 필요성을 검토한 후 헤지수단을 결정하여 이를 이용한 헤지비율을 확정하는 순서에 따른다. 사후적으로 헤지의 효과를 분석하고 분석결과에 기초하여 피드백과정을 따른다.

문제 14. 다음 중 올바른 헤지전략에 해당하지 않는 것은?

① 포도주스 생산기업이 향후 포도가격 상승을 우려하여 포도선물을 매입하는 경우

② 원유를 수입하여 휘발유로 정제하여 판매하는 기업이 원유선물을 매도하고 휘발유선물을 매입하는 경우

③ 주식을 보유한 투자자가 가격하락위험을 회피하기 위해 풋옵션을 매입하는 경우

④ 3개월 후 자금을 차입할 예정인 기업이 금리상승을 우려하여 금리선물을 매도하는 경우

해설 원유가격의 상승위험을 회피하기 위해 원유선물을 매입하고, 휘발유가격의 하락위험을 회피하기 위해 휘발유선물을 매도해야 한다.

문제 15. 강서기업은 콩 2만톤을 보유하고 있다. 콩의 가격하락위험을 헤지하기 위해 콩선물을 이용하기로 하였다. 콩 선물가격의 표준편차는 콩 현물가격 표준편차의 2배이며, 둘의 상관계수는 0.8이다. 콩 선물 1계약당 거래단위는 500톤이다. 최소분산헤지에 의하면 강서기업은 몇 계약의 콩 선물계약으로 헤지가 가능한가?

① 16계약 매입   ② 16계약 매도

③ 32계약 매입   ④ 32계약 매도

해설 $HR = -\dfrac{\sigma_S}{\sigma_F} \times 0.8 = -\dfrac{\sigma_S}{2\sigma_S} \times 0.8 = -0.4, \quad N_F = -0.4 \times \dfrac{20,000}{500} = -16$

문제 16. 금가격상승을 예상한 투기거래자 홍길동이 금선물 10계약을 50,000원/g에 매입하였다. 1개월 후 48,000원/g에 반대거래를 했을 경우 거래손익은?

① 20,000원 이익   ② 20,000원 손실

③ 20백만원 이익   ④ 20백만원 손실

해설 거래손익 =(48,000−50,000)×100g×10계약 = 2,000,000원 손실

문제 17. 한국거래소에서 거래되는 금선물 1계약(100g)을 58,200원/g에 매입한 투자자가 65,200원/g에 반대매매를 했을 경우에 거래손익은?

① 700,000원 이익　　　　　② 700,000원 손실

③ 7,000,000원 이익　　　　④ 7,000,000원 손실

해설 거래손익 = (65,200−58,200)×100g×1계약 = 700,000원 이익

문제 18. 향후 돈육가격의 폭락을 예상한 투기거래자가 돈육선물 100계약을 4,000원/kg에 매도하였다. 1개월 후 3,900원/kg에 반대거래를 했을 때 거래손익은?

① 500,000원 이익　　　　　② 500,000원 손실

③ 1,000,000원 이익　　　　④ 1,000,000원 손실

해설 거래손익 = (4,000−3,900)×1,000g×10계약 = 1,000,000원 이익

문제 19. 향후 돈육가격의 상승을 예상한 투기거래자가 돈육선물 10계약을 27,500원/kg에 매입하였다. 예상과 달리 돈육가격은 하락하여 26,200원/kg에 반대거래를 했을 경우에 거래손익은?

① 1,000만원 이익　　　　　② 1,000만원 손실

③ 1,300만원 손실　　　　　④ 1,300만원 이익

해설 거래손익 = (26,200−27,500)×1,000kg×10계약 = 1,300,000원 손실

문제 20. 현재 금선물의 가격은 40,000원/g이고 베이시스는 0이다. 금가격의 상승을 예상하여 금선물을 매입했는데 3개월 후 베이시스가 200/g으로 하락했을 경우에 순매입가격은?

① 39,800원/g　　　　　　② 40,000원/g

③ 40,200원/g　　　　　　④ 40,400원/g

해설 순매입가격 = 매입가격+헤지거래 손익 = 39,800+0 = 39,800원

구　분	현물가격	선물가격	베이시스
현　재	40,000	40,000	0
1개월 후	39,800	40,000	−200

문제 21. 금세공업자 홍길동은 베타(β)가 2인 금과 금괴 40kg을 보유하고 있다. 향후 금가격의 하락에 대비하기 위해 한국거래소에 상장되어 있는 금선물의 헤지 계약수는 얼마인가?

① 40계약 매입
② 40계약 매도
③ 80계약 매입
④ 80계약 매도

해설 (2×40kg)/1kg = 80계약 매도

문제 22. 현재 금가격이 46,000원/g이고, 금선물의 이론가격이 46,300원/g이다. 금선물의 가격이 46,500원/g일 때 베이시스는 얼마인가?

① +300
② −300
③ +500
④ −500

해설 상품선물 베이시스 = 현물가격−선물가격 = 46,000−46,500 = −500

문제 23. 다음 중 상품선물에서 베이시스의 변동에 대한 설명으로 옳지 않은 것은?

① 베이시스 강화 또는 축소는 베이시스가 정(+)의 방향으로 변동하여 양의 베이시스의 경우 절대값이 보다 커지는 것을 말하고, 음의 베이시스의 경우 절대값이 보다 작아지는 것을 의미한다.

② 베이시스 약화 또는 확대는 베이시스가 부(−)의 방향으로 변동하여 양의 베이시스의 경우 절대값이 보다 작아지는 것을 말하고, 음의 베이시스의 경우 절대값이 보다 커지는 것을 의미한다.

③ 베이시스의 강화는 가격상승시 현물가격이 선물가격보다 상대적으로 더 상승하여 현물가격이 선물가격보다 강세를 나타낼 때를 의미한다.

④ 베이시스의 약화는 가격하락시 선물가격이 현물가격보다 상대적으로 더 하락하여 현물가격이 선물가격보다 약세를 나타낼 때를 의미한다.

해설 베이시스의 약화는 가격하락시 현물가격이 선물가격보다 상대적으로 더 하락하여 현물가격이 선물가격보다 약세를 나타낼 때 또는 가격상승시 선물가격이 현물가격보다 상대적으로 더 상승하여 선물가격이 현물가격보다 강세를 나타낼 때 생기는 현상이다.

문제 24. 시장상황에 따라 선물시장은 정상시장과 역조시장으로 구분한다. 보통 정(+)의 보유비용을 갖는 일반상품을 가정할 때 정상시장에 대한 내용으로 옳은 것은? 단, 선물가격은 보유비용모형에 의해 결정된다고 가정한다.

① 선물가격은 현물가격보다 낮으며, 원월물가격은 근월물보다 낮다.
② 선물가격은 현물가격보다 낮으며, 원월물가격은 근월물보다 높다.
③ 선물가격은 현물가격보다 높으며, 원월물가격은 근월물보다 낮다.
④ 선물가격은 현물가격보다 높으며, 원월물가격은 근월물보다 높다.

해설 선물시장에서 정(+)의 보유비용을 갖는 경우 선물가격은 현물가격에 정의 보유비용을 가산한 값이 되므로 현물가격보다 높으며, 원월물가격은 더 큰 보유비용으로 인해 근월물보다 높다.

문제 25. 다음 중 금선물에 대한 헤지거래로 적절하지 않은 것은?

① 판매예정인 금 도매업자가 금선물을 매도하고 가격을 확정시키는 경우
② 판매예정인 금 도매업자가 풋옵션을 매입하고 가격의 하한을 확정시키는 경우
③ 구매예정인 금 세공업자가 금선물을 매입하고 가격을 확정시키는 경우
④ 구매예정인 금 세공업자가 콜옵션을 매도하고 가격의 상한을 확정시키는 경우

해설 구매예정인 금 세공업자가 콜옵션을 매입하고 가격의 상한을 확정시키는 경우

문제 26. 현재 현물시장에서 옥수수가 부셸당 10,000원에 거래되며, 이 옥수수를 기초자산으로 2개월 후에 인도가 이루어지는 선물계약은 선물시장에서 10,500원에 거래되고 있다. 1부셸의 옥수수를 보관하는데 연간 600원의 보관비용이 발생하고 무위험이자율이 12%라고 할 때 적절한 차익거래전략은?

① 10,000원을 차입하여 현물시장에서 옥수수를 매입하고 선물계약을 매도하며 이익은 200원 발생한다.
② 10,000원을 차입하여 현물시장에서 옥수수를 매입하고 선물계약을 매도하며 이익은 700원 발생한다.
③ 현물시장에서 옥수수를 공매하여 10,000원을 대출하고 선물계약을 매입하며 이익은 200원 발생한다.
④ 현물시장에서 옥수수를 공매하여 10,000원을 대출하고 선물계약을 매입하며 이익은 700원 발생한다.

해설 옥수수선물의 균형가격은 다음과 같이 구할 수 있다.

$$F_{0,T} = S(1+r_{0,T}) + C_T = 10,000(1+0.12 \times \frac{2}{12}) + 600 \times \frac{2}{12} = 10,300원$$

실제선물가격(10,500원)이 이론균형가격(10,300원)에 비해 과대평가되어 있다. 따라서 과대평가된 선물을 10,500원에 매도하고, 10,000원을 차입하여 과소평가된 현물을 매입하는 매입차익거래를 실행하면 200원(=10,500-10,300)의 이익을 얻을 수 있다.

문제 27. 홍길동은 1개월 후에 옥수수를 수확하여 판매할 예정인데, 향후 1개월간 옥수수가격의 하락으로 인한 손실가능성에 대비하여 3개월 후에 인도가 이루어지는 옥수수선물을 매도하였다. 현재 옥수수의 현물가격은 부셸당 3,000원이고, 선물가격은 부셸당 2,800원이다. 홍길동이 1개월 후에 현물시장에서 옥수수를 부셸당 3,100원에 매도하고 선물시장에서 부셸당 3,000원의 가격에 선물을 매입하여 청산했을 경우에 다음 중 옳은 것은?

① 옥수수를 부셸당 2,900원에 매도하여 헤지결과 100원의 손실을 입는다.
② 옥수수를 부셸당 2,900원에 매도하여 헤지결과 200원의 손실을 입는다.
③ 옥수수를 부셸당 3,300원에 매도하여 헤지결과 100원의 이익을 입는다.
④ 옥수수를 부셸당 3,300원에 매도하여 헤지결과 300원의 이익을 입는다.

해설 1. 실현 매도가격 = S+선물시장의 손익 = 3,100+(2,800-3,000) = 2,900원
2. 순손익 = 현물시장의 손익+선물시장의 손익 = 100-200 = -100원
(1) 현물시장의 손익 = 3,100-3,000 = +100원
(2) 선물시장의 손익 = 2,800-3,000 = -200원

문제 28. 호남정유는 유가변동에 따른 위험을 제거하기 위해 헤지를 했으나, 헤지프로그램으로 인해 엄청난 손실을 보았다. 호남정유는 고객과 장기간 고정가격에 휘발유를 제공하는 계약을 체결하여, 이러한 위험을 없애기 위해 단기 원유선물계약을 계속적으로 이용하는 방식을 사용하였다. 호남정유는 헤지로 인해 엄청난 현금유출이 발생했는데, 그 이유로 가장 타당한 것은?

① 선물 매도포지션을 취했으나 유가가 급락했기 때문이다.
② 선물 매입포지션을 취했으나 유가가 급락했기 때문이다.
③ 선물 매도포지션을 취했으나 유가가 급등했기 때문이다.
④ 선물 매입포지션을 취했으나 유가가 급등했기 때문이다.

해설 고객과 장기간 고정가격에 휘발유를 공급해야 하므로 유가상승시 손해를 본다. 따라서 이러한 위험을 회피하기 위해 선물 매입포지션을 취했을 것이다. 그러나 유가가 단기에 급락하여 매입포지션에서 큰 손실이 나서 엄청난 현금유출이 발생했을 것으로 추정된다.

문제 29. 투자자 홍길동은 6개월 후 금을 매입해야 한다. 금가격의 변동위험을 헤지하기 위해 금선물거래를 이용할 예정이다. 현재 금의 현물가격은 10,000원/g, CD금리는 연 20%(6개월에 10%), 연간 보험료가 700원/g이라고 한다. 보험료는 초기에 지급하며, 보관료는 만기에 지급한다고 할 때 금선물의 1g당 이론가격은 얼마인가?

① 11,350원 ② 11,375원

③ 11,600원 ④ 11,625원

해설 선물가격 = 현물가격+보유비용
= 10,000+[10,000+(500×0.5)]×10%+500×0.5+700×0.5
= 11,625원/g

문제 30. 현물가격이 선물가격보다 상대적으로 높을 경우에 발생하는 매도차익거래에서 선택해야 하는 전략은?

① 자금차입+현물매입+선물매도 ② 자금차입+현물매입+선물매입

③ 선물매입+현물공매+자금대출 ④ 선물매도+현물공매+자금대출

해설

구분	매수차익거래	매도차익거래
채권	자금차입	공매대금 대출(운용)
현물	현물매입 · 저장 · 현물인도	현물공매
선물	선물매도	선물매입 · 현물인수 · 현물상환

정답
1.④ 2.③ 3.② 4.③ 5.① 6.④ 7.① 8.② 9.① 10.③
11.④ 12.② 13.① 14.② 15.② 16.④ 17.① 18.③ 19.③ 20.①
21.④ 22.④ 23.④ 24.④ 25.④ 26.① 27.① 28.② 29.④ 30.③

옵션거래의
개요

옵션은 현물이나 선물과 달리 다양한 결합이 가능하여 독특한 투자전략을 구사할 수 있고 선도나 선물과 차이가 있다. 옵션은 소유자에게 어떤 행동을 할 수 있는 권리를 부여하나, 소유자가 그 권리를 반드시 행사할 필요는 없다. 반면에 선도나 선물에서 거래당사자들은 어떤 행동을 수행해야 할 의무를 갖는다.

제1절 옵션거래의 개요

1. 옵션거래의 개념

옵션(option)은 미래의 특정시점 또는 그 이전에 미리 정해진 가격으로 옵션거래의 대상인 특정자산을 매입하거나 매도할 수 있는 권리가 부여된 증권을 말한다. 여기서 미래의 특정시점은 옵션의 만기일을 말하고, 미리 정해진 가격을 행사가격이라고 하며, 특정자산은 기초자산을 의미한다.

① 기초자산

기초자산(underlying asset)은 옵션거래의 대상이 되는 특정자산을 말한다. 옵션의 기초자산이 농산물, 축산물, 에너지, 귀금속, 비철금속과 같은 일반상품을 대상으로 하면 상품옵션이라고 하고, 기초자산이 개별주식, 주가지수, 통화, 금리와 같은 금융상품을 대상으로 하면 금융옵션이라고 한다.

② 최종거래일

옵션은 권리를 행사할 수 있는 최종거래일이 정해져 있다. 옵션매입자가 옵션에 부여되어 있는 권리를 행사할 수 있는 마지막 날을 최종거래일 또는 만기일(maturity)이라고 한다. 따라서 옵션매입자가 옵션의 최종거래일까지 권리를 행사하지 않으면 옵션매도자의 의무는 자동으로 소멸된다.

③ 행사가격

옵션은 권리를 행사하여 기초자산을 매입하거나 매도할 수 있는 가격이 현재시점에 정해져 있다. 행사가격(exercise price)은 만기일 또는 그 이전에 권리를 행사할 때 적용되는 가격을 말한다. 그리고 행사가격은 기초자산의 시장가격을 기준으로 내가격옵션, 등가격옵션, 외가격옵션으로 설정한다.

④ 옵션가격

옵션은 매입자에게 권리가 부여되고 매도자에게 의무가 수반된다. 즉 옵션은 매도자가 매입자에게 기초자산을 매입하거나 매도할 수 있는 권리를 부여한다. 따라서 옵션매입자가 선택권을 갖는 대가로 옵션매도자에게 지불하는 금액을 옵션가격 또는 옵션프리미엄(option premium)이라고 한다.

| 그림 8-1 | 옵션거래의 구조 |

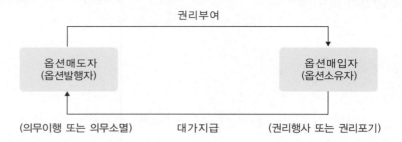

2. 옵션거래의 특징

(1) 옵션거래자

① 옵션매도자(option seller)

옵션을 매도한 사람으로 옵션매입자로부터 옵션프리미엄을 수령하는 대신 매입자가 권리를 행사하면 의무를 이행해야 하며 옵션발행자(option writer)라고도 한다. 즉 콜옵션매입자가 권리를 행사하면 기초자산을 행사가격에 매도해야 하고, 풋옵션매입자가 권리를 행사하면 기초자산을 행사가격에 매입해야 한다.

② 옵션매입자(option buyer)

옵션을 매입한 사람으로 옵션매도자에게 옵션프리미엄을 지불하는 대신에 행사가격으로 기초자산을 매입하거나 매도할 수 있는 권리를 소유하여 옵션소유자(option holder)라고도 한다. 즉 기초자산가격과 행사가격을 비교하여 유리한 경우에는 권리를 행사하고 불리한 경우에는 권리의 행사를 포기할 수 있다.

(2) 옵션거래의 청산

옵션거래는 옵션매입자가 권리를 행사하고 옵션매도자가 의무를 이행하는 경우, 옵션매입자가 권리행사를 포기하는 경우 그리고 최종거래일 이전에 반대매매에 의해 옵션거래를 청산하는 경우에 권리와 의무관계가 소멸된다.[8]

---

8) 선도, 선물, 스왑은 거래당사자 모두에게 권리와 의무를 부여하지만 옵션은 매입자에게 권리만 부여하고 의무는 부여하지 않는다는 점에서 차이가 있다.

(3) 조건부청구권

옵션의 행사가격과 최종거래일은 사전에 정해져 있다. 옵션은 기초자산의 가격에 따라서 옵션의 가치가 결정되고 옵션매입자의 권리행사여부가 결정되는 조건부청구권 (contingent claim)에 해당한다.

(4) 비대칭 손익구조

현물과 선물은 기초자산의 가격이 상승하거나 하락할 경우에 동일한 크기로 손익이 발생하여 대칭적인 손익구조를 갖는다. 그러나 옵션은 서로 다른 크기로 손익이 발생하여 비대칭적인 손익구조를 갖는다.

(5) 제로섬게임

옵션은 선물과 마찬가지로 거래당사자 중 어느 한쪽이 이익을 얻게 되면 다른 한쪽은 그만큼의 손실을 보게 된다. 따라서 옵션거래 당사자의 손익을 합산하면 항상 0이 되는 영합게임(zero sum game)이다.

(6) 가치소모성자산

옵션가격은 내재가치와 시간가치로 구성된다. 시간가치는 만기일까지 잔존기간이 길수록 크지만 만기일에 근접할수록 감소하다가 옵션 만기일에는 시간가치가 소멸하는 소모성자산(decaying asset)이라고 할 수 있다.

(7) 기초자산 발행기업과 무관

옵션거래는 기초자산을 발행하는 기업과 관계없이 옵션투자자들 상호간에 이루어지는 거래이다. 따라서 기초자산을 발행한 기업의 기업가치나 기초자산의 가격에 직접적으로 영향을 미치지 않는다.

3. 옵션거래의 종류

옵션의 종류는 권리의 내용에 따라서 콜옵션과 풋옵션, 권리의 행사시기에 따라서 유럽형옵션과 미국형옵션, 기초자산의 종류에 따라서 상품옵션과 금융옵션으로 구분된다. 그리고 기초자산의 내용에 따라서 현물옵션과 선물옵션, 거래되는 장소에 따라서 장내옵션과 장외옵션으로 구분된다.

(1) 권리의 내용

콜옵션(call option)은 옵션의 거래대상인 기초자산을 행사가격으로 매입할 수 있는 권리가 부여된 옵션을 말한다. 풋옵션(put option)은 옵션의 거래대상인 기초자산을 행사가격으로 매도할 수 있는 권리가 부여된 옵션을 말한다.

(2) 권리의 행사시기

유럽형옵션(European option)은 옵션의 만기일에만 권리를 행사할 수 있는 옵션을 말한다. 반면에 미국형옵션(American option)은 만기일은 물론이고 만기일 이전에 언제든지 권리를 조기 행사할 수 있는 옵션으로 권리의 행사기회가 유럽형옵션보다 많아 다른 조건이 동일하면 유럽형옵션의 가격보다 높게 형성된다.

(3) 기초자산의 종류

옵션거래의 대상이 되는 기초자산이 농산물, 축산물, 귀금속, 에너지와 같은 일반상품이면 상품옵션(commodity option)이라고 하고, 기초자산이 주식, 주가지수, 통화, 금리와 같은 금융상품이면 금융옵션(financial option)이라고 한다.

① 개별주식옵션

주식옵션(stock option)은 한국거래소에 상장된 기업의 주식을 기초자산으로 하는 옵션을 말한다. 2002년 1월 7종목이 상장되었고, 2017년 6월말 30종목이 거래되고 있다. 한국거래소는 2005년 9월 26일 실물인수도방식을 현금결제방식으로 전환하여 투자자들이 주가변동위험을 효과적으로 관리할 수 있도록 하였다.

② 주가지수옵션

주가지수옵션(stock index option)은 주식시장의 전반적인 동향을 나타내는 주가지수를 구성하는 주식포트폴리오를 기초자산으로 하는 옵션을 말한다. 주가지수옵션은 권리가 행사되면 행사일의 최종지수와 행사가격의 차이를 현금으로 결제하며 1997년 7월 7일부터 KOSPI 200지수옵션이 거래되고 있다.

③ 통화옵션

통화옵션(currency option)은 외국통화를 기초자산으로 하는 옵션을 말하며 환위험을 관리하는 유용한 수단이다. 우리나라 한국거래소에 상장되어 거래되는 미국달러옵션은 기초자산이 미국달러화(USD)이고 권리행사는 최종거래일에만 행사가능한 유럽형옵션이며 결제방법은 현금결제로 이루어진다.

④ 금리옵션

금리옵션(interest rate option)은 금리상품을 기초자산으로 하는 옵션을 말하며 옵션의 손익이 금리수준에 의해 결정된다. 금리옵션은 기초자산이 현물이면 현물옵션, 기초자산이 선물이면 선물옵션으로 분류한다. 채권이나 금리에 관련된 대부분의 옵션은 선물을 기초자산으로 하는 선물옵션이다.

⑤ 선물옵션

선물옵션(futures option)은 선물계약을 기초자산으로 하는 옵션을 말한다. 선물콜옵션의 매입자는 미래의 일정시점에 행사가격으로 특정선물계약을 매입할 수 있는 권리를 갖는다. 반면에 선물풋옵션의 매입자는 미래의 일정시점에 행사가격으로 특정선물계약을 매도할 수 있는 권리를 갖게 된다.

| 표 8-1 | 국내옵션상품의 명세 | | |

구 분	개별주식옵션	코스피200옵션	미국달러옵션
기 초 자 산	주식 30종목	코스피 200지수	미국달러화
권 리 행 사	유럽형옵션	유럽형옵션	유럽형옵션
옵 션 종 류	콜옵션과 풋옵션	콜옵션과 풋옵션	콜옵션과 풋옵션
거 래 단 위	주식옵션가격×10	코스피200옵션가격×25만원	US $10,000
결 제 월	매월	매월	매월
결 제 방 법	현금결제	현금결제	현금결제
최종거래일	두번째 목요일	두번째 목요일	세번째 월요일

4. 옵션거래의 기능

옵션을 이용하면 손실의 위험이 제한되는 반면에 이익을 얻을 수 있는 레버리지효과는 크게 나타난다. 따라서 주식이나 채권과는 다른 투자수단을 제공하기 때문에 위험헤지와 투기수단으로 이용될 수 있다. 그리고 가격변동위험을 한정시킬 수 있어 선물과 더불어 주식투자의 수단으로 활용되고 있다.

(1) 위험헤지의 기능

옵션은 기초자산의 가격변동위험을 회피하거나 축소시킬 수 있는 위험헤지의 수단으로 활용될 수 있다. 따라서 미래에 기초자산의 가격이 유리한 방향으로 변화하면 권리를 행사하여 이익을 실현하고, 기초자산의 가격이 불리한 방향으로 변화하면 권리의 행사를 포기하여 손실을 옵션프리미엄으로 제한할 수 있다.

주가상승을 예상하여 주식을 매입한 투자자는 주가가 하락하면 손실을 보기 때문에 콜옵션을 매도하거나 풋옵션을 매입하면 손실을 축소할 수 있다. 주가하락을 예상하여 주식을 공매한 투자자는 예상과 달리 주가가 상승하면 손실을 보기 때문에 콜옵션을 매입하거나 풋옵션을 매도하면 손실을 축소할 수 있다.

(2) 레버리지의 기능

옵션은 기초자산에 비해 상대적으로 적은 투자비용으로 높은 투자수익률을 올릴 수 있는 레버리지의 수단으로 활용될 수 있다. 따라서 옵션을 이용하면 상대적으로 저렴한 옵션가격을 지불하면서 주식투자의 효과를 달성할 수 있기 때문에 현물투자에 비해 손익변동률이 확대되는 레버리지효과가 발생한다.

콜옵션매입자는 주가가 상승하면 기초자산인 주식에 투자할 때보다 높은 투자수익을 올릴 수 있고 주가가 하락하면 콜옵션가격만큼의 손실을 부담한다. 또한 풋옵션매입자는 주가가 하락하면 기초자산인 주식에 투자할 때보다 높은 투자수익을 올릴 수 있고 주가가 상승하면 풋옵션가격만큼의 손실을 부담한다.

(3) 합성증권의 창출

옵션을 현물, 선물 그리고 다른 옵션과 결합하여 투자하면 다양한 손익구조를 복제하거나 새로운 손익구조를 창출할 수 있다. 또한 파생상품을 이용하여 기존의 금융상품을 요소별로 분해한 다음 분해된 요소들을 재결합하여 혁신적인 금융상품을 개발하는 분야를 금융공학(financial engineering)이라고 한다.

(4) 위험한정의 기능

옵션매입자는 기초자산의 가격이 불리하게 변동할 경우에는 권리의 행사를 포기할 수 있기 때문에 최대손실액을 옵션가격으로 한정시킬 수 있다.

제2절 **옵션의 만기가치**

옵션은 조건부청구권이므로 기초자산의 시장가격에 따라 옵션의 행사여부와 만기 시점에서의 옵션가치가 결정된다. 기초자산이 주식이고 만기일에만 권리를 행사할 수 있는 유럽형옵션을 가정하며 만기일의 주가를 S_T, 행사가격을 E라고 하면 옵션의 만기가치는 기초자산의 시장가격에 따라 다음과 같이 달라진다.

1. 콜옵션의 만기가치

(1) 콜옵션매입자

콜옵션은 만기일에 행사가격을 지불하고 기초주식을 살 수 있는 권리이기 때문에 콜옵션매입자는 만기일의 주가가 행사가격보다 높은 경우에는 콜옵션을 행사하여 $S_T - E$ 만큼의 이익을 실현할 수 있다. 그러나 만기일의 주가가 행사가격보다 낮은 경우에는 콜옵션을 행사하지 않을 것이므로 콜옵션의 가치는 0이 된다.

$$C_T = Max\,[S_T - E, 0] \tag{8.1}$$

(2) 콜옵션매도자

콜옵션매도자는 만기일의 주가가 행사가격보다 높은 경우 콜옵션매입자가 권리를 행사하면 기초주식을 시장가격보다 낮은 행사가격에 매도해야 하므로 $E - S_T$ 만큼의 손실을 보게 된다. 그러나 만기일의 주가가 행사가격보다 낮은 경우에는 콜옵션매입자가 권리를 행사하지 않을 것이므로 콜옵션의 가치는 0이 된다.

$$C_T = Max\,[E - S_T, 0] \tag{8.2}$$

그림 8-2	콜옵션의 만기가치

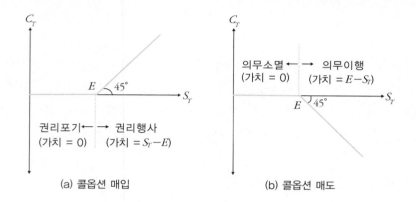

(a) 콜옵션 매입   (b) 콜옵션 매도

2. 풋옵션의 만기가치

(1) 풋옵션매입자

풋옵션은 만기일에 행사가격을 지불하고 기초주식을 팔 수 있는 권리이기 때문에 풋옵션매입자는 만기일의 주가가 행사가격보다 낮은 경우에는 풋옵션을 행사하여 $E - S_T$ 만큼의 이익을 실현할 수 있다. 그러나 만기일의 주가가 행사가격보다 높은 경우에는 풋옵션을 행사하지 않을 것이므로 풋옵션의 가치는 0이 된다.

$$P_T = Max[E - S_T, 0] \tag{8.3}$$

(2) 풋옵션매도자

풋옵션매도자는 만기일의 주가가 행사가격보다 낮은 경우 풋옵션매입자가 권리를 행사하면 기초주식을 시장가격보다 높은 행사가격에 매입해야 하므로 $S_T - E$ 만큼의 손실을 보게 된다. 그러나 만기일의 주가가 행사가격보다 높은 경우에는 풋옵션매입자가 권리를 행사하지 않을 것이므로 풋옵션의 가치는 0이 된다.

$$P_T = Min[S_T - E, 0] \tag{8.4}$$

그림 8-3 | 풋옵션의 만기가치

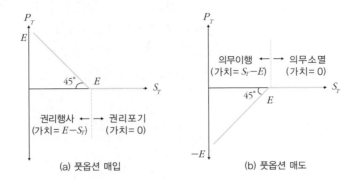

(a) 풋옵션 매입

(b) 풋옵션 매도

예제 8-1 | 만기일의 옵션가치

서울기업 주식을 기초자산으로 하고 행사가격이 1,000원인 유럽형 콜옵션과 유럽형 풋옵션이 있다. 옵션만기일의 서울기업 주가가 각각 900원, 950원, 1,000원, 1,050원, 1,100원일 경우에 콜옵션매입자와 풋옵션매입자가 얻게 될 가치를 계산하고, 이를 이용하여 옵션만기일의 주가와 옵션가치의 관계를 도시하라.

풀이

만기일 주가(S_T)	900원	950원	1,000원	1,050원	1,100원
콜옵션 매입[*1]	0	0	0	50원	100원
풋옵션 매입[*2]	100원	50원	0	0	0

*1 $S_T > 1,000$원이면 $S_T - 1,000$원, $S_T \leq 1,000$원이면 0
*2 $S_T < 1,000$원이면 $1,000 - S_T$, $S_T \geq 1,000$원이면 0

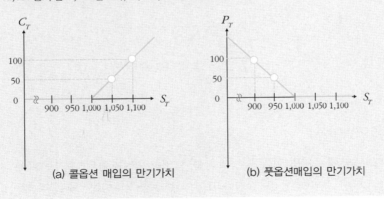

(a) 콜옵션 매입의 만기가치

(b) 풋옵션매입의 만기가치

3. 주식의 만기가치

주식거래는 매입가격과 공매가격을 기준으로 주식가격이 상승하거나 하락하는 만큼 이익과 손실이 발생하여 주가변화에 따른 손익의 변화는 정비례한다. 주식매입시 만기가치는 만기일의 주가와 동일한 반면에 주식공매시 만기가치는 만기일의 주가에 주식을 매입하여 상환해야 하므로 −만기일의 주가로 나타난다.

| 그림 8-4 | 주식의 만기가치 |

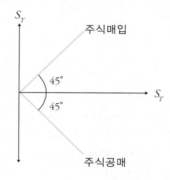

| 그림 8-5 | 채권의 만기가치 |

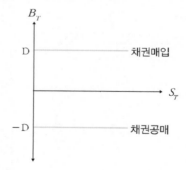

4. 채권의 만기가치

채권거래는 발행주체의 채무불이행위험이 없는 한 미래의 주가변화에 관계없이 만기까지 약정이자를 수령하고 만기에는 원금을 회수할 수 있다. 채권을 매입하면 만기일에 액면가액을 회수하고, 채권을 발행하면 액면가액을 상환해야 하므로 채권의 만기가치는 주가변화에 관계없이 수평선으로 나타난다.

제3절 옵션의 투자전략

옵션은 다양한 결합이 가능하여 독특한 전략을 구사할 수 있다. 즉 기초자산인 주식이나 다른 옵션, 선물과 결합하여 투자하면 다양한 형태의 투자성과를 가져다주는 포트폴리오를 구성할 수 있다. 옵션을 이용한 투자전략은 크게 순수포지션, 헤지포지션, 스프레드, 콤비네이션, 합성포지션으로 구분된다.

1. 순수포지션

순수포지션(naked position)은 하나의 주식이나 하나의 옵션만을 매입하거나 매도하는 전략을 말하며 기본포지션(uncovered position)이라고도 한다. 순수포지션의 만기가치는 주식거래나 옵션의 권리행사에 따른 수익의 개념이며, 여기에 현재시점에서 주고받는 대가를 고려하면 만기손익이 된다.

(1) 주식의 매입과 공매

주식의 매입과 공매에 따른 손익선은 대칭적인 손익구조를 갖기 때문에 손익의 크기는 주가가 상승하거나 하락하거나 동일한 크기로 변동한다.

① 주식의 매입

주식을 매입한 투자자는 만기일의 주가(S_T)가 현재의 주가(S)보다 상승하면 주가가 상승한 것만큼 이익을 얻고, 만기일의 주가가 현재의 주가보다 하락하면 주가가 하락한 것만큼 손실을 보게 된다. 따라서 주식을 매입한 매입자의 손익선은 주가와 정비례하는 45°선으로 나타난다.

② 주식의 공매

주식을 공매한 투자자는 만기일의 주가(S_T)가 현재의 주가(S)보다 하락하면 주가가 하락한 만큼 이익을 얻고, 만기일의 주가가 현재의 주가보다 상승하면 주가가 상승한 것만큼 손실을 보게 된다. 따라서 주식을 공매한 주식 매도자의 손익선은 주가와 반비례하는 45°선으로 나타난다.

그림 8-6 　주식거래의 손익

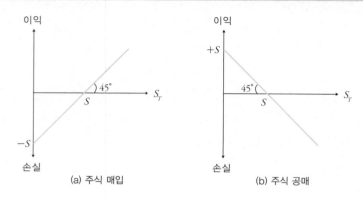

(a) 주식 매입　　　　　(b) 주식 공매

(2) 콜옵션의 매입과 매도

콜옵션매입은 옵션의 기초자산인 주식가격이 상승할 것으로 예상될 때, 콜옵션매도는 주식가격이 하락할 것으로 예상될 때 사용할 수 있는 투자전략이다. 따라서 콜옵션의 매입과 매도에 따른 손익은 옵션만기일에 콜옵션의 가치에 콜옵션프리미엄을 가산하여 구할 수 있다.

콜옵션매입자는 만기일의 주식가격이 행사가격에 콜옵션가격을 가산한 가격 이상으로 상승해야 이익을 얻는다. 콜옵션매도자는 만기일의 주식가격이 행사가격 이하로 하락하면 콜옵션가격만큼 이익을 얻고 주가가 행사가격에 콜옵션가격을 가산한 가격 이상으로 상승하면 무제한의 손실을 본다.

그림 8-7 　콜옵션의 손익

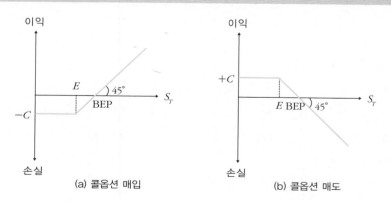

(a) 콜옵션 매입　　　　　(b) 콜옵션 매도

(3) 풋옵션의 매입과 매도

풋옵션매입은 기초자산인 주식가격이 하락할 것으로 예상될 경우에, 풋옵션매도는 주식가격이 상승할 것으로 예상될 경우에 사용할 수 있는 투자전략이다. 따라서 풋옵션의 매입과 매도에 따른 손익은 옵션만기일에 풋옵션의 가치에 풋옵션프리미엄을 차감하여 구할 수 있다.

풋옵션매입자는 만기일의 주식가격이 행사가격에서 풋옵션가격을 차감한 가격 이상으로 하락해야 이익을 얻는다. 풋옵션매도자는 만기일의 주식가격이 행사가격 이상으로 상승하면 풋옵션가격만큼 이익을 얻고 주가가 행사가격에서 풋옵션가격을 차감한 가격 이상으로 하락하면 무제한의 손실을 본다.

| 그림 8-8 | 풋옵션의 손익 |

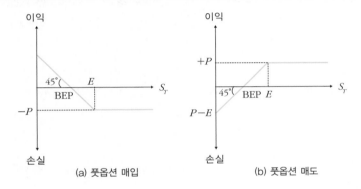

(a) 풋옵션 매입 (b) 풋옵션 매도

2. 헤지포지션

헤지포지션(hedge position)은 주식과 옵션을 결합하여 주식의 손실을 옵션으로 보전하거나 옵션의 손실을 주식으로 보전하는 전략을 말한다. 따라서 주식을 매입하는 경우에는 콜옵션을 매도하거나 풋옵션을 매입하고, 주식을 공매하는 경우에는 콜옵션을 매입하거나 풋옵션을 매도한다.

(1) 커버된 콜 : 주식매입+콜옵션매도

커버된 콜옵션(covered call)은 주식을 1주 매입하고 그 주식을 기초자산으로 하며 현재주가를 행사가격으로 하는 콜옵션을 1개 매도하는 전략을 말한다. 주가가 상승할 경우에는 콜옵션매도의 손실을 주식매입의 이익으로 상쇄시켜 이익은 일정하지만 주가가 하락할 경우에 손실을 줄일 수 있다.

(2) 방어적 풋 : 주식매입+풋옵션매입

방어적 풋옵션(protective put)은 주식을 1주 매입하고 그 주식을 기초자산으로 하며 현재주가를 행사가격으로 하는 풋옵션을 1개 매입하는 전략을 말한다. 주가가 상승할 경우에 이익은 시세에 편승하면서 주가가 하락할 경우에 손실은 일정한 하한선 이하로 내려가지 않게 하도록 제한할 수 있다.

| 그림 8-9 | 헤지포지션 |

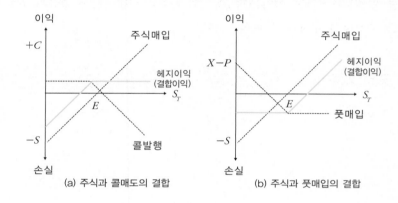

(a) 주식과 콜매도의 결합   (b) 주식과 풋매입의 결합

3. 스프레드

스프레드(spread)는 기초자산이 동일한 종류의 옵션 중에서 행사가격과 만기일이 상이한 옵션을 하나는 매입하고 다른 하나는 매도하는 전략을 말한다. 즉 스프레드는 두 개 이상의 콜옵션 또는 풋옵션을 결합시키는 전략으로 시장가격이 예상대로 변화할 경우에 이익을 얻지만 예상이 빗나가더라도 손실은 한정된다.

(1) 수직스프레드

수직스프레드(vertical spread)는 다른 조건은 같고 행사가격만 서로 다른 옵션을 하나는 매입하고 다른 하나는 매도하는 전략으로 가격스프레드(price spread)라고도 한다. 수직스프레드는 행사가격이 낮은 옵션과 높은 옵션 중에서 어떤 것을 매입 또는 매도하느냐에 따라 강세스프레드와 약세스프레드로 구분된다.

1) 강세스프레드

강세스프레드(bull spread)는 기초주식의 가격이 강세(bull market)를 보일 것으로 예상될 경우에 행사가격이 낮은 옵션은 매입하고 행사가격이 높은 옵션은 매도하는 전략을 말하며 주가가 상승할 경우에 얻을 수 있는 이익과 주가가 하락할 경우에 발생하는 손실을 일정한 수준으로 한정시킨다.

① 강세콜스프레드

강세콜스프레드는 기초주식과 만기일이 동일한 두 가지 콜옵션 중에서 행사가격이 낮은 콜옵션은 매입하고, 행사가격이 높은 콜옵션은 매도하는 전략을 말한다. 따라서 만기일에 기초주식의 가격이 두 행사가격보다 하락하면 최대손실이 발생하고 두 행사가격보다 상승하면 최대이익이 발생한다.[9]

② 강세풋스프레드

강세풋스프레드는 기초주식과 만기일이 동일한 두 가지 풋옵션 중에서 행사가격이 낮은 풋옵션은 매입하고, 행사가격이 높은 풋옵션은 매도하는 전략을 말한다. 따라서 만기일에 기초주식의 가격이 두 행사가격보다 상승하면 최대손실이 발생하고 두 행사가격보다 하락하면 최대이익이 발생한다.

2) 약세스프레드

약세스프레드(bear spread)는 기초주식의 가격이 약세(bear market)를 보일 것으로 예상될 경우 행사가격이 낮은 옵션은 매도하고 행사가격이 높은 옵션은 매입하는 전략을 말하며 주가가 하락할 경우에 얻을 수 있는 이익과 주가가 상승할 경우에 발생하는 손실을 일정한 수준으로 한정시킨다.

① 약세콜스프레드

기초주식과 만기일이 동일한 두 가지 콜옵션 중에서 행사가격이 낮은 콜옵션은 매도하고 행사가격이 높은 콜옵션은 매입하는 전략을 말한다.

② 약세풋스프레드

기초주식과 만기일이 동일한 두 가지 풋옵션 중에서 행사가격이 낮은 풋옵션은 매도하고 행사가격이 높은 풋옵션은 매입하는 전략을 말한다.

---

9) 강세콜스프레드는 행사가격이 낮은 콜옵션은 매입하고 행사가격이 높은 콜옵션은 매도하므로 행사가격이 높은 콜옵션의 프리미엄은 매입비용이 되고 행사가격이 낮은 콜옵션의 프리미엄은 매도수입이 된다.

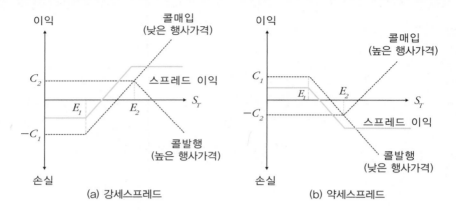

그림 8-10 수직스프레드

(a) 강세스프레드

(b) 약세스프레드

(2) 수평스프레드

수평스프레드(horizontal spread)는 다른 조건은 같고 만기일만 서로 다른 옵션을 하나는 매입하고 다른 하나는 매도하는 전략으로 시간스프레드(time spread)라고도 한다. 즉 옵션의 시간가치의 차이에 착안하여 기초자산인 주식가격이 행사가격 부근에서 크게 변동하지 않을 때 효과적인 전략이다.

1) 콜옵션의 경우

만기일까지 기간이 짧은 콜옵션은 매도하고 만기일까지 기간이 긴 콜옵션은 매입하여 수평스프레드를 만들면 기초주가가 단기콜옵션의 행사가격에 가까울수록 이익을 실현하고 기초주가가 매우 낮거나 높은 경우에 손실이 발생한다.

2) 풋옵션의 경우

만기일까지 기간이 짧은 풋옵션은 매도하고 만기일까지 기간이 긴 풋옵션은 매입하여 수평스프레드를 만들면 기초주가가 단기풋옵션의 행사가격에 가까울수록 이익을 실현하고 기초주가가 매우 낮거나 높은 경우에 손실이 발생한다.

(3) 나비형 스프레드

나비형 스프레드(butterfly spread)는 미래 기초주식의 가격이 세 개의 행사가격 중에서 중간의 행사가격과 일치할 것으로 예상될 경우 취하는 스프레드를 말하며 나비형 콜스프레드와 나비형 풋스프레드로 구분된다.

① 나비형 콜스프레드

나비형 콜스프레드는 기초주식과 만기일은 동일하지만 행사가격이 가장 낮은 콜옵션과 가장 높은 콜옵션은 한 개씩 매입하고 행사가격이 중간인 콜옵션은 두 개 매도하는 전략을 말한다. 기초자산인 주식가격이 비교적 좁은 범위내에서 변동할 경우에 이익을 얻을 수 있다.

② 나비형 풋스프레드

나비형 풋스프레드는 기초주식과 만기일은 동일하지만 행사가격이 가장 낮은 풋옵션과 가장 높은 풋옵션은 한 개씩 매입하고 행사가격이 중간인 풋옵션은 두 개 매도하는 전략을 말한다. 기초자산인 주식가격이 비교적 좁은 범위내에서 변동할 경우에 이익을 얻을 수 있다.

(4) 샌드위치형스프레드(sandwitch spread)

나비형스프레드와 반대로 행사가격이 가장 낮은 옵션과 가장 높은 옵션은 한 개씩 매도하고 행사가격이 중간인 옵션은 두 개 매입하는 전략으로 주가가 가장 낮은 행사가격과 가장 높은 행사가격의 범위를 벗어나서 크게 변동할 경우에 유리하며 역나비형스프레드(reverse butterfly spread)라고도 한다.

그림8-11 나비형스프레드

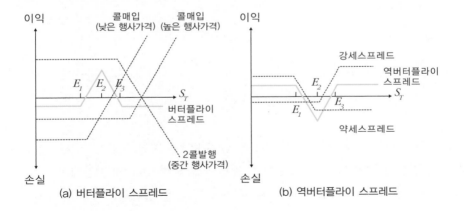

(a) 버터플라이 스프레드   (b) 역버터플라이 스프레드

4. 콤비네이션

콤비네이션(combination)은 기초자산이 동일한 콜옵션과 풋옵션을 동시에 매입하거나 매도하는 전략을 말한다. 스프레드는 동일한 종류의 옵션을 결합한다. 그러나 콤비네

이션은 상이한 종류의 옵션을 결합하는데 결합하는 방법에 따라 스트래들, 스트립, 스트랩, 스트랭글로 구분된다.

(1) 스트래들

스트래들(straddle)은 기초자산, 행사가격, 만기일이 동일한 콜옵션과 풋옵션을 동일한 비율로 동시에 매입하거나 매도하는 전략이다. 이는 주가변동이 매우 클 것으로 예상되지만 방향을 알 수 없을 때 유용하며 두 옵션을 동시에 매입하면 스트래들 매입, 동시에 매도하면 스트래들 매도라고 한다.

기초자산의 가격이 행사가격과 옵션프리미엄을 합한 가격보다 크게 변동할 것으로 예상이 되면 스트래들을 매입하고, 적게 변동할 것으로 예상이 되면 스트래들을 매도한다. 스트래들매입자(매도자)는 기초자산의 가격변동성이 높은(낮은) 경우에 이익을 얻기 때문에 변동성매입자(매도자)라고 한다.

그림 8-12   스트래들

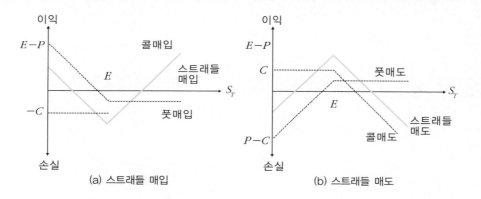

(a) 스트래들 매입   (b) 스트래들 매도

(2) 스트립과 스트랩

스트립과 스트랩은 기초주식, 행사가격, 만기일이 동일한 콜옵션과 풋옵션을 동시에 결합하면서 결합비율만 서로 다르게 하는 전략을 말하며 주가의 변동성이 높은 경우에 유용하다. 스트립(strip)은 콜옵션 한 개와 풋옵션 두 개를 결합하고 스트랩(strap)은 콜옵션 두 개와 풋옵션 한 개를 결합한다.

(3) 스트랭글

스트랭글(strangle)은 기초주식과 만기일이 동일하지만 행사가격이 서로 다른 콜옵션과 풋옵션을 한 개씩 또는 동일한 비율로 매입하거나 매도하는 전략을 말한다. 여기서 콜옵션매입과 풋옵션매입의 결합은 스트랭글매입이라고 하고, 콜옵션매도와 풋옵션매도의 결합은 스트랭글매도라고 한다.

기초주가가 두 옵션의 행사가격과 프리미엄을 합한 가격보다 크게 변할 것으로 예상되면 스트랭글을 매입하고 적게 변화할 것으로 예상되면 스트랭글을 매도한다. 스트랭글매입자는 기초주가가 두 행사가격의 범위를 크게 벗어날 때 이익을 얻고, 스트랭글매도자는 기초주가가 두 행사가격의 범위내에서 움직일 때 이익을 얻는다.

| 그림 8-13 | 스트랭글 |

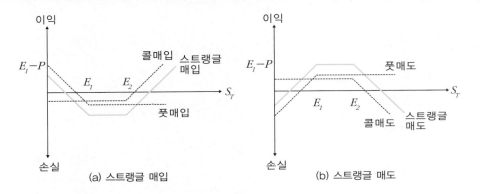

(a) 스트랭글 매입   (b) 스트랭글 매도

5. 옵션투자전략의 활용

옵션은 투자자에게 다양한 투자기회를 제공하고 옵션과 현물, 옵션과 선물, 옵션과 다른 옵션과의 결합 등을 통해 투자자들이 원하는 다양한 형태의 이익을 실현할 수 있는 투자전략을 구사할 수 있다. 옵션을 이용한 투자전략은 기초자산인 주가의 변동방향과 주가의 변동정도에 따라 다음과 같이 달라진다.

(1) 기초주식가격의 변동방향

① 주식가격에 대한 강세전략

기초주식의 가격이 상승할 경우에 이익을 얻을 수 있는 전략에는 콜옵션매입, 풋옵션매도, 강세스프레드 등이 있다.

② 주식가격에 대한 약세전략

기초주식의 가격이 하락할 경우에 이익을 얻을 수 있는 전략에는 콜옵션매도, 풋옵션매입, 약세스프레드 등이 있다.

(2) 기초주식가격의 변동정도

① 주가변동성에 대한 강세전략

기초주식의 가격변동성이 현재 수준에서 크게 변동할 경우에 이익을 얻을 수 있는 전략에는 샌드위치형스프레드, 스트래들매입, 스트랭글매입 등이 있다.

② 주가변동성에 대한 약세전략

기초주식의 가격변동성이 현재 수준에서 작게 변동할 경우에 이익을 얻을 수 있는 전략에는 버터플라이스프레드, 스트래들매도, 스트랭글매도 등이 있다.

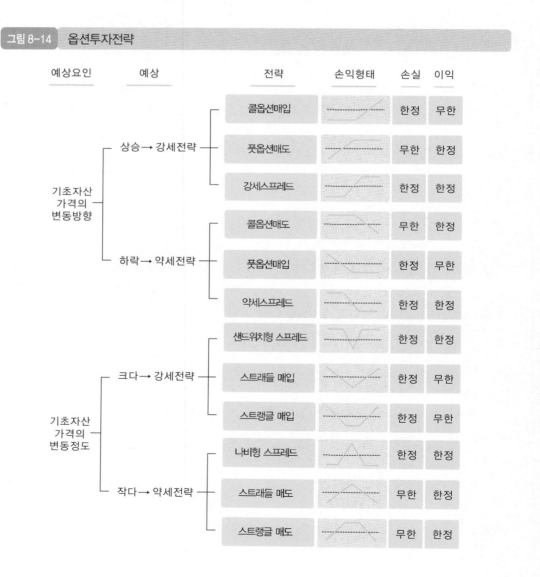

그림 8-14 옵션투자전략

예상요인	예상		전략	손익형태	손실	이익
기초자산 가격의 변동방향	상승 → 강세전략		콜옵션매입		한정	무한
			풋옵션매도		무한	한정
			강세스프레드		한정	한정
	하락 → 약세전략		콜옵션매도		무한	한정
			풋옵션매입		한정	무한
			약세스프레드		한정	한정
기초자산 가격의 변동정도	크다 → 강세전략		샌드위치형 스프레드		한정	한정
			스트래들 매입		한정	무한
			스트랭글 매입		한정	무한
	작다 → 약세전략		나비형 스프레드		한정	한정
			스트래들 매도		무한	한정
			스트랭글 매도		무한	한정

제4절 옵션가격결정의 개요

1. 옵션가격의 결정요인

옵션은 정해진 조건에 따라 기초자산을 매입하거나 매도할 수 있는 권리이기 때문에 옵션의 가격은 기초자산의 특성과 옵션의 조건에 따라 달라진다. 구체적으로는 기초자산의 현재가격(S), 행사가격(E), 옵션의 만기(T), 기초자산의 분산(σ^2), 무위험이자율(R_f), 기초자산의 배당(D) 등이 옵션가격에 영향을 미친다.

$$C \text{ 또는 } P = f(S, E, T, \sigma^2, R_f, D) \tag{8.5}$$

(1) 콜옵션가격

옵션가격에 영향을 미치는 다른 요인이 일정하다는 가정하에서 옵션가격의 결정요인이 $S-E$의 값을 커지게 하는 방향으로 영향을 미치면 콜옵션가격은 상승한다. 즉 기초자산의 현재가격, 만기까지 잔존기간, 기초자산의 가격분산, 무위험이자율과는 정($+$)의 관계에 있고 행사가격과 기초자산의 배당과는 부($-$)의 관계에 있다.

(2) 풋옵션가격

옵션가격에 영향을 미치는 다른 요인이 일정하다는 가정하에서 옵션가격의 결정요인이 $E-S$의 값을 커지게 하는 방향으로 영향을 미치면 풋옵션가격은 상승한다. 즉 행사가격, 만기까지 잔존기간, 기초자산의 가격분산, 기초자산의 배당과는 정($+$)의 관계에 있고, 기초자산의 현재가격, 무위험이자율과는 부($-$)의 관계에 있다.

표 8-2 옵션가격의 결정요인

결정요인	콜옵션가격	풋옵션가격
기초자산의 현재가격 ↑	상승	하락
행사가격 ↑	하락	상승
만기까지 잔존기간 ↑	상승	상승
기초자산의 가격분산 ↑	상승	상승
무위험이자율 ↑	상승	하락
기초자산의 현금배당 ↑	하락	상승

2. 옵션가격의 결정범위

옵션매입자는 권리를 보유하는 대신 옵션매도자에게 지불하는 권리에 대한 대가인 콜옵션가격과 풋옵션가격은 시장균형상태에서 상한과 하한의 일정범위내에서 결정된다. 이러한 옵션가격의 범위는 차익거래에 의해 유도되며 콜옵션가격과 풋옵션가격간에도 차익거래의 원리에 따라 일정한 관계식이 성립한다.

(1) 콜옵션가격

옵션의 최종거래일까지 기초주식에 대해 배당이 지급되지 않는다고 가정하면, 콜옵션가격은 다음과 같은 특성을 갖는다.

① 콜옵션가격은 기초주식의 가격보다 클 수 없다. $\rightarrow C \leq S$

콜옵션은 기초자산을 행사가격에 매입할 수 있는 권리이므로 콜옵션가격은 기초자산의 가격보다 클 수는 없다. 콜옵션가격이 기초자산의 가격보다 크면 콜옵션을 매도하고 기초자산을 매입하는 차익거래로 이익을 얻을 수 있기 때문이다.

② 콜옵션가격은 0보다 크거나 같다. $\rightarrow C \geq 0$

옵션은 유리한 경우에만 권리를 행사하고 불리한 경우에는 행사하지 않아도 되는 권리만 있을 뿐 의무는 없다. 따라서 행사가격을 지불하고 주식을 매입할 수 있는 권리 행사에 대한 콜옵션가격은 어떠한 경우에도 0 이상의 가치를 갖는다.

③ 콜옵션가격은 기초주식의 가격에서 행사가격의 현재가치를 차감한 값보다 크거나 같다. $\rightarrow C \geq S - PV(E)$

이상의 세 가지 조건에서 첫째는 콜옵션가격의 상한이고 둘째와 셋째는 콜옵션가격의 하한에 해당하기 때문에 콜옵션가격의 결정범위는 다음과 같다. 콜옵션가격은 기초자산인 주가의 증가함수이므로 우상향하는 곡선으로 나타난다.

$$Max[S - PV(E), 0] \leq C \leq S \tag{8.6}$$

그림 8-15 콜옵션가격의 결정범위

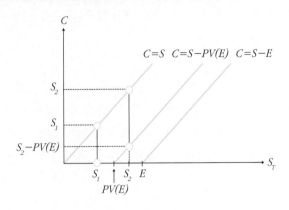

● 예제 8-2 | 콜옵션가격의 결정범위

연세기업의 현재 주가는 45,000원이고 이산복리 무위험이자율은 연 5%이다. 옵션시장에서 연세기업 주식을 기초자산으로 행사가격이 42,000원이며 만기가 1년인 유럽형 콜옵션이 거래되고 있다고 가정하여 다음 물음에 답하시오.

1. 유럽형 콜옵션의 가격결정범위를 구하시오.

2. 유럽형 콜옵션가격이 3,000원일 경우 차익거래과정을 설명하시오.

[풀이]

1. 유럽형 콜옵션의 가격결정범위는 다음과 같이 제시할 수 있다.

   ① $C \leq S = 45,000$원

   ② $C \geq Max[S - PV(E)] = Max[45,000 - \dfrac{42,000}{1.05}, 0] = 5,000$원

   ∴ $5,000$원 $\leq C \leq 45,000$원

2. 유럽형 콜옵션가격 3,000원은 하한가격 5,000원보다 작으므로 콜옵션은 과소평가되고 $S - PV(E)$은 과대평가되어 있다. 따라서 과대평가된 $S - PV(E)$를 매도하고 과소평가된 콜옵션을 매입하면 현재시점에서 2,000원의 이익을 얻을 수 있다.

거래	현재의 현금흐름	만기의 현금흐름	
		$S_T > 42,000$	$S_T < 42,000$
주식공매	45,000	$-S_T$	$-S_T$
무위험할인채매입	−40,000	42,000	42,000
콜옵션매입	−3,000	$S_T - 42,000$	0
합계	2,000	0	$42,000 - S_T > 0$

(2) 풋옵션가격

옵션의 최종거래일까지 기초주식에 대해 배당이 지급되지 않는다고 가정하면, 풋옵션가격은 다음과 같은 특성을 갖는다.

① 풋옵션가격은 행사가격의 현재가치보다 클 수 없다. $\rightarrow P \leq PV(E)$

풋옵션의 매입시 최대이익은 행사가격이므로 풋옵션가격은 행사가격을 무위험이자율로 할인한 현재가치보다 클 수 없다. 풋옵션가격이 행사가격의 현재가치보다 크면 풋옵션을 매도하고 무위험채권을 매입하는 차익거래로 이익이 발생하기 때문이다.

② 풋옵션가격은 부(−)가 될 수 없다. $\rightarrow P \geq O$

옵션은 유리한 경우에만 권리를 행사하고 불리한 경우에는 행사하지 않아도 되는 권리만 있을 뿐 의무는 없다. 따라서 행사가격을 지불하고 주식을 매도할 수 있는 권리행사에 대한 풋옵션가격은 어떠한 경우에도 0 이상의 가치를 갖는다.

③ 풋옵션가격은 행사가격의 현재가치에서 기초주식의 현재가격을 차감한 값보다 크다. $\rightarrow P \geq PV(E) - S$

이상의 세 가지 조건에서 첫째는 풋옵션가격의 상한이고 둘째와 셋째는 풋옵션가격의 하한에 해당하기 때문에 풋옵션가격의 결정범위는 다음과 같다. 풋옵션가격은 기초자산인 주가의 감소함수이므로 우하향하는 곡선으로 나타난다.

$$Max[PV(E) - S, 0] \leq P \leq PV(E) \tag{8.7}$$

그림 8-16 풋옵션가격의 결정범위

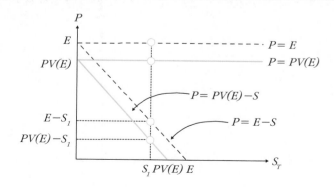

• 예제 8-3 풋옵션가격의 결정범위

서강기업의 현재 주가는 37,000원이고 이산복리 무위험이자율은 연 5%이다. 옵션시장에서 서강기업 주식을 기초자산으로 행사가격이 42,000원이며 만기가 1년인 유럽형 풋옵션이 거래되고 있다고 가정하여 다음 물음에 답하시오.

1. 유럽형 풋옵션의 가격결정범위를 구하시오.
2. 유럽형 풋옵션가격이 2,000원일 경우 차익거래과정을 설명하시오.

풀이

1. 유럽형 풋옵션의 가격결정범위는 다음과 같이 제시할 수 있다.

   ① $P \le PV(E) = \dfrac{42,000}{1.05} = 40,000$원

   ② $P \ge Max[PV(E) - S, 0] = Max[\dfrac{42,000}{1.05}, -37,000] = 3,000$원

   $\therefore 3,000$원 $\le P \le 40,000$원

2. 유럽형 풋옵션가격 2,000원은 하한가격 3,000원보다 작으므로 풋옵션은 과소평가되고 $PV(E) - S$는 과대평가되어 있다. 따라서 과대평가된 $PV(E) - S$를 매도하고 과소평가된 풋옵션을 매입하면 현재시점에서 1,000원의 이익을 얻을 수 있다.

거래	현재의 현금흐름	만기의 현금흐름	
		$S_T > 42,000$	$S_T < 42,000$
무위험할인채공매	40,000	$-42,000$	$-42,000$
주식매입	$-37,000$	S_T	S_T
풋옵션매입	$-2,000$	0	$42,000 - S_T$
합계	1,000	$S_T - 42,000$	0

3. 옵션가격의 구성요소

옵션은 약정에 따라 기초자산을 매입하거나 매도할 수 있는 권리를 말한다. 옵션가격은 옵션매입자가 계약이행의 선택권을 갖는 대가로 옵션매도자에게 지불하는 가격을 말하며 옵션프리미엄(option premium)이라고도 한다. 옵션의 최종거래일 이전에 옵션가격은 내재가치와 외재가치로 구성된다.

(1) 내재가치(intrinsic value)

옵션의 내재가치는 옵션매입자가 지금 당장 옵션의 권리를 행사했을 경우에 발생하는 가치를 말한다. 내재가치는 기초자산의 가격과 행사가격을 비교해서 결정되고 행사가치(exercise value) 또는 경제적 가치(economic value)라고도 한다. 따라서 옵션의 내재가치는 옵션이 가지고 있는 현재의 행사가치를 나타낸다.

콜옵션은 현재주가가 행사가격보다 높은 내가격상태에 있으면 옵션을 행사하여 $S-E$만큼의 내재가치를 얻을 수 있다. 그러나 등가격상태나 외가격상태에 있으면 옵션을 행사하지 않을 것이므로 내재가치는 0이 된다. 따라서 콜옵션의 내재가치는 기초자산의 가격과 행사가격의 차이와 0 중에서 큰 값으로 측정한다.

$$콜옵션의 \ 내재가치 \ = \ Max[S-E, 0] \tag{8.8}$$

풋옵션은 현재주가가 행사가격보다 낮은 내가격상태에 있으면 옵션을 행사하여 $E-S$만큼의 내재가치를 얻을 수 있다. 그러나 등가격상태나 외가격상태에 있으면 옵션을 행사하지 않을 것이므로 내재가치는 0이 된다. 따라서 풋옵션의 내재가치는 행사가격과 기초자산의 가격의 차이와 0 중에서 큰 값으로 측정한다.

$$풋옵션의 \ 내재가치 \ = \ Max[E-S, 0] \tag{8.9}$$

옵션은 기초자산의 현재가격과 행사가격을 비교하여 어느 위치에 있느냐에 따라서 내가격옵션(ITM), 등가격옵션(ATM), 외가격옵션(OTM)으로 구분된다.

① 내가격(ITM : in the money)
옵션을 행사하면 이익을 얻는 상태를 말한다. 콜옵션은 기초자산의 가격이 행사가격보다 높을 때 내가격 상태가 되고, 풋옵션은 기초자산의 가격이 행사가격보다 낮을 때 내가격 상태가 된다.

② 등가격(ATM : at the money)
옵션을 행사해도 손익이 발생하지 않는 상태를 말한다. 콜옵션과 풋옵션 모두 기초자산의 가격이 행사가격과 같을 때 등가격 상태가 된다.

③ 외가격(OTM : out of the money)
옵션을 행사하면 손실을 입는 상태를 말한다. 콜옵션은 기초자산의 가격이 행사가격보다 낮을 때 외가격 상태가 되고, 풋옵션은 기초자산의 가격이 행사가격보다 높을 때 외가격 상태가 된다.

표 8-4	옵션의 상태	

구 분	콜옵션	풋옵션
내가격(ITM)	기초자산가격(S) > 행사가격(E)	기초자산가격(S) < 행사가격(E)
등가격(ATM)	기초자산가격(S) = 행사가격(E)	기초자산가격(S) = 행사가격(E)
외가격(OTM)	기초자산가격(S) < 행사가격(E)	기초자산가격(S) > 행사가격(E)

(2) 외재가치(extrinsic value)

옵션의 외재가치는 옵션의 최종거래일까지 잔존기간 동안 옵션이 유리한 방향으로 변동하여 옵션가치가 상승할 것이라고 예상하는 옵션매입자의 기대가 반영되어 있는 가치를 말하며 시간가치(time value)라고도 한다. 옵션의 시간가치는 옵션가격에서 내재가치를 차감하여 다음과 같이 구할 수 있다.

$$시간가치 \ = \ 옵션가격 - 내재가치 \tag{8.10}$$

콜옵션(풋옵션)의 내재가치는 주가가 상승(하락)할수록 증가하고 옵션의 시간가치는 콜옵션과 풋옵션에 관계없이 잔존만기가 길수록 증가한다. 옵션의 시간가치는 콜옵션과 풋옵션에 관계없이 등가격옵션(ATM)에서 가장 크고 내가격옵션(ITM)에서는 감소하며 외가격옵션(OTM)에서는 내재가치는 없고 시간가치만 존재한다.

그림 8-17	옵션가격의 구성

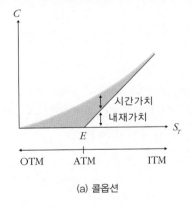

(a) 콜옵션

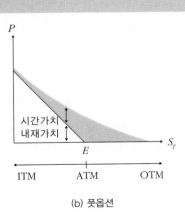

(b) 풋옵션

● 예제 8-4   옵션가격의 구성

한국거래소 옵션시장에는 강남기업 주식을 기초자산으로 행사가격이 42,000원이며 만기가 1년인 유럽형 콜옵션과 풋옵션이 거래되고 있다. 이산복리 무위험이자율이 5%라고 가정하여 다음 물음에 답하시오.

1. 강남기업 주식의 현재가격이 45,000원이고 콜옵션가격이 5,000원일 경우에 콜옵션의 내재가치와 시간가치를 구하시오.

2. 강남기업 주식의 현재가격이 37,000원이고 풋옵션가격이 6,000원일 경우에 풋옵션의 내재가치와 시간가치를 구하시오.

풀이

1. 콜옵션가격을 내재가치와 시간가치로 구분하면 다음과 같다.
   ① 내재가치 $= Max[S - E, \ 0] = Max[45,000 - 42,000, \ 0] = 3,000$원
   ② 시간가치 $=$ 콜옵션가격 $-$ 내재가치 $= 5,000 - 3,000 = 2,000$원

2. 풋옵션가격을 내재가치와 시간가치로 구분하면 다음과 같다.
   ① 내재가치 $= Max[E - S, \ 0] = Max[42,000 - 37,000, \ 0] = 5,000$원
   ② 시간가치 $=$ 풋옵션가격 $-$ 내재가치 $= 6,000 - 5,000 = 1,000$원

4. 풋-콜 등가

(1) 풋-콜 등가의 정의

시장균형상태에서 기초자산, 행사가격, 만기일이 모두 동일한 콜옵션가격과 풋옵션가격은 일정한 등가관계를 갖는데, 이를 풋-콜 등가(put-call parity)라고 한다. 즉 주식, 풋옵션 그리고 콜옵션을 이용하여 무위험헤지포트폴리오를 구성할 경우에 콜옵션가격과 풋옵션가격간의 등가관계를 말한다.

(2) 풋-콜 등가의 도출

주식 1주를 매입하고 이 주식을 기초자산으로 하는 풋옵션 1개를 매입하며 풋옵션과 행사가격 및 만기일이 동일한 콜옵션 1개를 매도하는 포트폴리오를 구성하면 옵션의 만기일에 포트폴리오가치는 만기일의 주가변동에 관계없이 행사가격 E로 항상 동일하게 유지되어 무위험헤지상태에 있게 된다.

표 8-6 | 무위험헤지포트폴리오의 구성

거래	현재가치	만기가치	
		$S_T > E$	$S_T < E$
주식매입	S	S_T	S_T
풋옵션매입	P	0	$E - S_T$
콜옵션매도	$-C$	$-(S_T - E)$	0
합계	$S + P - C$	E	E

무위험헤지포트폴리오를 구성한 투자자는 만기일의 주가변동에 관계없이 아무런 위험을 부담하지 않아 이러한 포트폴리오의 수익률은 시장균형상태에서 무위험이자율과 같아야 한다. 즉 무위험헤지포트폴리오의 현재가치(PV)는 포트폴리오의 만기가치(FV)를 무위험이자율로 할인한 현재가치와 동일해야 한다.

$$S + P - C = \frac{E}{(1 + R_f)^T} = PV(E) \leftarrow PV = \frac{FV_T}{(1 + r)^T} \tag{8.11}$$

그리고 무위험헤지포트폴리오 최종거래일의 현금흐름(FV)은 현재의 투자금액(PV)을 무위험이자율로 투자한 결과와 동일해야 한다.

$$(S + P - C)(1 + R)^T = E \leftarrow PV(1 + r)^T = FV_T \tag{8.12}$$

그림 8-18 | 무위험헤지포트폴리오

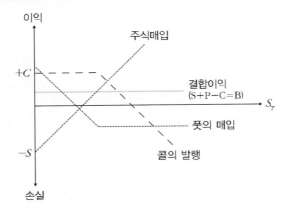

(3) 풋-콜 등가의 의미

시장균형상태에서 콜옵션가격과 풋옵션가격간의 균형관계를 나타내는 풋-콜 등가는 옵션가격을 결정하거나 옵션을 이용한 투자전략을 수립하는데 유용하게 사용되는 중요한 식이다. 풋-콜 등가에 의한 균형관계가 성립하지 않으면 차익거래가 발생하고 차익거래로 인해 풋-콜 등가가 성립하는 균형상태로 돌아간다.

첫째, 콜옵션가격과 풋옵션가격 중에서 어느 하나의 옵션가격을 알게 되면 모든 조건이 동일한 다른 옵션의 가격은 풋-콜 등가를 이용하여 쉽게 구할 수 있다. 예컨대 콜옵션가격을 알고 있다면 콜옵션과 모든 조건이 동일한 풋옵션가격은 풋-콜 등가를 이용하여 다음과 같이 구할 수 있다.

$$S + P - C = PV(E) \rightarrow P = C - S + PV(E) \tag{8.13}$$

둘째, 무위험헤지포트폴리오의 수익은 액면가액이 E인 순수할인채를 매입한 것과 동일한 효과를 갖는다. 이러한 순수할인채의 현재가격을 B로 표시하면 다음과 같이 나타낼 수 있다.

$$PV(E) = S + P - C \rightarrow B = S + P - C \tag{8.14}$$

셋째, 주식, 콜옵션, 풋옵션, 순수할인채를 적절히 결합하면 다양한 형태의 합성포지션(synthetic position)을 창출할 수 있다. 그리고 풋-콜 등가를 통해 등가격옵션(ATM)의 경우 콜옵션가격은 풋옵션가격보다 행사가격에 대한 화폐의 시간가치만큼 높다는 것을 알 수 있다.

표 8-7 합성포지션

합성포지션	풋-콜 등가(+는 매입, −는 매도)
합 성 주 식	$S = C - P + PV(E)$
합 성 풋	$P = C - S + PV(E)$
합 성 콜	$C = S + P - PV(E)$
합 성 할 인 채	$PV(E) = S + P - C$
합성커버된 콜	$S - C = -P + PV(E)$
합성커버된 풋	$S + P = C + PV(E)$

예제 8-5 풋─콜 등가와 차익거래

중앙기업의 현재 주가는 21,000원이고 이 주식을 기초자산으로 하고 행사가격이 22,000원이며 만기까지 1년 남아있는 콜옵션가격은 2,000원이다. 이산복리무위험이자율이 10%라고 가정하여 다음 물음에 답하시오.

1. 시장균형상태에서 위의 콜옵션과 조건이 동일한 풋옵션의 가격을 구하시오.

2. 위의 풋옵션이 시장에서 1,300원에 거래될 경우에 차익거래과정을 설명하시오.

3. 위의 풋옵션이 시장에서 700원에 거래될 경우에 차익거래과정을 설명하시오.

풀이

1. 시장균형상태에서 풋옵션가격은 풋─콜 등가를 이용하여 구할 수 있다.

$$P = C - S + \frac{E}{(1+R_f)^T} = 2,000 - 21,000 + \frac{22,000}{1.1} = 1,000원$$

2. $P > C - S + PV(E)$: 풋옵션의 실제가격 1,300원은 균형가격 1,000원보다 비싸게 거래되고 있다. 따라서 과대평가된 풋옵션은 매도하고 과소평가된 $C - S + PV(E)$를 매입, 즉 콜옵션매입, 주식공매, 무위험채권매입하면 300원의 이익을 얻을 수 있다.

거래	현재의 현금흐름	미래의 현금흐름	
		$S_T > E$	$S_T < E$
풋옵션매도	1,300	0	$-(22,000 - S_T)$
콜옵션매입	−2,000	$S_T - 22,000$	0
주식공매	21,000	$-S_T$	$-S_T$
무위험할인채매입	−20,000	22,000	22,000
합계	300	0	0

3. $P < C - S + PV(E)$: 풋옵션의 실제가격 700원은 균형가격 1,000원보다 싸게 거래되고 있다. 따라서 과소가된 풋옵션은 매입하고 과대평가된 $C - S + PV(E)$를 매도, 즉 콜옵션매도, 주식매입, 무위험채권매도하면 300원의 이익을 얻을 수 있다.

거래	현재의 현금흐름	미래의 현금흐름	
		$S_T > E$	$S_T < E$
콜옵션매도	2,000	$-(S_T - 22,000)$	0
주식매도	−21,000	S_T	S_T
무위험할인채매도	20,000	−22,000	−22,000
풋옵션매입	−700	0	$22,000 - S_T$
합계	300	0	0

제1절 옵션거래의 개요

1. 옵션의 정의 : 만기일 또는 만기일 이전에 기초자산을 행사가격으로 매입하거나 매도할 수 있는 권리가 부여된 증권이나 계약
2. 옵션의 특징 : 옵션매입자는 권리만 보유하고 옵션매도자는 의무만 부담함
3. 옵션의 종류 : 콜옵션과 풋옵션, 유럽형옵션과 미국형옵션, 상품옵션과 금융옵션
4. 옵션의 기능 : 위험헤지, 레버리지, 합성증권의 창출, 위험한정

제2절 옵션의 만기가치

1. 콜옵션의 만기가치 : 매입자 $C_T = Max[S_T - E, 0]$, 매도자 $C_T = Min[E - S_T, 0]$
2. 풋옵션의 만기가치 : 매입자 $P_T = Max[E - S_T, 0]$, 매도자 $P_T = Min[S_T - E, 0]$

제3절 옵션의 투자전략

1. 순수포지션 : 하나의 주식이나 옵션만을 매입하거나 매도하는 전략
2. 헤지포지션 : 주식과 옵션을 결합하여 주식(옵션)의 손실을 옵션(주식)으로 보전
3. 스프레드 : 행사가격과 만기일만 상이한 옵션을 하나는 매입하고 다른 하나는 매도하는 전략
4. 콤비네이션 : 기초자산이 동일한 콜옵션과 풋옵션을 매입하거나 매도하는 전략

제4절 옵션가격결정의 개요

1. 옵션가격의 결정요인 : C 또는 $P = f(S, E, T, \sigma^2, R_f, D)$

결정요인	콜옵션가격	풋옵션가격
기초자산의 현재가격 ↑	상승	하락
행사가격 ↑	하락	상승
만기까지 잔존기간 ↑	상승	상승
기초자산의 가격분산 ↑	상승	상승
무위험이자율 ↑	상승	하락
기초자산의 현금배당 ↑	하락	상승

2. 옵션가격의 결정범위
① 콜옵션가격의 범위 : $Max[S - PV(E), 0] \leq C \leq S$
② 풋옵션가격의 범위 : $Max[PV(E) - S, 0] \leq P \leq PV(E)$
3. 옵션가격의 구성 : 옵션가격 = 내재가치 + 시간가치
4. 풋-콜 등가 : 모든 조건이 동일한 콜옵션가격과 풋옵션가격간의 균형관계식
   $S + P - C = PV(E)$

문제 **1. 다음 중 옵션에 대한 설명으로 옳지 않은 것은?**

① 옵션은 조건부청구권으로 매입자의 의사에 따라 행사되지 않을 수도 있다.

② 옵션매도자는 옵션매입자가 권리를 행사하면 반드시 의무를 이행해야 한다.

③ 옵션은 불리한 가격변동으로 인한 위험에 대한 헤지수단이 된다.

④ 옵션은 기업가치에 중요한 영향을 미친다.

해설 옵션은 매도자와 매입자간의 거래이므로 기업가치와는 무관하다.

문제 **2. 다음 중 옵션에 대한 설명으로 옳지 않은 것은?**

① 옵션에는 만기일에만 행사할 수 있는 옵션도 있으나 대부분의 경우에 만기일 이전에 아무 때나 행사할 수도 있다.

② 기초자산이 주식인 콜옵션의 현재가격은 그 주식의 현재가격이 아닌 거래가격에 의해 변동된다.

③ 옵션은 조건부청구권을 나타내는 증권의 일종으로 투자자들에게 위험을 회피할 수 있는 수단을 제공한다.

④ 기초자산을 매입할 수 있는 권리가 콜옵션, 매도할 수 있는 권리가 풋옵션이다.

⑤ 콜옵션의 현재가격은 기초자산 수익률의 변동성이 클수록 증가한다.

해설

결정요인	콜옵션가격	풋옵션가격
기초자산의 현재가격↑	상승	하락
행사가격↑	하락	상승
만기까지 잔존기간↑	상승	상승
기초자산의 가격분산↑	상승	상승
무위험이자율↑	상승	하락
기초자산의 현금배당↑	하락	상승

문제 **3. 다음 중 옵션에 대한 설명으로 가장 옳지 않은 것은?**

① 콜옵션의 가격은 기초자산의 가격보다 높을 수 없다.

② 무배당 주식에 대한 미국형 콜옵션은 만기일 전에 권리를 행사하지 않는다.

③ 무위험이자율이 상승하면 콜옵션의 가격은 하락한다.

④ 콜옵션의 가격은 행사가격보다 높을 수 없다.

⑤ 콜옵션의 기초자산인 주식의 변동성이 커지면 콜옵션의 가격은 상승한다.

해설 무위험이자율이 상승하면 행사가격의 현재가치가 하락하여 콜옵션가격은 상승한다.

문제 4. 완전자본시장에서 차익거래기회가 없다고 가정할 경우에 주식을 기초자산으로 하는 유럽형옵션에 관한 설명 중 가장 적절하지 않은 것은? 단, 문항에서 제시한 조건 이외에 다른 모든 조건은 일정하다.

① 주식가격이 상승하면 풋옵션의 가격은 하락한다.

② 행사가격이 클수록 콜옵션의 가격은 낮게 형성된다.

③ 잔존만기가 길수록 풋옵션의 가격은 높게 형성된다.

④ 무위험이자율이 상승하면 콜옵션의 가격은 상승한다.

⑤ 예상배당이 클수록 풋옵션의 가격은 높게 형성된다.

해설 만기가 유럽형 풋옵션의 가격에 미치는 영향은 명확하지 않다. 만기가 길수록 행사가격의 현재가치가 작아져서 풋옵션가격이 낮아지는 효과와 기초주식의 가격분산이 커져서 풋옵션가격이 높아지는 효과도 있기 때문이다.

문제 5. 다음 중 유럽형옵션의 가격변동에 대한 설명으로 옳지 않은 것은?

① 기초자산의 가격이 상승하면 콜옵션의 가격은 상승한다.

② 기초자산의 가격이 상승하면 풋옵션의 가격은 하락한다.

③ 기초자산의 수익률의 분산이 증가하면 콜옵션의 가격은 상승한다.

④ 기초자산의 수익률의 분산이 증가하면 풋옵션의 가격은 하락한다.

⑤ 무위험이자율이 상승하면 콜옵션의 가격은 상승한다.

해설 기초자산의 수익률의 분산이 증가하면 콜옵션이나 풋옵션 모두 가격이 상승한다.

문제 6. 다음 중 옵션의 시간가치에 대한 설명으로 옳은 것은?

① 시간가치는 기초자산의 가격이 옵션매입자에게 유리한 방향으로 변동할 가능성 때문이다.

② 내재가치가 없는 외가격옵션은 시간가치도 없다.

③ 시간가치와 내재가치는 정비례한다.

④ 시간가치는 옵션의 만기와 무관하게 결정된다.

해설 ② 내재가치가 없는 외가격옵션도 시간가치는 있다.
③ 시간가치는 등가격옵션에서 가장 크다.
④ 시간가치는 옵션의 만기에 근접하면 감소한다.

문제 7. 현재 기초자산의 가격은 205포인트이고 행사가격이 210포인트인 콜옵션을 프리미엄 6에 매도한 경우에 어떤 상태에 있는 옵션인가?

① 외가격옵션(out of the money)   ② 심외가격옵션(deep out of the money)

③ 내가격옵션(in the money)   ④ 등가격옵션(at the money)

해설 콜옵션매도자는 기초자산의 가격이 손익분기점(행사가격+콜옵션가격)보다 작을 경우에 이익이 발생한다.

구 분	콜옵션	풋옵션
내가격(ITM)	기초자산가격(S) > 행사가격(E)	기초자산가격(S) < 행사가격(E)
등가격(ATM)	기초자산가격(S) = 행사가격(E)	기초자산가격(S) = 행사가격(E)
외가격(OTM)	기초자산가격(S) < 행사가격(E)	기초자산가격(S) > 행사가격(E)

문제 8. 강남기업 주식의 현재가격은 20,000원이고 행사가격은 15,000원이다. 옵션의 만기가 1개월 남은 강남기업의 콜옵션 프리미엄은 7,000원이라고 가정할 경우에 콜옵션의 시간가치는 얼마인가?

① 2,000원   ② 3,000원

③ 4,000원   ④ 5,000원

해설 옵션가격 = 내재가치+시간가치 → 시간가치 = 옵션가격-내재가치
내재가치는 5,000원(=20,000-15,000)이므로 시간가치는 2,000원이다.

문제 9. 다음 중 옵션가격이 시간가치로만 구성되어 있는 경우로 옳은 것은?

가. 내가격옵션(ITM)   나. 등가격옵션(ATM)   다. 외가격옵션(OTM)

① 가, 나   ② 나, 다

③ 가, 다   ④ 가, 나, 다

해설 옵션가격은 내재가치와 시간가치로 구성된다. 내가격상태의 옵션은 내재가치와 시간가치로 구성되고, 등가격상태나 외가격상태의 옵션가격은 시간가치로만 구성된다.

문제 10. 다음 중 옵션의 시간가치와 내재가치에 대한 설명으로 옳은 것은?

① 시간가치는 기초자산의 가격이 옵션매입자에게 유리한 방향으로 변동할 가능성 때문에 발생한다.

② 내재가치는 옵션이 등가격(ATM)옵션이 될수록 커진다.

③ 시간가치는 옵션이 내가격(ITM)옵션이 될수록 커진다.

④ 시간가치는 옵션의 만기와는 무관하다.

⑤ 만기가 많이 남은 옵션일수록 옵션의 내재가치가 크다.

해설 ②와 ⑤는 시간가치에 대한 설명이며, ③은 시간가치에 대한 설명이다. 시간가치는 옵션의 만기가 길수록 커진다.

문제 11. 한국거래소에서 10,000원에 거래되는 동국기업의 주식을 기초자산으로 하는 유럽형 콜옵션과 풋옵션을 거래하려고 한다. 옵션의 만기일이 1개월 남았을 경우 다음 중 내재가치가 가장 큰 옵션은?

① 행사가격 8,000원인 풋옵션 　　② 행사가격 8,500원인 콜옵션

③ 행사가격 10,000원인 콜옵션 　　④ 행사가격 10,000원인 풋옵션

해설 콜옵션의 내재가치 = 기초자산의 가격 − 행사가격
풋옵션의 내재가치 = 행사가격 − 기초자산의 가격

문제 12. 투자자 홍길동은 행사가격이 25,000원 콜옵션을 4,000원에 2개 매입하였고, 행사가격이 40,000원 콜옵션을 2,500원에 1개 발행하였다. 옵션의 만기일에 기초주식가격이 50,000원, 옵션의 기초주식과 만기일은 동일하며 거래비용이 없을 경우에 이러한 투자전략의 만기가치와 투자자의 만기손익은?

	투자전략의 만기가치	투자자의 만기손익
①	15,000원	13,500원
②	25,000원	23,500원
③	30,000원	27,000원
④	35,000원	30,000원
⑤	40,000원	34,500원

해설 행사가격 25,000원 콜옵션의 가치 : $C = Max[50,000-25,000, 0] = 25,000$원
행사가격 40,000원 콜옵션의 가치 : $C = Max[50,000-40,000, 0] = 10,000$원

투자자의 만기가치 = 25,000원×2개−10,000원×1개 = 40,000원

현재시점 투자금액 = 4,000원×2개−2,500원×1개 = 5,500원

투자자의 만기손익 = 40,000원−5,500원 = 34,500원

문제 13. 동국기업의 주식은 다음과 같은 확률분포를 가지고 있다. 동국기업의 주식에 대해 유럽형 콜옵션이 발행되었고, 옵션만기일은 3개월 후이며 행사가격은 5,000원이다. 옵션의 만기일에 콜옵션 기대값은 얼마인가?

주가	2,000원	4,000원	6,000원	8,000원	10,000원
확률	0.1	0.2	0.4	0.2	0.1

① 500원   ② 1,000원

③ 1,500원   ④ 2,000원

해설 $E(C) = 1,000 \times 0.4 + 3,000 \times 0.2 + 5,000 \times 0.1 = 1,500$원

문제 14. 다음 중 콜옵션매입자는 기초자산의 가격이 어떤 범위에 있을 때 이익을 얻을 수 있는가?

① 기초자산의 가격 > 행사가격

② 기초자산의 가격 < 행사가격

③ 기초자산의 가격 > 행사가격+콜옵션가격

④ 기초자산의 가격 < 행사가격+콜옵션가격

해설 콜옵션매입자는 기초자산의 가격이 손익분기점(행사가격+콜옵션가격)보다 클 경우에 이익이 발생한다.

문제 15. 다음 중 콜옵션매도자는 기초자산의 가격이 어떤 범위에 있을 때 이익을 얻을 수 있는가?

① 기초자산의 가격 > 행사가격

② 기초자산의 가격 < 행사가격

③ 기초자산의 가격 > 행사가격+콜옵션가격

④ 기초자산의 가격 < 행사가격+콜옵션가격

해설 콜옵션매도자는 기초자산의 가격이 손익분기점(행사가격+콜옵션가격)보다 작을 경우에 이익이 발생한다.

문제 16. 다음 중 풋옵션매도자는 기초자산의 가격이 어떤 범위에 있을 때 이익을 얻을 수 있는가?

① 기초자산의 가격 〉행사가격

② 기초자산의 가격 〈 행사가격

③ 기초자산의 가격 〉행사가격－풋옵션가격

④ 기초자산의 가격 〈 행사가격－풋옵션가격

해설 풋옵션매도자는 기초자산의 가격이 손익분기점(행사가격－풋옵션가격)보다 클 경우에 이익이 발생한다.

문제 17. 다음 중 주가가 하락할 것으로 예상하여 주식을 공매한 투자자가 불리한 가격 변동위험을 회피할 수 있는 방법은?

① 콜옵션을 매입한다.　　　　② 콜옵션을 매도한다.

③ 풋옵션을 매입한다.　　　　④ 풋옵션을 매도한다.

해설 주가가 하락할 것으로 예상하여 주식을 공매한 투자자는 예상과 달리 주가가 상승하면 손실을 입게 된다. 이때 주식공매와 함께 콜옵션을 매입하면 손실을 크게 줄일 수 있다.

문제 18. 콜옵션을 보유한 투자자 홍길동은 기초자산인 주식가격이 앞으로 상승할 것으로 예상하여 주식을 매입하고자 한다. 주식을 매입하지 않고 콜옵션과 결합하여 주식을 매입한 경우와 동일한 투자성과를 실현시킬 수 있는 방법은?

① 풋옵션매입　　　　　　　② 풋옵션매도

③ 콜옵션매도　　　　　　　④ 주식공매

해설 콜옵션을 매입하고 동일한 조건의 풋옵션을 매도할 경우에 주식을 매입한 경우와 동일한 손익을 얻을 수 있다. $S+P-C=PV(E) \rightarrow C-P=S-PV(E)$

문제 19. 풋옵션을 보유한 투자자 홍길동은 기초자산인 주식가격이 앞으로 하락할 것으로 예상하여 주식을 공매하고자 한다. 주식을 공매하지 않고 풋옵션과 결합하여 주식을 공매한 경우와 동일한 투자성과를 실현시킬 수 있는 방법은?

① 콜옵션매입　　　　　　　② 콜옵션매도

③ 풋옵션매도　　　　　　　④ 주식매입

해설 풋옵션을 매입하고 동일한 조건의 콜옵션을 매도할 경우에 주식을 공매한 경우와 동일한 손익을 얻을 수 있다. $S+P-C=PV(E) \rightarrow P-C=PV(E)-S$

문제 20. 만기가 12개월 남은 KOSPI 200선물 현재가격은 180포인트이다. 행사가격이 180포인트인 콜옵션을 5.5포인트에 1계약 매도하고, 만기와 행사가격이 동일한 풋옵션을 4.5포인트에 1계약 매도한 경우에 옳지 않은 것은?

① 향후 가격변동이 크지 않을 것으로 예상되는 전략이다.

② KOSPI 200 가격이 손익분기점 이상 또는 이하로 변동해야 이익이 발생한다.

③ 가격상승시 손익분기점 가격은 190포인트이다.

④ 거래전략의 최대이익은 10포인트이다.

해설 KOSPI 200의 가격이 손익분기점 이상 또는 이하로 변동시 손실이 발생한다. 여기서 손익분기점은 행사가격±프리미엄의 합이고 최대이익은 프리미엄의 합이다.

문제 21. 행사가격이 180포인트인 KOSPI 200 풋옵션을 3포인트에 1계약 매도하고, 동시에 행사가격이 175포인트인 KOSPI 200 풋옵션을 1포인트에 1계약 매입하는 전략에 대한 설명으로 옳지 않은 것은?

① 수직강세스프레드전략에 해당하고, 손익이 한정되어 있다.

② 최대이익은 50만원이고, 최대손실은 75만원이다.

③ 옵션만기일에 손익분기점은 175포인트이다.

④ 기초자산가격이 상승하면 이익이 발생한다.

해설 행사가격이 낮은 풋옵션을 매입하고 행사가격이 높은 풋옵션을 매도하면 수직강세스프레드전략에 해당하고, 손익이 한정되어 있다.
· 최대이익 = 프리미엄의 차액 = (3pt−1pt)×250,000원 = 50만원
· 최대손실 = (180pt−175pt)−(3pt−1pt)×250,000원 = 75만원
· 손익분기점 = 180pt−(3pt−1pt) = 178pt

문제 22. 행사가격이 175포인트인 KOSPI 200 풋옵션을 1포인트에 1계약 매도하고, 동시에 행사가격이 180포인트인 KOSPI 200 풋옵션을 2포인트에 1계약 매입하는 전략에 대한 설명으로 옳지 않은 것은?

① 수직약세스프레드전략에 해당한다.

② 이익도 제한적이고, 손실도 제한적이다.

③ 최대손실은 2포인트이다.

④ 최대이익은 4포인트이다.

행사가격이 낮은 풋옵션을 매도하고 행사가격이 높은 풋옵션을 매입하면 수직약세스프레드 전략에 해당하고, 손익이 한정되어 있다.
- 최대손실은 프리미엄의 차액인 1pt이고, 최대이익은 (180pt−175pt)−(2pt−1pt) = 4pt
- 손익분기점 = 180pt−(2pt−1pt) = 179pt

문제 **23. 행사가격이 100포인트인 KOSPI 200콜옵션을 4포인트에 1계약 매입하고, 동시에 행사가격이 110포인트인 KOSPI 200콜옵션을 2포인트에 1계약 매도하는 경우에 최대이익과 최대손실은?**

① 최대이익 : 8포인트, 최대손실 : 6포인트

② 최대이익 : 8포인트, 최대손실 : 2포인트

③ 최대이익 : 6포인트, 최대손실 : 6포인트

④ 최대이익 : 6포인트, 최대손실 : 2포인트

해설 Bull Call Spread = 높은 행사가격 매도 + 낮은 행사가격 매입
- 최대이익 = 행사가격 차이−프리미엄 차액 = (110pt−100pt)−(4pt−2pt) = 8pt
- 최대손실 = 프리미엄 차액 = (4pt−2pt) = 2pt

문제 **24. 행사가격이 198포인트인 KOSPI 200콜옵션을 4포인트에 1계약 매도하고, 동시에 행사가격이 202포인트인 KOSPI 200콜옵션을 1포인트에 1계약 매입하는 경우에 손익분기점과 최대이익은?**

① 손익분기점 : 199포인트, 최대이익 : 3포인트

② 손익분기점 : 199포인트, 최대이익 : 2포인트

③ 손익분기점 : 201포인트, 최대이익 : 3포인트

④ 손익분기점 : 201포인트, 최대이익 : 2포인트

해설 Bear Call Spread = 낮은 행사가격 매도 + 높은 행사가격 매입
- 손익분기점 = 행사가격+프리미엄 차액 = 198pt+(4pt−1pt) = 201pt
- 최대이익 = 프리미엄 차액 = (4pt−1pt) = 3pt

문제 **25. 옵션을 이용한 투자전략은 기초자산가격의 변동방향이나 변동정도에 따라 달라진다. 다음 중 방향성에 대한 투자로 보기 어려운 것은?**

① 강세스프레드   ② 약세스프레드

③ 콜옵션 매입   ④ 스트랭글 매도

해설 변동성에 대한 옵션투자에는 스트랭글 매입과 매도, 스트래들 매입과 매도, 샌드위치형 스프레드, 나비형 스프레드 등이 있다.

문제 26. 옵션을 이용한 투자전략은 기초자산가격의 변동방향이나 변동정도에 따라 달라진다. 다음 중 변동성에 대한 투자로 보기 어려운 것은?

① 스트랭글 매입   ② 스트래들 매입
③ 나비형 스프레드   ④ 강세스프레드

해설 방향성에 대한 옵션투자에는 콜옵션 매입과 매도, 풋옵션 매입과 매도, 강세스프레드, 약세스프레드 등이 있다.

문제 27. 다음 중 풋-콜 등가(put-call parity)로 옳은 것은?

① 주식매입+풋옵션매입 = 콜옵션매입+채권매입
② 주식매입+풋옵션매도 = 콜옵션매도+채권매입
③ 주식매입+풋옵션매입 = 콜옵션매도+채권매입
④ 주식매입+풋옵션매도 = 콜옵션매입+채권매입

해설 $S+P-C=PV(E)\rightarrow S+P=C+PV(E)$

문제 28. (주)가나다는 만기가 1년이고 행사가격이 10,000원인 유럽형 콜옵션과 풋옵션을 발행하였다. 가나다의 현재주가는 10,000원이고, 액면가액이 10,000원인 1년 만기 무위험채권의 가격은 9,000원이다. 현재 콜옵션의 가격이 2,000원이라고 가정할 경우에 풋옵션의 가격은 얼마인가?

① 1,000원   ② 1,500원
③ 2,000원   ④ 2,500원

해설 액면가액이 10,000원인 1년 만기 무위험채권의 가격은 9,000원이다. 풋-콜 등가를 이용하면 행사가격의 현재가치는 9,000원이 되고, 풋옵션가격은 1,000원이 된다.

$$P = -S+C+\frac{E}{(1+R_f)^T} = -10,000+2,000+9,000 = 1.000$$

문제 **29. 다음 중 행사가격이 동일한 풋–콜 등가에 대한 설명으로 옳은 것은?**

① 동일한 기초주식에 대해 발행된 동일한 만기의 등가격 풋옵션과 콜옵션의 가격 은 항상 같다.

② 동일한 기초주식에 대해 발행된 동일한 만기의 풋옵션과 콜옵션간에는 일정한 관계가 유지되어야 한다.

③ 동일한 기초주식에 대해 발행된 동일한 만기의 등가격 풋옵션과 콜옵션의 가격 은 평행으로 움직인다.

④ 만기가 서로 다른 풋옵션과 콜옵션의 경우에도 풋–콜 등가는 성립한다.

해설 시장균형상태에서 기초자산, 행사가격, 만기일이 모두 동일한 풋옵션가격과 콜옵션가격은 일정한 관계를 갖는데, 이를 풋–콜 등가(put-call parity)라고 한다.

문제 **30. 다음 중 풋옵션을 매도하고 콜옵션을 매입했을 경우에 만기일의 손익형태를 나타낸 그림은?**

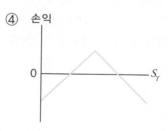

해설 S+P−C = PV(E) → 풋옵션매도+콜옵션매입 = 합성선물매입

정답

1.④ 2.② 3.③ 4.③ 5.④ 6.① 7.③ 8.① 9.② 10.①
11.③ 12.⑤ 13.③ 14.③ 15.④ 16.③ 17.① 18.② 19.② 20.②
21.③ 22.③ 23.② 24.③ 25.④ 26.④ 27.① 28.① 29.② 30.①

옵션가격결정
모형

옵션가격결정모형에는 기초자산의 가격변동이 이항분포를 따른다고 가정하는 이항옵션가격결정모형과 기초자산의 가격변동이 위너과정을 따른다고 가정하는 블랙–숄즈옵션가격결정모형이 있다. 본 장에서는 두 가지 모형을 이용해 옵션만기일까지 배당지급이 없는 주식을 기초자산으로 하는 유럽형 옵션에 대해 살펴본다.

제1절 이항옵션가격결정모형

이항옵션가격결정모형(BOPM)은 주식과 옵션을 적절한 비율로 결합하여 투자하면 주가변동위험을 완전히 제거할 수 있는 무위험헤지포트폴리오를 구성할 수 있으며 무위험헤지포트폴리오의 수익률은 시장균형상태에서 무위험이자율과 동일해야 한다는 논리를 이용하여 옵션의 균형가격을 도출한다.

1. 가정

이항옵션가격결정모형은 기초자산의 가격이 이산적으로 변하며, 기초자산의 가격이 이항분포를 따른다고 가정한다.

첫째, 기초자산의 가격변동이 매기 일정비율로 상승 또는 하락하는 이항분포를 따르며 상승확률(q)과 하락확률($1-q$)은 일정하다.

둘째, 주식시장과 옵션시장은 거래비용과 세금이 없는 완전자본시장이며 차익거래 기회가 존재하지 않는 시장균형상태에 있다.

2. 콜옵션의 가격결정

(1) 1기간모형

1) 주식가격의 변화

옵션의 기초자산인 주가는 상승하거나 하락하는데 현재 주가를 S, 1기간 동안의 (1+주가상승률)을 u, (1+주가하락률)을 d라고 하면 1기간 후의 주가는 q의 확률로 uS, $1-q$의 확률로 dS가 되며 u를 주가상승계수, d를 주가하락계수라고 한다.

2) 콜옵션가치의 변화

기초자산이 주식이고 만기가 1기간이며 행사가격이 E인 경우 콜옵션의 가치는 주가가 상승하면 최종거래일의 주가가 uS가 되어 콜옵션의 가치(Cu)는 $Max[uS-E, 0]$이 된다. 그러나 주가가 하락하면 최종거래일의 주가가 dS가 되어 콜옵션의 가치(Cd)는 $Max[dS-E, 0]$이 된다.

그림 9-1 | 주식가격과 콜옵션가치의 변화

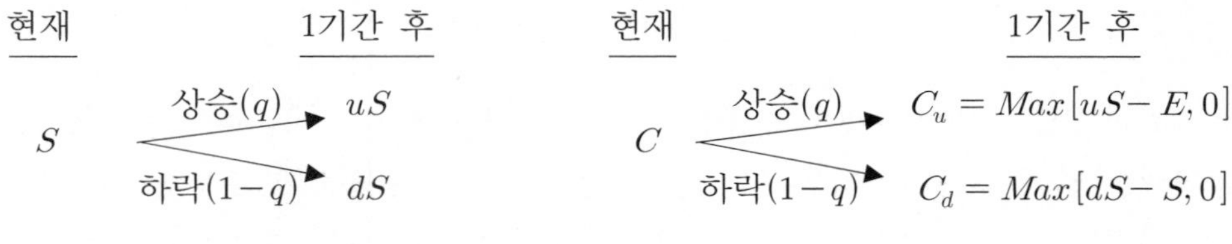

현재	1기간 후		현재	1기간 후

$$S \quad \overset{상승(q)}{\underset{하락(1-q)}{\diagup\diagdown}} \quad \begin{array}{l} uS \\ dS \end{array}$$

$$C \quad \overset{상승(q)}{\underset{하락(1-q)}{\diagup\diagdown}} \quad \begin{array}{l} C_u = Max\,[uS - E, 0] \\ C_d = Max\,[dS - S, 0] \end{array}$$

(a) 주가의 변동 　　　　　　 (b) 콜옵션가치의 변동

3) 무위험헤지포트폴리오

주식과 콜옵션을 적절한 비율로 결합하여 투자하면 만기일의 주가변화에 관계없이 일정한 가치를 갖는 무위험헤지포트폴리오를 구성할 수 있다. 이때 주식 1주를 매입하고 콜옵션을 m개 매도한 포트폴리오의 현재가치는 $S - mC$가 되며 1기간 후의 가치는 [그림 9-2]와 같이 변화할 것이다.

그림 9-2 | 무위험헤지포트폴리오의 가치변화

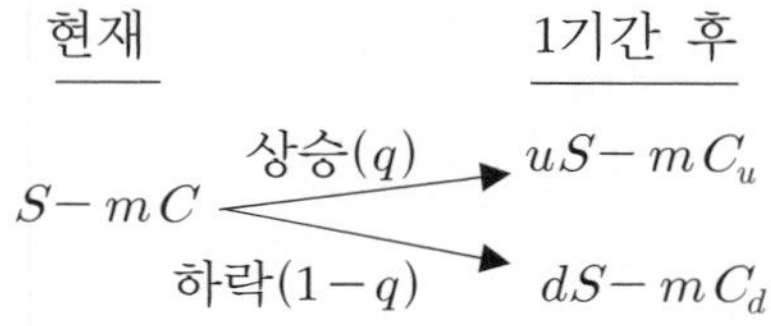

현재	1기간 후

$$S - mC \quad \overset{상승(q)}{\underset{하락(1-q)}{\diagup\diagdown}} \quad \begin{array}{l} uS - mC_u \\ dS - mC_d \end{array}$$

이 포트폴리오가 무위험헤지포트폴리오가 되기 위해서는 주가의 상승 및 하락에 관계없이 최종거래일의 포트폴리오가치가 동일해야 한다. 따라서 무위험헤지포트폴리오를 구성하기 위해서 매도해야 하는 콜옵션의 수는 다음과 같이 구할 수 있으며, 이를 헤지비율(hedge ratio)이라고 한다.[10]

$$uS - mC_u = dS - mC_d \rightarrow m = \frac{uS - dS}{C_u - C_d} \tag{9.1}$$

---

[10] 헤지비율은 콜옵션 한 개를 매도할 때 매입해야 하는 주식수로 정의하기도 하는데, 이때의 헤지비율은 m의 역수인 1/m이 된다. 즉 콜옵션을 한 개 매도하고 주식을 h주 매입하여 무위험헤지포트폴리오를 구성할 경우 현재가치는 $hS - C$가 되고, 1기간 후에 주가상승시의 가치는 $uhS - C_u$, 주가하락시의 가치는 $dhS - C_d$가 된다.

$$uhS - C_u = dhS - C_d \rightarrow h = \frac{C_u - C_d}{uS - dS} = \frac{1}{m}$$

4) 콜옵션가격의 도출

시장균형상태에서 무위험헤지포트폴리오의 수익률은 무위험이자율과 같아야 하기 때문에 1기간 동안의 무위험이자율을 R_f, $(1 + R_f)$를 r이라고 가정하면 다음의 관계가 성립해야 한다.

$$(S - mC)r = uS - mC_u = dS - mC_d \tag{9.2}$$

식(9.2)를 C에 대해 정리하면 콜옵션의 균형가격은 다음과 같이 구할 수 있다.

$$C = \frac{S(r-u) + mC_u}{mr} = \frac{S(r-d) + mC_d}{mr} \tag{9.3}$$

식(9.3)에 m을 대입하여 정리하면 콜옵션의 균형가격은 다음과 같이 구할 수도 있다.

$$C = \frac{(\dfrac{r-d}{u-d})C_u + (\dfrac{u-r}{u-d})C_d}{(1+r)} = \frac{PC_u + (1-P)C_d}{(1+r)} \tag{9.4}$$

5) 헤지확률

헤지확률(hedge probability)은 0과 1사이의 값을 갖게 되어 확률과 유사하며[11] 현물주식을 보유한 투자자가 위험을 헤지하는 확률을 말한다. 또한 주식 또는 옵션의 기대수익률이 무위험이자율과 동일하게 만들어주는 주가의 상승확률을 의미하며 주가자체의 상승확률(q)과는 다른 값이다.

6) 위험중립적 접근방법

위험중립형 투자자들은 위험에 대한 보상을 요구하지 않기 때문에 주식 또는 옵션에 대한 기대수익률은 무위험이자율과 동일해야 한다. 여기서 주식투자자의 기대수익률을 무위험이자율과 동일하도록 하는 상황의 발생확률을 P와 $1 - P$라고 하면 다음의 관계가 성립한다.

---

11) 투자자들은 r〉u〉d라면 위험자산(주식)에 투자하지 않을 것이고, u〉d〉r라면 무위험자산(채권)에 투자하지 않을 것이다. 따라서 자본시장에 위험자산과 무위험자산이 모두 존재하려면 u〉r〉d의 관계가 성립해야 한다. 이때 u-d〉r-d이므로 0〈P〈1이 되어 확률의 속성을 갖게 된다.

$$Pu + (1 - P)d = r \to P = \frac{r - d}{u - d} \tag{9.5}$$

식(9.5)에서 주식의 기대수익률이 무위험이자율과 같아지도록 하는 주가의 상승확률은 헤지확률(hedge probability)과 동일함을 알 수 있다. 그리고 헤지확률은 위험중립형 투자자들이 사용하는 확률이라는 의미에서 위험중립확률(risk neutral probability)이라고도 한다.

따라서 콜옵션의 균형가격은 각 상황에서의 확률을 헤지확률 또는 위험중립확률인 P와 $1 - P$로 해서 구한 만기일(1기간 후)의 콜옵션의 기대가치를 무위험이자율로 할인한 현재가치로 결정된다. 이러한 이유로 식(9.5)를 이용한 옵션가치의 평가논리를 위험중립평가라고 한다.

─● 예제 9-1   콜옵션의 가격결정

서울기업의 현재 주식가격은 40,000원이다. 주가변동은 이항분포를 따르며 1년 동안 주가가 상승하여 52,000원이 될 확률은 0.6, 주가가 하락하여 28,000원이 될 확률은 0.4이다. 서울기업의 주식을 기초자산으로 하고 행사가격이 40,000원이며 만기가 1년인 유럽형 콜옵션을 가정하여 다음 물음에 답하시오. 단, 이산복리 무위험이자율은 10%이다.

1. 1년 동안의 서울기업 주가와 콜옵션가치의 변화를 도시하시오.
2. 서울기업 주식을 1주 매입할 때 무위험헤지포트폴리오를 구성하기 위해 매도해야 하는 콜옵션의 수량을 구하시오.
3. 서울기업 주식에 대한 콜옵션을 1개 매도할 때 무위험헤지포트폴리오를 구성하기 위해 매입해야 하는 주식수를 구하시오.
4. 무위험헤지포트폴리오를 이용하여 콜옵션가격을 구하시오.
5. 헤지확률을 이용하여 콜옵션가격을 구하시오.
6. 무위험헤지포트폴리오의 순투자금액을 구하시오.
7. 주식의 상승확률이 0.6에서 0.4로 변하고, 하락확률이 0.4에서 0.6으로 변할 때 콜옵션가격을 구하시오.
8. 풋-콜 등가를 이용하여 콜옵션과 모든 조건이 동일한 풋옵션가격을 구하시오.

풀이

1. 서울기업의 주식가격과 콜옵션가치의 변화를 살펴보면 다음과 같다.

현재   1년 후

$S = 40,000$ 상승(0.6) $uS = (1+0.3) \times 40,000 = 52,000$

하락(0.4) $dS = (1-0.3) \times 40,000 = 28,000$

C 상승(0.6) $Cu = Max[(52,000-40,000),0] = 12,000$

하락(0.4) $Cd = Max[(28,000-40,000),0] = 0$

2. 서울기업 주식을 1주 매입하고 콜옵션을 m개 매입한 헤지포트폴리오의 가치는 다음과 같이 변화한다.

현재   1년 후

$S - mC$

$uS - mC_u = 52,000 - 12,000m$

$dS - mC_d = 28,000$

따라서 무위험헤지포트폴리오를 구성하기 위한 m은 다음과 같이 구할 수 있다.

$52,000 - 12,000m = 28,000 \rightarrow m = 2$

3. 서울기업의 주식을 기초자산으로 하는 콜옵션을 1개 매도하고 주식을 h주 매입한 헤지포트폴리오의 가치는 다음과 같이 변화한다.

현재   1년 후

$hS - C$

$uhS - C_u = 52,000h - 12,000$

$dhS - C_d = 28,000h$

무위험헤지포트폴리오는 주가의 상승 및 하락에 관계없이 1년 후 가치가 일정해야 하므로 무위험헤지포트폴리오를 구성하기 위한 h는 다음과 같이 구할 수 있다.

$52,000h - 12,000 = 28,000h \rightarrow h = 0.5$

4. 시장균형상태에서는 무위험헤지포트폴리오의 수익률이 무위험이자율과 동일해야 하므로 콜옵션의 가격은 다음과 같이 구할 수 있다.

$(S - mC)(1+Rf) = uS - mC_u$

$(40,000 - 2C)(1.1) = 52,000 - 2 \times 12,000$

$\therefore C = 7,272.73원$

5. 헤지확률(위험중립확률)을 이용하여 콜옵션가격을 구하면 다음과 같다.

$$C = \frac{PC_u + (1-P)C_d}{(1+r)} = \frac{(2/3)12,000 + (1/3)0}{1.1} = 7,272.73$$

$$P = \frac{r-d}{u-d} = \frac{1.1-0.7}{1.3-0.7} = \frac{2}{3}$$

6. 무위험헤지포트폴리오의 순투자금액은 다음과 같이 구할 수 있다.

$S - mC = 40,000 - 2(7,272.73) = 25,454.54$원

7. 옵션가격은 헤지확률(hedge probability)에 의해 결정되며 주가의 상승확률이나 하락확률과는 무관하다. 따라서 주가의 상승확률과 하락확률이 달라져도 u, d, R_f만 변하지 않으면 옵션가격은 변하지 않는다.

8. 풋-콜 등가를 이용하여 콜옵션과 조건이 동일한 풋옵션의 가격을 구하면 다음과 같다.

$P = C - S + \dfrac{E}{(1+R_f)^T} = 7,272.73 - 40,000 + \dfrac{40,000}{1.1} = 3,636.37$

(2) 2기간모형

여기서 1기간을 추가하여 2기간으로 확장시키면 1기간 이후에 2개의 상황과 2기간 이후에 4개의 상황이 발생한다. [그림 9-3]은 2기간의 주식가격과 콜옵션가치의 변화과정을 나타낸다. 1기간모형을 이용하여 주가가 상승할 경우의 콜옵션의 가치(C_u)와 하락할 경우의 콜옵션의 가치(C_d)는 다음과 같이 구할 수 있다.

$$C_u = \frac{PC_{uu} + (1-P)C_{ud}}{(1+r)}, \; C_d = \frac{PC_{du} + (1-P)C_{dd}}{(1+r)} \tag{9.6}$$

이러한 C_u와 C_d의 값을 1기간모형인 식(9.4)에 대입하여 정리하면 2기간모형에서 콜옵션의 가격을 다음과 같이 구할 수 있다.

$$C = \frac{P^2 C_{uu} + 2P(1-P)C_{ud} + (1-P)^2 C_{dd}}{(1+r)^2} \tag{9.7}$$

따라서 콜옵션의 균형가격은 각 상황에서의 확률을 헤지확률 또는 위험중립확률인 P와 $(1-P)$로 해서 구한 최종거래일(2기간 후)의 콜옵션의 기대가치를 무위험이자율로 할인한 현재가치가 된다.

그림 9-3　주식가격과 콜옵션가치의 변화

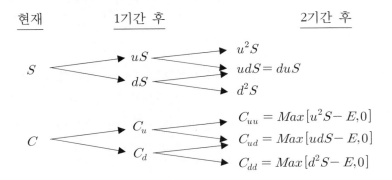

(3) 일반화모형

이러한 과정을 반복하게 되면 콜옵션가격결정모형을 T기간모형으로 확장할 수 있고 이항분포모형에 의한 콜옵션가격결정모형을 T기간으로 일반화시키면 다음과 같이 나타낼 수 있다.

$$C = \frac{\sum_{n=0}^{T} {}_T C_n P^n (1-P)^{T-n} Max[u^n d^{T-n} S - E, 0]}{(1+r)^T} \tag{9.8}$$

식(9.8)에서 ${}_T C_n P^n (1-P)^{T-n}$은 T회의 가격변동 중 주가가 n회 상승하고 $T-n$회 하락할 확률, $Max[u^n d^{T-n} S - E, 0]$은 그때의 콜옵션가치를 말한다. 이와 같은 이항옵션가격결정모형(BOPM)은 그 기간을 무한히 분할해 나가면 블랙-숄즈의 연속적인 옵션모형으로 확장할 수 있게 된다.

3. 풋옵션의 가격결정

유럽형 풋옵션가격을 결정하는 방법은 콜옵션가격을 구하는 것과 동일한 논리를 적용해서 구할 수 있다. 그리고 콜옵션가격을 산출한 후에 풋-콜 등가를 이용해서 콜옵션과 모든 조건이 동일한 풋옵션가격을 구할 수도 있다.

(1) 1기간모형

1) 주식가격의 변화

옵션의 기초자산인 주가는 상승하거나 하락할 수 있다. 현재 주가를 S, 1기간 동안의 (1+주가상승률)을 u, (1+주가하락률)을 d라고 하면 1기간 후의 주가는 q의 확률로 uS, $1-q$의 확률로 dS가 되며 u를 주가상승계수, d를 주가하락계수라고 한다.

2) 풋옵션가치의 변화

주식을 기초자산으로 하고 만기가 1기간이며 행사가격이 E인 풋옵션의 가치는 주가가 상승하는 경우에 최종거래일의 주가가 uS가 되어 풋옵션의 가치(P_u)는 $Max[E-uS, 0]$이 된다. 그러나 주가가 하락하는 경우 최종거래일의 주가가 dS가 되어 풋옵션의 가치(P_d)는 $Max[E-dS, 0]$이 된다.

그림 9-4 주식가격과 풋옵션가치의 변화

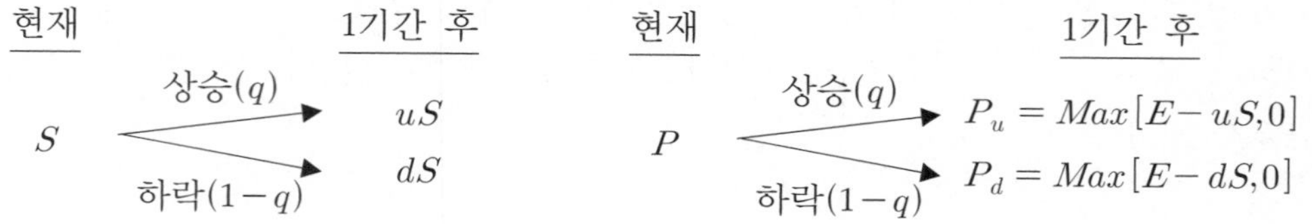

현재   1기간 후   현재   1기간 후

$$S \begin{array}{c} \nearrow \text{상승}(q) \quad uS \\ \searrow \text{하락}(1-q) \quad dS \end{array}$$

(a) 주가의 변동

$$P \begin{array}{c} \nearrow \text{상승}(q) \quad P_u = Max[E-uS, 0] \\ \searrow \text{하락}(1-q) \quad P_d = Max[E-dS, 0] \end{array}$$

(b) 풋옵션가치의 변동

3) 무위험헤지포트폴리오

주식과 풋옵션을 적절한 비율로 결합하여 투자하면 최종거래일의 주가변화에 관계없이 일정한 가치를 갖는 무위험헤지포트폴리오를 구성할 수 있다. 이때 주식 1주를 매입하고 풋옵션을 k개 매도한 포트폴리오의 현재가치는 $S+kP$가 되며 1기간 후의 가치는 [그림 9-5]와 같이 변화할 것이다.

그림 9-5 무위험헤지포트폴리오의 가치변화

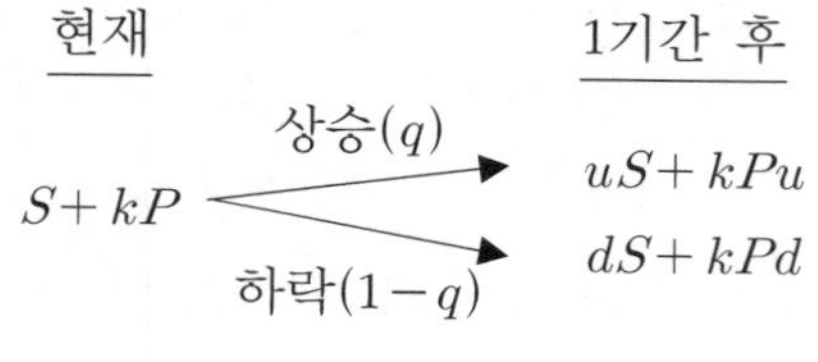

현재   1기간 후

$$S+kP \begin{array}{c} \nearrow \text{상승}(q) \quad uS+kPu \\ \searrow \text{하락}(1-q) \quad dS+kPd \end{array}$$

이러한 포트폴리오가 무위험헤지포트폴리오가 되기 위해서는 주가상승 및 주가하

락에 관계없이 최종거래일의 가치가 동일해야 한다. 따라서 무위험헤지포트폴리오를 구성하기 위해 매입해야 하는 풋옵션의 수는 다음과 같이 구할 수 있으며, 이를 헤지비율(hedge ratio)이라고 한다.[12]

$$uS + kPu = dS + kPd \rightarrow k = \frac{dS - uS}{P_u - P_d} \tag{9.9}$$

4) 풋옵션가격의 도출

시장균형상태에서 무위험헤지포트폴리오 수익률은 무위험이자율과 동일해야 하기 때문에 1기간 동안의 무위험이자율을 R_f, $(1+R_f)$를 r이라고 가정하면 다음의 관계가 성립해야 한다.

$$(S + kP)r = uS + kPu = dS + kPd \tag{9.10}$$

식(9.10)을 P에 대해 정리하면 풋옵션의 균형가격은 다음과 같이 구할 수 있다.

$$P = \frac{S(u-r) + kP_u}{kr} = \frac{S(d-r) + kP_d}{kr} \tag{9.11}$$

식(9.11)에 k를 대입하여 정리하면 풋옵션의 균형가격은 다음과 같이 구할 수 있다.

$$P = \frac{(\frac{r-d}{u-d})P_u + (\frac{u-r}{u-d})P_d}{(1+r)} = \frac{PP_u + (1-P)P_d}{(1+r)} \tag{9.12}$$

(2) 2기간모형

여기서 1기간모형을 이용하여 주가가 상승할 경우의 풋옵션의 가치(P_u)와 하락할 경우의 풋옵션의 가치(P_d)는 다음과 같이 구할 수 있다.

---

12) 헤지비율은 풋옵션 한 개를 매입할 때 매입해야 하는 주식수로 정의하기도 하는데, 이때의 헤지비율은 h의 역수인 1/h이 된다. 즉 풋옵션을 한 개 매입하고 주식을 h주 매입하여 무위험헤지포트폴리오를 구성할 경우 현재가치는 $P + hS$가 되고, 1기간 후에 주가상승시의 가치는 $P_u + huS$, 주가하락시의 가치는 $P_d + dhS$가 된다.

$$P_u + uhS = P_d + dhS \rightarrow h = \frac{P_u - P_d}{uS - dS} = \frac{1}{k}$$

$$P_u = \frac{PP_{uu} + (1-P)P_{ud}}{(1+r)}, \ P_d = \frac{PP_{du} + (1-P)P_{dd}}{(1+r)} \tag{9.13}$$

이러한 P_u와 P_d의 값을 1기간모형인 식(9.12)에 대입하여 정리하면 2기간모형에서 풋옵션의 가격은 다음과 같이 구할 수 있다.

$$P = \frac{P^2 P_{uu} + 2P(1-P)P_{ud} + (1-P)^2 P_{dd}}{(1+r)^2} \tag{9.14}$$

따라서 풋옵션의 균형가격은 각 상황에서의 확률을 헤지확률 또는 위험중립확률인 P와 $(1-P)$로 해서 구한 최종거래일(2기간 후)의 풋옵션의 기대가치를 무위험이자율로 할인한 현재가치로 결정된다.

(3) 일반화모형

이러한 과정을 반복하게 되면 풋옵션가격결정모형을 T기간의 모형으로 확장할 수 있으며 이항분포모형에 의한 풋옵션가격결정모형을 T기간으로 일반화시키면 다음과 같이 나타낼 수 있다.

$$P = \frac{\displaystyle\sum_{n=0}^{T} {}_T C_n P^n (1-P)^{T-n} Max\,[0,\, E - u^n d^{T-n} S]}{(1+r)^T} \tag{9.15}$$

→ 예제 9-2   풋옵션의 가격결정

경희기업의 현재 주식가격은 40,000원이다. 주가변동은 이항분포를 따르며 1년 동안 주가가 상승하여 52,000원이 될 확률은 0.6, 주가가 하락하여 28,000원이 될 확률은 0.4이다. 경희기업의 주식을 기초자산으로 하고 행사가격이 40,000원이며, 만기가 1년인 유럽형 풋옵션을 가정하여 다음 물음에 답하시오. 단, 이산복리 무위험이자율은 10%이다.

1. 1년 동안의 경희기업 주가와 풋옵션가치의 변화를 도시하시오.
2. 경희기업 주식을 1주 매입할 때 무위험헤지포트폴리오를 구성하기 위해 매입해야 하는 풋옵션의 수를 구하시오.
3. 경희기업 주식에 대한 풋옵션을 1개 매입할 때 무위험헤지포트폴리오를 구성하기 위해 매입해야 하는 주식수를 구하시오.
4. 무위험헤지포트폴리오를 이용하여 풋옵션가격을 구하시오.
5. 위험중립확률을 이용하여 풋옵션가격을 구하시오.

풀이

1. 경희기업 주식가격과 풋옵션가치의 변화를 살펴보면 다음과 같다.

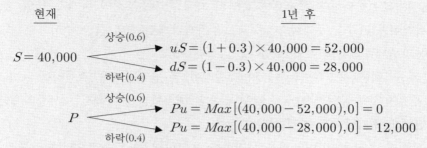

2. 경희기업 주식을 1주 매입하고 풋옵션을 k개 매입한 헤지포트폴리오의 가치는 다음과 같이 변화한다.

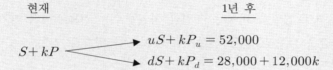

따라서 무위험헤지포트폴리오를 구성하기 위한 k는 다음과 같이 구할 수 있다.
52,000 = 28,000 + 12,000k → k = 2

3. 경희기업 주식을 기초자산으로 하는 풋옵션을 1개 매입하고 주식을 h주 매입한 헤지포트폴리오의 가치는 다음과 같이 변화한다.

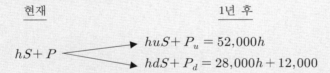

무위험헤지포트폴리오는 주가의 상승 및 하락에 관계없이 1년 후 가치가 일정해야 하므로 무위험헤지포트폴리오를 구성하기 위한 h는 다음과 같이 구할 수 있다.
52,000h = 28,000h + 12,000 → h = 0.5

4. 시장균형상태에서는 무위험헤지포트폴리오의 수익률이 무위험이자율과 동일해야 하므로 풋옵션의 가격은 다음과 같이 구할 수 있다.

$$(S + kP)(1 + Rf) = uS + kP_u = dS + kP_d$$

$$(40,000 + 2P)(1.1) = 52,000$$

$$\therefore P = 3,636.36원$$

5. 헤지확률(위험중립확률)을 이용하여 풋옵션가격을 구하면 다음과 같다.

$$P = \frac{PP_u + (1 - P)P_d}{(1 + r)} = \frac{(2/3)(0) + (1/3)(12,000)}{1.1} = 3,636.36원$$

4. 이항옵션가격결정모형의 특징

이항옵션가격결정모형을 살펴보면 옵션의 가치는 기초주식의 현재가격(S), 행사가격(E), 무위험이자율(R_f), 주가상승계수(u), 주가하락계수(d)의 값만 주어지면 구할 수 있으며 다음과 같은 특징을 가지고 있다.

첫째, 옵션가격은 헤지확률(p)에 의해 결정될 뿐 옵션가격을 결정하는 u, d, R_f에 대해 모든 투자자들이 동일한 기대를 갖고 있으면 헤지확률에 대해서는 시장의 모든 투자자가 동일하게 평가한다고 가정한다.

둘째, 주식과 옵션을 적절한 비율로 결합한 무위험헤지포트폴리오의 수익률은 시장 균형상태에서 무위험이자율과 동일하다는 논리에 의해 결정되기 때문에 옵션가격은 투자자들의 위험에 대한 태도와 무관하다.

셋째, 옵션가격에 영향을 미치는 유일한 확률변수는 기초주식의 가격뿐이다. 즉 시장포트폴리오와 같은 다른 자산은 옵션가격에 아무런 영향을 미치지 못한다.

제2절 블랙-숄즈옵션가격결정모형

블랙과 숄즈는 기초주식의 가격변동이 로그정규분포를 이루며 랜덤워크(random walk)에 따라 연속적(continuous)으로 변화한다는 위너과정으로 가정하여 옵션의 균형가격을 도출하였다. 블랙-숄즈옵션모형의 도출과정은 상당한 수학적인 지식이 필요하여 모형의 결과식과 계산절차에 대해서만 살펴보기로 한다.

1. 가정

첫째, 기초주식의 가격변동은 로그정규분포를 이루고 주식에 대한 순간적인 수익률의 평균과 분산이 시간에 따라 일정하다는 위너과정(wiener process)을 따른다.

둘째, 주식시장과 옵션시장은 거래비용과 세금이 없는 완전자본시장이며 차익거래 기회가 존재하지 않는 균형상태에 있다.

셋째, 옵션의 기초자산인 주식의 공매에 제한이 없고 배당은 지급되지 않으며 무위험이자율은 확률변수가 아니라 일정하다.

2. 옵션가격결정식

완전자본시장에서 주식과 옵션을 적절한 비율로 투자하면 어떤 순간의 주가변동위험을 헤지할 수 있는 무위험헤지포트폴리오를 구성할 수 있고, 시장균형상태에서 위험이 없는 헤지포트폴리오의 순간적인 수익률은 연속복리 무위험이자율과 같아야 한다는 미분방정식에 의해 옵션의 균형가격을 도출하였다.

블랙과 숄즈가 완전자본시장의 가정과 차익거래의 기회가 존재하지 않는 시장균형상태에서 도출한 유럽형 콜옵션가격결정식은 다음과 같다.

$$C = SN(d_1) - Ee^{-R_f T}N(d_2) \tag{9.16}$$

식(9.16)에서 d_1 또는 d_2는 식(9.17)과 (9.18)을 이용하여 구할 수 있다.

$$d_1 = \frac{\ln(S/E) + (R_f + \sigma^2/2)T}{\sigma\sqrt{T}} \tag{9.17}$$

$$d_2 = \frac{\ln(S/E) + (R_f - \sigma^2/2)\,T}{\sigma\sqrt{T}} = d_1 - \sigma\sqrt{T} \qquad (9.18)$$

그리고 식(9.16)의 콜옵션가격결정식을 풋—콜 등가에 대입하여 정리하면 풋옵션의 가격결정식은 다음과 같다.

$$P = Ee^{-R_fT}[1 - N(d_2)] - S[1 - N(d_1)] \qquad (9.19)$$

식(9.16)과 식(9.19)의 옵션가격결정식을 살펴보면 옵션가격을 결정하는 요인이 기초자산의 현재가격(S), 행사가격(E), 기초자산의 가격분산(σ^2), 만기(T), 무위험이자율(R_f)의 5가지라는 것을 알 수 있다.

3. 옵션가격의 계산

블랙—숄즈옵션가격결정모형(BSOPM)을 이용하여 유럽형 옵션가격을 산출하기 위해서는 다음과 같은 3단계의 절차로 접근한다.
① 식(9.17)과 식(9.18)을 이용하여 d_1과 d_2를 구한다.
② 표준정규분포표를 이용하여 $N(d_1)$과 $N(d_2)$를 구한다.
③ ②에서 산출한 $N(d_1)$, $N(d_2)$와 주어진 자료를 식(9.16)과 식(9.19)에 대입하여 유럽형 옵션가격을 산출한다.

그림 9-6 표준정규분포표의 누적확률

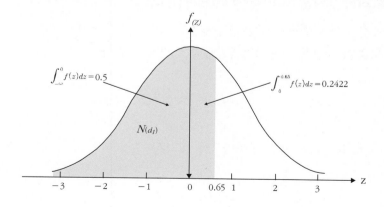

• 예제 9-3 블랙–숄즈의 옵션모형

용인기업의 현재 주식가격은 30,000원이고 용인기업의 주식에 대해 발행된 콜옵션의 행사 가격은 28,000원이며 180일 후 만기가 된다. 또한 주식수익률의 분산은 0.2이고 연속복리 무위험이자율이 연 10%라고 가정하여 다음 물음에 답하시오.

1. 블랙–숄즈옵션모형을 이용하여 콜옵션가격을 구하시오.
2. 콜옵션과 모든 조건이 동일한 풋옵션가격을 구하시오.

풀이

1. 먼저 d_1과 d_2를 구하면 다음과 같다.

$$d_1 = \frac{\ln(S/E) + (R_f + \frac{\sigma^2}{2})T}{\sigma\sqrt{T}} = \frac{\ln(30,000/28,000) + (0.1 + \frac{0.2}{2})0.5}{\sqrt{0.2}\sqrt{0.5}} = 0.53$$

$$d_2 = d_1 - \sigma\sqrt{T} = 0.53 - \sqrt{0.2}\sqrt{0.5} = 0.22$$

그리고 표준정규분포표를 이용하여 $N(d_1)$과 $N(d_2)$를 구하면 다음과 같다.

$$N(d_1) = N(0.53) = 0.5 + 0.2019 = 0.7019$$

$$N(d_2) = N(0.22) = 0.5 + 0.0871 = 0.5871$$

따라서 콜옵션가격은 다음과 같이 구할 수 있다.

$$\begin{aligned} C &= SN(d_1) - Ee^{-R_fT}N(d_2) \\ &= 30,000(0.7019) - 28,000e^{-0.10(0.5)}(0.5871) = 5,420원 \end{aligned}$$

2. 풋–콜 등가를 이용하여 풋옵션가격을 구하면 다음과 같다.

$$\begin{aligned} P &= C - S + Ee^{-R_fT} \\ &= 5,420 - 30,000 + 28,000e^{-0.1(0.5)} = 2,054원 \end{aligned}$$

식(9.19)를 이용하여 풋옵션가격을 구할 수도 있다.

$$\begin{aligned} P &= Ee^{-R_fT}N(-d_2) - SN(-d_1) \\ &= 28,000e^{-0.10(0.5)}(1 - 0.5871) - 30,000(1 - 0.7019) = 2,054원 \end{aligned}$$

---

4. 블랙–숄즈모형의 의미

(1) $N(d_1)$의 의미

① 콜옵션

$N(d_1)$은 기초자산의 가격변화에 대한 콜옵션가격의 변화정도를 나타낸다. 그리고 주식과 콜옵션을 결합하여 무위험헤지포트폴리오를 구성하기 위한 헤지비율의 의미를 갖는다.

② 풋옵션

$-[1-N(d_1)]$은 기초자산의 가격변화에 대한 풋옵션가격의 변화정도를 나타낸다. 그리고 주식과 풋옵션을 결합하여 무위험헤지포트폴리오를 구성하기 위한 헤지비율의 의미를 갖는다.

(2) $N(d_2)$의 의미

$N(d_2)$는 옵션의 최종거래일에 콜옵션이 행사될 확률 또는 주가가 행사가격보다 높게 형성되어 내가격(ITM) 상태가 될 확률을 의미하여 옵션의 행사가능성을 나타낸다. $[1-N(d_2)]$는 옵션의 최종거래일에 풋옵션이 행사될 확률 또는 최종거래일에 풋옵션이 내가격 상태가 될 확률을 나타낸다.

블랙-숄즈 옵션가격결정모형은 옵션의 최종거래일에 옵션을 행사하여 얻을 수 있는 가치를 옵션이 행사될 확률(불확실성)을 고려하여 현재가치로 평가함으로써 옵션가격을 구하는 모형을 말한다. 따라서 $N(d_1)$과 $N(d_2)$의 개념에 의하면 블랙-숄즈옵션가격결정모형은 다음과 같이 표현할 수 있다.

콜옵션가격 = 현재주가 × 헤지비율 - 행사가격의 현가 × 행사확률　　　(9.20)

풋옵션가격 = 행사가격의 현가 × 행사확률 - 현재주가 × 헤지비율　　　(9.21)

그림 9-7 $N(d_1)$과 블랙-숄즈모형의 의미

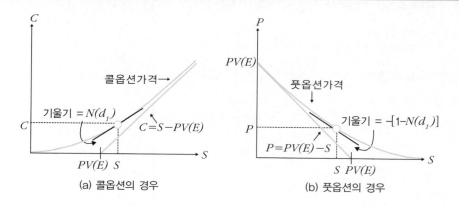

(a) 콜옵션의 경우　　　(b) 풋옵션의 경우

[그림 9-7]에서 $N(d_1)$은 콜옵션가격의 기울기를 나타내고, $-[1-N(d_1)]$은 풋옵션가격의 기울기를 나타낸다. 콜옵션가격은 주식가격이 낮을수록 콜옵션가격의 기울기가 감소하여 0으로 수렴하게 되고, 주식가격이 높을수록 콜옵션가격의 기울기가 증가하여 1로 수렴한다는 것을 알 수 있다.

따라서 주가가 매우 낮거나 높은 상태에서는 행사여부에 대한 불확실성이 낮아 시간가치가 작은 값을 갖게 되어 옵션가격이 하한치로 수렴한다. 반면에 주가가 행사가격 부근에 있으면 행사여부에 대한 불확실성이 높아 시간가치가 큰 값을 갖게 되어 옵션가격이 하한치보다 큰 값을 갖게 된다.

5. 옵션가격의 민감도

옵션가격의 결정요인이 변하면 옵션가격도 변하게 된다. 이때 옵션가격결정요인의 변화에 대한 옵션가격의 변화정도를 측정하는 것을 옵션가격의 민감도분석이라고 한다. 옵션가격의 민감도에서 위험을 헤지하는데 기초자산의 가격이 변화할 때 옵션가격이 변화하는 정도를 측정하는 델타가 가장 중요한 역할을 한다.

(1) 델타

델타(delta : δ)는 기초자산의 가격변화에 대한 옵션가격의 변화정도를 측정한다. 델타는 기초자산의 가격변화에 대한 옵션가격의 변화정도를 나타내는 옵션가격선의 기울기와 동일하며 기초자산의 가격수준에 따라 달라진다. 기초자산의 가격변화가 작다고 가정하면 델타는 옵션가격을 기초자산가격으로 1차 미분한 값과 같다.

옵션가격의 변화는 기초자산의 가격변화보다 작아 콜옵션의 델타는 0에서 1사이의 정(+)의 값을 갖고 풋옵션의 델타는 −1에서 0사이의 부(−)의 값을 갖는다. 만기일까지 배당을 지급하지 않는 유럽형 콜옵션과 풋옵션의 델타는 콜옵션가격과 풋옵션가격을 현재주가(S)에 대해 1차 미분하여 다음과 같이 구할 수 있다.

$$\delta_C = \frac{dC}{dS} = N(d_1), \ \delta_P = \frac{dP}{dS} = -[1 - N(d_1)] = -(1 - \delta_C) \qquad (9.22)$$

기초자산인 주식가격이 1원 변화하면 콜옵션가격은 $N(d_1)$원 변화하고, 풋옵션가격은 $N(d_2)$원 변화한다. 기초자산의 가격변화에 대한 옵션가격의 변화정도는 옵션가격의 탄력성(민감도)으로 측정할 수 있다. 따라서 콜옵션가격의 탄력성과 풋옵션가격의 탄력성은 다음과 같이 나타낼 수 있다.

$$\epsilon_C = \frac{dC/C}{dS/S} = \frac{dC}{dS}\frac{S}{C} = N(d_1)\frac{S}{C} \tag{9.23}$$

$$\epsilon_P = \frac{dP/P}{dS/S} = \frac{dP}{dS}\frac{S}{P} = -[1-N(d_1)]\frac{S}{P}$$

델타는 옵션이 내가격 상태로 끝날 확률을 의미하며 헤지비율을 나타낸다. 왜냐하면 델타는 기초자산의 가격변화에 대응하여 옵션의 가치가 얼마나 변하는가를 측정하는 것이므로, 옵션의 델타값만큼 기초자산을 반대의 방향으로 거래하면 옵션의 손익과 기초자산의 손익이 상쇄되기 때문이다.

그림 9-8 옵션가격과 델타의 관계

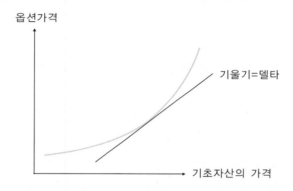

예제 9-4 옵션가격의 탄력성

[예제 9-3]에서 용인기업의 주식가격이 1% 변화하면 콜옵션가격과 풋옵션가격은 얼마나 변화하겠는가?

풀이

$$\epsilon_C = \frac{dC}{dS}\frac{S}{C} = N(d_1)\frac{S}{C} = (0.7019)\frac{30,000}{5,420} = 3.89\%$$

$$\epsilon_P = \frac{dP}{dS}\frac{S}{P} = -[1-N(d_1)]\frac{S}{P} = -(1-0.7019)\frac{30,000}{2.054} = -4.35\%$$

따라서 기초자산인 주식가격이 1% 상승하면 콜옵션가격은 3.89% 상승하고 풋옵션가격은 4.35% 하락한다.

(2) 감마

감마(gamma : γ)는 기초자산의 가격변화에 대한 델타의 변화정도를 말하고 감마가 클수록 기초자산의 가격변화에 더 민감함을 의미한다. 델타가 옵션가격을 기초자산의 가격으로 1차 미분한 값이므로 감마는 옵션가격을 기초자산의 가격으로 2차 미분한 값으로 측정하고 옵션가격선의 곡률을 나타낸다.

$$\gamma_C = \frac{\triangle \delta_C}{\triangle S}, \ \gamma_P = \frac{\triangle \delta_P}{\triangle S} \tag{9.24}$$

감마는 콜옵션을 매입하거나 풋옵션을 매입할 경우에 모두 정(+)의 값을 갖는다. 따라서 기초자산의 가격이 $\triangle S$만큼 상승하면 콜옵션의 델타는 $\gamma_C \times \triangle S$만큼 상승하고 기초자산의 가격이 $\triangle S$만큼 하락하면 풋옵션의 델타는 $\gamma_P \times \triangle S$만큼 하락하므로 델타는 항상 정(+)의 값을 갖는다.

(3) 베가

베가(vega : Λ)는 기초자산의 가격변동성(표준편차)에 대한 옵션가격의 변화정도를 말한다. 기초자산의 가격변동성이 높을수록 불확실성이 커지며, 불확실성은 시간가치를 커지게 함으로써 옵션가격은 상승한다. 따라서 기초자산의 가격변동성이 높을수록(낮을수록) 옵션가격은 상승(하락)하여 베가는 항상 정(+)의 값을 갖는다.

$$\Lambda c = \frac{\triangle C}{\triangle \sigma}, \ \Lambda_P = \frac{\triangle P}{\triangle \sigma} \tag{9.25}$$

예컨대 베가가 0.15인 옵션은 기초자산의 가격변동성이 1% 증가함에 따라 옵션가격이 0.15만큼 상승하고, 기초자산의 가격변동성이 1% 감소함에 따라 옵션가격이 0.15만큼 하락한다. 그리고 베가는 등가격(ATM) 옵션에서 최대값을 갖고 잔존기간이 길수록 증가하여 만기에 가까울수록 작아진다.

(4) 세타

세타(theta : θ)는 시간의 변화나 잔존만기의 감소에 대한 옵션가격의 변화정도를 말한다. 일반적으로 옵션의 만기일에 가까울수록 가치가 급격히 감소하여 옵션가격은 하락하므로 세타는 대부분 부(−)의 값을 갖는다. 옵션은 시간이 지날수록 시간가치의 감소로 옵션가치가 감소하여 옵션을 소모성자산이라고 부른다.

$$\theta_C = \frac{\triangle C}{\triangle T}, \ \theta_P = \frac{\triangle P}{\triangle T} \tag{9.26}$$

세타는 등가격(ATM) 옵션의 경우가 최대값을 갖는데, 이는 옵션의 최종거래일에 접근할수록 등가격옵션의 시간가치는 내가격(ITM) 옵션 또는 외가격(OTM) 옵션보다 급격히 감소하기 때문이다. 그리고 옵션의 최종거래일에 가까울수록 시간가치는 급격히 감소하기 때문에 세타는 커진다.

(5) 로우

로우(rho : ρ)는 금리변화에 대한 옵션가격의 변화정도를 말한다. 금리가 상승하면 기초자산의 보유비용도 커져 콜옵션가격은 상승한다. 반면에 풋옵션은 현금보유 대신에 풋옵션을 보유해야 하므로 풋옵션가격은 하락한다. 따라서 금리변화와 콜옵션가격은 정(+)의 관계에 있고 풋옵션가격은 부(−)의 관계에 있다.

$$\rho_C = \frac{\triangle C}{\triangle R_f}, \ \rho_P = \frac{\triangle P}{\triangle R_f} \tag{9.27}$$

옵션의 잔존만기가 길수록 기초자산에 대한 기회비용이 커지기 때문에 금리변화의 옵션에 대한 영향도 크게 나타난다. 그리고 내가격 옵션일수록 로우값도 커진다. 즉 내가격(ITM)의 옵션 로우가 등가격(ATM) 옵션의 로우보다 크고, 등가격(ATM) 옵션의 로우는 외가격(OTM) 옵션의 로우보다 크다.

표 9-1 옵션포지션과 민감도의 관계

구분		델타	감마	세타	베가	로우
콜옵션	매입	+	+	−	+	+
	매도	−	−	+	−	−
풋옵션	매입	−	+	−	+	−
	매도	+	−	+	−	+

핵·심·요·약

제1절 이항옵션가격결정모형

1. 가정

① 기초자산의 가격변동은 이항분포를 따르며 상승확률과 하락확률은 일정함

② 완전자본시장이며 차익거래기회가 존재하지 않는 시장균형상태에 있음

2. 콜옵션의 가격결정

(1) 1기간 모형 : $C = \dfrac{S(r-u) + m C_u}{mr} = \dfrac{S(r-d) + m C_d}{mr}$

(2) 2기간 모형 : $C = \dfrac{P^2 C_{uu} + 2P(1-P) C_{ud} + (1-P)^2 C_{dd}}{(1+r)^2}$

3. 풋옵션의 가격결정

(1) 1기간 모형 : $P = \dfrac{S(u-r) + k P_u}{kr} = \dfrac{S(d-r) + k P_d}{kr}$

(2) 2기간 모형 : $P = \dfrac{P^2 P_{uu} + 2P(1-P) P_{ud} + (1-P)^2 P_{dd}}{(1+r)^2}$

4. 이항옵션가격결정모형의 특성

① 옵션가격은 헤지확률(p)에 의해 결정되며 헤지확률에 대해서는 시장의 모든 투자자가 동일하게 평가한다고 가정

② 헤지포트폴리오의 수익률은 시장균형상태에서 무위험이자율과 동일하다는 논리에 의해 결정되어 옵션가격은 투자자의 위험에 대한 태도와 무관

③ 옵션가격에 영향을 미치는 유일한 확률변수는 기초주식의 가격뿐이며 시장포트폴리오와 같은 다른 자산은 옵션가격에 아무런 영향을 미치지 못함

제2절 블랙–숄즈옵션모형

1. 가정

① 기초주식의 가격변동은 로그정규분포를 이루고 위너과정을 따름

② 완전자본시장이며 차익거래기회가 존재하지 않는 시장균형상태에 있음

③ 주식의 공매에 제한이 없고 배당은 없으며 무위험이자율은 일정함

2. 콜옵션가격결정식 : $C = SN(d_1) - Ee^{-RfT}N(d_2)$

3. 풋옵션가격결정식 : $P = Ee^{-RfT}[1 - N(d_2)] - S[1 - N(d_1)]$

4. 블랙–숄즈옵션모형의 의미

(1) N(d₁)의 의미

① 콜옵션 : $N(d_1)$은 주가변화에 대한 콜옵션가격의 변화정도로 헤지비율의 의미

② 풋옵션 : $-1[1 - N(d_1)]$은 주가변화에 대한 풋옵션가격의 변화정도로 헤지비율 의미

(2) N(d₂)의 의미

① 콜옵션 : $N(d_2)$는 옵션만기일에 주가가 행사가격보다 높게 형성되어 콜옵션이 행사될 확률

② 풋옵션 : $1 - N(d_2)$는 옵션만기일에 주가가 행사가격보다 낮게 형성되어 풋옵션이 행사될 확률

5. 옵션가격의 민감도

(1) 델타 : 기초자산의 가격변화에 대한 옵션가격의 변화정도를 측정

(2) 감마 : 기초자산의 가격변화에 대한 델타의 변화정도를 측정

(3) 베가 : 기초자산의 가격변동성에 대한 옵션가격의 변화정도를 측정

(4) 세타 : 시간의 변화나 잔존만기의 감소에 대한 옵션가격의 변화정도를 측정

(5) 로우 : 금리변화에 대한 옵션가격의 변화정도를 측정

문제 1. 다음 중 이항옵션가격결정모형에 대한 내용으로 옳지 않은 것은?

① 기초자산의 가격은 단일기간에 상승 또는 하락 두 가지 상황만 존재한다.
② 옵션가격은 주가상승확률 또는 주가하락확률과 관계없이 결정된다.
③ 투자자의 위험회피성향이 바뀌어도 옵션가격에 미치는 영향은 없다.
④ 기초자산의 가격변동성의 변화는 옵션가격에 영향을 미친다.
⑤ 이자율이 기간별로 다른 경우 이항옵션가격결정모형을 적용할 수 없다.

해설 수익률곡선이 수평이 아닌 경우에도 기간별 선도이자율을 적용하여 이항옵션가격결정모형을 사용할 수 있다.

문제 2. 다음 중 이항옵션가격결정모형에 대한 설명으로 옳지 않은 것은?

① 옵션의 균형가격은 헤지확률을 주가의 상승확률로 하여 산출한 만기일의 옵션의 기대가치를 무위험이자율로 할인한 값이다.
② 헤지확률은 주가의 상승률, 주가의 하락률, 무위험이자율에 의해 결정되며 주가 자체의 상승 또는 하락확률과는 무관하다.
③ 헤지확률은 주식의 기대수익률이 무위험이자율과 같아지도록 하는 주가의 상승확률을 의미한다.
④ 콜옵션은 주가가 상승할수록 유리한 옵션이므로 주가의 상승확률이 높아지면 콜옵션의 가격은 상승한다.

해설 옵션가격은 주가의 상승확률 또는 하락확률과 무관하므로 주가의 상승확률이 높아져도 콜옵션은 가격은 변하지 않는다.

문제 3. 강동기업의 현재 주식가격은 40,000원이다. 주가변동은 이항분포를 따르며 1년 동안 주가가 상승하여 52,000원이 될 확률은 0.6, 주가가 하락하여 28,000원이 될 확률은 0.4이다. 강동기업의 주식을 기초자산으로 하고 행사가격 40,000원, 무위험이자율이 연 10%, 만기가 1년인 콜옵션의 균형가격은 얼마인가?

① 7,015원   ② 7,272원
③ 7,311원   ④ 7,575원

해설 헤지확률(위험중립확률)을 이용하여 콜옵션가격을 구하면 다음과 같다.

$$C = \frac{PC_u + (1-P)C_d}{(1+r)} = \frac{(2/3)12,000 + (1/3)0}{1.1} = 7,272.73$$

$$P = \frac{r-d}{u-d} = \frac{1.1-0.7}{1.3-0.7} = \frac{2}{3}$$

문제 4. 성동기업의 현재주가는 18,000원이며, 1년 후 10% 상승할 확률이 70%, 15% 하락할 확률이 30%이다. 성동기업의 주식에 대해 행사가격이 19,000원인 1년 만기 콜옵션이 거래되고 있다. 성동기업은 배당을 지급하지 않으며, 무위험이 자율은 8%이다. 모든 조건이 동일한 경우에 만기가 2년인 콜옵션의 균형가격 은 얼마인가?

① 2,017원   ② 2,530원

③ 2,950원   ④ 3,206원

해설 (1) 2기말

$$C_{uu} = \max[18,000 \times 1.1^2 - 19,000, 0] = 2,780$$
$$C_{ud} = \max[18,000 \times 1.1 \times 0.85 - 19,000, 0] = 0$$
$$C_{dd} = \max[18,000 \times 0.85^2 - 19,000, 0] = 0$$

(2) 1기말

$$C_u = \frac{2,780 \times 0.92 + 0 \times 0.08}{1.08} = 2,368, \quad C_d = 0$$

(3) 현재

$$C_0 = \frac{2,368 \times 0.92 + 0 \times 0.08}{1.08} = 2,017.19$$

문제 5. 앞으로 1년 후의 경기상황은 호황과 불황 두 가지만 존재하며, 각각의 확률은 0.6과 0.4이다. 선린기업의 주식수익률은 호황이면 15%, 불황이면 5%로 예상 된다. 향후 1년간 무위험이자율을 10%로 가정하고 호황일 때 1,500원, 불황 일 때 700원의 가치를 줄 것으로 예상되는 자산의 균형가격은 얼마인가?

① 1,000원   ② 1,038원

③ 1,063원   ④ 1,073원

해설 선린기업 주식의 수익률분포를 이용하여 선린기업 주식의 기대수익률이 무위험이자율과 같 아지도록 하는 헤지확률(p)을 구하면 0.5가 된다. p×0.15+(1−p)×0.05 = 0.1
따라서 자산의 균형가격은 헤지확률(p)을 호황의 확률로 하고, (1−p)를 불황의 확률로 해 서 산출한 1년 후 가치의 기댓값을 무위험이자율로 할인하여 다음과 같이 구할 수 있다.

$$V = \frac{0.5 \times 1,500 + 0.5 \times 700}{1 + 0.1} = 1,000원$$

문제 6. 블랙-숄즈 옵션가격결정모형의 가정에 대한 설명으로 옳지 않은 것은?

① 옵션의 권리행사는 만기일에만 할 수 있는 유럽형옵션의 가격을 산정한다.

② 옵션의 잔존기간에 무위험이자율은 확률변수로 변한다.

③ 기초자산의 가격변동은 로그정규분포를 이루며 위너과정을 따른다.

④ 기초자산의 가격은 연속적으로 변화한다.

해설 옵션의 기초자산인 주식의 공매에 제약이 없고, 배당은 지급되지 않으며, 무위험이자율은 확률변수가 아니라 일정하다.

문제 7. 단국기업의 주식을 기초자산으로 하는 어떤 옵션의 블랙-숄즈 옵션모형으로 구한 $N(d_1)$과 $N(d_2)$가 1이라고 가정할 때 다음 설명 중 옳지 않은 것은?

① 단국기업의 주식가격이 1원 상승하면 콜옵션가격도 1원 상승한다.

② 단국기업의 주식가격이 1원 상승하면 풋옵션가격은 변하지 않는다.

③ 옵션의 만기일에 단국기업의 주식가격이 옵션의 행사가격보다 높을 확률은 100%이다.

④ 콜옵션의 가격은 현재주가에서 행사가격을 무위험이자율로 할인한 현재가치를 차감한 값보다 크다.

해설 블랙-숄즈 옵션모형에서 $N(d_1) = N(d_2) = 1$을 대입하면 콜옵션가격은 현재주가에서 행사가격을 무위험이자율로 할인한 현재가치를 차감한 값이 된다.

문제 8. 다음 중 블랙-숄즈 옵션가격결정모형에 대한 설명으로 옳지 않은 것은?

① $d_1 = 0$이면 $N(d_1) = 0.5$이고, $d_2 = \infty$이면 $N(d_2) = 1$이다.

② $N(d_1)$은 기초자산의 가격변화에 대한 콜옵션가격의 변화정도를 나타낸다.

③ 콜옵션 1개의 매도에 대해 주식을 $N(d_1)$주 매입하면 완전헤지가 가능하다.

④ 주식 1주를 매입하고 풋옵션 $[1/1 - N(d_1)]$개 매입하면 무위험포트폴리오를 구성할 수 있다.

⑤ 주식의 가격변동에 대한 콜옵션가격변동액은 기초주식의 가격변동액보다 크다.

해설 옵션가격의 변화액은 주식의 가격변화액보다 적고, 옵션가격의 변화율은 주식가격의 변화율보다 크다.

문제 9. 한국거래소에서 10,000원에 거래되는 서강기업의 주식에 대해 행사가격이 10,000원이며 6개월 후에 만기가 도래하는 콜옵션의 가치는 블랙-숄즈옵션 모형을 이용하여 산출한 결과 2,000원이었다. 주가가 10% 상승하여 11,000원이 된다면 콜옵션의 가치변화에 대한 설명으로 옳은 것은?

① 콜옵션의 가치는 1,000원보다 적게 증가하고 콜옵션가치의 증가율은 10%보다 높다.

② 콜옵션의 가치는 1,000원보다 많이 증가하고 콜옵션가치의 증가율은 10%보다 높다.

③ 콜옵션의 가치는 1,000원보다 적게 증가하고 콜옵션가치의 증가율은 10%보다 낮다.

④ 콜옵션의 가치는 1,000원보다 많이 증가하고 콜옵션가치의 증가율은 10%보다 낮다.

해설 $C = N(d_1)S - N(d_2)PV(E) = 2,000원 \rightarrow N(d_1) \geq 0.2 \rightarrow \triangle_c \geq 0.2$
$0.2 \leq \triangle_c \leq 1 \rightarrow 0.2 \leq \triangle C/\triangle S \leq 1 \rightarrow 0.2\triangle S \leq \triangle C \leq \triangle S$

따라서 콜옵션의 가치는 주가변동액인 1,000원보다 작게 증가하며, 주가변동액의 20%인 200원보다 크게 증가한다. 이는 콜옵션가치의 증가율이 10%보다 높으며, 50%보다 낮다는 것과 동일하다.

문제 10. 블랙-숄즈 옵션모형에 의하면 홍익기업의 주식가격이 1원 변화할 때 콜옵션가격은 0.8원 변화한다고 한다. 투자자 홍길동이 홍익기업의 주식 500주와 콜옵션 500개 그리고 풋옵션 500개를 매입하여 보유하고 있다면 주식가격이 1원 상승할 때 홍길동이 보유중인 포트폴리오가치는 얼마나 상승하겠는가?

① 500원   ② 600원

③ 700원   ④ 800원

해설 투자자 홍길동의 포트폴리오가치를 V_p라고 하면 주식가격이 1원 상승할 때 포트폴리오가치는 800원 상승한다.

$$\frac{\triangle V_p}{\triangle S} = 500 \times \frac{\triangle S}{\triangle S} + 500 \times \frac{\triangle C}{\triangle S} + 500 \times \frac{\triangle P}{\triangle S}$$
$$= 500 + 500 \times 0.8 + 500 \times [-(1-0.8)] = 800원$$

문제 11. 다음 중 옵션의 민감도지표에 대한 설명으로 옳지 않은 것은?

① 델타 = 옵션가격의 변화 ÷ 기초자산의 변화

② 베가 = 옵션가격의 변화 ÷ 기초자산 가격변동성의 변화

③ 세타 = 옵션가격의 변화 ÷ 시간의 변화

④ 로우 = 옵션가격의 변화 ÷ 잔존만기의 변화

해설 로우 = 옵션가격의 변화 ÷ 이자율의 변화

문제 12. 다음 중 옵션의 민감도지표에 대한 설명으로 옳지 않은 것은?

① 모든 옵션은 변동성이 증가하면 가치가 증가하기 때문에 콜옵션이나 풋옵션에 대한 베가는 항상(+)이다.

② 만일 어떤 옵션이 0.5의 베가를 가지고 있다면 1%의 변동성이 증가하면 옵션은 0.5% 증가한다.

③ 만일 어떤 옵션이 동일한 만기를 가지고 있다면 내가격(ITM)상태에 있는 옵션이 최대의 베가를 갖게 된다.

④ 모든 옵션은 만기일의 기간이 짧을수록 베가가 줄어든다. 따라서 장기옵션은 단기옵션보다 변동성 변화에 더욱 민감하다.

해설 옵션의 만기가 동일하면 등가격(ATM)상태에 있는 옵션이 최대의 베가를 가진다.

문제 13. 다음 중 옵션의 포지션에 대한 설명으로 옳지 않은 것은?

① 델타중립포지션은 기초자산의 가격방향과는 무관한 포지션이다.

② 옵션포지션의 감마가 정(+)인 경우 주가지수 방향과는 무관하게 횡보하기를 원하는 포지션이다.

③ 옵션포지션의 세타가 정(+)인 경우 다른 사항의 변동이 없다면 옵션의 만기가 빨리 오기를 원하는 포지션이다.

④ 옵션포지션의 베가가 정(+)인 경우 변동성이 확대되기를 원하는 포지션이다.

해설 감마가 정(+)인 경우 기초자산의 가격변동에 대해 민감하게 반응하기를 원하는 옵션매입포지션을 말한다.

문제 14. 다음 중 옵션의 민감도지표들에 대한 설명으로 옳지 않은 것은?

① 옵션의 베가가 0.2이면 변동성이 1% 증가하면 옵션가격은 0.2% 상승한다는 것을 의미한다.
② 델타는 콜옵션매입의 경우 0과 1사이의 값을, 풋옵션매입의 경우 −1과 0사이의 값을 갖는다.
③ 로우는 콜옵션매입의 경우 정(+), 콜옵션매도는 부(−)의 값을 갖는다.
④ 감마는 옵션매입의 경우 부(−), 옵션매도는 정(+)의 값을 갖는다.

해설 감마는 옵션매입의 경우 정(+), 옵션매도는 부(−)의 값을 갖는다.

문제 15. 다음 중 풋옵션의 델타값이 −1에 가장 근접한 옵션은?

① 심내가격(deep in the money)옵션 ② 내가격(in the money)옵션
③ 등가격(at the money)옵션 ④ 외가격(out the money)옵션

해설 동일한 주가에 대해 행사가격이 높은 풋옵션의 델타가 −1에 가깝다.

문제 16. 다음 중 옵션의 민감도지표에 대한 설명으로 옳은 것은?

① 델타는 등가격(ATM)옵션일 때 가장 크다.
② 세타는 내가격이나 외가격으로 갈수록 높아진다.
③ 베가는 등가격옵션일 때 가장 높게 형성된다.
④ 베가는 잔존기간이 짧을수록 높게 형성된다.

해설 ① 델타는 내가격(ITM)옵션의 절대값이 가장 크다.
② 세타는 등가격(ATM)으로 갈수록 높아진다.
④ 베가는 잔존기간이 길수록 높게 형성된다.

문제 17. 옵션의 민감도지표 중 델타에 대한 설명으로 옳지 않은 것은?

① 변동성이 클수록 콜옵션의 델타는 커지고 풋옵션의 델타는 작아진다.
② 잔존기간이 길수록 델타는 ±0.5(ATM옵션)에 가깝다.
③ 델타는 헤지비율을 결정하는데 사용된다.
④ 델타는 등가격(ATM)옵션으로 남아있을 옵션을 말한다.

해설 델타는 내가격(ITM)옵션으로 남아있을 옵션을 말한다.

문제 **18. 옵션의 민감도지표 중 감마에 대한 설명으로 옳지 않은 것은?**

① 기초자산의 가격변화에 대한 델타의 가격변화를 의미한다.

② 옵션가격의 산출공식을 기초자산의 가격으로 2차 미분하여 얻을 수 있다.

③ 감마는 외가격(OTM)일수록 0에 가까워지고, 내가격(ITM)일수록 1에 가까워진다.

④ 감마와 세타는 개념적으로 상반된다.

해설 감마는 등가격(ATM)에서 가장 크고, 내가격(ITM)과 외가격(OTM)일수록 작아진다.

문제 **19. 현재 기초자산의 가격이 10,000원인 상황에서 콜옵션의 민감도지표 중 감마 값이 가장 클 것으로 예상되는 옵션은?**

① 행사가격 10,000원, 잔존기간 5일   ② 행사가격 10,000원, 잔존기간 25일

③ 행사가격 12,000원, 잔존기간 5일   ④ 행사가격 15,000원, 잔존기간 25일

해설 감마는 등가격옵션일 때 가장 크고, 잔존기간에 반비례한다.

문제 **20. 투자자 홍길동은 델타가 0.6인 콜옵션 5계약을 매입하고, 델타가 −0.2인 풋옵 션 5계약을 매도하고 있다. 감마를 무시할 경우에 이러한 포트폴리오에 대한 설명으로 옳지 않은 것은?**

① 해당 포트폴리오는 기초자산 4개를 보유한 효과를 갖는다.

② 해당 포트폴리오는 기초자산의 가격상승시 이익이 발생한다.

③ 해당 포트폴리오는 기초자산의 가격하락시 손실이 발생한다.

④ 델타가 −0.4인 풋옵션 10계약을 추가적으로 매도하면 전체포트폴리오의 델타는 0에 가깝게 된다.

해설 총델타는 4[=0.6×5−(−0.2)×5]로 기초자산의 가격상승시 유리한 포지션이다. 델타가 −0.4인 풋옵션 10계약을 추가로 매입하면 델타가 −4가 되어 기존 포트폴리오의 델타 4와 합하면 전체 포트폴리오의 델타는 0에 가깝게 된다.

문제 **21. 현재 콜옵션의 델타가 0.5이고, 감마는 0.02인 콜옵션을 10계약 매입하고, 풋 옵션의 델타가 −0.6이고, 감마가 0.04인 풋옵션을 20계약 매입한 포트폴리오 가 있다. 만일 기초자산의 가격이 1단위 상승했을 때 포지션의 가격변화는?**

① 3단위 상승   ② 3단위 하락

③ 6단위 상승   ④ 6단위 하락

> **해설** (0.5+0.02)×10+(−0.6+0.04)×20 = 5.2−11.2 = −6

문제 22. KOSPI 200선물 8계약을 매도하고, 콜옵션(델타 0.3) 10계약을 매도하며, 풋옵션(델타 −0.6) 20계약을 매도한 경우에 포지션의 델타의 합은 얼마인가?

① 0   ② 1
③ 3   ④ 5

> **해설** [1×(−8)+{0.3×(−10)}+{(−0.6)×(−20)}] = 1

문제 23. 콜옵션(델타 0.3, 감마 0.1) 10계약을 매입하고, 풋옵션(델타 −0.6, 감마 0.2) 5계약을 매입한 경우에 포지션의 델타의 합은 얼마인가?

① 0   ② 1
③ 2   ④ 3

> **해설** (0.3+0.1)×10+(−0.6+0.2)×5 = 2

문제 24. 현재 행사가격이 85인 콜옵션의 행사가격은 0.16포인트이다. 델타는 0.05이고, 세타는 −0.02일 경우에 옳지 않은 것은?

① 기초자산의 가격이 1포인트 상승하면 옵션가격은 0.21포인트가 된다.
② 옵션의 만기일에 권리행사가 이루어질 확률은 5%이다.
③ 기초자산의 가격이 불변인 경우 하루가 지나면 옵션가격은 0.14포인트가 된다.
④ 옵션의 만기가 가까워질수록 옵션매입자에게 유리하다.

> **해설** 시간이 경과할수록 옵션을 행사할 가능성이 감소하여 옵션매도자에게 유리하다.

문제 25. 델타가 0.5이고 감마는 0.1인 콜옵션의 가격이 5라고 가정할 때 기초자산의 가격이 2만큼 상승하면 새로운 콜옵션가격과 델타 값은 얼마인가?

① 옵션가격 4.0, 델타 0.6   ② 옵션가격 4.0, 델타 0.7
③ 옵션가격 6.0, 델타 0.6   ④ 옵션가격 6.0, 델타 0.7

> **해설** 새로운 행사가격 = 5+(0.5×2) = 6, 새로운 델타 = 0.5+(0.1×2) = 0.7

문제 26. 행사가격이 90인 콜옵션의 현재가격은 0.15포인트이다. 델타는 0.05이고 세타는 −0.02이다. 기초자산가격이 1만큼 상승할 경우에 옵션가격은?

① 0.18 ② 0.20

③ 0.22 ④ 0.24

해설 델타가 0.05이므로 기초자산가격이 1만큼 상승하면 옵션가격은 0.05 상승한다. 세타는 −0.02이므로 하루가 지나면 0.02만큼 하락한다. 따라서 0.15+0.05−0.02 = 0.18이 된다.

문제 27. 콜옵션(델타 0.5) 10계약을 보유하고 풋옵션(델타 −0.4) 20계약을 발행한 투자자가 가격변동위험을 제거하기 위한 바람직한 거래는?

① 콜옵션 10계약 매도, 풋옵션 30계약 매입

② 콜옵션 20계약 매도, 풋옵션 10계약 매입

③ 선물 13계약 매도

④ 선물 13계약 매입

해설 델타=$(0.5 \times 10)+[(-0.4) \times (-20)] = 13$. 현재 델타가 13이므로 델타가 −13이어야 가격변동위험을 제거하는 델타중립포지션이 된다.
 ① $[0.5 \times (-10)+[(-0.4) \times 30] = -10$
 ② $[0.5 \times (-20)+[(-0.4) \times 10] = -14$
 ④ $1 \times 13 = 13$

문제 28. 델타가 0.25인 콜옵션을 이용하여 현물 100단위를 헤지할 경우에 필요한 헤지계약수는 얼마인가?

① 250계약 매입 ② 250계약 매도

③ 400계약 매입 ④ 400계약 매도

해설 헤지비율 $= \dfrac{1}{\text{델타}}$, 헤지계약수 $= \dfrac{100}{0.25} = 400$

콜옵션의 델타는 정(+)이므로 보유한 현물을 헤지하려면 콜옵션을 400계약 매입해야 한다.

문제 29. 델타가 −0.5인 풋옵션을 이용하여 현물 20단위를 헤지할 경우에 필요한 헤지 계약수는 얼마인가?

① 10계약 매입   ② 10계약 매도
③ 40계약 매입   ④ 40계약 매도

해설 헤지비율 $= \dfrac{1}{\text{델타}}$, 헤지계약수 $= \dfrac{20}{0.5} = 40$

풋옵션의 델타는 부(−)이므로 보유한 현물을 헤지하려면 풋옵션을 40계약 매입해야 한다.

문제 30. 투자자 홍길동은 금호기업의 주식을 500주 보유하고 있다. 현재 금호기업의 주가는 30,000원이고, 만기가 3개월 남은 콜옵션의 델타는 0.4이다. 홍길동은 콜옵션 1계약을 매입하고 금호기업 주식 20주를 주당 27,000원에 매입할 수 있다. 다음 중 올바른 헤지방법은 어느 것인가?

① 50.5계약 매입   ② 50.5계약 매도
③ 62.5계약 매입   ④ 62.5계약 매도

해설 헤지비율 $= -\dfrac{1}{\text{델타}} = -\dfrac{1}{0.4} = -2.5$

주식 1주에 대해 콜옵션 2.5개에 대한 계약을 매도해야 한다. 따라서 500주에 대해 1,250개에 대한 계약을 매도해야 하며, 이는 계약수로 62.5계약 매도해야 한다.

정답

1.⑤ 2.④ 3.② 4.① 5.① 6.② 7.④ 8.⑤ 9.① 10.④
11.④ 12.③ 13.② 14.④ 15.① 16.③ 17.④ 18.③ 19.① 20.④
21.④ 22.② 23.③ 24.④ 25.④ 26.① 27.③ 28.④ 29.④ 30.④

옵션가격결정모형의 응용

옵션가격결정모형은 옵션의 균형가격을 산출하는데 이용될 수 있고 옵션과 유사한 성격을 갖는 자산의 가치를 평가하는데 적용될 수도 있다. 이러한 자산에는 부채를 사용하고 있는 기업의 자본구조, 여러 증권의 성격을 함께 갖고 있는 혼성증권, 미래의 불확실한 상황을 반영한 실물옵션 등이 있다.

기업이 자기자본과 타인자본으로 자금을 조달하고, 부채는 만기까지 이자를 지급하지 않고 만기일에 액면가액을 상환하는 순수할인채라고 가정하자. 이러한 가정을 전제로 자기자본과 타인자본의 만기가치를 분석한 후 여기에 옵션가격결정모형을 적용하면 자기자본과 타인자본의 현재가치를 평가할 수 있다.

1. 자기자본의 가치평가

(1) 자기자본의 만기가치

1) 콜옵션을 이용하는 경우

기업이 사용한 부채가 순수할인채일 경우 주주들은 채권을 발행할 때 기업의 자산을 채권자에게 매도하고 채권의 만기일에 액면가액으로 그 기업을 다시 매입할 수 있는 콜옵션을 갖는 것으로 간주할 수 있다. 여기서 옵션의 기초자산은 기업의 총자산, 행사가격은 채권의 액면가액, 만기일은 채권의 만기일이 된다.

채권의 만기일에 기업가치가 채권의 액면가액보다 높을 경우 주주들은 콜옵션을 행사하여 채권을 상환하고 남는 가치의 초과분에 대한 소유권을 행사한다. 반면에 채권의 만기일에 기업가치가 채권의 액면가액보다 낮을 경우 주주들은 권리를 포기한다. 이때 기업가치는 0이 되고, 이는 주주의 유한책임과 일치한다.

따라서 채권의 만기일에 기업가치를 V_T, 채권의 액면가액을 D라고 하면, 채권의 만기일에 자기자본가치(S_T)는 기업의 만기가치와 채권의 액면가액을 이용하여 다음과 같이 나타낼 수 있다.

$$S_T = Max\,[V_T - D, 0] \tag{10.1}$$

식(10.1)을 도시하면 [그림 10−1]과 같으며, 이는 콜옵션의 만기가치를 나타내는 [그림 8−2]와 동일한 형태이다. 따라서 자기자본의 가치는 기초자산이 기업가치, 행사가격이 채권의 액면가액, 만기가 채권의 만기와 동일한 콜옵션을 매입한 것과 동일한 포지션에 있다고 할 수 있다.

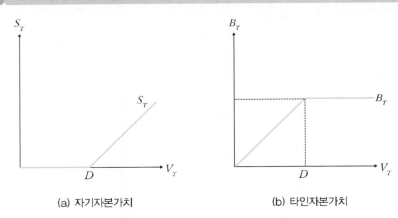

그림10-1 자기자본과 타인자본의 만기가치

(a) 자기자본가치   (b) 타인자본가치

2) 풋옵션을 이용하는 경우

주주와 채권자의 포지션은 콜옵션 대신에 풋옵션을 이용하여 설명할 수도 있다. 이때는 기업의 소유자가 채권자가 아닌 주주가 된다. 기업을 소유한 주주들은 채권자에게 채권의 만기일에 액면가액을 상환하는 조건으로 채권을 발행하였고 동시에 채권의 액면가액이 행사가격인 풋옵션을 매입한 것으로 생각할 수 있다.

주주들은 채권만기일에 기업가치가 채권의 액면가액보다 높을 경우 풋옵션을 행사하지 않고 기업을 소유한 상태에서 채권자에게 채권의 액면가액을 상환한다. 반면에 기업가치가 채권의 액면가액보다 낮을 경우 풋옵션을 행사하여 기업을 채권자에게 행사가격에 매도하여 상환하면 주주에게 귀속되는 현금흐름은 0이 된다.

(2) 자기자본의 현재가치

자기자본의 만기가치는 콜옵션의 만기가치와 동일하여 기초자산의 현재가격(S)은 기업의 현재가치(V), 행사가격(E)은 순수할인채의 액면가액(D), 만기(T)는 순수할인채의 만기, 기초자산 수익률의 분산(σ^2)은 기업자산 수익률의 분산으로 바꾸어 콜옵션가격결정모형에 적용하면 자기자본의 현재가치를 구할 수 있다.

$$S \;=\; VN(d_1) - De^{-R_fT}N(d_2) \tag{10.2}$$

$$d_1 = \frac{\ln(V/D) + (R_f + \sigma^2/2)\,T}{\sigma\sqrt{T}}$$

$$d_2 = \frac{\ln(V/D) + (R_f - \sigma^2/2)T}{\sigma\sqrt{T}} = d_1 - \sigma\sqrt{T}$$

한편 풋－콜 등가(put－call parity)를 이용하여 자기자본의 현재가치를 구할 수 있다. 제8장에서 살펴본 풋－콜 등가는 다음과 같다.

$$S + P - C = PV(E) \tag{10.3}$$

식(10.3)을 자기자본의 가치평가에 작용하면 기초자산의 현재가격(S)은 기업의 현재가치(V), 콜옵션가격(C)은 자기자본의 현재가치(S), 행사가격(E)은 순수할인채의 액면가액(D)로 대체할 수 있으므로 식(10.4)의 관계가 성립한다.

$$V + P - S = PV(D) \tag{10.4}$$

식(10.4)를 이용하면 자기자본의 현재가치는 다음과 같이 나타낼 수 있다.

$$S = V + P - PV(D) \tag{10.5}$$

식(10.5)에서 자기자본의 현재가치는 기업자산을 소유하고 기업가치를 기초자산으로 하는 유럽형 콜옵션을 매입하여 행사가격의 현재가치만큼 순수할인채를 발행한 것과 동일한 포지션에 있다.

2. 타인자본의 가치평가

(1) 타인자본의 만기가치

1) 콜옵션을 이용하는 경우

주주의 포지션은 채권의 액면가액을 행사가격으로 하는 콜옵션매입자로 가정하면, 채권자의 포지션은 기업자산을 소유하고 있으면서 동시에 이 기업을 기초자산으로 하는 콜옵션을 주주에게 매도한 경우로 간주할 수 있다.

채권의 만기일에 기업가치가 채권의 액면가액보다 높을 경우 주주들은 권리를 행사하여 채권의 액면가액을 상환할 것이므로 채권자의 만기가치는 채권의 액면가액이 된다. 반대로 채권의 만기일에 기업가치가 채권의 액면가액보다 낮을 경우 주주들은 권리행사를 포기할 것이므로 채권자의 만기가치는 기업가치가 된다.

2) 풋옵션을 이용하는 경우

주주와 채권자의 포지션을 풋옵션으로 간주하면 채권자는 채권의 만기일에 기업가치가 채권의 액면가액보다 높을 경우에는 액면가액을 모두 상환받는다. 그러나 기업가치가 채권의 액면가액보다 낮을 경우에는 기업가치만큼 상환받는다. 따라서 타인자본의 만기가치(B_T)는 다음과 같이 나타낼 수 있다.

$$B_T = Min[V_T, D] \tag{10.6}$$

한편, 식(10.6)은 다음과 같이 변형하여 바꾸어 쓸 수 있다.

$$B_T = Min[V_T, D] - D + D = Min[V_T - D, 0] + D \tag{10.7}$$

식(10.7)에서 $Min[V_T - D, 0]$은 기초자산이 기업자산이고 행사가격이 채권의 액면가액인 풋옵션 매도시 만기가치, D는 액면가액이 D인 순수할인채 매입시 만기가치이다. 따라서 타인자본의 만기가치는 기초자산이 기업가치, 행사가격이 채권의 액면가액인 풋옵션을 매도하고 액면가액 D인 순수할인채를 매입한 것과 동일하다.

(2) 타인자본의 현재가치

타인자본은 행사가격의 현재가치만큼 순수할인채를 매입하고 기업가치를 기초자산으로 하는 유럽형 풋옵션을 매도한 포지션과 동일하다. 따라서 타인자본의 현재가치(B)는 순수할인채의 현재가치에서 풋옵션의 가치를 차감하여 다음과 같이 나타낼 수 있다.

$$B = PV(D) - P \tag{10.8}$$

식(10.8)에서 풋옵션의 가치가 0보다 크면 채권은 위험채권이 되고, 풋옵션의 가치가 0이면 무위험채권이 된다. 따라서 풋옵션의 가치는 위험채권의 가치와 무위험채권의 가치간의 차이를 나타내는 채무불이행위험으로 인한 부채가치의 감소분에 해당한다.

한편, 기업가치(V)는 자기자본의 가치(S)와 타인자본의 가치(B)의 합이다. 따라서 타인자본의 가치는 기업가치에서 자기자본의 가치를 차감하여 다음과 같이 계산할 수도 있다.

$$B = V - S \tag{10.9}$$

식(10.9)에서 타인자본의 현재가치는 기업자산을 소유하고 기업가치를 기초자산으로 하는 유럽형 콜옵션을 매도한 것과 동일한 포지션에 있다. 식(10.8)의 풋－콜 등가를 이용하면 타인자본의 현재가치는 다음과 같이 나타낼 수 있다.

$$S = V + P - PV(D) \rightarrow PV(D) - P = V - S \tag{10.10}$$

예제 10-1 자기자본과 타인자본의 가치평가

숭실기업의 현재 시장가치는 50억원이며, 자산수익률의 표준편차는 0.60이다. 숭실기업은 액면가액이 10억원이고 만기가 10년인 순수할인채를 발행하고 있다. 채권의 만기일까지 주식에 대한 배당지급은 없으며, 연속복리 무위험이자율이 연 12%라고 할 때 블랙－숄즈 옵션가격결정모형을 이용하여 다음 물음에 답하시오.

1. 숭실기업의 자기자본에 대한 현재가치를 구하시오.
2. 숭실기업의 타인자본에 대한 현재가치를 구하시오.

풀이

1. 주어진 자료를 이용하여 d_1과 d_2를 구하면 다음과 같다.

$$d_1 = \frac{\ln(V/D) + (R_f + \sigma^2/2)T}{\sigma\sqrt{t}} = \frac{\ln(50/10) + (0.12 + 0.6^2/2)10}{0.6\sqrt{10}} = 2.43$$

$$d_2 = d_1 - \sigma\sqrt{t} = 2.43 - 0.6\sqrt{10} = 0.53$$

표준정규분포표를 이용하여 $N(d_1)$과 $N(d_2)$를 구하면 다음과 같다.

$$N(d_1) = N(2.43) = 0.5 + 0.4925 = 0.9925$$
$$N(d_2) = N(0.53) = 0.5 + 0.2019 = 0.7019$$

숭실기업의 자기자본가치는 다음과 같이 구할 수 있다.

$$\begin{aligned} S &= SN(d_1) - De^{-R_fT}N(d_2) \\ &= 5,000,000,000(0.9925) - 1,000,000,000e^{-0.12(10)}(0.7019) = 4,751,091,780원 \end{aligned}$$

2. 숭실기업의 타인자본가치는 순수할인채의 가치에서 풋옵션의 가치를 차감하여 다음과 같이 구할 수 있다.

$$B = PV(D) - P = De^{-R_fT} - P = 301,200,000 - 52,291,780^* = 248,908,220원$$

$$* P = S - V + De^{-R_fT} = 4,751,091,780 - 5,000,000,000 + 1,000,000,000e^{-0.12(10)}$$

$$= 52,291,780원$$

기업가치(V)는 자기자본의 가치(S)와 타인자본의 가치(B)의 합이므로 타인자본의 가치는 기업가치에서 자기자본가치를 차감하여 구할 수도 있다.

$$B = V - S = 5,000,000,000 - 4,751,091,780 = 248,908,220원$$

제2절 혼성증권

금융환경이 끊임없이 변화하고 투자자의 욕구가 다양화되면서 기존의 금융상품에서 만족하지 못하고 새로운 금융상품을 요구하게 되었는데, 이러한 배경에서 등장한 상품이 혼성증권이다. 혼성증권(hybrid security)은 금융시장에서 거래되는 두 가지 이상의 금융상품들의 특성을 서로 결합한 증권을 말한다.

1. 전환사채

(1) 기본개념

전환사채(CB : convertible bond)는 채권소유자의 의사에 따라 전환기간 이내에 일정한 조건으로 전환사채 발행회사의 주식으로 전환할 수 있는 권리인 전환권이 부여된 사채로 다른 조건은 동일하면서 전환권만 없는 일반사채(SB : straight bond)에 주식으로 전환할 수 있는 전환권이 첨가된 혼성증권으로 볼 수 있다.

전환권이 행사되기 이전에는 채권으로 존재하고, 전환권이 행사되면 채권이 주식으로 전환된다. 전환권은 일반사채의 가치를 포기하고 주식을 취득할 수 있어 콜옵션과 같은 성격을 갖는다. 전환가치가 일반사채가치보다 크면 전환권을 행사하고 그렇지 못하면 전환권을 포기하고 일반사채의 권리만 행사할 수 있기 때문이다.

따라서 전환사채의 소유자는 일반사채와 그 기업에 대한 콜옵션을 소유하는 것이 된다. 이것은 전환사채가 일반사채로서 미래의 이자지급 및 원금상환에 대한 청구권을 가지고 있을 뿐만 아니라 주식으로의 전환권도 가지고 있기 때문이다. 전환사채를 이해하기 위해서는 다음의 몇 가지 용어를 이해할 필요가 있다.

① 전환비율(conversion ratio)

전환비율은 주식으로 전환할 때 전환사채 1단위를 포기하는 대신에 받게 되는 주식수를 말하며, 전환사채의 액면가액을 전환가격으로 나누어 구한다.

$$전환비율 = 전환사채의 \ 액면가액 \div 전환가격 \qquad (10.11)$$

② 전환가격(conversion price)

전환가격은 주식으로 전환할 때 주식 1주를 얻기 위해 포기해야 하는 전환사채의 액면가액을 말하며, 전환사채의 액면가액을 전환비율로 나누어 구한다.

$$\text{전환가격} = \text{전환사채의 액면가액} \div \text{전환비율} \qquad (10.12)$$

③ 전환가치(conversion value)

전환가치는 전환사채를 주식으로 전환했을 경우의 가치를 말하며, 전환시점의 주가에 전환비율을 곱하여 산출한다.

$$\text{전환가치} = \text{전환시점의 주가} \times \text{전환비율} \qquad (10.13)$$

④ 전환프리미엄(conversion premium)

전환프리미엄은 전환가격이 발행시점의 주가를 초과하는 정도, 즉 전환사채 발행시점의 주가에 대한 전환가격의 할증률 또는 할인율을 말한다.

$$\text{전환프리미엄} = (\text{전환가격} - \text{발행시점의 주가}) \div \text{발행시점의 주가} \qquad (10.14)$$

(2) 전환권의 가치

1) 전환권의 만기가치

기업은 주식과 전환사채만으로 자본을 조달하고, 전환권을 전환사채의 만기일에만 행사할 수 있다고 가정하면 전환권의 만기가치는 전환가치에 의해 결정된다. 전환사채의 소유자는 전환권을 행사하여 채권을 주식으로 전환할 수 있고, 전환권을 포기하고 일반사채로 보유할 수도 있다.

만기일의 전환가치(CV_T)가 일반사채의 가치(SB_T)보다 높을 경우 전환권을 행사하여 $CV_T - SB_T$의 가치를 얻을 수 있다. 반대로 만기일의 전환가치가 일반사채의 가치보다 낮을 경우 전환권을 포기할 것이므로 전환권의 가치는 0이 된다. 따라서 전환권의 만기가치는 다음과 같이 나타낼 수 있다.

$$C_T = Max[CV_T - SB_T, 0] \qquad (10.15)$$
$$CV_T : \text{전환시점의 전환가치}$$
$$SB_T : \text{일반사채의 가치}$$

식(10.15)는 전환비율에 해당하는 수량의 주식으로 전환할 수 있는 권리에 대한 만기가치에 해당하므로 전환시점에서 주식 1주당 전환권의 만기가치(C_T^1)는 다음과 같이 나타낼 수 있다.

$$C_T^1 = \frac{C_T}{전환비율} = Max\left[S_T - \frac{SB_T}{전환비율}, 0\right] \tag{10.16}$$

따라서 주식 1주당 전환권은 기초자산이 전환사채를 발행한 기업의 주식이고, 행사가격이 전환권의 만기일에 주식 1주로 전환하기 위해 포기해야 하는 일반사채의 가치인 유럽형 콜옵션에 해당한다.

그림10-2 | 전환권의 만기가치

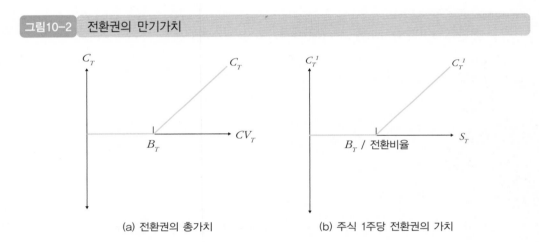

(a) 전환권의 총가치 (b) 주식 1주당 전환권의 가치

2) 전환권의 현재가치

전환권은 기초자산이 전환사채 발행기업의 주식, 행사가격이 $B_T \div$전환비율인 콜옵션에 해당하여 이를 옵션가격결정모형에 적용하면 주식 1주당 전환권의 현재가치를 구할 수 있다. 여기에 전환비율을 곱하면 전환권의 총가치를 구할 수 있다. 전환권의 행사로 발행주식수가 증가하고 평균주가가 하락하는 희석효과가 발생하면 옵션모형으로 산출한 콜옵션가격에 $[N/(N+N_W)]$을 곱하여 전환권의 가치를 구한다.

(3) 일반사채의 만기가치

일반사채의 만기가치는 기업가치가 채권의 액면가액보다 높을 경우에는 채권소유자는 액면가액을 상환받는다. 그러나 기업가치가 채권의 액면가액보다 낮을 경우에는 기업가치에 해당하는 금액만 상환받는다.

그림10-3 일반사채의 만기가치

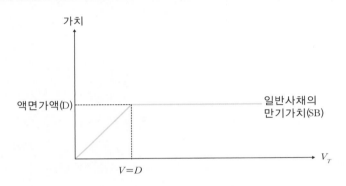

(4) 전환사채의 가치

1) 전환사채의 만기가치

전환사채는 일반사채에 주식으로 전환할 수 있는 권리인 전환권이 첨가된 사채를 말한다. 따라서 전환사채(CB)의 만기가치는 일반사채(SB)의 만기가치에 옵션가격결정모형으로 산출한 전환권(C)의 만기가치를 가산하여 다음과 같이 구할 수 있다.

전환사채의 만기가치 = 일반사채의 만기가치 + 전환권의 만기가치   (10.17)

여기서 기업가치가 전환사채의 액면가액보다 낮을 경우에는 기업가치가 전환사채의 가치가 된다. 한편 전환권을 행사한 후의 가치가 전환사채의 액면가액보다 높을 경우에 전환사채의 만기가치는 기업가치 중에서 전환권을 행사한 후 전환사채권자가 갖게 되는 지분비율에 비례하여 증가한다.

그림10-4 전환사채의 만기가치

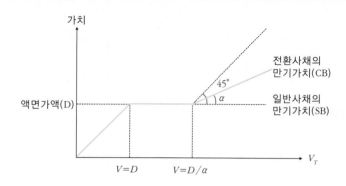

2) 전환사채의 현재가치

기업가치가 상승하면 전환가치는 증가하여 투자자는 전환권을 행사할 것이므로 전환사채의 가격은 전환가치와 동일해야 한다. 그러나 기업가치가 하락하면 사채가치는 전환가치보다 크게 되어 전환권을 포기하고 채권을 보유할 것이므로 일반사채가치가 하한이 된다. 따라서 전환사채의 현재가치는 일반사채의 가치에 옵션가격결정모형으로 산출한 전환권의 가치를 가산하여 다음과 같이 구할 수 있다.

$$전환사채의 \ 현재가치 \ = \ 일반사채의 \ 현재가치 \ + \ 전환권의 \ 가치 \qquad (10.18)$$

여기서 전환권의 가치는 전환사채의 가치와 일반사채의 가치간의 차이를 나타내며 콜옵션단위당가격×전환비율로 산출하고 내재가치와 시간가치로 구성된다. 전환가치가 일반사채가치보다 큰 내가격(ITM) 상태에서 전환권을 행사하면 $CV - SB$만큼 이익을 얻을 수 있어 내재가치를 구성하고 나머지가 시간가치를 구성한다. 전환가치가 일반사채가치보다 작은 외가격(OTM) 상태에서 전환권을 행사하면 손실을 보게 되어 내재가치는 0이 되고 전환권의 가치는 시간가치로만 구성된다.

그림10-5 전환사채와 전환권의 가치

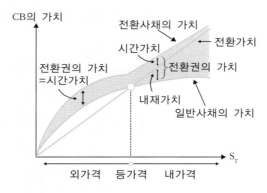

예제 10-2   전환사채의 가치평가

서강기업은 액면가액 100,000원, 표면이자율이 12%, 만기 5년 전환사채를 발행하고자 한다. 전환사채에는 6주의 보통주로 전환할 수 있는 권리가 있으며, 전환권은 3년 후에 행사할 수 있다. 서강기업이 발행한 채권과 동일한 조건의 일반사채는 14%의 수익률로 거래되고 있으며, 이는 앞으로도 일정할 것으로 예상된다.

서강기업의 현재 주식가격은 15,000원에 거래되고 있으며 주식수익률의 표준편차는 연 4%로 추정되고 연속복리 무위험이자율은 연 10%이다. 전환권의 만기인 3년 동안 서강기업의 주식에 대한 배당금 지급은 없고, 전환권의 행사가 신주발행으로 인한 희석효과가 없다고 가정하여 다음의 물음에 답하시오.

1. 전환사채의 전환가격과 전환프리미엄을 구하시오.

2. 전환사채의 일반사채로서의 가치를 구하시오.

3. 전환사채의 발행시점에서 전환할 경우 전환가치를 구하시오.

4. 전환사채에 부여된 전환권의 주식 1주당 행사가격을 구하시오.

5. 블랙숄즈옵션모형을 이용하여 주식 1주당 전환권의 가치와 총가치를 구하시오.

6. 전환사채의 현재가치를 구하시오.

풀이

1. 전환비율이 6이므로 전환가격과 전환프리미엄은 다음과 같이 구할 수 있다.

① 전환가격 $= \dfrac{\text{전환사채의 액면가액}}{\text{전환비율}} = \dfrac{100,000}{6} = 16,667$원

② 전환프리미엄 $= \dfrac{\text{전환가격} - \text{발행시점의 주가}}{\text{발행시점의 주가}} = \dfrac{16.667 - 15,000}{15,000} = 0.111$

2. 일반사채의 이자율이 14%이므로 전환사채의 일반사채로서의 가치는 다음과 같이 구할 수 있다.

$$SB_0 = \sum_{t=1}^{5} \frac{12,000}{(1.14)^t} + \frac{100,000}{(1.14)^5} = 93,134 원$$

3. 현재주가가 15,000원이고 전환비율이 6이므로 발행시점의 전환가치는 다음과 같이 구할 수 있다.

$$CV = 전환시점의 주가 \times 전환비율 = 15,000 \times 6 = 90,000 원$$

4. 전환권의 만기시점인 3년 후의 일반사채의 가치는 다음과 같이 구할 수 있다.

$$SB_3 = \frac{12,000}{(1.14)^1} + \frac{112,000}{(1.14)^2} = 96,707 원$$

전환비율이 6이므로 주식 1주를 얻기 위해 포기해야 하는 주식 1주당 전환권의 행사가격은 다음과 같이 구할 수 있다.

$$행사가격 = \frac{SB_3}{전환비율} = \frac{96,707}{6} = 16,118 원$$

따라서 전환사채의 소유자는 전환시점에서 주가수준이 최소한 16,118원 이상이 되어야만 전환권을 행사할 것이다.

5. 블랙–숄즈 옵션가격결정모형을 이용하여 주식 1주당 전환권의 가치를 평가하는데 필요한 자료를 정리하면 다음과 같다.

$$S = 15,000 원, E = 16,118 원, \sigma = 0.4, T = 3, R_f = 0.1$$

위 자료를 이용하여 d_1과 d_2를 구하면 다음과 같다

$$d_1 = \frac{\ln(S/E) + (R_f + \sigma^2/2)T}{\sigma\sqrt{t}} = \frac{\ln(15,000/16,118) + (0.1 + 0.4^2/2)3}{0.4\sqrt{3}} = 0.68$$

$$d_2 = d_1 - \sigma\sqrt{t} = 0.68 - 0.4\sqrt{3} = -0.02$$

표준정규분포표를 이용하여 $N(d_1)$과 $N(d_2)$를 구하면 다음과 같다.

$$N(d_1) = N(0.68) = 0.5 + 0.2517 = 0.7517$$

$$N(d_2) = N(-0.02) = 0.5 - 0.0080 = 0.4920$$

따라서 주식 1주당 전환권의 가치는 5,400원이 된다.

$$C = SN(d_1) - Ee^{-R_fT}N(d_2)$$
$$= 15,000(0.7517) - 16,118e^{-0.1(3)}(0.4920) = 5,400 원$$

여기에 전환비율 6을 곱하면 전환권의 총가치를 구할 수 있다.

$$전환권의 총가치 = 5,400 \times 6 = 32,400 원$$

6. 전환사채의 가치는 일반사채의 가치에 전환권의 가치를 더하여 구할 수 있다.

$$전환사채의 가치 = 일반사채의 가치 + 전환권의 가치$$
$$= 93,134 + 32,400 = 125,534 원$$

2. 신주인수권부사채

신주인수권부사채(BW : bond with warrant)는 채권투자자에게 미래의 일정시점에 약정된 인수가격으로 약정된 수량의 신주를 인수할 수 있는 권리인 신주인수권이 부여된 채권을 말한다. 따라서 일반사채와 신주인수권이 결합된 혼성증권이며, 신주인수권은 약정된 행사가격을 납입하고 신주를 인수하여 콜옵션에 해당한다.

신주인수권은 기업에 의해 발행된다는 점에서 투자자에 의해 발행되는 콜옵션과 서

로 다르며, 신주인수권이 보통주로의 전환권이 아니라 신주의 매입권을 의미한다는 점에서 전환사채와 차이가 있다. 신주인수권이 발행될 경우에 발행주식수가 증가하고 주가와 행사가격의 차이로 기존주주들의 지분비율이 희석화될 수 있다.

(2) 신주인수권의 가치

1) 신주인수권의 만기가치

기업은 주식과 신주인수권을 발행하여 자본을 조달하고, 신주인수권은 신주인수권부사채의 만기일에 행사될 수 있다고 가정하면 신주인수권 행사여부는 최종거래일의 주식가격에 의해 결정된다. 신주인수권의 소유자는 자신의 의사에 따라 신주인수권을 행사하여 주식을 매입할 수 있고, 신주인수권을 포기할 수도 있다.

최종거래일의 주식가격(S_T)이 인수가격(E)보다 높을 경우에는 신주인수권을 행사하여 $S_T - E$만큼의 이익을 얻을 수 있다. 반면에 최종거래일의 주식가격이 인수가격보다 낮을 경우에는 신주인수권의 행사를 포기하기 때문에 신주인수권의 가치는 0이 된다. 따라서 신주인수권의 만기가치는 다음과 같이 나타낼 수 있다.

$$W_T = Max[S_T - E, 0] \tag{10.19}$$

신주인수권은 기초자산이 신주인수권을 발행한 기업의 주식, 행사가격이 인수가격인 콜옵션이다. 신주인수권은 인수가격이 주가보다 낮을 때 행사되며, 신주인수권이 행사되면 발행주식수가 증가하고 주가가 하락하는 희석효과가 나타난다. 따라서 신주인수권의 가치는 콜옵션모형으로 평가하되 희석효과를 반영해야 한다.

신주인수권을 행사하기 이전의 주식가격을 S_{T0}, 발행주식수를 N, 신주인수권을 행사하는 경우에 발행되는 신주의 수량을 N_W 그리고 신주의 인수가격을 E라고 하면 신주인수권을 행사한 이후의 주식가격(S_T)은 다음과 같이 구할 수 있다.

$$S_T = \frac{NS_{T0} + N_w E}{N + N_w} \tag{10.20}$$

식(10.20)을 식(10.19)에 대입하여 정리하면 희석효과를 고려한 신주인수권의 만기가치(W_T)는 다음과 같다.

$$W_T = \frac{N}{N+N_w} Max[S_{T0} - E, 0] \tag{10.21}$$

식(10.21)에서 $Max[S_{T0} - E, 0]$은 희석효과를 고려하지 않는 콜옵션의 만기가치를 나타낸다. 따라서 희석효과를 고려한 신주인수권의 만기가치는 희석효과를 고려하지 않는 일반적인 콜옵션의 가치보다 $[N/(N+N_W)]$만큼 낮게 평가되어야 한다.

2) 신주인수권의 현재가치

신주인수권은 콜옵션으로 희석효과를 고려한 신주인수권의 현재가치는 희석효과를 무시한 콜옵션가격에 $[N/(N+N_W)]$를 곱한 값이어야 한다. 여기서 콜옵션가격을 구할 때 기초주식의 현재가격은 신주인수권 발행 후 주가를 이용해야 하는데, 신주인수권이 발행되면 신주인수권의 가치만큼 자기자본가치가 증가하기 때문이다.

$$W = \frac{N}{N+N_w} \times OPM에 \; 의한 \; 콜옵션가격 \tag{10.22}$$

(3) 신주인수권부사채의 가치

1) 신주인수권부사채의 만기가치

신주인수권부사채의 만기가치는 일반사채의 만기가치에 신주인수권의 만기가치를 가산하여 구할 수 있다. 이때 일반사채는 만기일에 액면가액의 가치를 실현할 수 있기 때문에 일반사채의 만기가치는 액면가액이 될 것이다.

신주인수권부사채의 만기가치 = 일반사채의 만기가치 + 신주인수권의 만기가치

2) 신주인수권부사채의 현재가치

신주인수권부사채는 일반사채에 신주인수권이라는 콜옵션이 첨가된 사채이므로 신주인수권부사채의 현재가치는 일반사채의 만기가치에 신주인수권의 가치를 가산하여 구할 수 있다.

신주인수권부사채의 가치 = 일반사채의 가치 + 신주인수권의 가치 $\qquad$ (10.23)

식(10.23)에서 신주인수권의 가치는 식(10.22)를 이용하여 구할 수 있다. 다만 식(10.23)은 신주인수권 1단위의 가치에 해당하므로 여기에 신주인수권의 수량을 곱하여 계산한다.

• 예제 10-3   신주인수권부사채의 가치평가

남강기업은 신주인수권부사채를 발행하여 20억원을 조달할 예정인데 신주인수권이 없는 일반사채로 발행한다면 15억원을 조달할 수 있을 것으로 예상하고 있다. 신주인수권의 약정에 의하면 신주인수권의 총수는 10만주이고, 행사가격은 10,000원이며, 만기 4년으로 신주인수권은 4년 후에만 행사할 수 있다.

신주인수권부사채를 발행하기 전에 남강기업의 기업가치는 70억원, 발행주식수는 100만주, 주당 주식가격은 12,000원, 부채가치는 60억원이다. 남강기업 주가의 표준편차는 0.4, 연속복리 무위험이자율은 연 14%, 신주인수권의 행사시점까지 배당지급은 없다는 가정하에 블랙–숄즈 옵션모형을 이용하여 다음 물음에 답하시오.

1. 신주인수권부사채를 발행하기 이전과 이후의 재무상태표를 작성하시오.

2. 신주인수권부사채를 발행한 이후의 주식가격을 계산하시오.

3. 희석효과를 고려하여 신주인수권의 총가치를 계산하시오.

4. 신주인수권부사채의 가치를 계산하고 과대평가 여부를 판단하시오.

풀이

1. 신주인수권부사채 발행 전과 후의 재무상태표를 제시하면 다음과 같다.

BW 발행 전의 재무상태표 (단위 : 억원)

자 산	180	부　　채 자 기 자 본	60 120
총자산	180	총　자　본	180

BW 발행 후의 재무상태표 (단위 : 억원)

자 산 현 금	180 20	기 존 부 채 신 규 부 채 자 기 자 본 신주인수권	60 15 120 5
총자산	200	총　자　본	200

2. 신주인수권부사채를 발행한 후에는 자기자본가치가 125억원이 되므로 신주인수권부사채를 발행한 후의 주식가격은 다음과 같다.

$$S = \frac{125억원}{1,000,000} = 12,500원$$

3. 신주인수권의 가치를 평가하는데 필요한 자료를 정리하면 다음과 같다.

$S = 12,500원, E = 10,000원, \sigma = 0.4, T = 4, R_f = 0.14$

(1) 희석효과를 무시한 신주인수권 1단위당 가치는 다음과 같다.

위 자료를 이용하여 d_1과 d_2를 구하면 다음과 같다.

$$d_1 = \frac{\ln(S/E) + (R_f + \sigma^2/2)\,T}{\sigma\sqrt{t}} = \frac{\ln(12,500/10,000) + (0.1 + 0.4^2/4)3}{0.4\sqrt{4}} = 1.38$$

$$d_2 = d_1 - \sigma\sqrt{t} = 1.38 - 0.4\sqrt{4} = 0.58$$

표준정규분포표를 이용하여 $N(d_1)$과 $N(d_2)$를 계산하면 다음과 같다.

$$N(d_1) = N(1.38) = 0.5 + 0.4162 = 0.9162$$

$$N(d_2) = N(0.58) = 0.5 + 0.2190 = 0.7190$$

따라서 주어진 자료를 콜옵션가격결정모형에 대입하여 주식 1주당 신주인수권의 가치를 구할 수 있다.

$$\begin{aligned} C &= SN(d_1) - Ee^{-R_fT}N(d_2) \\ &= 12,500(0.9162) - 10,000(0.5712)(0.7190) = 7,346원 \end{aligned}$$

(2) 희석효과를 고려한 신주인수권 1단위의 가치와 신주인수권의 총가치는 다음과 같다.

$$W = \frac{N}{N + N_w} \times C = \frac{100}{100 + 10} \times 7,346 = 6,678원$$

신주인수권의 가치는 10만주이고 신주인수권 1단위의 가치는 6,678원이므로 신주인수권의 총가치는 6,678억원($= 100,000 \times 6,678$)이 된다.

4. 신주인수권부사채의 가치는 일반사채의 가치에 신주인수권의 가치를 더해서 구하며 발행가격 20억원은 과소평가되어 있다.

$$BW의\ 가치 = SB의\ 가치 + W의\ 가치 = 15 + 6,678 = 21,678억원$$

3. 수의상환사채

옵션부채권은 채권의 일부나 전부를 만기 이전에 상환할 수 있거나 상환을 요구할 수 있는 선택권이 부여된 채권을 말한다. 선택권이 발행자에게 있으면 수의상환사채, 채권자에게 있으면 상환청구사채라고 한다. 따라서 상환가능기간 동안에 특정가격을 행사가격으로 하는 미국형옵션이 내재된 채권이다.

(1) 기본개념

수의상환사채(callable bond)는 일반사채(SB)에 콜옵션이 첨가된 사채이다. 따라서 채권발행자가 만기까지 약정이자를 지급하고 만기에 원금을 상환하는 일반사채에 채권의 만기일 이전의 약정한 기간 이내에 약정된 수의상환가격으로 사채를 상환할 수 있는 수의상환권(call provision)이 첨가된 혼성증권이다.

수의상환사채의 발행회사는 앞으로 시장이자율이 하락하여 채권가격이 수의상환가격보다 높을 경우에 수의상환권을 행사하여 수의상환가격에 채권을 매입한다. 따라서 수의상환권은 수의상환권이 없는 일반사채를 기초자산으로 하고 수의상환가격을 행사가격으로 하는 콜옵션(call option)으로 간주할 수 있다.

(2) 수의상환권의 가치

1) 수의상환권의 만기가치

수의상환권은 사채발행자가 정해진 상환가격을 지불하고 자사가 발행한 채권을 매입할 수 있는 권리이므로 수의상환사채의 발행자는 콜옵션매입자가 되며, 채권자들은 콜옵션매도자가 된다. 따라서 수의상환사채의 소유자는 발행자에게 콜옵션의 프리미엄을 지급받고 수의상환권을 매도한 것으로 볼 수 있다.

기채회사는 만기일의 사채가치(SB_T)가 상환가격(E)보다 높을 경우에 수의상환권을 행사하여 $SB_T - E$만큼의 이익을 얻게 된다. 반면에 만기일의 사채가치가 상환가격보다 낮을 경우에 수의상환권은 행사되지 않아 수의상환권의 가치는 0이 된다. 따라서 수의상환권의 만기가치는 다음과 같이 나타낼 수 있다.

$$C_T = Max[SB_T - E, 0] \qquad (10.24)$$

SB_T : 만기일의 사채가치

E : 행사가격(상환가격)

그림10-6 수의상환권과 상환청구권의 만기가치

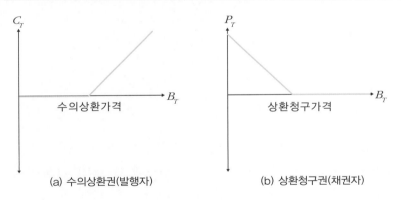

(a) 수의상환권(발행자)　　　　　(b) 상환청구권(채권자)

2) 수의상환권의 현재가치

수의상환권은 기초자산이 채권이고 행사가격이 수의상환가격인 미국형콜옵션에 해당한다. 따라서 기초자산의 현재가격을 채권의 현재가격, 행사가격을 수의상환가격, 만기를 수의상환시점, 기초자산 수익률의 분산을 사채수익률의 분산으로 바꾸어 옵션가격결정모형에 적용하면 수의상환권의 현재가치를 구할 수 있다.

(3) 수의상환사채의 가치

수의상환가능성은 발행자에게 유리하나 채권자에게 불리하게 작용하여 수의상환사채의 가치는 일반사채의 가치보다 콜옵션의 가치만큼 낮은 수준에서 형성된다. 따라서 수의상환사채의 가치는 일반사채의 가치에서 콜옵션가격결정모형으로 구한 수의상환권의 가치를 차감하여 다음과 같이 구할 수 있다.

$$\text{수의상환사채의 가치} = \text{일반사채의 가치} - \text{수의상환권의 가치} \qquad (10.25)$$

4. 상환청구사채

(1) 기본개념

상환청구사채(puttable bond)는 일반사채(SB)에 풋옵션이 첨가된 사채이다. 따라서 채권소유자가 정해진 기간 이내에 약정된 가격(상환청구가격)으로 사채의 상환을 요구할 수 있는 권리(상환청구권)이 첨가된 사채를 말한다. 따라서 상환청구권부사채는 일반사채와 상환청구권이 결합된 혼성증권으로 볼 수 있다.

상환청구사채을 보유한 투자자는 이자율이 상승하여 채권가격이 하락하면 상환청구권을 행사하여 회수한 자금을 높은 이자율로 재투자할 수 있고, 발행자의 신용도가 급락하면 원리금을 조기에 회수할 수 있다. 상환청구권은 일반사채가 기초자산이며, 상환청구가격을 행사가격으로 하는 풋옵션에 해당한다.

(2) 상환청구권의 가치

1) 상환청구권의 만기가치

채권자는 만기일의 사채가치(SB_T)가 상환청구가격(E)보다 낮을 경우 상환청구권을 행사하여 $SB_T - E$만큼의 이익을 얻게 된다. 반면에 만기일의 사채가치가 상환청구가격보다 높을 경우 상환청구권을 포기할 것이므로 상환청구권의 가치는 0이 된다. 따라서 상환청구권의 만기가치는 다음과 같이 나타낼 수 있다.

$$P_T = Max[E - SB_T, 0] \qquad (10.26)$$
$$SB_T : \text{만기일의 사채가치}$$
$$E : \text{행사가격(상환청구가격)}$$

2) 상환청구권의 현재가치

상환청구권은 기초자산이 채권이고 행사가격이 상환청구가격인 미국형풋옵션에 해당한다. 따라서 기초자산의 현재가격을 채권의 현재가격, 행사가격을 상환청구가격, 만기를 상환청구시점, 기초자산 수익률의 분산을 사채수익률의 분산으로 바꾸어 옵션가격결정모형에 적용하면 상환청구권의 현재가치를 구할 수 있다.

(3) 상환청구사채의 가치

상환청구가능성은 채권발행자에게 불리하나 채권투자자에게 유리하게 작용하여 상환청구사채의 가치는 일반사채의 가치보다 풋옵션의 가치만큼 높은 수준에서 형성된다. 따라서 상환청구사채의 가치는 일반사채의 가치에 풋옵션가격결정모형으로 구한 상환청구권의 가치를 가산하여 다음과 같이 구할 수 있다.

$$상환청구사채의 \ 가치 \ = \ 일반사채의 \ 가치 \ + \ 상환청구권의 \ 가치 \quad (10.27)$$

5. 담보대출과 지급보증

은행의 담보대출과 지급보증, 보증회사의 보증, 보험회사의 보험계약권 등은 일정한 의무를 매도할 수 있는 권리인 풋옵션을 거래하는 것과 동일한 효과를 나타낸다. 따라서 은행이 개별기업의 지급보증을 하는 경우 개별기업의 위험채권을 무위험채권으로 전환시켜 주는 경제적 효과를 달성할 수 있다.

(1) 담보대출[13]

1) 담보대출의 만기가치

은행은 만기일에 담보물가치가 상환액보다 높으면 상환액을 모두 상환받게 되어 담보대출의 가치는 상환액이 된다. 그러나 담보물가치가 상환액보다 낮으면 담보물의 가치만큼 상환받게 되어 담보대출의 가치는 담보물의 가치가 된다. 따라서 담보대출의 만기가치는 담보물의 가치에 따라 다음과 같이 나타낼 수 있다.[14]

---

13) 은행은 기업에 자금을 대출할 때 원리금 상환을 보증받고자 담보제공을 요구하는데, 이러한 대출을 담보대출이라고 하며, 담보대출의 만기일에 차입자가 원리금을 상환하지 못하면 대출자는 담보물의 소유권을 이전받는다.

14) 타인자본에서 기초자산이 기업가치에서 담보물, 행사가격이 부채의 액면가액에서 만기상환액으로 바뀐 것을 제외하고 동일하다.

$$L_T = Max[D, S_T] \tag{10.28}$$
$$S_T : \text{만기일의 담보물가치}$$
$$D : \text{만기일의 상환액}$$

2) 담보대출의 현재가치

담보대출은 타인자본(부채)과 동일하기 때문에 풋−콜 등가를 이용하면 담보대출의 현재가치는 다음과 같이 구할 수 있다.

$$B = V - S = PV(D) - P \tag{10.29}$$

식(10.29)에서 담보대출을 실행한 은행은 담보물을 소유하고 담보물을 기초자산으로 하는 콜옵션을 매도하거나 행사가격(만기상환액)의 현재가치만큼 무위험할인채권을 매입하고 담보물을 기초자산으로 하는 풋옵션을 매도한 것과 동일하다.

반면에 차입자는 은행과 반대입장에 있으므로 은행에 담보물을 매도하고 담보물을 기초자산으로 하는 콜옵션을 매입하거나 행사가격의 현재가치만큼 무위험할인채권을 발행하고 담보물을 기초자산으로 하는 풋옵션을 매입한 것과 동일하다.

⟶ 예제 10-4 담보대출의 가치평가

동해은행은 1년 후에 1억 3천만원의 만기상환액을 받기로 하고 서해기업에게 담보대출을 하려고 한다. 서해기업은 현재 시가 1억 5천만원에 상당하는 부동산을 담보로 제공하려고 한다. 부동산의 1년 후 가치는 20% 상승 또는 하락할 것으로 예상되며 각 상황의 발생확률은 50%이다. 현재 시장의 이산복리 무위험이자율을 10%로 가정할 때 동해은행은 어느 정도의 담보대출을 행하는 것이 바람직하겠는가?

풀이

기초자산의 가치는 1억 5천만원, 행사가격은 1억 3천만원, 만기는 1년, 상승계수는 1.2, 하락계수는 0.80이다. 따라서 콜옵션의 만기가치는 다음과 같다.

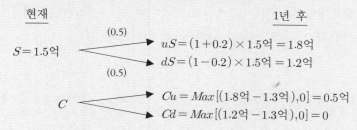

위험중립평가방법을 이용하면 헤지확률은 다음과 같이 구할 수 있다.

$$P = \frac{r-d}{u-d} = \frac{1.1-0.8}{1.2-0.8} = 0.75$$

담보물을 기초자산으로 하는 콜옵션의 가치는 다음과 같이 구할 수 있다.

$$C = \frac{PC_u + (1-P)C_d}{(1+R_f)^T} = \frac{0.75(0.5억원) + 0.25(0)}{1.1} = 34,090,910$$

따라서 담보대출의 현재가치는 다음과 같이 구할 수 있다.

$$B = V - S = 150,000,000 - 34,090,910 = 115,909,090원$$

동해은행의 입장에서는 1.16억원 이하의 자금을 대출하는 것이 유리하고, 서해기업의 입장에서는 1.16억원 이상의 자금을 차입하는 것이 유리하다. 따라서 양자가 타협을 할 수 있는 대출원금은 1.16억원이 된다.

(2) 지급보증

1) 지급보증의 만기가치

기업이 발행한 회사채에 대해 은행이 지급보증을 하면 회사채의 발행자가 지급불능 상태가 되더라도 은행이 기업을 대신하여 채무를 지급하게 된다. 따라서 은행의 지급보증에 의해서 위험채권이 무위험채권으로 전환되기 때문에 지급보증의 가치는 그 기업에 대한 풋옵션의 가치로 이해될 수 있다.

부채의 만기일에 기업가치(V_T)가 만기상환액(D)보다 높으면 지급보증의 가치는 0이 되고, 기업가치가 만기상환액보다 낮으면 지급보증의 가치는 $D-V_T$의 가치를 갖는다. 따라서 지급보증을 받은 기업의 입장에서 지급보증의 만기가치는 부채만기일의 기업가치에 따라 다음과 같이 나타낼 수 있다.

$$P_T = Max[D - V_T, 0] \qquad\qquad (10.30)$$
$$V_T : 만기일의\ 기업가치$$
$$D : 만기일의\ 상환액$$

2) 지급보증의 현재가치

지급보증을 받은 기업은 기초자산이 기업자산이고 행사가격이 상환액인 풋옵션을 매입한 것과 같다. 따라서 기초자산의 현재가격을 기업의 현재가치, 행사가격을 상환액, 만기를 부채의 만기일, 기초자산 수익률의 분산을 기업자산 수익률 분산으로 바꾸어 풋옵션모형에 적용하면 지급보증의 가치를 계산할 수 있다.

지급보증을 한 은행은 기업과 반대의 입장으로 풋옵션을 매도한 것과 동일하다. 따라서 다른 조건이 같을 경우 시장에서 평가되는 무위험채권의 가치와 위험채권간의 차이는 풋옵션의 가치만큼 될 것이다. 즉 지급보증의 가치는 무위험채권의 가치와 위험채권의 가치의 차이에 해당하며 풋옵션의 가치와 동일하다.

$$\text{풋옵션의 가치} = \text{무위험채권의 가치} - \text{위험채권의 가치} \tag{10.31}$$

● 예제 10-5 지급보증의 가치평가

남해기업은 미래의 불확실성에 대비하여 신규사업을 검토하고 있다. 남해기업의 기말가치는 신규사업에 성공할 경우 65억원, 실패할 경우 25억원이 될 것이다. 남해기업의 경영자는 성공확률을 70%로 예상하고 있다. 남해기업은 액면가액 40억원, 만기 1년의 부채를 사용하고 있다. 신규사업에 관한 정보가 반영된 남해기업의 현재 시장가치가 50억원, 무위험이자율을 10%로 가정하여 다음 물음에 답하시오.

1. 남해기업의 주주지분의 가치와 채권자지분의 가치를 평가하시오.
2. 남해기업이 발행한 부채의 원리금을 북해은행이 지급보증할 경우 남해기업에게 지급보증의 대가로 요구할 수 있는 적정금액을 계산하시오. 또한 남해기업에 대한 행사가격 40억원, 만기 1년의 풋옵션이 존재할 경우 풋옵션의 가격을 계산하시오.

풀이

1. 기업가치를 V, 주주지분의 가치를 S, 채권자지분의 가치를 B라고 하면 $V_0 = 50$억원, 성공시 $V_1 = 65$억원, 실패시 $V_1 = 25$억원이다. 남해기업을 소유하고 남해기업에 대한 행사가격 40억원, 만기 1년의 콜옵션을 m개 매도하여 무위험헤지포트폴리오를 구성할 경우에 포트폴리오의 현재가치와 만기가치는 다음과 같다.

거 래	현재가치	만기가치	
		성공시	실패시
남해기업	50억원	65억원	25억원
콜 옵 션	$-mC$	$-mC_u$	$-mC_d$
합 계	50억원$-mC$	65억원$-mC_u$	25억원$-mC_d$

이와 같이 무위험헤지포트폴리오를 구성할 경우 포트폴리오의 기말가치는 미래의 상황변화에 관계없이 일정해야 하므로 65억원$-mC_u =$ 25억원$-mC_d$이다.

$C_u = Max[65\text{억원}-40\text{억원}, 0] = 25$억원, $C_d = Max[25\text{억원}-40\text{억원}, 0] = 0$

여기서 m을 구하면 1.60이며 포트폴리오의 기말가치는 25억원이 된다.

한편, 시장균형상태에서 무위험헤지포트폴리오의 수익률은 무위험이자율과 동일해야 하므로 다음과 같은 관계가 성립한다.

(50억원-1.6C) = 25억원 → C = 17.045억원

주주지분의 가치는 콜옵션의 가치와 동일하므로 17.045억원이며, 채권자지분의 가치는 32.955억원(= 50-17.045)이 된다.

2. 남해기업이 발행한 위험부채에 북해은행이 지급보증을 하면 이 부채는 무위험부채가 되고, 지급보증의 가치는 무위험채권의 가치와 위험채권의 차이에 해당한다.

$$지급보증의가치 = \frac{40억원}{1.1} - 32.955억원 = 3.41억원$$

또한 지급보증의 가치는 남해기업을 기초자산으로 하는 풋옵션의 가치와 동일하다.
풋옵션의 가치 = 무위험부채의 가치-위험부채의 가치 = 3.41억원

제3절 실물옵션

현대기업에서 자본예산(capital budgeting)은 중요한 의미를 갖는다. 최근에 실물투자안들은 투자기간이 장기이면서 투자규모도 거액이고 생산기술이 전문화되어 특정 용도로 준비한 시설을 다른 용도로 전용하기가 어렵다. 따라서 잘못된 투자의사결정은 기업의 장래에 치명적인 영향을 미칠 수 있게 된다.

전통적인 자본예산에서는 미래 현금흐름의 기대값과 위험조정할인율을 사용하여 투자안의 순현가를 계산하고 이를 기초로 투자안을 선택하는 순현재가치법이 사용되어 왔다. 순현재가치법은 투자안의 가치에 영향을 미치는 변수들이 투자시점에서 확정되어 미래에도 변화하지 않는다는 안정성을 전제로 한다.

그러나 투자결정이 이루어진 이후에 상황변화가 발생한다면 이를 반영하여 기업가치를 증가시키는 방향으로 현재의 투자결정을 수정할 수도 있다. 미래의 상황변화에 대응하여 투자결정을 수정하는 것은 이익의 창출가능성을 크게 하고 손실의 발생가능성을 제한하여 투자안의 가치를 증가시키는 역할을 한다.

미래의 특정시점에 투자결정을 변경할 수 있는 기회는 일종의 옵션으로 간주할 수 있는데, 이러한 옵션을 실물투자안에 내재되어 있는 옵션이라는 의미에서 실물옵션이라고 한다. 실물옵션(real option)의 형태에는 크게 연기옵션(시기선택권), 포기옵션(처분기회), 확장옵션(성장기회) 등이 있다.

실물옵션이 내재되어 있는 투자안의 가치는 전통적인 순현재가치법(NPV)에 의해 평가된 투자안의 가치(실물옵션이 없을 경우의 투자안가치)에 실물옵션의 가치를 가산하여 다음과 같이 구할 수 있다.

$$\text{투자안의 가치 } = \text{실물옵션이 없는 투자안의 가치} + \text{실물옵션의 가치} \tag{10.32}$$

1. 연기옵션(시기선택권)

현재시점에서 순현재가치가 정(+)인 투자안일지라도 지금 당장에 투자하는 것보다 미래시점으로 연기해서 투자하는 것이 더욱 유리할 수도 있다. 그리고 현재시점에서 순현재가치가 부(−)인 투자안도 일정기간이 경과한 후에는 상황이 개선되어 수익성이 있는 투자안으로 바뀔 수도 있다.

이와 같이 투자안을 미래시점으로 연기하거나 투자시기를 선택할 수 있는 권리는 기초자산이 투자안이고, 행사가격이 투자금액인 콜옵션으로 볼 수 있다. 이를 연기옵션 (option to delay) 또는 시기선택권(timing option)이라고 하며, 대표적인 형태로는 천연 자원 개발권이나 특허권 등이 있다.

(1) 연기옵션의 만기가치

투자시기를 연기하여 투자여부를 선택할 수 있다고 가정할 경우에 투자안 실행시점 에서 투자안의 가치를 V_T, 투자안의 투자금액을 E라고 하면 연기옵션의 가치(C_T)는 투 자안 실행시점에서 투자안의 가치에 따라 다음과 같이 나타낼 수 있다.

$$C_T = Max[V_T - E, 0] \tag{10.33}$$

식(10.33)은 투자안의 실행시점에서 투자안의 가치가 투자금액보다 높을 경우에는 투자안을 실행함으로써 $V_T - E$만큼의 가치를 얻을 수 있다. 그러나 투자안의 가치가 투 자금액보다 낮을 경우에는 투자안을 실행할 수 있는 권리를 포기할 것이므로 연기옵션 의 가치는 0이 된다.

(2) 연기옵션의 현재가치

연기옵션은 투자안을 기초자산으로 하는 콜옵션에 해당하여 기초자산의 현재가격 을 투자안의 현재가치, 행사가격을 투자금액, 만기를 투자안의 권리보유기간(또는 연기 가능기간), 기초자산의 가격분산을 투자안의 현재가치 분산으로 바꾸어 콜옵션가격결정 모형에 적용하면 연기옵션의 현재가치를 구할 수 있다.

(3) 투자안의 가치

연기옵션의 경우에는 현재시점의 순현재가치와 연기옵션의 현재가치를 옵션가격결 정모형으로 평가한 값을 비교해야 한다. 연기옵션의 가치는 옵션가격결정모형으로 평가 한 연기옵션이 있는 투자안의 순현재가치에서 연기옵션이 없는 투자안의 순현재가치(현 재시점에 투자할 경우의 순현재가치)를 차감한 값이다.

연기옵션의 가치 = 연기옵션이 있는 투자안의 가치 − 전통적 NPV (10.34)

특허권과 같은 투자안의 실행을 연기하면 경쟁상대가 나타나 초과수익이 감소할 수 있는데, 이를 지연비용이라고 한다. 투자안의 현금흐름이 매년 일정하다고 가정하여 투자안의 수명이 n년이면 연간 지연비용은 $1/n$이 된다. 따라서 연기옵션의 가치를 평가할 때 연간 지연비용을 배당수익률로 옵션가격결정모형에 적용한다.

• 예제 10-6 연기옵션의 가치

동국개발은 5,000만 배럴의 매장량을 갖고 있는 유전지대를 소유하고 있으며 향후 20년 동안 독점적으로 개발할 수 있는 권리를 갖고 있다. 원유의 생산에 따른 원가는 배럴당 12,000원이다. 이 유전을 개발하면 개발에 착수한 후 원유의 판매까지는 2년의 기간이 소요된다. 원유의 생산에 따른 판매가격은 배럴당 12,000원이다. 일단 개발이 시작되면 유전개발에서 얻을 수 있는 순수익은 개발기간인 20년에 비례하여 발생한다. 원유가격변화율의 분산은 0.03, 연속복리 무위험이자율이 8%라고 가정하여 동국개발이 갖고 있는 유전개발의 가치를 평가하시오.

풀이

유전개발의 가치를 평가하기 위해서 필요한 자료를 정리하면 다음과 같다.
① 기초자산의 현재가격(S) = 원유매장량의 현재가치. 원유개발 후 판매까지 소요기간만큼 무위험이자율로 할인한 가치를 계산해야 한다.
② 행사가격(E) = 생산원가의 가격 = 5,000만 배럴×12,000 = 6,000억원
③ 만기(T) = 권리의 소유기간 = 20년
④ 기초자산의 가격분산(σ^2) = 원유가격의 변화율분산 = 0.03
⑤ 배당수익률(q) = 개발에 다른 순이익이 개발기간에 비례하는 비율 = 0.05(1/20)
현재시점에서 유전을 개발하면 부(−)의 NPV를 갖지만 미래 원유가격의 상승가능성을 고려하여 동국개발은 유전지대에 대한 개발권을 보유하는 것이 유리하며 이때의 가치는 다음과 같이 평가된다.

$S = 5,144억원, E = 6,000억원, R_f = 0.08, q = 0.05, \sigma^2 = 0.03, T = 20년$

위 자료를 이용하여 d_1과 d_2를 구하면 다음과 같다.

$$d_1 = \frac{\ln(S/E) + (R_f - q + \sigma^2/2)T}{\sigma\sqrt{t}}$$
$$= \frac{\ln(5,144/6,000) + (0.08 - 0.05 + 0.03/2)20}{0.03\sqrt{20}} = 1.04$$
$$d_2 = d_1 - \sigma\sqrt{t} = 1.04 - \sqrt{0.03}\sqrt{20} = 0.26$$

표준정규분포표를 이용하여 N(d_1)과 N(d_2)를 구하면 다음과 같다.

$N(d_1) = N(1.04) = 0.5 + 0.3508 = 0.8508$
$N(d_2) = N(0.26) = 0.5 + 0.1026 = 0.6026$

따라서 $N(d_1)$과 $N(d_2)$, 주어진 자료를 콜옵션가격결정모형에 대입하여 투자안의 연기가능성을 고려한 연기옵션의 가치를 구하면 다음과 같다.

$C = Se^{-qT}(d_1) - Ee^{-R_fT}N(d_2)$

$= 5,144e^{-0.05(20)}(0.8508) - 6,000e^{-0.08(20)}(0.6026) = 880억원$

그리고 천연자원개발권에 내재된 연기옵션의 가치는 연기가능성을 고려한 천연자원개발권의 가치에서 연기가능성을 무시한 순가치를 차감하여 구한다.

연기옵션의 가치 = 880억원−(−856억원)* = 1,736억원
*연기가능성을 무시한 순가치 = 5,144−6,000 = −856억원

2. 포기옵션(처분기회)

자본예산의 많은 경우에 투자안에 필요한 기계설비는 한 번에 설치되지 않고 단계적인 시설확충을 통해 이루어지는 것이 대부분이다. 그리고 기업은 특정 건설단계에서 후속단계를 포기할 수 있는 가능성을 대부분 가지고 있다.

이미 실행한 투자안도 투자안에서 발생하는 현금흐름이 기업의 예상에 미치지 못하면 투자안을 포기하는 것이 유리할 수 있다. 따라서 투자안을 투자기간에 포기할 수 있는 권리는 기초자산이 투자안이고, 행사가격이 투자시점의 투자금액인 풋옵션으로 볼 수 있는데, 이를 포기옵션(option to abandon)이라고 한다.

(1) 포기옵션의 만기가치

투자안을 실행하여 중도에 포기할 수 있다고 가정할 경우 투자안의 포기시점에서 투자안의 가치를 V_T, 포기시점에서 처분가액을 E라고 하면 포기옵션의 가치(P_T)는 투자안의 포기시점에서 투자안의 가치에 따라 다음과 같이 나타낼 수 있다.

$$P_T = Max\,[E - V_T,\, 0] \qquad (10.35)$$

식(10.35)는 투자안의 처분시점에서 투자안의 가치가 처분가액보다 낮을 경우에는 투자안을 처분함으로써 $E - V_T$만큼의 가치를 얻을 수 있다. 그러나 투자안의 가치가 처분가액보다 높을 경우에는 해당 투자안을 처분할 수 있는 권리를 포기하는 것이 기업의 입장에서 유리하기 때문에 포기옵션의 가치는 0이 된다.

(2) 포기옵션의 현재가치

포기옵션은 투자안을 기초자산으로 하는 풋옵션에 해당하여 옵션가격결정모형에서 기초자산의 현재가격을 투자안의 현재가치, 행사가격을 처분가액, 만기를 투자안 포기시점까지의 기간, 기초자산의 가격분산을 투자안의 현재가치 분산으로 바꾸어 옵션가격결정모형에 적용하면 포기옵션의 현재가치를 구할 수 있다.

(3) 투자안의 가치

포기옵션을 고려한 투자안의 가치는 포기옵션이 없는 투자안의 가치에 풋옵션모형으로 평가한 포기옵션의 가치를 가산하여 다음과 같이 구할 수 있다.

투자안의 가치 = 포기옵션이 없는 투자안의 가치 + 포기옵션의 가치　　　(10.36)

예제 10-7　포기옵션의 가치

서강건설은 10년의 내용년수를 갖는 부동산투자를 계획하고 있다. 이 투자안을 실행하는 데 100억원이 소요되고 예상되는 미래현금흐름의 현재가치는 200억원이며 분산은 0.09이다. 서강건설은 4년 후 시점에서 부동산사업을 포기하고 다른 기업에 양도하면 100억원을 받을 것으로 예상한다. 연속복리 무위험이자율이 6%라고 가정하여 다음 물음에 답하시오.

1. 서강건설이 보유하고 있는 포기옵션의 가치를 구하시오.
2. 포기옵션까지 고려할 경우에 투자안의 NPV를 구하시오.

풀이

1. 포기옵션의 가치를 평가하기 위해서 필요한 자료를 정리하면 다음과 같다.

   $S = 200$억 원, $E = 100$억 원, $R_f = 0.06, \sigma^2 = 0.09, T = 4$년

   위 자료를 이용하여 d_1과 d_2를 구하면 다음과 같다.

   $$d_1 = \frac{\ln(S/E) + (R_f + \sigma^2/2)T}{\sigma\sqrt{t}} = \frac{\ln(200/100) + (0.06 + 0.09/2)4}{\sqrt{0.09}\sqrt{4}} = 1.86$$
   $$d_2 = d_1 - \sigma\sqrt{t} = 1.86 - \sqrt{0.09}\sqrt{4} = 1.26$$

   표준정규분포표를 이용하여 $N(d_1)$과 $N(d_2)$를 구하면 다음과 같다.

   $N(d_1) = N(1.86) = 0.5 + 0.4686 = 0.9686$
   $N(d_2) = N(1.26) = 0.5 + 0.3962 = 0.8962$

   따라서 $N(d_1)$과 $N(d_2)$, 주어진 자료를 풋옵션가격결정모형에 대입하여 투자안의 처분가능성을 고려한 포기옵션의 가치를 구하면 다음과 같다.

   $P = Ee^{-R_fT}[1 - N(d_2)] - S[1 - N(d_1)]$
   $= 100e^{-0.06(4)}(1 - 0.8962) - 200(1 - 0.9686) = 2.08$억 원

2. 포기옵션을 고려한 투자안의 가치는 포기옵션이 없는 투자안의 가치에서 풋옵션가격결정모형으로 평가한 포기옵션의 가치를 가산하여 다음과 같이 구할 수 있다.
   투자안의 가치 = 포기옵션이 없는 투자안의 가치 + 포기옵션의 가치
   　　　　　　　 = 100* + 2.08 = 102.08억원
   *포기옵션이 없는 투자안의 가치 = 200 - 100 = 100억원

3. 확장옵션(성장기회)

어떤 투자안이 후속 투자안을 위한 초기투자로 간주될 수 있으면 초기투자안의 가치는 지금 당장은 수익성이 없더라도 후속되는 성장기회를 갖기 위해 투자안을 채택할 수도 있다. 따라서 후속투자안을 실행할 수 있는 권리는 기초자산이 후속투자안, 행사가격이 후속투자안의 투자금액인 콜옵션으로 볼 수 있다.

어떤 투자안을 발판으로 수익성이 있는 후속투자가 가능하면 현재시점에서는 부(−)의 NPV를 갖는 투자안이라도 미래의 후속투자기회를 활용하기 위해 수익성이 없는 투자안을 채택할 수도 있다. 따라서 후속투자기회는 특정 투자안에 내재된 옵션으로 볼 수 있는데, 이를 확장옵션(option tp expand)이라고 한다.

(1) 확장옵션의 만기가치

어떤 투자안을 발판으로 후속투자가 가능할 경우에 후속투자안 실행시점에서 후속투자안의 가치를 V_T, 후속투자안의 투자금액을 E라고 하면, 확장옵션의 가치(C_T)는 후속투자안 실행시점에서 투자안의 가치에 따라 다음과 나타낼 수 있다.

$$C_T = Max[V_T - E, 0] \tag{10.37}$$

식(10.37)은 후속투자안의 실행시점에서 후속투자안의 가치가 투자금액보다 높을 경우에는 후속투자안을 실행하여 $V_T - E$의 가치를 얻을 수 있다. 반면에 후속투자안의 가치가 투자금액보다 낮을 경우에는 후속투자안을 실행할 수 있는 권리를 포기하는 것이 기업의 입장에서 유리할 것이므로 확장옵션의 가치는 0이 된다.

(2) 확장옵션의 현재가치

확장옵션은 기초자산이 후속투자안인 콜옵션에 해당하여 옵션가격 결정모형에서 기초자산의 현재가격을 후속투자안의 현재가치, 행사가격을 후속투자안의 투자금액, 만기를 후속투자안의 실행시점, 기초자산의 가격분산을 후속투자안의 현재가치 분산으로 바꾸어 콜옵션모형에 적용하면 확장옵션의 현재가치를 구할 수 있다.

(3) 투자안의 가치

확장옵션을 고려한 투자안의 가치는 확장옵션이 없는 투자안의 가치에 콜옵션모형으로 평가한 확장옵션의 가치를 가산하여 다음과 같이 구할 수 있다.

투자안의 가치 = 확장옵션이 없는 투자안의 가치 + 확장옵션의 가치　　(10.38)

예제 10-8 확장옵션의 가치

강북기업은 경영다각화 일환으로 미국에 자동차공장을 설립할 것을 계획하고 있다. 자동차공장의 설립에 따른 투자금액은 20,000만 달러가 소요될 것으로 예상하고 미래현금흐름은 향후 5년간 매년 5,000만 달러씩 유입될 것으로 추정되며 자동차공장의 설립에 적절한 할인율은 10%이다.

강북기업은 자동차공장을 설립한 후 5년 이내에 자동차공장의 규모를 증설할 수 있는 기회를 갖고 있다. 추가비용은 10,000만 달러가 소요되고 미래현금흐름의 현재가치는 7,500만 달러로 평가되며 분산이 0.08로 평가되는 불확실성을 갖고 있다. 연속복리 무위험이자율이 6%라고 가정하여 다음 물음에 답하시오.

1. 추가적 투자안을 고려하지 않은 경우 투자안의 채택여부를 결정하시오.
2. 투자안의 확장가능성을 고려하여 투자안의 채택여부를 결정하시오.

풀이

1. 추가적 투자안을 고려하지 않을 경우에 투자안의 순현가는 다음과 같다.

$$NPV = \sum_{t=1}^{5} \frac{5,000}{(1.1)^t} - 20,000 = -1,046만달러$$

따라서 강북기업은 추가적 투자안이 없다면 NPV<0이므로 투자안을 기각해야 한다.

2. 추가적 투자안을 평가하는데 필요한 자료를 정리하면 다음과 같다.

S=7,500만달러, E=10,000만달러, R_f=0.06, σ^2=0.08, T=5년

위 자료를 이용하여 d_1과 d_2를 구하면 다음과 같다.

$$d_1 = \frac{\ln(S/E) + (R_f + \sigma^2/2)\,T}{\sigma\sqrt{t}} = \frac{\ln(7,500/10,000) + (0.06 + 0.08/2)5}{\sqrt{0.08}\,\sqrt{20}} = 1.04$$

$$d_2 = d_1 - \sigma\sqrt{t} = 1.04 - \sqrt{0.03}\,\sqrt{20} = 0.26$$

표준정규분포표를 이용하여 N(d1)과 N(d2)를 구하면 다음과 같다.

$N(d_1) = N(1.04) = 0.5 + 0.1314 = 0.6314$

$N(d_2) = N(0.26) = 0.5 - 0.1167 = 0.3833$

따라서 $N(d_1)$과 $N(d_2)$, 주어진 자료를 콜옵션가격결정모형에 대입하여 투자안의 확장가능성을 고려한 확장옵션의 가치를 구하면 다음과 같다.

$$C = SN(d_1) - Ee^{-R_fT}N(d_2)$$
$$= 7,500(0.6314) - 10,000e^{-0.06(5)}(0.3833) = 1,896만달러$$

그러므로 추가적 투자안을 고려하여 투자안의 NPV를 구하면 다음과 같다.

투자안의 NPV = 확장옵션이 있는 NPV + 확장옵션의 가치

= -1,046 + 1,896 = 850만 달러

강북기업은 추가적 투자안을 고려할 경우에 NPV>0이므로 투자안을 채택해야 한다.

4. 실물옵션의 평가시 유의사항

옵션의 성격을 가지고 있는 실물자산은 옵션가격결정모형을 적용하여 투자안의 가치를 계산할 수 있다. 그러나 실물옵션은 금융옵션에 비해 복잡한 요소를 많이 가지고 있고, 투자안의 성격에 따라 상황가변적일 수밖에 없다. 따라서 옵션가격결정모형으로 평가한 실물옵션의 가치는 해석에 유의해야 한다.

첫째, 옵션가격결정모형은 실제로 거래가 이루어지는 기초자산과 무위험자산을 이용하여 합성(복제)포트폴리오를 구성할 수 있다는 것을 전제로 옵션의 가치를 계산한다. 그러나 실물옵션은 기초자산이 활발하게 거래되지 않아 차익거래가 이루어질 수 없는 실물자산을 기초자산으로 하기 때문에 해석에 유의해야 한다.

둘째, 금융옵션의 행사가격은 정해져 있는 반면에 실물옵션의 행사가격은 일정하지 않고 불확실한 경우가 대부분이다. 그리고 금융옵션은 한번 행사가 이루어지면 옵션의 가치가 소멸되는 반면에 실물옵션은 한번 행사가 이루어지면 또 다른 새로운 옵션을 창출하는 복합옵션인 경우가 많다.

셋째, 옵션가격결정모형은 기초자산 수익률의 분산이 알려져 있으며, 옵션의 만기일까지 일정하다고 가정한다. 이러한 가정은 만기가 짧은 금융옵션의 경우에는 타당한 반면에 만기가 긴 실물옵션의 경우에는 기초자산 수익률에 대한 분산의 추정과 안정성에 대한 가정이 문제가 생길 수 있다.

넷째, 옵션가격결정모형은 옵션의 권리행사가 순간적으로 이루어지기 때문에 금융옵션을 행사하게 되면 권리행사의 효과가 즉각적으로 나타날 수 있다는 것을 전제로 하고 있다. 그러나 실물옵션은 옵션의 권리행사가 해당 투자안의 실행을 의미하기 때문에 순간적으로 이루어질 수 없다.

핵·심·요·약

제1절 자본구조

1. 자기자본 : 기초자산이 기업자산이고 행사가격이 부채의 액면가액인 콜옵션

(1) 자기자본의 만기가치

① 콜옵션을 이용하는 경우 : $S_T = Max[V_T - D, 0]$

② 풋옵션을 이용하는 경우
주주들은 채권자에게 채권의 만기일에 액면가액을 상환하는 조건으로 채권을 발행하고 동시에 채권의 액면가액이 행사가격인 풋옵션을 매입한 것으로 간주

(2) 자기자본의 현재가치 : $S = VN(d_1) - De^{-RfT}N(d_2)$
기초자산의 현재가격(S)은 기업의 현재가치(V), 행사가격(E)은 무이표채의 액면가액(D), 만기(T)는 무이표채의 만기, 기초자산수익률의 분산(σ^2)은 기업자산 수익률의 분산으로 바꾸어 콜옵션모형에 적용하면 자기자본의 현재가치를 계산

2. 타인자본 : 무이표채를 매입하고 기초자산이 기업자산인 풋옵션을 매도

(1) 타인자본의 만기가치

① 콜옵션을 이용하는 경우
주주가 채권의 액면가액을 행사가격으로 하는 콜옵션매입자, 채권자는 기업자산을 소유하며 기업을 기초자산으로 하는 콜옵션을 주주에게 매도한 경우로 간주

② 풋옵션을 이용하는 경우 : $B_T = Min[V_T, D]$

(2) 타인자본의 현재가치 : $B = PV(D) - P$
타인자본은 유럽형 풋옵션을 매도한 포지션과 동일하여 타인자본의 현재가치(B)는 무이표채의 현재가치에서 풋옵션의 가치를 차감하여 계산

제2절 혼성증권

1. 전환권 : 기초자산이 주식이고 행사가격이 전환비율인 콜옵션

2. 신주인수권 : 기초자산이 주식이고 행사가격이 인수가격인 콜옵션

3. 수의상환권 : 기초자산이 사채이고 행사가격이 수의상환가격인 콜옵션

4. 상환청구권 : 기초자산이 사채이고 행사가격이 상환청구가격인 풋옵션

5. 담보대출 : 담보대출을 한 은행은 무위험순수할인채를 매입하고 담보물을 기초자산으로 하는 풋옵션을 매도한 입장

6. 지급보증 : 지급보증을 받은 기업은 기초자산이 기업자산이고 행사가격이 부채의 액면가액인 풋옵션을 매입한 입장

제3절 실물옵션

1. 연기옵션(또는 시기선택권)

① 기초자산이 투자안이고 행사가격이 투자금액인 콜옵션

② 연기옵션의 가치 = 연기옵션이 내재된 투자안의 NPV-연기옵션이 없을 때의 NPV

2. 포기옵션(또는 처분기회)

① 기초자산이 후속투자안이고 행사가격이 투자안을 처분해서 받을 수 있는 금액인 풋옵션

② 포기옵션이 내재된 투자안의 NPV = 포기옵션이 없을 때의 NPV+포기옵션의 가치

3. 확장옵션(또는 후속투자기회)

① 기초자산이 투자안이고 행사가격이 투자금액인 풋옵션

② 확장옵션이 내재된 투자안의 NPV = 확장옵션이 없을 때의 NPV+확장옵션의 가치

4. 실물옵션 평가시 유의사항

① 옵션가격결정모형은 기초자산과 무위험자산을 이용한 합성(복제)포트폴리오의 구성을 전제로 옵션의 가치를 계산하나 실물옵션은 차익거래가 이루어질 수 없는 실물자산을 기초자산으로 하기 때문에 해석에 유의

② 금융옵션의 행사가격은 정해져 있고 한번 행사가 이루어지면 옵션의 가치가 소멸되는 반면에 실물옵션의 행사가격은 대부분 불확실하고 한번 행사가 이루어지면 또 다른 옵션을 창출하는 복합옵션인 경우가 많음

③ 옵션가격결정모형은 기초자산 수익률의 분산이 알려져 있으며, 옵션의 만기까지 일정하다고 가정한 반면에 만기가 긴 실물옵션은 기초자산 수익률에 대한 분산의 추정과 안정성의 가정이 문제가 발생할 수 있음

④ 옵션가격결정모형은 옵션의 행사가 순간적으로 이루어지며, 옵션을 행사하면 행사의 효과가 즉각적으로 나타날 수 있으나 실물옵션은 옵션의 행사가 투자안의 실행을 의미하므로 순간적으로 이루어질 수 없음

문제 1. 다음 중 옵션으로서 자기자본에 대한 설명으로 옳지 않은 것은?

① 부채기업의 자기자본가치는 기초자산이 기업가치이고, 행사가격은 부채의 액면가 액인 유럽형 콜옵션을 매입하는 것과 동일하다.

② 채권자의 포지션은 행사가격의 현재가치만큼 무위험할인채권을 매입하고, 기초자 산이 기업가치이며, 행사가격이 부채의 액면가액인 풋옵션을 매도한 것과 같다.

③ 부채기업의 자기자본가치는 기업을 소유하고 기업가치를 기초자산으로 풋옵션을 매도하고, 행사가격의 현재가치만큼 무위험할인채권을 공매한 것과 동일하다.

④ 부채기업의 자기자본가치는 무위험부채를 가진 기업을 소유하고 기업가치를 기 초자산으로 하는 풋옵션을 매입한 것과 동일한 포지션을 갖는다.

⑤ 기업가치를 기초자산으로 하고 부채의 액면가액을 행사가격으로 하는 풋옵션의 지급불능위험에 대한 위험프리미엄으로 볼 수 있다.

해설 부채기업의 자기자본가치는 기업을 소유하고 기업가치를 기초자산으로 유럽형 풋옵션을 매 입하고, 행사가격의 현재가치만큼 무위험할인채권을 공매한 것과 동일하다.

문제 2. 부채를 사용하는 어떤 기업이 기존자산보다 위험이 크고, NPV가 0인 투자안을 채택하기로 했다면 채권자와 주주의 부는 어떻게 되겠는가?

① 채권자와 주주의 부에는 변화가 없다.

② 채권자와 주주의 부는 모두 증가한다.

③ 채권자와 주주의 부는 모두 감소한다.

④ 채권자의 부는 증가하고, 주주의 부는 감소한다.

⑤ 채권자의 부는 감소하고, 주주의 부는 증가한다.

해설 자기자본은 기업가치를 기초자산으로 하는 유럽형 콜옵션이므로 NPV와 기업자산 수익률 의 분산이 증가하면 콜옵션인 자기자본가치는 증가하고, 부채가치는 감소하여 채권자의 부 가 주주에게로 이전하는 현상이 발생한다.

문제 3. 다음 중 옵션으로서 자기자본가치에 대한 설명으로 옳지 않은 것은?

① 기업가치가 증가할수록 자기자본가치는 증가한다.

② 부채의 액면가액이 증가할수록 자기자본가치는 감소한다.

③ 부채의 만기가 길수록 자기자본가치는 증가한다.

④ 기업자산의 위험이 커질수록 자기자본가치는 증가한다.

⑤ 무위험이자율이 높을수록 자기자본가치는 감소한다.

해설 자기자본의 가치는 기업가치의 증가, 기업자산 수익률의 분산의 증가, 부채만기의 증가, 무위험이자율의 상승에 따라 증가한다. 반면에 행사가격에 해당하는 부채의 액면가액의 증가에 따라 감소한다.

문제 4. 현재가치가 1,000억원인 동국기업은 만기 1년, 액면가액 800억원인 부채를 발행하고 있다. 부채는 순수할인채이며, 만기수익률은 알 수 없다. 기업가치를 기초자산으로 하는 풋옵션의 가격이 100억원이고 무위험이자율이 8%일 때 동국기업의 자기자본가치는 얼마인가?

① 259억원　　　　　　　　　② 289억원

③ 328억원　　　　　　　　　④ 359억원

해설 타인자본가치 = 800/1.08−100 = 640.74억원

자기자본가치 = 1,000−640.74 = 359.26억원

문제 5. 다음 중 옵션부 채권에 대한 설명으로 가장 옳지 않은 것은?

① 전환사채와 신주인수권부사채에 포함된 옵션은 모두 콜옵션의 성격을 갖는다.

② 전환사채는 채권을 자사의 주식으로, 교환사채는 채권을 타사의 주식으로 교환할 수 있다는 점이 다르다.

③ 신주인수권부사채의 행사는 기업에 현금유입을 가져오나, 전환권의 행사는 기업에 실질적인 현금유입이 없다.

④ 수의상환사채와 상환청구권부사채에 포함된 옵션은 모두 콜옵션이다. 다만, 그 포지션이 서로 다를 뿐이다.

⑤ 전환권과 상환청구권을 행사하면 모두 더 이상 채권이 존재하지 않는다.

해설 상환청구권부사채에 포함된 옵션은 풋옵션이다.

문제 6. 다음 중 전환사채에 대한 설명으로 가장 옳지 않은 것은?

① 전환사채의 가치는 일반사채의 가치보다 크고 전환가치보다 크다.

② 전환권의 가치는 전환사채의 가치에서 일반사채의 가치를 차감하여 구한다.

③ 전환가치가 일반사채의 가치보다 큰 경우 전환권의 가치는 모두 시간가치이다.

④ 전환사채의 표면이자율은 일반사채의 표면이자율보다 낮은 것이 일반적이다.

⑤ 전환권의 행사시 전환비율만큼의 주식을 받는다.

> **해설** 전환가치가 일반사채의 가치보다 작은 경우에 전환권의 가치는 모두 시간가치이다. 전환가 치가 일반사채의 가치보다 큰 경우에 전환권의 가치는 내재가치가 존재한다.

문제 7. 연세기업은 만기 2년, 액면가액 300만원의 전환사채를 5좌 발행하였다. 현재 연세기업이 발행한 주식수는 800주, 전환비율은 40이다. 전환사채를 보유한 투자자는 2년 후 주가가 최소한 얼마 이상이 되어야 전환청구를 하겠는가?

① 70,000원   ② 75,000원

③ 80,000원   ④ 85,000원

> **해설** 전환후지분율 $= \dfrac{5 \times 40}{800 + 5 \times 40} = 0.2$
>
> $1{,}500$만 $= V_T \times 0.2 \rightarrow V_T = 7{,}500$만원
>
> 따라서 기업가치가 최소 7,500만원 이상일 때 전환권을 행사할 것이다. 이때 자기자본가치 는 6,000만원이며, 주가는 75,000원(=6,000만원÷800주)이다.

문제 8. 건국기업의 현재주가는 8,000원, 총발행주식수는 100,000주이다. 주가는 향후 30% 상승하거나 25% 하락할 수 있다. 현재 만기 1년, 행사가격 8,200원인 콜 옵션의 가격은 300원이다. 건국기업은 홍길동에게 1년 후 8,200원에 1,000주 의 신주인수권을 부여하였다. 홍길동의 주식 1주에 대한 신주인수권의 가치는 얼마인가?

① 289원   ② 297원

③ 303원   ④ 311원

> **해설** $W = C \times \dfrac{\text{행사전 주식수}}{\text{행사후 주식수}} = 300 \times \dfrac{100{,}000}{101{,}000} = 297$원

문제 9. 다음 중 풋옵션의 보유와 그 형태가 유사한 것은?

① 전환사채   ② 신주인수권

③ 보험계약권   ④ 지급보증

> **해설** ① ② 전환사채와 신주인수권은 기초자산인 주가가 상승하면 이익이 발생하여 콜옵션매입 에 해당한다.
>
> ④ 은행의 지급보증은 기초자산의 가치가 행사가격을 보증하는 풋옵션의 매도에 해당한다.

문제 **10. 다음 중 신주인수권과 콜옵션의 차이에 대한 설명으로 옳지 않은 것은?**

① 콜옵션은 개인이 발행하나 신주인수권은 기업이 발행한다.

② 콜옵션의 행사는 주가에 영향을 미치지 않으나 신주인수권의 행사는 주가에 영향을 미친다.

③ 제3자가 신주인수권 행사시 희석효과로 인해 주가는 하락하나 기존주주의 부는 변화가 없다.

④ 신주인수권 행사시 희석효과가 발생하는 이유는 신주인수권의 행사가 기업의 주식수를 증가시키기 때문이다.

⑤ 신주인수권의 가치와 콜옵션의 가치의 차이는 희석효과에 기인한다.

해설 신주인수권의 행사로 주가가 하락하여 기존주주의 부는 감소한다.

문제 **11. 다음 중 옵션의 응용에 대한 내용으로 옳지 않은 설명은?**

① 자기자본의 가치는 기업가치를 기초자산으로 하고, 부채의 액면가액을 행사가격으로 하며, 부채의 만기를 만기로 하는 콜옵션의 가치에 해당한다.

② 옵션모형에 의하면 기업이 위험한 사업을 수행할수록 자기자본가치는 상승한다.

③ 수의상환사채의 만기수익률은 일반사채의 만기수익률보다 높다.

④ 상환청구사채에 내재된 옵션은 기업이 발행한 채권에 대한 풋옵션이다.

⑤ 담보부 차입자는 담보물을 은행에 매도하고 풋옵션을 매입한 것과 동일한 포지션을 가진다.

해설 담보부 차입자는 담보물을 은행에 매도하고 콜옵션을 매입한 것과 동일한 포지션을 가진다.

문제 **12. 다음 중 옵션의 응용에 대한 내용으로 옳지 않은 설명은?**

① 신주인수권소유자는 신주발행기업의 가치를 기초자산으로 하는 미국형 콜옵션을 매입한 것으로 볼 수 있다.

② 전환사채의 가치≥Max[일반사채의 가치, 전환가치]이어야 한다.

③ 전환권의 행사가격은 전환시점에서 주식 1주를 얻기 위해 포기해야 하는 일반사채의 가격이다.

④ 상환청구사채를 보유한 채권자는 일반사채를 매입하고, 이 사채를 기초자산으로 하는 풋옵션을 매입한 것과 동일하다.

⑤ 사채의 수의상환가능성은 수의상환사채의 발행자에게는 유리하지만, 채권자에게는 불리하게 작용한다.

해설 신주인수권의 기초자산은 기업가치가 아니라 신주발행기업의 주식이다.

문제 **13. 다음 중 옵션의 응용에 대한 내용으로 옳지 않은 설명은?**

① 무위험부채는 지급보증이 되어 있는 부채로, 풋옵션은 은행이나 정부의 지급보증에 대한 대가로 볼 수 있다.

② 재무적 곤경에 직면한 기업의 자기자본은 경우에 따라서 부(−)의 값을 가질 수 있다.

③ 합병당사기업의 현금흐름간에 완전 정(+)의 상관관계가 없다면, 합병에 의해 주주의 부가 채권자에게 이전되는 현상이 발생한다.

④ 수의상환사채를 발행한 기업은 일반사채를 발행하고, 이 사채를 기초자산으로 하는 콜옵션을 매도한 것과 동일하다.

⑤ 담보부대출을 해준 은행은 담보물을 매입하고, 이 담보물을 기초자산으로 하는 콜옵션을 매도한 것과 동일하다.

해설 기업가치가 부채의 액면가액 이하로 하락하여 곤경에 직면한 기업이라도 옵션의 잔존기간 동안 기업가치가 상승할 수 있기 때문에 반드시 0보다 큰 값을 갖게 된다.

문제 **14. 다음 중 옵션의 응용에 대한 내용으로 옳지 않은 설명은?**

① 수의상환사채를 매입한 채권자는 일반사채를 매입하고, 이 사채를 기초자산으로 하는 콜옵션을 매도한 것과 동일하다.

② 상환청구사채를 발행한 기업은 일반사채를 발행하고, 이 사채를 기초자산으로 하는 풋옵션을 매도한 것과 동일하다.

③ 담보부대출을 받은 차입자는 행사가격의 현재가치만큼의 무위험채권을 공매하고 풋옵션을 매도한 것과 동일하다.

④ 지급보증을 받은 기업은 기업가치를 기초자산으로 하는 풋옵션을 매입한 것과 동일한 포지션을 갖는다.

⑤ 부채기업의 채권자는 기업을 소유하면서 기업가치를 기초자산으로 하는 콜옵션을 매입한 것과 동일한 포지션을 갖는다.

해설 담보부대출을 받은 차입자는 행사가격의 현재가치만큼의 무위험채권을 공매하고 풋옵션을 매입한 것과 동일하다.

문제 15. 옵션부 채권은 일반채권에 옵션이 포함되어 있다. 다음 중 채권에 포함된 옵션의 성격과 채권보유자 입장에서 포지션이 올바르게 연결된 것은?

① 수의상환사채 : 콜옵션 + 매입포지션
② 전환사채 : 콜옵션 + 매입포지션
③ 상환청구권부사채 : 풋옵션 + 매도포지션
④ 신주인수권부사채 : 풋옵션 + 매입포지션
⑤ 교환사채 : 콜옵션 + 매도포지션

해설 ① 수의상환사채 : 콜옵션 + 매도포지션
③ 상환청구권부사채 : 풋옵션 + 매입포지션
④ 신주인수권부사채 : 콜옵션 + 매입포지션
⑤ 교환사채 : 콜옵션 + 매입포지션

문제 16. 다음 중 수의상환사채에 대한 설명으로 옳지 않은 것은?

① 수의상환권은 기초자산이 사채이고, 행사가격이 상환가격인 콜옵션에 해당한다.
② 일반적으로 수의상환은 시장이자율이 하락하는 경우에 이루어진다.
③ 수의상환사채의 가격은 상환가격보다 클 수 없다.
④ 수의상환사채의 발행기업은 사채가치가 상환가격보다 클 경우에 수의상환권을 행사한다.
⑤ 수의상환사채의 가치는 일반사채의 가치에 옵션모형으로 평가한 수의상환권의 가치를 가산하여 구할 수 있다.

해설 수의상환사채의 가치는 일반사채의 가치에서 옵션모형으로 평가한 수의상환권의 가치를 차감하여 구할 수 있다.

문제 17. 단국기업은 회사채를 발행하면서 기업의 자산을 담보로 제공하고 은행으로부터 회사채 원리금의 지급보증을 받았다. 단국기업의 입장에서 은행의 지급보증은 어떤 의미가 있는가?

① 콜옵션매입   ② 콜옵션매도
③ 풋옵션매입   ④ 풋옵션매도

해설 지급보증을 받은 기업은 기초자산이 기업가치이고, 행사가격이 만기상환액인 풋옵션을 매입한 것과 동일하다. 반면에 지급보증을 해준 은행은 기업과 정반대의 입장으로 풋옵션을 매도한 것과 동일하다.

문제 18. 다음 중 투자안결정에 대한 설명으로 주주 부의 극대화와 상충되는 것은?

① 투하자본의 회수기간이 길더라도 순현가가 정(+)이면 투자안을 채택한다.

② 현재 기업의 파산위험이 현저할 경우에는 순현가가 정(+)인 투자안을 기각할 수 있다.

③ 현재 기업의 파산위험이 현저할 경우에는 순현가가 부(−)인 투자안을 기각할 수 있다.

④ 순현가가 정(+)이라도 상황이 더 유리해질 때까지 투자집행을 기다린다.

⑤ 순현가가 부(−)이라도 기업확장을 위해 투자안을 채택한다.

해설 기업확장을 위해 순현가(NPV)가 부(−)인 투자안을 채택하면 주주의 부가 감소한다.

문제 19. 그 동안 5억원을 들여 조사한 바에 의하면 현재 30억원을 들여 생산시설을 구축하면 미래현금흐름의 1년 후 시점의 현재가치는 수요가 많을 경우 40억원, 수요가 적을 경우 25억원이다. 수요가 많을 확률은 60%, 수요가 적을 확률은 40%이다. 적절한 할인율은 10%이다. 그런데 생산시설을 구축하고 수요가 확인된 1년 후 20억원을 추가로 투자해 생산시설을 확장할 수 있다고 가정하자. 이때 미래현금흐름의 1년 후 시점에서의 현재가치는 수요가 많을 경우 70억원, 수요가 적을 경우 35억원이다. 1년 후 생산시설을 대규모시설로 확장할 수 있는 실물옵션의 현재시점의 현재가치는 얼마인가?

① 1.82억원　　② 5.45억원　　③ 6.0억원　　④ 6.36억원　　⑤ 10.0억원

해설 (1) 수요가 많을 경우(60% 확률)

확장옵션 포기시 현재가치 = 40억원

확장옵션 행사시 현재가치 = −20억원+70억원 = 50억원

→ 확장옵션 행사 → 확장옵션의 현재가치 = 50억원−40억원 = 10억원

(2) 수요가 적을 경우(40% 확률)

확장옵션 포기시 현재가치 = 25억원

확장옵션 행사시 현재가치 = −20억원+35억원 = 15억원

→ 확장옵션 포기 → 확장옵션의 현재가치 = 0

(3) 확장옵션의 가치 = $\dfrac{10 \times 0.6 + 0 \times 0.4}{1.1}$ = 5.45억 원

문제 20. 실물옵션을 이용한 투자안의 평가방법에 대한 설명으로 옳지 않은 것은?

① 연기옵션(option to wait)의 행사가격은 투자시점 초기의 비용이다.

② 연기옵션의 가치를 고려한 투자안의 순현재가치가 양의 값을 갖더라도, 지금 투자할 경우의 순현재가치보다 낮을 경우 투자를 연기하지 않는 것이 유리하다.

③ 확장옵션(expansion option)의 만기는 후속 투자안이 종료되는 시점이다.

④ 확장옵션에서 기초자산의 현재가격은 후속 투자안을 지금 실행할 경우 유입되는 현금흐름의 현재가치이다.

⑤ 포기옵션(abadonment option)은 투자안 포기에 따른 처분가치를 행사가격으로 하는 풋옵션이다.

해설 ① 연기옵션은 투자안을 기초자산으로 하는 콜옵션에 해당하며 기초자산의 현재가격을 투자안의 현재가치, 행사가격을 투자금액, 만기를 투자안에 대한 권리보유기간, 기초자산의 가격분산을 투자안의 현재가치의 분산으로 바꾸어 콜옵션가격결정모형에 적용하면 연기옵션의 현재가치를 구할 수 있다.

③ 확장옵션은 후속투자안을 기초자산으로 하는 콜옵션에 해당하며 기초자산의 현재가격을 후속투자안의 현재가치, 행사가격을 후속투자안의 투자금액, 만기를 후속투자안의 실행시점, 기초자산의 가격분산을 후속투자안의 현재가치의 분산으로 바꾸어 콜옵션가격결정모형에 적용하면 확장옵션의 현재가치를 구할 수 있다.

④ 포기옵션은 투자안을 기초자산으로 하는 풋옵션에 해당하며 기초자산의 현재가격을 투자안의 현재가치, 행사가격을 처분가액, 만기를 투자안 포기시점까지의 기간, 기초자산의 가격분산을 투자안의 현재가치의 분산으로 바꾸어 풋옵션가격결정모형에 적용하면 포기옵션의 현재가치를 구할 수 있다.

정답

1.③ 2.⑤ 3.⑤ 4.④ 5.④ 6.③ 7.② 8.② 9.③ 10.③
11.⑤ 12.① 13.② 14.③ 15.② 16.⑤ 17.④ 18.⑤ 19.② 20.③

선물과 옵션의
결합

지금까지는 미래의 일정시점에 약정된 행사가격으로 기초자산을 매입하거나 매도할 수 있는 권리를 부여하는 현물옵션을 설명했다. 선물옵션은 미래의 일정시점에 약정된 선물가격으로 선물계약을 매입하거나 매도할 수 있는 권리를 부여하는 계약을 말하며, 옵션을 행사하면 옵션매입자는 선물계약에 포지션을 획득한다.

제1절 풋—콜—선물등가

차익거래의 기회가 존재하지 않은 시장균형상태에서 기초자산, 행사가격 그리고 만기일이 모두 동일한 유럽형 선물콜옵션가격과 선물풋옵션가격간에는 무위험헤지포트폴리오를 구성하는 일정한 등가관계가 성립하는데, 이를 풋—콜—선물등가(put—call—futures parity)라고 한다.

풋—콜—선물등가를 도출하기 위해 선물 한 개를 매입하고 선물을 기초자산으로 하는 선물풋옵션을 한 개 매입함과 동시에 풋옵션과 행사가격 및 만기가 동일한 선물콜옵션을 한 개 매도하는 포트폴리오를 구성할 경우에 포트폴리오의 현재가치와 옵션만기일의 만기가치는 다음과 같다.

표 11-1 무위험헤지포트폴리오의 구성

거래	현재가치	만기가치	
		$F_T > F$	$F_T < F$
선물매입	$-$	$F_T - F$	$F_T - F$
선물풋옵션매입	P	0	$E - F_T$
선물콜옵션매도	$-C$	$-(F_T - E)$	0
합계	$P - C$	$E - F$	$E - F$

[표 11-1]에서 무위험헤지폴리오는 미래의 시장상황에 관계없이 $E - F$의 일정한 가치를 제공하여 시장균형상태에서 무위험헤지포트폴리오의 수익률은 무위험이자율과 동일해야 한다. 따라서 무위험헤지포트폴리오의 만기가치는 포트폴리오의 현재가치 또는 투자금액을 무위험이자율로 투자한 결과와 동일해야 한다.

$$(P - C)e^{RfT} = E - F \tag{11.1}$$

식(11.1)에서 좌변의 $(P-C)$는 포트폴리오의 현재가치나 투자금액이라고 할 수 있으며, 선물거래는 대가없이 이루어지기 때문에 F가 빠진 것이다. 그리고 식(11.1)을 현재가치의 기준으로 나타내면 선물풋옵션가격과 선물콜옵션가격간에는 다음과 같은 등가관계가 성립한다.

$$(P - C) = (E - F)e^{-RfT} = \frac{E}{e^{RfT}} - \frac{F}{e^{RfT}} \tag{11.2}$$

$$\frac{F}{e^{RfT}} + P - C = \frac{E}{e^{RfT}} \tag{11.3}$$

선물옵션은 보유비용모형의 관계식 $F = Se^{RfT}$를 이용하여 풋-콜 등가를 유도할 수 있다. 즉 S 대신에 Fe^{-RfT}를 풋-콜 등가식에 대입하여 정리하면 선물옵션에 대한 풋-콜 등가식이 도출된다. 식(11.2)는 시장균형상태에서 선물풋옵션, 선물콜옵션, 선물가격간의 관계를 나타내는 식이 되는데, 이를 풋-콜 선물등가라고 한다.

식(11.3)을 풋-콜 등가를 나타내는 식(8.8)과 비교하면 현재주식가격(S)이 선물가격의 현재가치(Fe^{-RfT})로 바뀌고 다른 항은 모두 동일함을 알 수 있다. 만일 풋-콜 선물등가식이 성립하지 않으면 시장에서 실제로 증권을 매입 또는 매도하거나 합성매입포지션 또는 합성매도포지션을 창출하여 차익거래를 실행할 수 있다.

제2절   합성포지션

합성포지션(synthetic position)은 위험을 최소화하거나 수익률을 제고하기 위해 옵션과 옵션을 결합하여 합성주식 또는 합성선물을 창출하거나 옵션과 선물을 결합하여 합성옵션을 창출하는 것을 말한다.

1. 합성주식

합성주식(synthetic stock)은 행사가격과 만기일이 모두 동일한 콜옵션과 풋옵션을 결합하여 옵션의 기초자산에 매입포지션 또는 매도포지션을 취한 형태를 만드는 전략을 말한다.

(1) 합성주식매입 : 콜옵션매입+풋옵션매도

합성주식매입은 행사가격과 만기일이 동일한 콜옵션을 매입하고 풋옵션을 매도하면 옵션의 기초자산을 매입한 것과 동일한 효과를 갖는 손익구조를 만드는 전략을 이미한다. 행사가격이 E인 콜옵션을 매입하고 동시에 동일한 행사가격의 풋옵션을 매도하는 경우에 만기일의 손익은 다음과 같다.

표 11-2   합성주식매입

거 래	$S_T > E$	$S_T < E$
콜옵션매입	$S_T - E$	0
풋옵션매도	0	$-(E - S_T)$
합성포지션	$S_T - E$	$S_T - E$

[표 11-2]를 살펴보면 옵션의 만기일에 합성주식매입포지션은 기초자산의 가격수준에 관계없이 항상 $(S_T - E)$의 손익이 발생하고 있다. 이는 옵션의 기초자산을 행사가격에 매입하여 옵션의 만기일까지 보유했을 경우에 발생하는 손익과 동일하다.

(2) 합성주식매도 : 콜옵션매도+풋옵션매입

합성주식매도는 행사가격과 만기일이 동일한 콜옵션을 매도하고 풋옵션을 매입하면 옵션의 기초자산을 매도한 것과 동일한 효과를 갖는 손익구조를 만드는 전략을 의미한다. 행사가격이 E인 콜옵션을 매도하고 동시에 동일한 행사가격의 풋옵션을 매입하는 경우에 만기일의 손익은 다음과 같다.

표 11-3 합성주식매도

거래	$S_T > E$	$S_T < E$
콜옵션매도	$-(S_T - E)$	0
풋옵션매입	0	$E - S_T$
합성포지션	$E - S_T$	$E - S_T$

[표 11-3]를 살펴보면 옵션의 만기일에 합성주식매도포지션은 기초자산의 가격수준에 관계없이 항상 $(E - S_T)$의 손익이 발생하고 있다. 이는 옵션의 기초자산을 행사가격에 공매한 후 만기일에 기초자산을 매입하여 포지션을 청산하는 경우에 발생하는 손익과 동일하다.

2. 합성선물

합성선물(synthetic futures)은 기초자산, 행사가격, 만기일이 동일한 콜옵션과 풋옵션을 결합하여 선물과 동일한 포지션을 창출하는 전략을 말한다.

(1) 합성선물매입 : 콜옵션매입+풋옵션매도

합성선물매입은 콜옵션매입자가 미래에 기초자산의 가격이 상승할 것으로 예상하지만 가격변동성은 불확실한 경우에 콜옵션을 보유한 상태에서 풋옵션을 매도하여 기초자산인 선물을 매입하는 경우와 동일한 손익을 실현하는 전략을 말한다.

실제로 옵션시장에서 콜옵션가격이 과소평가되어 있거나 풋옵션가격이 과대평가되어 있으면 합성선물매입포지션을 창출하는 것이 선물을 직접 매입하는 것보다 유리할 수도 있다. 구체적인 합성방법은 풋-콜-선물등가에서 도출할 수 있다.

$$C - P = (F - E)e^{-RfT} \tag{11.4}$$

식(11.4)는 행사가격이 E인 콜옵션을 매입하고 동시에 동일한 행사가격의 풋옵션을 매도하면 선물을 매입하여 최종거래일까지 보유했을 경우에 발생하는 손익과 동일하다는 의미이다.

(2) 합성선물매도 : 콜옵션매도+풋옵션매입

합성선물매도는 풋옵션매입자가 미래에 기초자산의 가격이 하락할 것으로 예상하지만 가격변동성은 불확실한 경우에 풋옵션을 보유한 상태에서 콜옵션을 매도하여 기초자산인 선물을 매도하는 경우와 동일한 손익을 실현하는 전략을 말한다.

실제로 옵션시장에서 콜옵션가격이 과대평가되어 있거나 풋옵션가격이 과소평가되어 있으면 합성선물매도포지션을 창출하는 것이 선물을 직접 매도하는 것보다 유리할 수도 있다. 구체적인 합성방법은 풋-콜-선물등가에서 도출할 수 있다.

$$P - C = - (F - E)e^{-R_f T} \tag{11.5}$$

식(11.5)는 행사가격이 E인 풋옵션을 매입하고 동시에 동일한 행사가격의 콜옵션을 매도하면 선물을 매도하여 최종거래일까지 보유했을 경우에 발생하는 손익과 동일하다는 의미이다.

그림11-1 합성선물

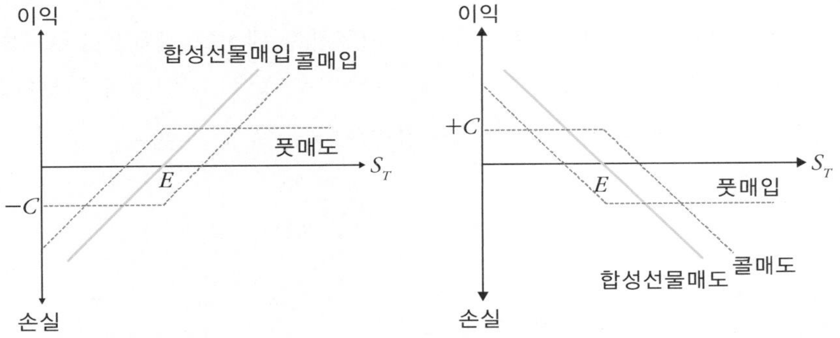

(a) 합성선물매입
(b) 합성선물매도

3. 합성옵션

합성옵션(synthetic option)은 옵션과 선물을 결합하여 다른 옵션과 동일한 손익형태의 포지션을 만드는 전략을 말한다.

(1) 합성콜옵션매입 : 선물매입+풋옵션매입

합성콜옵션매입은 풋옵션매입자가 기초자산가격은 상승하고 가격변동성은 증가할 것으로 예상되면 풋옵션을 전매하고 콜옵션을 매입하는 대신에 풋옵션을 보유한 상태에서 선물을 매입하여 콜옵션을 매입한 것과 같은 손익을 얻을 수 있는 위험헤지전략을 말한다. 구체적인 합성방법은 풋−콜−선물등가에서 도출할 수 있다.

$$C = P + (F - E)e^{-RfT} \tag{11.6}$$

(2) 합성콜옵션매도 : 선물매도+풋옵션매도

합성콜옵션매도는 풋옵션매도자가 기초자산가격은 하락하고 가격변동성은 감소할 것으로 예상되면 풋옵션을 환매하고 콜옵션을 매도하는 대신에 풋옵션을 매도한 상태에서 선물을 매도하여 콜옵션을 매도한 것과 같은 손익을 얻을 수 있는 위험헤지전략을 말한다. 구체적인 합성방법은 풋−콜−선물등가에서 도출할 수 있다.

$$-C = -P - (F - E)e^{-RfT} \tag{11.7}$$

(3) 합성풋옵션매입 : 선물매도+콜옵션매입

합성풋옵션매입은 콜옵션매입자가 기초자산가격은 하락하고 가격변동성은 증가할 것으로 예상되면 콜옵션을 전매하고 풋옵션을 매입하는 대신에 콜옵션을 보유한 상태에서 선물을 매도하여 풋옵션을 매입한 것과 같은 손익을 얻을 수 있는 위험헤지전략을 말한다. 구체적인 합성방법은 풋−콜−선물등가에서 도출할 수 있다.

$$P = C - (F - E)e^{-RfT} \tag{11.8}$$

(4) 합성풋옵션매도 : 선물매입+콜옵션매도

합성풋옵션매도는 콜옵션매도자가 기초자산가격은 상승하고 가격변동성은 감소할 것으로 예상되면 콜옵션은 환매하고 풋옵션을 매도하는 대신에 콜옵션을 매도한 상태에서 선물을 매입하여 풋옵션을 매도한 것과 같은 손익을 얻을 수 있는 위험헤지전략을 말한다. 구체적인 합성방법은 풋−콜−선물등가에서 도출할 수 있다.

$$-P = -C + (F - E)e^{-RfT} \tag{11.9}$$

그림11-2 합성옵션

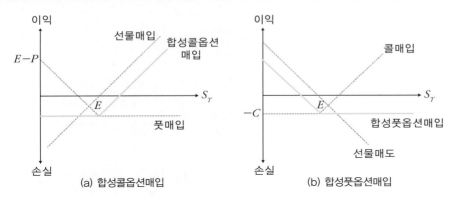

(a) 합성콜옵션매입

(b) 합성풋옵션매입

4. 합성포지션을 이용한 차익거래

옵션과 선물을 이용한 차익거래전략에는 합성매도포지션을 이용하는 컨버전과 합성매입포지션을 이용하는 리버설이 있다. 그리고 옵션만을 이용한 차익거래전략에는 롱박스와 숏박스가 있다. 시장균형상태에서 콜옵션, 풋옵션, 그리고 선물가격은 다음과 같은 일정한 관계가 성립해야 한다.

$$C - P = (F - E)e^{-R_f T} \tag{11.10}$$

(1) $C - P > (F - E)e^{-R_f T}$

컨버전(conversion)은 합성포지션에 의한 가격이 선물가격보다 높은 경우 과소평가된 선물을 매입하고 과대평가된 콜옵션매도와 풋옵션매입에 의한 합성매도포지션을 취하는 차익거래전략을 말한다. 이러한 차익거래가 발생하는 이유는 콜옵션의 과대평가, 풋옵션의 과소평가로 풋-콜-선물등가가 성립하지 않기 때문이다.

그림11-3 컨버전

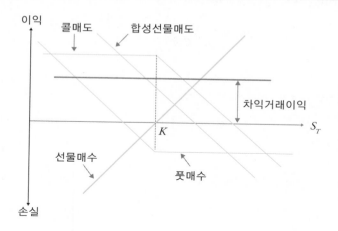

(2) $C - P < (F - E)e^{-R_f T}$

리버설(reversal)은 합성포지션에 의한 가격이 선물가격보다 낮은 경우 과대평가된 선물을 매도하고 과소평가된 콜옵션매입과 풋옵션매도에 의한 합성매입포지션을 취하는 차익거래전략을 말한다. 이러한 차익거래가 발생하는 이유는 콜옵션의 과대평가, 풋옵션의 과소평가로 풋-콜-선물등가가 성립하지 않기 때문이다.

그림11-4 리버설

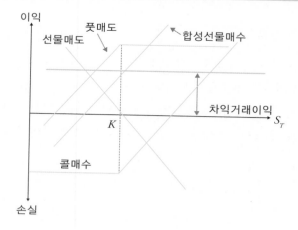

표 11-4	컨버전과 리버설		
구 분	**시장상황**		**차익거래**
컨버전	지수선물가격 < 합성선물가격		선물매입 + 합성선물매도
리버설	지수선물가격 > 합성선물가격		선물매도 + 합성선물매입

(3) 롱박스와 숏박스

롱박스(long box)와 숏박스(short box)는 복수의 행사가격(높은 행사가격과 낮은 행사가격)에 대해 상대적으로 비싼 것(콜옵션은 E_L, 풋옵션은 E_H)은 매도하고, 상대적으로 싼 것(콜옵션은 E_H, 풋옵션은 E_L)을 매입하는 조합의 순간적인 가격차이에서 발생하는 이익을 추구하는 옵션합성전략을 말한다.

옵션을 이용한 차익거래를 포착함에 있어서 합성포지션의 초기흐름이 정(+)인 경우, 즉 옵션을 매도하여 수취한 프리미엄의 합계가 옵션을 매입하여 지불한 프리미엄의 합계보다 많을 경우에 이를 롱박스(long box) 또는 초기자금이 정(+)이어서 대출해 줄 수 있다는 의미에서 크레딧박스(credit box)라고 한다.

반대로 합성포지션의 초기흐름이 부(−)인 경우, 즉 옵션을 매도하여 수취한 프리미엄의 합계가 옵션을 매입하여 지불한 프리미엄의 합계보다 적을 경우에 이를 숏박스(short box) 또는 초기자금이 부(−)이어서 자금을 차입해야 한다는 의미에서 데빗박스(debit box)라고 한다.

롱박스와 숏박스를 합성하는 방법에는 콜스프레드와 풋스프레드를 결합하거나 동일한 행사가격에 콜옵션을 매도하고 풋옵션을 매입하여 합성선물매도포지션을 구성하고, 다른 동일한 행사가격에 콜옵션을 매입하고 풋옵션을 매도하여 합성선물매입포지션을 구성한 후 합성선물매도 및 매입포지션을 합성하는 방법이 있다.

그림11-5 **그림11-5** 롱박스와 숏박스

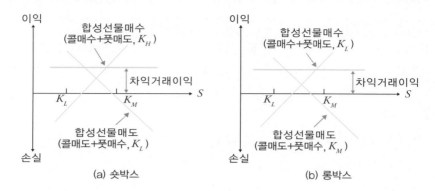

(a) 숏박스   (b) 롱박스

● 예제 11-1   합성포지션

2019년 5월 10일 현재 KOSPI 200은 100이며, 만기가 40일 남아 있는 6월물 KOSPI 200 선물의 가격은 101.5이다. 한편 선물의 만기와 동일한 6월물 KOSPI 200옵션의 행사가격별 옵션가격은 다음과 같다.

옵션의 종류	행사가격	옵션가격
콜옵션	97.5	3.0
콜옵션	100.0	2.5
풋옵션	100.0	2.5
풋옵션	102.5	3.0

무위험이자율은 연 8%, 평균배당수익률은 연 5%, KOSPI 200선물과 KOSPI 200옵션은 포인트당 25만원에 거래되고 있다. 1년을 360일로 가정하여 다음 물음에 답하시오.

1. 6월 만기 선물의 균형가격을 구하시오.(단, 소수점 셋째자리에서 반올림)

2. 6월 만기 선물의 매입과 동일한 손익을 얻기 위한 옵션투자전략을 구성하시오.

3. 6월 만기 선물 1단위를 이용하여 얻을 수 있는 차익거래이익을 구하시오.

4. 합성포지션을 이용하는 경우에 차익거래과정을 설명하시오.

풀이

1. 6월 만기 선물의 균형가격은 다음과 같이 구할 수 있다.

$$F_{0,T} = S_0[1 + (r-d) \times \frac{T}{360}] = 100[1 + (0.08 - 0.05) \times \frac{40}{360}] = 100.33$$

2. 만기가 선물과 같으면서 행사가격이 동일한 콜옵션을 매입하고 풋옵션을 매도하면 선물을 매입하는 것과 동일한 포지션을 창출할 수 있다. 따라서 행사가격이 100인 콜옵션을 매입하고 행사가격이 100인 풋옵션을 매도하면 6월 만기 선물매입과 동일한 손익을 얻을 수 있다. 따라서 옵션만기일의 손익은 다음과 같다.

거 래	현재가치	$S_T > E$	$S_T < E$
콜옵션매입	−2.5	$S_T - 100$	0
풋옵션매도	2.5	0	$-(100 - S_T)$
합 계	0	$S_T - 100$	$S_T - 100$

3. 6월 만기 선물의 실제가격 101.5는 균형가격 100.33에 비해 과대평가되어 있다. 따라서 과대평가된 선물을 101.5포인트에 매도하고 자금을 차입하여 과소평가된 현물을 100포인트에 매입하는 현물매입차익거래를 실행하면 선물 1계약당 292,500원[=(101.5−100.33) ×25만원]의 이익을 얻을 수 있다.

거 래	현재의 현금흐름	만기의 현금흐름
선 물 매 도	−	$101.5 - S_T$
자 금 차 입	100	$-100 \left(1 + 0.08 \times \dfrac{40}{360}\right) = -100.89$
현 물 매 입	−100	$S_T + \left(100 \times 0.05 \times \dfrac{40}{360}\right) = S_T + 0.56$
합 계	0	1.17

4. 합성포지션은 100의 선물가격으로 선물을 매입하는 것과 동일한 효과가 있는데, 6월 만기 선물의 실제가격은 101.5이므로 선물가격은 합성포지션에 비해 과대평가되어 있다. 따라서 과대평가된 선물을 101.5포인트에 매도하고, 과소평가된 합성포지션을 매입하는 차익거래를 실행하면 1.5포인트의 이익을 얻을 수 있다.

거 래	현재의 현금흐름	만기의 현금흐름	
		$S_T > 100$	$S_T < 100$
선 물 매 도	−	$101.5 - S_T$	$101.5 - S_T$
콜옵션매입	−2.5	$S - 100$	0
풋옵션매도	2.5	0	$-(100 - S_T)$
합 계	0	1.5	1.5

제3절　선물옵션

1. 선물옵션의 개념

선물옵션은 선물계약을 기초자산으로 하는 옵션을 말한다. 즉 미래의 일정시점에 약정된 가격으로 특정 선물계약을 매입하거나 매도할 수 있는 권리가 부여된 계약을 말한다. 따라서 선물옵션은 기초자산이 선물계약이고 옵션매입자에게 선물포지션을 선택할 권리를 부여한다는 점을 제외하고는 현물옵션과 동일하다.

예컨대 현물옵션은 옵션이 행사되면 약정된 행사가격으로 기초자산을 매입하거나 매도하게 되어 행사가격만큼의 현금수수와 현물의 인수도가 이루어진다. 반면에 선물옵션은 옵션이 행사되면 약정된 선물가격으로 선물을 매입하거나 매도하는 포지션을 취하게 되어 선물만기일에 기초자산을 매입하거나 매도하게 된다.

선물옵션은 선물콜옵션과 선물풋옵션으로 구분된다. 선물콜옵션은 매입자에게 미리 약정한 가격으로 선물매입포지션을 취할 수 있는 권리를 부여하고, 선물풋옵션은 미리 약정한 가격으로 선물매도포지션을 취할 수 있는 권리를 부여한다. 따라서 선물옵션매입자는 선물옵션을 행사하면 원하는 선물포지션을 취할 수 있다.

선물콜옵션이 행사되면 콜옵션매입자는 콜옵션매도자로부터 선물가격에서 행사가격을 차감한 현금을 지급받고 그 선물가격으로 선물계약에 매입포지션을 취한다. 선물풋옵션이 행사되면 풋옵션매입자는 풋옵션매도자로부터 행사가격에서 선물가격을 차감한 현금을 지급받고 그 선물가격으로 선물계약에 매도포지션을 취한다.

따라서 옵션만기일의 선물가격을 F_T, 행사가격을 E라고 하면, 만기일의 선물콜옵션의 가치(C_T)와 선물풋옵션의 가치(P_T)는 다음과 같이 나타낼 수 있다.

$$C_T = Max[F_T - E, 0] \qquad (11.11)$$
$$P_T = Max[E - F_T, 0] \qquad (11.12)$$

2. 선물옵션의 가격결정

(1) 이항분포모형

선물옵션의 균형가격을 유도하기 위해 기초자산인 선물계약은 상승하거나 하락하는 이항분포를 따른다고 가정하자. 현재 선물가격을 F, 1기간 동안의 (1+가격상승률)을

u, (1+가격하락률)을 d, 선물가격의 상승확률을 q, 선물가격의 하락확률을 $(1-q)$라고 하면 1기간 동안 선물가격과 선물콜옵션가치는 다음과 같이 변한다.

그림11-6 **선물가격과 콜옵션가치의 변화**

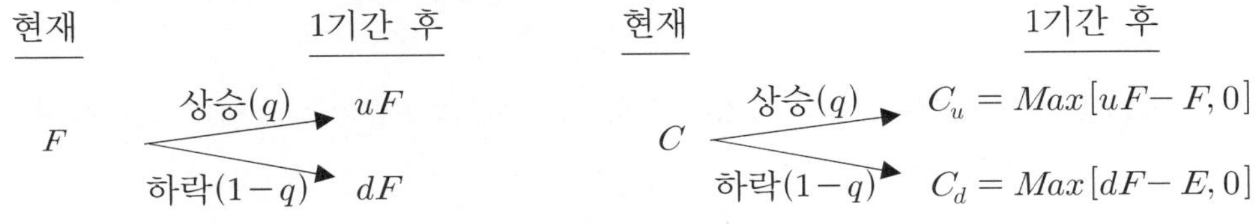

현재   1기간 후   현재   1기간 후

F 상승(q) → uF C 상승(q) → $C_u = Max[uF - F, 0]$
     하락$(1-q)$ → dF 하락$(1-q)$ → $C_d = Max[dF - E, 0]$

(a) 선물가격의 변동   (b) 콜옵션가치의 변동

선물과 콜옵션을 적절한 비율로 결합하여 투자하면 만기일의 선물가격의 변화에 관계없이 일정한 가치를 갖는 무위험헤지포트폴리오를 구성할 수 있다.

이때 선물 1계약을 매입하고 콜옵션을 m개 매도한 포트폴리오의 현재가치는 $F - mC$가 되며 1기간 후의 가치는 [그림 11-7]과 같이 변한다.

그림11-7 **무위험헤지폴리오의 가치변화**

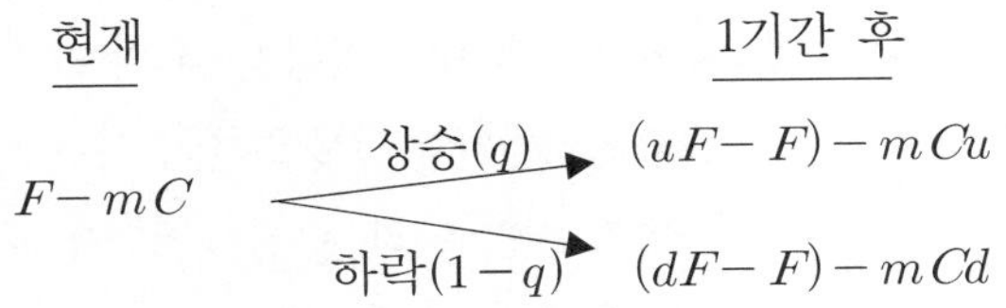

현재   1기간 후

$F - mC$ 상승(q) → $(uF - F) - mCu$
          하락$(1-q)$ → $(dF - F) - mCd$

선물과 선물옵션으로 구성된 포트폴리오가 무위험헤지포트폴리오가 되기 위해서는 선물가격의 변화에 관계없이 1기간 후의 포트폴리오의 가치가 일정해야 한다. 따라서 무위험헤지포트폴리오를 구성하기 위해 매도해야 하는 콜옵션의 수(m)는 다음과 같이 구할 수 있으며, 이를 헤지비율이라고 한다.

$$(uF - F) - mC_u = (dF - F) - mC_d \rightarrow m = \frac{uF - dF}{C_u - C_d} \qquad (11.13)$$

시장균형상태에서 무위험헤지포트폴리오의 수익률은 무위험이자율과 동일해야 하기 때문에 1기간 동안의 무위험이자율을 R_f이라고 가정하면 다음과 같은 관계가 성립해야 한다.

$$(F - mC)(1 + R_f) = (uF - F) - mC_u = (dF - F) - mC_d \qquad (11.14)$$

식(11.14)에서 선물계약의 가격은 0이므로 좌변의 F를 0으로 놓고 정리하면 선물콜옵션의 균형가격은 다음과 같이 구할 수 있다.

$$C = \frac{[C_u - (uF - F)/m]}{(1 + R_f)} = \frac{[C_d - (dF - F)]/m}{(1 + R_f)} \qquad (11.15)$$

(2) 블랙숄즈모형

주식가격과 마찬가지로 선물옵션의 기초자산인 선물가격이 대수정규분포를 갖는다고 가정하면 선물가격은 무위험이자율만큼의 연속적인 현금흐름이 발생하는 자산으로 간주할 수 있다. 따라서 블랙숄즈옵션가격결정모형에서 S 대신 $Fe^{-R_f T}$를 대입하면 유럽형 선물옵션의 가격결정모형이 도출된다.

선물가격은 무위험이자율로 배당수익률을 지급하는 주가와 동일한 방향으로 움직인다. 이는 주가를 선물가격으로 대체하고 배당수익률을 무위험이자율로 대체하면 배당수익률을 지급하는 주식옵션에서 도출된 결과를 선물옵션에 적용할 수 있다. 현재가격이 S이고 배당수익률이 q인 주식을 기초자산으로 하는 선물계약의 가격을 F라고 하면 선물가격을 결정하는 식(2.8)에서 다음 관계가 성립한다.

$$F = Se^{(R_f - q)T} \rightarrow F = \frac{Se^{R_f T}}{e^{qT}} \rightarrow Se^{-qT} = Fe^{-R_f T} \qquad (11.16)$$

식(11.16)에서 선물옵션은 현재가격이 F이고 배당수익률이 R_f인 주식을 기초자산으로 한다. 따라서 배당을 지급하는 주식에 대한 옵션가격결정모형에서 기초자산의 현재가격을 현재의 선물가격, 행사가격을 선물옵션의 행사가격, 기초자산의 수익률분산을 선물수익률의 분산, 배당수익률을 무위험이자율로 바꾸어 적용하면 선물옵션가격을 다음과 같이 구할 수 있다.

$$C = Fe^{-R_f T}N(d_1) - Ee^{-R_f T}N(d_2) \tag{11.17}$$

$$P = Ee^{-R_f T}[1 - N(d_2)] - Fe^{-R_f T}[1 - N(d_1)] \tag{11.18}$$

$$d_1 = \frac{\ln(F/E) + (\sigma^2/2)T}{\sigma\sqrt{T}}$$

$$d_2 = \frac{\ln(F/E) - (\sigma^2/2)T}{\sigma\sqrt{T}} = d_1 - \sigma\sqrt{T}$$

선물옵션모형을 현물옵션모형과 비교하면 선물옵션에서 헤지포트폴리오는 기초자산에 대한 투자금액이 없어 d_1과 d_2에 무위험이자율이 없다. 보유비용과 보유수익을 예측할 수 있다면 선물가격의 변동성은 기초자산의 변동성과 같다. 옵션과 선물이 동일한 시점에서 만기가 되지 않아도 블랙숄즈모형을 이용할 수 있다.

만일 두 옵션의 만기일이 동일하면 유럽형 선물옵션의 가치는 유럽형 현물옵션의 가치와 정확히 일치한다. 그러나 미국형 옵션의 경우에는 성립하지 않는다. 선물시장이 정상시장이면 미국형 선물콜옵션의 가치는 미국형 현물콜옵션의 가치보다 큰 반면에, 미국형 선물풋옵션의 가치는 미국형 현물풋옵션의 가치보다 작다.

제4절 주가지수옵션

1. 개별주식옵션의 개요

개별주식옵션은 한국거래소(KRX)의 유가증권시장에 상장되어 있고 유통주식수가 1,000만주 이상이고 소액주주수가 10,000명 이상이며 1년간 총거래대금이 5,000억원 이상인 보통주식 중에서 시가총액과 재무상태 등을 감안하여 선정한 30개 기업이 발행한 주식을 기초자산으로 하는 상품을 말한다.

주식옵션의 1계약당 거래단위는 주식 10주로 하며, 주식옵션 1계약의 실제가격은 옵션가격×10주로 계산된다. 주식옵션은 주식거래와 달리 가격제한폭이 없고 행사가격은 기초주가의 수준에 따라 9가지를 설정할 수 있으며, 만기일에만 권리행사가 가능한 유럽형옵션으로 결제방법은 현금결제를 사용한다.

표 11-5   주식옵션의 주요내용

구 분	상품명세			
기 초 자 산	유가증권시장 28종목, 코스닥시장 2종목(2017년 6월말 기준)			
계 약 금 액	주식옵션가격×10(거래승수)			
결 제 월	매월			
상 장 결 제 월	3년 이내의 9개 결제월			
가 격 표 시	프리미엄(원화)			
호가가격단위	옵션가격	호가단위	옵션가격	호가단위
	1,000원 미만	10원	1,000원~2,000원	20원
	2,000원~5,000원	50원	5,000원~10,000원	100원
	10,000원 이상	200원		
거 래 시 간	09:00~15:45(최종거래일 09:00~15:20)			
최 종 거 래 일	각 결제월의 두번째 목요일(공휴일인 경우 순차적으로 앞당김)			
최 종 결 제 일	최종거래일의 다음 거래일			
권 리 행 사	최종거래일에만 가능(유럽형 옵션)			
결 제 방 법	현금결제			
가 격 제 한 폭	기초자산 기준가격 대비 각 단계에 해당하는 옵션이론가격으로 확대 ① ±10% ② ±20% ③ ±30%			
단일가격경쟁거래	개장시(08:00~09:00) 및 최종거래일 이외의 거래종료시(15:35~15:45)			
필요적 거래중단	현물가격 급변시 주식옵션거래 일시중단			

2. 주가지수옵션의 개요

(1) 주가지수옵션의 정의

주가지수옵션은 주가지수선물과 기초자산이 동일하고 선물시장과 옵션시장간의 연계성이 높고, 국제적인 파생상품 거래기준에도 충족되어 국내투자자는 물론 외국인도 투자가 가능하다. 또한 만기일에만 권리행사가 가능한 유럽형을 채택하여 투자자들이 투자기간을 안정적으로 유지할 수 있다.

주가지수옵션은 주식시장에서 거래되는 현물주식들의 주가를 가중평균하여 산출한 이론적인 주가지수를 기초자산으로 하는 옵션을 말한다. 따라서 주가지수옵션은 다른 옵션과 달리 대상지수에 포함된 모든 종목의 가격변동에 대한 위험을 관리할 수 있는 금융상품으로 다음과 같은 특징을 갖는다.

첫째, 주가지수는 아무런 실체가 없는 추상적인 개념으로 주가의 움직임을 나타내는 지수에 불과하여 아무런 가치도 갖지 못한다. 따라서 주가지수옵션에서는 주가지수에 일정한 가치를 부여해서 거래한다. 예컨대 KOSPI 200옵션은 지수 1포인트당 250,000원의 가격을 부여해서 거래한다.

둘째, 주가지수는 다른 옵션의 기초자산과 달리 실체가 없는 무형자산으로 만기일에 옵션이 행사되더라도 기초자산을 실물로 인수도하기가 불가능하기 때문에 주가지수선물과 동일하게 행사일의 최종지수와 행사가격의 차이에 1포인트당 금액을 현금으로 결제하면서 거래를 종결시킨다.

(2) KOSPI 200옵션

KOSPI 200은 우리나라에서 거래되고 있는 주가지수선물과 주가지수옵션의 대상이 되는 지수로 상장주식 중에서 시장대표성, 업종대표성, 유동성을 고려하여 선정한 200종목으로 구성한 주가지수를 말한다. KOSPI 200은 1990년 1월 3일을 기준시점 100으로 다음과 같이 시가총액방식으로 계산한다.

$$KOSPI\,200 = \frac{\text{비교시점의 시가총액}}{\text{기준시점의 시가총액}} \times 100 \qquad (11.19)$$

식(11.19)에서 KOSPI 200은 현물(주가지수)을 의미하며 주가지수옵션의 거래제도상의 주요 특징을 살펴보면 다음과 같다.

첫째, 옵션의 권리행사는 만기일에만 행사할 수 있는 유럽형옵션을 거래대상으로 하며 행사가격은 최근 6개월은 2.5포인트 간격, 제7 및 8근월물은 5포인트 간격, 최종결제월이 가장 나중에 도래하는 3개 월물은 10포인트로 설정하였다. 계약단위는 지수 1포인트당 가격이 250,000원이며 KOSPI 200선물과 같다.

둘째, 결제월은 매월이고, 상장결제월은 비분기월 4개 및 분기월 7개(3, 9월 각 1개, 6월 2개, 12월 3개)가 되도록 하였다. 최종거래일은 각 결제월의 두번째 목요일, 최종결제일은 최종거래일의 다음 거래일로 하고, 결제방법은 최종거래일의 현물지수와 행사가격간의 차이로 계산하여 현금결제한다.

셋째, 최소가격변동폭인 호가단위는 옵션프리미엄이 10포인트 미만이면 0.01포인트, 옵션프리미엄이 10포인트 이상이면 0.05포인트로 한다. 가격제한폭은 설정하지 않았다. 가격제한폭을 설정하면 수급불균형에 따른 시장불안정을 예방할 수 있으나 균형가격결정과 거래형성을 저해할 우려가 있기 때문이다.

표 11-6 KOSPI 200옵션의 주요내용

구　　분	상품명세
기 초 자 산	KOSPI200
거 래 단 위	KOSPI200옵션가격×25만원(거래승수)
결 　제 　월	매월
상 장 결 제 월	비분기월 4개 및 분기월 7개(3, 9월 각1개, 6월 2개, 12월 3개)
가 격 표 시	프리미엄(포인트)
호 가 가 격 단 위	• 프리미엄 10포인트 미만 : 0.01포인트 • 프리미엄 10포인트 이상 : 0.05포인트
최소가격변동금액	• 프리미엄 10포인트 미만 : 2,500원(25만원×0.01포인트) • 프리미엄 10포인트 이상 : 12,500원(25만원×0.05포인트)
거 래 시 간	09:00−15:45(최종거래일 09:00−15:20)
최 종 거 래 일	각 결제월의 두번째 목요일(공휴일인 경우 순차적으로 앞당김)
최 종 결 제 일	최종거래일의 다음 거래일
권 리 행 사	최종거래일에만 가능(유럽형)
결 제 방 법	현금결제

3. 주가지수옵션의 손익

주가지수옵션은 행사가격과 옵션가격이 화폐금액 대신에 주가지수로 표시되며 주가지수에 1포인트당 가치 25만원을 곱한 값이 금액이라는 점을 제외하고는 개별주식옵션과 큰 차이가 없다. 따라서 주가지수변동에 의한 주가지수옵션의 만기손익은 개별주식옵션과 동일한 방법으로 계산하면 된다.

(1) 콜옵션의 만기손익

콜옵션매입자는 만기일의 주가지수가 행사가격보다 상승하면 권리를 행사하여 매도자로부터 [(만기일의 주가지수 − 행사가격) × 250,000]의 금액을 받게 된다. 그러나 만기일의 주가지수가 행사가격보다 하락하면 권리를 행사하지 않을 것이므로 옵션가치는 0이 되며, 옵션의 매입비용인 콜옵션가격만큼의 손실을 보게 된다.

(2) 풋옵션의 만기손익

풋옵션매입자는 만기일의 주가지수가 행사가격보다 하락하면 권리를 행사하여 매도자로부터 [(행사가격 − 만기일의 주가지수) × 250,000]의 금액을 받게 된다. 그러나 만기일의 주가지수가 행사가격보다 상승하면 권리를 행사하지 않을 것이므로 옵션가치는 0이 되며, 옵션의 매입비용인 풋옵션가격만큼의 손실을 보게 된다.

4. 주가지수옵션을 이용한 위험헤지

현재 주식포트폴리오를 보유한 투자자와 주식을 공매한 투자자는 다음과 같이 주가지수옵션을 이용하면 주가변동위험을 헤지할 수 있다.

현물시장		옵션시장
매입포지션	현재 주식보유 → 미래 주식매도 → 주가하락시 손실발생	콜옵션매도, 풋옵션매입
매도포지션	현재 주식공매 → 미래 주식매입 → 주가상승시 손실발생	콜옵션매입, 풋옵션매도

(1) 주가지수콜옵션을 이용한 헤지거래

주식포트폴리오의 가치가 S이고, 주가지수콜옵션 1개의 가격이 C인 경우에 현재 주식포트폴리오를 보유하고 있는 투자자가 주가하락위험을 헤지하기 위해 주식포트폴리오와 주가지수콜옵션을 N_C개 결합하여 포트폴리오를 구성할 경우에 포트폴리오가치 (V_P)는 다음과 같다.

$$V_P = S + N_C \times C \qquad (11.20)$$

식(11.20)의 포트폴리오가 무위험헤지포트폴리오가 되기 위해서는 주가지수의 변화에 관계없이 헤지포트폴리오의 가치가 일정해야 한다. 따라서 주가지수의 변화에 따른 주식포트폴리오의 가치변화($\triangle V$)를 0으로 만들어주는 주가지수콜옵션의 수량(N_C)을 구하면 다음과 같다.

$$N_C = -\frac{S}{I} \times \beta_{SI} \times \frac{1}{\delta_C} \qquad (11.21)$$

식(11.21)에서 N_C가 부($-$)의 값을 갖는데, 이는 주식을 보유하고 있는 투자자가 주가지수콜옵션을 이용하여 주가하락위험을 헤지하기 위해서는 주가지수콜옵션을 N_C개만큼 매도해야 한다는 의미이다. 왜냐하면 주가지수풋옵션의 델타는 항상 부($-$)의 값을 갖기 때문이다.

(2) 주가지수풋옵션을 이용한 헤지거래

주식포트폴리오의 가치가 S이고, 주가지수풋옵션 1개의 가격이 P인 경우에 현재 주식포트폴리오를 보유하고 있는 투자자가 주가하락위험을 헤지하기 위해 주식포트폴리오와 주가지수풋옵션을 N_P개 결합하여 포트폴리오를 구성할 경우에 포트폴리오가치(V_P)는 다음과 같다.

$$V_P = S + N_P \times P \qquad (11.22)$$

식(11.22)의 포트폴리오가 무위험헤지포트폴리오가 되기 위해서는 주가지수의 변화에 관계없이 헤지포트폴리오의 가치가 일정해야 한다. 따라서 주가지수의 변화에 따른 주식포트폴리오의 가치변화($\triangle V$)를 0으로 만들어주는 주가지수풋옵션의 수량(N_P)을 구하면 다음과 같다.

$$N_P = \frac{S}{I} \times \beta_{SI} \times \frac{1}{\delta_P} \qquad (11.23)$$

식(11.23)에서 N_P가 정($+$)의 값을 갖는데, 이는 주식을 보유하고 있는 투자자가 주가지수풋옵션을 이용하여 주가하락위험을 헤지하기 위해서는 주가지수풋옵션을 N_P개

만큼 매입해야 한다는 의미이다. 왜냐하면 주가지수풋옵션의 델타는 항상 정(＋)의 값을
갖기 때문이다.

예제 11-2 주가지수옵션을 이용한 위험헤지

대박자산운용회사 펀드매니저 홍길동은 다음과 같이 구성된 포트폴리오를 운용하고 있으며
주가지수옵션을 이용하여 주가하락위험을 헤지하고자 한다. 현재 KOSPI 200지수는 100포인
트, 주가지수 1포인트당 가격은 25만원이다. 주가지수콜옵션과 주가지수풋옵션의 가격이 2.5
포인트와 2포인트이며 주가지수콜옵션의 델타를 0.6으로 가정하여 다음 물음에 답하시오.

주식	주식가격	보유주식수	표준편차	상관계수
A	10,000원	4,000주	0.40	0.75
B	20,000원	2,000주	0.60	0.20
C	40,000원	1,000주	0.60	0.50

1. 주가하락위험을 헤지하기 위해 홍길동이 매입 또는 매도해야 하는 주가지수 콜옵션의
   계약수를 구하시오.
2. 주가하락위험을 헤지하기 위해 홍길동이 매입 또는 매도해야 하는 주가지수 풋옵션의
   계약수를 구하시오.
3. KOSPI 200지수가 95포인트로 하락했을 경우의 헤지결과를 설명하시오.

풀이

1. 홍길동이 매입 또는 매도해야 하는 주가지수 콜옵션의 계약수는 다음과 같다.

$$N_C = -\frac{S}{I} \times \beta_{SI} \times \frac{1}{\delta_C} = -\frac{120,000,000}{100 \times 100,000} \times 1.2^* \times \frac{1}{0.6} = -24$$

* $\beta_{SI} = \sum_{i=1}^{n} W_i \beta i = (1/3)(1.5) + 1/3(0.6) + 1/3(1.5) = 1.2$

홍길동은 주가지수 콜옵션을 24개 매도해야 주가하락위험을 헤지할 수 있다.

2. 홍길동이 매입 또는 매도해야 하는 주가지수 풋옵션의 계약수는 다음과 같다.

$$N_P = -\frac{S}{I} \times \beta_{SI} \times \frac{1}{\delta_P} = -\frac{120,000,000}{100 \times 100,000} \times 1.2 \times \frac{1}{-0.4} = 36$$

* $\delta_P = -(1 - \delta_C) = -(1 - 0.6) = -0.4$

홍길동은 주가지수 풋옵션을 36개 매입해야 주가하락위험을 헤지할 수 있다.

3. (1) 주가지수가 95포인트로 하락할 경우에 주식포트폴리오의 가치변동(△S)과 주가지수
   콜옵션의 가치변동($N_C \times \triangle C$)은 다음과 같다.

   ① $\triangle S = S \times \frac{\triangle I}{I} \times \beta_{SI} = 120,000,000 \times \frac{-5}{100} \times 1.2 = -7,200,000원$

   ② $N_C \times \triangle C = N_C \times \triangle I \times \delta_C = -24 \times (-5 \times 100,000) \times 0.6 = 7,200,000원$

   주가지수의 하락으로 보유중인 주식포트폴리오의 가치가 하락하여 720만원의 손실이 발

생했으나, 주가지수콜옵션의 매도에서 720만원의 이익이 발생하여 주가하락위험을 완전혜지하였다.

(2) 주가지수가 95포인트로 하락할 경우에 주식포트폴리오의 가치변동($\triangle S$)과 주가지수 풋옵션의 가치변동($N_P \times \triangle P$)은 다음과 같다.

① $\triangle S = S \times \dfrac{\triangle I}{I} \times \beta_{SI} = 120,000,000 \times \dfrac{-5}{100} \times 1.2 = -7,200,000$원

② $N_P \times \triangle P = N_P \times \triangle I \times \delta_P = 36 \times (-5 \times 100,000) \times (-0.4) = 7,200,000$원

주가지수의 하락으로 보유중인 주식포트폴리오의 가치가 하락하여 720만원의 손실이 발생했으나 주가지수풋옵션의 매입에서 720만원의 이익이 발생하여 주가하락위험을 완전 헤지하였다.

제5절 포트폴리오보험전략

1. 포트폴리오보험전략의 정의

포트폴리오보험전략(portfolio insurance strategy)은 주식시장의 시세변동에 관계없이 투자기간말에 포트폴리오가치를 최저유지수준 이상으로 보장해주는 전략으로 주가가 하락하는 약세장에서 손실은 일정한도로 제한하고 주가가 상승하는 강세장에서 시세상승에 편승하여 콜옵션매입자의 손익을 달성한다.

2. 포트폴리오보험전략의 구성

포트폴리오보험전략은 주가지수옵션을 이용한 방어적 풋옵션전략과 신탁적 콜옵션전략, 주가지수선물을 이용한 동적 헤징전략, 합성옵션을 창출하는 전략 그리고 위험자산인 주식과 무위험자산인 채권에 대한 투자비율을 주식시장의 상황에 따라 계속해서 조정하는 동적자산배분전략 등으로 구분된다.

(1) 주가지수옵션을 이용하는 경우

1) 방어적 풋옵션전략

방어적 풋옵션전략(protective put option strategy)은 현재 보유하고 있는 주식포트폴리오를 기초자산으로 하고 원하는 최저수준의 가치를 행사가격으로 하며 목표투자기간을 만기로 하는 주가지수풋옵션을 매입하는 전략을 말하며 주식을 보유한 상태에서 풋옵션을 매입하면 포트폴리오보험이 달성된다.

방어적 풋옵션전략을 이용하면 만기일의 포트폴리오가치가 행사가격보다 낮을 경우에는 주가하락에 따른 손실을 풋옵션의 이익으로 상쇄시켜 포트폴리오가치를 행사가격으로 유지하며, 포트폴리오가치가 행사가격보다 높을 경우에는 풋옵션의 행사를 포기하나 주가상승에 따른 이익을 얻을 수 있다.

그림11-8 방어적 풋옵션전략

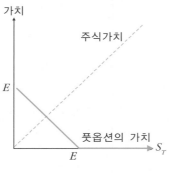

(a) 주식과 풋옵션의 가치

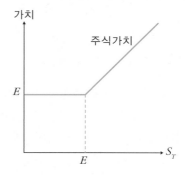

(b) 방어적 풋옵션의 가치

예제 11-3 방어적 풋옵션전략

대박자산운용회사 펀드매니저 홍길동은 시장가격이 125,000원인 독도기업의 주식을 매입하려고 한다. 현재 자본시장에는 이자율이 연 10%인 무위험할인채와 독도기업의 주식을 기초자산으로 하며 행사가격이 125,000원이고 만기가 1년인 풋옵션이 5,000원에 거래되고 있다. 투자금액 13억원을 1년 동안 운용하려는 홍길동이 포트폴리오보험전략을 실행한다고 가정하여 다음 물음에 답하시오.

1. 매입해야 할 주식과 풋옵션의 수량을 구하시오.
2. 1년 후 독도기업의 주식가격이 150,000원인 경우와 100,000원인 경우의 투자성과를 비교하시오.

풀이

1. 펀드매니저인 홍길동이 포트폴리오보험전략을 실행하려면 동일한 수량의 주식과 풋옵션을 매입해야 하므로 다음과 같이 구사할 수 있다.

$$N = \frac{V}{S+P} = \frac{1,300,000,000}{125,000+5,000} = 10,000개$$

2. ① 만기일의 주가가 150,000원인 경우
   만기일의 주가가 행사가격보다 높은 경우 풋옵션은 행사되지 않으므로 투자성과는 주식포트폴리오의 기말가치에서 풋옵션가격을 차감하여 구한다.
   10,000주×150,000원 − 10,000개×5,000 = 1,450,000,000원
   ② 만기일의 주가가 100,000원인 경우
   만기일의 주가가 행사가격보다 낮은 경우 풋옵션은 행사될 것이므로 투자성과는 주식포트폴리오의 기말가치에서 풋옵션가격을 차감하여 구한다.
   10,000주×125,000원 − 10,000개×5,000 = 1,200,000,000원
   따라서 독도기업의 주식가격이 100,000원보다 낮은 수준으로 하락하더라도 포트폴리오의 가치는 12억원을 유지할 수 있게 된다.

2) 신탁적 콜옵션전략

신탁적 콜옵션전략(fiduciary call option strategy)은 투자금액의 원금이 만기일에 보장될 수 있도록 만기원금의 현재가치만큼을 무위험자산인 채권에 투자하고 나머지 금액으로 주가지수콜옵션을 매입하는 전략을 말하며 채권을 보유한 상태에서 콜옵션을 매입하면 포트폴리오보험이 달성된다.

신탁적 콜옵션전략을 이용하면 만기일의 포트폴리오가치가 행사가격보다 낮을 경우에는 콜옵션의 행사를 포기하나 채권의 가치가 행사가격만큼 되므로 포트폴리오가치를 행사가격으로 유지하고, 포트폴리오가치가 행사가격보다 높으면 콜옵션을 행사하여 주가상승에 따른 이익을 얻을 수 있다.

•─ 예제 11-4 신탁적 콜옵션전략

연금보험을 관리하는 홍길동은 무위험채권과 콜옵션을 이용하여 포트폴리오의 가치를 10억원 이상으로 유지하고자 한다. 현재 자본시장에는 액면가액이 100만원이고 이자율은 연 5%이며 만기가 1년 남은 무위험할인채와 현재 주식가격이 125,00원인 강남기업의 주식을 기초자산으로 하며 행사가격이 125,000원이고 만기가 1년인 콜옵션이 10,000원에 거래되고 있다. 투자금액 10억원을 1년간 운용하려는 홍길동이 포트폴리오보험전략을 실행할 때 다음 물음에 답하시오.

1. 매입해야 할 채권과 콜옵션의 수량을 구하시오.
2. 1년 후 강남기업의 주가가 150,000원인 경우와 100,000원인 경우의 투자성과를 비교하시오.

풀이

1. 목표포트폴리오의 가치를 10억원으로 설정하여 매입해야 할 채권은 1,000단위가 된다. 액면가액 100만원인 채권의 현재가격은 952,381원(=100만원÷1.05)이므로 매입해야 할 콜옵션의 수는 다음과 같이 구할 수 있다.

$$N_c = \frac{V - N_B \times B}{C} = \frac{1,000,000,000 - 952,381 \times 1,000}{10,000} = 4,762개$$

2. ① 만기일의 주가가 150,000원인 경우
   만기일의 주가가 행사가격보다 높은 경우 콜옵션은 행사될 것이므로 투자성과는 채권포트폴리오의 기말가치에서 콜옵션가격을 차감하여 구한다.
   1,000개×1,000,000원+4,762×(150,000−125,000)−4,762×10,000개
   = 1,071,430,000원

   ② 만기일의 주가가 100,000원인 경우
   만기일의 주가가 행사가격보다 낮은 경우 콜옵션은 행사되지 않을 것이므로 투자성과는 채권포트폴리오의 기말가치에서 콜옵션가격을 차감하여 구한다.
   1,000개×1,000,000원−4,762개×10000 = 952,380,000원

(2) 옵션복제전략

옵션복제전략(option replication strategy)은 주식포트폴리오를 보유한 상태에서 주가지수 풋옵션을 매입하는 대신에 풋옵션가격결정모형에 근거한 헤지비율에 의해 위험자산인 주식과 무위험자산인 채권의 투자비율을 시장상황에 따라 조정함으로써 방어적 풋옵션전략과 동일한 효과를 달성하는 전략을 말한다.

예컨대 주식과 채권으로 포트폴리오를 구성한 후 주가가 하락하면 주식을 매도하여 채권에 투자하고, 주가가 상승하면 채권을 매도하여 주식에 투자하면 무위험수익을 보장받으면서 주가상승에 따른 이익을 얻을 수 있다. 블랙-숄즈옵션모형을 이용하면 방어적 풋옵션전략은 다음과 같이 나타낼 수 있다.

$$S + P = S + E^{-R_f T}[1 - N(d_2)] - S[1 - N(d_1)] \qquad (11.24)$$
$$= SN(d_1) + E^{-R_f T}[1 - N(d_2)]$$

식(11.24)는 기초주식을 $N(d_1)$단위 매입하고 무위험할인채를 $[1 - N(d_2)]$단위 매입하면 방어적 풋옵션전략과 동일한 성과를 얻을 수 있다는 의미이다. 다만, $N(d_1)$과 $N(d_2)$는 기초주식의 가격이 변동함에 따라 변화하므로 주식과 채권의 투자비율을 계속해서 재조정해야 포트폴리오보험을 달성할 수 있다.

(3) 동적 헤징전략

동적 헤징전략(dynamic hedging strategy)은 주식포트폴리오를 보유한 상태에서 주가가 하락하는 약세장에서는 주가지수선물의 매도포지션을 늘려 헤지비율을 증가시키고, 주가가 상승하는 강세장에서는 주가지수선물의 매입포지션을 늘려 헤지비율을 감소시켜서 포트폴리오가치를 보호하는 보험전략을 말한다.

주가가 하락하면 현물포지션의 손실을 선물포지션의 이익으로, 주가가 상승하면 현물포지션의 이익으로 선물포지션의 손실을 보전하는데 주가지수선물을 이용하면 방어적 풋옵션전략을 복제할 수 있다. 배당수익률이 q인 주식포트폴리오를 기초자산으로 하는 선물가격(F)과 현물가격(S)간에는 다음의 관계가 성립한다.

$$F = Se^{(R_f - q)T} \rightarrow S = Fe^{-(R_f - q)T} \qquad (11.25)$$

식(11.25)를 식(11.24)에 대입하여 정리하면 다음의 관계가 성립한다.

$$S + P = Fe^{-(Rf-q)T}N(d_1) + Ee^{-RfT}[1 - N(d_2)] \qquad (11.26)$$

식(11.26)은 주가지수선물을 $N(d_1)$단위 매입하고 무위험할인채를 $[1 - N(d_2)]$단위 매입하면 방어적 풋옵션전략과 동일한 성과를 얻을 수 있다는 의미이다. 다만, $N(d_1)$과 $N(d_2)$는 기초주식의 가격이 변동함에 따라 변화하므로 주식과 채권의 투자비율을 계속해서 재조정해야 포트폴리오보험을 달성할 수 있다.

(4) 일정비율 포트폴리오보험전략

CPPI전략은 보험기간 초기에 설정한 최저유지수준은 채권에 투자하고 포트폴리오가치가 최저유지수준을 상회하는 초과분은 주식에 투자하는 운용전략을 말한다. CPPI전략을 실행하려면 최저유지수준과 승수가 필요하며 주식투자금액을 쿠션의 승수배로 유지하면 주가하락시 포트폴리오가치를 최저수준으로 유지하고, 주가상승시 시세상승에 편승하여 콜옵션매입자의 손익을 복제할 수 있다.

(5) 시간불변 포트폴리오보험전략

CPPI전략은 보험기간 초기에 설정한 최저유지수준이 무위험이자율로 증가하나 TIPI전략은 포트폴리오의 구성시점에서 기존의 유지수준과 새로운 유지수준을 비교하여 큰 금액을 새로운 최저유지수준으로 정한다. TIPI전략은 주가의 변화양상에 따라서 보험의 성과가 크게 좌우되지 않기 때문에 CPPI전략이나 옵션복제전략과 달리 불필요한 거래가 절약되므로 거래비용의 감소효과가 존재한다.

핵 · 심 · 요 · 약

제1절 풋-콜-선물등가

시장균형상태에서 기초자산, 행사가격, 만기일이 동일한 유럽형 선물콜옵션가격과 선물풋
옵션가격간에는 헤지포트폴리오를 구성하는 일정한 등가관계가 성립함

제2절 합성포지션

1. 합성주식 : 행사가격과 만기일이 모두 동일한 콜옵션과 풋옵션을 결합
① 합성주식매입 : 콜옵션매입+풋옵션매도
② 합성주식매도 : 콜옵션매도+풋옵션매입
2. 합성선물 : 기초자산, 행사가격, 만기일이 동일한 콜옵션과 풋옵션을 결합
① 합성선물매입 : 콜옵션매입+풋옵션매도
② 합성선물매도 : 콜옵션매도+풋옵션매입
3. 합성옵션 : 옵션과 선물을 결합하여 다른 옵션의 포지션을 창출하는 전략
① 합성콜옵션매입 : 선물매입+풋옵션매입
② 합성콜옵션매도 : 선물매도+풋옵션매도
③ 합성풋옵션매입 : 선물매도+콜옵션매입
④ 합성풋옵션매도 : 선물매입+콜옵션매도
4. 합성옵션을 이용한 차익거래
① $C-P \rangle (F-E)e^{-R_fT}$: 컨버전(conversion)
   합성포지션의 가격이 기초자산의 현물가격보다 높으면 과소평가된 기초자산의 현물을
   매입하고 과대평가된 콜옵션매도와 풋옵션매입에 의한 합성매도포지션을 취함
② $C-P \langle (F-E)e^{-R_fT}$: 리버설(reversal)
   합성포지션의 가격이 기초자산의 현물가격보다 낮으면 과대평가된 기초자산의 현물을
   매도하고 과소평가된 콜옵션매입과 풋옵션매도에 의한 합성매입포지션을 취함

제3절 선물옵션

1. 선물옵션의 개념 : 기초자산이 선물계약이며 미래 일정시점에 약정된 가격으로 특정 선
   물계약을 매입하거나 매도할 수 있는 권리가 부여된 계약
2. 선물옵션의 가격결정
① 이항분포모형 : $C = \dfrac{[C_u - (uF - F)/m]}{1 + R_f} = \dfrac{[C_d - (dF - F)]/m}{1 + R_f}$
② 블랙숄즈모형 : $C = Fe^{-R_fT}N(d_1) - Ee^{-R_fT}N(d_2)$

제4절 주가지수옵션

1. 주가지수옵션의 정의 : 주식시장에서 거래되는 현물주식들의 주가를 가중평균하여 산출
   한 이론적인 주가지수를 기초자산으로 하는 옵션

2. 주가지수옵션의 손익

① 콜옵션의 만기손익 : 콜옵션매입자는 만기일 주가지수가 행사가격보다 상승하면 권리를 행사하고, 행사가격보다 하락하면 권리를 행사하지 않을 것임

② 풋옵션의 만기손익 : 풋옵션매입자는 만기일 주가지수가 행사가격보다 하락하면 권리를 행사하고, 행사가격보다 상승하면 권리를 행사하지 않을 것임

3. 주가지수옵션을 이용한 위험헤지

① 주가지수콜옵션을 이용한 헤지거래 : $N_C = -\dfrac{S}{I} \times \beta_{SI} \times \dfrac{1}{\delta_C}$

② 주가지수풋옵션을 이용한 헤지거래 : $N_P = -\dfrac{S}{I} \times \beta_{SI} \times \dfrac{1}{\delta_P}$

제5절 포트폴리오보험전략

1. 포트폴리오보험전략의 정의 : 주식시장의 시세변동에 관계없이 투자기간 말에 주식포트폴리오의 가치를 최저유지수준 이상으로 보장해주는 전략

2. 포트폴리오보험전략의 구성

(1) 주가지수옵션을 이용하는 경우

① 방어적 풋옵션전략 : 주식포트폴리오를 기초자산으로 원하는 최저수준의 가치를 행사가격으로 하며 투자기간을 만기로 하는 주가지수풋옵션을 매입하는 전략

② 신탁적 콜옵션전략 : 투자금액이 만기에 보장될 수 있도록 만기원금의 현재가치만큼 무위험자산(채권)에 투자하고 나머지를 주가지수콜옵션을 매입하는 전략

(2) 옵션복제전략 : 주식포트폴리오를 보유한 상태에서 주가지수 풋옵션을 매입하는 대신에 풋옵션모형에 근거한 헤지비율에 의해 위험자산과 무위험자산의 투자비율을 시장상황에 따라 조정하여 방어적 풋옵션전략과 동일한 효과를 달성하는 전략

(3) 동적 헤징전략 : 주식포트폴리오를 보유한 상태에서 약세장에서는 주가지수선물의 매도포지션을 늘려 헤지비율을 증가시키고, 강세장에서는 주가지수선물의 매입포지션을 늘려 헤지비율을 감소시켜서 포트폴리오가치를 보호하는 보험전략

(4) 일정비율 포트폴리오보험전략 : 보험기간 초기에 설정한 최저유지수준은 채권에 투자하고 포트폴리오가치가 최저유지수준을 상회하는 부분은 주식에 투자

(5) 시간불변 포트폴리오보험전략 : CPPI전략은 보험기간 초기에 설정한 최저유지수준이 무위험이자율로 증가하나 TIPI전략은 포트폴리오의 구성시점에서 기존의 유지수준과 새로운 유지수준을 비교하여 큰 금액을 새로운 최저유지수준으로 설정

문제 1. 다음 중 풋—콜 패러티에 대한 설명으로 옳지 않은 것은?

① 무위험포트폴리오를 구성하는 풋옵션가격과 콜옵션가격간의 등가관계를 말한다.

② 콜옵션가격을 알면 모든 풋옵션가격은 풋—콜 패러티를 통해 계산할 수 있다.

③ 주식 1주를 매입하고 이 주식에 대한 만기 및 행사가격이 동일한 풋옵션 1개를 매입하고 콜옵션 1개를 매도할 경우 만기일의 투자성과는 동일하다.

④ 옵션만기일에 무위험헤지포트폴리오의 가치는 주가변동에 관계없이 행사가격으로 일정하다.

⑤ 풋—콜 패러티에서 현재의 투자금액은 S+P−C이다.

해설 풋—콜 패러티는 동일한 기초자산에 대해 발행된 만기 및 행사가격이 동일한 콜옵션가격과 풋옵션가격간의 일정한 등가관계를 말한다.

문제 2. 연세기업의 현재주가는 28,000원, 연세기업의 주식에 대한 행사가격이 33,000원인 유럽형 콜옵션가격과 풋옵션가격이 각각 4,000원, 6,000원이다. 만기까지 기간이 1년이라고 할 때 차익거래가 발생하지 않으려면 연간 이산복리무위험이자율은 얼마여야 하는가?

① 5%   ② 6%

③ 8%   ④ 10%

해설 $S+P-C=E(1+R_f)^{-T}$ 에서 $28,000+6,000-4,000=33,000(1+R_f)^{-T}$ $\therefore R_f=10\%$

문제 3. 다음 중 풋—콜 패러티 식으로 올바른 것은?

① 콜매도+주식매입 = 채권매입+풋매입

② 콜매입+채권매입 = 주식매입+풋매입

③ 풋매입+채권매입 = 주식매입+콜매입

④ 풋매도+주식매입 = 채권매입+콜매입

해설 풋—콜 패러티 : $S+P-C=E(1+R_f)^{-T} \rightarrow S+P=C+E(1+R_f)^{-T}$

문제 4. 다음 중 합성포지션의 구성으로 옳지 않은 것은?

① 주식선물매입 = 콜옵션매입+풋옵션매도

② 콜옵션매입 = 주식선물매입+풋옵션매입

③ 풋옵션매입 = 주식선물매도+콜옵션매입

④ 주식선물매도 = 콜옵션매도+풋옵션매도

해설 주식선물매도 = 콜옵션매도+풋옵션매입

문제 5. 다음 중 컨버전(conversion)에 대한 설명으로 옳지 않은 것은?

① 주식선물가격에 비해 합성선물가격이 과대평가된 경우에 나타난다.

② 콜옵션가격은 과소평가, 풋옵션가격은 과대평가된 경우에 행해진다.

③ 위험을 부담하지 않고 일정한 이익을 도모하는 차익거래전략이다.

④ 합성선물매도는 콜옵션매도와 풋옵션매입을 통해 이루어진다.

해설 콜옵션가격은 과대평가, 풋옵션가격은 과소평가된 경우에 행해진다.

문제 6. 다음 중 리버설(reversal)에 대한 설명으로 옳은 것은?

① 주식선물가격에 비해 합성선물가격이 과대평가된 경우에 나타난다.

② 콜옵션가격은 과소평가, 풋옵션가격은 과대평가된 경우에 행해진다.

③ 적극적인 이익을 얻기 위해 실행되는 투기거래의 일종에 해당한다.

④ 합성선물매입은 콜옵션매도와 풋옵션매입을 통해 이루어진다.

해설 ① 주식선물가격에 비해 합성선물가격이 과소평가된 경우에 나타난다.
③ 위험을 부담하지 않고 일정한 이익을 도모하는 차익거래전략이다.
④ 합성선물매입은 콜옵션매입과 풋옵션매도을 통해 이루어진다.

문제 7. 다음 중 옵션을 이용한 차익거래에 대한 설명으로 옳지 않은 것은?

① 리버설은 풋옵션매입과 콜옵션매도로 합성한 선물매입포지션과 선물매도포지션을 합성하여 이익을 창출하는 전략을 말한다.

② 컨버전은 옵션과 기초자산간의 가격불균형을 이용하여 수익을 창출하는 일종의 무위험차익거래에 해당한다.

③ 콜옵션 고평가와 풋옵션 저평가시 투자자는 콜옵션매도와 풋옵션매입을 취하고 현물매입포지션을 취하면 이익을 얻을 수 있다.

④ 박스스프레드(box spread)는 합성매입포지션과 합성매도포지션을 결합하여 포지션을 구축하는 일종의 차익거래에 해당한다.

해설 리버설은 풋옵션매도와 콜옵션매입 및 기초자산의 매도포지션을 합성하여 이익을 창출하는 전략을 말한다.

문제 8. 동일한 행사가격에 상대적으로 콜옵션이 고평가 상태에서 KOSPI 200 콜옵션 매도와 KOSPI 200 풋옵션 매입에 KOSPI 200 선물 매입을 조합한 전략은?

① 컨버전(conversion) ② 리버설(reversal)

③ 방어적 풋(protective put) ④ 커버드 콜(covered call)

해설 컨버전 = 합성선물매도(콜매도+풋매입)+KOSPI 200선물 매입

문제 9. 다음 중 선물시장에서 KOSPI 200선물을 매도하고 결제월과 행사가격이 동일한 콜옵션을 매입하며 풋옵션을 매도한 경우에 해당하는 전략은?

① 컨버전(conversion) ② 리버설(reversal)

③ 방어적 풋(protective put) ④ 커버드 콜(covered call)

해설 리버설 = KOSPI 200선물 매도+합성선물 매입(콜매입+풋매도)

문제 10. 다음 중 선물옵션을 행사한 경우에 나타나는 포지션의 형태로 틀린 것은?

① 선물콜옵션매입 : 선물 매입포지션 ② 선물콜옵션매도 : 선물 매도포지션

③ 선물풋옵션매입 : 선물 매도포지션 ④ 선물풋옵션매도 : 선물 매도포지션

해설 ① 선물콜옵션매입 = 콜(+)×매입(+) = (+) → 선물 매입포지션
② 선물콜옵션매도 = 콜(+)×매도(−) = (−) → 선물 매도포지션
③ 선물풋옵션매입 = 풋(−)×매입(+) = (−) → 선물 매도포지션
④ 선물풋옵션매도 = 풋(−)×매도(−) = (+) → 선물 매입포지션

문제 11. 다음 중 선물옵션에서 풋옵션을 매입한 투자자가 권리를 행사하는 경우에 취하는 포지션은?

① 현물자산을 행사가격에 매도하게 된다.

② 현물자산을 행사가격에 매입하게 된다.

③ 행사가격에 선물매입포지션을 취한다.

④ 행사가격에 선물매도포지션을 취한다.

해설 선물옵션에서 콜옵션매입자는 권리행사시 행사가격에 선물매입포지션을 취하고, 풋옵션매입자는 권리행사시 행사가격에 선물매도포지션을 취한다.

문제 12. 다음 중 상품선물옵션에 대한 설명으로 옳지 않은 것은?

① 상품선물 옵션가격결정모형에서는 현물가격 대신 선물가격이 변수로 이용된다.

② 포지션을 청산하기 위해 반대매매하는 것보다 옵션을 행사하는 것이 유리하다.

③ 상품선물가격이 행사가격과 만기까지 거의 동일한 수준에서 움직이면 옵션을 이용한 헤지는 최악의 결과를 가져온다.

④ 금가격의 하락 또는 상승이 확실하면 옵션보다 선물을 이용하는 것이 유리하다.

해설 옵션을 행사하면 시간가치를 포기하는 결과를 가져오기 때문에 반대매매하는 것이 바람직하다.

문제 13. 다음 중 상품선물옵션 헤지거래에 대한 설명으로 옳지 않은 것은?

① 상품구매예정자의 최고매입가격은 매입가격에 지급한 프리미엄은 가산하고 옵션거래이익은 차감하여 산정한다.

② 상품보유자는 가격하락위험에 대비하기 위해 풋옵션을 매입하여 최점도가격을 설정한다.

③ 델타가 0.5인 경우 헤지거래를 위해서는 옵션 2계약이 필요하다.

④ 델타헤지는 델타의 변동에 따라 헤지비율을 조정해나가는 헤지를 말한다.

해설 델타의 변동에 따라 헤지비율을 조정해나가는 헤지를 동태적 헤지(dynamic hedge)라고 한다.

문제 14. 금괴 100kg을 보유하고 있는 도매업자가 향후 금가격의 하락에 대비하기 위한 헤지전략으로 바람직하지 않은 것은?

① 금선물 매도　　　　　　② 풋옵션 매입

③ 콜옵션 매도　　　　　　④ 풋옵션 매도

해설 풋옵션을 매도하면 금가격이 하락하는 경우에 더 큰 손실이 발생할 수 있다.

문제 15. 금괴 50kg을 보유하고 있는 도매업자가 향후 금가격의 하락에 대비하여 행사가격 50,000/g에 풋옵션을 2,000원에 매입하였다. 옵션만기일에 금가격이 55,000/g으로 상승했다면 순매도가격은 얼마인가?

① 52,000원   ② 53,000원

③ 54,000원   ④ 55,000원

해설 순매도가격 = 매도가격+옵션거래이익-옵션프리미엄
= 55,000-2,000(풋옵션프리미엄) = 53,000원

문제 16. 1개월 후 금괴 10kg을 수입할 예정인 수입업자가 향후 금가격의 상승에 대비하여 콜옵션 10계약을 행사가격 48,000/g에 프리미엄 2,000원에 매입하였다. 옵션만기일에 금가격이 53,000/g으로 상승하여 콜옵션을 행사했다면 순매입가격은?

① 45,000원   ② 50,000원

③ 52,000원   ④ 58,000원

해설 순매입가격 = 매입가격+비용(옵션프리미엄)-이익(옵션청산이익)
= 53,000+2,000-5,000 = 50,000원

문제 17. 한국거래소에 상장된 개별주식옵션에 대한 설명으로 옳지 않은 것은?

① 한국거래소에 상장된 보통주 30개 종목을 대상으로 한다.

② 거래대상은 만기일에만 권리행사가 가능한 유럽형옵션이다.

③ 거래승수는 1계약당 10주이며 실물인수도방식을 채택하고 있다.

④ 행사가격은 기초자산의 가격에 따라 설정간격이 상이하게 적용된다.

해설 거래승수는 1계약당 10주이며 결제방법은 현금결제를 채택하고 있다.

문제 18. 한국거래소에 상장된 주가지수옵션에 대한 설명으로 옳지 않은 것은?

① 거래단위의 승수인 지수 1포인트당 가격은 25만원으로 한다.

② 거래대상은 만기일에만 권리를 행사할 수 있는 유럽형옵션이다.

③ 결제방법은 실물인수도가 아닌 현금결제방식으로 결제된다.

④ 만기일 이전에 반대매매를 통해 포지션을 청산할 수 없다.

해설 주가지수옵션은 만기일 이전에 반대매매를 통해 포지션을 청산할 수 있다.

문제 19. KOSPI 200옵션의 투자자는 만기 3개월, 행사가격 100인 콜옵션을 2에 매입하였다. 현재 주가지수가 99라고 할 때 콜옵션의 시간가치는?

① 0   ② 1

③ 2   ④ 3

해설 시간가치 = 옵션가격 − 내재가치 = 2 − 0 = 2

문제 20. 한국거래소에 상장된 KOSPI 200지수는 230포인트이다. 다음 중 옵션가격이 가장 높을 것으로 예상되는 옵션은?

① 행사가격 227.5 콜옵션   ② 행사가격 227.5 풋옵션

③ 행사가격 235.0 콜옵션   ④ 행사가격 235.0 풋옵션

해설 내가격상태의 옵션이 가장 가격이 풋옵션의 내재가치는 행사가격(235포인트)−기초자산가격(230포인트)=5포인트이다. 여기에 시간가치를 고려하더라도 행사가격 235 풋옵션이 가장 비싸다.

문제 21. 다음 중 거래비용을 고려하지 않는 경우에 KOSPI 200 풋옵션 매입전략에 대한 설명으로 옳은 것은?

① KOSPI 200이 강세일 것으로 예상될 때 사용하는 투자전략이다.

② 옵션만기일의 손익분기점은 행사가격에 풋옵션프리미엄을 가산한다.

③ 옵션만기일의 KOSPI 200이 손익분기점보다 낮은 경우에 이익이 발생한다.

④ 옵션만기일의 KOSPI 200이 행사가격보다 낮은 경우에 손실이 발생하고, 최대손실금액은 지불한 프리미엄이 된다.

해설 ① 풋옵션매입은 KOSPI 200이 약세일 것으로 예상될 때 사용하는 투자전략이다.
② 옵션만기일의 손익분기점은 행사가격에서 풋옵션프리미엄을 차감한다.
④ 옵션만기일의 KOSPI 200이 행사가격보다 낮은 경우에 이익이 발생하고, 최대손실금액은 지불한 옵션프리미엄이 된다.

문제 22. KOSPI 200을 추적하는 현물을 보유한 투자자가 주가하락에 대비하여 행사가격이 250포인트인 KOSPI 200 풋옵션을 4포인트에 매입하는 경우에 손익분기점이 되는 KOSPI 200지수는?

① 246포인트   ② 250포인트

③ 254포인트   ④ 258포인트

해설 풋옵션매입자의 손익분기점 = 행사가격 − 풋옵션프리미엄 = 250 − 4 = 246포인트

문제 23. 2018년 9월 2일 KOSPI 200지수가 250포인트이다. 한국거래소에서 행사가격이 217.50포인트이고 만기가 9월 12일인 콜옵션이 프리미엄 4.70포인트에 거래되고 있다. 콜옵션을 1계약 매입한 후 만기일에 주가지수가 226.00포인트로 상승한 경우 콜옵션매입자의 프리미엄을 고려한 순손익은?

① 38만원 이익 ② 38만원 손실

③ 95만원 이익 ④ 95만원 손실

해설 권리행사시 순이익 = 내재가치 − 콜옵션프리미엄 = 2,125,000원 − 1,175,000원 = 95만원
ㄱ 내재가치 = (226.00−217.50)×250,000원 = 2,125,000원
ㄴ 프리미엄 = 4.70×250,000원 = 1,175,000원

문제 24. KOSPI 200의 합성콜옵션가격이 2이고, 실제로 시장에서 거래되는 콜옵션가격이 3이라면 차익거래를 위해 어떤 포지션을 취해야 하는가?

① 콜옵션 매도, 풋옵션 매도, KOSPI 200선물 매입
② 콜옵션 매도, 풋옵션 매입, KOSPI 200선물 매입
③ 콜옵션 매입, 풋옵션 매도, KOSPI 200선물 매도
④ 콜옵션 매입, 풋옵션 매입, KOSPI 200선물 매도

해설 시장가격이 이론가격(합성콜옵션)보다 높으면 과대평가된 콜옵션을 매도하고 과소평가된 합성콜옵션을 매입한다. 합성콜옵션매입은 풋옵션매입과 KOSPI 200선물매입으로 구성된다.

문제 25. 다음 중 커버드 콜매도(covered call)에 대한 설명으로 옳은 것은?

① 주가지수의 상승위험을 헤지하기 위한 거래이다.
② 주가지수가 하락하는 경우에 손실을 일정수준으로 제한시켜 준다.
③ 방어적 풋매입보다 바람직한 헤지방법이다.
④ 커버드 콜매도거래는 풋옵션매도와 유사한 경제적 효과를 가진다.

해설 ① 주가지수의 하락위험을 헤지하기 위한 거래이다.
② 주가지수가 하락하는 경우에 손실이 무한대로 확대될 수 있다.
③ 방어적 풋매입보다 헤지거래 측면에서 바람직하지 못하다.

문제 26. 펀드매니저 홍길동은 다음과 같이 구성된 주식포트폴리오를 보유하고 있다.

주식	시장가격	보유주식수	베타
A	5,000원	20,000주	1.3
B	10,000원	10,000주	1.9

홍길동은 향후 주가지수의 하락에 따른 포트폴리오의 가치하락위험에 대비하기 위해 KOSPI 200옵션을 이용하고자 한다. 현재의 KOSPI 200은 100포인트, 주가지수 콜옵션의 델타는 0.8, 콜옵션의 가격은 2, KOSPI 200옵션의 포인트당 가격은 250,000원이다. 무위험헤지를 위해 홍길동이 매입 또는 매도해야 할 주가지수 콜옵션의 계약수는?

① 16계약 매입   ② 16계약 매도

③ 40계약 매입   ④ 40계약 매도

해설 주가지수 콜옵션을 이용하여 보유중인 주식포트폴리오의 가치하락위험을 헤지하려면 콜옵션을 매도해야 하며, 홍길동이 매도해야 할 주가지수 콜옵션의 계약수는 다음과 같다.

$$m = \frac{S}{I} \times \beta_P \times \frac{1}{\delta_C} = \frac{2억^*}{100 \times 250,000} \times 1.6^{**} \times \frac{1}{0.8} = 16$$

* S = 5,000원×20,000주+10,000원×10,000주 = 2억원

** $\beta_P = W_A \beta_A + W_B \beta_B = \frac{1}{2} \times 1.3 + \frac{1}{2} \times 1.9 = 1.6$

문제 27. 다음 중 포트폴리오보험전략에 대한 설명으로 옳지 않은 것은?

① 포트폴리오보험전략은 콜옵션의 성과를 복제하려는 투자전략으로 현물매입과 풋옵션매입을 통한 방어적 풋옵션전략이 있다.

② 포트폴리오보험전략은 지수가 폭등하거나 폭락할 때도 원하는 결과를 달성할 수 있는 안정적인 투자전략이다.

③ 방어적 풋옵션전략을 통해 기초자산가격이 상승하면 이익을 향유하면서 기초자산가격이 하락하면 손실이 제한적이다.

④ 포트폴리오를 주식과 채권으로 구성한 뒤 기초주식의 가격이 변동함에 따라 포트폴리오 재조정을 통한 동적 자산배분전략이 있다.

해설 포트폴리오보험전략은 기초주식의 가격변화에 따라 추가적인 포지션 조정이 필요한데 기초주식의 가격이 급등락하면 추가비용이 발생하여 원하는 결과를 얻지 못할 수 있다.

문제 28. 다음 중 보호적 풋매입(protective put)에 대한 설명으로 옳지 않은 것은?

① 주가지수선물을 매입한 후 주가하락에 대비하여 풋옵션을 매입하는 거래이다.

② 주가지수가 하락하는 경우에 손실이 제한된다.

③ 주가지수가 상승하는 경우에 이익이 제한된다.

④ 콜옵션 매입과 동일한 경제적 효과를 갖는다.

해설 주가지수가 상승하는 경우에 지수상승에 따른 이익을 누릴 수 있다.

문제 29. 다음 중 방어적 풋매입(protective put)에 대한 설명으로 포지션으로 옳은 것은?

① 현물매입+콜옵션매입   ② 현물매입+콜옵션매도

③ 선물매입+풋옵션매입   ④ 선물매입+풋옵션매도

해설 방어적 풋옵션전략은 선물(현물)매입과 풋옵션매입의 합성포지션으로 구성된다.

문제 30. 다음 중 방어적 풋옵션전략에 대한 설명으로 옳지 않은 것은?

① 주가가 하락할 경우에는 손실회피효과가 없다.

② 강세장에서는 주가상승에 따른 이익의 확대효과가 있다.

③ 콜옵션매입과 동일한 성과도의 형태를 갖는다.

④ 주가가 하락하면 손실은 한정되고 주가가 상승하면 이익은 확대된다.

해설 방어적 풋옵션전략은 현재 보유하고 있는 주식포트폴리오를 기초자산으로 하고, 원하는 최저유지수준의 가치를 행사가격으로 하며, 목표투자기간을 만기로 하는 주가지수풋옵션을 매입하는 전략을 말한다.

정답

1.② 2.④ 3.② 4.④ 5.② 6.② 7.① 8.① 9.② 10.④
11.④ 12.④ 13.③ 14.④ 15.② 16.② 17.③ 18.④ 19.③ 20.④
21.③ 22.① 23.③ 24.② 25.④ 26.② 27.② 28.③ 29.③ 30.①

통화옵션

통화옵션은 불확실한 환율변동에 대비한 환위험의 헤지거래 또는 환율이 유리한 방향으로 변동할 경우에 누릴 수 있는 이익가능성을 확보하기 위한 투기목적으로 거래가 이루어진다. 여기서는 통화옵션의 기본개념, 거래메커니즘, 손익구조 그리고 통화옵션을 이용한 다양한 환위험 관리전략을 살펴보고자 한다.

제1절 **통화옵션의 개요**

통화옵션은 새로운 형태의 파생금융상품으로 권리를 행사할 수 있는 선택권이 있기 때문에 선물환이나 통화선물로 불가능한 다양한 헤지거래, 투기거래 그리고 차익거래를 제공한다. 통화옵션이 다른 파생상품에 비해 유리한가의 여부는 옵션가격, 예상환율, 위험선호도 등의 여러 가지 요소에 의해 좌우된다.

1. 통화옵션의 정의

통화옵션(currency option)은 특정 외국통화를 기초자산으로 하는 옵션을 말한다. 따라서 통화옵션매입자는 만기일에 특정 외국통화를 사전에 약정한 환율로 매입하거나 매도할 수 있는 권리를 갖는다. 통화옵션은 장외시장에서 거래되는 장외옵션과 거래소에 상장되어 거래되는 장내옵션으로 구분된다.

통화옵션은 환위험을 헤지하고자 하는 기업이 주로 이용하는데, 선도환이나 통화선물과 구별된다. 선도환이나 통화선물은 거래당사자가 반드시 의무를 이행해야 한다. 그러나 통화옵션의 경우에 매도자는 의무를 이행해야 하지만 매입자는 옵션을 행사할 권리는 갖지만 의무를 이행할 필요는 없다.

통화옵션은 만기일에 현물환율의 변동에 관계없이 사전에 약정한 선물환율로 계약을 실행해야 하는 선물환이나 통화선물과 달리 권리를 행사할 수 있는 선택권이 부여되어 다양한 헤지거래, 투기거래, 차익거래의 기회를 제공하고 선물환이나 통화선물에서는 기대할 수 없는 이익을 실현할 수 있다.

외환시장에서 이루어지는 외환거래는 두 나라 통화가 관련되기 때문에 어느 나라 통화를 기준으로 하느냐에 따라서 콜옵션과 풋옵션이 바뀐다. 예컨대 한국 원화를 지불하고 미국 달러화를 수령하는 옵션거래에서 한국 원화를 기준으로 하면 풋옵션이 되고 미국 달러화를 기준으로 하면 콜옵션이 된다.

통화옵션도 통화선물과 같이 환위험의 헤지목적을 가지고 있으나 통화선물은 선물환과 같이 만기에 반드시 계약을 이행해야 하고 보증금의 적립이 요구되나 수수료가 필요없다. 통화옵션에서 매입자는 계약을 이행할 의무가 없으나 매도자에게 프리미엄을 지급해야 하며 매도자만 보증금을 적립한다.

표 12-1	통화선물과 통화옵션의 비교	
구　분	통화선물	통화옵션
권리와 의무	선물매입자와 선물매도자는 계약이행의 권리와 의무를 부담함	옵션매입자는 권리만 가지며, 옵션매도자는 계약이행의 의무를 부담함
대가의 수급	선물매입자와 선물매도자는 증거금을 납부하지만 대가를 주고받지 않음	옵션매입자는 옵션매도자에게 옵션의 대가를 지불하고, 옵션매도자는 증거금을 납부함
손익의 범위	선물매입자와 선물매도자는 계약이행의 의무가 있어 환율변동위험에 노출됨	옵션매입자는 유리하면 권리를 행사하고 불리하면 권리를 포기하여 환율변동위험을 한정함

　　미국에서는 필라델피아거래소가 1982년 영국 파운드, 1983년 일본 엔, 스위스 프랑, 캐나다 달러, 독일 마르크를 대상으로 하는 통화옵션을 도입하였다. 시카고상업거래소는 1984년 마르크선물옵션, 1985년 영국 파운드, 1986년 일본 엔, 캐나다 달러를 대상으로 하는 통화선물옵션을 도입하였다.

　　우리나라는 1999년 4월 23일 한국거래소가 미국달러옵션을 도입하였다. 기초자산은 미국달러(USD)이고 권리행사는 최종거래일에만 행사가능한 유럽형(European Style)이며 계약단위는 $10,000이다. 결제월 주기는 분기월 중 2개와 그 밖의 월 중 2개를 선정하고 상장결제월 수는 6개월 이내의 4개 결제월이다.

2. 통화옵션의 특징

　　통화옵션은 선도환과 통화선물이 제공하지 못하는 선택권을 부여함으로써 다양한 헤지거래와 차익거래의 기회를 제공하는 새로운 환위험관리기법이라고 할 수 있다. 또한 통화옵션은 거래소에 상장되어 거래되는 장내옵션과 장외시장에서 거래당사자간에 거래되는 장외옵션으로 구분된다.

　　장외옵션은 장내옵션에 비해 거래단위도 크고 만기도 거래당사자간에 합의할 수 있으며 필요에 따라 다양한 조건을 첨부한 형태로 거래된다. 금융기관은 고객의 욕구에 맞는 다양한 장외옵션을 개발해서 판매하고 장내옵션을 매입하거나 매도함으로써 장외옵션에 대한 위험을 관리한다.

　　통화옵션은 환위험을 헤지하고자 하는 다국적기업이 주로 이용하며 선물환이나 통화선물과 구별된다. 선물환이나 통화선물은 매도자와 매입자가 모두 만기일에 반드시 의무를 이행해야 한다. 그러나 통화옵션의 매도자는 반드시 의무를 이행해야 하지만 매입자는 옵션을 행사할 권리는 갖지만 이행할 의무는 없다.

필라델피아 증권거래소(PHLX)는 1982년 영국 파운드, 1983년 일본 엔, 캐나다 달러, 스위스 프랑, 독일 마르크를 대상으로 하는 통화옵션을 도입하였다. 시카고 상업거래소(CME)는 1984년 마르크 선물옵션, 1985년 영국 파운드, 스위스 프랑, 1986년 일본 엔, 캐나다 달러를 대상으로 하는 통화선물옵션을 도입하였다.

1980년대 중반 이후에 환율의 불안정성으로 환위험관리의 필요성이 증대되어 옵션을 활용한 금융공학기법이 발전하면서 통화옵션시장은 급속히 성장하였다. 특히 다양한 형태의 투자 및 헤지전략의 필요성에 따라서 표준화된 장내옵션보다는 맞춤형태의 장외옵션이 더욱 다양하게 발전하고 있다.

우리나라는 1999년 4월 23일 미국달러옵션이 한국거래소에 상장되었으나, 거래가 활성화되어 있지 않고 있다. 장내시장에서 거래가 부진한 것은 활발한 시장조성자가 없어 유동성이 부족한데다 만기, 행사가격 등 거래조건이 표준화되어 있어 고객의 다양한 수요를 충족시키기 어렵기 때문이다.

3. 통화옵션의 종류

통화옵션은 기본적으로 통화선물과 같은 특징을 가지고 있고 동일한 제도하에서 거래된다. 통화옵션은 거래대상의 통화에 따라 현물통화를 거래대상으로 하는 통화현물옵션, 통화선물을 거래대상으로 하는 통화선물옵션, 옵션매입후 옵션가격의 변동에 따라 일일결제가 이루어지는 선물식옵션으로 구분할 수 있다.

(1) 통화현물옵션

통화현물옵션은 옵션매도자가 옵션매입자에게 일정금액의 특정통화를 만기일 또는 만기일 이전에 행사가격으로 매입 또는 매도할 수 있는 권리를 부여한 계약을 말한다. 통화옵션은 행사선택권의 종류에 따라 특정통화를 행사가격에 매입할 수 있는 콜옵션과 특정통화를 행사가격에 매도할 수 있는 풋옵션으로 구분된다.

콜옵션매입자는 옵션만기일에 현물환율이 행사가격보다 상승하면 행사가격으로 특정통화를 매입할 수 있는 권리를 행사하여 [(현물환율－행사가격)－옵션프리미엄]만큼의 이익을 얻지만, 반대로 현물환율이 행사가격보다 하락하면 권리행사를 포기하게 되어 옵션프리미엄만큼 손실이 발생한다.

풋옵션매입자는 옵션만기일에 현물환율이 행사사격보다 하락하면 행사가격으로 특

정통화를 매도할 수 있는 권리를 행사하여 [(행사가격－현물환율)－옵션프리미엄]만큼
의 이익을 얻고, 반대로 현물환율이 행사가격보다 상승하면 권리행사를 포기하게 되어
옵션프리미엄만큼 손실이 발생한다.

표 12-2 콜옵션과 풋옵션의 비교

구　분	콜옵션	풋옵션
옵션매입자	만기일 또는 만기일 이전에 특정통화를 행사가격에 매입할 수 있는 권리	만기일 또는 만기일 이전에 특정통화를 행사가격에 매도할 수 있는 권리
옵션매도자	만기일 또는 만기일 이전에 특정통화를 행사가격에 매도해야 하는 의무	만기일 또는 만기일 이전에 특정통화를 행사가격에 매입해야 하는 의무

(2) 통화선물옵션

통화선물옵션은 통화선물을 거래대상으로 하는 옵션으로 콜옵션매입자에게 만기일
또는 만기일 이전에 행사가격으로 외국통화선물의 매입포지션을 보유할 수 있는 권리가
부여되고, 풋옵션매입자에게 만기일 또는 만기일 이전에 행사가격으로 외국통화선물의
매도포지션을 보유할 수 있는 권리가 부여된다.

콜옵션매입자가 통화선물옵션을 행사할 경우에 콜옵션매입자는 선물계약 매입포지
션을 보유하고 콜옵션매도자는 선물계약 매도포지션을 보유한다. 반면에 풋옵션매입자
가 통화선물옵션을 행사할 경우에 풋옵션매입자는 선물계약 매도포지션을 보유하고 풋
옵션매도자는 선물계약 매입포지션을 보유한다.

선물옵션은 권리행사시 선물계약에 포지션을 취하기 때문에 거래가 용이하고 비용
이 저렴하며 공매의 제한이 없어서 차익거래가 용이하다는 이유로 현물옵션보다 선호되
고 있다. 그러나 우리나라는 현물을 기초자산으로 하는 옵션거래가 투자자에게 이해되기
쉽다는 이유로 현물옵션의 형태를 취하였다.

4. 통화옵션의 거래제도

세계 여러 나라의 거래소에서 거래되고 있는 대표적인 장내통화옵션은 미국 필라델
피아증권거래소(PHLX)의 통화옵션과 시카고상업거래소(CME)의 통화선물옵션을 들 수
있다. PHLX의 통화옵션은 현물환을 기초자산으로 하는 현물옵션인 반면에 CME의 통화
선물옵션은 통화선물을 기초자산으로 하는 선물옵션이다.

권리행사시 현물옵션은 특정통화를 인수도하지만 선물옵션은 콜옵션매입자와 풋옵션매도자는 통화선물의 매입포지션을 갖고 콜옵션매도자와 풋옵션매입자는 통화선물의 매도포지션을 갖게 된다. PHLX의 통화옵션은 만기에만 행사되는 유럽형옵션이나 CME의 통화선물옵션은 만기 전에 행사가능한 미국형옵션이다.

미국시장에서 장내통화옵션의 가격표시방법은 국제적으로 통용되는 환율표시방법과 정반대이므로 주의를 요한다. 예컨대 달러당 엔화로 표시되는 엔/달러 환율이 하락하는 경우 엔화를 기준으로 보면 엔화가치가 상승하는 것이므로 엔화콜옵션 매입포지션은 이익이 발생하고 엔화풋옵션 매입포지션은 손실이 발생한다.

5. 통화옵션의 거래절차

투자자가 통화옵션을 거래하기 위해서는 선물중개회사에 위탁계좌를 개설한 후 위탁증거금을 선물중개회사에 예치하고 선물중개회사에 매매주문을 내면 선물중개회사는 선물거래소에 주문을 전달한다. 선물거래소는 옵션거래가 체결되면 선물중개회사를 통해 투자자에게 체결내역을 통보해 준다.

옵션매입자는 만기일 이전에 반대거래를 통해 포지션을 청산하거나 만기일 또는 만기일 이전에 옵션을 행사할 수 있다. 만일 옵션매입자가 만기일 이전에 권리를 행사하고자 하는 경우에는 미리 권리행사의 의사를 브로커나 선물거래소의 대리인에게 통보하면 청산소를 통해서 결제가 이루어진다.

통화옵션의 거래과정은 통화선물과 비슷하지만 일일정산제도가 없다. 증거금은 계약이행의 담보를 선물거래소에 보관하는 것으로 기초자산의 가격변동에 따라 증거금이 거래상대방에게 이전되는 선물거래의 일일정산과 다르다. 시카고상품거래소(CME)에서 거래되는 통화선물은 익영업일의 결제를 원칙으로 한다.

옵션거래는 선물거래와 마찬가지로 거래가 성립된 후 결제가 완료될 때까지 계약의 이행을 보증하기 위해 증거금이 부과된다. 선물거래에서 선물거래자는 동일한 위험에 노출되어 있어 모두 동일한 증거금을 선물중개회사에 예치해야 한다. 그러나 옵션거래에서는 옵션거래자가 증거금을 예치하는 기준이 서로 다르다.

옵션매입자는 기초자산의 가격변동에 따른 손실이 이미 지불한 옵션프리미엄으로 제한되므로 증거금을 예치할 필요가 없다. 그러나 옵션매도자는 옵션프리미엄을 취득하는 대신에 옵션매입자의 권리행사에 따라 손실이 무한정 발생할 수 있기 때문에 자신의 의무이행을 보증하기 위해서 위탁증거금을 예치해야 한다.

그림12-1 | 통화옵션의 거래절차

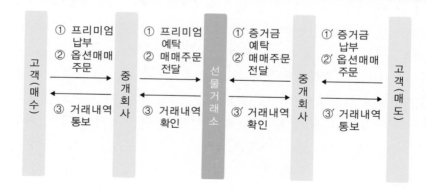

제2절 미국달러옵션의 개요

우리나라에서는 1999년 4월 23일 미국달러옵션이 한국거래소(KRX)에 상장되어 거래되고 있다. 기초자산은 미국달러화(USD)이고 현물옵션의 형태이며 권리행사의 유형은 최종거래일에만 권리를 행사할 수 있는 유럽형옵션이고 권리행사에 따른 결제는 미국달러선물과 달리 현금결제방식으로 이루어진다.

1. 미국달러옵션의 의의

미국달러옵션은 미래의 특정시점에 기초자산(미국달러)를 옵션매입자와 옵션매도자가 현재시점에서 약정한 환율(행사가격)으로 매입하거나 매도할 수 있는 권리가 부여된 계약을 말한다. 이때 미국달러를 매입할 수 있는 권리를 콜옵션이라고 하고, 미국달러를 매도할 수 있는 권리를 풋옵션이라고 한다.

옵션매입자는 옵션매도자에게 옵션프리미엄을 지불하는 대신에 행사가격으로 미국달러를 매입하거나 매도할 수 있는 권리를 보유한다. 따라서 옵션매입자는 만기시점의 환율과 계약시점의 환율(행사가격)을 비교하여 유리한 경우에는 권리를 행사하고, 불리한 경우에는 권리의 행사를 포기할 수 있다.

옵션매도자는 옵션가격을 수령하지만 옵션매입자가 권리를 행사하면 의무를 이행해야 한다. 따라서 콜옵션매입자가 권리를 행사하면 미국달러를 행사가격에 매도하고, 풋옵션매입자가 권리를 행사하면 미국달러를 행사가격에 매입해야 한다. 그러나 옵션매입자가 권리를 행사하지 않으면 의무는 소멸된다.

표 12-3 권리행사시 포지션 형태

구　분	포지션	거래내용
콜옵션	매입자	해당 통화 수취 + 상대 통화 지불
	매도자	해당 통화 지불 + 상대 통화 수취
풋옵션	매입자	해당 통화 지불 + 상대 통화 수취
	매도자	해당 통화 수취 + 상대 통화 지불

2. 미국달러옵션의 내용

미국달러옵션은 미국달러화를 기초자산으로 하는 현물옵션이고 옵션의 만기일에만 권리를 행사할 수 있는 유럽형옵션이다. 따라서 옵션매입자가 최종거래일의 현물가격과 계약시점의 행사가격을 비교하여 권리를 행사하는 경우 포지션의 결제는 미국달러선물과 달리 현금결제방식으로 이루어진다.

미국달러옵션의 기초자산은 미국달러화이고, 거래단위는 미국달러선물과 동일하게 US $10,000이다. 결제월은 매월 있으며, 상장결제월은 6개월 이내의 4개 결제월(분기월 중 2개와 그 밖의 월 중 2개)이다. 호가가격단위는 0.10원이며, 최소가격변동금액은 1,000원(US $10,000×0.10원)이다.

미국달러옵션의 행사가격수는 신규상장시 등가격옵션(ATM)을 기준으로 외가격옵션과 내가격옵션 3개씩 총 7개를 상장하며 행사가격 폭은 10원으로 정해져 있다. 예컨대 현물환율이 1,200원이라면 1,170원, 1,180원, 1,190원, 1,200원, 1,210원, 1,220원, 1,230원의 7가지 행사가격이 상장된다.

행사가격의 설정은 당일 현물환율의 종가가 변동할 경우 등가격옵션(ATM)을 기준으로 외가격옵션(OTM)과 내가격옵션(ITM)이 3개 이상 존재하도록 다음 날 새로운 행사가격의 옵션이 추가로 상장된다. 최소가격변동폭은 0.10원이고 최소가격변동금액은 1,000원(=US $10,000×0.10원)이다.

일일가격변동폭은 이론적으로 산출한 기초자산 기준가격의 상하 4.5% 이내이다. 최종거래일은 선물거래와 옵션거래가 연계된 거래의 편의성을 고려하여 미국달러선물과 같이 최종결제월 세번째 월요일로 하였고, 최종결제일은 미국달러선물과 달리 최종거래일의 다음 거래일로 되어 있다.

권리행사의 기준가격은 최종거래일에 미국달러 현물환시장에서 형성된 환율을 기준으로 정한다. 권리행사는 행사거부요청을 하지 않은 포지션을 거래소가 정한 기준에 따라 내가격옵션은 자동적으로 행사된다. 거래소는 행사된 옵션을 무작위로 배정하고 이를 회원에게 통보하면 회원은 투자자에게 통지한다.

옵션행사와 배정결과에 따라 옵션매입자와 옵션매도자는 미국 달러화 및 원화대금을 수수하게 된다. 이때 콜옵션매입자와 풋옵션매도자는 원화를 지급하고 달러를 수취하며, 콜옵션매도자와 풋옵션매입자는 달러를 지급하고 원화를 수취하는 결제를 한다. [표 12-4]에는 미국달러옵션에 대한 내용이 제시되어 있다.

표 12-4	미국달러옵션의 주요내용
구 분	**상품명세**
거 래 대 상	미국달러화(US$)
권 리 행 사	최종거래일에만 행사가능(유럽형옵션)
거 래 단 위	US $10,000
결 제 월 주 기	3, 6, 9, 12월 중 2개와 그 밖의 월 중 2개
상 장 결 제 월	6개월 이내의 4개 결제월
행사가격의 설정	등가격(ATM) 기준으로 10원 간격으로 상하 각 3개(총 7개)
가 격 표 시	프리미엄(원화로 소수점 둘째자리까지 표시)
호 가 가 격 단 위	0.10원
최소가격변동금액	1,000원(US $10,000×0.10)
가 격 제 한 폭	기준가격 대비 상하 ±4.5%
가 격 제 한 범 위	블랙─숄즈옵션모형으로 산출한 가격을 상한과 하한으로 설정
포 지 션 한 도	한국거래소가 필요하다고 판단되는 경우 설정가능
거 래 시 간	월~금요일(09:00~15:45), 최종거래일(9:00~15:30)
최 종 거 래 일	결제월의 세번째 월요일(공휴일인 경우 순차적으로 앞당김)
최 종 결 제 일	최종거래일의 다음 거래일
옵 션 대 금 수 수	거래일의 다음 영업일
최 종 결 제 방 법	현금결제
권리행사기준가격	매매기준율(시장평균환율) : 외국환중개회사가 최종거래일에 거래된 환율 및 거래량을 가중평균한 환율로서 당일 외환시장 종료 후 공표

자료 : 한국거래소 홈페이지(http://www.krx.co.kr)

3. 미국달러옵션의 투자전략

통화옵션거래에서 옵션매입자와 옵션매도자의 손익구조는 정반대의 상황에 있다. 미국달러옵션을 이용한 투자전략은 기본적으로 콜옵션의 매입, 콜옵션의 매도, 풋옵션의 매입, 풋옵션의 매도전략으로 구분된다. 향후 외환시장의 상황에 따른 옵션투자전략을 살펴보면 다음과 같이 제시할 수 있다.

표 12-5	미국달러옵션의 투자전략

구 분	상황
미국달러 콜옵션 매입	환율이 상승할 것으로 예상되는 경우
미국달러 콜옵션 매도	환율이 하락하거나 보합으로 예상되는 경우
미국달러 풋옵션 매입	환율이 하락할 것으로 예상되는 경우
미국달러 풋옵션 매도	환율이 상승하거나 보합으로 예상되는 경우

(1) 콜옵션의 손익구조

1) 콜옵션매입자의 손익

미국달러 콜옵션매입자는 옵션만기일에 미국달러가격이 행사가격보다 높은 경우에는 권리를 행사하여 미국달러를 행사가격에 매입할 수 있다. 반면에 미국달러가격이 행사가격보다 낮은 경우에는 권리행사를 포기하게 되고 손실은 콜옵션매도자에게 지급한 콜옵션프리미엄으로 한정된다.

그림12-2	콜옵션매입자의 손익

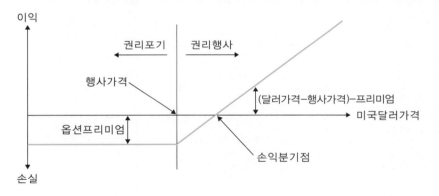

표 12-6	콜옵션매입자의 손익구조

구분	손익구조
이익	* 콜옵션매입자의 권리행사가 있는 경우 　이익 = (미국달러가격－행사가격)－콜옵션가격
손실	* 콜옵션매입자의 권리행사가 없는 경우 　손실 = 콜옵션가격

2) 콜옵션매도자의 손익

미국달러 콜옵션매도자는 옵션만기일에 미국달러가격이 행사가격보다 높은 경우 콜옵션매입자의 권리행사로 배정을 받게 되어 미국달러를 행사가격에 인도할 의무가 있다. 반면에 미국달러가격이 행사가격보다 낮은 경우에는 콜옵션매입자가 권리의 행사를 포기하게 되어 의무가 소멸한다.

그림12-3	콜옵션매도자의 손익

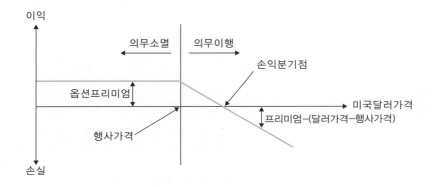

표 12-7	콜옵션매도자의 손익구조

구분	손익구조
이익	* 콜옵션매입자의 권리행사가 없는 경우 이익 = 콜옵션가격
손실	* 콜옵션매입자의 권리행사가 있는 경우 손실 = 콜옵션가격 − (미국달러가격 − 행사가격)

(2) 풋옵션의 손익구조

1) 풋옵션매입자의 손익

미국달러 풋옵션매입자는 옵션만기일에 미국달러가격이 행사가격보다 낮은 경우에는 권리를 행사하여 미국달러를 행사가격에 매도할 수 있다. 반면에 미국달러가격이 행사가격보다 높은 경우에는 권리행사를 포기하게 되고 손실은 풋옵션매도자에게 지급한 풋옵션프리미엄으로 한정된다.

그림12-4 풋옵션매입자의 손익

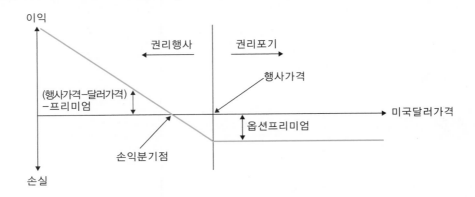

표 12-8 풋옵션매입자의 손익구조

구분	손익구조
이익	* 풋옵션매입자의 권리행사가 있는 경우 　이익 ＝ (행사가격 − 미국달러가격) − 풋옵션가격
손실	* 풋옵션매입자의 권리행사가 없는 경우 　손실 ＝ 풋옵션가격

2) 풋옵션매도자의 손익

　　미국달러 풋옵션매도자는 옵션만기일에 미국달러가격이 행사가격보다 낮은 경우 풋옵션매입자의 권리행사로 배정을 받게 되어 미국달러를 행사가격에 인수할 의무가 있다. 반면에 미국달러가격이 행사가격보다 높은 경우에는 풋옵션매입자가 권리의 행사를 포기하게 되어 의무가 소멸한다.

그림12-5 | 풋옵션매도자의 손익

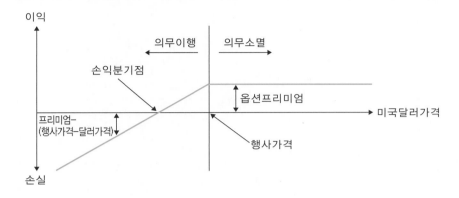

표 12-9 | 풋옵션매도자의 손익구조

구분	손익구조
이익	* 풋옵션매입자의 권리행사가 없는 경우 　이익 ＝ 풋옵션가격
손실	* 풋옵션매입자의 권리행사가 있는 경우 　손실 ＝ 풋옵션가격 － (행사가격 － 미국달러가격)

(3) 스프레드거래

스프레드거래는 기초자산은 동일하지만 행사가격이나 만기일이 서로 다른 옵션을 하나는 매입하고 다른 하나는 매도하는 전략을 말한다. 스프레드거래는 기초자산의 가격이 예상대로 변동할 때 이익을 얻는 반면에 예상이 빗나가더라도 손실은 한정되며 구성방법에 따라 강세스프레드와 약세스프레드로 구분된다.

1) 강세스프레드

강세스프레드(bull spread)는 기초자산의 가격이 강세를 보일 것으로 예상되지만 확신이 없을 경우에 선택하는 보수적인 투자전략으로 행사가격이 낮은 옵션은 매입하고 행사가격이 높은 옵션은 매도한다. 강세스프레드는 기초자산의 가격이 상승할 경우에 이익과 하락할 경우에 손실을 일정수준으로 한정시키는 효과를 가져온다.

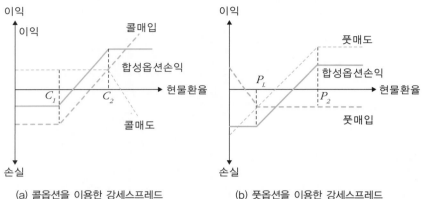

그림12-6 강세스프레드의 손익

(a) 콜옵션을 이용한 강세스프레드   (b) 풋옵션을 이용한 강세스프레드

2) 약세스프레드

약세스프레드(bear spread)는 기초자산의 가격이 약세를 보일 것으로 예상되지만확신이 없을 경우에 선택하는 보수적인 투자전략으로 행사가격이 높은 옵션은 매입하고 행사가격이 낮은 옵션은 매도한다. 약세스프레드는 기초자산의 가격이 하락할 경우에 이익과 상승할 경우에 손실을 일정수준으로 한정시키는 효과를 가져온다.

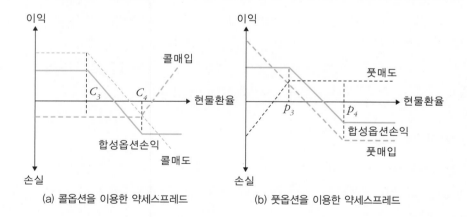

그림12-7 약세스프레드의 손익

(a) 콜옵션을 이용한 약세스프레드   (b) 풋옵션을 이용한 약세스프레드

(4) 콤비네이션

콤비네이션(combination)은 기초자산이 동일한 콜옵션과 풋옵션을 결합하여 동시에 매입하거나 매도하는 전략을 말한다. 스프레드가 같은 종류의 옵션을 결합하는 반면에

콤비네이션은 서로 다른 종류의 옵션을 결합한다. 옵션의 결합방법에 따라 스트래들, 스트랭글, 버터플라이 등으로 구분된다.

1) 스트래들

스트래들(straddle)은 기초자산, 행사가격, 만기일이 동일한 콜옵션과 풋옵션을 하나씩 동일한 비율로 동시에 매입하거나 매도하는 전략을 말하며 변동성을 고려할 경우 유용하다. 이때 두 옵션을 동시에 매입하면 스트래들 매입(long straddle), 동시에 매도하면 스트래들 매도(short straddle)라고 한다.

기초자산의 가격이 행사가격과 프리미엄을 합한 것보다 큰 폭으로 변동할 것으로 예상되면 스트래들을 매입하고, 적은 폭으로 변동할 것으로 예상되면 스트래들을 매도한다. 스트래들매입자(매도자)는 기초자산의 가격변동성이 높은(낮은) 경우에 이익을 얻기 때문에 변동성 매입자(매도자)라고 한다.

그림12-8 **스트래들의 손익**

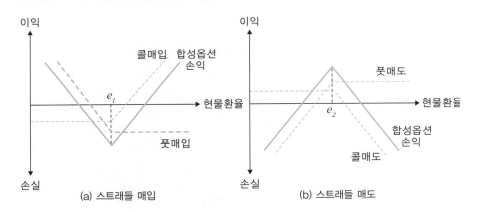

(a) 스트래들 매입   (b) 스트래들 매도

2) 스트랭글

스트랭글(strangle)은 기초자산과 만기일은 동일하지만 행사가격이 다른 콜옵션과 풋옵션을 동일한 비율로 매입하거나 매도하는 전략을 말한다. 여기서 콜옵션매입과 풋옵션매입은 스트랭글매입, 콜옵션매도와 풋옵션매도는 스트랭글매도라고 한다. 스트랭글매입은 기초자산의 가격변동성이 클 때 이익을 얻을 수 있으며 가격변동성이 작더라도 손실을 일정수준으로 제한할 수 있다.

기초자산가격이 두 옵션의 행사가격과 프리미엄을 합한 것보다 큰 폭으로 변동할 것으로 예상되면 스트랭글을 매입하고, 적은 폭으로 변동할 것으로 예상되면 스트랭글을 매도한다. 스트랭글매입자는 기초자산의 가격이 두 행사가격의 범위를 크게 이탈할 때, 스트랭글매도자는 두 행사가격의 범위에서 안정될 때 이익을 얻는다.

그림12-9 스트랭글의 손익

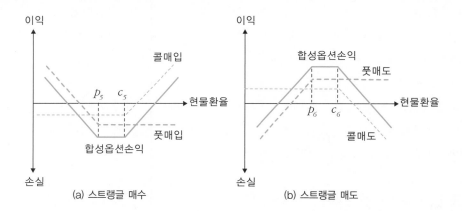

(a) 스트랭글 매수　　　　(b) 스트랭글 매도

3) 버터플라이

버터플라이(butterfly)는 미래에 기초자산가격의 변동성을 예측하여 기초자산의 가격이 세 개의 행사가격 중에서 중간의 행사가격과 일치할 것으로 예상되는 경우에 취하는 투자전략을 말한다. 버터플라이는 콜옵션을 이용하느냐 풋옵션을 이용하느냐에 따라 버터플라이콜과 버터플라이풋으로 구분된다.

버터플라이매도는 기초자산의 가격변동성이 커질 가능성이 높지만 이익과 손실을 제한시키고자 하는 전략이다. 기초자산과 만기일은 같으나 행사가격이 서로 다른 세 개의 옵션을 이용하는데 행사가격이 중간인 콜옵션은 두 개를 매입하고, 행사가격이 가장 높은 옵션과 가장 낮은 옵션은 한 개씩 매도하는 전략을 말한다.

버터플라이매입은 기초자산의 가격이 안정적일 것으로 예상되지만 이익과 손실을 제한시키고자 하는 전략이다. 기초자산과 만기일은 같으나 행사가격이 서로 다른 세 개의 옵션을 이용하는데 행사가격이 중간인 콜옵션은 두 개를 매도하고, 행사가격이 가장 높은 옵션과 가장 낮은 옵션은 한 개씩 매입하는 전략을 말한다.

그림 12-10 버터플라이의 손익

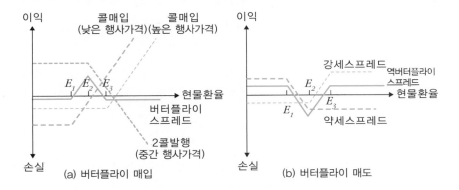

(a) 버터플라이 매입

(b) 버터플라이 매도

4. 풋—콜—선물환 등가

풋—콜—선물환 등가(put—call forward exchange parity)는 행사가격이 동일한 콜옵션을 매입하는 동시에 풋옵션을 매도하는 옵션결합거래는 행사가격과 동일한 환율(E)에서 특정통화를 선물환으로 매입하는 거래와 같은 효과를 갖는 것을 말하며 이러한 등가관계는 옵션시장과 선물환시장간의 차익거래로 성립한다.

왜냐하면 콜옵션매입은 만기일에 현물환율이 행사가격을 상회하면 이익이 발생하는 반면에 풋옵션매도는 현물환율이 행사가격을 하회하면 손실이 발생한다. 이러한 옵션거래의 손익선은 환율 E로 선물환을 매입한 경우에 현물환율이 선물환율을 상회하거나 또는 하회하는 경우와 동일한 손익구조를 가져오기 때문이다.

그림 12-11 풋—콜—선물환 등가

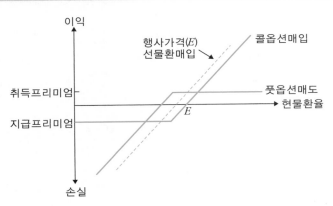

콜옵션가격 $C(E)$와 풋옵션가격 $P(E)$의 차이는 선물환율(F)과 행사가격(E)의 차이를 시장이자율로 할인하는 것과 같다. 왜냐하면 동일한 행사가격으로 콜옵션매입과 풋옵션매도는 선물환계약의 매입과 동일한 효과를 가져 선물환매입비용에는 콜옵션프리미엄지급액과 풋옵션프리미엄수취액의 차액이 반영되어야 한다.

그런데 콜옵션매입프리미엄과 풋옵션매도프리미엄의 차이는 콜옵션과 풋옵션을 계약할 때 수취(콜매입프리리엄이 풋매도프리미엄을 상회할 경우) 또는 지급(콜매입프리미엄이 풋매도프리미엄을 하회할 경우)되어야 하므로 옵션의 계약시점에서 만기시점까지의 기간 동안 시장이자율로 차입 또는 투자되어야 한다.

여기서 선물환의 매입비용은 $E+[C(E)-P(E)](1+r)^t$이 된다. 만일 합성옵션에 따른 비용과 선물환의 매입에 따른 비용간에 차이가 있다면 옵션시장과 선물환시장간에 차익을 노리는 재정거래가 발생하게 된다. 따라서 선물환계약을 선물환시장에서 선물환율 F로 매도할 경우에 손익은 다음과 같이 표시할 수 있다.

$$F-[E+\{C(E)-P(E)\}(1+R)^t] \tag{12.1}$$

그리고 선물환율이 고정되어 있다고 가정하면 풋옵션가격과 콜옵션가격의 등락을 통해 손익이 소멸될 때까지 옵션시장과 선물시장간에는 차익거래가 진행될 것이다. 즉 옵션시장과 선물시장간에 차익거래의 기회가 존재하지 않는 시장균형상태에서는 식 (12.2)가 성립해야 하며 균형상태에서 이탈하면 차익거래가 발생한다.

$$F-[E+\{C(E)-P(E)\}(1+R)^t]=0 \rightarrow C(E)-P(E)=\frac{F-E}{(1+R)^t} \tag{12.2}$$

$$C(E)-P(E) > \frac{F-E}{(1+R)^t} \tag{12.3}$$

식(12.3)의 경우에는 동일한 행사가격(E)에서 이루어지는 콜옵션매도가격과 풋옵션매입가격간의 차액을 투자한다. 그리고 여기서 발생하는 이자수입을 콜옵션매도가격에 가산한 풋옵션의 실제매도수입이 환율 F로 선물환을 매입할 경우의 비용을 상회하여 이익을 실현하게 된다.

$$C(E)-P(E) < \frac{F-E}{(1+R)^t} \tag{12.4}$$

식(12.4)의 경우에는 동일한 행사가격(E)에서 이루어지는 콜옵션매입가격과 풋옵션매도가격간의 차액을 투자하여 여기서 발생하는 이자수입을 콜옵션매입가격에서 차감한 풋옵션의 실제매입비용이 환율 F로 선물환을 매도할 경우의 수입보다 적어 이익을 실현하게 된다.

제3절 통화옵션의 가격결정

　외국통화는 배당수익률을 지급하는 주식과 유사하다. 주주가 배당수익을 받는 것처럼 외국통화보유자는 외국통화의 무위험이자율과 동일한 수준의 배당수익률을 얻는 것처럼 간주한다. 다른 조건은 주식과 외국통화가 동일하다고 가정하면 기존의 옵션가격결정모형을 약간 변형시킨 가격결정모형을 도출할 수 있다.

1. 이항분포모형

　통화옵션의 균형가격을 계산하기 위해 이항옵션모형을 이용할 수 있다. 기초자산인 외국통화에서 무위험이자율만큼의 현금흐름이 발생한다는 점을 고려하고 나머지는 그대로 적용하면 된다. 통화옵션의 균형가격은 만기일인 1년 후의 헤지확률에 의한 옵션의 기대가치를 무위험이자율로 할인한 현재가치이다.

$$C = \frac{PC_u + (1-P)C_d}{e^{rfT}}, \ P = \frac{e^{(rf-Rf)T} - d}{u - d} \tag{12.5}$$

　통화옵션에서 기초자산은 외국통화인데, 이때 언급되는 가격은 외국통화 1단위의 가치를 자국통화로 표시한 환율이란 점에 유의해야 한다. 예컨대, 우리나라에서 거래되는 미국달러옵션에서 기초자산은 미국달러이고, 1달러당 원화로 표시한 환율이 가격이 되며, 원화이자율은 r_f, 달러화이자율은 R_f가 된다.

2. 블랙숄즈모형

　통화옵션의 가격을 결정하려면 기초자산의 가격(S)이 현물환율로서 자국통화로 표시한 외국통화 1단위의 가치로 나타난다. 이때 기초자산인 외국통화를 배당수익률이 알려진 주식으로 간주하여 주식보유자가 배당수익을 받는 것처럼 외국통화의 보유자는 외국통화의 (R_f)을 받는 것으로 가정할 수 있다.

　그리고 나머지 다른 조건은 주식이나 외국통화가 동일하다고 가정하면 기존의 옵션가격결정모형을 약간 수정한 가만－콜하겐(Garman－Kohlhagen)모형을 도출할 수 있다. 기존의 블랙－숄즈 옵션가격결정모형(BSOPM)에서 S 대신에 S_e^{-RfT}를 대입하면 다음과 같은 유럽형 통화옵션의 가격결정모형을 제시할 수 있다.

$$C = Se^{-R_f T}N(d_1) - Ee^{-RT}N(d_2) \tag{12.6}$$

$$P = Ee^{-RT}N(-d_2) - Se^{-R_f T}N(-d_1) \tag{12.7}$$

$$d_1 = \frac{\ln(S/E) + (R - R_f + \sigma^2/2)T}{\sigma\sqrt{T}}$$

$$d_2 = \frac{\ln(S/E) + (R - R_f - \sigma^2/2)T}{\sigma\sqrt{T}} = d_1 - \sigma\sqrt{T}$$

따라서 가만-콜하겐모형에 의하면 배당수익률을 외국통화의 이자율로 대체하여 유럽형 옵션가격을 구할 수 있다는 것이다. 그리고 S 대신에 $Se^{-R_f T}$를 대입하게 되면 유럽형 통화옵션의 풋-콜 등가도 다음과 같이 성립한다. 여기서 S는 현물환율, R_f는 해외이자율, R은 국내이자율, σ는 환율의 변동성을 나타낸다.

$$C + Ee^{-R_f T} = P + Se^{-R_f T} \tag{12.8}$$

통화옵션가격결정모형에서 기초자산은 외국통화이고 이때의 가격은 외국통화 1단위 가치를 자국통화로 표시한 환율이란 점에 유의해야 한다. 예컨대 우리나라에서 거래되는 미국달러옵션에서는 기초자산이 미국달러화이고 1달러당 원화로 표시한 환율이 가격이 되며 해외이자율은 R_f, 국내이자율은 R이 된다.

표 12-10 이자율과 옵션가격

변수	변동	콜옵션가격	풋옵션가격
국내이자율	상승	상승	하락
해외이자율	하락	하락	상승
이자율차이	국내이자율＞해외이자율	상승	하락
	국내이자율＜해외이자율	하락	상승

제4절 통화옵션의 헤지거래

통화옵션을 이용하여 환위험을 헤지할 경우 헤지비용을 옵션프리미엄에 국한시킬 수 있으며 경우에 따라서는 환차익을 기대할 수 있는 장점이 있다. 그리고 통화옵션은 기초자산가격의 변동에 따라 다양한 손익구조를 가지고 있기 때문에 투자자들은 다양한 헤지전략을 신축적으로 구사할 수 있다.

환율의 상승위험에 노출된 경우에 콜옵션을 매입하거나 풋옵션을 매도함으로써 환율상승으로 인한 손실을 옵션거래의 이익으로 상쇄시킬 수 있다. 반면에 환율의 하락위험에 노출된 경우에 콜옵션을 매도하거나 풋옵션을 매입함으로써 환율하락으로 인한 손실을 옵션거래의 이익으로 상쇄시킬 수 있다.

통화옵션의 매도를 통한 환위험헤지는 매입헤지에 비해 위험이 크기 때문에 전문적인 위험관리체계가 갖추어지지 않으면 사용하기가 어렵다. 왜냐하면 환율이 크게 변동할 경우에 매도포지션의 이익은 제한되어 있는 반면에 환율의 예측이 반대로 움직일 경우에 옵션매도자의 손실은 무제한이기 때문이다.

| 표 12-11 | 통화옵션의 헤지전략 |

구분	위험노출	헤지전략	헤지결과
수입상, 외화채무자	환율상승위험	콜옵션매입	매입가격 상한선 설정
수출상, 외화채권자	환율하락위험	풋옵션매입	매도가격 하한선 설정

* 순매입가격＝매입가격＋콜옵션프리미엄－옵션거래이익
* 순매도가격＝매도가격－풋옵션프리미엄＋옵션거래이익

1. 콜옵션을 이용한 헤지거래

해외에서 상품과 서비스를 수입하거나 자금을 차입하는 경우 수입대금의 결제나 차입금의 상환에 따른 환위험이 발생한다. 이때 환위험을 헤지하기 위해 선물환, 통화선물, 통화옵션 등을 이용할 수 있다. 여기서는 선물환매입에 의한 헤지결과와 콜옵션매입에 의한 헤지결과를 비교하고자 한다.

(1) 선물환매입에 의한 헤지

우선 수입업자가 결제시점의 선물환율을 근거로 수입가격을 책정하고 수입계약을 체결했다고 가정하자. 수입업자는 수입대금의 결제에 따른 숏 포지션이 발생하므로 결제시점의 현물환율이 선물환율보다 상승하면 환차손이 발생하게 되고, 반대로 현물환율이 선물환율보다 하락하면 환차익을 얻게 된다.

또한 해외에서 상품과 서비스를 수입하는 수입업자가 선물환을 매입하는 롱 포지션을 취함으로써 환위험을 헤지했다고 가정하자. 수입업자는 선물환을 매입했기 때문에 결제시점의 현물환율이 선물환율보다 상승하면 환차익을 얻게 되고, 반대로 현물환율이 선물환율보다 하락하면 환차손이 발생한다.

선물환매입에 의한 헤지전략은 환위험을 완벽하게 회피할 수 있는 반면에 환율의 유리한 변동으로 얻을 수 있는 환차익을 포기해야 한다. 만일 결제시점의 현물환율이 약정한 선물환율보다 상승하면 당초 숏포지션에서 발생한 손실이 선물환매입에 의한 롱 포지션의 이익으로 완벽하게 상쇄된다.

반면에 결제시점의 현물환율이 약정한 선물환율보다 하락하면 당초 숏포지션에서 발생한 이익이 선물환매입에 따른 롱 포지션에서 발생한 손실에 의해서 완벽하게 상쇄된다. 이러한 경우에 수입업자는 선물환을 매입하지 않았더라면 실현할 수 있었던 환차익을 포기하는 결과를 초래할 수 있다.

(2) 콜옵션매입에 의한 헤지

수입업자가 해외에서 상품을 수입하여 발생한 숏 포지션을 콜옵션매입에 따른 롱 포지션을 취하므로써 환위험을 헤지하는 경우를 살펴보자. 수입업자는 수입대금 결제시점에 현물환율이 행사가격보다 상승하면 권리를 행사하고, 현물환율이 행사가격보다 하락하면 권리행사를 포기할 것이다.

결제시점의 현물환율이 행사가격보다 상승하면 콜옵션매입자는 콜옵션을 행사할 것이다. 이때 당초의 숏 포지션에서 발생하는 손실은 콜옵션을 행사함으로써 발생하는 이익에 의해 상쇄된다. 그러나 선물환매입과 비교하면 콜옵션매도자에게 지급하는 프리미엄에 상당하는 손실이 발생한다.

결제시점의 현물환율이 행사가격보다 하락하면 콜옵션매입자는 콜옵션을 행사하지 않기 때문에 당초의 숏 포지션에서 발생한 환차익에서 콜옵션매도자에게 지급한 프리미엄을 차감한 만큼의 이익을 얻게 된다. 따라서 콜옵션매입은 선물환매입과 달리 환율이 유리하게 변동할 때 환차익을 얻을 수 있다.

그림 12-12 선물환매입과 콜옵션매입의 헤지결과

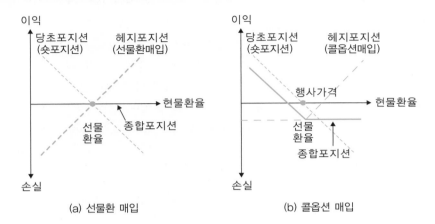

(a) 선물환 매입   (b) 콜옵션 매입

예제 12-1 콜옵션의 매입헤지

해외에서 원자재를 수입하여 판매하는 강동기업은 오늘 국내의 강서기업에 대한 제품 공급 입찰에 들어갔다. 입찰결과는 1개월 후에 발표할 예정이며 입찰결과에 따라 원자재가 필요하여 수입계약을 체결할 경우 2개월 후에 수입대금을 지급하기 위해서 미국 달러화 $100만가 필요하다. 강동기업은 채산성을 맞추기 위해 오늘 환율인 950원 이하로 환율을 고정할 필요가 있다고 판단하고 있다. 그러나 입찰결과가 불확실하여 미국 달러를 매입하기 어려우므로 미국 달러옵션을 이용하여 헤지거래를 하기로 결정하였다. 1월 15일 현물환율은 ₩930/$, 3월 15일 예상환율은 ₩940/$이다. 미국 달러 콜옵션 3월물 행사가격은 ₩940, 만기일은 3월 18일, 프리미엄은 ₩10/$으로 가정하자. 강동기업은 수입대금 결제시점의 환율을 950원 이하로 고정하기 위해 행사가격 ₩940/$인 미국달러 콜옵션 3월물 100계약 (계약당 $10,000)을 프리미엄 1천만원(10원×$100만)을 지급하고 매입하였다.

(1) 환율이 상승한 경우

입찰에 성공한 경우 3월 18일의 환율 970원은 행사가격 940원보다 높아 옵션을 행사하여 $100만를 원자재의 대금으로 결제한다. 이때 강동기업은 $100만 매입에 9.4억원 (₩940×$100만), 콜옵션의 매입비용 0.1억원 총 9.5억원을 지출하여 콜옵션을 매입하지 않았을 경우 9.7억원에 비해 0.2억원의 손실이 줄어든다.

입찰에 실패한 경우 2월 18일에 보유하고 있던 콜옵션을 청산한다. 이때 2월 18일의 환율이 ₩950/$이므로 옵션이 내가격상태가 되어 콜옵션의 매입시점인 1월 18일에 비해 프리미엄이 상승한다. 옵션프리미엄을 ₩20/$으로 가정하면 수입은 0.2억원이고 콜옵션 매입비용은 0.1억원이므로 총 0.1억원의 이익이 발생한다.

(2) 환율이 하락한 경우

입찰에 성공한 경우 3월 18일의 환율 900원은 행사가격 940원보다 낮아 옵션의 행사를 포기하고 현물 외환시장에서 $100만를 원자재의 대금으로 결제한다. 이때 강동기업은 $100만 매입에 9억원(₩900×$100만), 콜옵션의 매입비용 0.1억원 총 9.1억원을 지출하게 되어 ₩910/$의 환율로 미국달러를 매입한 효과를 본다.

입찰에 실패한 경우 2월 18일에 보유하고 있던 콜옵션을 청산한다. 이때 2월 18일의 환율이 ₩910/$이므로 옵션이 외가격상태가 되어 콜옵션의 매입시점인 1월 18일에 비해 프리미엄이 하락한다. 옵션프리미엄을 ₩5/$으로 가정하면 수입은 5백만원이고 콜옵션 매입비용은 0.1억원이므로 총 5백만원의 손실이 발생한다.

따라서 미국달러 콜옵션을 매입하여 환위험을 헤지했을 때 입찰에 성공하면 환율변동에 관계없이 ₩950/$ 이하로 달러를 매입하여 원자재대금을 결제할 수 있다. 반면에 입찰에 실패하여 미국달러가 필요하지 않더라도 콜옵션을 매입할 경우에 지급한 0.1억원 이상의 손실은 발생하지 않게 된다.

2. 풋옵션을 이용한 헤지거래

해외에 상품과 서비스를 수출하거나 투자를 하는 경우 수출대금이나 투자원리금의 회수에 따른 환위험이 발생한다. 이때 환위험을 헤지하기 위해 선물환, 통화선물, 통화옵션 등을 이용할 수 있다. 여기서는 선물환매도에 의한 헤지결과와 풋옵션매입에 의한 헤지결과를 비교하고자 한다.

(1) 선물환매도에 의한 헤지

수출업자가 결제시점의 선물환율을 근거로 수출가격을 책정하고 수출계약을 체결했다고 가정하자. 수출업자는 수출대금의 수취로 롱 포지션이 발생하므로 결제시점에서 현물환율이 선물환율보다 상승하면 환차익을 얻게 되고, 반대로 현물환율이 선물환율보다 하락하면 환차손이 발생하게 된다.

해외에 상품이나 서비스를 수출하는 수출업자가 선물환을 매도하는 숏 포지션을 취함으로써 환위험을 헤지했다고 가정하자. 수출업자는 선물환을 매도하므로써 결제시점에 현물환율이 선물환율보다 상승하면 환차손이 발생하고, 반대로 현물환율이 선물환율보다 하락하면 환차익을 얻게 된다.

선물환매도에 의한 헤지전략은 환위험을 완벽하게 회피할 수 있는 반면에 환율의 유리한 변동으로 얻을 수 있는 환차익을 포기해야 한다. 만일 결제시점의 현물환율이 약정한 선물환율보다 하락하면 당초 롱포지션에서 발생한 손실은 선물환매도에 따른 숏포지션의 이익에 의해 완벽하게 상쇄된다.

반면에 결제시점의 현물환율이 약정한 선물환율보다 상승하면 당초 롱포지션에서 발생한 이익이 선물환매도에 따른 숏 포지션에서 발생한 손실에 의해서 완벽하게 상쇄된다. 이러한 경우에 수출업자는 선물환을 매도하지 않았더라면 실현할 수 있었던 환차익을 포기하는 결과를 초래한다.

(2) 풋옵션매입에 의한 헤지

수출업자가 상품을 수출하여 발생한 롱 포지션을 풋옵션 매입에 따른 숏 포지션을 취하므로써 환위험을 헤지하는 경우를 살펴보자. 수출업자는 수출대금 결제시점에 현물환율이 행사가격보다 하락하면 권리를 행사하고, 현물환율이 행사가격보다 상승하면 권리행사를 포기할 것이다.

그림 12-13   선물환매도와 풋옵션매입의 헤지결과

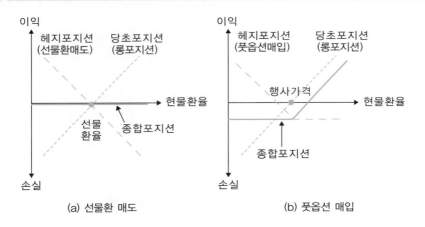

(a) 선물환 매도   (b) 풋옵션 매입

결제시점의 현물환율이 행사가격보다 하락하면 풋옵션매입자는 풋옵션을 행사할 수 있다. 이때 당초포지션에서 발생하는 손실이 풋옵션을 행사함으로써 얻는 이익에 의해 상쇄된다. 그러나 풋옵션을 선물환매도와 비교하면 풋옵션매도자에게 지급하는 프리미엄에 상당하는 손실이 발생하게 된다.

결제시점의 현물환율이 행사가격보다 상승하면 풋옵션매입자는 풋옵션을 행사하지 않기 때문에 당초포지션에서 발생한 환차익에서 풋옵션매도자에게 지급한 프리미엄을 차감한 만큼의 이익을 얻을 수 있다. 따라서 풋옵션매입은 선물환매도와 달리 환율이 유리하게 변동할 때 환차익을 얻을 수 있다.

─● 예제 12-2 풋옵션의 매입헤지

1월 18일 현재 해외에 자동차를 수출하는 현대기업은 3월 18일 미국의 수입상으로부터 수출대금 $100만를 지급받기로 했는데 ₩930/$ 이상으로 환전해야 채산성을 맞출 수 있어 미국달러 풋옵션을 매입하여 헤지거래를 수행하기로 결정하였다. 1월 18일 현물환율은 ₩930/$, 3월 18일 예상환율은 ₩940/$이다. 미국달러 풋옵션 3월물의 행사가격은 ₩940, 만기일은 3월 18일, 프리미엄은 ₩10/$으로 가정하자. 현대자동차는 수출대금 결제시점의 환율을 930원 이상으로 고정하기 위해 행사가격 ₩940/$인 미국달러 풋옵션 3월물 100계약(계약당 $10,000)을 프리미엄 1천만원(10원×$100만)을 지급하고 매입하였다.

(1) 환율이 상승한 경우

옵션의 만기일인 3월 18일 현물환율 970원이 행사가격 940원보다 높아 풋옵션의 행사를 포기하고 외환시장에서 $100만를 매도한다. 이때 현대자동차는 9.7억원(₩970×$100만)를 수령하고 풋옵션의 매입비용 0.1억원을 지출하여 총 9.6억원의 원화가 발생하여 ₩960/$의 환율로 미국달러를 매도한 효과와 같다.

(2) 환율이 하락한 경우

옵션의 만기일인 3월 18일 현물환율 900원이 행사가격 940원보다 낮아 풋옵션을 행사하여 미화 $100만를 매도한다. 이때 현대자동차는 풋옵션의 행사를 통해 얻은 9.4억원 중 풋옵션의 매입비용 0.1억원을 차감한 총 9.3억원의 원화가 발생하여 ₩930/$의 환율로 미국달러를 매도함으로써 채산성을 맞출 수 있게 된다.

제5절 통화옵션의 실제

1. 상한가격과 하한가격

통화콜옵션거래의 상한가격(ceiling price)은 현물콜옵션을 행사할 경우 콜옵션의 행사가격에 옵션가격인 콜옵션프리미엄을 가산한 가격을 말한다.

$$콜옵션 \ 상한가격 \ = \ 콜옵션 \ 행사가격 + 콜옵션프리미엄 \qquad (12.9)$$

통화풋옵션거래의 하한가격(floor price)은 현물풋옵션을 행사할 경우 풋옵션의 행사가격에서 옵션가격인 풋옵션프리미엄을 차감한 가격을 말한다.

$$풋옵션 \ 하한가격 \ = \ 풋옵션 \ 행사가격 - 풋옵션프리미엄 \qquad (12.10)$$

2. 옵션가격의 거래비용

콜옵션의 상한가격과 풋옵션의 하한가격을 계산할 경우 옵션매입시 지급시점과 옵션행사시 현금수지시점간에 시차가 존재한다. 따라서 지급된 옵션가격의 금리비용으로 기회비용이 고려되어야 하고, 옵션거래에 수반된 중개수수료 등 거래비용을 고려해야 한다는 점에 유의해야 한다.

여기서 옵션가격의 기회비용과 거래비용을 고려한 콜옵션의 상한가격은 식(12.11)과 같이 구할 수 있다. i는 지급프리미엄의 기회비용으로 금리수준을 나타내고, T는 프리미엄지급시점에서 옵션행사에 따른 결제시점까지의 시간을 나타낸다.

$$C = 콜옵션행사가격 + [프리미엄 + i \, (\frac{T}{360}) + 거래비용] \qquad (12.11)$$

동일한 방법으로 옵션가격의 기회비용과 거래비용을 고려한 풋옵션의 하한가격은 식(12.12)와 같이 구할 수 있다.

$$P = 풋옵션행사가격 - 프리미엄 + i \, (\frac{T}{360}) + 거래비용] \qquad (12.12)$$

핵·심·요·약

제1절 통화옵션의 개요

1. 통화옵션의 정의 : 특정통화를 기초자산으로 하며 통화옵션매입자는 만기일에 특정통화를 사전에 약정한 환율로 매입하거나 매도할 수 있는 권리가 있음

2. 통화옵션의 특징 : 선도환과 통화선물이 제공하지 못하는 선택권을 부여하여 다양한 헤지거래와 차익거래의 기회를 제공하는 새로운 환위험관리기법

3. 통화옵션의 종류

① 통화현물옵션 : 옵션매도자가 옵션매입자에게 일정금액의 특정통화를 최종거래일에 행사가격으로 매입 또는 매도할 수 있는 권리를 부여함

② 통화선물옵션 : 콜옵션매입자(풋옵션매입자)에게 행사가격으로 외국통화선물의 매입포지션(매도포지션)을 보유할 수 있는 권리가 부여됨

4. 통화옵션의 거래절차

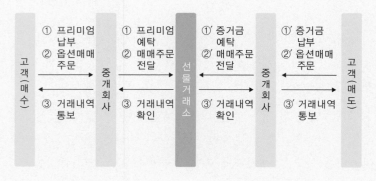

제2절 미국달러옵션의 개요

1. 미국달러옵션의 정의 : 미래의 특정시점에 미국달러를 옵션매입자와 옵션매도자가 현재시점에서 약정한 환율로 매입하거나 매도할 수 있는 권리가 부여된 계약

2. 미국달러옵션의 내용 : 기초자산은 미국달러, 옵션의 만기일에만 권리를 행사할 수 있는 유럽형옵션, 포지션의 결제방법은 현금결제방식

3. 미국달러옵션의 투자전략

① 미국달러 콜옵션 매입 : 환율이 상승할 것으로 예상되는 경우

② 미국달러 콜옵션 매도 : 환율이 하락하거나 보합으로 예상되는 경우

③ 미국달러 풋옵션 매입 : 환율이 하락할 것으로 예상되는 경우

④ 미국달러 풋옵션 매도 : 환율이 상승하거나 보합으로 예상되는 경우

제3절 통화옵션의 가격결정

1. 이항분포모형

$$C = \frac{PC_u + (1-P)C_d}{e^{rfT}}, \; P = \frac{e^{(rf-Rf)T} - d}{u-d}$$

2. 블랙숄즈모형

$$C = Se^{-RfT}N(d_1) - Ee^{-RT}N(d_2), P = Ee^{-RT}N(-d_2) - Se^{-RfT}N(-d_1)$$

제4절 통화옵션의 헤지거래

1. 콜옵션을 이용한 헤지거래

(1) 선물환매입에 의한 헤지 : 수입업자가 환위험을 완벽하게 회피할 수 있는 반면에 환율의 유리한 변동으로 얻을 수 있는 환차익을 포기해야 함

(2) 콜옵션매입에 의한 헤지 : 수입업자는 현물환율이 행사가격보다 상승하면 권리를 행사하고, 현물환율이 행사가격보다 하락하면 권리행사를 포기함

2. 풋옵션을 이용한 헤지거래

(1) 선물환매도에 의한 헤지 : 수출업자가 환위험을 완벽하게 회피할 수 있는 반면에 환율의 유리한 변동으로 얻을 수 있는 환차익을 포기해야 함

(2) 풋옵션매입에 의한 헤지 : 수출업자는 현물환율이 행사가격보다 하락하면 권리를 행사하고, 현물환율이 행사가격보다 상승하면 권리행사를 포기함

제5절 통화옵션의 실제

1. 상한가격과 하한가격

① 콜옵션 상한가격 = 콜옵션 행사가격 + 콜옵션프리미엄

② 풋옵션 하한가격 = 풋옵션 행사가격 − 풋옵션프리미엄

2. 옵션가격의 거래비용

① 콜옵션 상한가격 : $C = 콜옵션행사가격 + [프리미엄 + i(\frac{T}{360}) + 거래비용]$

② 풋옵션 하한가격 : $P = 풋옵션행사가격 - [프리미엄 + i(\frac{T}{360}) + 거래비용]$

문제 1. 다음 중 통화옵션에 대한 설명으로 옳은 것은?

① 달러표시채권을 가진 기업은 환위험을 헤지하기 위해 콜옵션을 매입한다.

② 기업이 옵션을 이용하여 헤지하는 경우에 옵션을 매도하는 것보다 옵션을 매입하는 것이 바람직하다.

③ 선물환과 달리 장내옵션이 장외옵션에 비해 거래가 활발하다.

④ 수입업자는 환율상승위험에 노출되어 있으므로 풋옵션을 매입한다.

해설 ① 외화채권을 가진 기업은 환위험을 헤지하기 위해 풋옵션을 매입한다.
③ 장외옵션이 거래소에서 거래되는 장내옵션에 비해 거래가 활발하다.
④ 수입업자는 환율상승위험에 노출되어 있으므로 콜옵션을 매입한다.

문제 2. 다음 중 통화옵션에 대한 설명으로 옳지 않은 것은?

① 미국으로 수출하는 기업이 원/달러 리스크를 헤지하려면 달러 풋옵션을 매입해야 한다.

② 원/달러 현물환율이 1,170원일 때 행사가격이 1,160원인 달러 콜옵션은 내가격옵션이다.

③ 원화가 달러에 대해 강세가 된다고 전망하면 달러 콜옵션을 매입해야 한다.

④ 일본에서 원자재를 수입하는 미국기업이 수입대금을 엔화로 결제할 경우 엔/달러 리스크를 헤지하려면 달러 풋옵션을 매입해야 한다.

해설 원화강세는 달러약세를 의미하여 달러가치 하락에 대비하여 달러 풋옵션을 매입해야 한다.

문제 3. 한국거래소에 상장된 미국달러옵션에 대한 설명으로 옳지 않은 것은?

① 현금결제방식으로 결제가 이루어진다.

② 만기에만 권리행사가 가능한 유럽형옵션이다.

③ 반대의견이 없는 경우 만기에 내가격옵션은 자동으로 행사된다.

④ 달러 콜옵션매입자는 달러를 지급하고 원화를 수취한다.

해설 달러 콜옵션매입자는 원화를 지급하고 달러를 수취한다.

문제 **4. 한국거래소에 상장된 미국달러옵션에 대한 설명으로 옳지 않은 것은?**

① 콜옵션매입자는 원화를 지불하고 달러를 수취한다.
② 콜옵션매도자는 원화를 수취하고 달러를 지불한다.
③ 풋옵션매입자는 원화를 지불하고 달러를 수취한다.
④ 권리행사시 거부요청이 없으면 내가격옵션은 자동으로 행사된다.

해설 풋옵션매입자는 원화를 수취하고 달러를 지급한다.

문제 **5. 달러표시채권 1백만달러를 보유하고 있는 기업이 환리스크를 헤지하기 위해 미달러옵션을 이용하는 경우에 바람직한 거래는?**

① 콜옵션 100계약 매입 ② 콜옵션 100계약 매도
③ 풋옵션 100계약 매입 ④ 풋옵션 100계약 매도

해설 미달러옵션은 계약단위가 1만달러이므로 헤지계약수는 100계약이다. 외화채권 보유자는 환율하락위험에 노출되어 있으므로 풋옵션을 매입해야 한다.

문제 **6. 3개월 후에 1백만달러를 수취할 예정인 기업이 환리스크를 헤지하기 위해 미달러옵션을 이용하는 경우에 바람직한 거래는?**

① 콜옵션 100계약 매입 ② 콜옵션 100계약 매도
③ 풋옵션 100계약 매입 ④ 풋옵션 100계약 매도

해설 미달러옵션은 계약단위가 1만달러이므로 헤지계약수는 100계약이다. 외환을 수취할 예정인 기업은 환율하락위험에 노출되어 있으므로 풋옵션을 매입해야 한다.

문제 **7. 다음 중 통화옵션 가격결정모형에 대한 설명으로 옳은 것은?**

① 국내이자율이 상승하면 콜옵션가격은 하락한다.
② 주가지수옵션과 마찬가지로 블랙–숄즈모형이 이용된다.
③ 외국이자율이 국내이자율보다 낮은 경우 풋옵션가격은 상승한다.
④ 옵션가격은 만기일 이전에는 항상 정(+)의 값을 가진다.

해설 ① 국내이자율이 상승하면 환율은 상승하여 콜옵션가격도 상승한다.
② 통화옵션은 블랙–숄즈모형을 수정한 가먼–콜하겐모형이 이용된다.
③ 외국이자율이 국내이자율보다 낮은 경우 환율은 상승하여 풋옵션가격은 하락한다.

문제 8. 다음 중 통화옵션 가격결정모형에 대한 설명으로 옳지 않은 것은?

① 시장의 선물환율이 현물환율 대신에 사용될 수 있다.

② 통화옵션은 블랙-숄즈모형을 수정한 가먼-콜하겐모형이 이용된다.

③ 입력변수로 외국통화의 이자율은 필요하지 않다.

④ 특정통화의 콜옵션은 상대통화의 풋옵션이 된다.

해설 입력변수로 외국통화의 이자율도 필요하다.

문제 9. 다른 모든 조건이 동일하다고 가정하여 국내이자율과 미국이자율이 한국거래소에서 거래되는 미국달러옵션에 미치는 영향에 대한 설명으로 옳지 않은 것은?

① 국내이자율이 상승하면 콜옵션가치는 상승한다.

② 국내이자율이 상승하면 풋옵션가치는 하락한다.

③ 미국이자율이 하락하면 콜옵션가치는 하락한다.

④ 미국이자율이 하락하면 풋옵션가치는 하락한다.

해설 국내이자율이 상승하면 콜옵션가치는 상승하고 풋옵션가치는 하락한다.
미국이자율이 하락하면 콜옵션가치는 상승하고 풋옵션가치는 하락한다.

문제 10. 행사가격 1,100원인 달러 풋옵션을 계약당 10원의 프리미엄을 주고 1계약 매입하였다. 외환시장에서 환율이 1,070원일 때 반대매매를 통해 포지션을 청산했다면 프리미엄을 고려한 거래손익은?

① 200,000원 이익

② 200,000원 손실

③ 300,000원 이익

④ 300,000원 손실

해설 거래손익 = (1,100-1,070-10)×10계약수×1만달러 = 200,000원 이익

문제 11. 달러표시채권 1백만달러를 보유한 투자자가 환율하락을 예상하여 행사가격 1,100원인 달러 풋옵션을 달러당 20원의 프리미엄을 주고 100계약을 매입하였다. 만기일에 환율이 1,140원으로 상승했다면 수취하는 금액은?

① 1,100백만원

② 1,120백만원

③ 1,160백만원

④ 1,180백만원

해설 달러당 순수취금액 = 1,140-20(프리미엄) = 1,120원
원화 순수취금액 = 1백만달러×1,120원 = 1,120백만원

문제 12. 서울기업은 3개월 후 수입대금 1백만달러를 결제해야 한다. 향후 환율상승위험을 헤지하기 위해 현물환율 1,120원, 콜옵션의 행사가격 1,120원, 달러당 옵션프리미엄 20원의 조건으로 거래한 경우에 옳지 않은 것은?

① 최대결제비용을 1,140백만원에 고정하는 효과가 있다.

② 3개월 후 환율이 급등하는 경우 손실이 무한대로 갈 가능성이 있다.

③ 달러선물을 이용한 헤지에 비해 비용 면에서 불리하다.

④ 달러선물매입을 통한 헤지와 달리 환율하락시 이익을 볼 수 있다.

해설 향후 환율이 급등하더라도 최대 결제비용은 1,140백만원으로 고정되며 환율하락 시 이익이 발생한다.

문제 13. 연세기업은 1개월 후에 미화 1백만달러의 수입대금이 필요하다. 현재 현물환율은 달러당 1,250원이나, 앞으로 환율상승을 우려하여 만기 1개월, 행사가격 1,200원/$인 미국달러 콜옵션(1계약=$10,000)을 달러당 80원의 프리미엄에 100계약을 매입하였다. 1개월 후 현물환율이 1,350원이라면 연세기업이 1백만달러를 결제하는데 소요되는 원화대금은?

① 12.8억원   ② 13.0억원

③ 14.2억원   ④ 15.2억원

해설 1달러당 결제비용(1,350원)−옵션행사이익(150원)+옵션프리미엄(80원) = 1,280원
1,280원×100계약×10,000 = 12.8억원

문제 14. 고려기업은 2개월 후에 미화 1백만달러의 수입대금이 필요하다. 현재 현물환율은 달러당 1,200원이나, 앞으로 환율상승에 대비하여 만기 2개월, 행사가격 1,200원/$인 미국달러 콜옵션(1계약=$10,000)을 달러당 30원의 프리미엄에 100계약을 매입하였다. 2개월 후 현물환율이 1,260원이라면 옵션의 권리행사를 고려한 고려기업의 총결제비용은?

① 11.4억원   ② 12.0억원

③ 12.3억원   ④ 12.9억원

해설 총결제비용 = 수입결제비용+옵션행사이익 = 12.3억원
수입결제비용 = $1,000,000×1,260원 = 12.6억원
옵션행사이익 = 30원×10,000×100계약 = 0.3억원

문제 15. 건국기업은 1개월 후에 미국 달러로 수입대금을 결제해야 한다. 현재 현물환율은 1,260원이다. 앞으로 환율상승에 대비하여 미국달러 콜옵션(행사가격 1,270원)을 25원에 매입하여 헤지한 경우에 옳은 설명은?

① 미국달러 상환비용을 1달러당 1,260원으로 고정하였다.

② 미국달러 상환비용을 1달러당 1,285원으로 고정하였다.

③ 미국달러 상환비용을 1달러당 1,245원으로 고정하였다.

④ 미국달러 상환비용을 1달러당 1,295원으로 고정하였다.

해설 현물 매도포지션 상태와 동일한 수입상이 헤지하기 위해 콜옵션을 매입하는 경우에 현물매도+콜옵션매입=풋옵션매입 손익구조와 동일하고, 이는 최고상환비용을 고정시킨다.
최고상환비용 = 행사가격+콜옵션프리미엄 = 1,270원+25원 = 1,295원

문제 16. 홍익기업은 1개월 후에 1백만달러 수출대금을 수취할 예정이다. 홍익기업은 달러약세를 우려하여 미국달러 풋옵션(행사가격 1,280원) 100계약을 프리미엄 15원에 매입하여 헤지한 경우에 옳은 설명은?

① 미국달러 최고매도가격을 1달러당 1,280원에 고정하였다.

② 미국달러 최저매도가격을 1달러당 1,280원에 고정하였다.

③ 미국달러 최고매도가격을 1달러당 1,265원에 고정하였다.

④ 미국달러 최저매도가격을 1달러당 1,265원에 고정하였다.

해설 현물 매입포지션 상태와 동일한 수출상이 헤지하기 위해 풋옵션을 매입하는 경우에 현물매입+풋옵션매입=콜옵션매입 손익구조와 동일하고, 이는 최저매도가격을 고정시킨다.
최저매도가격 = 행사가격-풋옵션프리미엄 = 1,280원-15원 = 1,260원

문제 17. 단국기업은 2개월 후에 1백만달러 수출대금을 수취할 예정이다. 현재 현물환율은 1,260원이나, 앞으로 환율하락에 대비하여 만기 2개월 미국달러 풋옵션(행사가격 1,250원)을 10원의 프리미엄을 주고 100계약을 매입하였다. 2개월 후 현물환율이 1,242원일 경우에 프리미엄을 고려한 순원화수취금액은?

① 1,240,000,000원 ② 1,242,000,000원

③ 1,250,000,000원 ④ 1,260,000,000원

해설 2개월 후에 현물환율이 1,242원이면 풋옵션의 권리행사가 이루어질 것이다.
1$ 수취금액 1,242원+8원(옵션행사이익)-10원(프리미엄지불) = 1,240원
1,240원×1,000,000원/$ = 1,240,000,000원

문제 18. 다음 중 장외시장에서 미달러 콜옵션을 매입하는 경우와 동일한 결과를 가져 오는 것은?

① 원화 콜옵션 매입　　　　② 원화 콜옵션 매도

③ 원화 풋옵션 매입　　　　④ 원화 콜옵션 매도

해설 통화옵션은 두 개의 환율과 관계되어 특정 통화의 콜옵션 매입은 상대 통화의 풋옵션 매입 과 동일한 효과가 있다.

문제 19. 앞으로 환율의 움직임이 안정적일 경우에 적절한 옵션전략은?

① 버터플라이 매입, 스트래들 매도　　② 버터플라이 매도, 스트래들 매도

③ 버터플라이 매입, 스트래들 매입　　④ 버터플라이 매입, 스트랭글 매입

해설 향후 환율이 안정적인 경우에는 버터플라이 매입, 스트래들 매도의 경우에 이익이 발생한다.

문제 20. 다음 중 환리스크 헤지거래와 관련된 설명으로 옳지 않은 것은?

① 수입상이 콜옵션을 매입하여 환리스크를 헤지한 경우에 달러당 결제비용은 행사 가격에 프리미엄을 가산한다.

② 수출상이 풋옵션을 매입하여 환리스크를 헤지한 경우에 달러당 결제비용은 행사 가격에서 프리미엄을 차감한다.

③ 수입상은 콜옵션을 매입하여 환리스크를 헤지한 경우에 최저 결제금액을 설정할 수 있다.

④ 수출상은 풋옵션을 매입하여 환리스크를 헤지한 경우에 콜옵션의 매입과 동일한 손익구조를 가진다.

해설 수입상은 콜옵션을 매입하여 환리스크를 헤지한 경우 최고결제금액을 설정할 수 있다.

정답

1.② 2.③ 3.④ 4.③ 5.③ 6.③ 7.④ 8.③ 9.③ 10.①
11.② 12.② 13.① 14.③ 15.④ 16.④ 17.① 18.③ 19.① 20.③

장외옵션

옵션은 거래장소에 따라 장내옵션과 장외옵션, 계약조건에 따라 표준옵션과 이색옵션, 만기의 장단에 따라 단기옵션과 장기옵션으로 구분된다. 만기가 1년 이상인 장외옵션은 다기간옵션의 형태에 속하고 금융공학에 의해 개발된 금융상품으로 상품, 개별주식, 주가지수, 통화, 이자율, 채권 등의 거래에 활용되고 있다.

제1절 이색옵션의 개요

최초의 배리어옵션(barrier option)이 1960년대에 도입되었을 때에는 부티크옵션(boutique option), 디자이너옵션(designer option)이라고 불렸다. 이색옵션은 1990년 M. Rubinstein의 'Exotic options'이라는 논문에서 유래되었고, 당시의 부티크옵션들을 블랙숄즈옵션모형에 근거하여 가치평가를 시도했다.

1. 이색옵션의 의의

이색옵션(exotic option)은 전통적인 표준옵션의 계약조건이나 속성 중 한 가지 이상을 변형시켜 창출한 차세대 옵션으로 현실적인 필요성에 따라서 다양하게 개발되며 위험관리의 수단으로 주로 사용된다. 이색옵션은 외관상 그럴듯해 보이지만 시장성이 불투명하여 현실에 적용되지 않은 것도 많다.

이색옵션은 시장참가자가 원하는 어떤 구조로도 구성이 가능하여 시간의 흐름에 연동되어 있거나 손익구조의 연속성이 없기도 하고 손익의 상하한이 있거나 여러 자산의 포트폴리오를 대상으로 한다. 그리고 옵션의 만기일까지 기초자산의 변화가 어떤 형태인가에 의해 가치가 결정되기도 한다.

이색옵션을 이용하는 주된 수요자에는 우선적으로 투자자, 투자자문사, 자산운용사, 파생상품 딜러가 있고 다음은 일반금융기관과 비금융기관 등을 들 수 있다. 이들은 대부분 투자수익률의 제고, 주문형 상품으로 가격변동위험의 헤지 그리고 옵션거래에 따른 비용절감을 위해 이용하고 있다.

이색옵션은 대부분 주문형 상품으로 장외시장용으로 다양하게 개발되어 파생상품시장에 위험헤지의 유연성 제고, 가격변수에 대한 전망의 고도로 구조화된 표현, 옵션관련 위험관리에 대한 인식의 제고 그리고 주요변수간의 상관관계 같은 위험자산의 거래용이에 혁신적인 기여를 하였다.

2. 이색옵션의 유형

이색옵션은 옵션의 만기일에 손익구조가 표준옵션과 다른 유형의 장외옵션으로 현실적인 필요성에 의해 개발되고 있으나 주로 위험관리수단으로 사용되고 있다. 이색옵션은 제각기 성질이 다양하지만 크게 계약변형옵션, 시간종속옵션, 경로종속옵션, 다중요소옵션 그리고 복합옵션으로 분류할 수 있다.

(1) 계약변형옵션

계약변형옵션은 표준옵션의 거래조건이나 속성 중 한 가지 이상을 변형시킨 옵션을 말한다. 이러한 범주에 속하는 계약변형옵션은 대부분 장외상품으로 개발되고 있으며 그 종류도 무척 다양하다. 여기서는 버뮤다옵션, 디지털옵션, 조건부후불옵션, 선택자옵션, 풋콜선택옵션에 대해 살펴본다.

1) 버뮤다옵션

버뮤다옵션(Bermuda option)은 옵션의 잔존만기 중에서 특정 날짜에만 권리행사가 가능한 옵션을 말한다. 즉 옵션의 만기일에만 권리행사가 가능한 유럽형 옵션과 옵션의 만기일 이전에 언제든지 권리행사가 가능한 미국형 옵션을 절충한 옵션으로 준미국형옵션(Semi-American option)이라고도 한다.

버뮤다옵션은 유럽형 옵션과 미국형 옵션의 중간형태로 볼 수 있다. 버뮤다옵션의 프리미엄은 유럽형 옵션의 프리미엄보다는 비싸고 미국형 옵션의 프리미엄보다는 저렴하다. 그리고 스왑계약의 경우처럼 특정 시점에서만 현금흐름이 발생할 때 이들 시점에서의 리스크를 헤지하는 데 활용될 수 있다.

버뮤다옵션은 상환청구권부채권을 발행한 차입자가 투자자의 상환청구위험에 대비하기 위해 스왑계약을 체결한다. 투자자가 발행자에게 채권을 되사도록 요구하면 발행자는 채권상환을 요구할 수 있는 날짜와 동일하도록 약정된 행사가능일이 경과할 때마다 기초스왑의 만기가 줄어드는 버뮤다식 스왑션을 사용한다.

2) 디지털옵션

패키지옵션(package option)은 표준옵션의 조합으로 구성되어 개별옵션의 수익은 만기일에 기초자산가격이 행사가격대비 얼마나 상승했느냐 또는 하락했느냐에 따라 결정된다. 예컨대 콜옵션의 수익은 $Max[S_T - E, 0]$로 주어지므로 만기일에 기초자산가격이 행사가격에 비해 상승하면 상승할수록 수익이 커진다.

디지털옵션(digital option)은 기초자산의 가격에 따라 손익이 결정되지 않고 옵션이 내가격상태가 되면 약정된 금액을 지급받고 조건을 만족하지 못하면 수익이 0이 되는 옵션을 말한다. 즉 기초자산의 가격이 정해진 행사가격에 도달하면 사전에 약정된 금액이 지급되지만 도달하지 않으면 아무것도 지급되지 않는다.

따라서 디지털콜옵션의 경우에는 옵션의 만기일에 환율이 사전에 정해진 행사가격 이상으로 상승하면 1을 주고 행사가격에 도달하지 못하면 0을 주는, 즉 옵션의 가치가 소멸되는 옵션이다. 반대로 디지털풋옵션은 만기일의 환율이 행사가격 이하로 하락하면 1을 주고 그렇지 않으면 0을 주는 옵션이 된다.

디지털옵션의 유형에는 옵션의 만기일에 조건을 만족하면 약정된 금액이 지급되는 올오어낫싱(all or nothing) 방식과 옵션의 만기일까지 한번만 조건을 만족하면 약정된 금액이 지급되는 원터치(one touch) 방식으로 구분된다. 올오어낫싱 방식은 옵션만기일에 내가격상태인 경우에만 약정된 금액을 지급한다.

약정금액이 고정된 경우를 캐시오어낫싱(cash or nothing) 방식이라 하고, 기초자산과 동일한 금액을 지급하는 경우를 에셋오어낫싱(asset or nothing) 방식이라 한다. 캐시오어낫싱 방식은 만기일에 기초자산이 얼마만큼 내가격상태에 있는가는 의미가 없고, 내가격이냐 아니냐만이 의미가 있는 수익구조이다.

따라서 디지털옵션의 경우에는 손익이 옵션만기일의 기초자산가격이 행사가격보다 높은가 낮은가에 달려 있으며 얼마나 높거나 낮은가는 관계가 없다. 디지털옵션의 만기손익은 [그림 13-1]과 같이 제시할 수 있으며, 투자자의 시장에 대한 예측을 전제로 할 때 투자효과가 극대화될 수 있다.

| 그림13-1 | 디지털옵션의 손익 |

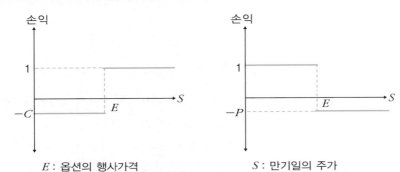

E : 옵션의 행사가격
C : 디지털 콜옵션의 프리미엄
S : 만기일의 주가
P : 디지털 풋옵션의 프리미엄

3) 후불옵션

후불옵션(pay-later option)은 옵션이 행사되는 경우에만 프리미엄을 지불하는 옵션을 말한다. 따라서 옵션만기일에 옵션이 내가격상태에 있으면 내재가치가 프리미엄보다 적더라도 반드시 권리를 행사해야 하는 반면에 옵션이 외가격상태에 있으면 권리의 행사가 이루어지지 않고 프리미엄도 지급되지 않는다.

이는 보험기간에 보험금 지급이 발생하지 않으면 보험료를 지불하지 않는 자동차보험에 비유할 수 있다. 한편 조건부후불옵션을 매입하는 것은 표준옵션을 매입하는 동시에 표준옵션의 프리미엄과 같도록 프리미엄이 설정되고 정액수수금액이 적절히 조정된 올오어낫싱 방식의 정액수수옵션을 매도하는 것과 같다.

후불옵션의 손익구조는 [그림 13-2]와 같다. 옵션매도자가 프리미엄을 받을 수 없는 경우도 있어 표준옵션보다 프리미엄이 비싸다. 만기일에 기초자산가격이 하락하면 옵션매입자는 프리미엄을 지불하지 않는다. 그러나 기초자산가격이 상승하면 옵션은 자동적으로 행사되고 매입자는 프리미엄을 지불해야 한다.

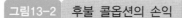

그림13-2 후불 콜옵션의 손익

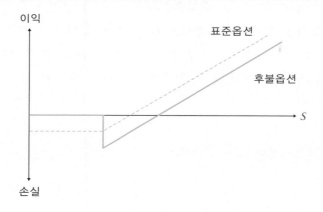

4) 파워옵션

파워옵션(power option)은 옵션의 만기일에 내재가치를 기초자산가격과 행사가격 간의 단순한 차이로 계산하지 않고 이 차이를 복수 제곱한 값 또는 기초자산가격의 복수 제곱한 값과 행사가격간의 차이로 산출하는 옵션을 말한다. 따라서 표준옵션에 비해 이익발생시 그 규모를 대폭 높이려는 목적에서 고안되었다.

파워옵션은 기초자산의 가격이 유리하게 변동할 경우에 동일한 변동폭에 대한 투자수익이 표준옵션에 비해 기하급수적으로 증가한다. 금융자산의 가격변동위험에 대한 전통적 헤지대상은 선형(linear) 위험이다. 이러한 위험에 대한 경제적 노출을 헤지하기 위해서는 파워옵션이 전통적인 표준옵션보다 효과적이다.

(2) 경로종속옵션

경로종속옵션(path-dependent option)은 옵션의 최종손익이 만기일의 기초자산의 가격에 의해 결정되는 것이 아니라 만기일까지 기초자산의 가격경로에 종속되는 옵션을 말한다. 여기서는 평균가격옵션, 행사가격평균옵션, 룩백옵션, 래칫옵션, 래더옵션, 사우트옵션, 장애옵션에 대해 살펴본다.

1) 평균가격옵션

평균가격옵션(average-price option)은 일정기간 기초자산가격의 평균값을 계산하여 이를 기초자산가격으로 결정하는 옵션으로 아시안 옵션(Asian option)이라고도 한다. 만기일의 기초자산가격을 사용하는 표준옵션과 달리 평균가격옵션은 일정기간 기초자산가격의 평균을 사용하여 프리미엄이 저렴하다.

평균가격옵션은 일정기간 동안 기초자산가격의 평균을 계산하기 위해 일별, 주별, 월별 또는 사전에 설정한 가격자료를 사용할 수 있으며 대상기간도 옵션의 만기일까지 전체기간 또는 특정기간을 사용할 수 있다. 그리고 평균값을 구하는 방법도 산출평균 또는 기하평균 등 다양한 방식을 이용할 수도 있다.

요컨대 평균가격옵션은 일정기간 동안의 기초자산의 가격과 행사가격의 차이에 의해 손익이 결정되는 옵션을 말하며 콜옵션과 풋옵션의 매입에 따른 만기가치는 다음과 같이 결정된다. 여기서 S_{avg}는 계약상에 지정된 일정기간 동안의 기초자산의 평균가격이며, E는 옵션의 행사가격에 해당한다.

$$평균가격\ 콜옵션의\ 만기손익\ =\ Max[S_{avg}-E,0] \tag{13.1}$$
$$평균가격\ 풋옵션의\ 만기손익\ =\ Max[E-S_{avg},0] \tag{13.2}$$

일정기간 기초자산가격의 평균은 만기일의 기초자산가격에 비해 상대적으로 안정적이어서 옵션가격결정모형에 대입되는 변동성의 값이 작아지기 때문에 평균가격옵션의 프리미엄은 표준옵션의 프리미엄보다 작다. 따라서 아시안옵션은 미래 특정시점보다 일정기간의 가격위험에 노출된 기업이 헤지하는 방법으로 활용된다.

예컨대 강동기업은 미국기업과 정기적으로 수출계약을 하고 매월 말일에 달러로 결제하는 경우 기초자산가격이 월간 평균환율에 의해 결정되는 평균환율 달러 풋옵션을 매입하고 수출대금은 받는 즉시 원화로 환전하는 위험관리전략을 선택할 수 있다. 이때 일정기간의 평균환율의 변동성이 일별환율의 변동성보다 낮기 때문에 평균환율옵션의 프리미엄은 표준옵션의 프리미엄보다 낮다는 장점이 있다.

　　반면에 서강기업은 미국에서 일정한 규모의 물품을 정기적으로 수입하고 대금을 미달러로 결제할 예정이라고 가정하자. 서강기업이 수입대금을 결제하기 위해 소요되는 달러가치의 상승위험을 헤지하기 위해서는 각각의 거래에 대해서 개별적으로 원/달러 콜옵션을 매입하는 방법도 있으나, 1년간의 평균환율을 일정수준 이하로 보장하는 평균환율 콜옵션을 매입하는 방법도 고려할 수 있을 것이다.

2) 행사가격평균옵션

　　행사가격평균옵션(average−strike option)은 일정기간 동안의 기초자산가격의 평균을 활용한다는 측면에서 평균가격옵션과 유사하다. 하지만 행사가격평균옵션은 기초자산의 평균가격이 행사가격으로 설정되고 옵션의 수익은 옵션만기일 기초자산의 가격과 행사가격의 차액으로 결정된다.

　　따라서 행사가격평균옵션은 일정기간 동안의 기초자산의 평균가격이 행사가격이되는 옵션을 말하며 콜옵션과 풋옵션의 매입에 따른 만기가치는 다음과 같이 결정된다. 여기서 S_T는 옵션만기일의 가초자산의 가격이고, S_{avg}는 계약상에 지정된 일정기간 동안의 기초자산의 평균가격이다.

$$\text{행사가격평균 콜옵션의 만기손익} = Max[S_T - S_{avg}, 0] \tag{13.3}$$

$$\text{행사가격평균 풋옵션의 만기손익} = Max[S_{avg} - S_T, 0] \tag{13.4}$$

3) 룩백옵션

　　룩백옵션(lookback option)은 옵션의 만기일에 행사가격을 결정한다는 측면에서 평균행사격옵션과 유사하다. 그러나 기초자산의 평균가격을 행사가격으로 설정하는 평균행사가격옵션과 달리 룩백옵션은 옵션의 만기일까지 기초자산가격 중 옵션매입자에게 가장 유리한 가격을 행사가격으로 결정하는 옵션이다.

　　따라서 룩백콜옵션은 옵션의 만기일까지 최저 기초자산가격이 행사가격이 되고, 룩백풋옵션은 만기일까지 최고 기초자산가격이 행사가격이 된다. 룩백옵션은 미국형옵션에 비해 유리하다고 할 수 있다. 왜냐하면 룩백옵션을 매입하면 옵션행사의 최적시기를 놓치지 않을까 염려할 필요가 전혀 없기 때문이다.

$$\text{룩백 콜옵션의 만기손익} = Max[S_T - S_{low}, 0] \tag{13.5}$$

$$\text{룩백 풋옵션의 만기손익} = Max[S_{high} - S_T, 0] \tag{13.6}$$

| 표 13-1 | 룩백옵션의 손익 |

구　분	손익
콜 룩백	만기 기초자산가격 − 회고기간 중 가장 낮은 가격
풋 룩백	만기 기초자산가격 − 회고기간 중 가장 높은 가격

　요컨대 룩백옵션은 항상 가능한 최선의 가격으로 행사가 이루어질 뿐만 아니라 만기일에 외가격상태가 되는 경우도 거의 없다. 따라서 최악의 경우라고 해봐야 콜옵션(풋옵션)은 옵션만기일에 가격이 만기일까지 기간에 최저치(최고치)를 기록하여 룩백옵션이 등가격상태가 되는 정도이다.

　이처럼 룩백옵션의 수익은 표준옵션의 수익보다 항상 크기 때문에 프리미엄이 표준옵션보다 높게 형성될 수밖에 없어 실제로 현실에서는 사용되기 어렵다. 또한 룩백옵션의 수익양상과 부합되는 위험에 노출되어 있는 경우를 현실에서는 찾아 볼 수 없으므로 룩백옵션의 실용가능성은 낮은 편이다.

　룩백옵션의 원리는 시간이 경과한 후에 가장 높은 수익을 투자자에게 제공하기 위함이며 두 가지 형태를 띤다. 하나는 옵션의 행사가격은 이미 고정되어 있고 결제가격은 옵션의 기간이 경과한 후에 결정되고, 다른 하나는 결제가격은 만기일의 기초자산가격이고 행사가격은 완전히 지난 뒤에 결정된다.

　룩백옵션은 다음과 같은 네 가지 형태가 존재한다. 행사가격과 옵션의 기간 동안 가장 높았던(낮았던) 기초자산가격의 차이를 지급하는 고정 행사가격 콜(풋) 룩백, 옵션, 만기일의 기초자산가격과 옵션의 기간 동안 가장 낮은(높은) 기초자산가격의 차이를 지급하는 부정 행사가격 콜(풋) 룩백옵션이 있다.

| 그림13-3 | 룩백 콜옵션의 만기가치 |

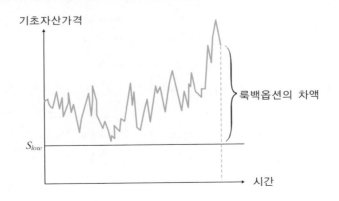

4) 래칫옵션

래칫옵션(ratchet option)은 처음에 설정된 행사가격이 사전에 정해진 몇몇 시점에서 당시의 시장가격과 동일하도록 재확정되는 옵션을 말하며 클리켓옵션(cliquet option)이라고도 한다. 이때 내가격상태이면 실현된 내재가치가 지급되고 외가격상태이면 현금흐름은 없이 행사가격만 재확정된다.

래칫옵션은 옵션의 잔존기간에 일정시점마다 행사가격을 주기적으로 재설정하는 옵션을 말한다. 즉 다음 행사시점의 행사가격이 이전 행사시점의 기초자산가격에 일정한 비율을 곱해서 결정된다. 따라서 래칫옵션은 미래의 일정시점에 새로운 행사가격이 정해지는 선도옵션의 시리즈로 구성되어 있다.

선도옵션의 행사가격은 옵션만기일 이전 일정시점에 기초자산가격에 일정한 숫자 (α)를 곱해 설정한다. 만약 $\alpha = 1$이면 옵션은 미래의 일정시점에 등가격으로 시작하고, $\alpha < 1$이면 콜옵션(풋옵션)은 $\alpha - 1\%$ 내가격(외가격)으로 시작하며, $\alpha > 1$이면 콜옵션(풋옵션)은 $\alpha - 1\%$ 외가격(내가격)으로 시작한다.

래칫옵션은 매기 결정되는 주가지수에 의해 콜옵션의 손익이 결정되는 주가지수 연계상품에서 옵션의 잔존기간 동안 일정한 시점(예컨대 1년 주기)마다 그 시점의 주가지수가 새로운 행사가격으로 내재되어 있다면 투자기간 동안 주가지수의 변동폭이 크더라도 중간에 발생하는 이익을 축적할 수 있다.

5) 래더옵션

래더옵션(ladder option)은 사전에 몇 가지 기초자산의 가격을 설정하여 기초자산의 가격이 사전에 설정한 일련의 계단가격에 도달할 때마다 이에 맞춰 행사가격이 재확정되고 실현된 내재가치가 지급되는 옵션을 말한다. 따라서 래더옵션은 행사가격이 등가격 상태로 재확정된다는 점에서는 클리켓옵션과 유사하다.

래더옵션은 기초자산의 가격이 어떤 수준만큼 올라갈 경우에 수익을 확정하고 기초자산가격의 상방에 대한 추가적인 노출을 원하는 투자자들을 위해 설계되었다. 이러한 유형의 옵션은 상방으로 무제한적인 수익을 제공하는 동시에 일정한 조건을 충족하면 일정한 수익이 확정되는 원금보장형 상품으로 구성된다.

래더옵션의 수익구조는 복잡하나 리베이트가 있는 아웃 콜들을 행사가격이 높은 것들의 연속으로 하는 배리어옵션을 이용하면 가격을 구할 수 있다. 이때 녹아웃 콜의 행사가격은 이전 녹아웃 콜의 배리어 수준과 일치하고 리베이트는 확정되는 수익과 일치하며 행사가격이 가장 높은 콜은 녹아웃 수준을 갖지 않는다.

한편 옵션의 기초자산에 대한 가격경로가 대부분 기초자산가격의 배리어 터치를 예상하고 있기 때문에 녹아웃 콜의 시간가치는 배리어에서 가장 작다. 그리고 배리어 수준에서 녹아웃 콜의 리베이트가 내재가치에 일치하기 때문에 옵션가격의 불연속성은 배리어를 넘어서면서 최소가 된다.

배리어 근처에서 옵션가격의 차이가 매우 작기 때문에 트레이더는 배리어 시프트를 아주 작게 적용할 필요가 있다. 또한 옵션의 기간 동안 녹아웃 발생에 관계없이 녹아웃 콜에 대해 매도포지션인 트레이더는 배리어 근처에서 기초자산을 매도하거나 기초자산에 아무것도 하지 않아야 한다.

표 13-2 래더옵션의 손익

구 분	손익
콜 래더	만기일 기초자산가격 − 터치한 사다리가격 중 가장 낮은 가격
풋 래더	만기일 기초자산가격 − 터치한 사다리가격 중 가장 높은 가격

6) 샤우트옵션

샤우트옵션(shout option)은 행사가격이 사전에 정해진 날짜에 재확정되는 클리켓옵션이나 사전에 정해진 가격에서 재확정되는 래더옵션과 달리 옵션매입자가 아무 때나 자신에게 유리하다고 판단되는 시점에 샤우트함으로써 실현된 내재가치를 지급받고 행사가격을 등가격상태로 재확정할 수 있는 옵션을 말한다.

예컨대 초기의 행사가격이 50인 샤우트 콜옵션이 있다고 가정하자. 기초자산의 가격이 55가 되었을 때 샤우트하게 되면, 일단 5(=55−50)의 이익이 보증된다. 그 이후 옵션의 만기일에 기초자산의 가격이 60까지 올랐다면 새로운 행사가격 55와 만기일의 기초자산의 가격간의 차액인 5(=60−55)가 추가로 지급된다.

7) 배리어옵션

배리어옵션(barrier option)은 옵션의 계약기간 동안 현물가격이 지정된 촉발가격(trigger price)에 도달하면 옵션의 효력이 소멸되거나 발생하는 옵션을 말한다. 흔히 옵션의 효력이 소멸되는 옵션을 녹아웃옵션(knock-out option)이라 하고 옵션의 효력이 발생하는 옵션을 킥인옵션(kick-in option)이라고 부른다.

배리어옵션은 옵션의 만기일까지 옵션의 효력이 발생하지 않고 소멸될 가능성이 있어 표준옵션보다 프리미엄이 낮다. 이론적으로 녹아웃옵션과 킥인옵션의 프리미엄의 합은 표준옵션의 프리미엄의 합과 동일하다. 왜냐하면 넉아웃옵션과 킥인옵션의 효력발생 기간을 합하면 표준옵션의 전체효력기간과 같아지기 때문이다.

    콜옵션은 촉발가격을 계약시점의 기초자산가격보다 낮게 설정하므로 가격하락시 무효콜(down and out call)과 가격하락시 유효콜(down and in call)이 가능하다. 풋옵션은 촉발가격을 계약시점의 기초자산가격보다 높게 설정하므로 가격상승시 무효풋(up and out put)과 가격상승시 유효풋(up and in put)이 가능하다.

    배리어가 한쪽에만 있는 경우를 싱글배리어옵션이라 하고, 양쪽에 있는 경우를 더블배리어옵션이라고 한다. 이러한 배리어 조건이 발효되는 기간을 옵션의 만기까지 전체기간으로 설정하지 않고 부분기간에 대해서만 설정한 경우가 있는데 이를 윈도우(window) 배리어옵션이라고 한다.

    배리어옵션이 녹아웃(Knock-out)될 경우 배리어옵션 매입자가 일종의 위로금같이 미리 약정한 환불금을 지급받도록 거래하는 경우도 있는데 이를 리베이트(rebate)라고 한다. 이러한 리베이트는 일반적으로 내가격 상태(ITM)에서 배리어의 작동으로 옵션가치가 소멸하는 경우에 적용된다.

    녹아웃 배리어옵션에는 가격이 상승하는 경우 무효콜(up and out call)과 가격이 하락하는 경우 무효풋(down and out put) 두 가지가 있다. 이들은 환율이 배리어에 근접하면 감마가 폭발적으로 증가하고 변동성 증가는 옵션가치를 상승시키므로 표준옵션과 매우 상이한 속성을 갖는다.

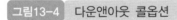

그림13-4 다운앤아웃 콜옵션

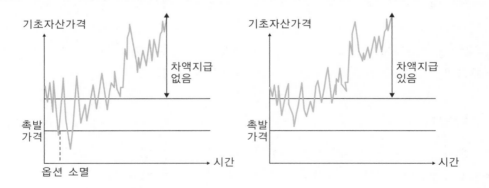

(3) 시간종속옵션

    시간종속옵션(time dependent option)은 옵션의 세부조건이 사전에 결정되는 것이 아니라 옵션매입자가 사후적으로 선택할 수 있거나 일정 시간이 경과한 후에 결정되는 옵션을 말한다. 따라서 옵션계약의 시작시점이 현재가 아닌 미래시점이 되는 것이 보통이다. 여기서는 선택자옵션과 선도옵션에 대해서 살펴본다.

1) 선택자옵션

선택자옵션(chooser option)은 옵션매입자에게 옵션의 계약시점에 콜옵션 또는 풋옵션을 사전에 결정하지 않고 미래의 특정시점에 콜옵션과 풋옵션 중에서 하나를 선택할 수 있는 권리가 부여된 옵션을 말한다. 그런데 선택자옵션은 옵션가격을 산출하기가 매우 어렵기 때문에 이색옵션으로 분류된다.

콜옵션과 풋옵션의 행사가격은 동일하지만 반드시 동일해야 하는 것은 아니다. 선택자옵션이 동일한 행사가격을 가질 경우 간단한 선택자옵션으로 불리는 반면에 행사가격이나 만기일이 상이할 경우 복잡한 선택자옵션으로 불린다. 선택자옵션은 스트래들에 대해 지불해야 할 프리미엄보다 작은 프리미엄을 투자한다.

왜냐하면 스트래들 매입자는 만기일까지 콜옵션과 풋옵션을 보유해야 하지만 선택자옵션매입자는 미래의 특정시점까지 보유한 후에 그때의 상황에 따라 콜옵션과 풋옵션 중에서 하나를 선택하면 되기 때문에 선택자옵션의 매입자는 스트래들 매입자와 손익선이 비슷하나 비용 면에서는 스트래들 매입자보다 유리하다.

① 단순 선택자옵션

단순 선택자옵션(simple chooser option)은 옵션매입자가 미래의 일정시점에 서로 동일한 행사가격과 만기를 가진 평범한 콜옵션과 풋옵션 중에서 하나를 선택할 수 있는 옵션을 말한다. 단순 선택자옵션의 손익은 다음과 같이 제시할 수 있다.

$$\text{단순 선택자옵션의 가치} = Max[C(E, T-t), P(E, T-t):t] \qquad (13.7)$$

식(13.7)에서 T는 두 옵션의 잔존만기이고, t는 콜옵션과 풋옵션에 대한 선택권이 행사되는 시점이다. $C(E, T-t)$와 $P(E, T-t)$는 각각 행사가격이 E이고 잔존만기가 $T-t$인 콜옵션과 풋옵션이다.

② 복합 선택자옵션

복합 선택자옵션(complex chooser option)은 옵션매입자가 행사가격과 잔존만기가 서로 다른 콜옵션과 풋옵션 중에서 하나를 선택할 수 있는 옵션을 말한다. 복합 선택자옵션의 손익은 다음과 같이 제시할 수 있다.

$$\text{복합 선택자옵션의 가치} = Max[C(E_1, T_1 - t), P(E_2, T_2 - t) : t] \qquad (13.8)$$

식(13.8)에서 E_1과 T_1은 콜옵션의 행사가격 및 만기일이고, E_2과 T_2은 풋옵션의 행사가격 및 만기일이다.

2) 선도옵션

선도옵션(forward option)은 옵션의 만기일에 기초자산의 가격을 새로운 행사가격으로 하고 만기일은 그 시점으로부터 일정기간 후에 등가격옵션이 주어지는 옵션으로 지연옵션(delayed option)이라고도 한다. 이때 행사가격은 옵션의 만기일 이전에 기초자산의 가격에 일정한 숫자(α)를 곱해 설정한다.

만약 $\alpha = 1$이면 옵션은 미래의 일정시점에 등가격으로, $\alpha < 1$이면 콜옵션(풋옵션)은 $\alpha - 1\%$ 내가격(외가격)으로, $\alpha > 1$이면 콜옵션(풋옵션)은 $\alpha - 1\%$ 외가격(내가격)으로 시작한다. 행사가격이 사전에 정해지지 않고 미래의 일정시점에 새로운 행사가격이 결정되는 선도콜옵션가격(C)과 선도풋옵션가격(P)은 다음과 같이 결정된다.

$$C = S[N(d_1) - \alpha e^{-Rf(T-t)}N(d_2)] \qquad (13.9)$$
$$P = S[\alpha e^{-Rf(T-t)}N(-d_2) - N(-d_1)] \qquad (13.10)$$

$$d_1 = \frac{\ln(1/\alpha) + (R_f + \sigma^2/2)(T-t)}{\sigma\sqrt{T-t}}$$

$$d_2 = \frac{\ln(1/\alpha) + (R_f - \sigma^2/2)(T-t)}{\sigma\sqrt{T-t}} = d_1 - \sigma\sqrt{T-t}$$

(4) 다중요소옵션

표준옵션은 하나의 기초자산을 대상으로 하는 반면에 다중요소옵션(multi-factor option)은 옵션의 최종손익이 복수의 기초자산가격에 의해서 결정되는 옵션을 말한다. 여기서는 무지개옵션(rainbow option), 바스켓옵션(basket option), 스프레드옵션(spread option) 그리고 콴토옵션(quanto option)에 대해 살펴본다.

1) 무지개옵션

무지개옵션(rainbow option)은 두 가지 이상의 기초자산가격 중에서 옵션매입자에

게 가장 유리한 가격을 최종 기초자산가격으로 결정하는 옵션을 말한다. 따라서 무지개
콜옵션의 손익은 두 가지 이상의 기초자산가격 중에서 가장 높은 가격에 의해 결정되고
무지개풋옵션에는 가장 낮은 가격을 적용한다.

$$n-\text{color best rainbow 옵션의 가치} = Max[S_1^T, S_2^T, S_3^T \cdots, S_n^T, E] \quad (13.11)$$

일반적으로 무지개옵션에 포함되는 기초자산은 대부분 동일하지만 드물게 서로 다
른 자산이 포함되기도 한다. 기초자산이 동일한 경우에는 주가지수의 수익률을 기초자산
으로 하는 무지개옵션이 있고, 기초자산이 상이한 경우에는 주가지수의 실적과 채권의
실적을 포함시킨 무지개옵션을 들 수 있다.

2) 바스켓옵션

바스켓옵션(basket option)은 무지개옵션의 변형으로 개별자산의 가치에 대해서가
아니라 두 가지 이상의 특정한 자산으로 구성된 그룹의 총가치에 근거하여 수익이 결정
되며 포트폴리오이론을 응용한 옵션에 해당한다. 따라서 바스켓옵션의 손익은 다음과 같
이 나타낼 수 있다.

$$Max\left[\sum_{i=0}^{n} W_i S_i^T - E, 0\right] \quad (13.12)$$

식(13.12)에서 $S_1^T, S_2^T, S_3^T, \cdots, S_n^T$은 n개의 서로 다른 기초자산의 만기일의 가
치라 하고, $W_1, W_2, W_3, \cdots, W_n$을 개별자산의 전체 포트폴리오에 대한 비중(가중치)
라 하면, 행사가격은 가중평균치에 대한 $(1 \pm \alpha\%)$로 계산한다. α는 상수이다.

바스켓옵션은 외환시장에서 많이 사용되고 있으며, 기준통화에 대해 여러 나라의
통화로 구성된 통화의 묶음을 대상물로 한다. 바스켓을 구성하는 개별자산의 가격이 완
전한 정(+)의 상관관계를 갖지 않는 한 분산효과로 인해 변동성이 작아지기 때문에 개
별옵션에 비해 프리미엄이 저렴한 편이다.

예컨대 수출업자가 달러, 위안, 유로화 등에 대한 원화가치의 상승을 회피하려면
각각의 통화에 대한 풋옵션을 매입하거나 세 통화로 구성된 바스켓에 대한 옵션을 매입
해야 한다. 이들 세 통화가 완전한 정의 상관관계를 갖지 않는 한 바스켓 가치의 변동성
은 개별통화에 대한 변동성보다 작을 것이다.

3) 스프레드옵션

스프레드옵션(spread option)은 두 가지 기초자산가격의 차이에 의해 수익이 결정되는 옵션을 말한다. 예컨대 6개월 만기 달러 LIBOR와 엔화 LIBOR의 금리차이에 의해 수익이 결정되는 옵션을 생각할 수 있다. 스프레드옵션은 두 자산의 가격차이에 의해 리스크가 발생하는 경우 이를 헤지하는 수단으로 활용된다.

4) 콴토옵션

콴토옵션(quanto option)은 투자자가 서로 다른 통화로 표시되는 자산을 보유할 때 발생하는 외환위험을 제거하고자 하는 옵션을 의미한다. 수익은 하나의 기초자산가격에 의해 결정되는 반면에 위험은 다른 자산의 가격에 의해 결정되는 콴토옵션은 수량조정옵션(quantity adjusting option)의 약어이다.

예컨대 독일 주가지수(DAX)를 매입할 수 있는 권리를 주는 유럽형 옵션을 매입할 경우에 이 옵션의 미달러화 가치는 환율(S_T), 환율의 변동성, 환율과 기초자산(DAX)간의 상관관계의 영향을 받으며 다음과 같이 제시할 수 있다.

$$S_T \times Max[DAX - E, 0] \tag{13.13}$$

콴토옵션은 외국주식에 대해 옵션전략을 구사하고 싶지만 오직 투자수익률에만 관심이 있고 수익을 자국화폐로 돌려받고 싶어하는 투자자들을 위해 고안되었다. 콴토옵션의 기본원리는 환율이 옵션거래의 계약시점에 시장환율로 고정되며, 콴토옵션의 이익은 고정환율에 표준옵션의 이익을 곱하여 산출한다.

그러나 투자자는 보유하고 있는 기초자산의 통화가 자국의 통화보다 정상되는 것에 의한 손실이 발생할 수 있는 위험을 회피할 수 있지만, 역으로 자국의 통화가 절상될 경우의 혜택은 포기해야 한다. 콴토옵션 매도자에게는 두 개 이상 금융자산가격의 상관관계의 의해 영향을 받는 상관리스크가 추가된다.

(5) 복합옵션

1) 복합옵션의 정의

복합옵션(compound option)은 옵션에 대한 옵션을 말하며 기준물로 다른 옵션을 가지는 형태의 옵션으로 중첩옵션이라고도 한다. 캡션은 대표적인 복합옵션에 해당한다. 금융상품의 매입자가 의무는 부담하지 않고 권리만 행사할 수 있도록 고안된 금융상품은 대부분 복합옵션으로 간주된다.

예컨대 회사채, 보통주, 운영리스, 생명보험과 같은 비옵션상품도 복합옵션에 속한다. 기업이 발행한 회사채는 기업의 채무이지만 주주가 기업을 소유하므로 기업채무도 주주가 부담해야 한다. 따라서 기업이 채권자에 대한 채무를 이행하지 못할 경우에 주주가 기업을 채권자에게 양도해야 한다.

이것을 옵션의 개념으로 해석하면 주주는 부채를 상환하거나 아니면 부채를 상환하지 않고 기업을 채권자에게 양도할 옵션을 갖는다. 따라서 주주가 이자를 지급하게 되면 차기의 새로운 옵션을 취득하므로 이자지급옵션은 옵션에 대한 옵션으로 간주할 수 있어 회사채는 복합옵션이라 할 수 있다.

운영리스에서 리스이용자는 자산운용에 관한 리스계약을 리스대여자와 체결한다. 리스이용자가 정해진 시간스케줄에 따라서 리스료를 지급하면 리스대여자는 리스계약의 만기일 이전에 리스자산을 회수할 수 없기 때문에 리스이용자는 매기의 리스료를 지급함으로써 새로운 옵션을 취득할 수 있다.

생명보험도 복합옵션의 좋은 사례가 될 수 있다. 매기에 갱신가능한 생명보험증권을 가정한다. 피보험자는 매기에 보험료를 지급함으로써 차기에 보험계약을 갱신할 권리를 취득하게 되지만, 매기에 보험료를 반드시 납부할 의무는 없다. 따라서 피보험자의 보험료 납부결정은 복합옵션으로 간주된다.

복합옵션은 기본적으로 콜옵션과 풋옵션에 대한 콜옵션과 풋옵션이 있다. 요컨대 콜옵션에 대한 콜옵션, 풋옵션에 대한 콜옵션, 콜옵션에 대한 풋옵션 그리고 풋옵션에 대한 풋옵션과 같은 네 가지 종류의 복합옵션이 존재한다. 따라서 복합옵션은 두 개의 만기와 두 개의 행사가격을 갖게 된다.

처음의 두 가지 옵션은 매입자에게 기초자산인 콜옵션 또는 풋옵션을 매입할 수 있는 권리를 부여하고, 나중의 두 가지 옵션은 기초자산인 콜옵션 또는 풋옵션을 매도할 수 있는 권리를 부여한다. 복합옵션은 대부분 등가격상태가 되도록 행사가격을 설정하고 기초옵션의 계약당시 프리미엄을 행사가격으로 설정한다.

복합옵션이 사용되는 주된 이유는 다음의 두 가지이다. 즉 가격변동위험에 대한 대비가 필요할 수도 있고 필요하지 않을 수도 있는 불확실한 상황에서 현실적으로 사용가능한 유일한 위험대비책이 그리고 거기에 덧붙여 기초옵션을 직접 매입하는 경우보다 위험관리비용이 적게 든다는 사실이다.

복합옵션의 장점은 표준옵션의 매입에 비해 프리미엄을 크게 줄일 수 있으며 우발성에 대한 능력이 우수하다는 점을 들 수 있다. 예컨대 기초자산을 헤지하기 위해 복합옵션을 매입한 경우에는 중도에 헤지가 필요하지 않게 되어 기초자산이 옵션이므로 적은 비용으로 포지션을 정리할 수 있다.

2) 금리관련 복합옵션

금리옵션의 특수한 형태인 금리관련 복합옵션에는 캡션과 플롭션이 있다. 금리에 대한 콜옵션의 형태인 금리 캡에 대한 옵션을 캡션(caption)이라고 한다. 캡션에는 금리캡을 매수할 권리를 매입, 금리캡을 매수할 권리를 매도, 금리캡을 매도할 권리를 매입, 금리캡을 매도할 권리를 매도하는 네 가지 형태로 분류된다.

금리에 대한 풋옵션의 형태인 플로어(floor)에 대한 옵션을 플로어션(floortion) 또는 플롭션(floption)이라고 한다. 플로어션에는 금리플로어를 매수할 권리를 매입, 금리플로어를 매수할 권리를 매도, 금리플로어를 매도할 권리를 매입, 금리플로어를 매도할 권리를 매도하는 네 가지 형태로 분류된다.

복합옵션의 가격결정은 옵션의 기초자산가격이 브라운 운동(Brownian motion)을 따른다고 가정할 경우에 콜옵션에 대한 유럽형 콜옵션가격결정모형은 다음과 같이 도출할 수 있다.

$$C_c = SM(a_1, b_1; \sqrt{T_1/T_2}) - K_2 e^{-R_f T_2} M(a_2, b_2; \sqrt{T_1/T_2}) - e^{-R_f T_1} K_1 N(a_2) \quad (13.14)$$

$$a_1 = \frac{\ln(S/K_1) + (R_f + \sigma^2/2)T_1}{\sigma\sqrt{T_1}}, \quad a_2 = a_1 - \alpha\sqrt{T_1}$$

$$b_1 = \frac{\ln(S/K_2) + (R_f + \sigma^2/2)T_2}{\sigma\sqrt{T_2}}, \quad b_2 = b_1 - \alpha\sqrt{T_2}$$

한편 콜옵션에 대한 유럽형 풋옵션가격결정모형은 다음과 같이 도출할 수 있다.

$$P_c = K_2 e^{-R_f T_2} M(-a_2, b_2; -\sqrt{T_1/T_2}) - SM(-a_1, b_1; -\sqrt{T_1/T_2}) + e^{-R_f T_1} K_1 N(-a_2) \quad (13.15)$$

이러한 가격결정의 논리를 이용하면 캡션 또는 플롭션의 가치를 결정할 수 있다. 캡 또는 플로어의 가격보다는 캡션 또는 플롭션의 가격이 낮기 때문에 레버리지가 높고 초기 투자비용과 위험관리비용이 낮은 반면에 옵션을 행사할 경우에 전체적인 프리미엄이 처음부터 캡 또는 플로어를 매수하는 경우보다 더 클 수도 있다.

3) 복합옵션을 이용한 위험관리

기업이 통제할 수 없는 외부요인에 의해 금리위험관리가 필요한 조건적 상황이 발생할 수 있다. 예컨대 프로젝트 입찰과 기업인수에서 발생할 수 있다. 프로젝트의 입찰과 기업인수 성공여부에 따라 자금조달의 필요성이 결정되며 자금조달에 따른 금리위험관리의 필요성은 입찰과 기업인수의 성공여부에 의존한다.

이러한 상황에서 이연스왑(late LIBOR swap)이나 이연캡(delayed cap)의 매입은 바람직하지 않다. 입찰 또는 인수가 실패하면 스왑계약은 불필요하게 된다. 캡의 경우 행사할 의무는 없지만 최초의 프리미엄 지급은 조건적 상황이 발생하지 않을 경우 캡션을 매입하면 저렴한 비용으로 금리위험을 관리할 수 있다.

캡이라는 위험관리수단이 필요하지 않을 경우에 캡션은 금리상승위험을 제거하는 저렴한 수단이다. 옵션을 행사하여 캡을 매입하면 처음부터 캡을 매입하는 경우보다 캡션 프리미엄만큼 위험관리비용이 더 발생한다. 따라서 기업이 캡션을 행사할 가능성이 높다고 판단되면 처음부터 캡을 매입하는 것이 유리하다.

3. 이색옵션의 장점

이색옵션은 옵션거래소가 개설되기 이전부터 거래되던 장외상품으로 투자상품의 수익률 증대(yield enhancement), 효율적인 고유자산의 운용(proprietary trading), 구조화된 위험관리(structured protection) 그리고 옵션프리미엄의 축소전략(premium reduction strategy)에 유용하게 사용할 수 있다.

(1) 투자수익률 증대

세계적으로 낮은 이자율 때문에 많은 투자자들이 적절한 투자처를 찾지 못해 고민하고 있다. 과거에는 경제상황이 어려울 때 하이일드 채권(high yield bond)에 투자하여 높은 수익률을 얻으려는 시도가 많았지만, 최근에는 하이일드 채권에 투자하더라도 과거와 같이 높은 수익률을 달성하기 어려운 상황에 있다.

이러한 상황에서 높은 투자수익률을 달성하는 방법 중의 하나로서 각광을 받은 것이 구조화된 채권(structured note)에 투자하는 것이다. 구조화된 채권의 구조는 매우 다양하지만 기본적인 개념은 높은 수익을 얻기 위해 약간의 원금손실의 가능성까지도 염두에 두어야 한다는 것이다.

채권이 아니라 주식투자의 경우에도 수익률을 제고하기 위해 이색옵션을 비롯한 파생상품들이 많이 사용되고 있다. 최근에 각광을 받았던 전략적 자산배분(TAA)라는 펀드가 있다. 이 펀드는 미국뿐만 아니라 수익을 올릴 수 있다고 판단되는 전 세계의 주식시장을 대상으로 투자한다.

이러한 펀드들의 대부분은 주가지수 스왑을 통해 포트폴리오에서 차지하는 국가별 투자비중을 전환하는 것이 보통이다. 그러나 주가지수 스왑을 사용하는 경우에도 환위험은 존재한다. 이러한 경우에는 콴토옵션(quanto option)을 사용하면 환율변동위험을 쉽게 회피하거나 축소시킬 수 있다.

그리고 다른 상황으로 만일 두 국가 중 어느 국가의 주식시장이 더 좋을지 판단이 잘 안서는 경우에는 두 시장 중 좋은 쪽의 성과를 지급받는 형태의 베스트옵션을 매입함으로써 쉽게 투자결정을 할 수 있다. 베스트옵션은 두 지수 중 만기시점에 성과가 더 좋은 쪽을 기준으로 손익이 결정된다.

(2) 고유자산의 운용

이색옵션은 고유자산의 운용에도 사용할 수 있다. 예컨대 유럽이 통합되기 전인 1990년대 초에 유럽 통화간의 환율이 더 이상 크게 변동하지 않을 것이라는 예측을 하고 여기에 베팅(betting)을 하려는 생각을 가지고 있었다면 취할 수 있는 전략은 무엇이 있을까? 스트래들을 매도하는 전략을 생각할 수 있다.

이러한 경우에 자신의 예측이 정확하면 옵션프리미엄만큼의 이익이 발생하지만 불행히도 자신의 예측이 틀린다면 엄청난 손실이 발생할 수 있다. 따라서 자신의 예측이 맞으면 높은 수익을 올리고 예상이 틀리더라도 손실을 일정금액으로 한정시키고 싶은 경우에 이색옵션을 사용함으로써 목표를 달성할 수 있다.

생명보험과 같은 금융기관이 고유자산을 운용하는 경우에 이색옵션을 사용하면 투자자들이 원하는 다양한 구조의 위험과 손익구조를 만들어낼 수 있다. 그리고 정교한 손익구조나 다른 예상에 의한 손익구조를 원하는 경우에도 표준옵션의 계약조건을 한 가지 이상 변형시키면 다양한 이색옵션이 창출될 수 있다.

(3) 구조화된 위험관리

세계 여러 나라에서 영업활동을 하는 다국적기업은 여러 국가의 환율에 따라 수익이 크게 좌우되는 환위험을 갖게 된다. 각 국가의 통화에 대해 개별적으로 통화선도계약이나 통화옵션을 거래하는 것은 비효율적이다. 이러한 경우에는 바스켓옵션을 활용하면 효과적으로 환위험을 헤지할 수 있다.

더 적은 비용으로 헤지하는 것을 원한다면 아시안옵션을 활용할 수도 있다. 이러한 구조화된 위험관리는 기업이 직면한 상황이 서로 달라 일반화할 수 있는 방법은 아니다.

개별기업이 직면한 위험환경을 정확히 이해할 때 가장 효율적인 위험관리의 구조를 이색옵션을 사용함으로써 구성할 수 있다.

(4) 프리미엄의 축소

이색옵션을 이용하는 다른 이유는 구성방법에 따라 옵션프리미엄을 절약할 수 있기 때문이다. 대부분의 기업은 위험관리부서가 지속적인 헤지(dynamic hedge)를 하고 있으며 위험헤지부서는 보통 비용부서(cost center)로 분류된다. 이들 기업의 입장은 이익을 내는 것이 목적이 아니라 환위험의 헤지가 목적이다.

위험관리부서에서는 지속적인 헤지를 위해 옵션을 매입하거나 매도하는 전략을 계속해서 사용해야 하는데, 옵션의 매입에 들어가는 비용은 결코 작지 않다. 일반적으로 이색옵션은 동일한 효과를 가져오면서 비용을 낮출 수 있다. 아시안옵션, 바스켓옵션, 디지털옵션은 비용을 절감할 수 있는 대표적인 형태가 된다.

4. 이색옵션의 단점

이색옵션은 수없이 많은 종류가 개발되었기 때문에 이를 정형화하는 것은 매우 어렵다. 각종 금융자산의 현금흐름에 결부되어 복합적인 현금흐름을 창출하는 것도 있고 파생상품과 연계된 옵션도 있고 콜옵션과 풋옵션을 변형시킨 것도 있다. 이들은 금융기관의 금융상품에 대한 위험회피와 수익률의 제고에 기여하였다.

그러나 아직은 시장성이 불투명한 문제점을 지니고 있다. 왜냐하면 이색옵션의 손익구조 복잡성, 이색옵션의 가치결정과 거래의 복잡성, 이색옵션시장의 소규모와 낮은 유동성, 이색옵션 관련용어와 거래관행, 평가모형과 방법론 등의 표준화 미비 그리고 이색옵션의 가격위험관리 활용방법이나 절차가 미비하기 때문이다.

제2절 금리옵션의 개요

금리옵션은 옵션의 손익이 금리수준에 의해 결정되는 옵션으로 금리 또는 금리에 의해 가격이 결정되는 채권 및 채권선물을 거래대상으로 하는 금리파생상품을 말한다. 금리옵션의 유용성은 불리한 리스크를 회피하고 유리한 리스크를 보존할 수 있도록 금리리스크를 효율적으로 관리할 수 있다는 장점이 있다.

1. 금리옵션의 정의

금리옵션(interest rate option)은 옵션의 손익이 금리수준에 의해 결정되는 옵션을 말하며 채권을 기초자산으로 하는 채권옵션, 금리선물을 기초자산으로 하는 금리선물옵션 등을 포함한다. 그러나 여기서는 금리에 대한 옵션으로 국한하여 특정금리를 기초자산으로 수익이 금리수준에 따라 결정되는 옵션을 말한다.

금리옵션은 장외시장에서 거래되는 상품으로 채권옵션 채권선물옵션, 그리고 장외금리옵션으로 분류할 수 있다. 거래소에서 거래되는 채권옵션에는 $T-bond$옵션과 $T-note$옵션이 있다. 이들 옵션은 유럽형옵션으로 옵션만기일의 만기수익률에 근거하여 현금결제가 이루어지기 때문에 금리옵션의 성격을 띠고 있다.

옵션매입자는 고정금리를 지급하고 변동금리를 수령할 수 있는 권리 또는 변동금리를 지급하고 고정금리를 수령할 수 있는 권리를 갖는다. 이때 거래대상이 되는 변동금리는 LIBOR 등이 사용되고, 고정금리는 계약시점에 미리 정해지며 행사금리(strike rate)라고 불린다. 행사가격은 가격이 아닌 금리로 표현된다.

2. 금리옵션의 수익

다른 옵션과 마찬가지로 금리옵션도 콜옵션과 풋옵션으로 분류된다. 금리콜옵션의 매입자는 미래시점에 행사금리를 지급하고 변동금리를 수령할 수 있는 권리를 갖는다. 이때 행사금리는 사전에 약정한 금리로 거래당사자가 모두 알고 있으나 변동금리는 현재시점에서 알 수 없는 불확실한 것이다.

금리풋옵션의 매입자는 불확실한 변동금리를 지급하고 행사금리를 수령할 수 있는 권리를 갖는다. 금리선도계약과 달리 금리옵션은 권리를 나타내어 매입자는 매도자에게 일정한 프리미엄을 지급해야 한다. 금리옵션도 금리선도계약이나 금리스왑과 동일하게 일정한 명목원금에 대해 이자를 계산한다.

기초자산이 n일 LIBOR이고 행사금리가 E이며 만기가 T인 금리콜옵션 매입자에게 발생하는 수익은 다음과 같이 나타낼 수 있다.

$$금리콜옵션의\ 수익\ =\ NP \times Max[L_{T,n} - E, 0] \times \frac{n}{360} \qquad (13.16)$$

여기서 NP는 명목원금, L은 옵션만기일인 T시점에서의 n일 LIBOR를 나타낸다. 금리풋옵션의 매입자에게 만기일에 발생하는 수익은 다음과 같이 나타낼 수 있다.

$$금리풋옵션의\ 수익\ =\ NP \times Max[E - L_{T,n}, 0] \times \frac{n}{360} \qquad (13.17)$$

식(13.16)와 식(13.17)에서 수익은 옵션만기일에 확정되나 실제 현금흐름은 만기일에 발생하지 않는다는 점에 유의해야 한다. 기초자산이 n일 LIBOR일 경우 현금흐름은 옵션만기일에 n일이 경과한 $(T+n)$일에 발생한다. 명목원금 1원을 가정하여 매입자 기준으로 금리옵션의 현금흐름을 도시하면 다음과 같다.

그림13-5 금리콜옵션과 금리풋옵션의 매입자 현금흐름

시점:　　　$\tau=0$　　　　　　　　T　　　　　　　$T+n$

금리콜옵션: $-C$　　　수익확정 : $Max[L_{T,n} - E, 0]$　　수익실현

금리풋옵션: $-P$　　　수익확정 : $Max[E - L_{T,n}, 0]$　　수익실현

T : 금리옵션의 만기　　　C : 금리콜옵션의 현재가격
n : 기초자산인 LIBOR의 만기　P : 금리풋옵션의 현재가격
K : 금리옵션의 행사금리　　$L_{T,n}$: 시점 T에서의 n일 LIBOR

3. 금리옵션의 가격결정

금리옵션은 금리를 기초자산으로 하는 옵션이므로 그 가격을 구하기 위해서는 이자율의 기간구조가 변화하는 과정을 파악해야 한다. 따라서 금리옵션의 가격결정은 주식옵션과 같은 일반적인 옵션의 가격결정에 비해 복잡한 구조를 갖게 된다.

이자율의 기간구조가 변화하는 과정을 파악하기 위해서는 최종거래일이 서로 다른 모든 종류의 채권에 대해 가격의 확률과정을 알아야 하는데 보통 이항모형이 이용된다. 그러나 최종거래일이 다양해지고 채권의 종류가 많아질수록 이항모형은 매우 복잡해져서 실제로 이용하기가 쉽지 않다.

선물옵션과 선도옵션의 가격결정을 위해 사용된 블랙숄즈 옵션가격결정모형은 금리옵션의 가격결정에 유용하게 사용될 수 있다. 금리옵션의 수익이 옵션만기일인 T시점에 발생한다고 가정하면 금리콜옵션 매입자는 T시점의 LIBOR와 행사금리의 차이가 0보다 큰 경우에 옵션을 행사할 것이다.

여기서 T시점의 LIBOR는 T시점부터 $(T+n)$시점 사이에 적용될 금리이며, 현재시점에서 이 금리는 현물이자율의 기간구조에서 T시점부터 $(T+n)$시점 사이의 선도금리로 평가할 수 있다. 선도금리가 산출되면 식(13.18)의 블랙숄즈모형에서 선물가격 F 대신 이를 대입하면 금리옵션의 가격을 구할 수 있다.

예컨대 90일 LIBOR를 기초자산으로 하는 30일 만기 금리옵션은 30일 후부터 90일간 적용될 유로달러 정기예금의 선도금리를 선도가격 대신에 대입하면 된다. 따라서 금리콜옵션은 다음의 모형에 의해 평가될 수 있다.

$$C = e^{-RfT}[f_T N(d_1) - EN(d_2)] \tag{13.18}$$

$$d_1 = \frac{\ln(f_T/E) + (\sigma^2/2)T}{\sigma\sqrt{T}}, \ d_2 = d_1 - \alpha\sqrt{T}$$

식(13.18)의 옵션가치는 수익이 옵션의 만기일에 발생한다는 것을 전제로 하고 있다. 그러나 금리옵션의 수익은 실제로는 옵션만기일로부터 n일 후에 발생한다. 따라서 이러한 지연효과를 조정한 금리콜옵션의 현재가격은 다음과 같다.

$$금리콜옵션의 \ 현재가격 \ = \ e^{-f_T \times \frac{T}{360}} C \tag{13.19}$$

식(13.19)는 화폐 1단위에 대한 값이므로 총프리미엄은 식(13.4)에서 산출된 값에 명목원금을 곱하면 된다. 그리고 식(13.19)는 연간 이자율을 기준으로 산출된 값이므로 n일 LIBOR에 대한 금리옵션의 경우 $(n/360)$을 곱해 해당 기간에 적합한 프리미엄을 얻을 수 있다.

$$금리콜옵션의 \ 총프리미엄 \ = \ NP \times 금리콜옵션의 \ 현재가격 \times \frac{n}{360} \tag{13.20}$$

4. 금리옵션을 이용한 위험관리

금리옵션은 불리한 금리위험을 관리하는 효과적인 보험수단에 해당한다. 따라서 미래의 금리상승에 따른 손실을 보전하려는 투자자는 금리콜옵션을 매입하면 금리위험을 제거할 수 있다. 반면에 향후 금리하락에 따른 손실을 우려하는 투자자는 금리풋옵션을 매입하면 금리위험을 제거할 수 있다.

제3절 금리옵션의 종류

차입자가 미래의 금리변화에 따른 위험을 회피하고자 할 경우 일련의 선도금리계약
(FRA : Forward Rate Agreement)을 이용하면 된다. 기업이나 금융기관이 장기간의 금리
를 헤지하기 위해서는 장외시장에서 거래되는 금리캡, 금리플로어, 금리칼러를 이용하면
미래의 금리변동위험을 헤지할 수 있다.

1. 금리캡

금리캡(interest rate cap)은 금융시장에서 결정되는 기준금리(reference rate)가 계약
조건으로 설정한 상한금리(cap rate) 이상으로 상승하면 금리캡 매도자가 금리캡 매입자
에게 그 차액을 지급하는 다기간 금리옵션을 말한다. 즉 금리캡 매입자는 프리미엄을 지
불하고 금리캡을 매입하는 대신에 각 결제일에 기준금리가 상한금리를 상회할 때마다
그 차이를 금리캡 매도자로부터 수취한다.

| 그림13-6 | 금리캡의 헤지효과 |

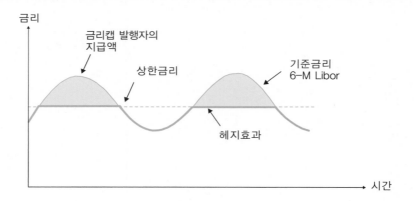

[그림 13-6]은 금리캡의 금리상승위험 헤지효과를 나타낸다. 기업이 변동금리부채
권(FRN)을 발행하여 변동금리로 자금조달을 할 경우 기준금리가 상승하면 이자지급액이
증가하므로 금리상승위험에 노출된다. 그러나 금리캡을 매입하여 상한금리를 설정하면
기준금리가 상한금리 이상으로 상승하더라도 그 차액을 금리캡 매도자로부터 수취하므
로 기업의 실질적인 이자지급액은 상한금리 이하로 고정된다.

반면에 기준금리가 상한금리 이하로 하락하면 이자지급액이 정상적으로 감소한다. 즉 기업이 변동금리부 채권(FRN)을 발행하고 동시에 금리캡을 매입하면 금리상승시에는 이자지급액의 상한을 고정시킬 수 있고 금리하락시에는 금리하락에 따른 이득을 얻을 수 있다. 그러나 기업이 금리캡 매도자로부터 금리캡을 매입하려면 캡프리미엄을 지급해야 하며, 이는 명목원금에 대한 백분율로 나타낸다.

금리캡에서 각 결제일에 금리캡 매도자가 금리캡 매입자에게 지불하는 금액은 기준금리와 행사금리(상한금리)의 차이에 일정한 명목원금을 곱한 액수가 된다. 그러나 기준금리가 행사금리보다 낮으면 아무런 지급도 발생하지 않는다. 따라서 각 결제일에 금리캡 매도자가 금리캡 매입자에게 지불하는 금액은 다음과 같다. 여기서 NP는 명목원금, RR은 기준금리(LIBOR), CR은 행사금리(상한금리)를 나타낸다.

$$\text{금리캡 매도자의 지급액} = NP \times Ma \times [RR - CR, 0] \tag{13.21}$$

그림13-7 금리캡의 손익구조

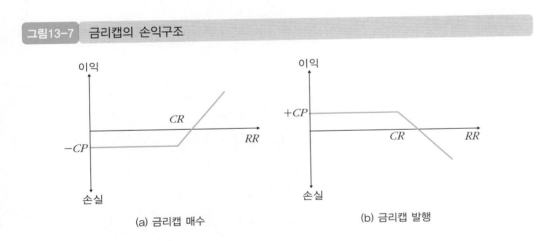

(a) 금리캡 매수   (b) 금리캡 발행

(a)는 금리캡 매입자의 손익선을 나타내는데, 외관상으로는 콜옵션매입자의 손익선과 유사하지만 내용상으로는 풋옵션매입자의 손익선과 같다. 왜냐하면 콜옵션의 손익선에서는 수평축의 변수로 가격을 사용하는 반면에 금리캡의 손익선에서는 수평축의 변수로 금리를 사용하기 때문이다.

따라서 가격과 금리간의 반비례관계를 무시하고 외관상으로 손익선의 형태만을 고려하면 풋옵션에 속하는 금리캡이 콜옵션으로 오해될 수 있다. (b)는 금리캡 매도자의 손익선을 나타내는데, 외관상으로는 콜옵션매도자의 손익선과 유사하지만 내용상으로는 풋옵션매도자의 손익선과 같다.

표 13-3 금리캡 매입자의 손익

구분	금리상태	손익계산
이익	기준금리>행사금리	명목원금×(기준금리−행사금리)×기간
손실	기준금리<행사금리	지급한 프리미엄으로 한정(행사 포기)

2. 금리플로어

금리플로어(interest rate floor)는 금융시장에서 결정되는 기준금리가 계약조건으로 설정한 하한금리(floor rate) 이하로 하락하면 금리플로어 매도자가 금리플로어 매입자에게 그 차액을 지급하는 계약을 말한다. 즉 금리플로어 매입자는 프리미엄을 지불하고 금리플로어를 매입하는 대신에 각 결제일에 기준금리가 하한금리를 하회할 때마다 그 차이를 금리플로어 매도자로부터 수취한다.

그림13-8 금리플로어의 헤지효과

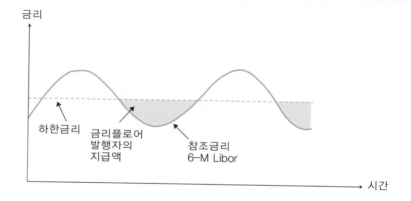

[그림 13-8]은 금리플로어의 금리하락위험 헤지효과를 나타낸다. 금융기관이 변동금리부채권(FRN)에 투자하는 경우에 기준금리가 하락하면 이자수입액이 감소하므로 금리하락위험에 노출된다. 그러나 금리플로어를 매입하여 하한금리를 설정하면 기준금리가 하한금리 이하로 하락할 경우에 그 차액을 금리플로어 매도자로부터 수취하므로 기업의 실질적인 이자수입액은 하한금리 이상으로 고정된다.

기준금리가 하한금리 이상으로 상승하면 이자수입액이 증가한다. 즉 금융기관이 변동금리부 채권(FRN)에 투자하고 동시에 금리플로어를 매입하면 금리하락시에는 이자수입액의 하한을 고정시킬 수 있고 금리상승시에는 금리상승에 따른 이득을 얻을 수 있다. 그러나 금융기관이 금리플로어 매도자로부터 금리플로어를 매입하려면 플로어프리미엄을 지급해야 하며, 이는 명목원금에 대한 백분율로 나타낸다.

금리플로어에서 각 결제일에 플로어매도자가 플로어매입자에게 지불하는 금액은 행사금리(하한금리)와 기준금리의 차이에 일정한 명목원금을 곱한 액수가 된다. 그러나 기준금리가 행사금리보다 높으면 아무런 지급도 발생하지 않는다. 따라서 각 결제일에 플로어매도자가 플로어매입자에게 지불하는 금액은 다음과 같다. 여기서 NP는 명목원금, RR은 기준금리(LIBOR), FR은 플로어금리(행사금리)를 나타낸다.

$$금리플로어\ 매도자의\ 지급액\ =\ NP \times Ma \times [FR - RR, 0] \qquad (13.22)$$

그림13-9 금리플로어의 손익구조

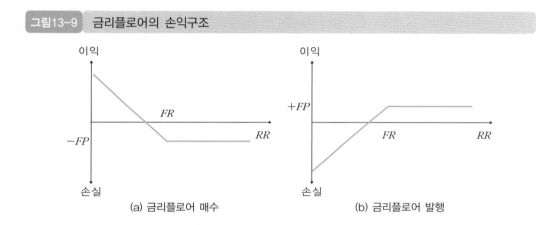

(a) 금리플로어 매수   (b) 금리플로어 발행

(a)는 금리플로어 매입자의 손익선을 나타내는데, 외관상으로는 풋옵션매입자의 손익선과 유사하지만 내용상으로는 콜옵션매입자의 손익선과 같다. 왜냐하면 풋옵션의 손익선에서는 수평축의 변수로 가격을 사용하는 반면에 금리플로어의 손익선에서는 수평축의 변수로 금리를 사용하기 때문이다.

따라서 가격과 금리간의 반비례관계를 무시하고 외관상으로 손익선의 형태만을 고려하면 콜옵션에 속하는 금리플로어가 풋옵션으로 오해될 수 있다. (b)는 금리플로어 매도자의 손익선을 나타내는데, 외관상으로는 풋옵션매도자의 손익선과 유사하지만 내용상으로는 콜옵션매도자의 손익선과 같다.

표 13-4 금리플로어 매입자의 손익

구분	금리상태	손익계산
이익	기준금리 < 행사금리	명목원금 × (행사금리 − 기준금리) × 기간
손실	기준금리 > 행사금리	지급한 프리미엄으로 한정(행사 포기)

3. 금리칼라

금리칼라(interest rate collar)는 금리캡과 금리플로어를 결합한 다기간 금리옵션을 말한다. 금리칼라 매입자는 금리캡 매입과 금리플로어 매도를 결합하여 금리칼라 매입포지션을 취하는 반면에 금리칼라 매도자는 금리캡 매도와 금리플로어 매입을 결합하여 금리칼라 매도포지션을 취한다.

예컨대 금리칼라(5%−9%)를 매입하는 것은 금리캡(9%)을 매입하고 금리플로어(5%)를 매도하는 것과 동일하다. 금리칼라 매입자는 캡프리미엄보다 프리미엄 비용을 절감하는 반면에 하한금리와 상한금리 범위 내에서만 금리상승위험을 헤지하는 효과를 얻는다. 식(13.23)에서 +(−)는 매입(매도)포지션을 나타낸다.

$$+\text{금리칼라}(5\%-9\%) \ = \ +\text{금리캡}(9\%) \ - \ \text{금리플로어}(5\%) \qquad (13.23)$$

캡의 행사금리를 플로어의 행사금리보다 높게 책정하여 캡금리 이상으로 금리가 상승하여 손실이 발생할 위험을 제거하고, 플로어 금리 이하로 금리가 하락할 위험을 포기한다. 칼라 매입에 수반되는 비용은 캡의 행사금리보다 작다. 왜냐하면 플로어의 매도가격이 캡 매입가격 일부나 전부를 상쇄하기 때문이다.

그림 13-10 금리칼라의 헤지효과

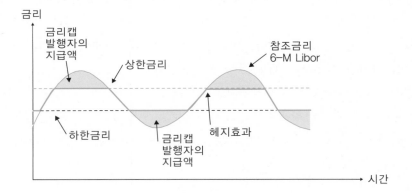

[그림 13−10]은 금리칼라의 금리상승위험 헤지효과를 나타낸다. 기업이 변동금리부채권(FRN)을 발행하여 고정금리자산에 투자하면 금리상승위험에 노출되는데 금리캡을 매입하면 이를 헤지할 수 있다. 기업이 금리칼라를 매입한 후에 기준금리가 상한금리 이상으로 상승하면 그 차액을 금리캡 매도자로부터 수취하기 때문에 기업의 실질적인

이자지급액은 상한금리 이하로 고정된다.

그러나 기준금리가 상한금리 이하로 하락하면 기업의 이자지급액은 감소하지만, 기준금리가 하한금리 이하로 하락하면 그 차액을 금리플로어 매입자에게 지급한다. 따라서 기준금리가 하락하면 금리캡 매입과 금리플로어 매도에 따른 상반된 효과가 상쇄되어 기업의 실질적인 이자지급액은 하한금리 이상으로 고정된다.

식(13.23)의 양변에 −1을 곱하면 금리칼라에 매도포지션을 취한 것이 된다. 즉 금리캡을 매도하고 금리플로어를 매입하면 금리칼라 매도와 같다. 캡과 플로어의 행사금리는 칼라매도자가 정(+)의 프리미엄을 받도록 책정되지만 프리미엄이 0이 되도록 행사금리를 정한 칼라를 무비용칼라(zero cost collar)라고 한다.

$$-금리칼라(5\%-9\%) \ = \ -금리캡(9\%) \ + \ 금리플로어(5\%) \qquad (13.24)$$

캡과 플로어의 행사금리가 근접하면 칼라는 좁아지며 캡과 플로어의 행사금리가 동일한 칼라는 금리스왑과 같다. 예컨대 7% 금리캡을 매입하고 7% 금리플로어를 매도하여 금리칼라에 매입포지션을 취하면 기준금리가 7% 이상이면 7% 초과 부분만 캡매도자로부터 받게 되어 칼라매입자는 7%를 지급하고 기준금리를 받는다.

그러나 기준금리가 7% 이하로 하락할 경우에는 7%에 부족한 부분만 플로어매입자에게 지급해야 하기 때문에 칼라매입자는 7%를 지급하고 기준금리를 수취하는 것과 같다. 따라서 7%−7% 금리칼라는 7%의 고정금리를 지급하고 변동금리인 기준금리를 수취하는 금리스왑의 매입포지션과 동일하다.

$$+금리캡(7\%)-금리플로어(7\%) \ = \ +금리스왑(7\% \ 고정금리 \ 지급, \ 기준금리 \ 수취)$$

그림 13-11 금리칼라의 손익구조

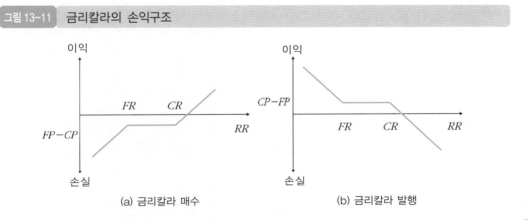

(a) 금리칼라 매수   (b) 금리칼라 발행

(a)는 금리칼라 매입자의 손익선을 나타낸다. 각 결제일의 기준금리(RR)가 상한금리(CR)보다 상승하면 금리칼라 매입자는 기준금리와 상한금리간의 차이만큼 이익을 보는 반면에 금리칼라를 매입하기 위해 결제기간별 칼라프리미엄을 지불해야 하기 때문에 실제 이익은 $NP \times (RR - CR) - (CP - FP)$가 된다.

그리고 각 결제일의 기준금리(RR)가 하한금리(FR)보다 하락하면 금리칼라 매입자는 하한금리와 기준금리간의 차이에 해당하는 차이만큼 손실을 본다. 그러나 금리칼라를 매입하기 위해 결제기간별 칼라프리미엄을 지불해야 하기 때문에 실제 손실은 $NP \times (FR - RR) + (CP - FP)$가 된다.

4. 금리스왑션

금리스왑션(interest rate swaption)은 금리스왑과 옵션을 결합하여 미래의 일정시점에 금리스왑계약을 체결할 수 있는 상품을 말한다. 옵션의 만기일은 스왑션을 행사하여 금리스왑계약을 체결할 수 있는 시점이며, 금리스왑에 적용되는 고정금리가 행사가격이 된다. 이러한 스왑션에는 지불자스왑션과 수취자스왑션이 있다.

지불자스왑션의 매입자는 고정금리를 지불하고 변동금리를 수취하는데 금리가 상승하면 내가격 옵션(ITM)이 되어 옵션을 행사하면 이익을 얻을 수 있다. 반면에 수취자스왑션의 매입자는 고정금리를 수취하고 변동금리를 지급하는데 금리가 하락하면 내가격 옵션이 되어 옵션을 행사하면 이익을 얻을 수 있다.

스왑션은 차입자에게 금리상승위험을 제공하여 선도스왑을 대체할 수 있는 좋은 대안이 된다. 선도스왑은 계약을 체결할 때 비용이 발생하지 않지만 스왑계약을 체결할 의무를 갖는다. 그러나 스왑션은 매수 시 비용이 발생하지 않지만 금리가 불리하게 변하면 보호를 받고 유리하게 변하면 옵션을 행사하지 않으면 된다.

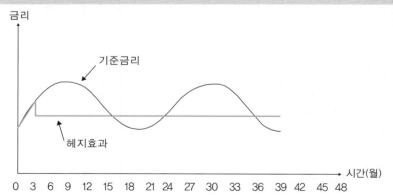

그림13-12 금리스왑션의 헤지효과

　　스왑션매입자는 스왑딜러가 제시하는 스왑의 조건에 동의를 하지만, 스왑의 즉각적 실행을 원하지 않거나 향후 기준금리가 불리하게 변동할 것이 우려되면 스왑딜러로부터 매입한다. [그림 13-12]는 스왑션매입자가 스왑션을 매입한 3개월 후에 스왑션을 행사할 때의 금리상승위험 헤지효과를 나타낸다.

　　스왑션과 금리캡은 프리미엄과 유연성의 측면에서 큰 차이가 있다. 금리캡은 프리미엄이 높지만 금리변동에 유연하게 대처할 수 있는 장점이 있다. 그러나 스왑션은 프리미엄이 낮은 반면에 헤지효과가 일정하게 나타나기 때문에 금리변동위험에 유연하게 대처할 수 없다는 단점이 있다.

　　요컨대 금리캡 매입자는 [그림 13-6]과 같이 금리상승시에는 헤지효과를 얻고, 금리하락시에는 이자지급액을 줄일 수 있는 유연성이 있다. 반면에 스왑션 매입자는 [그림 13-12]와 같이 금리상승시뿐만 아니라 금리하락시에도 동일한 효과를 얻기 때문에 금리하락시에 이자지급액을 줄일 수 있는 유연성이 없다.

핵·심·요·약

제1절 이색옵션의 개요

1. 이색옵션의 의의 : 표준옵션의 계약조건이나 속성에서 한 가지 이상을 변형시켜 창출한 차세대 옵션

2. 이색옵션의 유형

① 계약변형옵션 : 버뮤다옵션, 디지털옵션, 조건부후불옵션, 파워옵션

② 경로종속옵션 : 평균가격옵션, 행사가격평균옵션, 룩백옵션, 래칫옵션, 샤우트옵션, 클리켓옵션, 배리어옵션

③ 시간종속옵션 : 선택자옵션, 선도옵션

④ 다중요소옵션 : 무지개옵션, 바스켓옵션, 스프레드옵션, 콴토옵션

⑤ 복합옵션 : 콜옵션에 대한 콜옵션, 콜옵션에 대한 풋옵션, 풋옵션에 대한 콜옵션, 풋옵션에 대한 풋옵션

3. 이색옵션의 장점 : 투자수익률 증대, 고유자산의 운용, 구조화된 위험관리, 프리미엄의 축소

4. 이색옵션의 단점 : 가치결정과 손익구조의 복잡, 이색옵션시장의 소규모와 낮은 유동성, 이색옵션 관련용어와 거래관행, 평가모형과 방법론 등의 표준화 미비, 위험관리 활용방법과 절차가 미비 → 시장성 불투명

제2절 금리옵션의 개요

1. 금리옵션의 정의 : 옵션의 손익이 금리수준에 의해 결정되는 옵션으로 기초자산이 채권인 채권옵션과 기초자산이 금리선물인 금리선물옵션 등을 포함

2. 금리옵션의 수익

① 금리콜옵션의 매입자 : 미래에 불확실한 행사금리를 지급하고 변동금리를 수취할 수 있는 권리가 있음

② 금리풋옵션의 매입자 : 미래에 불확실한 변동금리를 지급하고 행사금리를 수취할 수 있는 권리가 있음

3. 금리옵션의 가격결정

① 금리콜옵션의 가격결정 : $C = e^{-RfT}[f_T N(d_1) - EN(d_2)]$

② 금리콜옵션의 현재가격 : $e^{-f_T \times \frac{T}{360}} C$

③ 금리콜옵션의 프리미엄 : NP×금리콜옵션의 현재가격×$\frac{n}{360}$

4. 금리옵션을 이용한 위험관리

① 향후 금리상승에 따른 손실을 걱정하는 투자자 : 금리콜옵션을 매입

② 향후 금리하락에 따른 손실을 우려하는 투자자 : 금리풋옵션을 매입

5. 금리옵션을 이용한 헤지거래

시장참가자	위험노출	헤지거래
변동금리차입자, 고정금리운용자	금리상승(채권가격 하락)	풋옵션매입
변동금리운용자, 고정금리차입자	금리하락(채권가격 상승)	콜옵션매입

제3절 금리옵션의 종류

1. 금리캡(interest rate cap) : 기준금리가 계약상의 상한금리 이상으로 상승하면 금리캡 매도자가 금리캡 매입자에게 차액만큼을 지급하는 계약

구분	금리상태	손익계산
이익	기준금리 〉행사금리	명목원금×(기준금리-행사금리)×기간
손실	기준금리 〈 행사금리	지급한 프리미엄으로 한정(행사 포기)

2. 금리플로어(interest rate floor) : 기준금리가 계약상의 하한금리 이하로 하락하면 금리플로어 매도자가 플로어매입자에게 차액만큼을 지급하는 계약

구분	금리상태	손익계산
이익	기준금리 〈 행사금리	명목원금×(행사금리-기준금리)×기간
손실	기준금리 〉행사금리	지급한 프리미엄으로 한정(행사 포기)

3. 금리칼라(interest rate collar) : 금리캡과 금리플로어가 결합된 형태로 금리칼라를 매입하는 것은 금리캡을 매입하고 금리플로어를 매도하는 것과 동일함

4. 금리스왑션(interest rate swaption) : 금리스왑과 옵션을 결합한 새로운 파생상품으로 장기 금리위험의 헤지수단으로 사용

문제 **1.** 다음 중 옵션의 현금흐름이 일정기간동안 기초자산가격의 평균에 의존하는 옵션을 무엇이라고 하는가?

① 회고옵션(lookback option) ② 래더옵션(ladder option)

③ 경계옵션(barrier option) ④ 아시안옵션(Asian option)

문제 **2.** 다음 중 일정한 액수의 달러를 950/\$에 매도할 수 있는 옵션으로 만기가 되기 전에 환율이 900원/\$을 기록하거나 그 이하로 내려갈 경우에 무효화되는 옵션은 어느 옵션인가?

① 녹인 풋옵션 ② 녹아웃 풋옵션

③ 녹인 콜옵션 ④ 녹아웃 콜옵션

문제 **3.** KIKO는 녹인녹아웃의 약자이다. 이 계약의 조건이 다음과 같을 경우 가와 나의 조건에 해당하는 포지션은 다음 중 어디에 해당하는가?

> 가. 만기환율이 930원/\$ 이하가 되면 미리 정한 액수의 달러자금을 930원/\$에 매도할 수 있다.
> 나. 만기환율이 890원/\$ 이하가 되면 만기환율로 매도한다.
> 다. 만기환율이 930원/\$에서 975원/\$가 되면 만기환율로 매도한다.
> 라. 만기환율이 975원/\$ 이상이 되면 계약한 액수의 두 배에 해당하는 달러자금을 930원/\$에 은행에 넘겨야 한다.

① 녹인 풋 매수 ② 녹아웃 풋 매수

③ 녹인 콜 매수 ④ 녹아웃 콜 매수

해설 행사가격 930에 배리어가 890인 녹아웃 풋을 매수한 포지션이다.

문제 **4.** 다음 중 knock-in 및 knock-out과 가장 관련이 있는 것은?

① 범위선물환(range forward) ② 참여선물환(participating forward)

③ 아시안옵션(Asian option) ④ 경계옵션(barrier option)

해설 knock-in은 시장가격이 미리 설정한 특정가격을 넘어서면 조건이 추가되는 반면에 knock-out은 시장가격이 미리 설정한 특정가격을 넘어서면 계약이 소멸된다. 이는 특정 경계를 형성하는 것이므로 경계옵션(barrier option)으로 분류한다.

문제 5. 다음 중 기초자산의 가격이 촉발가격(trigger price)에 도달하면 옵션의 효력이 소멸되거나 또는 옵션의 효력이 발생하는 옵션을 무엇이라고 하는가?

① 회고옵션(lookback option) 　　② 래더옵션(ladder option)

③ 장애옵션(barrier option) 　　④ 아시안옵션(Asian option)

해설 기초자산의 가격이 촉발가격에 도달하면 옵션의 효력이 소멸되거나 옵션의 효력이 발생하는 옵션을 장애옵션(barrier option)이라고 한다.

문제 6. 다음 중 기초자산이 여러 개 존재하며 그 가격이 행사가격과 차이가 많이 발생하는 것을 옵션행사시 지급액으로 하는 옵션은?

① 버뮤다옵션 　　② 무지개옵션

③ 평균가격옵션 　　④ 스프레드옵션

해설 무지개옵션은 기초자산이 여러 개로 그 가격이 행사가격과 차이가 많이 발생하는 것을 만기 또는 옵션행사시 지급액으로 하는 옵션을 말한다.

문제 7. 다음 중 옵션의 수익구조가 만기일의 기초자산가격에 따라 결정되지 않고 일정기간 동안의 기초자산의 평균가격에 의해 결정되는 옵션은?

① 평균행사가격옵션(average strike option) 　　② 선택자옵션(chooser option)

③ 아시안옵션(Asian option) 　　④ 스프레드옵션(spread option)

해설 평균행사가격옵션은 평균가격이 행사가격으로 설정되어 옵션의 만기손익이 만기일의 기초자산가격과 평균가격(행사가격)의 차액으로 결정되는 옵션을 말한다. 선택자옵션은 옵션의 만기일 이전의 특정시점에 콜옵션 또는 풋옵션을 선택할 수 있는 권리가 있는 옵션을 말하고, 스프레드옵션은 두 기초자산의 가격차이에 의해 결정된다.

문제 8. (주)한국은 제품생산에 필요한 원자재를 매입할 예정으로 있다. 원자재가격의 상승에 따른 위험회피를 경계옵션(barrier option)을 이용하여 비용부담을 줄이고자 할 경우에 가장 적합한 옵션은?

① 업앤아웃 콜옵션 　　② 업앤아웃 풋옵션

③ 다운앤아웃 콜옵션 　　④ 다운앤아웃 풋옵션

해설 앞으로 원자재의 가격상승을 대비하여 콜옵션을 매입해야 하나 비용부담이 될 경우 down & out 조항을 첨부하면 비용부담을 줄일 수 있다는 장점이 있다.

문제 9. 콜 배리어옵션은 가격하락시 무효 콜(down and out call)과 가격하락시 발효 콜(down and in call) 두 가지가 있다. 일반적으로 행사가격, 주가 그리고 배리어가격의 관계로 적절한 것은?

① 주가〉배리어, 행사가격〉배리어
② 주가〉배리어, 행사가격〈배리어
③ 주가〈배리어, 행사가격〉배리어
④ 주가〈배리어, 행사가격〈배리어

해설 콜 배리어옵션은 주가와 행사가격 모두 배리어가격보다 높은 옵션이다.

문제 10. 다음 중 유럽식 옵션과 미국식 옵션의 중간 형태로서 미리 약정한 특정 일자 중에서 한 번만 행사가능한 옵션은?

① 버뮤다옵션
② 평균옵션
③ 클리켓옵션
④ 후불옵션

해설 클리켓옵션(cliquet options)은 사전에 시점을 설정하여 행사가격이 시점마다 기초자산이 얼마가 되었느냐에 따라 정해지며, 행사가격이 재확정될 때마다 그 시점에서의 옵션의 내재가치가 실현된 것으로 가정하여 차액지급을 보장하는 옵션을 말한다.

문제 11. 다음 중 옵션매입자에게 계약기간 동안 가장 유리한 기초자산가격을 행사가격으로 사용할 수 있도록 하는 형태의 옵션은?

① 아시안옵션(Asian options)
② 클리켓옵션(cliquet options)
③ 룩백옵션(lookback options)
④ 선택자옵션(chooser options)

해설 룩백옵션은 만기일에 옵션매입자에게 가장 유리한 가격으로 행사가격이 결정되는데 콜옵션은 계약기간 동안 기초자산가격이 가장 낮은 가격이 행사가격으로 결정되는 반면에 풋옵션은 계약기간 동안 기초자산가격이 가장 높은 가격이 행사가격으로 결정된다.

문제 12. 다음 장외옵션 중 손익결정이 여러 가지 변수에 의해 결정되는 다중변수옵션이 아닌 것은?

① 무지개옵션
② 바스켓옵션
③ 샤우트옵션
④ 클리켓옵션

해설 샤우트옵션(shout options)은 가장 유리하다고 생각되는 시점에서 행사가격을 재확정할 수 있는 옵션을 말한다.

문제 13. 선택옵션의 매입자는 만기일 이전 특정시점에서 옵션이 풋인지 콜인지 여부를 선택할 수 있는 권리를 가진다. 옵션은 (　　)과 유사한 구조를 가지고 있으며 비용의 측면에서 유리하다. 왜냐하면 (　　) 매입자는 만기일까지 콜과 풋을 함께 보유하고, 선택옵션의 매입자는 풋, 콜 여부를 선택한 후 한 가지 종류의 옵션만 보유할 수 있기 때문이다. 빈 칸에 들어갈 적절한 단어는?

① 스트랭글　　　　　　　　② 스트래들
③ 스트립　　　　　　　　　④ 스트랩

해설 스트래들(straddle)은 기초자산, 행사가격, 만기일이 모두 동일한 콜옵션과 풋옵션을 동일한 비율로 동시에 매입하거나 매도하는 전략으로 변동성위험을 고려할 때 유용한 전략이며 선택자옵션과 비슷하다.

문제 14. 다음 중 옵션의 만기일에 접근하면서 경계가격의 범위가 줄어들기 때문에 옵션매입자가 만기일까지 주의해야 하는 옵션은?

① 외부경계옵션　　　　　　② 다중경계옵션
③ 곡률경계옵션　　　　　　④ 부분경계옵션

해설 만기일에 접근하면서 건드리면 무효화되는 경계의 폭이 좁아지는 옵션으로 만기일이 얼마 남지 않았어도 확률적으로 볼 때 경계를 건드릴 확률은 거의 동일하게 유지되는 옵션이다. 따라서 옵션매입자가 만기까지 경계를 계속하고 있어야 하는 옵션이다. 경계옵션은 내가격 상태에서 무효가 되는 경우 옵션매도자가 옵션매입자에게 리베이트를 제공한다.

문제 15. 옵션의 수익구조 중 일정의 점프, 즉 불연속점이 나타나는 옵션의 형태는?

① 경로의존형 옵션　　　　　② 첨점수익구조 옵션
③ 시간의존형 옵션　　　　　④ 레버리지옵션

해설 첨점수익구조는 옵션의 수익구조가 일정의 점프(불연속성)를 가지는 구조를 말한다.

문제 16. 옵션의 최종수익이 옵션만기일의 기초자산의 가격수준에 의해 결정되지 않고 계약시점부터 만기시점까지 기초자산의 가격이 어떤 경로를 거쳤느냐에 따라 결정되는 경로종속형 옵션(path dependent option)이 아닌 것은?

① 룩백옵션(lookback option)　　② 래칫옵션(rachet option)
③ 래더옵션(ladder option)　　　④ 바스켓옵션(basket option)

해설 바스켓옵션은 다중변수옵션에 해당한다. 다중변수옵션에는 무지개옵션, 포트폴리오옵션, 다중행사옵션, 마돈나옵션, 스프레드옵션, 콴토옵션 등이 있다.

문제 17. 다음 중 수익에 영향을 주는 기초자산과 위험에 영향을 주는 변수가 각각 다른 옵션으로 수량조정옵션(quantity adjusted option)이라고 불리는 옵션은?

① 마돈나옵션(madonna option)   ② 콴토옵션(quanto option)

③ 바스켓옵션(basket option)   ④ 래칫옵션(rachet option)

해설 예컨대 KOSPI 200지수가 1포인트 상승시 1달러의 수익을 얻을 수 있는 콜옵션이 내가격(ITM)상태로 끝날 경우 달러표시 수익이 발생한다. 옵션매도자는 콜옵션에 옵션델타를 곱한 금액만큼 주식바스켓을 구성해야 하며 가치와 위험의 노출의 크기는 원/달러 환율에 의해서 좌우된다.

문제 18. 다음 중 옵션매입자가 내가격조건(ITM)에 따라 프리미엄을 지불하기도 하고 지불하지 않기도 하는 계약을 체결하여 옵션이 내가격으로 끝났을 경우에만 프리미엄을 지불하는 옵션은 어느 것인가?

① 샤우트옵션(shout option)   ② 후불옵션

③ 래더옵션(ladder option)   ④ 마돈나옵션(Madonna option)

해설 후불옵션 또는 조건부 프리미엄옵션은 옵션이 행사될 경우에만 프리미엄을 지불하며 표준옵션에 비해 비싼 편이다.

문제 19. 다음 중 옵션의 만기일에 내가격상태이면 사전에 약정한 일정금액을 지급하고 그렇지 않으면 지급액이 0(zero)이 되는 수익구조를 갖는 옵션은?

① 디지털옵션(digital option)   ② 선택자옵션(chooser option)

③ 클리켓옵션(cliquet option)   ④ 피라미드옵션(pyramid option)

해설 디지털옵션 또는 정액수수옵션은 옵션의 만기일에 내가격상태이면 사전에 약정된 금액을 지급하고 그렇지 않으면 지급하지 않는 옵션을 말한다. 따라서 만기일에 옵션이 내가격상태에 있느냐의 여부가 중요하다.

문제 20. 다음 중 기초자산가격이 상승하거나 하락하거나 또한 어떤 방향으로 움직이든 각각의 기초자산에 대해 사전에 약정한 행사가격에서 멀어질수록 수익의 크기가 증가하는 장외옵션은?

① 무지개옵션(rainbow option) ② 피라미드옵션(pyramid option)

③ 아시안옵션(Asian option) ④ 콴토옵션(quanto option)

해설 수익의 규모가 피라미드옵션은 절대값의 크기에 비례하는 반면에 마돈나옵션은 제곱근의 크기에 비례한다.

문제 21. 다음 중 기업이 종업원들의 동기부여(stock option)를 위해 주식옵션을 부여할 경우에 효과적인 옵션은?

① 버뮤다옵션 ② 디지털옵션

③ 선택자옵션 ④ 포워드 스타트옵션

해설 기업이 종업원의 동기부여를 위해 주식매수선택권(stock option)을 부여한 경우 주주총회의 결의일로부터 2년 이상 재직해야 옵션을 행사할 수 있다. 따라서 경영성과를 측정할 수 있는 기간이 필요하므로 포워드 스타트옵션이 효과적일 것이다.

문제 22. 다음 중 촉발가격을 일정한 수준으로 정하지 않고 촉발가격의 수준을 시간과 기초자산가격의 함수가 되도록 한 장애옵션은 무엇인가?

① 부분장애옵션 ② 외부장애옵션

③ 다중장애옵션 ④ 곡률경계옵션

해설 배리어가격을 함수로 설정한 것을 선택하는 것으로 곡률경계옵션에 대한 설명이다.

문제 23. 다음 중 시간의존형옵션과 가장 거리가 먼 것은?

① 버뮤다옵션 ② 선택자옵션

③ 행사가격결정유예옵션 ④ 샤우트옵션

해설 시간의존형옵션은 A-B-C-D이다. 즉 American - Bermudan - Chooser - Delayed option이다.

문제 24. 우리나라 기업이 재무상태표를 작성할 경우에 연말환율을 적용하지 않고 평균환율을 사용한다면 환위험의 헤지수단으로 적합하며, 이는 경제적 위험을 초래하는 요소들이 장기에 걸쳐 작용한다는 사실과 경제적 환위험이 결산일 하루의 환율보다는 평균환율에 민감하기 때문이다. 위의 설명은 어떤 옵션에 대한 설명인가?

① 아시안옵션   ② 클리켓옵션
③ 바스켓옵션   ④ 정액수수옵션

해설 아시안옵션은 환위험을 관리하기 위해 평균가격을 사용하기 때문에 변동성을 줄여주는 옵션이다.

문제 25. 다음 중 장외시장에서 거래되는 이색옵션에 대한 설명으로 옳은 것은?

① 넉인콜옵션(knock in call)과 넉아웃콜옵션(knock out call)을 동시에 보유하면 표준 콜옵션을 보유한 것과 같아진다.
② 스텝록래더옵션(step lock ladder option)은 일정시간이 경과하면 그때의 시장가격으로 행사가격을 재조정한다.
③ 클리켓옵션(cliquet option)은 기초자산이 일정수준에 도달하면 행사가격을 재조정한다.
④ 선택자옵션(chooser option)은 시장가격이 유리할 경우에 새로운 행사가격을 선택할 수 있는 옵션이다.

해설 스텝록래더옵션은 일정 래더에 도달했을 때 행사가격을 재조정하고, 클리켓옵션은 기초자산이 일정시점마다 행사가격을 재조정하며, 선택자옵션은 만기일에 콜인지 풋인지를 선택할 수 있는 옵션을 말한다.

문제 26. 다음 중 조기변제요구권부 채권(puttable bond)을 발행한 차입자가 변제요구에 따르는 위험에 대비하기 위해 스왑계약을 체결한 경우에 적합한 옵션은?

① 유럽형옵션   ② 미국형옵션
③ 버뮤다옵션   ④ 피라미드옵션

해설 조기변제요구권부 채권의 발행자는 이자율이 상승하여 채권가격이 하락하면 채권매입자가 채권을 사전에 약정한 가격에 변제할 것을 요구하므로 이자율이 상승할 경우 수익을 얻을 수 있는 변동금리로 수취하고 고정금리로 지급하는 조건의 스왑계약을 체결할 필요가 있다. 채권상환을 요구할 수 있는 날자와 동일하도록 약정한 행사가능일이 경과할 때마다 기초스왑의 만기가 줄어드는 버뮤다 스왑션을 이용할 수 있다.

문제 27. 래더 풋옵션의 기초자산가격대가 105, 110, 115, 120 등으로 결정되어 있고 시장가격이 104까지 하락한 후 다시 121까지 상승하다 하락하여 결국은 기초자산가격이 112로 끝났을 경우에 수익은?

① 7   ② 8

③ 10   ④ 14

해설 시장가격이 건드린 래더가격 중 가장 유리한 것이 행사가격이 된다. 따라서 풋옵션의 경우에는 행사가격이 높을수록 유리하기 때문에 120이 최종 행사가격이 되고 만기일에 시장가격이 112이므로 수익은 8이 된다. 콜옵션의 경우에는 행사가격이 낮을수록 유리하기 때문에 105가 행사가격이 되어 수익은 7이 된다.

문제 28. 다음 중 중첩옵션을 활용하는 현실적인 이유로 가장 옳지 않은 것은?

① 중첩옵션은 만기일에 다른 옵션을 하나 받게 되며 기초자산가격과 행사가격이 일치하는 조건으로 만기일에 등가격옵션을 취득할 수 있는 권리를 얻고자 한다.

② 중첩옵션을 사용하는 주된 이유는 위험에 노출여부가 불확실한 상황이기 때문에 일단 시간을 벌기 위한 대안으로 사용하기 위해서 계약한다.

③ 중첩옵션은 기초옵션을 직접 매입하는 것보다 비용이 적게 든다는 이점이 있다.

④ 중첩옵션을 통해 레버리지효과를 극대화할 수 있다는 이점이 있다.

해설 중첩옵션은 손익을 증폭시키는 레버리지효과를 위해 사용된다고 볼 수 없고, 확실하게 옵션계약을 만기일에 획득하거나 불확실성에 대해 당분간 예의 주시할 필요가 있거나 비용의 측면에서 유리하기 때문에 중첩옵션을 계약한다.

문제 29. 스텝록래더옵션의 계약시 행사가격이 100이고 콜옵션의 행사가격 재확정 가격대가 110, 120, 130 등으로 정해져 있을 경우에 만일 시장가격이 110에 도달하면 어떻게 변화할 것인가?

① 이익은 10이고, 이는 만기까지 주가가 변하지 않은 경우이다.

② 행사가격이 110으로 재확정된다.

③ 행사가격은 100으로 재확정되고 수익 10은 보장된다.

④ 행사가격은 만기일에 결정되고 수익은 10이 지급된다.

해설 스텝록래더옵션은 미리 일련의 가격들을 설정하고 기초자산의 가격이 단계적으로 이 가격에 도달하는 경우에 행사가격이 재확정된다. 즉 미리 설정한 수준 중 어디까지 건드리거나 통과하는가에 의해 행사가격이 결정되는 옵션을 말한다.

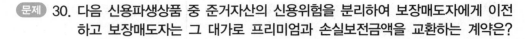

문제 30. 다음 신용파생상품 중 준거자산의 신용위험을 분리하여 보장매도자에게 이전하고 보장매도자는 그 대가로 프리미엄과 손실보전금액을 교환하는 계약은?

① Credit Default Swap(CDS)　　② Total Return Swap(TRS)

③ Basket Default Swap　　④ Credit Linked Notes(CLN)

해설 신용부도스왑(CDS)은 신용파생상품 중 기초적인 상품으로 가장 많이 거래된다. CDS는 신용위험을 거래당사자의 어느 일방이 다른 일방에게 이전시키는 쌍무적인 장외계약을 말한다. 어느 일방(보장매수자)은 계약기간동안 다른 일방(보장매도자)에게 프리미엄을 지급하고 준거자산의 부도 등 신용사건에 따라 발생하는 손실에 대해 보상을 받게 된다.

정답
1.④ 2.② 3.② 4.④ 5.③ 6.② 7.③ 8.③ 9.① 10.①
11.③ 12.③ 13.② 14.③ 15.② 16.④ 17.② 18.② 19.① 20.②
21.④ 22.④ 23.④ 24.① 25.① 26.③ 27.② 28.④ 29.③ 30.①

스왑거래

스왑은 거래당사자의 일방이 상대방에게 고정금리를 지급하는 대신에 변동금리를 수취하기로 약정한 계약을 말하며 계약내용이 거래당사자의 합의에 의해 결정되고 장외시장에서 거래된다는 점에서 선도거래와 유사하다. 스왑을 이용하면 금리변동이나 환율변동에 따른 위험을 효과적으로 관리할 수 있다.

제1절 스왑거래의 개요

1. 스왑거래의 등장

스왑거래의 기원은 1970년대 초 미국과 영국간에 성행한 평행대출과 국제상호직접대출에서 찾을 수 있다. 당시 대부분의 국가들은 자금의 해외유출을 막기 위해 외환을 엄격히 통제했는데, 금융기관과 다국적기업들은 외환통제를 회피하기 위한 수단으로 평행대출과 국제상호직접대출을 많이 이용하였다.

1980년대 들어 통화스왑을 포함한 스왑금융은 금리변동과 환율변동에 따른 위험을 효과적으로 관리하는 동시에 차입비용도 절감하는 금융기법으로 발전되어 왔다. 최근에는 다국적기업을 비롯한 개별기업이 스왑거래를 적극 활용하고 있으며, 세계은행 등 국제금융기구와 정부도 스왑금융시장에 참여하고 있다.

스왑거래는 외환시장에서 이종통화간 현물환거래와 선물환거래가 반대방향으로 동시에 이루어지는 거래로서 환위험을 회피하거나 통화간 일시적인 불균형을 해소하기 위한 수단으로 널리 이용되었다. 그러나 최근에는 금리스왑, 통화스왑 그리고 혼합스왑 등 거래목적에 따라 다양한 형태로 발전해 가고 있다.

스왑거래는 국제무역에서 비교우위의 원리를 금융거래에 응용한 것이다. 개별기업이나 금융기관들은 서로 다른 금융시장에서 자금을 조달하기 때문에 비교우위가 발생한다. 따라서 비교우위가 있는 시장에서 자금을 차입한 후 차입금리, 지급조건을 서로 교환하면 이익을 얻기 때문에 스왑거래가 이루어진다.

스왑거래는 이용이 편리하고 다양한 상품이 개발될 수 있다는 장점으로 외환금융거래상품 가운데 빠른 속도로 증가하고 있다. 또한 국제스왑딜러협회(ISDA)가 금리스왑과 통화스왑의 표준계약을 발행하면서 스왑시장의 유동성은 크게 증가하였다. 오늘날 스왑거래는 일반증권과 같은 형태로 발전해 가고 있다.

그림14-1 직접대출, 평행대출, 국제상호직접대출의 현금흐름

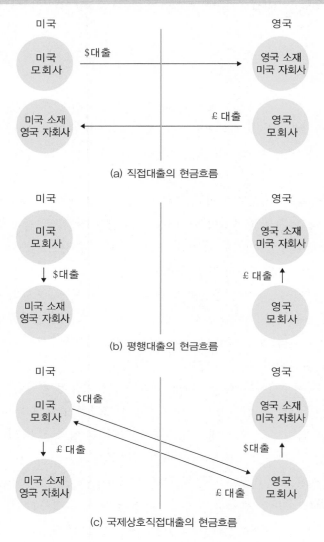

(a) 직접대출의 현금흐름

(b) 평행대출의 현금흐름

(c) 국제상호직접대출의 현금흐름

(a)는 미국 모회사가 영국소재 미국 자회사에 달러자금을 직접대출하거나 영국 모회사가 미국소재 영국 자회사에 파운드자금을 직접대출하는 경우의 현금흐름을 나타낸다. 미국과 영국의 모회사가 직접대출에서 외환통제를 받을 경우에 양국의 모회사는 평행대출을 통해 자국소재 상대국 자회사에 자국통화를 대출할 수 있다.

(b)는 미국 모회사가 미국소재 영국 자회사에 달러자금을 대출해 주는 대신에 영국 모회사는 영국소재 미국 자회사에 파운드자금을 대출해 주는 평행대출의 현금흐름을 나타내며 국제간에 자금이동이 발생하지 않아 정부의 외환통제를 회피할 수 있는 반면에 대출과정에 금융기관이 개입하지 않아 신용위험이 발생할 수 있다.

(c)는 미국과 영국의 모회사가 달러자금과 파운드자금을 상호 직접대출한 후 이를 다시 양국의 자회사에 평행대출을 실시할 경우 현금흐름을 나타낸다. 국제상호직접대출은 양국의 모회사간에 채무를 상계할 수 있어 평행대출보다 신용위험을 감소시킬 수 있으나 국가간에 자금이동이 발생하여 정부의 외환통제를 피할 수 없다.

1971년 미국의 닉슨대통령이 금태환 중지를 선언한 이후에 브레튼우즈협정이 붕괴되고 고정환율제도가 변동환율제도로 전환되면서 외환통제는 점차 철폐되었다. 이에 따라 다국적기업들은 세계 각국의 자회사에 자금을 무제한으로 대출할 수 있었던 반면에 변동환율제도의 시행으로 환율변동위험이 크게 증가하였다.

한편 1970년대 두 차례의 오일쇼크에 의한 인플레이션과 세계경제의 불황으로 각국 금리변동이 확대되는 상황에서 직접대출시 발생하는 환위험과 평행대출시 발생하는 신용위험을 제거할 수 있는 통화스왑이 1976년에 영국에서 최초로 등장하였다. 또한 1981년에는 금리변동위험을 제거하기 위한 금리스왑이 개발되었다.

2. 스왑거래의 정의

스왑(swap)은 교환한다는 의미이다. 교환의 대상이 원유나 곡물과 같은 일반상품이면 상품스왑이라 하고, 통화나 채권과 같은 금융상품이면 금융스왑이라고 한다. 금융스왑은 미래의 정해진 기간 또는 기간 동안에 각자가 소유한 서로 다른 현금을 교환하기로 스왑거래의 당사자간에 약정을 체결한 계약을 의미한다.

스왑거래는 거래당사자가 미래현금흐름을 일정기간 교환하기로 약정한 계약으로 계약내용이 당사자의 합의에 의해 결정되고 장외시장에서 사적인 형태로 계약이 체결된다는 점에서 선도거래와 유사하다. 다만, 선도거래가 미래의 한 시점에서 현금흐름을 교환하지만 스왑거래는 여러 시점에서 현금흐름을 교환한다.

전통적 스왑거래는 외환시장에서 이종통화간의 현물환거래와 선물환거래가 서로 반대방향으로 동시에 이루어지는 이중거래를 말한다. 대부분 환포지션을 커버하여 환율변동에 따른 환위험을 회피하거나 외환시장에서 이종통화간에 일시적인 자금수지의 불균형을 해소하기 위한 수단으로 이용되어 왔다.

최근에 스왑금융은 시장간 스프레드의 차익거래를 통해 위험부담 없이 추가적인 이익실현을 가능하게 하고 차입비용의 절감과 이종통화간 자금수지의 불균형에 의한 유동성제약을 해소한다. 또한 새로운 시장에의 접근을 용이하게 하는 등 과거의 스왑거래에 비해서 다양한 이용가치를 제공하고 있다.

스왑거래가 성립되기 위해서는 스왑거래당사자들의 거래조건에 대한 합의가 이루어져야 한다. 그런데 스왑계약을 체결하면 스왑거래를 하지 않았을 경우에 얻을 수 있는 기회이익을 포기해야 하고 스왑거래 자체의 거래불이행에 따른 신용위험과 시장위험이 내포되어 있다는 점에 유의할 필요가 있다.

3. 스왑거래의 종류

국제금융시장의 통합화, 정보기술의 혁신, 장부외거래의 신장을 배경으로 급속히 발전한 스왑거래는 거래대상과 교환되는 현금흐름에 따라서 이자지급조건을 교환하는 금리스왑, 서로 다른 통화의 원리금상환의무를 교환하는 통화스왑, 금리스왑과 통화스왑을 결합한 혼합스왑, 외환스왑으로 구분된다.

(1) 금리스왑

금리스왑(interest rate swap)은 스왑거래의 당사자가 동일한 통화로 표시된 각자의 차입금에 대한 이자지급의무를 서로 교환하여 지급하기로 약정한 거래를 말한다. 스왑금융에서 가장 큰 비중을 차지하는 금리스왑은 차입금에 대한 금리변동위험의 헤지나 차입비용을 절감하기 위해 이루어진다.

금리스왑은 동일한 통화로 표시된 차입금을 부담할 경우 변동금리와 고정금리를 교환하는 형태로 거래가 발생하기 때문에 환위험이 발생하지 않는다. 특히 순수한 금리스왑은 통화스왑과 달리 스왑거래의 당사자가 실제로 원금상환의무를 교환하지 않고 성격이 다른 이자지급의무만 서로 교환한다.

(2) 통화스왑

통화스왑(currency swaps)은 스왑거래의 당사자가 상이한 통화로 차입한 자금의 원리금상환의무를 서로 교환하여 지급하기로 약정한 거래를 말한다. 즉 상이한 통화로 표시된 명목원금을 교환하고, 만기까지 명목원금에 기초하여 상이한 통화로 표시된 이자를 지급하며, 만기일에 약정한 환율로 명목원금을 다시 교환한다.

금리스왑은 동일한 통화간 변동금리와 고정금리를 교환하는 반면 통화스왑은 상이한 통화의 금리와 원금을 교환한다. 통화스왑이 금리조건을 교환한다는 점에서는 금리스왑과 같지만 거래시점과 종료시점에 원금의 실질적인 교환이 수반되고 서로 다른 통화간의 교환으로서 외환스왑의 성격을 가지고 있다는 점에서 다르다.

(3) 혼합스왑

혼합스왑(cocktail swap)은 금리스왑과 통화스왑을 혼합한 형태의 거래를 말하며 통상 은행이 스왑중개기관으로서의 기능을 수행하고 복합스왑 또는 통화금리스왑이라고도 한다. 이는 거래대상이 되는 자산의 표시통화가 서로 다르며, 금리기준도 서로 다른 경우를 말하며 원금은 물론 이자지급의무도 교환된다.

(4) 외환스왑

외환스왑(FX swap)은 스왑거래의 당사자가 현재환율로 서로 다른 통화를 교환하고 일정기간이 경과한 후 계약시점에 약정한 선물환율로 원금을 재교환하기로 하는 거래를 말한다. 즉 동일한 거래상대방과 현물환과 선물환, 만기가 상이한 선물환과 선물환, 현물환과 현물환을 서로 반대방향으로 동시에 매매한다.

(5) 자산스왑

자산스왑(asset swap)은 스왑금융을 이용하여 채권의 현금흐름을 변환시키는 거래를 말하며 금융기관들이 장기고정금리자산을 변동금리자산으로 전환하기 위한 수단으로 활용하고 있다. 예컨대 고정금리채권을 매입하고 고정금리지급 금리스왑계약을 체결하면 변동금리채권의 매입포지션을 합성하는 효과를 갖는다.

(6) 상품스왑

상품스왑(commodity swap)은 스왑거래의 상대방에게 일정수량의 상품에 대해서 고정된 단위당 가격을 적용하여 정기적으로 지급하고 상대방으로부터 고정가격 대신에 현재의 시장가격을 수령하는 거래를 말한다. 여기서 가격결정의 대상이 되는 기초자산은 동일한 상품이 될 수도 있고 상이한 상품이 될 수도 있다.

4. 스왑거래의 기능

스왑거래는 장외파생상품으로 장내파생상품인 선물거래와 옵션거래에 비해 거래비용은 높고 유동성은 낮으나 융통성은 높고 신용위험에 대한 노출도 크다. 스왑거래는 차입비용의 절감, 이자수익의 증대, 가격위험의 헤지, 시장규제의 회피, 금융시장의 보완, 합성상품의 창출 등 다양한 목적으로 활용되고 있다.

(1) 차입비용의 절감

국제금융시장에서 차입자의 신용도, 개별시장의 특성, 지역간 금융환경의 차이로 인해 기업들은 서로 다른 차입조건을 갖는다. 이때 두 차입자가 상대적으로 비교우위가 있는 금융시장에서 자금을 조달한 후 현금흐름을 교환하면 차입비용을 절감할 수 있고, 금리위험과 환위험을 효과적으로 관리할 수 있다.

예컨대 한쪽은 고정금리 자금조달에 비교우위가 있으나 변동금리 자금조달을 원하고 다른 쪽은 변동금리 자금조달에 비교우위가 있으나 고정금리 자금조달을 원하는 경우 비교우위가 있는 자금조달방법으로 자금을 조달한 후 이자지급의무를 서로 교환하는 금리스왑을 체결하면 차입비용을 절감할 수 있다.

(2) 이자수익의 증대

금융시장에서 변동금리자산에 투자한 투자자는 미래에 금리가 하락할 것으로 예상되는 경우 변동금리자산을 고정금리자산으로 변경시키고, 고정금리자산에 투자한 투자자는 미래에 금리가 상승할 것으로 예상되는 경우 고정금리자산을 변동금리자산으로 변경시키면 이자수익을 증대시킬 수 있다.

차입자가 스왑거래를 이용하여 변동금리부채를 고정금리부채로 변경시키고, 고정금리부채를 변동금리부채로 변경시켜 차입조건을 개선하면 이자부담과 금리위험을 크게 줄일 수 있다. 그리고 개별기업과 금융기관들이 스왑거래를 이용하면 장래의 자금수지나 환위험을 쉽게 관리할 수 있게 된다.

(3) 가격위험의 헤지

스왑거래를 이용하면 금리와 환율의 변동에 따라 발생하는 가격변동위험을 헤지할 수 있다. 선물거래과 옵션거래는 단기헤지에 이용되는 반면 스왑거래는 장기간 헤지에도 사용할 수 있다. 또한 신용도가 높은 중개은행에 의해 스왑거래가 이루어지는 경우 거래상대방의 위험노출도 크게 줄어든다.

(4) 시장규제의 회피

장래에 발생할 자금의 유출입이 기간별·통화별로 일치하지 않거나 중장기 외화자금의 거래증가로 헤지가 어려운 경우 스왑거래는 정상거래를 어렵게 하거나 불가능하게 하는 각국의 조세, 금융, 외환상의 규제를 회피하는 수단으로 이용되어 각종 규제가 있는 시장에서는 기대할 수 없었던 이익을 얻을 수 있다.

(5) 금융시장의 보완

스왑거래는 장기계약과 유동성이 낮은 통화에 대한 계약도 가능하기 때문에 선물시장과 옵션시장이 충족시키지 못하는 위험헤지에 대한 보완적 기능을 수행한다. 특히 금융시장에서 신인도가 낮아 자본시장에 접근이 어려운 경우에 신인도가 높은 차입자와 스왑거래를 체결하면 차입비용을 절감할 수 있다.

제2절 금리스왑의 개요

1. 금리스왑의 정의

금리스왑(interest rate swap)은 동일한 통화로 표시된 채무를 부담하고 있는 스왑거래의 당사자가 계약기간동안 일정한 간격으로 이자지급의무를 교환하여 부담하기로 약정한 계약을 말한다. 금리스왑은 이자지급의무만 교환하고 원금상환의무는 교환하지 않는다는 점에서 통화스왑과 차이가 있다.[15]

금리스왑은 고정금리로 자금차입을 원하지만 변동금리로 보다 유리하게 차입할 수 있는 차입자와 변동금리로 자금차입을 원하지만 고정금리로 보다 유리하게 차입할 수 있는 차입자가 일정금액에 대해 서로 다른 조건의 이자지급의무를 상호 교환하는 거래를 말하며 장부외거래의 성격을 가진다.

대부분의 금리스왑은 LIBOR, 프라임레이트 등에 연계된 변동금리채무와 고정금리채 발행에 따른 고정금리채무를 교환하는 거래가 주축을 이루고 있다. 금리스왑은 동일한 통화에 대해 이자만 교환되는 단일통화 금리스왑과 상이한 통화에 대해 원리금이 교환되는 이종통화 금리스왑으로 구분된다.

2. 금리스왑의 종류

금리스왑은 표준형 스왑과 비표준형 스왑으로 구분한다. 표준형 스왑은 스왑거래 당사자가 동일한 명목원금에 대해 고정금리와 변동금리를 일정기간 동일한 통화로 교환하기로 약정한 계약으로 변동금리는 매기간 초일에 확정하여 매기간 말일에 고정금리와 교환하되 실제로는 상호지급분의 차액을 교환한다.

비표준형 스왑에는 원금변동형스왑, 베이시스스왑, 선도스왑 등이 있다. 원금변동형스왑은 명목원금이 고정되어 있지 않고 스왑기간이 경과함에 따라 미리 약정한 방식에 의해 명목원금이 변하는 형태의 스왑을 말한다. 여기에는 원금증가형스왑, 원금감소형스왑 그리고 원금증감형스왑의 세 가지로 구분된다.

(1) 고정–변동금리스왑

일반적으로 금리스왑은 이자지급조건을 고정금리에서 변동금리 또는 변동금리에서

---

15) 금리스왑에서 교환의 대상이 되는 원금은 동일한 통화이며 금액도 동일하기 때문에 원금상환의무는 교환하지 않는다.

고정금리로 교환한다. 따라서 한쪽은 고정금리를 지급하고 다른 쪽은 변동금리를 지불하며 고정금리는 이표채의 표면이자를 반영하므로 쿠폰스왑(coupon swap) 또는 표준형 금리스왑(plain vanilla interest rate swap)이라고도 한다.

예컨대 A기업은 처음에 고정금리로 채권을 발행하여 자금을 차입하고 이를 B은행에게 변동금리로 교환하는 스왑거래를 체결하였다. 이때 A기업은 금리가 하락하면 손실이 발생할 위험에 노출되어 있기 때문에 변동금리지급자로 금리스왑을 체결하면 금리하락위험을 헤지할 수 있다.

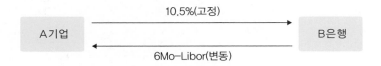

(2) 베이시스스왑(basis swap)

베이시스스왑(basis swap)은 서로 다른 변동금리부 이자지급조건을 교환하는데 거래당사자 모두 산정방식이 서로 다른 변동금리를 기준으로 변동이자를 계산하여 변동금리를 지급한다. 예컨대 A기업은 3개월 LIBOR 변동금리로 자금을 차입한 후 이를 B은행과 미국 회사채수익률과 이자지급을 교환하는 경우가 여기에 해당한다.

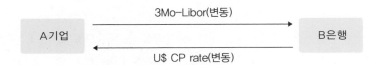

(3) 크로스커런시스왑

크로스커런시스왑은 상이한 통화간 이자지급조건을 교환하는 스왑거래를 말한다. 예컨대 A기업은 스위스 프랑으로 자금을 차입한 후 스위스 프랑의 차입금리인 고정금리를 B은행과 변동금리인 미국 달러표시 6개월 Libor로 교환하는 스왑거래이다. 그러나 통화스왑과 달리 이종통화간 원금교환은 발생하지 않는다.

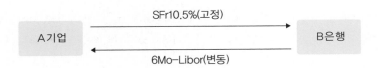

3. 금리스왑의 설계

현재 국제금융시장에서 신용도가 높은 A기업과 신용도가 낮은 B기업의 차입조건이 다음과 같다고 가정하자.

표 14-1 차입조건

기업	고정금리	변동금리
A	10.0%	LIBOR+0.4%
B	11.2%	LIBOR+1.0%
금리차이	1.2%	0.6%

고정금리시장과 변동금리시장에서 모두 절대우위에 있는 A기업은 고정금리 자금조달에 비교우위가 있으나 변동금리로 자금조달을 원하고, B기업은 변동금리 자금조달에 비교우위가 있으나 고정금리로 차입을 원한다고 가정하자.

A기업은 비교우위가 있는 고정금리로 차입하고 B기업은 변동금리로 차입한 다음 이자지급의무를 서로 교환하는 금리스왑을 체결하면 고정금리의 차이 1.2%와 변동금리의 차이 0.6%의 차이인 0.6%의 차입비용을 절감할 수 있다.

(1) 은행의 중개가 없는 경우

은행의 중개없이 스왑계약을 체결하여 차입비용의 절감으로 인한 이득을 50%씩 분배할 경우 변동금리로 차입을 원하는 A기업은 원래의 변동금리 LIBOR+0.4%보다 0.3%가 낮은 LIBOR+0.1%에, 고정금리로 차입을 원하는 B기업은 원래의 고정금리 11.2%보다 0.3%가 낮은 10.9%에 자금조달효과가 있도록 스왑계약을 체결한다.

A기업은 외부대출자에게 연 10%를 지급한다. B기업으로부터 연 9.9%를 수취한다. B기업에게 LIBOR를 지급한다는 세 가지 현금흐름을 모두 고려하면 A기업은 연 LIBOR+0.1%의 이자를 지급하는 것이 되어 변동금리시장에서 직접 LIBOR+0.4%지급할 때보다 연 0.3% 낮은 이자율이다.

B기업은 외부대출자에게 LIBOR+1%를 지급한다. A기업으로부터 LIBOR를 받는다. A기업에게 연 9.9%를 지급한다는 세 가지 현금흐름을 모두 고려하면 B기업은 연 10.9%의 이자를 지급하는 것이 되어 고정금리시장에서 직접 11.2%지급할 때보다 연 0.3% 낮은 이자율이다.

스왑거래가 없었다면 A기업이 부담해야 하는 변동금리는 LIBOR+0.4%이고, B기업이 부담해야 하는 고정금리는 11.2%이다. 그러나 스왑거래를 이용하면 A기업은 LIBOR+0.1%의 변동금리로, B기업은 10.9%의 고정금리로 차입할 수 있어 두 기업 모두 0.3%의 차입비용을 절감할 수 있게 된다. 금리스왑거래를 통해서 A기업과 B기업이 얻게 되는 차입비용의 절감효과를 분석하면 다음과 같다.

구분	A기업	B기업
자사의 차입금에 대한 이자	10%	LIBOR+1.0%
상대방에게 지급하는 이자	LIBOR	9.9%
상대방으로부터 받는 이자	(9.9%)	(LIBOR)
실제로 부담하는 이자	LIBOR+0.1%	10.9%
스왑거래 이전의 이자	LIBOR+0.4%	11.2%
차입비용의 절감효과	0.3%	0.3%

그림14-2 은행의 중개가 없는 금리스왑

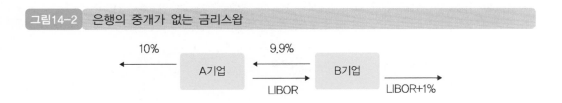

(2) 은행의 중개가 있는 경우

스왑중개인으로서 은행은 스왑거래 당사자의 요구조건을 충족시킬 수 있는 스왑계약을 설계해 주고 호가스프레드(bid−ask spread)의 형태로 스왑거래에 따른 차입비용 절감액의 일부를 수수료로 가져간다. 스왑딜러인 은행이 중개하는 스왑계약의 설계방법은 무수히 많은데 그중 하나는 다음과 같다.

A기업은 10.00%의 고정금리로 자금을 조달한 후 은행과 6개월 LIBOR+0.20%의 변동금리를 지급하고 10.00%의 고정금리를 수취하는 스왑계약을 체결하면 A기업이 부담하는 금리수준은 LIBOR+0.20%가 되는데, 이는 변동금리시장을 이용할 경우에 부담하는 수준 LIBOR+0.40%보다 0.20% 낮은 수준이다.

B기업은 LIBOR+1.00%의 변동금리로 자금을 조달한 후 은행과 고정금리 11.00%를 지급하는 대신 6개월 LIBOR+1.00%의 변동금리를 수취하는 스왑계약을 체결하면 B기업이 부담하는 금리수준은 11.00%가 되는데, 이는 고정금리시장을 이용할 경우에 부담하는 수준 11.20%보다 0.20% 낮은 수준이다.

　　은행은 변동금리로 LIBOR+0.20%를 받아 LIBOR+1.00%를 지급하고, 고정금리로 11.00%를 받아 10.00%를 지급하여 그 차이에 해당하는 0.2%의 스프레드를 수익으로 얻는다. 따라서 고정금리차이 1.20%에서 변동금리차이 0.60%를 차감한 0.60%를 세 당사자가 모두 동일한 크기로 나누어 갖는다. 금리스왑거래를 통해서 A기업과 B기업이 얻게 되는 차입비용의 절감효과를 분석하면 다음과 같다.

구분	A기업	B기업
자사의 차입금에 대한 이자	10%	LIBOR+1.0%
중개은행에 지급하는 이자	LIBOR+0.2%	11%
중개은행으로부터 받는 이자	(10%)	(LIBOR+1.0%)
실제로 부담하는 이자	LIBOR+0.2%	11.0%
스왑거래 이전의 이자	LIBOR+0.4%	11.2%
차입비용의 절감효과	0.2%	0.2%

그림14-3　은행의 중개가 있는 금리스왑

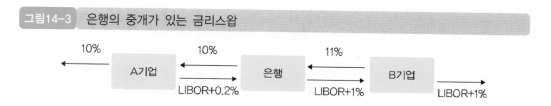

4. 금리스왑의 가치평가

　　금리스왑은 고정금리부채권에 대한 선도계약과 변동금리부채권에 대한 선도계약의 합으로 한 채권에 대해서 매도포지션을 취하고 동시에 다른 채권에 대해서 매입포지션을 취하는 포트폴리오 또는 금리선도계약의 포트폴리오로 간주할 수 있다. 스왑거래의 현금흐름은 각 기간별 LIBOR 현물이자율로 할인한다.

(1) 채권가치를 이용하는 경우

　　스왑계약을 체결한 후 스왑의 가치를 평가하기 위해서 스왑계약의 기초가 되는 채권의 명목원금(액면가액)을 F, 각 이자지급일의 고정금리지급액을 C, 스왑계약의 만기일까지 잔존기간을 t_n, 현재시점부터 각 이자지급일까지 기간을 $t_i (1 \leq t_i \leq), t_i$동안의 현물이자율을 r_i라고 정의하자.

　　은행의 입장에서 스왑의 가치는 스왑계약의 기초가 되는 변동금리부채권의 가치 (B_V)에서 고정금리부채권의 가치(B_F)를 차감한 값이 된다.

$$NPV = B_V - B_F \tag{14.1}$$

변동금리부채권의 가치를 평가하려면 미래의 이자를 추정해야 하는데, 다음 이자지급일의 이자는 명목원금에 직전 1기간(보통 6개월)동안의 선도이자율을 곱하여 구한다. 따라서 t_i시점에서 직전 1기간 동안의 선도이자율을 f_{ti}라고 하면 변동금리부채권의 가치는 다음과 같이 구할 수 있다.

$$B_V = \sum_{i=1}^{n} \frac{F \times f_{ti}}{(1+r_i)^{t1}} + \frac{F}{(1+r_n)^{tn}} \tag{14.2}$$

고정금리부채권의 현금흐름은 t_i시점에서 C이고 t_n시점에서 F이므로 고정금리부채권의 가치는 다음과 같이 구할 수 있다.

$$B_F = \sum_{i=1}^{n} \frac{C}{(1+r_i)^{ti}} + \frac{F}{(1+r_n)^{tn}} \tag{14.3}$$

따라서 은행의 입장에서 스왑의 가치는 식(14.2)로 평가한 변동금리부채권의 가치에서 식(14.3)로 평가한 고정금리부채권의 가치를 차감한 값이 된다.

$$NPV = \sum_{i=1}^{n} \frac{F \times f_{ti}}{(1+r_i)^{ti}} + \frac{F}{(1+r_n)^{tn}} - \sum_{i=1}^{n} \frac{C}{(1+r_i)^{ti}} - \frac{F}{(1+r_n)^{tn}} \tag{14.4}$$

$$= \sum_{i=1}^{n} \frac{F \times f_{ti} - C}{(1+r_i)^{ti}}$$

(2) 선도계약을 이용하는 경우

금리선도계약은 미래의 특정기간 동안에 특정이자율이 특정원금에 적용되는 계약을 말한다. 따라서 미래의 현금흐름을 거래당사자간에 교환하는 금리스왑은 이자지급일마다 변동금리를 지급받고 고정금리를 지급하는 여러 개의 금리선도계약으로 구성된 포트폴리오에 해당한다고 볼 수 있다.

스왑의 가치는 선도계약의 현재가치로 평가한다. 스왑거래의 가치평가과정은 스왑의 현금흐름을 결정하는 각 이자지급일의 LIBOR에 대한 선도이자율을 계산하고 LIBOR가 선도이자율과 동일하다는 가정하에 스왑의 현금흐름을 계산한 후 스왑의 가치를 스왑현금흐름의 현재가치와 동일하다.

금리스왑의 가치

한국기업은 차입원금이 10억원 계약기간은 3년, 매년 1회 이자를 교환하는 조건으로 은행과 금리스왑을 체결하였다. 스왑상대방에 대한 이자지급은 변동금리조건이고 이자수취는 고정금리조건이다. 만기 1년, 2년, 3년의 무이표채 수익률이 각각 연 10%, 11%, 12%이며 최근 이자지급일에서의 6개월 LIBOR는 연 10%라고 가정하여 다음 물음에 답하시오.

1. 한국기업의 입장에서 채권가치를 이용하여 금리스왑의 가치를 평가하시오.
2. 한국기업의 입장에서 선도계약을 이용하여 금리스왑의 가치를 평가하시오.

풀이

1. 채권가치를 이용하는 경우
한국기업은 고정금리로 이자를 수취하고 변동금리로 이자를 지급하므로 원금 100억원의 고정금리부채권을 매입하고 원금 100억원의 변동금리부채권을 매도한 포트폴리오로 간주할 수 있다. 고정금리를 지급받고 변동금리를 지급하는 한국기업의 입장에서 금리스왑의 가치는 고정금리부채권의 가치에서 변동금리부채권의 가치를 차감하여 구한다.
① 고정금리부채권의 가치

$$B_F = \sum_{i=1}^{n} \frac{C}{(1+r_i)^{ti}} + \frac{F}{(1+r_n)^{tn}}$$
$$= \frac{8}{(1.10)^{12/12}} + \frac{8}{(1.11)^{24/12}} + \frac{108}{(1.12)^{36/12}} = 90.64억 원$$

② 변동금리부채권의 가치

$$B_V = \sum_{i=1}^{n} \frac{F \times f_{ti}}{(1+r_i)^{ti}} + \frac{F}{(1+r_n)^{tn}}$$
$$= \frac{C_1 + F}{(1+r_1)^{t1}} = \frac{10+100}{(1.1)^{12/12}} = 100억 원$$

2. 선도계약을 이용하는 경우
금리선도계약은 미래의 특정기간 동안에 특정이자율이 특정원금에 적용되는 계약이므로 미래의 현금흐름을 교환하는 여러 개의 선도계약으로 볼 수 있다. 따라서 스왑의 가치는 금리선도계약의 현재가치로 평가할 수 있다. A기업의 입장에서 스왑계약은 다음과 같은 세 개의 금리선도계약으로 구성된 포트폴리오라고 할 수 있다.

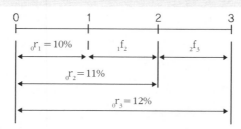

① 1년 후의 이자교환은 원금 100억원에 대해 연 8%의 이자를 지급받고, 연 10%의 이자

를 지급하는 선도계약이라고 할 수 있다. 1년간의 현물이자율이 10%이므로 선도계약의 현재가치는 다음과 같다.

$$선도계약의 현재가치 = \frac{(0.08-0.10)100}{(1.10)^{12/12}} = -1.82억 원$$

② 2년 후의 이자교환은 원금 100억원에 대해 연 8%의 이자를 지급받고, 1년 후부터 1년 간의 선도이자율로 이자를 지급하는 선도계약이라고 할 수 있다. 2년간의 현물이자율이 11%이므로 선도계약의 현재가치는 다음과 같다.

$$선도계약의 현재가치 = \frac{(0.08-0.1201)100}{(1.11)^{24/12}} = -3.25억 원$$

③ 3년 후의 이자교환은 원금 100억원에 대해 연 8%의 이자를 지급받고, 2년 후부터 1년 간의 선도이자율로 이자를 지급하는 선도계약이라고 할 수 있다. 3년간의 현물이자율이 12%이므로 선도계약의 현재가치는 다음과 같다.

$$선도계약의 현재가치 = \frac{(0.08-0.1403)100}{(1.12)^{36/12}} = -4.29억 원$$

따라서 A기업의 입장에서 금리스왑의 가치는 세 개의 선도계약의 현재가치를 합산한 값 −9.36억원이며, 이는 채권가치를 기준으로 계산한 결과와 일치한다.

$$\frac{(8-10)}{(1.10)^1} + \frac{(8-100\times0.1201)}{(1.11)^2} + \frac{(8-100\times0.1403)}{(1.12)^3} = -9.36억 원$$

제3절 **통화스왑의 개요**

1. 통화스왑의 정의

통화스왑(currency swap)은 상이한 통화로 표시된 채무를 부담하는 거래당사자가 계약기간 동안 원금에 기초하여 상이한 통화로 표시된 이자를 지급하고 만기에는 계약시점에 약정한 환율에 의해 원금을 교환하는 계약을 말한다. 즉 통화스왑은 특정통화로 차입한 자금을 다른 통화차입으로 맞교환하는 거래에 해당한다.

금리스왑은 일반적으로 고정금리와 변동금리의 교환에 국한되는 거래인 반면에 통화스왑은 다양한 형태의 이자지급이 교환된다. 고정금리이자간의 교환과 변동금리이자간의 교환이 있고 고정금리이자와 변동금리이자간의 교환도 있다. 전자의 방식을 순수통화스왑이라고 하고, 후자의 방식을 금리통화스왑이라고 부른다.

통화스왑은 이자지급의무를 교환하고 금리교환이 스왑거래자의 상황에 따라 결정된다는 점에서는 금리스왑과 동일하다. 그러나 스왑거래의 개시시점과 종료시점에 원금의 실질적인 교환이 수반되고 서로 다른 통화간의 원금교환으로서 외환스왑의 성격을 갖는다는 점에서 금리스왑과 큰 차이가 있다.

2. 통화스왑의 종류

스왑금융은 상호융자 또는 평행대출과 상호직접대출에서 발전된 거래기법이다. 통화스왑거래는 처음에 통화담보부대출, 상호융자, 상호직접대출 등의 형태로 출발했으나 장기선물환계약, 직접통화스왑, 통화─금리스왑, 역통화스왑, 이중통화스왑, 통화옵션스왑 등 다양한 형태로 발전하고 있다.

(1) 장기선물환계약

장기선물환계약은 장기적인 환위험을 회피하고자 거래당사자가 계약시점에 약정한 환율에 따라 특정통화를 미래의 일정시점에 매입하거나 매도하기로 한 계약을 말한다. 장기선물환계약은 단기선물환계약과 비슷하고 선물환시장에서 거래가 어려운 대규모 장기외화자금의 환위험 헤지수단으로 이용된다.

장기선물환계약은 만기까지 환위험의 부담없이 자금을 활용할 수 있어 장기적인 환위험관리수단으로 사용될 수 있다. 그러나 계약기간이 길어 거래조건이나 현금흐름이 맞는 거래상대방을 찾기가 쉽지 않다. 그리고 만기일에 거래상대방이 계약을 이행하지 않을 수 있는 신용위험이 상대적으로 크다.

장기선물환계약에 적용되는 선물환율은 미래시점에 거래가 한 번 발생한다면 하나의 선물환율이 존재하지만 여러 번 발생한다면 거래시점마다 서로 다른 선물환율이 적용될 수 있다. 장기선물환계약에서 선물환 프리미엄 또는 디스카운트의 크기는 선물환의 만기와 두 통화간의 금리차이를 반영하여 결정된다.

일반적으로 장기선물환계약에서 약정환율은 이론적 선물환율이 이용된다. 이론적 선물환율은 두 통화간의 금리차이가 반영되어 결정되는데 이는 환율결정메커니즘의 이자율평가식에서 도출할 수 있다. 따라서 한국기업이 미국기업과 t년 만기 선물환계약을 체결할 때 적용되는 약정환율은 다음과 같이 결정된다.

$$F_t = S_0 \times [\frac{1+R_K}{1+R_A}]^t \tag{14.5}$$

식(14.5)는 통화선물의 균형가격을 나타내는 식과 같다. 여기서 각 기간마다 서로 다른 수준의 이자율이 존재하고 이를 예측할 수 있다면 이를 재투자수익률로 해서 약정환율을 산출해야 한다. 예컨대 만기가 2년인 선물환계약을 체결하면서 각 국가의 2년간 금리수준을 예측할 수 있다면 약정환율은 다음과 같이 산출된다.

$$F_t = S_0 \times [\frac{(1+R_{K1})(1+f_{K2})}{(1+R_{A1})(1+f_{A2})}] \tag{14.6}$$

예컨대 파운드화표시 장기부채를 보유하고 있는 미국의 A기업과 미국에 파운드화표시 자동차 수입대금을 장기분할 결제조건으로 지급해야 하는 영국의 B기업이 있다고 가정하자. 이들 기업은 계약시점에 약정한 환율에 따라 특정통화를 만기일에 거래하는 장기선물환계약을 체결하면 환위험을 헤지할 수 있게 된다.

미국의 A기업은 파운드화표시 부채를 달러화로 고정시키기 위해 달러화를 대가로 파운드화 장기선물환을 매입하고, 영국의 B기업은 달러화표시 부채를 파운드화로 고정시키기 위해 파운드화를 대가로 달러화 장기선물환을 매입하는 스왑계약이 체결되면 선물환계약의 결제에 따른 현금흐름은 [그림 14-4]와 같다.

| 그림14-4 | 장기선물환계약의 현금흐름 |

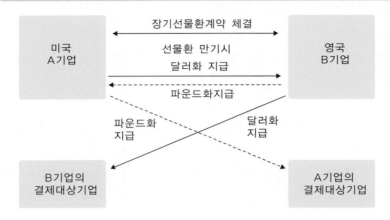

(2) 직접통화스왑

직접통화스왑(direct currency swap)은 통화스왑의 거래당사자가 스왑계약에 따라서로 필요로 하는 통화표시자금을 현물환율을 적용하여 매입해서 사용하고 만기일에 가서는 계약기간 동안의 환율변동과는 관계없이 최초계약시점의 현물환율로 동일한 금액을 상환하기로 약정하는 금융방식을 말한다.

직접통화스왑과 장기선물환계약은 만기시점에 적용되는 환율에서 차이가 있다. 장기선물환계약에서는 선물환율을 두 통화간 금리차이에 근거하여 조달금리를 복리로 재투자하는 것을 가정하여 산정한다. 그러나 직접통화스왑에서는 만기상환일에 적용되는 환율이 선도환율이 아닌 계약시점의 현물환율과 동일하다.

직접통화스왑은 상호융자와 이용목적이나 현금흐름의 형태가 비슷하다. 그러나 상호융자는 두 개의 독립된 융자계약으로 이루어지나 직접통화스왑은 단일계약으로 이루어진다. 따라서 직접통화스왑은 상호융자와 달리 단일계약이므로 어느 한쪽이 채무를 이행하지 않는 경우에 자동적으로 상계권을 행사할 수 있다.

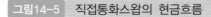
그림14-5 직접통화스왑의 현금흐름

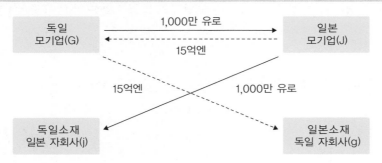

직접통화스왑을 나타내는 [그림 14-5]는 독일의 모기업과 일본의 모기업간 통화스왑거래에 따른 최초 현금흐름을 표시하는데 만기에는 정반대의 동일한 현금흐름이 발생한다. 직접통화스왑을 통해 독일소재 일본 자회사는 1,000만유로를, 일본소재 독일 자회사는 15억엔을 각각 모기업을 통해 조달할 수 있다.

(3) 채무교환스왑

채무교환스왑은 스왑거래당사자가 환위험을 회피하고 차입비용을 절감하기 위해 서로 다른 통화로 표시된 채무에 대해 원리금상환의무를 교환하기로 약정한 계약을 말한다. 일반적으로 채무의 교환거래에는 고정금리간 통화스왑, 변동금리-고정금리간 통화스왑 그리고 변동금리간 통화스왑으로 구분한다.

① 고정-고정금리 통화스왑

고정금리 통화스왑(currency coupon swap)은 스왑거래당사자가 이종통화표시 고정금리채무에 대한 원리금의 상환의무를 서로 교환하는 거래를 말하며 비교우위 때문에 발생한다. 따라서 스왑거래의 당사자들은 이러한 고정금리 통화스왑을 통해 환위험을 헤지할 수 있을 뿐만 아니라 차입비용도 절감할 수 있다.

프랑스 F은행이 미국에 진출한 G기업에 대출하기 위해 1억유로에 해당하는 유로화채권을 7년 만기, 연 5.5% 고정금리로 발행하고 1억유로를 환율 $1.2000/€로 바꾸어 G기업에 7년간 연 7.0% 고정금리로 1.2억달러를 대출했다고 가정하자. 대출기간에 달러화가 약세를 보이면 이자지급과 만기일에 환위험에 노출된다. 만기일에 환율이 $1.4000/€이면 원금상환시 0.14억유로[= $0.2억/($1.4000/€)]에 상당하는 환차손이 발생한다.

이러한 환위험을 헤지하기 위해 F은행은 스왑중개인 D은행과 7년간 1억유로를 1.2억달러와 교환하는 통화스왑을 체결하여 달러화 채무에 대한 이자로 연 6.50% 고정금리를 D은행에 지급하고, D은행은 유로화 채무에 대한 이자로 연 5.50% 고정금리를 F은행에 지급하기로 했다고 가정하자. 이러한 고정금리 통화스왑을 통해서 F은행은 환위험을 헤지할 수 있고 금리차익을 수익으로 얻을 수 있게 된다.

그림14-6 고정금리 통화스왑의 현금흐름

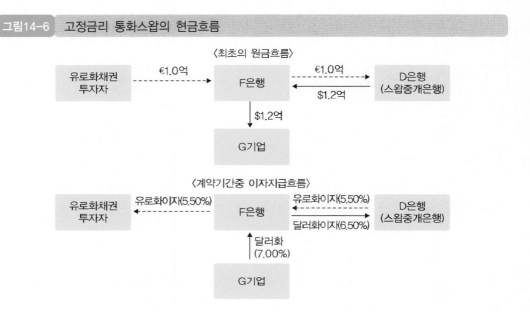

F은행은 7년 후 만기일에 현재시점에 약정한 환율 $1.2000로 채무를 교환하여 환위험에서 벗어날 수 있다. 또한 스왑중개은행과 약정한 달러화의 스왑금리가 연 6.5%이지만, G기업에 대해서는 연 7.00% 대출금리를 적용하여 연 0.50% 금리차익을 실현할 수 있다. 스왑중개은행은 F은행과 통화스왑계약을 체결할 경우 유로화자금에는 매입률을 적용하고, 달러화자금에는 매도율을 적용하므로 이에 상응하는 금리차익을 얻게 된다.

② 고정-변동금리 통화스왑

고정-변동금리 통화스왑(cross currency coupon swap)은 통화스왑과 금리스왑이 혼합되어 이종통화표시 고정금리채무와 변동금리채무를 서로 교환하는 거래를 말한다. 이는 고정금리채무를 변동금리채무로 전환한다는 점에서 금리스왑과 유사하지만 만기일에 이종통화표시 원금을 재교환한다는 점에서 차이가 있다.

예컨대 비달러화 위주의 영업은행이 유로달러시장에서 변동금리로 달러화자금을 차입하고자 하나 신용도가 낮아 차입조건이 불리하면 국내시장에서 자국통화표시자금을 고정금리로 차입한 후에 거래상대방과 고정-변동금리간 스왑거래를 체결하면 자국통화표시 고정금리부채를 달러화표시 변동금리부채로 전환시킬 수 있다.

우리나라 K은행은 국내금융시장에서는 연 5.50%의 고정금리로 원화표시채권을 발행할 수 있고, 유로달러시장에서는 연 LIBOR+0.50%의 변동금리로 자금을 차입할 수 있다. 한편 우리나라에 자동차공장을 설립하고자 하는 독일의 H기업은 유러달러시장에서는 연 LIBOR+0.25% 달러화표시채권을 발행할 수 있고, 국내금융시장에서는 연 6.25%의 고정금리로 원화표시채권을 발행할 수 있다고 가정하자.

표 14-2   차입조건

기업	달러화	원화
국내 K은행	LIBOR+0.50%	5.50%
독일 H기업	LIBOR+0.25%	6.25%
금리차이(K-H)	0.25%	-0.75%

[표 14-2]에 제시된 차입조건을 살펴보면 국내 K은행은 국내금융시장에서 절대우위에 있고, 독일의 H기업은 유로달러시장에서 절대우위에 있다. 이러한 경우에 국내 K은행은 국내금융시장에서 원화를 연 5.50%로 조달하고, 독일 H기업은 유로달러시장에서 달러화를 연 LIBOR+0.25%로 조달하여 원리금을 맞교환하는 통화스왑계약을 체결하면 모두 자금조달비용을 절감할 수 있다.

독일의 H기업은 원화자금의 조달금리를 0.75%(=6.25%-5.50%) 절감할 수 있고 국내 K은행은 달러화자금의 조달금리를 0.25%[=(LIBOR+0.50%)-(LIBOR+0.25%)]를 절감할 수 있다. 한편 국내의 K은행은 낮은 금리로 조달한 달러화자금을 이를 필요로 하는 고객에게 매칭시켜 높은 금리로 대출할 수 있기 때문에 환위험을 헤지할 수 있을 뿐만 아니라 금리차익을 수익으로 얻을 수 있다.

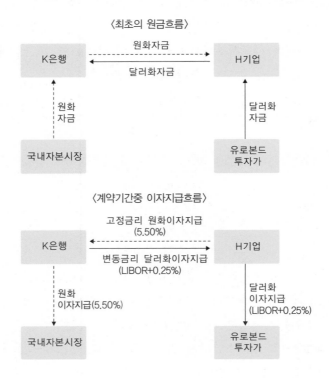

그림14-7 고정–변동금리 통화스왑의 현금흐름

③ 변동 – 변동금리 통화스왑

변동금리 통화스왑(cross currency basis swap)은 거래당사자가 이종통화표시 변동금리채무에 대한 원리금의 상환의무를 맞교환하는 거래로 고정금리 통화스왑과 구조는 같지만 적용금리가 변동금리라는 점에서 다르다. 거래당사자들은 변동금리 통화스왑을 통해서도 환위험을 헤지할 수 있고 차입비용도 절감할 수 있다.

예컨대 미국의 A기업이 1,000만유로를 향후 5년간 정기적으로 LIBOR＋0.50%의 수익이 예상되는 프로젝트에 투자한다고 가정하자. 만약 A기업이 B은행으로부터 1,200만달러를 연 LIBOR＋0.25%로 대출받아 현재의 환율로 환전하여 1,000만유로를 프로젝트에 투자할 경우에 A기업은 환위험과 금리위험에 직면할 수 있다.

이러한 환위험과 금리위험을 헤지하기 위해 A기업은 스왑딜러인 C은행과 5년간 1,000만유로를 1,200만달러와 교환하는 통화스왑을 체결했다고 하자. 또한 유로화 채무에 대한 이자로 연 LIBOR＋0.10%를 C은행에 지급하고, C은행은 달러화 채무에 대한 이자로 연 LIBOR＋0.25%를 A기업에게 지급하기로 했다고 가정하자.

A기업은 5년 후 만기시 현재 약정한 환율 \$1.2000/€로 채무를 교환하기 때문에 환위험을 헤지할 수 있고 유로화 차입금리가 연 LIBOR+0.10%이지만 프로젝트에서 연 LIBOR+0.50%의 수익이 예상되어 0.40%의 투자수익을 얻을 수 있다. 스왑은행은 다른 은행과 포지션의 조정거래를 통해 환위험과 금리위험을 헤지하게 된다.

| 그림14-8 | 변동-변동금리 통화스왑의 현금흐름 |

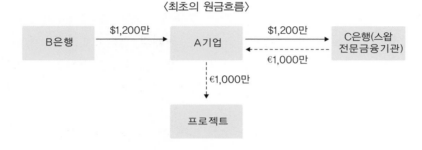

〈최초의 원금흐름〉

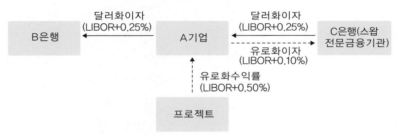

〈계약기간중 이자지급흐름〉

3. 통화스왑의 설계(고정-고정금리)

현재 국제금융시장에서 신용도가 높은 A기업과 신용도가 낮은 B기업의 달러화와 원화에 대한 차입조건이 다음과 같다고 가정하자.

| 표 14-3 | 차입조건 |

기업	달러화	원화
A	7.00%	10.60%
B	8.00%	11.00%
금리차이	1.00%	0.40%

A기업은 달러화시장에서 비교우위가 있으나 원화로 자금조달을 원하고 B기업은 원화시장에서 비교우위에 있으나 달러화로 자금조달을 원한다고 가정하자. A기업은 달러화로 차입하고 B기업은 원화로 자금을 차입한 후 A기업은 B기업에 9.80%의 원화 원리금을, B기업은 8.00%의 달러화 원리금을 지급하는 스왑계약을 체결하면 두 통화시장의 금리차이인 0.60%만큼의 이자비용을 절감할 수 있다.

(1) 은행의 중개가 없는 경우

은행의 중개없이 직접 스왑계약을 체결하여 차입비용의 절감으로 인한 이득을 50%씩 분배할 경우 원화로 차입을 원하는 A기업은 원래의 원화로 차입할 경우의 금리인 10.60%보다 낮은 0.30%가 낮은 10.30%, 달러화로 차입을 원하는 B기업은 원래의 달러화로 차입할 경우의 금리인 8.00%보다 0.30%가 낮은 7.70%에 자금을 조달하는 효과가 있도록 통화스왑계약을 체결하면 된다.

A기업은 비교우위에 있는 달러화로 자금을 차입한 후 원화로 자금을 차입할 경우에 부담하는 이자율 10.60%보다 차입비용의 절감액 0.30% 보다 낮은 10.30%를 B기업에 지급하고, B기업은 비교우위에 있는 원화로 자금을 차입한 후 A기업의 달러화 이자를 지급하면 원하는 스왑계약을 체결할 수 있다.

스왑거래가 없었다면 A기업이 부담하는 원화금리는 10.60%, B기업이 부담하는 달러화금리는 8.00%이다. 스왑거래를 이용하면 A기업은 10.3% 원화금리, B기업은 7.7% 달러화금리로 차입하여 두 기업 모두 0.30% 차입비용을 절감할 수 있다. 따라서 통화스왑을 통해 A기업과 B기업이 얻게 되는 차입비용의 절감효과를 분석하면 다음과 같다.

구분	A기업	B기업
자사의 차입금에 대한 이자	달러 7.0%	원 11.0%
상대방에게 지급하는 이자	원 10.3%	달러 7.0%
상대방으로부터 받는 이자	(달러 7.0%)	(원 10.3%)
실제로 부담하는 이자	원 10.3%	달러 7.0%
	−	원 0.7%
	10.3%	7.7%
스왑거래 이전의 이자	원 10.3%	달러 8.0%
차입비용의 절감효과	0.3%	0.3%

그림14-9 은행의 중개가 없는 통화스왑

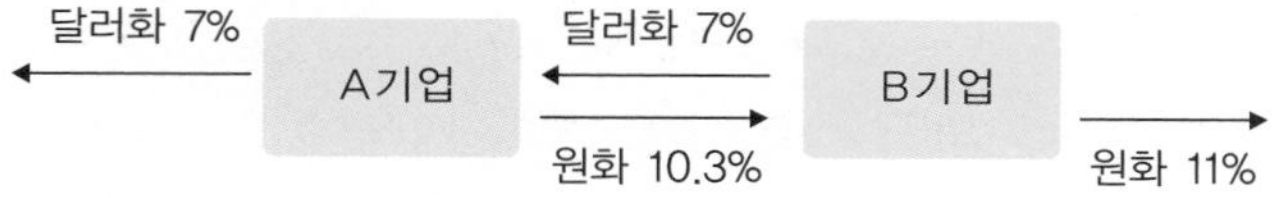

(2) 은행의 중개가 있는 경우

A기업과 B기업이 직접 거래하지 않고 은행을 통해 스왑계약을 체결하고 차입비용의 절감에 따른 이득을 공평하게 분배할 때 원하는 자금조달효과를 달성할 수 있도록 스왑계약을 설계하는 방법은 많다. 은행이 중개하는 스왑설계는 두 기업이 직접 거래하는 것보다 쉽게 해결할 수 있는데 그중 하나는 다음과 같다.

A기업은 7.00%의 달러화이자를 지급해야 하므로 은행으로부터 7.00%의 달러화이자를 수취하는 계약을 체결한 다음 원래의 원화에서 부담해야 할 이자율 10.60%보다 0.20%가 낮은 10.40%를 은행에 지급하는 계약을 체결하면 10.40%의 원화금리로 차입할 수 있게 되어 0.20%만큼의 차입비용을 절감할 수 있다.

B기업은 11.00%의 원화이자를 지급해야 하므로 은행으로부터 11.00%의 원화이자를 수취하는 계약을 체결한 다음 원래의 달러화시장에서 부담해야 할 이자율 8.00%보다 0.20%가 낮은 7.80%를 은행에 지급하는 계약을 체결하면 7.80%의 원화금리로 차입할 수 있어 0.20%만큼의 차입비용을 절감할 수 있다.

은행은 원화시장에서 0.60%(=11.00-10.40)의 손실을 보지만 달러화시장에서 0.80%(=7.8-7.0)의 이익을 얻는다. 따라서 달러화의 금리차이 1.00%에서 원화의 금리차이 0.40%를 차감한 0.60%를 세 당사자가 똑같이 나누어 갖는다. 통화스왑을 통해 두 기업이 얻는 차입비용의 절감효과를 분석하면 다음과 같다.

구분	A기업	B기업
자사의 차입금에 대한 이자	달러 7.0%	원 11.0%
중개은행에 지급하는 이자	원 10.4%	달러 7.8%
중개은행으로부터 받는 이자	(달러 7.0%)	(원 11.0%)
실제로 부담하는 이자	원 10.4%	달러 7.8%
스왑거래 이전의 이자	원 10.6%	달러 8.0%
차입비용의 절감효과	0.2%	0.2%

통화스왑에서 외국통화로 지급하는 이자와 수령하는 이자가 같지 않으면 환위험에 노출된다. 스왑중개인이 미국(한국)의 은행이면 원화(달러화)차입금에 대한 이자지급액

(수령액)이 환위험에 노출되는데, 환위험에 노출된 기업이나 은행은 환위험에 노출된 통화에 대한 선물을 이용하면 환위험을 회피할 수 있다.

[그림 14-10]에서 은행은 원화에 대해 0.6%의 이자를 지급하고, 달러화에 대해 0.8%의 이자를 수령한다. 따라서 스왑중개은행이 미국의 은행이면 원화차입금에 대한 이자지급액이 환위험에 노출되는 반면에 스왑중개은행이 한국의 은행이면 달러화차입금에 대한 0.8%의 이자수령액이 환위험에 노출된다.

그림14-10   은행의 중개가 있는 통화스왑

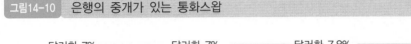

4. 통화스왑의 가치평가

통화스왑도 금리스왑처럼 한 채권에 대해서 매도포지션을 취하고 다른 채권에 대해서는 매입포지션을 취하는 포트폴리오로 간주될 수 있다. 스왑계약의 기초가 되는 외국통화표시채권의 가치를 B_F, 자국통화표시채권의 가치를 B_D, 외국통화 단위당 자국통화의 교환비율로 나타낸 현물환율을 S_0이라고 정의하자.

외국통화표시채권을 매입하고 자국통화표시채권을 매도하는 경우에 통화스왑의 가치는 다음과 같이 구할 수 있다.

$$NPV = S_0 \times B_F - B_D \tag{14.7}$$

자국통화표시채권을 매입하고 외국통화표시채권을 매도하는 경우에 통화스왑의 가치는 다음과 같이 구할 수 있다.

$$NPV = B_D - S_0 \times B_F \tag{14.8}$$

식(14.7)와 식(14.8)에서 외국통화표시채권가치는 외국통화의 원리금을 외국의 이자율로 할인하여 구하고, 자국통화표시채권가치는 자국통화의 원리금을 자국의 이자율로 할인하여 구한다. 따라서 통화스왑의 가치는 외국통화의 이자율 기간구조, 자국통화의 이자율 기간구조 그리고 계약시점의 현물환율에 의해 결정된다.

• 예제 14-2 통화스왑의 가치

강남기업은 미국의 C은행과 통화스왑을 체결하였다. 스왑계약은 3년간 존속하고 두 통화의 원금이 각각 100만 달러와 12억원이다. 강남기업은 C은행으로부터 매년 달러화로 연 5%의 이자를 지급받고, C은행에 원화로 연 8%의 이자를 지급한다. 현재의 현물환율은 ₩1,200/$, 향후 3년간 미국의 이자율은 7%, 한국의 이자율은 10%, 이자율의 기간구조가 모두 수평적이라고 가정하여 다음의 물음에 답하시오.

1. 강남기업의 입장에서 채권가치를 이용하여 통화스왑의 가치를 평가하시오.
2. 강남기업의 입장에서 선도계약을 이용하여 통화스왑의 가치를 평가하시오.

풀이

1. 채권가치를 이용하는 경우
   강남기업은 원금 100만 달러에 대해 연 5%의 이자를 지급받는 달러화채권을 매입하고, 원금 12억원에 대해 연 8%의 이자를 지급하는 원화채권을 매도한 것으로 간주할 수 있다.
   ① 외국통화표시부채권의 가치
   외국통화표시채권의 가치(B_F)는 외국채권에 대한 원리금을 외국의 이자율로 할인하여 다음과 구할 수 있다.

   $$B_F = \frac{5}{(1.07)^1} + \frac{5}{(1.07)^2} + \frac{105}{(1.07)^3} = 94.75만 달러$$

   ② 자국통화표시채권의 가치
   자국통화표시채권의 가치(B_D)는 자국채권에 대한 원리금을 국내의 이자율로 할인하여 다음과 구할 수 있다.

   $$B_D = \frac{0.96}{(1.1)} + \frac{0.96}{(1.1)^2} + \frac{12.96}{(1.1)^3} = 11.40억 원$$

   따라서 강남기업의 입장에서 통화스왑의 가치는 현재의 환율로 환산한 달러화채권의 원화가치에서 원화채권의 가치를 차감하여 다음과 같이 구할 수 있다.

   $$NPV = S_0 \times B_F - B_D = (1,200 \times 94.75) - 11.40 = -0.03억 원$$

2. 선도계약을 이용하는 경우
   통화선도계약은 미래의 특정기간 동안에 특정이자율이 특정원리금에 적용되는 계약이므로 미래의 현금흐름을 교환하는 여러 개의 선도계약으로 볼 수 있어 강남기업의 입장에서 스왑의 가치는 다음과 같은 네 개의 통화선도계약으로 구성된 포트폴리오라고 할 수 있다.
   ① 1년 후의 이자교환은 5만 달러의 이자를 수령하고, 0.96억원의 이자를 지급하는 선도계약이라고 할 수 있다. 이 선도계약의 현재가치는 1년 후의 선도환율로 5만 달러를 원화로 환산하고 여기서 지급해야 할 원화이자를 차감한 값을 국내의 이자율로 할인한 값이다.

   $$선도계약의 현재가치 = \frac{5 \times 1233.64 - 0.96}{(1.1)^1} = -0.312억 원$$

   ② 2년 후의 이자교환은 5만 달러의 이자를 수령하고, 0.96억원의 이자를 지급하는 선도계약이라고 할 수 있다. 이 선도계약의 현재가치는 2년 후의 선도환율로 5만 달러를 원화로 환산하고 여기서 지급해야 할 원화이자를 차감한 값을 국내의 이자율로 할인한 값이다.

$$\text{선도계약의 현재가치} = \frac{5 \times 1268.23 - 0.96}{(1.1)^2} = -0.269\text{억원}$$

③ 3년 후의 이자교환은 5만 달러의 이자를 수령하고, 0.96억원의 이자를 지급하는 선도계약이라고 할 수 있다. 이 선도계약의 현재가치는 3년 후의 선도환율로 5만 달러를 원화로 환산하고 여기서 지급해야 할 원화이자를 차감한 값을 국내의 이자율로 할인한 값이다.

$$\text{선도계약의 현재가치} = \frac{5 \times 1303.79 - 0.96}{(1.1)^3} = -0.231\text{억원}$$

④ 3년 후의 원금교환은 100만 달러를 수령하고, 12억원을 지급하는 선도계약이라고 할 수 있다. 이 선도계약의 현재가치는 3년 후의 선도환율로 100만 달러를 원화로 환산하고 여기서 지급해야 할 원화원금 12억원을 차감한 값을 국내의 이자율로 할인한 값이다.

$$\text{선도계약의 현재가치} = \frac{100 \times 1303.79 - 12}{(1.1)^3} = -0.779\text{억원}$$

따라서 강남기업의 입장에서 통화스왑의 가치는 네 개의 선도계약의 현재가치를 합산한 값 -0.03억원이며, 이는 채권가치를 기준으로 계산한 물음 1의 결과와 일치한다.

$$NPV = -0.312 - 0.269 - 0.231 + 0.779 = -0.03\text{억원}$$

제4절 외환스왑의 개요

1. 외환스왑의 정의

외환스왑(FX swap)은 거래당사자가 현재의 환율에 따라 상이한 통화를 교환하고 일정기간 후 계약시점에 약정한 선물환율에 따라 원금을 재교환하기로 하는 거래를 말한다. 즉 동일한 거래상대방과 현물환과 선물환, 만기가 상이한 선물환과 선물환, 현물환과 현물환을 서로 반대방향으로 동시에 매매한다.

외환스왑은 외환매매의 당사자가 가까운 만기(near date)의 거래와 동시에 반대방향으로 동일한 금액의 먼 만기(far date)의 거래의 방향을 반대로 하여 체결된다. 따라서 전체포지션은 스퀘어가 되므로 환위험은 없으며 외환스왑기간 동안에 다른 통화의 자금을 창출하여 사용하는 자금거래의 일종이다.

외환스왑은 특정 통화의 외환시장이 발달되어 있지 않아 그 시장에 접근이 쉽지 않은 경우 차입거래와 예치거래가 여의치 않을 때 차입이 용이한 통화를 먼저 차입하고 이를 담보로 특정 통화를 차입하는 효과를 얻되 통화간 금리차이를 환율로 계산해서 정산하며 통화스왑과 달리 만기까지 이자교환이 이루어지지 않는다.

외환스왑은 상이한 통화의 차입과 예금으로 구성되어 있다고 해석할 수 있다. 즉 EUR 차입과 USD 예금을 합성하면 외환스왑(EUR buy & sell)이 된다. 그리고 외환스왑은 EUR 현물환 매입과 EUR 선물환 매도로 구성되어 있다고 해석할 수 있다. 따라서 외환스왑을 현물환거래와 결합하면 선물환거래가 복제될 수 있다.

$$\text{EUR 매입} + \text{EUR 선물환매도} = \text{EUR Buy \& Sell(FX Swap)}$$
$$\text{EUR Buy \& Sell(FX Swap)} + \text{EUR 매도} = \text{EUR 선물환매도}$$

외환스왑거래의 가격은 일반선물환(outright forward)을 거래할 때 적용하는 선물환포인트(forward point)와 동일하며 스왑포인트(swap point)라고 부른다. 외환스왑거래에 적용하는 환율은 현물환 부분에 적용하는 환율을 기준으로 스왑포인트를 가산하여 선물환 부분의 환율을 결정한다.

$$\text{현물환율} + \text{스왑레이트} = \text{선물환율}$$

일반선물환거래에 적용하는 선물환포인트와 스왑거래에 적용하는 스왑포인트는 동일하기 때문에 거래되는 두 통화의 금리차이에 의해서 결정되는 가격결정원리도 동일하다. 외환스왑거래에서 일반선물환 호가를 사용하기 보다는 일반선물환 호가에서 현물환 호가를 차감한 선물환포인트로 호가를 한다.

일반선물환 호가는 현물환율의 수준에 의해 영향을 받는 반면에 선물환포인트는 현물환율의 움직임과는 독립적이며 단지 이자율의 차이에 의해서 영향을 받는다. 따라서 외환시장의 참가자들은 선물환포인트로 호가를 하면 현물환율의 움직임과 관련된 위험과 금리차이와 관련된 위험을 분리할 수 있다.

2. 외환스왑의 동기

외환스왑은 환위험을 관리하는 측면에서 매우 유용하게 활용되고 있으며, 환위험관리에 사용되는 파생금융상품 중에서 활용도가 높은 상품이라고 할 수 있다. 수출입업체가 외환스왑을 활용할 경우에 외환의 수취시점과 지급시점간의 불일치문제를 해소할 수 있으며 외환거래의 결제일을 조정할 수 있다.

(1) 단기자금의 조달

외환스왑은 외화자금에 여유가 있으나 원화자금이 필요한 외국은행 국내지점과 원화자금은 풍부하나 외화자금이 부족한 국내은행간에 일시적인 자금조달수단, 현재의 스왑레이트와 국내외 금리차간의 차이를 이용한 재정거래 그리고 향후의 국내외 금리차 및 장단기 금리차의 변동을 예상한 투기거래에 이용된다.

(2) 환리스크의 회피

수출자금 유입과 수입자금 유출이 빈번히 발생할 경우 외환의 수취시점과 지급시점을 예상하여 결제시점의 차이 기간 동안 외환스왑을 체결하면 환위험을 회피할 수 있고, 예상결제일보다 자금이 조기 또는 늦게 회수될 경우에 외환스왑을 통해 자금흐름의 시차문제를 해소하여 환위험을 헤지할 수 있다.

수출입기업은 외환스왑을 이용하여 외환의 수취시점과 결제시점간의 불일치에 따른 환위험을 관리하고 외환거래의 결제일을 조정할 수 있다. 예컨대 수출대금의 입금시점이 수입대금의 결제시점보다 빠를 때 현물환을 매도하고 선물환을 매입하면 외환의 수취시점과 결제시점의 불일치 문제를 해소할 수 있다.

• 예제 14-3　수지시점의 불일치 해소

현재 달러/원 현물환율은 1,000원이고 1개월 선물환율은 1,000.80원이며 1개월 후에 실제로 달러/원 환율이 1,050원이 되었다. 시장금리는 원화 예금금리가 연 5.0%이고 미달러화 예금금리가 연 4.0%라고 가정하자. 미국과 수출입거래를 하는 한국의 서강기업은 오늘 수출대금 U\$500,000를 수취했으나 1개월 후 수입결제대금 U\$500,000의 지급이 예정되어 있다. 서강기업의 외환(달러화)포지션은 매입(자산)과 매도(부채)의 차액이 없는 스퀘어 포지션 상태(square position)이나 외화의 수입과 지출시점간의 불일치로 인한 환위험을 관리할 필요가 있다. 이러한 상황에서 서강기업이 수출대금을 처리할 수 있는 방안을 설명하시오.

풀이

1. 방안 1 : 외환스왑 = 현물환 매도 + 선물환 매수
   ① 수출대금 U\$500,000를 현물환율 1,000원에 매도하고 원화 5억원을 수취하여 이를 운용한다. (현물환 매도+원화예금)
   ② 1개월 후에 지급해야 할 수입결제대금을 확보하기 위해 1개월 만기 선물환으로 U\$500,000를 선물환율 1,000.80원에 매입한다. (선물환달러 매입)
2. 방안 2 : 외화예금
   외화예금에 예치하여 1개월 후 수입결제대금으로 사용한다. 오늘 입금된 수출대금을 매도하는 대신 외화예금에 예치하고 1개월 후 수입결제대금으로 사용하는 경우도 하나의 환위험관리방법이라고 할 수 있다. 그러나 원화 및 외화예금금리, 선물환율을 고려하여 외환스왑을 이용하는 경우와 비교해서 선택해야 한다.
3. 방안 3 : 수출대금 매도하고 1개월 후 수입결제대금 재매수
   수출대금을 매도하고 1개월 후 수입결제대금을 재매수한다. 만약 서강기업이 오늘 입금된 수출대금을 그대로 현물환 매도하여 원화자금을 운용한 후 1개월 후에 당시의 현물환율로 달러를 매입하여 수입결제대금을 결제하는 경우에 환율이 상승하면 손실이 발생한다. 현재는 스퀘어포지션 상태에 있지만 수출대금을 현물환 매도하면 1개월 후에 수입결제의무가 남게 되어 결과적으로 환율상승위험에 노출된다.

표 14-4　환위험관리방안의 비교

방안	시기	거래	달러화	원화
1	현재시점	수출대금 입금 현물환 매도(1,000원) 원화자금 운용	+500,000 -500,000	+500,000,000 -500,000,000
	1개월 후	원화운용(5%) 원리금 회수 선물환 결제(1,000.80원)	+500,000	+502,054,794 -500,400,000
	잔액	1개월 후 현물환율 1,050원	+500,000	+1,654,794 (U\$1,576)
		1개월 후 달러화 총액 = U\$500,000+U\$1,576(연 3.76%) 이 중 U\$500,000를 수입대금 결제에 사용함		

2		1개월 후 달러화 총액 = U\$500,000＋U\$1,667(연 4.00%)		
		이 중 U\$500,000를 수입대금 결제에 사용함		
3	현재시점	수출대금 입금	+500.000	
		현물환 매도(1,000원)	−500,000	+500,000,000
		원화자금 운용		−500,000,000
	1개월 후	원화운용(5%) 원리금 회수		+502,054,794
		1개월 후 현물환율 1,050원		(＝U\$478,147)
		1개월 후 달러화 총액 = U\$478,147		
		수입대금 결제에 필요한 U\$500,000에 부족함		

(3) 외환거래의 결제일 조정

수출입기업은 외환스왑을 활용하여 외환거래의 결제일을 조정할 수 있다. 수출입기업이 환위험관리를 위해 선물환을 이용한 경우, 현물환의 결제일이 변경될 경우 헤지거래인 선물환의 만기일을 조정해야 하는 경우도 발생한다. 여기서는 선물환의 만기일을 연장하는 경우와 만기일을 앞당기는 경우에 대해 살펴본다.

1) 선물환거래의 만기일을 연장하는 경우

2019년 2월 10일 현재 A기업은 1월 10일 수출계약을 체결하면서 1개월 후에 수출대금이 입금될 것을 예상하고 환율하락위험을 헤지하기 위해서 당시 선물환율 1,010원에 1개월 선물환(만기 2월 10일) U\$500,000를 매도하였다. 그러나 거래상대방의 사정으로 수출선적을 1개월 연장해달라는 요청에 A기업은 동의하였다.

따라서 A기업의 수출대금 입금도 1개월 지연될 것이므로 2월 10일 만기가 도래하는 선물환계약을 3월 10일까지 연장해야 할 필요가 발생하였다. 2월 10일 현재 달러/원 현물환율이 1,030원/1,031원이고 1개월물 달러/원 스왑포인트가 ＋40/＋70 시장상황에서 A기업은 외환스왑을 이용하면 선물환 만기를 연장할 수 있다.

[그림 14-11]에서 A기업은 선물환 달러 매도거래의 만기연장을 위해 USD Buy & Sell의 외환스왑거래를 실행한다. 즉 2월 10일에 만기가 도래하는 선물환거래를 상쇄시키기 위해 2월 10일 당시 시장환율인 1,031원 기준으로 현물환 달러를 매입하고 동시에 1개월 만기 선물환 달러를 매도하는 외환스왑거래를 체결한다.

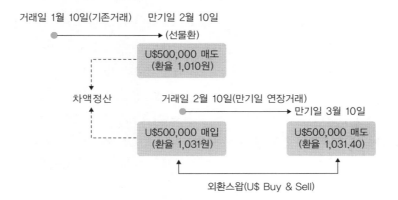

그림 14-11 　선물환거래 만기연장

3월 10일 만기 선물환달러 매도에 적용되는 환율은 외환스왑의 현물환거래 환율인 1,031원을 기준으로 고객의 1월물 달러 매도시 적용하는 스왑포인트＋40(0.4원)을 가산하여 1,031.40원이 된다. A기업은 2월 10일에 만기 결제되는 두 외환거래의 환율차이(＝1,031－1,010＝21원)에 의한 금액 10,500,000원(＝U$500,000×21원)을 지급해야 한다.

3월 10일 만기 선물환거래 환율은 1월 10일에 거래했던 기존거래의 환율보다 21.40원(2월 10일 지급한 환차 21원＋1개월 스왑포인트 0.40원) 높아진 1,031.40원으로 결정된다. 즉 2월 10일 당시의 환율이 상승하여 환율의 차이인 1달러당 21원을 은행에 지급하고 3월 10일에 다시 찾아오는 결과가 된다. 이러한 과정을 거쳐 A기업은 1월 10일에 거래한 1개월물(만기 2월 10일) 선물환거래의 만기가 1개월(만기 3월 10일) 연장된다.

그런데 만기연장시 A기업이 2월 10일 현재의 환율 차이 21원에 해당하는 결제차액을 지급하지 않고 기존 선물환율 1,010원에 1개월 스왑포인트 0.4원만 조정한 1,010.40원으로 연장하는 것은 법(외국환거래규정)으로 금지되어 있다. 이는 만기연장시 고객이 손실을 결제하지 않은 상태에서 만기연장으로 손실이 크게 늘어나는 것을 사전에 예방하기 위한 조치에 해당한다.

2) 선물환거래의 만기일을 앞당기는 경우

B기업은 해외에서 설비수입을 계획하고 수입대금 결제시의 환율상승위험을 헤지하기 위해 6개월 만기(만기일 5월 10일) 선물환으로 U$500,000을 선물환율 1,020원에 매입하였다. 설비수입이 완료되고 수입대금을 3월 10일까지 지급하라는 은행의 통보를 받아 이미 계약해 놓은 선물환을 이용해 수입대금결제를 하기로 하였다. 이때 B기업은 기존 선물환거래의 만기일을 2개월 앞당겨 조기결제해야 하며 3월 10일의 시장상황에 따라

외환스왑거래를 해야 한다. 3월 10일 현재 달러/원 현물환율은 1,035원/1,036원이고 2개월물 달러/원 스왑포인트는 +60/+90이다.

[그림 14-12]에서 B기업은 기존 선물환거래의 조기결제를 위해 USD Buy & Sell의 외환스왑을 실행한다. 즉 5월 10일에 만기가 도래하는 기존 선물환거래를 3월 10일 만기로 앞당겨 결제하기 위해 현물환 달러 매입거래(만기일 3월 10일)를 당시 시장환율인 1,036원 기준으로 실행하고 2개월물(만기일 5월 10일) 선물환 달러 매도거래를 계약하는 외환스왑(현물환＋선물환)을 거래한다. 이때 적용하는 5월 10일 만기 선물환 달러 매도거래의 적용환율은 외환스왑거래의 현물환거래 환율인 1,036원을 기준으로 고객의 2개월물 달러 매도시 적용하는 스왑포인트 +60(0.6원)을 가산하여 1,036.60원이 된다.

그림14-12 선물환거래 조기결제

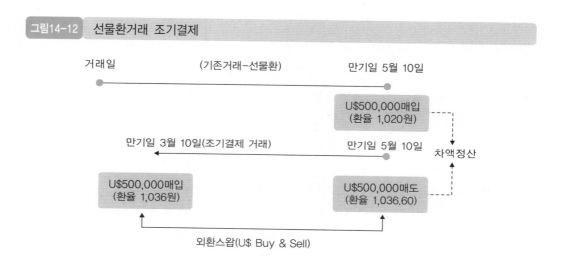

B기업은 3월 10일 U$500,000을 환율 1,036원 기준으로 인도받아 수입결제대금으로 사용하여 기존의 선물환율과 비교하면 1달러당 16원(＝1,036－1,020) 높아진다. 그러나 외환스왑거래의 달러매도 선물환율이 1,036.60원으로 결정되어 5월 10일이 되면 과거에 계약한 달러매입 선물환거래(환율 1,020원)와 3월 10일에 새로 계약한 달러매도 선물환거래(환율 1,036.60원)의 환율 차이16.60원(3월 10일에 지급한 16원＋2개월물 스왑포인트 0.6원)에 해당하는 정산차액 8,300,000원(U$500,000×16.6원)을 B기업은 수취하게 된다.

3. 외환스왑의 종류

(1) 현물환거래와 현물환거래

스왑기간이 1－2일인 단기 외환스왑(Roll－over swap)은 대개 자금결제일을 1－2일간 조정하기 위한 수단으로 이용된다. 여기에는 오늘부터 익영업일까지 외환스왑인 O/N(over −night) 스왑거래와 익영업일부터 제2영업일까지 외환스왑인 T/N(tom−next) 스왑거래가 있다.

(2) 현물환거래와 선물환거래

일반적으로 외환스왑은 특정 외화를 현물환시장에서 매입(매도)하고 동시에 선물환시장에서 매도(매입)하는 형태이다. 여기에는 제2영업일부터 제3영업일까지의 외환스왑인 S/N(spot−next) 스왑거래와 제2영업일부터 1역월 이후까지의 외환스왑인 Spot 1 month 스왑거래가 있다.

(3) 선물환거래와 선물환거래

외환스왑의 만기일 모두가 선물환거래의 형태를 말하며 1개월후부터 3개월후까지의 외환스왑 등이 있을 수 있다.

4. 외환스왑의 장점

(1) 회계처리상의 장점

기업외부에서 자금을 차입하면 재무상태표의 대변에 부채로 계상되기 때문에 부채비율이 증가하여 신용도 평가상에 불이익을 초래할 수 있다. 그러나 외환스왑은 부채로 기록되지 않는 부외거래(off balance sheet engagement)로 취급되기 때문에 신용도 평가에 영향을 미치지 않는다.

(2) 신용위험의 최소화

외환스왑에서는 만기가 짧은 일자(near date)와 만기가 긴 일자(far date)에 거래당사자간에 해당 통화의 실질적인 교환이 발생한다. 따라서 금융시장에서 투자원금을 회수할 때까지 상대방에 대한 신용위험이 있는 은행 측의 입장에서 보면 외환스왑은 신용위험이 적은 편이며 환율변동위험만 부담하면 된다.

(3) 은행간금리의 적용

신용도가 상대적으로 낮은 기업이 금융시장을 이용하면 은행간금리에 스프레드를 가산한 불리한 금리를 적용받는다. 그러나 외환스왑을 이용하면 은행간 거래에 적용하는 금리에 차입하거나 예치하는 효과를 얻을 수 있기 때문에 신용도가 낮은 기업도 유리할 수 있다.

(4) 풍부한 유동성

외환스왑이 갖는 여러 가지의 장점으로 인해 주요 통화에 대한 외환스왑의 유동성이 금융시장보다 훨씬 풍부하다.

5. 통화스왑과 비교

외환스왑(FX Swap)과 통화스왑(Currency Swap)은 기본적으로 현물환과 선물환으로 원금의 교환이 이루어진다는 점에서 동일하다. 그러나 외환스왑과 통화스왑은 모두 스왑이라는 용어를 사용하고 있어 혼동될 우려가 있기 때문에 유사점과 차이점을 비교하면 다음과 같다.

(1) 유사점

외환스왑과 통화스왑은 모두 스왑계약기간 동안 거래당사자들이 특정 통화를 다른 통화로 바꾸어 사용한 후 만기일에 원래의 통화로 다시 바꾸는 거래를 말한다. 따라서 스왑거래의 성격이 동일하기 때문에 두 통화간의 금리차이를 정산하는 등 거래원리는 동일하다.

(2) 차이점

외환스왑은 단기자금조달 및 환위험 헤지수단으로 이용되고 두 통화간의 금리차이를 환율로 전환하여 만기가 긴 일자(far date)의 환율에 반영하기 때문에 만기가 짧은 일자(near date)의 환율과 만기가 긴 일자(far date)의 환율이 서로 다르며 만기가 주로 1년 내외이다.

통화스왑은 장기자금조달 및 환위험 헤지수단으로 이용되고 계약기간 동안 해당통화의 이자를 주기적으로 수수하기 때문에 만기가 짧은 일자(near date)의 환율과 만기가 긴 일자(far date)의 환율은 거래당시의 현물환율로서 서로 같으며 만기가 10년 이상도 가능하다.

핵·심·요·약

제1절 스왑거래의 개요

1. 스왑거래의 정의 : 거래당사자가 현금흐름을 일정기간 교환하기로 약정한 계약

2. 스왑거래의 종류

① 금리스왑 : 변동-고정금리스왑, 베이시스스왑, 크로스커런시스왑, 기준금리스왑

② 통화스왑 : 장기선물환계약, 직접통화스왑, 채무교환스왑

③ 혼합스왑 : 금리스왑과 통화스왑이 결합된 것

3. 스왑거래의 기능 : 차입비용의 절감, 이자수익의 증대, 가격위험의 헤지, 시장규제의 회 피, 금융시장의 보완

4. 스왑거래의 설계

① 은행의 중개가 없는 경우 : 자신의 차입금에 대한 이자를 상대방으로부터 지급받고 원 래 차입을 원했던 시장에서 부담해야 하는 금리보다 낮은 이자를 지급

② 은행의 중개가 있는 경우 : 자신의 차입금에 대한 이자를 상대방으로부터 지급받고 원 래 차입을 원했던 시장에서 부담해야 하는 금리보다 낮은 이자를 지급

제2절 금리스왑의 개요

1. 금리스왑의 정의 : 동일한 통화로 표시된 채무에 대해 일정기간 이자지급의무를 교환하 여 부담하기로 약정한 계약

2. 금리스왑의 평가

① 선도계약으로 구성된 포트폴리오로 이해하여 평가하는 방법

② 채권포트폴리오로 이해하여 평가하는 방법 : $NPV = B_V - B_F$

제3절 통화스왑의 개요

1. 통화스왑의 정의 : 상이한 통화로 표시된 채무에 대해 일정기간 이자와 원금을 교환하 여 부담하기로 약정한 계약

2. 통화스왑의 평가

① 선도계약으로 구성된 포트폴리오로 이해하여 평가하는 방법

② 채권포트폴리오로 이해하여 평가하는 방법 : $NPV = S_0 \times B_F - B_D$

제4절 외환스왑의 개요

1. 외환스왑의 정의 : 현재의 환율로 서로 다른 통화를 교환하고 일정기간 후 계약 시점에 약정한 환율에 따라 원금을 재교환하기로 약정한 계약

2. 외환스왑의 동기 : 단기자금의 조달, 환리스크의 회피, 외환결제일의 조정

3. 외환스왑의 종류 : 현물환과 현물환, 현물환과 선물환, 선물환과 선물환

문제 **1. 다음 중 스왑에 대한 설명으로 옳지 않은 것은?**

① 스왑은 거래당사자간 미래현금흐름을 교환하는 계약으로 일련의 선도거래 또는 선물계약을 한번에 체결하는 것과 유사한 효과를 갖는다.

② 스왑은 표준화된 상품인 선물, 옵션과 같이 거래소에서 거래되지 않고 스왑딜러 및 브로커의 도움을 얻어 주로 장외에서 거래가 이루어진다.

③ 금리스왑은 미래 일정기간동안 거래당사자간 명목원금에 대한 변동금리 이자와 고정금리 이자를 교환하며 원금교환은 이루어지지 않는다.

④ 통화스왑은 미래 일정기간동안 거래당사자간 서로 다른 통화표시 채무 원금에 대한 이자금액을 교환하며 원금교환은 이루어지지 않는다.

⑤ 스왑은 거래당사자간 필요에 따라 다양하게 설계될 수 있는 장점이 있어 금리 또는 환위험관리를 위해 적절하게 사용될 수 있다.

해설 금리스왑은 이자만을 교환하는 반면에 통화스왑은 이자와 원금을 교환한다. 그리고 통화스왑은 고정금리와 고정금리, 변동금리와 변동금리, 고정금리와 변동금리 모두 가능한 형태로 스왑이 이루어진다.

문제 **2. 다음 중 스왑에 대한 설명으로 옳지 않은 것은?**

① 스왑은 기업들이 부담하는 환율과 금리변동위험에 대처하기 위해 도입된 금융기법의 하나이다.

② 스왑은 선물이나 옵션과 마찬가지로 헤지의 대상기간이 비교적 짧다.

③ 스왑은 외환통제, 세금차별 등 각종 규제가 있는 자본시장에서 기대할 수 없는 이익을 얻을 수 있는 기회를 제공한다.

④ 스왑은 유동성이 낮은 통화에 대한 계약도 가능하므로 선물과 옵션으로 충족시키지 못하는 부분에 대한 보완적 상품이라고 할 수 있다.

⑤ 중복금리스왑에서는 스왑거래당사자 사이에 스왑중개은행이 개입하여 차입비용의 절감액 중 일부를 가져간다.

해설 선물거래와 옵션거래는 비교적 헤지기간이 짧은 단기헤지에 적합한 반면에 스왑거래는 보통 1년 이상의 장기헤지에 적합하다.

문제 3. 기업 A와 B는 국제금융시장에서 다음과 같은 조건으로 자금을 차입할 수 있다. 은행이 기업 A와 B사이에서 스왑을 중개하고자 한다. 은행이 기업 A에게 변동금리를 지급하고 고정금리를 수취하는 스왑계약을 체결하며, 기업 B와는 그 반대의 스왑계약을 체결한다. 본 스왑으로 인한 은행의 총마진은 0.2%이며, 스왑이득은 두 기업에게 동일하다. 만약 은행이 기업 A에게 LIBOR+1%를 지급한다면 기업 A는 은행에게 얼마의 고정금리를 지급해야 하는가?

기업	유로본드 시장	유로달러 시장
A	8%	LIBOR+1%
B	9%	LIBOR+3%

① 8.0% ② 7.8%

③ 7.6% ④ 7.4%

해설 고정금리 스프레드는 1%이고 변동금리 스프레드는 2%이므로 두 기업은 스왑거래를 통해 1%의 이자비용을 절감할 수 있다. 그러나 스왑을 중개하는 은행에서 0.2%의 마진이 발생하면 A기업과 B기업은 각각 0.4%의 이익이 있어야 한다.

문제 4. 기업 A와 B는 달러화시장에서 3년간 100만달러를 차입하려고 하는데 차입조건은 아래와 같다. 기업 A와 B는 스왑계약을 체결하면서 차입비용의 절감으로 인한 이익을 50%씩 분배하기로 하였다. 스왑계약에 따른 고정금리를 11%로 할 경우에 변동금리는 얼마나 되겠는가?

기업	고정금리	변동금리
A	10%	LIBOR+2%
B	12%	LIBOR+3%

① LIBOR+1% ② LIBOR+1.5%

③ LIBOR+2% ④ LIBOR+2.5%

해설 고정금리가 11%이므로 B기업이 A기업으로부터 지급받는 변동금리를 x라고 하면 B기업이 부담하는 금리는 (LIBOR+3%)+11%−x이며 B기업이 스왑계약 후 부담하는 고정금리는 11.5%가 되어야 한다. (LIBOR+3%)+11%−x=11.5% ∴ x = LIBOR+2.5%

문제 5. 문제 4에서 변동금리를 LIBOR+2%로 한다면 고정금리는 얼마나 되겠는가?

① 9% ② 9.5%

③ 10% ④ 10.5%

해설 A기업이 B기업으로부터 지급받는 고정금리를 x라고 하면 A기업이 부담하는 금리는 10%+LIBOR+2%−x이며 A기업이 스왑계약 후 부담하는 변동금리는 LIBOR+1.5%가 되어야 한다. 10%+LIBOR+2%−x=LIBOR+1.5% ∴ x = 10.5%

문제 6. A기업과 B기업은 향후 3년간 자본시장에서 일정금액을 차입하려고 하는데 차입조건은 다음과 같다. 스왑은행이 개입하여 연 20%의 이익을 가져가고 두 기업은 이익을 공평하게 분배하기로 스왑계약을 체결했을 경우에 옳지 않은 설명은?

기업	원화	달러화
A	7.0%	10%
B	9.0%	11%

① A기업은 원화시장에서 비교우위가 있고, B기업은 달러화시장에서 비교우위가 있다.

② A기업은 달러화로 차입하기를 원하고, B기업은 원화로 차입하기를 원한다.

③ 스왑계약을 체결하면 연 1%의 차입비용을 절감할 수 있다.

④ A기업은 달러화 이자율 9.6%, B기업은 원화 이자율 8.6%로 자금을 조달하는 효과가 있도록 스왑계약을 체결하면 된다.

⑤ 은행이 A기업으로부터 달러화금리 9.6%를 지급받고 B기업에게 달러화금리 11%를 지급하기로 한다면 A기업은 은행으로부터 원화금리 8%를 지급받고 B기업은 은행에게 원화금리 8.6%를 지급해야 한다.

문제 7. 강남기업은 2년을 계약기간으로 차입금 1,000만원에 대한 금리스왑을 체결하여 매년 말 15%의 고정금리를 수취하고 변동금리를 지급하기로 하였다. 이자교환은 매년 말 1회이며 1년 만기 및 2년 만기 순수할인채의 만기수익률이 각각 10%와 12%라고 하면 선도계약의 관점에서 스왑의 가치는 대략 얼마인가?

① 534.26만원 ② 548.27만원

③ 584.36만원 ④ 596.28만원

해설 $(1+{}_0r_n)2 = (1+{}_0r_1)(1+{}_1f_2)$에서 $(1+0.12)2 = (1+0.1)(1+{}_1f_2)$ ∴ ${}_1f_2 = 14\%$

$$V_s = \frac{500}{(1.10)^1} + \frac{100}{(1.12)^2} = 534.26만원$$

한편 채권포트폴리오의 개념에 의해 스왑의 가치를 구하면 다음과 같다.

$$V_s = B_X - B_L = \frac{1,500}{(1.10)^1} + \frac{1,500+10,000}{(1.12)^2} - 10.000 = 531.37만원$$

문제 8. A기업과 B기업의 고정금리시장과 변동금리시장에서의 차입조건은 각각 다음과 같다. 두 기업이 비교우위에 있는 금리로 자금을 차입한 후 이자를 교환하는 스왑계약을 체결할 경우에 기대할 수 있는 차입비용의 절감효과는 얼마인가?

기업	고정금리	변동금리
A	10.0%	LIBOR+0.8%
B	11.4%	LIBOR+1.4%

① 0.6% ② 0.8%

③ 1.0% ④ 1.2%

문제 9. 우리기업과 나라생명이 국제금융시장에서 자금을 차입할 수 있는 금리조건은 다음과 같다. 금리스왑을 이용할 수 있는 상황에서 두 기업의 조달금리부담을 확정적으로 최소화하는 차입방법은?

기업	고정금리	변동금리
우리기업	9.00%	LIBOR+0.50%
나라생명	8.25%	LIBOR+0.25%

① 우리기업 고정금리 차입, 나라생명 고정금리 차입

② 우리기업 변동금리 차입, 나라생명 변동금리 차입

③ 우리기업 고정금리 차입, 나라생명 변동금리 차입

④ 우리기업 변동금리 차입, 나라생명 고정금리 차입

해설 변동금리에서 비교우위에 있는 우리기업은 변동금리로 자금을 차입하고, 고정금리에서 비교우위에 있는 나라생명은 고정금리로 자금을 차입한 후에 이자지급을 교환하는 금리스왑 계약을 체결하면 된다.

문제 10. 우리나라의 조선회사가 수주한 선박대금을 미국달러로 향후 5년간 매년 동일한 금액을 나누어 받기로 하였다. 이러한 거래에 내포된 환위험을 현재시점에 모두 회피할 수 있는 거래는?

① 5년 만기 선물환 달러 매도 ② 5년 만기 달러 금리스왑

③ 5년 만기 유러달러선물 매도 ④ 5년 만기 원달러 통화스왑

문제 **11. 다음 중 통화스왑에 대한 설명으로 옳지 않은 것은?**

① 서로 다른 통화로 표시된 현금흐름을 갖는 양측이 미래의 정해진 만기까지 일정한 기간마다 서로의 현금흐름을 교환하기로 약정한 계약이다.
② 교환되는 금리의 형태는 합의에 의해 고정금리와 변동금리가 모두 가능하다.
③ 계약원금에 대한 이자를 합의에 의한 금리를 적용하여 해당 통화로 거래당사자 간에 서로 지급한다.
④ 명목원금만 있을 뿐 실제로 원금의 교환은 발생하지 않는다.

해설 금리스왑은 동일한 통화로 표시되어 명목원금만 있고 실제로 원금의 교환이 발생하지 않는다. 그러나 통화스왑은 상이한 통화로 표시되어 원금의 교환이 필요하다.

문제 **12. 다음 중 금리스왑에 대한 설명으로 옳지 않은 것은?**

① 금리스왑에서는 원금이 서로 교환되지 않고 단지 이자계산에만 사용하는 것이 일반적이다.
② 금리스왑에서 가장 중요한 변수는 고정금리이며 이를 보통 스왑가격 또는 스왑률이라고 한다.
③ 금리스왑에서 고정금리 수취, 변동금리 지급의 포지션을 금리스왑 매입포지션이라고 한다.
④ 금리스왑에서 변동금리 이자계산에 사용되는 변동금리가 결정되는 날을 기준일이라고 한다.

해설 금리가 상승하는 경우에 이익이 되는 포지션을 매입 스왑포지션이라고 한다. 이는 고정금리를 지급하고 변동금리를 수취하는 포지션이다.

문제 **13. 다음 스왑에 대한 설명 중 옳지 않은 것은?**

① 통화스왑은 상이한 통화로 표시된 이자를 교환 지급하고 만기일에는 미리 약정한 환율에 의해 원금을 교환한다.
② 이종통화간 고정금리와 고정금리의 지급을 교환하는 것을 currency basis swap이라 한다.
③ 이종통화간 고정금리와 변동금리의 지급을 교환하는 것을 cross currency coupon swap이라 한다.
④ 이종통화간 변동금리와 변동금리의 지급을 교환하는 것을 cross currency basis swap이라 한다.

해설 금리스왑(IRS)은 스왑당사자가 동일한 통화로 표시된 차입금을 사용할 경우 이자지급의무를 서로 교환하여 차입비용을 절감하는데 있다. 쿠폰스왑(coupon swap)은 일반적인 금리스왑의 형태로 차입금의 이자지급조건을 변동금리에서 고정금리 또는 고정금리에서 변동금리로 바꾸는 거래이다. 베이시스스왑(basis swap)은 각기 서로 다른 변동금리부 이자지급조건을 서로 교환하는 거래이다. 크로스커런시(cross currency) 금리스왑은 서로 다른 통화의 이자지급조건을 교환하는 거래를 말한다.

문제 14. 변동금리 LIBOR+1%로 100만달러를 차입한 투자자가 LIBOR 금리스왑을 체결하면서 LIBOR를 수취하고 고정금리 6%를 지급하기로 하였다면, 이 투자자의 궁극적 금리구조는?

① LIBOR+2% 차입　　　　　② LIBOR 차입

③ 5% 변동금리 차입　　　　　④ 7% 고정금리 차입

해설 LIBOR+1% 지급하면서 LIBOR 수취+고정 6% 지급
= −(LIBOR+1%)+LIBOR−6% = −7%

문제 15. 다음 중 스왑과 채권을 결합하여 결과적으로 얻어지는 자금조달의 형태를 연결한 것으로 적절하지 않는 것은?

① 달러고정금리채+(달러고정금리수취×달러변동금리지급)금리스왑=달러변동금리채
② 달러고정금리채+(달러고정금리수취×엔화변동금리지급)통화스왑=엔화변동금리채
③ 엔화고정금리채+(달러고정금리수취×엔화고정금리지급)통화스왑=달러고정금리채
④ 엔화변동금리채+(엔화변동금리수취×달러변동금리지급)통화스왑=달러변동금리채

해설 한 종류의 채권발행은 금리스왑이나 통화스왑과 결합하면 다른 통화의 채권으로 전환된다. 원래 발행된 채권의 통화 및 금리의 지급형태와 동일한 형태의 포지션 수취와 다른 통화 및 금리의 포지션 지급의 스왑은 채권포지션과 스왑 중 수취포지션은 상쇄되고 스왑의 지급포지션만 남게 된다.

문제 16. (주)한국은 미국에 공장을 설립하기 위해 $10,000,000 상당의 달러화 자금을 10년간 차입하고자 한다. 한편 미국의 회사는 한국에 지사를 설립하기 위해 $10,000,000 상당의 원화자금을 10년간 차입하고자 한다. 이 두 회사가 달러화와 원화로 차입하고자 할 경우의 이자율이 아래와 같을 때 통화스왑에 대한 설명으로 옳은 것은?

기업	원화	달러화
(주) 한국	5.0%	7%
미국회사	7.0%	10%

① (주)한국의 자본조달비용이 두 나라 통화에서 모두 저렴하므로 스왑거래는 불가능하다.

② 스왑계약을 통해 (주)한국은 달러화를 4.5%에, 미국회사는 달러화 자금을 9.4%에 조달할 수 있도록 도와줄 수 있다.

③ 스왑계약을 통해 (주)한국은 달러화를 4.5%에, 미국회사는 원화자금을 9.5%에 조달할 수 있도록 도와줄 수 있다.

④ 스왑계약을 통해 (주)한국은 달러화를 4.4%에, 미국회사는 원화자금을 9.5%에 조달할 수 있도록 도와줄 수 있다.

해설 (주)한국이 자금조달비용에서 달러화시장과 원화시장 모두 절대우위를 가지고 있다. 그러나 미국회사는 달러화시장에서 (주)한국은 원화시장에서 상대적으로 비교우위를 보이고 있다. (주)한국은 미국회사에 비해 원화시장에서 3%를 저렴하게 조달할 수 있는 반면 달러화시장에서는 2% 저렴하게 조달할 수 있다. 따라서 스왑거래를 통해 두 회사간에 절감할 수 있는 이자비용은 1%(=3%-2%)가 된다.

문제 17. 기업 A와 기업 B가 각각 $1,000만불을 5년 동안 차입하고자 한다. 차입비용이 아래와 같을 경우 금리스왑에 대한 설명으로 가장 적절한 것은?

기업	고정금리	변동금리
A	6%	LIBOR+0.25%
B	7%	LIBOR+0.75%

① 스왑이 가능하며 스왑을 체결하는 경우 두 회사가 절감할 수 있는 자본조달비용은 0.5%이다.

② 스왑이 가능하며 기업 A는 변동금리로 차입한 후 고정금리로 스왑한다.

③ 스왑이 가능하며 기업 B는 고정금리로 차입한 후 변동금리로 스왑한다.

④ 기업 A가 기업 B에 비해 고정금리시장과 변동금리시장에서 모두 저렴한 비용으로 조달할 수 있으므로 스왑은 가능하지 않다.

해설 기업 A가 기업 B에 비해 신용등급이 높다. 기업 A는 고정금리시장, 기업 B는 변동금리시장에서 비교우위를 보인다. 따라서 기업 A는 고정금리로 차입하여 변동금리로 스왑하고 기업 B는 변동금리로 차입하여 고정금리로 스왑하면 두 회사 모두 자본조달비용을 두 시장에서의 금리차이(7%-6%)-[(LIBOR+0.75%)-(LIBOR+0.25%)]=0.5%가 된다.

문제 18. 현재 엔화의 낮은 금리에 이끌려서 사무라이 본드를 발행한 기업이 앞으로 엔화에 대한 달러가치의 하락과 엔을 포함하는 주요 통화의 전반적 금리상승을 기대하는 경우에 선택할 수 있는 통화스왑으로 적절한 것은?

① 엔화고정금리수취 + 달러고정금리지급

② 엔화고정금리수취 + 달러변동금리지급

③ 달러고정금리수취 + 엔화고정금리지급

④ 달러고정금리수취 + 엔화고정금리지급

해설 사무라이본드는 외국인이 일본에서 발행하는 엔화표시채권을 말한다. 채권발행을 통한 차입과 통화스왑을 결합하면 다른 통화표시의 차입으로 전환할 수 있다. 이러한 결정은 환율변동과 금리변동에 대한 전망에 따라 이루어진다. 달러가치의 하락과 주요통화의 전반적 금리상승이 기대되는 경우에 달러화 고정금리 차입으로 전환하는 것이 바람직하다. 엔화의 사무라이 본드를 발행한 경우에는 엔화고정금리를 수취하고 달러화고정금리를 지급하는 통화스왑과 결합하면 달러화고정금리 차입으로 전환할 수 있다.

문제 19. 다음 중 (가)와 (나)에 들어갈 말은?

A기업은 B은행과 통화스왑을 체결한다. A는 연간 고정금리 8%로 스위스 프랑화(CHF)로 지급하고, B는 연간 고정금리 6%로 미달러화(USD)로 매 6개월마다 지급한다. 만기는 4년이고 원금은 US$ 100,000,000과 CHF 100,000,000이다. 스왑거래의 계약시에 원금교환은 이루어진다. → A의 지급은 다음과 같을 것이다. "A는 계약시에 (가)를 지급하고, 6개월 후에는 (나)를 지급해야 한다."

	①	②	③	④
(가)	USD 100,000,000	USD 100,000,000	CHF 100,000,000	CHF 100,000,000
(나)	CHF 8,000,000	CHF 4,000,000	CHF 8,000,000	CHF 4,000,000

해설 A는 원금교환 CHF 100,000,000을 수취하고 USD 100,000,000을 지급한다. 6개월 후에는 이자교환 USD 3,000,000을 수취하고 CHF 4,000,000을 지급한다.

문제 20. 다음 중 (가)와 (나)에 들어갈 적절한 말은?

명목원금이 $10,000,000이고 고정금리로 지급하는 금리스왑의 스왑개시시점에서의 가치는 (가)이고, 향후 금리가 상승하면 스왑의 가치는 (나)한다.

	①	②	③	④
(가)	$10,000,000	$10,000,000	$0	$0
(나)	증가	감소	증가	감소

해설 스왑거래 개시시점의 가치는 0이다. 고정금리로 지급하고 변동금리로 수취하는 현금흐름이므로 금리가 상승하면 스왑의 가치는 상승한다.

* 문제 21번부터 24번까지 다음의 상황을 읽고 답하시오.

호주회사 B는 달러화 자금시장에서 변동금리로 달러화 자금을 차입할 수 있으나 달러화 자금시장에서 신용도가 낮아 높은 금리를 부담해야 한다. 그러나 호주 달러화 자금시장에서 유리한 조건으로 고정금리부 호주 달러화 자금을 차입할 수 있다. 반면에 미국회사 A는 유리한 조건으로 변동금리부 달러화 자금을 차입할 수 있으나 호주 달러화 자금을 차입할 경우에는 높은 금리를 부담해야 한다.

기업	호주 달러화	미국 달러화
미국회사 A	4.75%	LIBOR+0.50%
호주회사 B	4.50%	LIBOR+0.70%

문제 21. 이러한 상황에서 필요한 스왑계약의 종류는 무엇인가?

① 금리스왑(IRS) ② 통화스왑(CRS)
③ 베이시스스왑 ④ 부채자본스왑

해설 통화스왑은 상이한 통화로 표시된 자금을 필요로 하는 거래당사자가 계약기간 동안 원금에 기초하여 상이한 통화로 표시된 이자를 지급하고 만기일에 계약시점에 약정한 환율에 의해 원금을 교환하는 거래를 말한다. 통화스왑의 종류에는 금리교환의 유형을 기준으로 이종통화간 고정금리와 변동금리를 교환하는 크로스 커런시 쿠폰스왑, 이종통화간 변동금리와 변동금리의 이자지급을 교환하는 크로스 커런시 베이시스스왑, 이종통화간 고정금리와 고정금리의 이자지급을 교환하는 커런시스왑 등이 있다.

문제 22. 이러한 상황에서 호주회사 B는 스왑계약을 체결하기 위해 우선 무엇을 해야 하는가?

① 변동금리부 미국 달러화 자금차입 ② 고정금리부 호주 달러화 자금차입
③ 고정금리부 미국 달러화 자금차입 ④ 변동금리부 호주 달러화 자금차입

문제 23. 이러한 상황에서 미국회사 A는 스왑계약을 체결하기 위해 우선 무엇을 해야 하는가?

① 변동금리부 미국 달러화 자금차입 ② 고정금리부 호주 달러화 자금차입
③ 고정금리부 미국 달러화 자금차입 ④ 변동금리부 호주 달러화 자금차입

문제 24. 미국회사 A와 호주회사 B가 스왑계약을 체결하여 차입한 원금을 서로 교환하고 스왑계약기간에 이자지급 및 만기시의 원금상환도 계속 교환하기로 약속한다면 호주회사 B는 달러화 자금시장에서 직접 자금차입을 하는 경우보다 달러화 자금의 차입비용을 얼마나 절감할 수 있는가?

① 0.75%

② 0.50%

③ 0.20%

④ LIBOR

해설 직접 변동금리부 달러를 차입할 경우 LIBOR+0.70%이고 스왑을 통한 변동금리부 달러를 지급할 경우 LIBOR+0.50%이다. 따라서 (LIBOR+0.70%)−(LIBOR+0.50%)=0.20%

문제 25. 다음과 같은 금리스왑이 주어져 있을 경우 6개월 후에 결제되는 금액과 방향으로 맞는 것은?

* 원금 100만 달러	* 결제주기 6개월	* 만기 5년	* 변동지표 6개월 LIBOR
* 고정금리 6%	* 고정금리 지급자 A	* 고정금리 수취자 B	
* 계약시점의 6개월 LIBOR 7%		* 6개월 후 실현된 6개월 LIBOR 8%	

① A가 5,000달러 지급

② B가 5,000달러 지급

③ A가 10,000달러 지급

④ B가 10,000달러 지급

해설 (7%−6%)×100만달러×(180/360) = 5,000달러
변동금리가 고정금리보다 크므로 고정금리 지급자 A는 이익이 발생하는 반면에 고정금리 수취자 B는 손실이 발생한다. 따라서 B가 A에게 5,000달러를 지급해야 한다.

문제 26. 다음과 같은 금리스왑이 주어져 있을 경우 1년 후에 결제되는 금액과 방향으로 맞는 것은?

* 원금 100만 달러	* 결제주기 6개월	* 만기 5년	* 변동지표 6개월 LIBOR
* 고정금리 6%	* 고정금리 지급자 A	* 고정금리 수취자 B	
* 계약시점의 6개월 LIBOR 7%		* 6개월 후 실현된 6개월 LIBOR 8%	

① A가 5,000달러 지급

② B가 5,000달러 지급

③ A가 10,000달러 지급

④ B가 10,000달러 지급

해설 1년 후에 지급되는 금액은 6개월 후 시점에서의 금리에 의해 결정된다.
(8%−6%)×100만달러×(180/360) = 10,000달러
변동금리가 고정금리보다 크므로 고정금리 지급자 A는 이익이 발생하고, 고정금리 수취자 B는 손실이 발생한다. 따라서 B가 A에게 10,000달러를 지급해야 한다.

문제 27. 변동금리 LIBOR+1%로 100만달러를 차입한 투자자 홍길동이 LIBOR 금리스왑을 체결하면서 LIBOR를 수취하고 고정금리 6%를 지급한다고 가정할 경우 투자자 홍길동의 궁극적 금리구조는 어떻게 되는가?

① LIBOR+2% 차입   ② LIBOR 차입

③ 5% 변동금리 차입   ④ 7% 고정금리 차입

해설 LIBOR+1%를 지급하면서 LIBOR를 수취하고 고정 6%를 지급하는 경우이다.
= −(LIBOR+1%) + LIBOR − 6% = −7%

문제 28. 투자자 홍길동은 LIBOR와 7%를 교환하는 고정금리지급포지션의 금리스왑을 체결하였다. 홍길동의 포지션을 채권을 통해 나타낼 경우에 알맞은 것은?

① 고정채 발행, 변동채 매입   ② 고정채 매입, 변동채 발행

③ 고정채 발행, 변동채 발행   ④ 고정채 매입, 변동채 매입

해설 고정금리를 지급하고 변동금리를 수취하기 때문에 고정채를 발행하고 변동채를 매입한 경우와 동일하다.

문제 29. 기업 A와 기업B가 고정금리와 변동금리로 자금을 차입할 경우에 금리는 다음과 같다. 다음 중 가장 적절한 것은 어느 것인가?

기업	고정금리	변동금리
A	10%	LIBOR+0.3%
B	11%	LIBOR+1.0%

① A는 변동금리에서 비교우위를 갖는다.

② B는 고정금리에서 비교우위를 갖는다.

③ A는 고정금리로 차입하고, B는 변동금리로 차입하여 스왑계약을 체결하는 것이 바람직하다.

④ A와 B는 스왑계약을 체결함으로써 이득을 볼 여지가 없다.

해설 A는 고정금리에서, B는 변동금리에서 비교우위를 갖는다. 따라서 A는 고정금리, B는 변동금리로 자금을 차입한 후 스왑계약을 체결하면 고정금리의 차이 1%와 변동금리의 차이 0.7%에 해당하는 0.3%를 두 회사가 공유하면 0.15%를 절약할 수 있다.

문제 30. 대규모의 달러를 고정금리로 차입한 기업의 경우에 금리가 하락할 것으로 예상되면 어떤 포지션을 통해 헤지를 할 수 있는가?

① 고정금리 지급스왑 ② 고정금리 수취스왑

③ 금리 플로어 매수 ④ 금리 캡 매수

해설 고정금리 수취스왑을 체결하면 고정금리를 변동금리로 전환할 수 있다.

정답
1.④ 2.② 3.③ 4.④ 5.④ 6.⑤ 7.① 8.② 9.④ 10.④
11.④ 12.③ 13.② 14.④ 15.③ 16.③ 17.① 18.① 19.② 20.③
21.② 22.② 23.① 24.③ 25.② 26.④ 27.④ 28.① 29.③ 30.②

신용파생상품

신용위험의 관리는 금융기관과 대기업에게 중요한 과제가 되고 있다. 많은 은행들이 높은 수익을 기대하고 자산유동화증권에 막대한 투자를 했으나 미국의 서브프라임모 기지 사태로 모기지채권이 부실화되면서 대규모 손실을 입었다. 신용파생상품은 신용 위험을 효과적으로 관리할 수 있는 새로운 수단이 되고 있다.

제1절 신용위험의 개요

1. 신용위험의 정의

신용위험(credit risk)은 채권발행자나 자금차입자가 계약에 명시된 원금 또는 이자를 약정한 시간에 상환하지 못할 가능성을 말한다. 신용위험은 시장위험과 달리 시장가격의 변화 이외에도 채무자의 신용등급 변화, 부도확률(default rate), 부도시 회수율(recovery rate) 등에 따라 달라진다.

신용위험은 거래상대방의 신용상태 악화, 신용도의 하락으로 계약에 따른 의무를 제대로 이행하지 않거나 보유하고 있는 대출자산이나 유가증권에서 예상되는 현금흐름이 계약대로 회수되지 않을 가능성, 즉 매매계약에서 채무자가 채무조건을 이행하지 못해 발생하는 위험을 총칭하여 말한다.

2. 신용사건의 정의

신용파생상품은 주식, 채권, 외환 등 표준화된 금융자산에 대한 파생상품과 달리 표준화가 어려운 신용위험에 대한 파생상품을 말하고, 신용위험은 신용사건이 발생할 때 현실화된다. 신용사건(credit event)은 신용파생상품의 거래당사자간에 계약이행을 촉발시키는 계기가 되는 사건을 말한다.

신용파생상품은 대부분 사전에 정한 신용사건의 발생여부에 따라 거래당사자간에 수수할 현금흐름과 계약이행이 결정되기 때문에 어떤 사건을 신용사건으로 규정하느냐가 중요하다. 거래당사자간에 분쟁의 소지를 없애고 서로 인정할 수 있는 신용사건이 되려면 두 가지 요건을 충족해야 한다.

첫째, 특정사건이 발생하여 일정수준 이상 준거자산의 가격변화가 발생해야 한다. 이를 중요성의 요건이라 한다.

둘째, 신용사건은 거래당사자들이 모든 사건의 발생을 인지할 수 있는 공적 정보여야 한다. 즉 국제적으로 명성있는 둘 이상의 매스컴에 의해 확인될 수 있어야 하는데, 이를 공공성의 요건이라 한다.

일반적으로 신용사건의 종류와 정의는 국제스왑파생상품협회(ISDA)의 표준안을 이용하는데, 여기에 포함되는 신용사건의 유형은 다음과 같다.

① 파산(bankruptcy)

채무자가 경제적으로 파산하여 자신의 변제능력으로 채권자의 채무를 완제할 수 없는 상태에 이르렀을 경우에 다수경합된 채권자에게 공평한 만족을 주기 위하여 이루어지는 채무자의 재산에 대한 포괄적(일반적) 강제집행을 말한다. 파산절차의 개시는 지급불능과 채무초과를 그 원인으로 한다.

② 지급불능(insolvency)

지급불능은 파산원인의 일반적 형태로 지급수단의 계속적 결핍 때문에 금전채무를 지급할 수 없는 채무자의 재산상태로 채무액를 초과하는 자산을 갖고 있어도 금전상 결핍을 초래하면 지급불능이 된다. 그러나 도덕상·기술상·기업상의 신용에 따라 금전의 융통을 받아들이면 지급불능은 아니다.

③ 지급거절(repudiation)

지급거절은 채무자가 채무자체를 부인함으로써 고의적으로 대금지급을 거절하거나 어음이나 수표의 지급을 받기 위해 어음이나 수표의 소지인이 지급제시기간 안에 인수인, 지급인, 그리고 지급담당자에게 지급제시를 하였는데 제시한 금액의 일부 또는 전부의 지급이 거절되는 것을 말한다.

④ 채무재조정(restructuring)

채무재조정은 채무자가 기일이 도래한 채무상환이 불가능하거나 불가능할 염려가 있을 때 당해 채무의 상환계획을 재편성하여 그것을 순연하는 조치를 말한다. 따라서 원금의 감면, 만기일, 이자율, 이자지급시기, 채무상환방법 등을 변경하여 채권자가 채무자에게 경제적 이익을 양보함으로써 발생한다.

⑤ 기한의 이익상실(obligation acceleration)

기한이익상실은 금융기관이 채무자에게 빌려준 대출금을 만기 전에 회수하는 것을 말하며, 채무자가 대출금의 원금 또는 이자를 2회 연체할 경우에 발생된다. 즉 금융기관이 채무자의 신용위험이 높아졌다고 판단하면 대출만기일 이전이라도 남아 있는 채무를 일시에 회수할 수 있는 권리를 말한다.

제2절   신용파생상품의 개요

1. 신용파생상품의 정의

신용파생상품(credit derivatives)은 채권이나 대출자산 등 발행자나 차입자의 신용도에 따라 가치가 변동하는 준거자산에 내재하는 신용위험을 분리하여 매매할 수 있도록 설계된 금융계약을 말한다. 신용파생상품의 기초자산은 특정 금융계약상의 의무를 부담하고 있는 준거기업의 신용위험이다.

준거기업(reference entity)은 회사채를 발행한 기업, 은행에서 대출을 받은 기업, 파생상품거래에서 우발채무의 지급의무를 부담하고 있는 기업을 말한다. 여기서 중요한 것은 신용파생상품의 기초자산이 준거기업의 가치나 준거기업이 부담하고 있는 의무가 아니라 준거기업의 신용위험이라는 점이다.

2. 신용파생상품의 구조

(1) 거래참가자

신용파생상품의 참가자에는 보장매입자와 보장매도자가 있다. 보장매입자는 신용파생상품 매입계약을 통해 보유자산의 신용위험을 보장매도자에게 이전하고 일정한 프리미엄을 지급한다. 보장매도자는 보장매입자로부터 프리미엄을 받는 대신에 준거자산에 신용사건이 발생하면 보장매입자에게 약정된 금액을 지급한다.

보장매입자는 대출채권, 회사채 등과 같은 준거자산을 양도하지 않으면서 금융자산에 내재하는 신용위험을 분리하여 이전하는 효과를 얻을 수 있기 때문에 고객과의 유연한 관계를 지속할 수 있게 된다. 또한 보유자산의 신용위험의 이전에 따라 규제자본의 경감효과라는 이익을 얻을 수 있다.

보장매도자는 준거자산을 보유하지도 않고도 보유하고 있는 것과 같은 효용을 얻을 수 있고 신규수익원의 창출이라는 이점이 있다. 국내금융회사의 신용파생상품 거래잔액을 살펴보면 은행과 보험회사는 상대적으로 보장매도자로서 증권회사는 보장매입자로서 니즈(needs)가 많은 것으로 나타나고 있다.

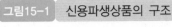

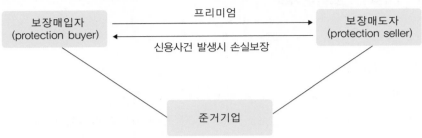

그림15-1 신용파생상품의 구조

보장매입자 (protection buyer) — 프리미엄 → 보장매도자 (protection seller)

보장매입자 (protection buyer) ← 신용사건 발생시 손실보장 — 보장매도자 (protection seller)

준거기업

(2) 준거자산

준거자산(reference asset)은 신용사건의 발생여부를 판단하는 기준이 되는 자산으로 신용사건의 발생여부 판단대상에 따라 준거기업 또는 준거채무의 형태로 표현될 수 있다. 즉 신용사건 발생의 판단대상이 기업일 경우에는 준거기업, 판단대상이 채무일 경우에는 준거채무라고 표현한다.

(3) 신용사건

신용사건은 보장매도자가 보장매입자에게 신용보장금액을 지급하게 하는 사건을 의미한다. 국제스왑파생상품협회(ISDA)에서 규정한 표준약관에는 신용사건의 유형을 파산, 합병, 기한이익의 상실, 교차부도, 신용등급의 하락, 지급불능, 지급거절, 채무재조정 등 8가지로 구분하고 있다.

신용파생상품은 장외시장(OTC)에서 거래되고 상품이 표준화가 되어 있지 않기 때문에 계약서의 작성이 매우 중요하다. 신용파생상품의 매매는 국제스왑파생상품협회(ISDA)가 제공하는 표준계약을 거래상대방 기관별로 체결하고 개별상품의 거래시에 거래확인서(confirmation)를 주고 받는다.

3. 신용파생상품의 기능

첫째, 신용파생상품은 소수의 금융기관에 집중되는 신용위험을 다양한 경제주체에게 분산시켜 금융시스템을 안정적으로 만들 수 있다. 또한 투자은행의 새로운 투자수단의 설계와 중개기능을 활성화하여 새로운 시장을 형성시키고 투자은행의 기능을 제고하여 금융시장의 선진화에 기여한다.

둘째, 신용파생상품 시장을 통해 준거자산의 유동성을 제고시키는 기능을 한다. 일반적으로 대출은 어려운 상품이지만 신용파생상품 기법을 이용하여 부도와 채무불이행 등의 신용위험을 거래가 가능한 상품으로 변화를 통해 대출채권에 관련된 준거자산의 유동성을 증가시키는 기능을 한다.

셋째, 신용파생상품은 전통적으로 지급보증기관이나 단종보험회사에서 수행되었던 지급보증이나 보험의 기능을 시장원리에 근거하여 수행함으로써 금융시장의 효율성을 제고시킨다. 특히 국내의 공적기관이 담당한 지급보증의 기능을 시장이 분담하여 보증 효율성의 제고를 기대할 수 있다.

4. 신용파생상품의 종류

신용파생상품은 크게 계약형태와 증권형태, 단일준거자산과 복수준거자산에 따라 구분할 수 있다. 증권형태의 거래는 초기 원금이 교환되어 회사채거래와 유사하다. 복수의 준거자산을 갖는 상품은 몇 번째 준거자산이 부도나고 준거자산 중 몇 %가 부도났을 때 보장이행을 하는가에 따라 분류하기도 한다.

표 15-1 신용파생상품의 종류

준거자산	계약형태	증권형태
단일 준거자산	Single Name CDS	Credit Linked Note(CLN)
복수 준거자산	Basket CDS(FTD, STD…) CDS index	합성 CDO, CLN

(1) 신용부도스왑

신용부도스왑(CDS : credit default swap)은 기초자산으로부터 신용위험을 분리하여 신용위험을 제거하려는 보장매입자가 보장매도자에게 이전하고 그 대가로 매기 일정한 수수료(프리미엄)을 지급하며 준거자산과 관련된 신용사건이 발생할 경우에 보장매도자로부터 손실을 보상받을 수 있는 금융상품을 말한다.

신용부도스왑은 신용위험을 이전하는 보장매입자가 보장매도자에게 지급하는 CDS 프리미엄과 계약기간 동안 준거자산에 대한 신용사건이 발생하면 보장매도자가 보장매입자에게 손실보전금액을 교환하는 계약으로 모든 신용파생상품의 기본이다. 특정 대출 채권의 회수가 불가능할 경우를 대비한 일종의 보험상품이다.

신용부도스왑은 보장매입자가 정기적으로 계약비용을 지불하고 미래 특정시점에 신용사건의 발생여부에 따라 수익을 얻는다는 점에서 스왑보다는 옵션에 가깝다. 스왑은 거래당사자가 상호간에 현금흐름을 수수하지만, 신용부도스왑은 신용사건이 발생하지 않으면 보장매입자에게 현금흐름이 없기 때문이다.

신용사건이 발생하는 경우에 액면금액과 회수가치의 차이를 보전받기로 하였다고 가정하면 신용부도스왑은 준거자산의 가치가 액면가액보다 하락할 경우에 이를 액면가액으로 매도할 수 있는 풋옵션으로 해석될 수 있다. 이때 채권가치의 하락은 오직 준거기업의 신용도 하락에 의해서 초래되어야 한다.

신용부도스왑에서 보장매입자는 준거자산을 기초자산으로 하는 풋옵션을 매입한 것과 동일한 효과를 얻게 되며, 보장매도자는 프리미엄을 지급받고 풋옵션을 매도한 셈이 된다. 그리고 보장매입자는 준거기업이 발행한 채권에 투자하고 그 채권의 신용위험만을 보장매도자에게 이전한 것과 유사한 결과를 얻을 수 있다.

그림15-2 CDS의 구조

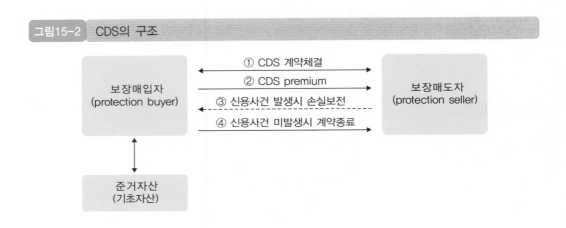

(2) 총수익스왑

총수익스왑(TRS : total return swap)은 기초자산의 신용위험과 시장위험을 모두 보장매도자에게 이전하는 계약으로 보장매입자는 기초자산에서 발생하는 모든 현금흐름인 총수익을 보장매도자에게 지급하고, 보장매도자는 보장매입자에게 일정한 약정이자를 지급한다. 기초자산에서 발생하는 모든 현금흐름을 보장매도자에게 이전하여 현금흐름 측면에서 해당자산을 매각하는 것과 동일한 효과가 있다.

신용부도스왑은 신용사건이 발생한 경우에만 지불이 일어나고, 총수익스왑은 신용사건의 발생에 관계없이 기초자산의 시장가치를 반영하여 지불이 일어난다. 또한 신용부도스왑은 기초자산의 신용위험만을 이전하지만, 총수익스왑에서 보장매입자는 신용위험과 금리변동 및 환율변동에 따른 불확실한 수익 모두를 보장매도자에게 이전하기 때문에 신용위험과 함께 금리, 환율 등의 시장위험도 전가한다.

따라서 보장매입자는 실제로 보유자산을 매각하지 않고 보유자산을 매각하는 것과 동일한 효과를 얻을 수 있으며, 일시적으로 신용위험과 시장위험까지도 회피하는 수단으로 활용할 수 있다. 그리고 보장매도자는 자기자본의 부담없이 위험부담에 따른 높은 수익획득이 가능할 뿐만 아니라 부외자산으로 처리될 수 있기 때문에 일부 규제를 회피할 수 있는 수단으로 활용할 수 있다는 이점이 있다.

| 그림15-3 | TRS의 구조 |

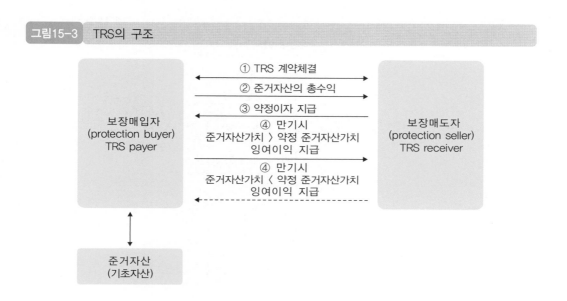

(3) 신용연계채권

신용연계채권(CLN : credit linked note)은 일반채권에 신용부도스왑(CDS)을 결합하여 증권화시킨 신용파생상품으로 보장매입자는 준거자산의 신용상태와 연계된 채권(CLN)을 발행하고 약정에 따라 이자를 지급하며 신용사건이 발생하면 CLN을 상환하는 대신에 계약에 따라 준거자산에서 발생하는 손실을 보장받는다.

CLN의 발행자가 지급하는 이자는 일반채권에 비해 훨씬 많은 스프레드를 가산한다. CLN을 매입하는 보장매도자는 준거자산에 대한 보장의무가 첨부된 일반채권을 매입한 효과가 있고 유통시장에서 매매가 가능하다. 신용파생거래는 현금이동 없이 보장매도자의 신용도가 신용파생거래의 신용도에 중요한 영향을 미친다.

신용연계채권은 현금거래를 수반하는 증권발행의 형식을 지니고 있기 때문에 보장매도자의 신용도에 영향을 받지 않는다. 따라서 거래의 안정성을 담보하기 위해 조달된 자금이 거래의 이행을 담보하는 역할을 수행하며 이에 따라 담보자산의 수탁 및 관리, 결제 등의 구조가 도입되어야 한다.

신용연계채권은 보장매입자보다는 보장매도자의 입장에서 면밀한 검토가 필요하다. 보장매도자는 준거자산에 대한 신용위험과 CLN 발행자 위험에도 노출되기 때문이다. 이러한 위험을 해결하기 위해 SPC를 설립하여 CLN을 발행하며 CLN의 발행대금을 신용도가 높은 우량자산에 투자하여 위험을 감소시킨다.

그림15-4 CLN의 구조

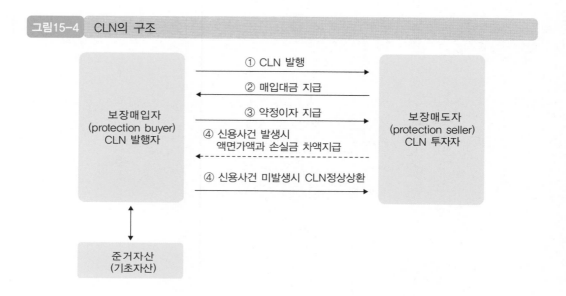

(4) FTD CLN

FTD CLN은 보장매입자와 보장매도자(SPC)간의 FTD CDS 계약과 SPC와 CLN 간의 사채계약으로 구성된다. FTD CDS 계약은 준거기업에 신용사건이 발생하지 않으면 보장매입자가 보장매도자에게 CDS프리미엄을 지급하지만, 만기일 이전에 준거기업 중 첫 번째 신용사건이 발생하면 CDS프리미엄 지급이 중지되고 정산절차를 통해 보장매도자가 보장매입자에게 일정금액을 지급한다.

유동화전문회사(SPC)는 CDS 계약의 이행을 보장하기 위해 CLN을 발행하고 이를 국채, 예금 등의 안전자산에 투자하여 CDS 계약에 따른 손실보전의 재원으로 사용한다. 신용사건이 발생하지 않는 정상기간에는 CDS 프리미엄과 안전자산의 이자를 원천으로 하여 CLN 채권투자자에게 이자를 지급하고, CLN 만기시에는 안전자산을 주요 상환재원으로 채권의 원금을 상환하게 된다.

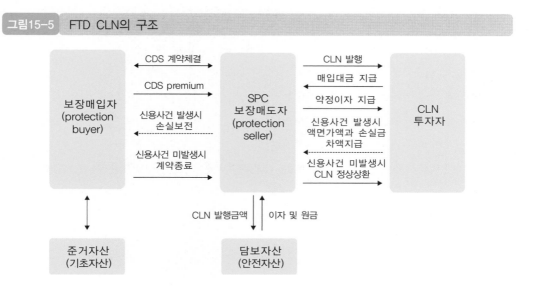

그림15-5　FTD CLN의 구조

5. 신용파생상품과 비교

(1) 신용파생상품과 회사채의 비교

회사채의 금리는 "기준금리＋신용스프레드" 방식으로 표시할 수 있고 신용등급이 우량한 A급 회사채는 기준금리를 국고채로 사용하여 발행한다. 예컨대 3년 만기 국고채 금리가 연 4%이고 (주)한화석유화학의 회사채 금리가 연 6%라면 (주)한화석유화학의 신용스프레드는 국고채의 금리 4%에 2%를 가산한 것이다.

(2) 신용파생상품과 보증의 비교

CDS 계약은 신용사건이 발생하면 보장매도자가 보장매입자의 손실을 보전해 준다는 측면에서 보증과 유사하다. 그러나 CDS 계약은 보장매도자가 보장매입자에 대해 독립해서 전보책임을 부담하기 때문에 주채무에 부종하여 주채무가 불이행한 경우에만 책임을 부담하는 보증채무와는 차이가 있다.

CDS 계약의 목적물은 준거자산의 계약가격이거나 시장가격간의 차액이다. 그러나 보증채무의 목적물은 주채무의 채무와 동일하다. 따라서 신용파생상품 금융거래에서 보장매도자의 채무가 일반적으로 민법상 보증채무에 해당된다거나 법률적인 측면에서 동일하다고 해석하는 것은 적절하지 않다.

(3) 신용파생상품과 보험의 비교

CDS 계약은 보장매입자의 손실을 보장한다는 목적만 생각하면 기초자산의 손실위험에 대해 보험에 가입하는 것과 유사하다. 그러나 CDS 계약의 목적물은 기초자산의 계약가격이거나 계약가격과 시장가격간의 차액이지 보장매입자의 손해나 경제적인 수요가 아니라는 점에서 보험계약과 차이가 있다.

CDS 계약은 보장매도자와 보장매입자의 개별적인 계약을 통해 이루어진다. 반면에 보험은 다수의 사람이 소액의 보험료를 갹출하여 공동기금을 마련한 후 소수의 사람이 우연한 손실을 당했을 경우 공동기금에서 보상하여 동질적인 위험을 분담하고 있다는 측면에서 보험계약과는 차이가 있다.

핵·심·요·약

제1절 신용위험의 개요

1. 신용위험의 정의 : 거래상대방의 신용상태 악화나 신용도의 하락으로 매매계약에서 채무자가 채무조건을 이행하지 못해 발생하는 위험
2. 신용사건의 정의 : 신용파생상품의 당사자간에 계약이행을 촉발시키는 계기가 되는 파산, 지급실패, 지급거절, 채무재조정, 기한의 이익상실 등이 있음

제2절 신용파생상품의 개요

1. 신용파생상품의 정의
   회사채나 대출채권과 같이 발행자나 차입자의 신용도에 따라 가치가 변동하는 금융자산에 내재하는 신용위험을 분리하여 매매할 수 있도록 설계된 금융계약으로 기초자산은 특정 금융계약상의 의무를 부담하고 있는 준거기업의 신용위험
2. 신용파생상품의 종류
① 신용부도스왑(CDS : credit default swap)
   기초자산에서 신용위험을 분리하여 신용위험을 없애려는 보장매입자가 보장매도자에게 이전하고 그 대가로 매기 일정한 수수료(프리미엄)를 지급하며 준거자산과 관련된 신용사건이 나타나면 보장매도자로부터 손실을 보상받음
② 총수익스왑(TRS : total return swap)
   기초자산의 신용위험과 시장위험을 모두 보장매도자에게 이전하는 계약으로 보장매입자는 기초자산에서 발생하는 모든 현금흐름인 총수익을 보장매도자에게 지급하고 보장매도자는 보장매입자에게 일정한 약정이자를 지급함
③ 신용연계채권(CLN : credit linked note)
   일반채권에 신용부도스왑(CDS)을 결합하여 보장매입자는 준거자산의 신용상태에 연계된 채권(CLN)을 발행하고 약정에 따라 이자를 지급하며 신용사건이 발생하면 CLN을 상환하지 않고 계약에 따라 준거자산에서 발생하는 손실을 보장받음
④ FTD CLN
   준거기업에 신용사건이 없으면 보장매입자가 보장매도자에게 CDS프리미엄을 지급하나, 만기 이전에 준거기업 중 첫 번째 신용사건이 발생하면 CDS프리미엄 지급이 중지되고 정산절차를 통해 보장매도자가 보장매입자에게 일정금액을 지급함

문제 1. 다음 중 신용파생상품에 대한 설명으로 옳지 않은 것은?

① 보장매입자는 일정한 프리미엄을 지불하고 준거자산의 부도위험으로부터 벗어날 수 있다.

② 신용파생상품 중 가장 대표적이고 거래가 많은 상품은 총수익률스왑(TRS : total return swap)이다.

③ 신용구조화상품과 같이 복잡한 구조에서 정보의 비대칭현상이 발생할 수 있어 몇몇의 투자은행들과 전문투자자들에 의해 가격과 위험분산이 왜곡될 수 있다.

④ 채권이나 대출 등 신용위험이 내재되어 부채에서 신용위험만을 분리하여 거래당사자간에 신용위험을 전가하는 금융계약을 말한다.

해설 신용파생상품 중 가장 대표적이고 거래가 많은 상품은 신용디폴트스왑(CDS)이다.

문제 2. 다음 중 신용파생상품에 대한 설명으로 옳지 않은 것은?

① 신용파생상품은 보장매입을 통해 신용위험의 매도포지션을 쉽게 취할 수 있다.

② 채권과 대출 등 신용위험이 내재되어 있는 부채에서 신용위험을 분리하여 거래 당사자간에 신용위험을 전가하는 금융거래를 말한다.

③ 준거기업에 대한 대출상품을 보유하고 있는 금융기관이 신용파생상품을 통해 신용위험을 타인에게 전가하고자 하는 경우 준거기업의 동의를 얻어야 한다.

④ 신용파생상품을 이용하면 대출과 같이 매각이 쉽지 않은 자산의 유동성을 제고할 수 있다.

해설 금융기관은 신용파생상품을 통해 신용위험을 타인에게 전가하는 경우에 준거기업의 동의없이 할 수 있다.

문제 3. 다음 중 준거자산의 신용위험을 분리하여 보장매도자에게 이전하고 보장매도자는 그 대가로 프리미엄과 손실보전금액을 교환하는 신용파생상품은?

① Credit Default Swap(CDS) ② Credit Linked Note(CLN)

③ Total Return Swap(TRS) ④ Basket Default Swap

해설 Credit Default Swap(CDS)에 대한 설명이다.

문제 4. 다음 중 신용파생상품에 대한 설명으로 옳지 않은 것은?

① 신용파생상품은 채권이나 대출 등 신용위험이 내재되어 있는 부채에서 신용위험을 분리하여 거래당사자간에 이전하는 금융계약을 말한다.

② 총수익률스왑(TRS)은 보장매입자가 기초자산에서 발생하는 이자, 자본수익(손실) 등 모든 현금흐름을 보장매도자에게 지급하고 약정된 수익을 수령하는 계약을 말한다.

③ 신용디폴트스왑(CDS)에서 만기 이전에 신용사건이 발생하면 신용위험의 매도자는 대상기업에 대한 손실금을 보장매입자에게 지급한다.

④ 신용사건은 대상기업이 파산한 경우와 지급불이행한 경우만을 말한다.

해설 신용사건은 파산, 지급불이행, 채무불이행, 기한이익상실 등으로 구성된다.

문제 5. 다음 중 보장매입자가 기초자산에서 발생하는 이자, 자본이익 등의 모든 현금흐름을 보장매도자에게 지급하고, 보장매도자로부터 약정된 수익을 수령하는 신용파생상품은?

① 신용디폴트스왑(CDS)　　　　② 총수익률스왑(TRS)

③ 신용스프레드스왑　　　　　　④ 신용연계채권(CLN)

해설 총수익률스왑(TRS)에 대한 설명이다.

문제 6. 다음 중 신용파생상품에 대한 설명으로 옳지 않은 것은?

① 총수익률스왑(TRS)은 신용위험만을 상대방에게 전가시키므로 시장위험은 남아 있다.

② 신용스프레드옵션은 주식옵션과 유사한 형태로 신용스프레드를 일정한 행사가격에 매입하거나 매도할 수 있는 권리를 부여한 계약을 말한다.

③ Basket Default Swap은 일반적인 CDS와 동일하지만 1개 이상의 준거자산으로 구성된 포트폴리오를 기본으로 발행되는 점이 다르다.

④ 합성CDO는 부채포트폴리오로 구성된 준거자산에 의해 현금흐름이 담보되는 여러 개의 tranche로 구성되는 증권을 말한다.

해설 총수익률스왑(TRS)은 신용위험은 물론 시장위험도 거래상대방에게 전가시킬 수 있다.

문제 **7. 다음 중 신용파생상품에 대한 설명으로 옳지 않은 것은?**

① CDS 거래시점에서 보장매입자의 포지션의 가치와 보장매도자의 포지션가치는 비슷하다.

② CDS 거래와 관련하여 준거자산의 신용사건이 발생했을 때 보장매도자의 포지션 가치는 하락한다.

③ 신용디폴트스왑(CDS)의 수수료를 CDS프리미엄이라고 한다.

④ 신용연계채권(CLN)에서 특수목적회사(SPC)가 발행한 CLN의 수익률은 담보채권의 수익률에서 보장매입자로부터 수취하는 CDS프리미엄을 차감한 수준이다.

해설 신용연계채권(CLN)에서 특수목적회사(SPC)가 발행한 CLN의 수익률은 담보채권의 수익률에서 보장매입자로부터 수취하는 CDS프리미엄을 가산한 수준이다.

문제 **8. 다음 중 신용디폴트스왑(CDS)에 대한 설명으로 옳지 않은 것은?**

① 보장매입자는 보장매도자의 신용위험에 노출된다.

② 보장매도자는 프리미엄을 수취하는 대가로 준거기업의 신용위험을 인수한다.

③ 서로 정한 신용사건이 발생하는 경우 손실금은 현금으로만 정산할 수 있다.

④ 만기 이전에 서로 정한 신용사건이 발생하는 경우 보장매도자는 준거기업에 대한 손실금을 보장매입자에게 지급한다.

해설 서로 정한 신용사건이 발생하는 경우 손실금은 현금은 물론 미리 정한 준거자산을 직접 이전할 수 있다.

문제 **9. 다음 중 신용파생상품에 대한 설명으로 옳지 않은 것은?**

① Credit Default Swap(CDS)은 자산보유자가 보유자산의 신용위험을 분리하여 보장매입자에게 보장프리미엄을 지급하고 신용위험을 이전하는 구조를 말한다.

② Total Return Swap(TRS)의 자산보유자는 총수익매도자로부터 준거자산의 모든 현금흐름을 총수익매입자에게 지급하는 구조를 말한다.

③ Credit Linked Note(CLN)은 일반채권에 신용디폴트스왑을 결합한 상품으로 보장매입자는 준거자산의 신용위험을 CLN발행자에게 전가한다.

④ 합성CDO는 CDO의 특수한 형태로 보장매입자가 신용파생상품을 이용하여 자산에 내재된 신용위험을 이전하는 구조를 말한다.

해설 Credit Default Swap(CDS)은 자산보유자가 보유자산의 신용위험을 분리하여 보장매도자에게 보장프리미엄을 지급하고 위험도 이전하는 구조를 말한다.

문제 10. 다음 중 신용디폴트스왑(CDS)에 대한 설명으로 옳지 않은 것은?

① CDS는 보장프리미엄과 손실보전금을 교환하는 계약을 말한다.

② CDS는 가장 간단한 형태를 지니고 있어 다른 신용파생상품을 구성하는데 가장 많이 사용된다.

③ 보장매입자의 입장에서 신용위험을 전가했다는 사실을 차주가 알 수 있다.

④ 보편화된 형태의 신용파생상품으로 준거자산의 신용위험을 분리하여 보장매도자에게 이전하고 보장매도자는 그 대가로 프리미엄을 지급받는 금융상품이다.

해설 보장매입자의 입장에서 신용위험을 차주가 알 수 없어 고객과의 우호적인 관계가 유지될 수 있다는 장점이 있다.

문제 11. 다음 중 신용연계채권(CLN)에 대한 설명으로 옳지 않은 것은?

① CLN은 고정금리채권에 신용파생상품이 내재된 신용구조화상품이다.

② 현재 시장에는 CDS가 가미된 CLN이 가장 일반적이다.

③ CLN의 수익률은 CLN 발행자가 발행한 일반채권의 수익률보다 높다.

④ CLN 투자자는 준거기업의 신용위험을 감수해야 하나 발행자의 신용위험과는 무관하다.

해설 CLN 투자자는 준거기업의 신용위험을 감수해야 하므로 발행자의 신용위험을 감수해야 한다.

문제 12. 다음 중 신용디폴트스왑(CDS)의 프리미엄 결정요인으로 옳지 않은 것은?

① 준거자산의 신용사건 발생가능성

② 신용사건 발생시 준거자산의 회수율

③ 보장매입자의 신용도

④ 보장매도자의 신용도

해설 CDS프리미엄은 준거자산의 신용사건 발생가능성, 신용사건 발생시 준거자산의 회수율, 보장매도자의 신용도 등에 따라 결정된다.

문제 **13.** 다음 중 신용디폴트스왑(CDS)의 프리미엄 결정요인에 대한 설명으로 옳지 않은 것은?

① 준거자산의 채무불이행의 가능성이 높을수록 비싸다.
② 보장매도자의 신용등급이 낮을수록 비싸다.
③ 준거자산의 회수율이 낮을수록 비싸다.
④ 준거자산의 신용과 보장매도자의 신용간의 상관관계가 높을수록 비싸다.

해설 준거자산의 신용과 보장매도자의 신용간의 상관관계가 낮을수록 비싸다.

문제 **14.** 다음 중 신용파생상품에 대한 설명으로 옳지 않은 것은?

① Credit Default Swap(CDS)은 보장매입자가 준거기업에 대한 신용위험을 이전하는 대신에 보장매도자는 신용위험을 인수하게 된다.
② Total Return Swap(TRS)는 신용위험뿐만 아니라 시장위험도 전가하는 신용파생상품이다.
③ Credit Linked Note(CLN)은 일반채권에 신용디폴트스왑을 결합한 상품으로 보장매입자는 준거자산의 신용위험을 CLN발행자에게 전가한다.
④ 신용연계채권에 투자하는 투자자의 투자수익은 발행자의 일반채권수익률에 준거기업에 대한 신용프리미엄을 차감한 수익을 얻게 된다.

해설 신용연계채권에 투자하는 투자자의 투자수익은 발행자의 일반채권수익률에 준거기업에 대한 신용프리미엄을 가산한 수익을 얻게 된다.

문제 **15.** 다음 중 총수익률스왑(TRS)에 대한 설명으로 옳은 것은?

① 보장매도자가 준거자산에서 발생하는 이자, 자본수익(손실)을 모두 지급한다.
② 보장매입자는 약정한 수익을 지급한다.
③ 신용사건이 발생하지 않아도 시장가치에 따른 현금흐름이 발생한다.
④ 신용위험만을 분리하여 전가하는 신용파생상품이다.

해설 보장매입자가 준거자산에서 발생하는 이자, 자본손익을 모두 지급하고, 보장매도자는 약정한 수익을 지급하며, 신용위험과 시장위험을 모두 전가하는 상품이다.

문제 16. 다음 중 총수익률스왑(TRS)에 대한 설명으로 옳지 않은 것은?

① TRS 지급자는 신용리스크와 시장리스크를 전가한다.

② TRS 수취자는 현금 지출없이 자산매입과 동일한 효과를 얻는다.

③ TRS 지급자의 자산이 TRS 수취자의 자산으로 소유권이 넘어간다.

④ 신용사건의 발생과 무관하게 현금흐름이 이루어진다.

해설 TRS 지급자는 자산의 매각효과가 나타나지 않는다.

문제 17. 다음 중 발행기업의 신용을 나타내는 지표의 변동에 연계되어 원리금이 변동되는 채권으로 신용파생상품이 내재되어 있는 것은?

① 신용디폴트스왑(CDS)　　　　② 신용연계채권(CLN)

③ 총수익률스왑(TRS)　　　　　④ 합성담보부증권(synthetic CDO)

해설 신용연계채권(CLN)에 대한 설명이다.

문제 18. 일반적으로 두 개 이상의 준거자산으로 바스켓을 구성하고, 바스켓에 포함된 준거자산 중 첫번째 신용사건이 발생하면 부도채권의 손실금을 보장매입자에게 지급하고 잔여금은 투자자에게 지급하는 상품은?

① 총수익률스왑(TRS)　　　　　② 신용파생지수(CDS index)

③ 최우선 부도연계채권(FTD CLN)　④ 합성담보부증권(synthetic CDO)

해설 최우선 부도연계채권(FTD CLN)에 대한 설명이다.

문제 19. 신용위험을 패키지화한 후 여러 트랜치로 나누어 투자자들에게 매각하는 신용포트폴리오의 증권화와 거리가 먼 것은?

① CLO　　　　　　　　　　　② CBO

③ CDO　　　　　　　　　　　④ FTD CLN

해설 FTD CLN은 최우선부도에 대한 신용연계채권(FTD CLN)이므로 여러 트랜치로 되어 있지 않다.

문제 **20. 다음 중 신용파생상품의 유용성과 위험성에 대한 설명으로 옳지 않은 것은?**

① 금융회사에게 금융적인 신용위험관리수단이 된다.

② 신용파생상품에 대한 금융회사와 금융당국의 리스크관리가 소홀할 경우 금융시스템의 안정성이 저해될 수 있다.

③ 신용파생상품은 수익추구를 위한 투자기회가 될 수 없다.

④ 신용구조화상품과 같이 복잡한 구조에서는 정보비대칭이 나타날 수 있다.

해설 신용파생상품은 수익추구를 위한 투자기회가 될 수 있다.

정답

1.② 2.③ 3.① 4.④ 5.② 6.① 7.④ 8.③ 9.① 10.③
11.④ 12.③ 13.④ 14.④ 15.③ 16.③ 17.② 18.③ 19.④ 20.③

찾아보기

저자 약력

■ 저자

동국대학교 경상대학 회계학과 졸업(경영학사)
동국대학교 대학원 경영학과 졸업(경영학석사)
동국대학교 대학원 경영학과 졸업(경영학박사)
대신증권주식회사 명동지점 근무
증권투자상담사, 선물거래상담사, 기업가치평가사, M&A전문가, 자산관리사,
기업자금관리사, 투자자산운용사, 금융투자분석사, 외환관리사, 재무설계사
강남대학교, 강원대학교, 건양대학교, 공주대학교, 동국대학교, 동신대학교,
덕성여자대학교, 서강대학교, 숭실사이버대학교, 용인대학교, 유한대학교,
중부대학교, 한밭대학교, 한국생산성본부 강사
건양사이버대학교 자산관리학과 교수 역임

■ 저서

재무관리(삼영사, 2015)
증권투자론(삼영사, 2014)
파생상품론(유비온, 2013)
금융학개론(유비온, 2012)
외환파생상품(한경사, 2011)
금융경제의 이해(도서출판 청람, 2010)
재무관리연습(도서출판 청람, 2009)
파생금융상품의 이해(한경사, 2007)
파생금융상품(한경사, 2005)

■ 논문

개인채무자 구제제도의 이용현황과 개선방안에 관한 연구
KOSPI 200선물을 이용한 동적헤징전략에 관한 실증적 연구
금융공학을 이용한 포트폴리오보험전략의 유용성에 관한 실증적 연구
금융기관의 효율적 위험관리시스템 구축방안에 관한 연구
듀레이션을 이용한 채권포트폴리오의 면역전략에 관한 실증적 연구
효용에 근거한 포트폴리오보험전략에 관한 실증적 연구
재정가격결정이론에 관한 실증적 연구

파생상품의 이해

초판발행　　　2019년 8월 5일
지은이　　　　이하일
펴낸이　　　　안종만 · 안상준

편　집　　　　황정원
기획/마케팅　　정연환
표지디자인　　박현정
제　작　　　　우인도 · 고철민

펴낸곳　　　　(주) **박영사**
　　　　　　　서울특별시 종로구 새문안로3길 36, 1601
　　　　　　　등록　1959. 3. 11. 제300-1959-1호(倫)
전　화　　　　02)733-6771
f a x　　　　　02)736-4818
e-mail　　　　pys@pybook.co.kr
homepage　　www.pybook.co.kr
ISBN　　　　979-11-303-0788-6　93320

정　가　　　　35,000원